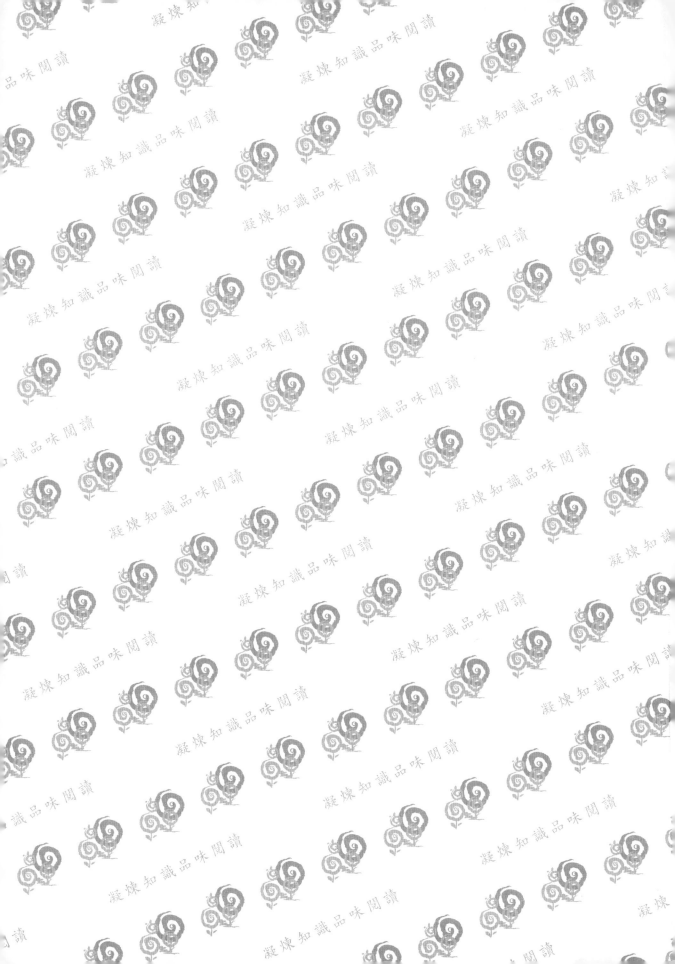

有限混合模型(FMM)
——STaTa分析
(以EM algorithm做潛在分類再迴歸分析)

張紹勳 著

五南圖書出版公司 印行

自 序

混合模型 (mixture model) 旨在密度估計、聚類資料 (clustered data)、區別 (discriminant) 分析，後來演變成「潛在類 (unobserved classes) 迴歸預測」的工具。混合模型框架提供了一個方便且靈活的方法來模擬複雜的異質 (heterogeneous) 資料庫 (如生物學研究中通常會出現的資料集)，例如：細胞計數數據和微陣列數據的分析、大型生物醫學資料集之減少維度、非對稱和非常態集群。

有限混合模型 (FMM) 早期應用在天文學 (astronomy)、生物學 (biology)、經濟學 (economics)、工程學 (engineering)、遺傳學 (genetics)、市場行銷 (marketing)、醫學 (medicine)、精神病學 (psychiatry)，現已流行於教育學、心理學、社會科學、人管、生產管理、經濟系、風險管理系、航運管理、財務金融、會計、公共衛生、工業工程、土木⋯⋯。

本書有限混合模型 (FMM)，包括線性迴歸、次序迴歸、logistic 迴歸、多項 logistic 迴歸、count 迴歸、零膨脹迴歸、參數型存活迴歸、2SLS 線性迴歸、order 迴歸、Beta 迴歸等理論與實證研究。

本書第一章先介紹 SAS、R 和 SPSS 如何轉成 STaTa，坊間常見的四十一種軟體及大型資料庫之檔案格式，都可轉至 STaTa 來分析。STaTa 也是大數據分析很好的工具。

FMM 旨在「先求潛在分類 (unobserved classes)，再各類分別求其迴歸式」。STaTa 提供十七種有限混合模型 (FMM)，僅 logistic 迴歸的應用領域，就有下列十三種：

(1) 公共衛生領域：某傳染病的死亡因素。

(2) 生物醫學領域：癌症患者放射線治療對產生副作用、腎虛症與骨質疏鬆症關聯性、憂鬱症狀之影響因子等 Logistic 分析⋯⋯。

(3) 工程類中的建物地震損害程度評估模型、絕緣礙子火花偵測系統。

(4) 商業領域：客戶關係管理、公司企業的存活；市場研究之消費者對特定商品購買時間、客戶忠誠度；或者商業上客戶資料管理、行銷、企業倒閉、員工離職。

(5) 財務金融領域：個人消費性貸款、法人金融預警分析等。

(6) 保險統計學及人口統計學中的投保與否。

(7) 社會學中的事件歷史分析，研究女性婚姻抉擇因素、高齡人口選擇未來養老居住方式……。

(8) 法學研究：犯罪的因素等。

(9) 工業領域：可靠度分析、工業製成、產品 cycle。

(10) 經濟研究：失業的因素，從就業時間到失業時間，到再就業時間等。

(11) 教育領域：老師離職、學生休退學 / 吸毒的因素等。

(12) 財管領域：財務危機與轉投資活動關係、貸款授信違約風險評估、銀行放款信用評等、應收帳款呆帳預測等。

(13) 行銷 / 企管類：旅客參與觀光旅遊線之消費型態、汽車保險續保、. 投資型保險商品購買預測等。

有鑑於 STaTa 是地表最強統計軟體，故作者將撰寫一系列 STaTa 的書籍，包括：

一、《STaTa 與高等統計分析的應用》一書，該書內容包括描述性統計、樣本數的評估、變異數分析、相關、迴歸建模及診斷、重複測量……。

二、《STaTa 在結構方程模型及試題反應理論》一書，該書內容包括路徑分析、結構方程模型、測量工具的信效度分析、因素分析……。

三、《STaTa 在生物醫學統計分析》一書，該書內容包括類別資料分析 (無母數統計)、logistic 迴歸、存活分析、流行病學、配對與非配對病例對照研究資料、盛行率、發生率、相對危險率比、勝算比 (odds ratio) 的計算、篩檢工具與 ROC 曲線、工具變數 (2SLS)……Cox 比例危險模型、Kaplan-Meier 存活模型、脆弱性之 Cox 模型、參數存活分析有六種模型、加速失敗時間模型、panel-data 存活模型、多層次存活模型……

四、《Meta 統計分析實作：使用 Excel 與 CMA 程式》一書，該書內容包括統合分析 (meta-analysis)、勝算比 (odds ratio)、風險比、四種有名效果量 (ES) 公式之單位變換等。

五、《Panel-data 迴歸模型：STaTa 在廣義時間序列的應用》一書，該書內容包括多層次模型、GEE、工具變數 (2SLS)、動態模型……。

六、《STaTa 在總體經濟與財務金融分析的應用》一書，該書內容包括誤差異質性、動態模型、序列相關、時間序列分析、VAR、共整合等。

七、《多層次模型 (HLM) 及重複測量：使用 STaTaa》一書，該書內容包括線性多層次模型 vs. 離散型多層次模型、計數型多層次模型、存活分析之多層次模型、非線性多層次模型……。

八、《模糊多準評估法及統計》一書，該書內容包括 AHP、ANP、TOP-SIS、Fuzzy 理論、Fuzzy AHP 等理論與實作。

九、《邏輯斯迴歸及離散選擇模型：應用 STaTa 統計》一書，該書內容包括邏輯斯迴歸 vs. 多元邏輯斯迴歸、配對資料的條件 logistic 迴歸分析、multinomial logistic regression、特定方案 Rank-ordered logistic 迴歸、零膨脹 ordered probit regression 迴歸、配對資料的條件邏輯斯迴歸、特定方案 conditional logit model、離散選擇模型、多層次邏輯斯迴歸……。

十、《有限混合模型 (FMM)：STaTa 分析 (以 EM algorithm 做潛在分類再迴歸分析)》一書，該書內容包括 FMM：線性迴歸、FMM：次序迴歸、FMM：Logit 迴歸、FMM：多項 Logit 迴歸、FMM：零膨脹迴歸、FMM：參數型存活迴歸等理論與實作。

十一、《多變量統計：應用 STaTa 分析》一書，該書內容包括 MANOVA、因素分析、典型相關、區別分析、MDS……。

此外，研究者如何選擇正確的統計方法，包括適當的估計與檢定方法、與統計概念等，都是實證研究中很重要的內涵，這也是本書撰寫的目的之一。本書內容結合「理論、方法、統計」，讓研究者能正確且精準使用 STaTa，期望對產學界有拋磚引玉的效果。

最後，特別感謝全傑科技公司 (http://www.softhome.com.tw) 提供 STaTa 軟體，晚學才有機會撰寫 STaTa 一系列的書籍，以嘉惠學習者。

張紹勳 敬上

Contents

Contents

Chapter 03　高斯混合模型 (fmm: regression 指令)、異質線性迴歸　179

Contents

Contents

Chapter 09

設限 (censored) 混合模型、截斷 (truncated) 混合模型 (fmm: tobit、fmm: tpoisson、fmm: intreg 指令)　765

Chapter 10

Cox 存活分析 vs. 雙存活迴歸模型 (fmm:streg 指令)　849

Contents

Chapter 11

有限混合模型：Beta 迴歸 (fmm: betareg 等指令)   949

Chapter

01

地表最強的統計軟體
STaTa

1-1 STaTa 如何讀入各種資料格式

一、統計資料五大類之 STaTa 指令

依變數的資料屬性，概分五大類：

1. 名目變數或類別變數 (nominal variable、categorical variable)：對應 STaTa 指令如下：

· **areg**(Linear regression with a large dummy-variable set)。

· **asclogit**(Alternative-specific cond. logit (McFadden's choice) model)。

· **asmixlogit**(Alternative-specific mixed logit regression)。

· **asmprobit**(Alternative-specific multinomial probit regression)。

· **clogit**(Conditional logistic regression))。

· **kappa**(Interrater agreement)。

· **mlogit**(Multinomial (polytomous) logistic regression)。

· **mprobit**(Multinomial probit regression)。

· **nlogit**(Nested logit regression)。

· **slogit**(Stereotype logistic regression)。

· **spikeplot**(Spike plots and rootograms)。

· **heckoprobit**(Ordered probit model with sample selection)。

「 · **bayes: clogit**」(Bayesian conditional logistic regression)。

「 · **bayes: heckoprobit**」(Bayesian ordered probit model with sample sel.)。

「 · **bayes: mlogit**」(Bayesian multinomial logistic regression)。

「 · **bayes: mprobit**」(Bayesian multinomial probit regression)。

「 · **fmm: mlogit**」(Finite mix. of multinomial logistic reg. models)。

「 · **irt grm**」(Graded response model)。

「 · **irt nrm** 」(Nominal response model)。

「 · **irt pcm**」(Partial credit model)。

---

2. 計次變數 (count variable)：對應 STaTa 指令如下：

- **poisson**(Poisson regression)。
- **cpoisson**(Censored Poisson regression)。
- **expoisson**(Exact Poisson regression)。
- **glm**(Generalized linear models)。
- **heckpoisson**(Poisson regression with endogenous sample selection)。
- **nbreg**(Negative binomial regression)。
- **tnbreg**(Truncated negative binomial regression)。
- **tpoisson**(Truncated Poisson regression)。
- **zinb**(Zero-inflated negative binomial regression)。
- **zip** (Zero-inflated Poisson regression)。
- 「 · **bayes: glm**」(Bayesian generalized linear models)。
- 「 · **bayes: gnbreg**」(Bayesian generalized negative binomial regression)。
- 「 · **bayes: menbreg**」(Bayesian multilevel negative binomial regression)。
- 「 · **bayes: nbreg**」(Bayesian negative binomial regression)。
- 「 · **bayes: tnbreg**」(Bayesian truncated negative binomial regression)。
- 「 · **bayes: tpoisson**」(Bayesian truncated Poisson regression)。
- 「 · **bayes: zinb**」(Bayesian zero-inflated negative binomial regression)。
- 「 · **bayes: zip**」(Bayesian zero-inflated Poisson regression)。
- 「 · **fmm: glm**」(Finite mixtures of generalized linear regression models)。
- 「 · **fmm: nbreg**」(Finite mixtures of negative binomial regression models)。
- 「 · **fmm: poisson**」(Finite mixtures of Poisson regression models)。
- 「 · **fmm: tpoisson**」(Finite mixtures of tobit regression models)。
- **menbreg** (Multilevel mixed-effects negative binomial regression)。
- **etpoisson**(Poisson regression with endogenous treatment effects)。
- **xtnbreg**(Fixed-, random-effects, & pop.-averaged neg. binomial models)。
- **xtpoisson**(Fixed-, random-effects & pop.-averaged Poisson models)。

3. 次序變數 (ordinal variable)：對應 STaTa 指令如下：

- **asmprobit**(Alternative-specific multinomial probit regression)。
- **heckoprobit**(Ordered probit model with sample selection)。
- **ologit**(Ordered logistic regression)。
- **oprobit**(Ordered probit regression)。
- **rologit**(Rank-ordered logistic regression)。
- **slogit**(Stereotype logistic regression)。
- **zioprobit**(Zero-inflated ordered probit regression)。
- 「 · **bayes: heckoprobit**」(Bayesian ordered probit model with sample sel.)。
- 「 · **bayes: meologit**」(Bayesian multilevel ordered logistic regression)。
- 「 · **bayes: meoprobit**」(Bayesian multilevel ordered probit regression)。
- 「 · **bayes: ologit**」(Bayesian ordered logistic regression)。
- 「 · **bayes: oprobit**」(Bayesian ordered probit regression)。
- 「 · **bayes: zioprobit**」(Bayesian zero-inflated ordered probit regression)。
- **meologit**(Multilevel mixed-effects ordered logistic regression)。
- **meoprobit**(Multilevel mixed-effects ordered probit regression)。
- **xtologit**(Random-effects ordered logistic models)。
- **xtoprobit**(Random-effects ordered probit models)。

---

4. 區間變數 (interval variable)：對應 STaTa 指令如下：

```
The interval time variables should have the following form:
-----------------------------------------------------
Type of data                          lower     upper
                                    endpoint  endpoint
-----------------------------------------------------
uncensored data         a = [a,a]      a         a
interval-censored data    (a,b]        a         b
left-censored data        (0,b]        .         b
left-censored data        (0,b]        0         b
right-censored data     [a,+inf)       a         .
missing                                .         .
missing                                0         .
-----------------------------------------------------
```

- **heckman**(Heckman selection model)。
- **heckprobit**(Probit model with sample selection)。
- **intreg** (Interval regression)。
- **ivtobit**(Tobit model with continuous endogenous covariates)。
- **tobit**(Tobit regression)。
- 「·**bayes: heckman**」(Bayesian Heckman selection model)。
- 「·**bayes: heckprobit**」(Bayesian probit model with sample selection)。
- 「·**bayes: intreg**」(Bayesian interval regression)。
- 「·**bayes: meintreg**」(Bayesian multilevel interval regression)。
- 「·**bayes: metobit**」(Bayesian multilevel tobit regression)。
- 「·**bayes: tobit**」(Bayesian tobit regression)。
- 「·**fmm: intreg**」(Finite mixtures of interval regression models)。
- 「·**fmm: tobit**」(Finite mixtures of tobit regression models)。
- **eintreg**(Extended interval regression)。
- **meintreg**(Multilevel mixed-effects interval regression)。
- **metobit**(Multilevel mixed-effects tobit regression)。
- **stcox**(Cox proportional hazards model)。
- **stintreg**(Parametric models for interval-censored survival-time data)。
- **xtintreg**(Random-effects interval-data regression models)。
- **xttobit**(Random-effects tobit models)。

5. 比例變數 (proportional variable)：對應 STaTa 指令如下：

- 「·**bayes: ologit**」(Bayesian ordered logistic regression)。
- 「·**bayes: streg**」(Bayesian parametric survival models)。
- 「·**fmm: ologit**」(Finite mixtures of ordered logistic regression models)。
- 「·**fmm: streg**」(Finite mixtures of parametric survival models)。
- **stcox**(Cox proportional hazards model)。
- **stintreg**(Parametric models for interval-censored survival-time data)。
- **streg**(Parametric survival models)。
- **stsplit**(Split and join time-span records)。

以上：類別變數、計次變數、次序變數統稱為「質」變數，區間變數、比例變數統稱為「量」變數。

對於具有絕對原點的比例資料相信多數人都不陌生，統計上較容易產生問題的是前面三種。譬如次序變數，喜好分數從 1~3，1 為最喜歡，3 為最不喜歡，看起來好像可以直接做加減運算，不過這樣會有個隱藏的問題，因為你不曉得分數 1 與分數 2 的差距是不是等於分數 2 到分數 3 的差距。

在二維卡方檢定當中，行列代表的兩個變數都是「類別變數」，內容是運用各類別的次數，檢定機率的「獨立性」與比例的「同質性」。但對 ANOVA 而言，比較的是各組的「平均數」差異；也就是說「組別是類別變數」，但平均數卻是「連續變數」。

而直線迴歸，依變數 Y 受到殘差的影響，服從「常態分布」，Y 是理所當然的「連續變數」；至於 X 的變數類型，前面沒提，因為類別變數或次序變數都適用，比例變數更是不在話下，可說「沒什麼限制」。

1-1-1 SPSS 資料檔 (*.sav) 轉成 STaTa 格式

關聯式資料庫 (relational database)，是建立在關聯模型基礎上的資料庫，藉助於集合代數等數學概念和方法來處理資料庫中的資料。現實世界中的各種實體以及實體之間的各種聯繫，均用關聯模型來表示。

普羅大眾所有關聯式資料庫 (Oracle, MySQL, Microsoft SQL Server, PostgreSQL and IBM DB2)、分析軟體 (R、SPSS、SAS、Relationsl Data-Base)，你都可順利將其格式轉成 STaTa 資料檔來精準分析。首先，介紹 SPSS(*.sav) 格式轉成 STaTa 資料檔。

方法 1 進入 SPSS 套裝軟體之後，「File→Save As」，再存成 STaTa 格式。如圖 1-1 所示。

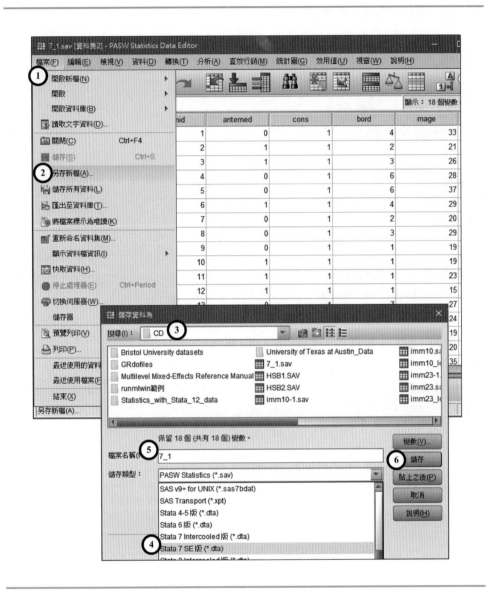

圖 1-1 SPSS 之「File→Save As」，再存成 STaTa 格式

方法 2　使用 save translate 指令，SPSS 指令如下

```
. save translate outfile='C:\datahsb2.dta'
```

方法 3　使用 usespss 指令
　　　　usespss 指令語法

```
. usespss using filename [, clear saving(filename) iff(condition)
  inn(condition) memory(memsize) lowmemory(memsize)]
* 範例語法
* Load SPSS-format dataset
. desspss using "myfile.sav"
. usespss using "myfile.sav",
. usespss using "myfile.sav", clear
```

　　例如：STaTa 想讀入 7_1.sav 檔，其指令為：

```
* 切換資料檔之路徑
. cd "D:\STATA \04 Multilevel regression models\CD"
. search usespss
* 開啟 SPSS 7_1.sav 檔
* This command works only in 32-bit STaTa for Windows
. usespss using "7_1.sav", clear
```

1-1-2 SAS 格式轉成 STaTa

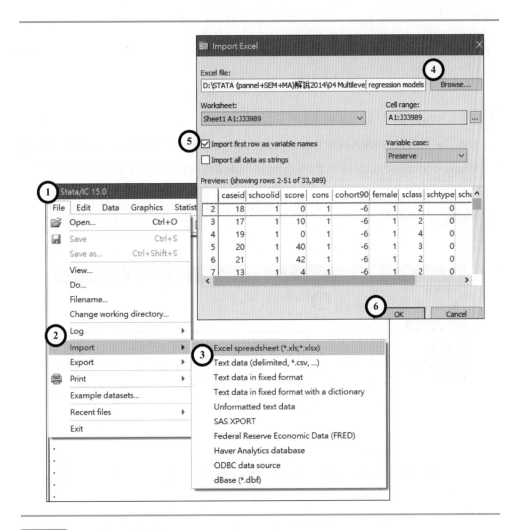

圖 1-2 「File → import」Excel、SAS、ODBC data-base、dBase

方法 1 進入 SAS 軟體

SAS 的 proc export 可將 SAS data file 轉成 STaTa format. 如下例子：

```
libname data 'C:\data\';
libname library 'C:\Data\Formats';
```

```
proc export data=data.survey
file="C:\data\stata\survey"
dbms=STATA
replace;
fmtlib=library;
run;
```

方法 2　STaTa 讀入 SAS XPORT(*.xpt) 檔

　　STaTa 可讀入 SAS XPORT data files(*.xpt)(made with the XPORT engine using the fdause command such as in the example code below)，指令詳細說明如圖 1-3 。

```
. fdause "C:\datahsb2.xpt"
```

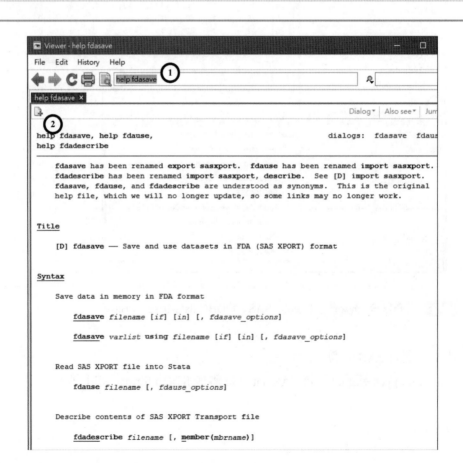

圖 1-3　「help fdause」查指令語法之畫面

方法 3　使用 ado-file usesas 指令來讀入 SAS data

　　注意：使用 sasexe.ado 前，你應先設定 SAS 執行檔 (sas.exe) 及 savastata SAS macro file(savastata.sas) 的路徑。

　　usesas 指令語法

```
* 先安裝 usesas.ado 外掛指令
. search usesas

* 再讀入 hsbdemo.sas7bdat
. usesas using "D:\data\hsbdemo.sas7bdat"
```

　　例如：STaTa 想讀入 SAS 檔，其指令之範例如下：

```
. findit usesas
* 切換資料檔之路徑
. cd "D:\STATA \04 Multilevel regression models\CD"
*Examples
. usesas using "mySASdata.sas7bdat"

. usesas using "c:\data\mySASdata.ssd01", check

. usesas using "mySASdata.xpt", xport

. usesas using "mySASdata.sas7bdat", formats

. usesas using "mySASdata.sd2", quotes

. usesas using "mySASdata.sas7bdat", messy

. usesas using "mySASdata.sas7bdat", keep(id--qvm203a) if(1980<year<2000) in(1/500)

. usesas using "mySASdata.sas7bdat", describe

. usesas using "mySASdata.sas7bdat", describe nolist

* then submit the following actual invocation of usesas:
. usesas using "mySASdata.sas7bdat", clear keep(`r(sortlist)' `= trim
(name[1])'--`= name[2047]')
```

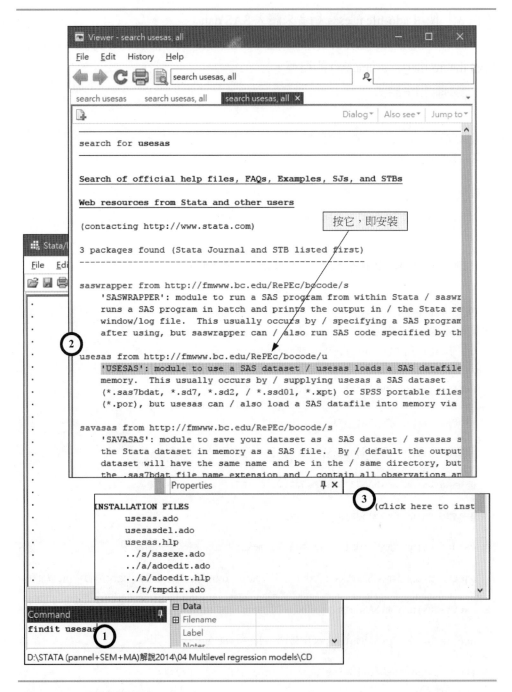

圖 1-4 「**findit usesas**」畫面

1-1-3 R 軟體之格式轉成 STaTa

圖 1-5 R 格式轉成 STaTa

小結

　　統計學是在資料分析的基礎上，研究如何檢定、收集、整理、歸納和分析反映資料的背後意涵，以便提出正確決策訊息的科學。這一門學科自十七世紀中葉產生並逐步發展起來，它廣泛地應用在各門學科，從自然科學、社會科學到人文學科，甚至被用於工商業及政府的情報決策。如今，隨著大數據 (big data) 時代來臨，統計的面貌也逐漸改變，與資訊、計算 (演算法) 等領域密切結合，是資料科學 (data science) 中的重要主軸之一。由於 STaTa 可

有限混合模型 (FMM)：STaTa 分析 (以 EM algorithm 做潛在分類再迴歸分析)

讀入的資料庫已達無限大，非常適合聚合後 big data 之統計分析。此外，普羅大眾所有關聯式資料庫 (Oracle, MySQL, Microsoft SQL Server, PostgreSQL and IBM DB2)、分析軟體 (R、SPSS、SAS、其他 Relationsl Data-Base)，亦可順利將其格式轉成 STaTa 資料檔來精準分析。值得一提的事，Stat/Transfer 可讀入的資料庫之格式 (file formats) 高達三十九種。

圖 1-6 「File → import 」Excel、SAS、ODBC data-base、dBase

14

Stat/Transfer 可讀入的資料庫之格式 (file formats) 有下列三十九種：

1. 1-2-5；2. Access(Windows only)；3. ASCII - Delimited；4. ASCII- Fixed Format；5. dBASE and compatible formats；6. Data Documentation Initiative(DDI) Schemas；7. Epi Info；8. EViews；9. Excel；10. FoxPro；11. Gauss；12. Genstat；13. gretl；14. HTML Tables(write only)；15. JMP；16. LIMDEP；17. Matlab；18. Mineset；19. Minitab；20. Mplus(Write Only)；21. NLOGIT；22. ODBC；23. OpenDocument Spreadsheets；24. OSIRIS(read-only)；25. Paradox；26. Quattro Pro；27. R；28. RATS；29. SAS Data Files；30. SAS Value Labels；31. SAS CPORT(read-only)；32. SAS Transport Files；33. S-PLUS；34. SPSS Data Files；35. SPSS Portable；36. STaTa；37. Statistica；38. SYSTAT；39. Triple-S。

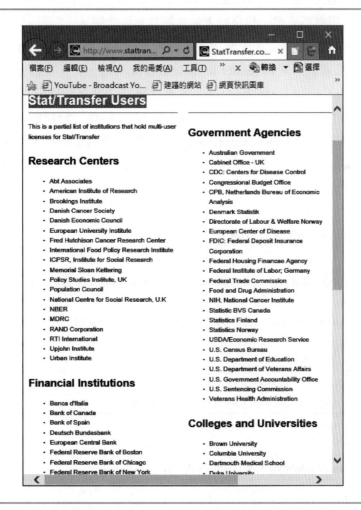

圖 1-7　Stat ／ Transfer 使用者清單

1-2 STaTa 是地表最強大的統計軟體

本書中每章都有 STaTa analysis 範例，倘若你採用 STaTa v12 以前的版本，則可能無法讀入 CD 所附有些「*.dta」，則你可改用 STaTav15 以後的版本。

STaTa 是 Statacorp 於 1985 年開發出來的統計程序，在全球被廣泛應用於企業和學術機構中。許多使用者工作在研究領域，特別是在心理學、經濟學、社會學、政治學、管理學及藥理學、流行病學領域。

STaTa 是一套完整整合式的統計分析軟體，提供研究人員所需的資料分析、資料管理與強大繪圖功能。它同時具有數據管理軟體、統計分析軟體、繪圖軟體、矩陣計算軟體和程式語言的特點，功能強大卻又小巧玲瓏。從 1985 年到現在不斷更新和擴充，內容日趨完善，Menu 操作視窗非常容易使用。迄今 STaTa 已在美國各大學廣爲流傳，也是地表最強統計套裝軟體。

新版本 STaTa 更增加許多新功能，包含多層次混合模型 (multilevel mixed models)、精確邏輯斯迴歸 (exact logistic regression)、多元對應分析 (multiple correspondence analysis)、Bayesian 多層次模型、潛在類別分析、linearized DSGEs、非線性多層次混合模型、特定方案 logit 模型、無母數迴歸、門檻迴歸……。你可在官網 (www.stata.com) 看到更多 STaTa 新版本功能，利用其 regress screenshot 快速、精確且容易使用的點選式介面，加上直覺式語法與線上支援，使得 STaTa 相形於其他統計軟體更爲容易上手，且可以在 STaTa 出版的英文書中找到所有的分析功能。

STaTa 各統計功能簡易說明：

延伸迴歸模型 **(Extended regression models, ERMs), There are four new commands that fit** ■ linear models ■ linear models with interval-censored outcomes, including tobit models ■ probit models ■ ordered probit models
潛在類別分析 **(Latent class analysis, LCA)** . gsem (alcohol truant weapon theft vandalism <-), logit lclass(C 3)
Bayesian regression models using the bayes prefix . bayes: **regress y x1 x2**
Convert dynamic Markdown documents to HTML with dyndoc

Linearized DSGEs
. dsge   (x = E(F.x) - (r - E(F.p) - z), unobserved) 　　　　(p = {beta}*E(F.p) + {kappa}*x) 　　　　(r = 1/{beta}*p + u) 　　　　(F.z = {rhoz}*z, state) 　　　　(F.u = {rhou}*u, state)
有限混合模型 (Finite mixture models, FMMs)：十七種迴歸 fmm: prefix that can be used with 17 estimators regress　　tobit　　intreg　　truncreg ivregress　poisson　tpoisson　nbreg streg　　logit　　ologit　　mlogit probit　　oprobit　cloglog　betareg　glm
Spatial autoregressive models, 重點有： Spatial lags of, Endogenous covariates , Heteroskedastic errors ,Cross-sectional data ,Panel data Analyze spillover, Spatial weighting matrices
存活分析：Parametric survival models for interval-censored data
非線性多層次混合模型 (Nonlinear multilevel mixed-effects models)
特定方案 Logit 模型 (Alternative-specific mixed logit regression)
無母數迴歸 (Nonparametric regression)
Bayesian 多層次模型 (Bayesian multilevel models)
門檻迴歸 (Threshold regression)
Panel-data tobit models with random coefficients and intercepts
Easy import of Federal Reserve Economic Data：如 You need GDP for Venezuela, Colombia, and Peru. You launch STaTa. You choose File > Import > Federal Reserve Economic Data (FRED). You type "Venezuela Gross Domestic Product" and click on Search.
Multilevel mixed-effects interval regression： . meintreg exerlo exerup age work kids walk || cid:
Multilevel tobit models
Panel-data 共整合檢定 (cointegration tests)
時間序列中多個斷點檢定 :Cumulative sum test for parameter stability
多組之廣義 SEM(Multiple-group generalized SEM)
分析資料具有 ICD-10-CM/PCS 碼

檢定力：

Power analysis for cluster randomized designs

Power analysis for linear regression

誤差異質性之線性模型 (**Heteroskedastic linear regression**)

具樣本選擇 **Poisson** 模型 (**Poisson models with sample selection**)

結構方程模型 (SEM)

結構方程模型 (SEM) 是一個統計學的測試和估計使用統計數據與定性的因果假設的組合因果關係的技術。結構方程模型 (SEM) 同時允許驗證和探索性建模，這意味著它們適合在理論測試和理論的發展。Factor analysis, path analysis and regression all represent special cases of SEM。SEM 進階分析，包括 Measurement invariance. Multiple group modelling: This is a technique allowing joint estimation of multiple models, each with different sub-groups. Applications include behavior genetics, and analysis of differences between groups (e.g., gender, cultures, test forms written in different languages, etc.). Latent growth modeling. Hierarchical/ multilevel models; item response theory models. Mixture model (latent class) SEM. Alternative estimation and testing techniques. Robust inference. Survey sampling analyses. Multi-method multi-trait models. Structural Equation Model Trees.

1-2-1 有限混合模型 (finite mixtures models, FMM)：EM algorithm 指令

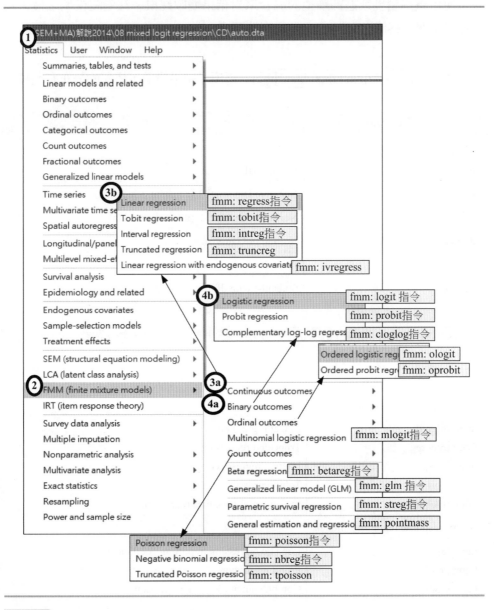

圖 1-8 　有限混合模型之對應指令

fmm 估計法旨在「Fitting finite mixture models」。

有限混合模型 (FMM)：STaTa 分析 (以 EM algorithm 做潛在分類再迴歸分析)

Finite mixture models (FMMs) 旨在對可觀察值做分類，調整聚類 (clustering)，並對不可觀察的異質性 (unobserved heterogeneity) 進行建模。有限混合建模中，可觀察的數據被假定屬於幾個不可觀察的子母群 (稱為 classes)，並且使用機率密度或迴歸模型的混合來對結果變數建模。在適配模型之後，也可以對每個觀察值之 classes 成員機率做預測。

STaTa v12 的 fmm「mix(density)」選項，結果變數可搭配的分布有七種：

分布 (density)	說明
gamma	Gamma 分布
lognormal	Lognormal
negbin1	Negative Binomial-1 (constant dispersion)
negbin2	Negative Binomial-2 (mean dispersion)
normal	Normal or Gaussian
poisson	Poisson
studentt	Student-t with df degrees of freedom

STaTa v15 的「fmm: density」選項，結果變數可搭配的分布有十七種：

分布 (density)	說明
Linear regression models	
fmm: regress	Linear regression
fmm: truncreg	Truncated regression
fmm: intreg	Interval regression
fmm: tobit	Tobit regression
fmm: ivregress	Instrumental-variables regression
Binary-response regression models	
fmm: logit	Logistic regression, reporting coefficients
fmm: probit	Probit regression
fmm: cloglog	Complementary log-log regression
Ordinal-response regression models	
fmm: ologit	Ordered logistic regression
fmm: oprobit	Ordered probit regression

分布 (density)	說明
Categorical-response regression models	
fmm: mlogit	Multinomial (polytomous) logistic regression
Count-response regression models	
fmm: poisson	Poisson regression
fmm: nbreg	Negative binomial regression
fmm: tpoisson	Truncated Poisson regression
Generalized linear models	
fmm: glm	Generalized linear models
Fractional-response regression models	
fmm: betareg	Beta regression
Survival regression models	
fmm: streg	Parametric survival models

「fmm:」可選擇十七種分布之一，來適配你的依變數的分布。

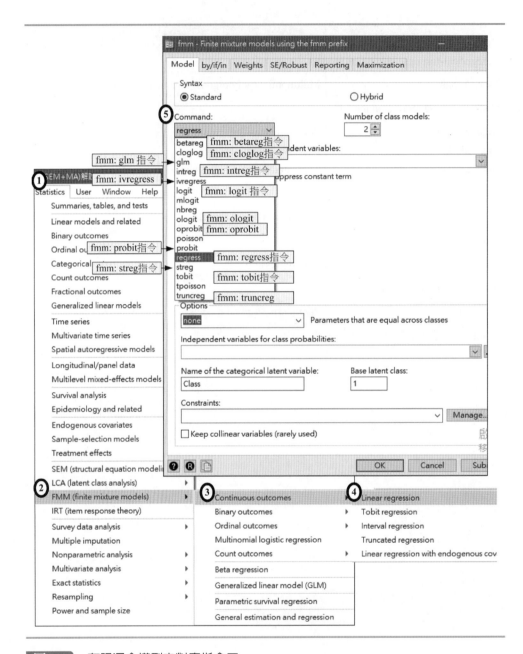

圖 1-9 有限混合模型之對應指令二

　　其中，高斯混合模型 (Gaussian mixture model)：高斯分布，μ 為平均值 (mean)、σ 為標準差 (standard deviation)。高斯混合模型，利用高斯模型的平均值描述特徵參數的分布位置，共變異矩陣來描述分型形狀的變化，因此高斯混

合模型可以很平滑的描述聲音、影像、照片、財務報表、射擊半徑……的特徵分布。

1-2-2 單層次：連續 vs. 類別依變數迴歸之種類

作者在《STaTa 與高等統計分析的應用》一書，內容包括描述性統計、樣本數的評估、變異數分析、相關、迴歸建模及診斷、重複測量……。

STaTa 單層次：連續 vs. 類別依變數之迴歸分析法，如下表所示。

	橫斷面 (cross section) 研究	縱貫面研究 (longitudinal research)	
		限定態 (有差分變數)	不限非定態
1. 單一方程式之迴歸	1. OLS(最小平方法) 迴歸 2. WLS(加權平方法) 3. Probit 迴歸 4. Robust 迴歸 (rreg 指令) 5.Prais-Winsten 迴歸 6. 分量 (Quantile) 迴歸 7.Logit 迴歸 8.Conditional logistic 9.Ordered Logit 10. Ordered Probit 11. Multinomial Logit 12. Zero-inflated Poisson 迴歸 13. negative binomial 迴歸 14. 截取迴歸 (censored regression) 15. 斷尾迴歸 (truncated regression) 16. Errors-in-variables 迴歸 17. 有限資訊最大概似估計法 (limited-information max likelihood) 18. 廣義動差估計法 (generalized method of moments) 19. 動態模型	1. ARMA(若無單根)，類似 ARIMA(p,l,q) 2.arch/ garch 模型	1. ARIMA(p,l,q)，若有單根，則為 ECM
2. 聯立方程式之迴歸	1. 似不相關迴歸 2. 兩階段 (2- stage) 迴歸 3. 三階段 (three-stage) 迴歸	1. 向量自我迴歸 (VAR) 2. Structural VAR	向量誤差修正模型 (VECM)

有限混合模型 (FMM)：STaTa 分析 (以 EM algorithm 做潛在分類再迴歸分析)

STaTa 除了廣義線性迴歸 (reg 指令) 外，尚有下列指令讓你執行各種類型之迴歸。

STaTa 指令	說明
areg	an easier way to fit regressions with many dummy variables
arch	regression models with ARCH errors
arima	ARIMA models
boxcox	Box-Cox regression models
cnsreg	constrained linear regression
eivreg	errors-in-variables regression
etregress	linear regression with endogenous treatment effects
frontier	stochastic frontier models
gmm	generalized method of moments estimation
heckman	Heckman selection model
intreg	interval regression
ivregress	single-equation instrumental-variables regression
ivtobit	tobit regression with endogenous variables
newey	regression with Newey-West standard errors
nl	nonlinear least-squares estimation
nlsur	estimation of nonlinear systems of equations
qreg	quantile (including median) regression
reg3	three-stage least-squares (3SLS) regression
rreg	a type of robust regression
gsem	generalized structural equation models
sem	linear structural equation models
sureg	seemingly unrelated regression
tobit	tobit regression
truncreg	truncated regression
xtabond	Arellano-Bond linear dynamic panel-data estimation
xtdpd	linear dynamic panel-data estimation
xtfrontier	panel-data stochastic frontier model
xtgls	panel-data GLS models

STaTa 指令	說明
xthtaylor	Hausman-Taylor estimator for error-components models
xtintreg	panel-data interval regression models
xtivreg	panel-data instrumental-variables (2SLS) regression
xtpcse	linear regression with panel-corrected standard errors
xtreg	fixed- and random-effects linear models
xtregar	fixed- and random-effects linear models with an AR(1) disturbance
xttobit	panel-data tobit models

STaTa「regress」之後指令 (postestimation)：

STaTa 指令	說明
estat archlm	test for ARCH effects in the residuals
estat bgodfrey	Breusch-Godfrey test for higher-order serial correlation
estat durbinalt	Durbin's alternative test for serial correlation
estat dwatson	Durbin-Watson d statistic to test for first-order serial correlation
dfbeta	DFBETA influence statistics
estat hettest	tests for heteroskedasticity
estat imtest	information matrix test
estat ovtest	Ramsey regression specification-error test for omitted variables
estat szroeter	Szroeter's rank test for heteroskedasticity
estat vif	variance inflation factors for the independent variables
estat esize	eta-squared and omega-squared effect sizes
迴歸參數的檢定 (Tests of parameters)	
test	Wald test of linear hypotheses
testnl	Wald test of nonlinear hypotheses
lrtest	likelihood-ratio tests
hausman	Hausman specification test
suest	generalization of the Hausman test

一、迴歸分析之專有名詞

　　迴歸分析係以數學和統計方法來確認一組變數中的系統性部分，並依此解釋過去的現象和預測未來。它將研究的變數區分爲依變數與自變數，建立依變數爲自變數之函數模型，其主要目的是用來解釋資料過去的現象及自變數來預測依變數未來可能產生之數值。

1. 自變數 (independent variable)：由數學方程式預測的變數。
2. 依變數 (dependent variable)：又稱反應變數，據以預測依變數的值之變數。
3. 簡單線性迴歸 (simple linear regression)：僅有一自變數與一依變數，且其關係大致上可用一直線表示。

$$Y = \alpha + \beta X + U$$

　　其中

　　α, β 爲未知參數 (迴歸係數)，需要我們去估計。

　　U 代表不能由 $\alpha + \beta X$ 所描述的 Y 行爲，亦即 Y 與線性模型之間的誤差。

4. 複迴歸 (multiple regression)：兩個以上自變數的迴歸。
5. 多變數迴歸 (multi-variable regression)：又稱向量迴歸 (如 VAR,VECM)，用多個自變數預測數個依變數，所建立之聯立迴歸方程式。例如：STaTa 的 multiple equation 迴歸。

二、單層次：各類型迴歸之適用情境

　　STaTa 光是「單層次：線性模型」就有二十六種迴歸，還有二元迴歸、次序迴歸、類別迴歸、計數迴歸等大類別迴歸，每個大類別迴歸又細分好幾種不同的迴歸方法。STaTa 已是地表最強的統計軟體。

　　「單層次：線性模型」可參考作者《STaTa 與高等統計分析的應用》一書之介紹。

圖 1-10
單層次：各類型迴歸

有限混合模型 (FMM)：STaTa 分析 (以 EM algorithm 做潛在分類再迴歸分析)

自變數 (predictor) / 依變數 (outcome)	連續變數	類別變數	連續 + 類別變數
連續變數	線性迴歸 censored 迴歸 truncated 迴歸 Robust 迴歸 Quantile 迴歸 Constrained 迴歸 Errors-in-variables 迴歸	線性迴歸 censored 迴歸 truncated 迴歸 Robust 迴歸 Quantile 迴歸 Constrained 迴歸 Errors-in-variables 迴歸	線性迴歸 censored 迴歸 truncated 迴歸 Robust 迴歸 Quantile 迴歸 Constrained 迴歸 Errors-in-variables 迴歸
bianry 變數	線性迴歸≈ logistic 迴歸≈ probit 迴歸 Conditional logistic 迴歸	線性迴歸≈ logistic 迴歸≈ probit 迴歸 Conditional logistic 迴歸	線性迴歸≈ logistic 迴歸≈ probit 迴歸 Conditional logistic 迴歸
Ordinal 變數	Ordered Logit and Ordered Probit Analysis	Ordered Logit and Ordered Probit Analysis	Ordered Logit and Ordered Probit Analysis
Nominal 類別變數	Multinomial Logit 及相關模型	Multinomial Logit 及相關模型	Multinomial Logit 及相關模型
Count 變數：Count 迴歸	1. Poisson 迴歸 2. Zero-inflated Poisson 迴歸 3. negative binomial 迴歸 4. Zero-inflated negative binomial 迴歸 5. Truncated negative binomial 迴歸 6. Truncated Poisson 迴歸 7. Zero-truncated Poisson 迴歸 8. Mixed-effects Poisson 迴歸	1. Poisson 迴歸 2. Zero-inflated Poisson 迴歸 3. negative binomial 迴歸 4. Zero-inflated negative binomial 迴歸 5. Truncated negative binomial 迴歸 6. Truncated Poisson 迴歸 7. Zero-truncated Poisson 迴歸 8. Mixed-effects Poisson 迴歸	1. Poisson 迴歸 2. Zero-inflated Poisson 迴歸 3. negative binomial 迴歸 4. Zero-inflated negative binomial 迴歸 5. Truncated negative binomial 迴歸 6. Truncated Poisson 迴歸 7. Zero-truncated Poisson 迴歸 8. Mixed-effects Poisson 迴歸
多個依變數	Multiple Equation 迴歸 seemingly unrelated 迴歸 (同一組自變數)	Multiple Equation 迴歸 seemingly unrelated 迴歸 (同一組自變數)	Multiple Equation 迴歸 seemingly unrelated 迴歸 (同一組自變數)

註：「≈」表示迴歸係數之顯著性 z 檢定，p 值都是非常接近。

依變數	STaTa 提供的模型	編碼 / 值 (Codes/ Value)
二元 (binary) 依變數模型	linear probability model (LPM), probit, logit	e.g. 是與否、同意與不同意、接受貸款申請與否、購屋與否。
多項選擇模型 (multinomial choice)	multinomial probit, multinomial logit	選擇主修經濟、財務、企管、會計或資管。
有序 (ordered) 選擇模型	ordered probit	依變數為非數字，但具有自然的順序。 e.g. 成績 A, B, C, D。 　　　債券等級 AAA, AA 等。
計數資料 (count data) 模型	Poisson 迴歸	依變數為非負整數。 e.g. 某戶子女人數。 　　　某人一年看醫生次數。
個體選擇模型	Tobit 迴歸	y 基本上為連續的正值，但其值為 0 的機率大於 0。 e.g. 保險額度。 　　　退休基金投資於股票的額度。
Heckit 模型： 　解釋變數 x 可以觀察到，但由於另外一些因素的影響，y 並非全部可觀察	heckprobit 迴歸	(1) 截取迴歸 (censored regression)：依變數超過某門檻就不存在此觀測值，但自變數資訊存在。STaTa 有提供 Tobit 迴歸。 (2) 斷尾迴歸 (truncated regression)：自變數與依變數超過某門檻，就都不存在觀測值。STaTa 有 Truncated regression。

1. 以上多數的模型通常並不適合 OLS 估計法 (因為「違反常態性」假定)，可以採用非線性最小平方法 (NLS) 來估計，但 NLS 估計式常常是無效率的 (inefficient)，一般都採用最大概似估計法 (maximum likelihood estimation)。

2. 最大概似估計法在小樣本中它的性質是未知的，但是我們可以證明在大樣本裡 (有學者主張樣本數 500 以上)，最大概似估計式是常態分布的、一致的，而且是最佳的。

3. 我們必須將以上的迴歸函數解釋為機率的預測。

1-2-3 STaTa 多層次混合模型的迴歸種類

定義：混合效果

混合效果＝固定效果＋隨機效果

固定效果 (fixed effect) 是所有組中效果都相同 (which are the same in all groups).

隨機效果 (fixed effect) 是各組之間的隨機呈現效果 (都不同)(which vary across groups).

在混合模型中，每個水準 (levels) 都很明確存在隨機和系統 (固定) 效果。

　　除線性多層次模型 (mixed, xtmixed 指令) 外，STaTa 混合模型約略可分成三大類：

類 1 | hierarchical linear mode | [(多層次線性模型 (HLM)] 依變數是連續變數，STaTa 線性多層次模型之對應指令，包括 mixed、xtmixed。

類 2 | hierarchical generalized linear model | [(廣義多層次模型，(HGLM)] 依變數是類別型、計數型、次序型、離散型變數，因此又稱階層廣義線性模型，STaTa 線性多層次模型之對應指令，包括 menl、melogit、meprobit、mecloglog、meologit、meoprobit、mepoisson、menbreg、metobit、meintreg、meglm、mestreg、meqrlogit、meqrpoisson。

類 3 | Bayeisan 多層次迴歸 | ：包括 bayes: mixed、bayes: metobit、bayes: meintreg、bayes: melogit、bayes: meoprobit、bayes: mecloglog、bayes: meologit、bayes: mepoisson、bayes: menbreg、bayes: meglm、bayes: mestreg。

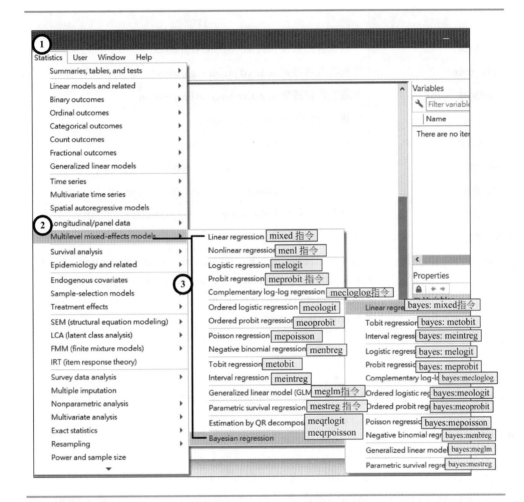

圖 1-11 multilevel models 對應 STaTa 指令（共十五種多層次模型之類型可選擇）

多層次混合模型之指令為：

指令	說明
xtmixed、mixed	多層次混合效果 *linear regression*
xtmelogit、melogit	多層次混合效果 *logistic regression*
xtmepoisson、mepoisson	多層次混合效果 *Poisson regression*
menl	*Nonlinear mixed-effects regression*
meprobit	多層次混合效果 probit regression
mecloglog	多層次混合效果 complementary log-log regression

有限混合模型 (FMM)：STaTa 分析 (以 EM algorithm 做潛在分類再迴歸分析)

指令	說明
meologit	多層次混合效果 ordered logistic regression
meoprobit	多層次混合效果 ordered probit regression
menbreg	多層次混合效果 negative binomial regression
metobit	多層次混合效果 tobit regression
meintreg	多層次混合效果 interval regression
meglm	多層次混合效果 generalized linear model
meqrlogit	多層次混合效果 logistic regression (QR decomposition)
meqrpoisson	多層次混合效果 Poisson regression (QR decomposition)
mestreg	多層次參數存活模型
bayes: 開頭 12 指令	bayes: mecloglog、bayes: meglm、bayes: meintreg、bayes: melogit、bayes: menbreg、bayes: meologit、bayes: meoprobit、bayes: mepoisson、bayes: meprobit、bayes: mestreg、bayes: metobit、bayes: mixed

1. 有網底 *斜體字* 的迴歸，才納入本書的範例。
2. 混合效果＝固定效果＋隨機效果
3. 隨機截距 / 隨機斜率屬隨機效果
4. 指令 xtmixed、mixed 專門處理多層次 mixed regression (具常態分布、連續型結果變數)，它特別受到歡迎。

在 STaTa 裡，其 HLM 可以分析的結果變數 (outcome varible) 包括連續、計數、序數和名義變數，以及假定一系列解釋變數 (explanatory variable) 的線性組合之間的函數關係。這個關係透過合適的「**family**()…link()」來定義，例如：廣義處理「multilevel mixed-effects generalized linear model」之 **meglm** 指令，其排列組合如下表、圖 1-12：

特定的指令	廣義的 meglm 對應指令	
melogit	**family**(bernoulli)	**link**(logit)
meprobit	**family**(bernoulli)	**link**(probit)
mecloglog	**family**(bernoulli)	**link**(cloglog)
meologit	**family**(ordinal)	**link**(logit)
meoprobit	**family**(ordinal)	**link**(probit)
mepoisson	**family**(poisson)	**link**(log)
menbreg	**family**(nbinomial)	**link**(log)

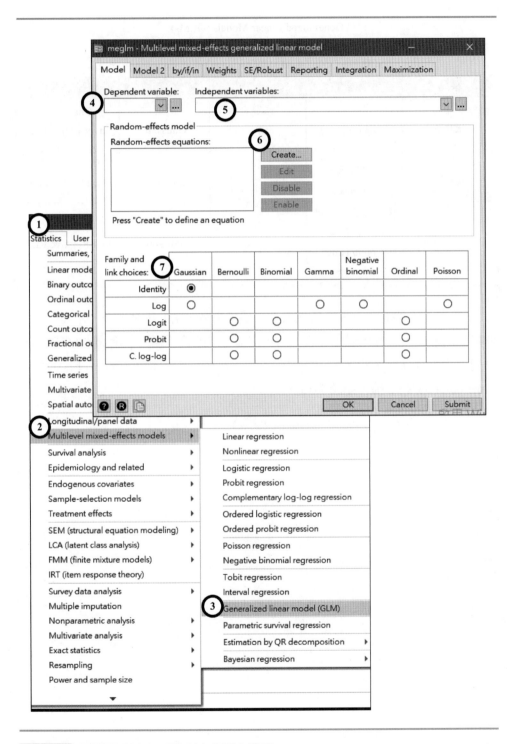

圖 1-12　meglm 指令七種變形之多層次模型

33

Generalized Linear Models (GLMs)

$$g(\mu) = \beta_0 + \beta_1 * X_1 + ... + \beta_P * X_P$$

$$(\mu = E(Y|X) = mean)$$

模型	反應變數	$g(\mu)$	分布	係數解說
線性	體重 (ounces)	μ	Gaussian	Change in avg(Y) per unit change in X
邏輯斯	生病嗎 (disease)	$\log\left(\dfrac{\mu}{1-\mu}\right)$	Binomial	Log Odds Ratio
對數邏輯斯	發生「事件 / 時間」的次數 (Count/Times to events)	$\log(\mu)$	Poisson	Log Relative Risk

　　STaTa 指令共有十五種多層次模型之建構指令，由於指令眾多，本書受限於篇幅，凡未能在本書介紹指令的範例，你都可以開啓「指令名稱 .do」來練習。例如：想查詢 meprobit、metobit 指令的用法，你就可開啓「meprobit.do」、「metobit.do」指令檔，如圖 1-13。

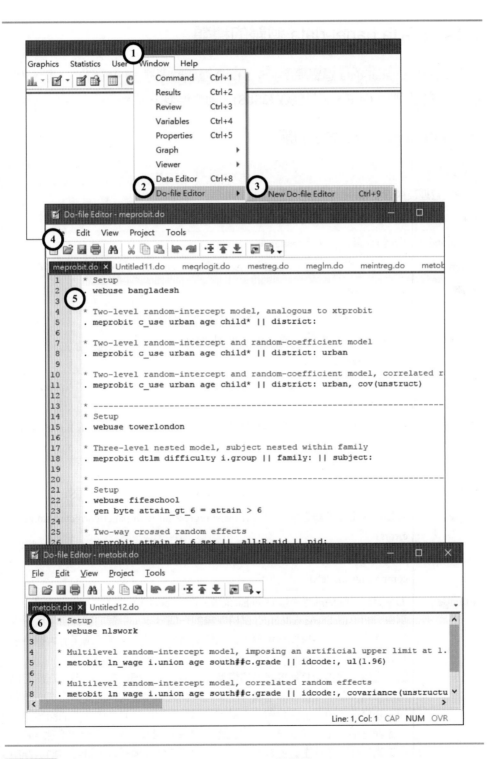

圖 1-13 開啓「meprobit.do」或「metobit.do」指令檔

1-2-4 STaTa panel-data 迴歸的種類

作者在《Panel-data 迴歸模型：STaTa 在廣義時間序列的應用》一書，內容包括多層次模型、GEE、工具變數 (2SLS)、動態模型……。

一、STaTa panel 指令之功能

STaTa 指令	說明
1. 資料管理及探索工具	
xtset	宣告資料檔為追蹤資料 (panel-data)
xtdescribe	描述 xt- 資料的模樣 (pattern)
xtsum	分別計算組內 within (over time) 及組間 between (over individuals) 的變異數。
xttab	xt- 資料的表格
xtdata	xt- 資料的快速界定搜尋 (Faster specification searches)
xtline	繪 xt- 資料的線形圖 (Line plots with xt data)
2. 線性 panel 迴歸估計 (estimators)	
xtreg	固定效果、組間 (between)、隨機效果 (random-effects)、樣本平均 (population-averaged) 線性模型
xtregar	誤差帶 AR1 之固定效果、隨機效果模型 (Fixed- & random-effects linear models with an AR(1)disturbance)
xtmixed	多層次混合效果 (Multilevel mixed-effects) 線性模型
xtgls	使用廣義最小平方法之追蹤資料模型 (panel-data models using GLS)
xtpcse	帶追蹤校正標準誤之線性迴歸 (Linear regression with panel-corrected standard errors)
xthtaylor	誤差成分模型之 Hausman-Taylor 估計 (Hausman-Taylor estimator for error-components models)
xtfrontier	追蹤資料之隨機前緣模型 (Stochastic frontier models)： 隨機分析 (stochastic calculus) 是機率論的一個分支，主要內容有伊藤積分、隨機微分方程、隨機偏微積分、逆向隨機微分方程等。最近應用於大量金融數學。 隨機性模型是指含有隨機成分的模型。它與確定性模型的不同處，在於它仍可解釋以下例子：在賭場裡賭大小，如果有人認為三次連開大第四次必然開小，那麼此人所用的即是確定性模型，但是常識告訴我們第四次的結果並不一定與之前的結果相關聯。在十九世紀科學界深深地被黑天鵝效應和卡爾・波普爾的批判理性主義所影響。所以，現代自然科學都以統計與歸納法作為理論基礎。大體說，統計學是適用確定性模型與隨機性模型作比較的一門學科。

STaTa 指令	說明
xtrc	隨機係數迴歸 (Random-coefficients regression)
xtivreg 指令	工具變數、兩階段最小平方方法之追蹤資料模型 (Instrumental variables & two-stage least squares for panel-data models)
3. 單根檢定 (Unit-root tests)	
xtunitroot	追蹤資料之單根檢定 (unit-root tests)
4. 動態 panel-data 估計法 (estimators)	
xtabond	線性動態追蹤資料之 Arellano-Bond 估計
xtdpd	線性動態追蹤資料之估計 (Linear dynamic panel-data estimation)
xtdpdsys	線性動態追蹤資料之 Arellano-Bover/Blundell-Bond 估計
xtabond	Arellano-Bond 之線性動態追蹤資料估計 *STaTa 例子：二期落遲項 (two lags) 之依變數 . webuse abdata * w 及 k 為 predetermined。w, L.w, k, L.k 及 L2.k 等落遲項，都為附加的解釋變數 (additional regressors) . xtabond n l(0/1).w l(0/2).(k ys)yr1980-yr1984, lags(2) vce(robust)
5. 結果截取 (Censored-outcome) 估計法 (estimators)	
. xttobit	隨機效果 tobit 模型 (Random-effects tobit models)
. xtintreg	隨機效果區間資料迴歸模型 (Random-effects interval-data regression models)
6. 非線性：二元依變數 (Binary-outcome) 估計法	
xtlogit	固定效果、隨機效果、樣本平均 (population-averaged)logit 模型
. xtmelogit	多層次混合效果邏輯斯迴歸 (multilevel mixed-effects logistic regression)
xtprobit	隨機效果、樣本平均 (population-averaged) probit 模型
xtcloglog	隨機效果、樣本平均 (population-averaged) cloglog 模型
7. 非線性：次序依變數 (Ordinal-outcome) 估計法	
xtologit	隨機效果 ordered logistic 模型
xtmepoisson	多層次混合效果 (Multilevel mixed-effects) Poisson 迴歸
xtoprobit	隨機效果 ordered probit 模型
8. 非線性：計數依變數 (Count-data) 估計法	
xtpoisson	固定效果、隨機效果、樣本平均 (population-averaged) Poisson 模型
xtnbreg	固定效果、隨機效果、樣本平均 (population-averaged) 負二項模型 (negative binomial models)

有限混合模型 (FMM)：STaTa 分析 (以 EM algorithm 做潛在分類再迴歸分析)

STaTa 指令	說明
9. *廣義方程式估計法* (Generalized estimating equations estimator)	
xtgee	使用 GEE 求出樣本平均 (population-averaged) 追蹤資料模型
10. 公用程式 (Utilities)	
quadchk	偵測數值積分法之敏感度 (Check sensitivity of quadrature approximation)
11. 多層次混合效果 (Multilevel mixed-effects) 估計法	
. xtmelogit	多層次混合效果邏輯斯迴歸 (Multilevel mixed-effects logistic regression)
xtmepoisson	多層次混合效果 Poisson 迴歸 (Multilevel mixed-effects Poisson regression)
. xtmixed	多層次混合效果線性迴歸 (Multilevel mixed-effects linear regression)
12. 廣義估計方程式 (Generalized estimating equations, GEE) 估計法	
. xtgee	使用 GEE 分析樣本平均之追蹤資料 (population-averaged panel-data models using GEE)

更簡單地說，STaTa 線性 panel 之常用指令，如下表：

功能	STaTa 指令
panel 摘要	xtset; xtdescribe; xtsum(最小值、最大值等); xtdata; xtline(線形圖); xttab(次數分布); xttran(不同時段的遷移)
混合資料 (Pooled)OLS	regress
隨機效果	「xtreg…, re」;「xtregar…, re」
固定效果	「xtreg…, fe」;「xtregar…, fe」
隨機斜率 (Random slopes)	quadchk; xtmixed; xtrc
廣義最小平方法迴歸 (Feasible Generalized Least Squares, FGLS)	「xtgee, family(gaussian)」; xtgls; xtpcse 指令。
一階差分 (First differences)：有單根情況，才使用「D.」運算子。	單根動態 regress(with differenced data)。範例如下： . use invent.dta . tsset year . reg D.lgdp year L.lgdp L.D.lgdp . display "rho = " 1+_b[L.lgdp] . reg D.lgdp L.lgdp L.D.lgdp . display "rho = " 1+_b[L.lgdp]
靜態工具變數 (Static IV)：內生共變	xtivreg; xthtaylor

功能	STaTa 指令
動態工具變數 (Dynamic IV)	gmm
隨機模型 (例如：Stochastic production or cost frontier)	xtfrontier

1. **reg**ress 指令：線性迴歸 (用途包括 OLS, Logit, Probit 迴歸)。

2. 「xtreg…,(FE, RE, PA, BE)」指令：固定效果、隨機效果、樣本平均 (population-averaged)、組間效果之線性模型。

3. 一階差分迴歸：reg 指令搭配「D.」運算子，專門處理有單根的變數之迴歸。

4. xtgls 指令：使用 GLS 來求 panel-data 線性模型，它可同時解決誤差之自我相關及變異數異質性之問題。

5. xtdpd 指令：Linear regression with panel-corrected standard errors.

6. 「xtregar…,(FE, RE)」指令：Fixed- & random-effects linear models with an AR(1)disturbance.

7. quadchk 指令：Check sensitivity of quadrature approximation.

8. xtfrontier 指令：xtfrontier fits stochastic production or cost frontier models for 追蹤資料 (panel-data)。也就是說，xtfrontier estimates the parameters of a linear model with a *disturbance generated by specific mixture distributions*.

9. xtivreg 指令：Instrumental variables & two-stage least squares for panel-data models.

10. xthtaylor 指令：Hausman-Taylor estimator for error-components models.
    雖然 xthtaylor 及 xtivreg 都是使用工具變數來做估計，但二者的事前假定 (assumption) 是不同的：
    (1) xtivreg 假定：模型中，解釋變數的某部分變數 (a subset of the explanatory variables) 與特質誤差 (idiosyncratic error)e_{it} 是有相關的。
    (2) xthtaylor 指令之 Hausman-Taylor 及 Amemiya-MaCurdy 估計法係假定：某些解釋變數與個體層次 (individual-level) 隨機效果 u_i 是有相關的，但某些解釋變數卻與特質誤差 (idiosyncratic error)e_{it} 是無相關的。

11. xtabond 指令：Arellano-Bond 線性動態追蹤資料之估計 (linear dynamic panel-data estimation)。

12. xtdpdsys 指令：Arellano-Bover/Blundell-Bond 線性動態追蹤資料之估計。

13. xtdpd 指令：線性動態追蹤資料之估計。

二、STaTa panel-data 對應之選擇表的指令

作者《Panel-data 迴歸模型：STaTa 在廣義時間序列的應用》一書，該書內容包括多層次模型、GEE、工具變數 (2SLS)、動態模型……。

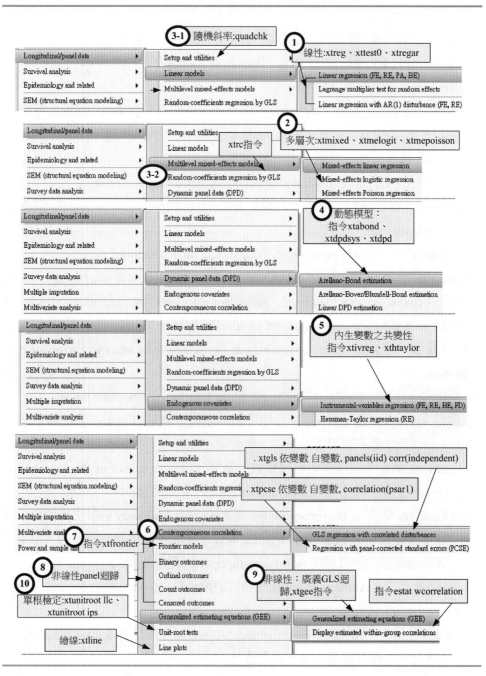

圖 1-14　STaTa panel 對應指令

1-2-5 STaTa 流行病 (epidemiologists) 之選擇表對應的指令

STaTa 提供 epitab 指令 (Tables for epidemiologists)，其繪製二維 / 三向表格之對應指令，如圖 1-15 所示。

常見指令有：ir、es、cc、tabodds、mhodds、mcci 指令，以及 symmetry、dsdize、istdize、kapwgt、kap、kappa、brier、pksumm、pkshape、pkcross、pkequiv、pkcollapse 指令。

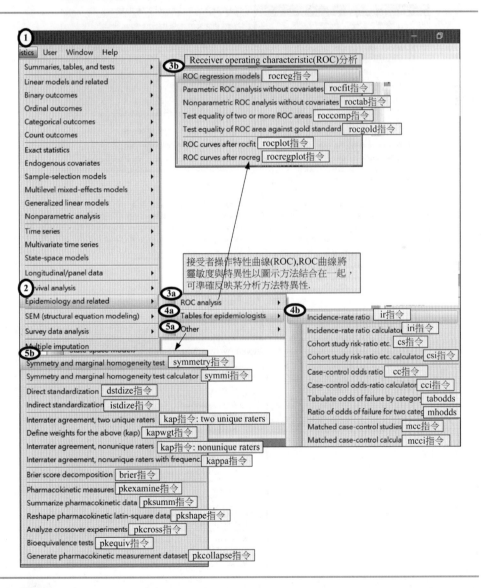

圖 1-15 STaTa 流行病之選擇表對應的指令

1-2-6 STaTa 存活分析的選擇表之對應指令

作者《STaTa 在生物醫學統計分析》一書，該書內容包括類別資料分析 (無母數統計)、存活分析、流行病學、配對與非配對病例對照研究資料、盛行率、發生率、相對危險率比、勝算比 (odds ratio) 的計算、篩檢工具與 ROC 曲線、工具變數 (2SLS)⋯⋯。

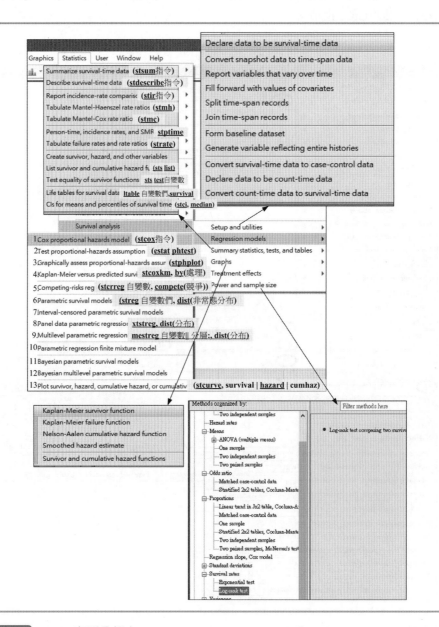

圖 1-16 STaTa 存活分析之 menu

STaTa 常見的存活分析，包括 Cox 模型 (STaTa 已用 stcox 指令取代)、Cox 比例危險模型 (proportional hazards model, PHM) (stcox、streg 指令)、Kaplen-Meier 存活模型 (stcoxkm 指令)、競爭風險存活模型 (stcrreg 指令)、參數存活模型 (streg 指令)、panel-data 存活模型 (xtstreg 指令)、多層次存活模型 (mestreg 指令)、調查法之 Cox 比例危險模型 ((svy:stcox, strata() 指令)、調查法之參數存活模型 (svy:streg, dist (離散分布) 指令) (如圖 1-17)。

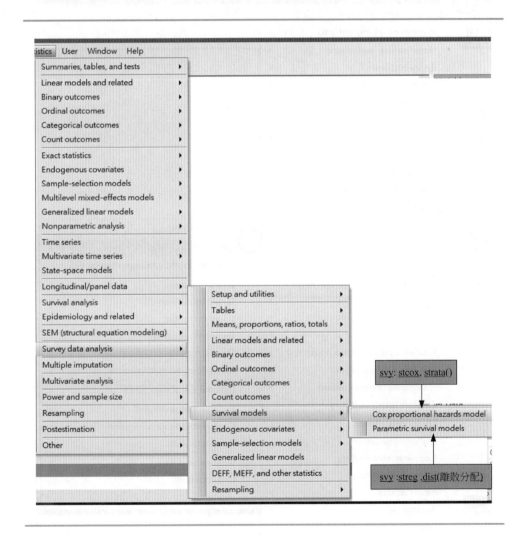

圖 1-17　STaTa 調查法之存活分析 menu

1-2-7 STaTa 縱貫面—時間序列之選擇表

作者《**STaTa 在總體經濟與財務金融分析的應用**》一書，該書內容包括誤差異質性、動態模型、序列相關、時間序列分析、VAR、共整合等。

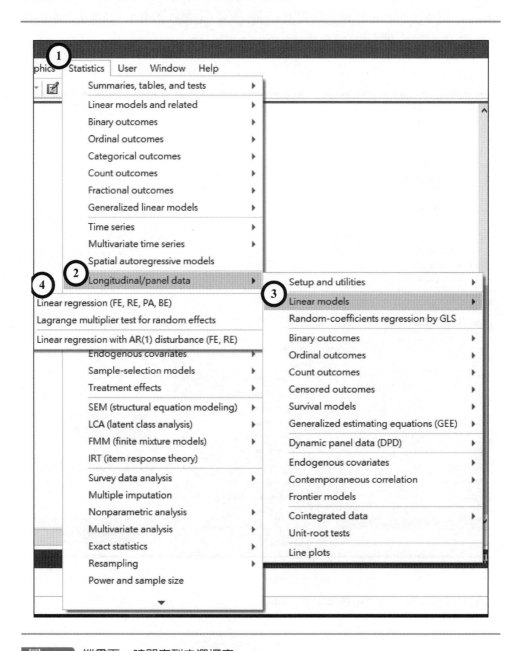

圖 1-18 縱貫面—時間序列之選擇表

1-2-8 依變數 binary outcome 之 STaTa 選擇表

STaTa 之 binary regression 選擇表之對應指令，如圖 1-19。

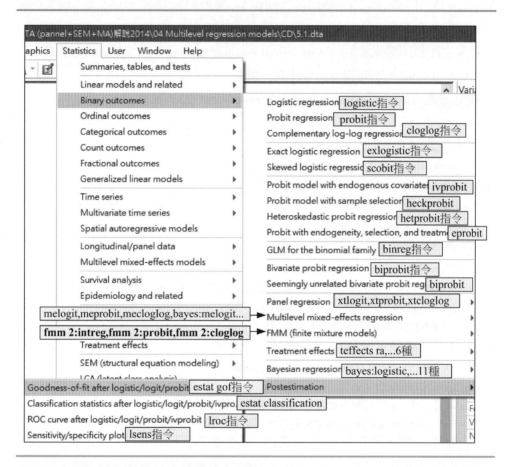

圖 1-19 binary regression 選擇表之對應指令

小結

　　STaTa 除了上述統計外，尚有 Bayesian regression models、dynamic stochastic general equilibrium (DSGE)、extended regression models (ERM)、latent class analysis (LCA)、spatial autoregressive models、threshold regression 等迴歸模型。以上這些迴歸模型，作者另有專書特別介紹。

1-3 評比敵對模型，適配指標有八種

常見迴歸模型有單層 vs. 多層；單模型 vs. 混合模型；多元迴歸 vs.SEM、VAR、VECM；單階段 vs. 多階段、連續 vs. 離散結果變數……，其「模型適配度」檢定法有下列八種：

1. 專家之配對比較量表 (scale of paired comparison)：AHP 法 (層級分析法) 之 C.I. 及 R.I<0.1，不同評審給分才有一致性。

2. SEM 適配度的準則 (criteria for goodness-of-fit)，如下表：

(1) 整體模型適配 (Overall model fit)
– Chi-Square test(建議值 p-value > 0.05)
(2) 增量適配指標 (Incremental fit indices)
– Comparative Fit Index(建議值 CFI >= 0.90)
– Non-Normed Fit Index(建議值 NNFI >=0.90)
(3) 殘差為主的指標 (Residual-based Indices)
– Root Mean Square Error of Approximation(建議值 RMSEA=0.05)
– Standardized Root Mean Square Residual(建議值 SRMR <= 0.05)
– Root Mean Square Residual(建議值 RMR <= 0.05)
– Goodness of Fit Index(建議值 GFI >= 0.95)
– Adjusted Goodness of Fit Index(建議值 AGFI >= 0.90)
(4) 比較兩個模型之指標 (Model Comparison Indices)
– Chi-Square Difference Test
– Akaike 資訊準則 (兩個競爭模型之 AIC 較小者，適配越佳)
– Bayesian Information Criterion(兩個競爭模型之 BIC 較小者，適配越佳)

SEM 進一步詳情，請見作者《STaTa 在結構方程模型及試題反應理論》一書。

3. 資訊準則 (information criterion, IC)：STaTa 提供「estat ic」事後指令。

資訊準則 (information criterion) 亦可用來說明模型的解釋能力 (較常用來作為模型選取的準則，而非單純描述模型的解釋能力)。

(1) AIC(Akaike information criterion)

$$AIC = \ln\left(\frac{ESS}{T}\right) + \frac{2k}{T}$$

(2) BIC(Bayes information criterion)、SIC(Schwartz) 或 SBC

$$BIC = \ln\left(\frac{ESS}{T}\right) + \frac{k\ln(T)}{T}$$

(3) AIC 與 BIC 越小，代表模型的解釋能力越好（用的變數越少，或是誤差平方和越小）。

AIC = 2k – 2ln(L)

其中：K 是參數的數量，L 是概似函數。

假設條件是模型的誤差服從獨立常態分布。

讓 n 為觀察數，RSS 為殘差平方和，那麼 AIC 變為：

AIC=2k+n ln(RSS/n)

增加自由參數的數目，提高了模型適配性。AIC 鼓勵數據適配的優良性，但是盡量避免出現過度適配 (overfitting) 的情況。

所以，優先考慮的模型應是 AIC 值最小的那一個。赤池信息量準則的方法是尋找可以最好地解釋數據，但包含最少自由參數的模型。

4. 誤差越小者越佳。例如，樣本外預測：

通常，執行樣本外預測的程序為：

Step 1 以樣本內 $\{y_1, y_2, \cdots, y_N\}$ 來估計時間序列模型。

Step 2 建構預測：$\hat{y}_{(N+1)\leftarrow N}, \hat{y}_{(N+2)\leftarrow(N+1)}, \cdots, \hat{y}_{(T)\leftarrow(T-1)}$

Step 3 以「$e = \hat{y} - y$」公式來建構預測誤差：$\hat{e}_{(N+1)\leftarrow N}, \hat{e}_{(N+2)\leftarrow(N+1)}, \cdots, \hat{e}_{(T)\leftarrow(T-1)}$

Step 4 計算 MSE 的估計式

$$\widehat{MSE} = \frac{1}{P} \sum_{j=T-P}^{T-1} \hat{e}_{j+1,j}^2$$

Step 5 如果有兩個時間數列模型 A 與 B，我們可以分別求得：誤差均方 MSE_A 與 MSE_B。若 $MSE_A < MSE_B$，則稱模型 A 之預測表現比 B 佳。

5. 概似檢定 (LR) 法：迴歸模型之適配度比較法

概似比 likelihood ratio(LR) 檢定

例如：假設我們要檢定自我迴歸 AR(2) 模型是否比 AR(1) 模型佳，因此我們可以分別算出兩個模型的最大概似值分別為 L_u 與 L_R，則 LR 統計量為：

$LR = -2(L_R - L_u) \sim$ 符合 $\chi^2_{(m)}$ 分配

假如，P < 0.05 表示達顯著的話，則表示 AR(2) 模型優於 AR(1) 模型。

以 logistic 迴歸來說，假設 $LR_{(df)} = 188$，P < 0.05，表示我們界定的預測變數對依變數之模型，比「null model」顯著的好，即表示目前這個 logistic 迴歸模型適配得很好。

概似比特性：

1. 不受盛行率影響。

2. 將敏感度 (sensitivity)、特異度 (specificity) 結合成單一數字。

3. 可以量化檢驗結果之實務 (臨床) 意義。

4. 可以結合一連串檢驗，換算成檢驗後事件發生率。

5. 但是，LR 依然受 Cut off 值影響。

LR(概似檢定) 法常用在 ARIMA(p,d,q)、VAR、SVAR(結構式向量自我迴歸)、兩階段迴歸模型、似不相關迴歸、多層混合模型、logistic 迴歸、次序迴歸、多項 logistic 迴歸……。

有關介紹概似檢定 (LR) 法的實例，請見作者《Panel-data 迴歸模型：STaTa 在廣義時間序列的應用》一書。多層次模型請見作者《多層次模型 (HLM)：使用 STaTa》一書及《邏輯斯迴歸及離散選擇模型：應用 STaTa 統計》等書。

6. 判定係數 R^2：連續依變數之多元迴歸，其 R^2 值越大表示模型適配度越佳；相對地，離散依變數之多元迴歸 (e.g. 機率迴歸、xtprobit、Zero-truncated negative binomial、Poisson 等迴歸) 之 pseudo R^2 值越大，亦表示模型適配度越佳。

定義：pseudo-$R^2 = 1 - L_1/L_0$

其中，L_0 和 L_1 分別是 constant-only、full model log-likelihoods。

定義：判定係數 (coefficient of determination)：R^2

假定個體樣本觀察值與樣本平均值的差距為 $Y_t - \bar{Y}$，則：

$$Y_t - \bar{Y} = Y_t(-\hat{Y}_t + \hat{Y}_t) - \bar{Y} = (Y_t - \hat{Y}_t) + (\hat{Y}_t - \bar{Y})$$

將上式左右兩邊平方，可得下式：

$$(Y_t - \bar{Y})^2 = (Y_t - \hat{Y}_t)^2 + (\hat{Y}_t - \bar{Y})^2 + 2(Y_t - \hat{Y}_t)(\hat{Y}_t - \bar{Y})$$

將上式所有樣本變異加總，得到：

$$\sum_{t=1}^{T}(Y_t - \bar{Y})^2 = \sum_{t=1}^{T}(Y_t - \hat{Y}_t)^2 + \sum_{t=1}^{T}(\hat{Y}_t - \bar{Y})^2 + 2\sum_{t=1}^{T}(Y_t - \hat{Y}_t)(\hat{Y}_t - \bar{Y})$$

總變異 SS_T = 總誤差變異 SS_E + 迴歸模型可解釋總變異 SS_R + 0

定義：

總變異 $SS_T = \sum_{t=1}^{T}(Y_t - \bar{Y})^2$

總誤差變異 $SS_E = \sum_{t=1}^{T}(Y_t - \hat{Y}_t)^2$

迴歸模型可解釋總變異 $SS_R = \sum_{t=1}^{T}(\hat{Y}_t - \bar{Y})^2$

$2\sum_{t=1}^{T}(Y_t - \hat{Y}_t)(\hat{Y}_t - \bar{Y}) = 0$，證明如下：

$$\sum_{t=1}^{T}2(Y_t - \hat{Y}_t)(\hat{Y}_t - \bar{Y}) = \sum_{t=1}^{T}2\hat{\varepsilon}_t(\hat{\beta}_1 + \hat{\beta}_2 X_t - \bar{Y})$$

$$= \sum_{t=1}^{T}2\hat{\varepsilon}_t\hat{\beta}_1 + \sum_{t=1}^{T}2\hat{\varepsilon}_t\hat{\beta}_2 X_t - \sum_{t=1}^{T}2\hat{\varepsilon}_t\bar{Y}$$

$$= 2\hat{\beta}_1\sum_{t=1}^{T}\hat{\varepsilon}_t + 2\hat{\beta}_2\sum_{t=1}^{T}\hat{\varepsilon}_t X_t - 2\bar{Y}\sum\hat{\varepsilon}_t$$

根據正規方程式 $\sum_{t=1}^{T}\hat{\varepsilon}_t = 0$ 和 $\sum_{t=1}^{T}\hat{\varepsilon}_t X_t = 0$，上式為 0

因此，可以定義下式關係：

總變異 SS_T = 總誤差變異 SS_E + 迴歸模型可解釋總變異 SS_R

再定義之判定係數如下：

$$R^2 = \frac{SS_R}{SS_T} = 1 - \frac{SS_E}{SS_T}$$

2. 判定係數 R^2 的一些特性

(1) R^2 並不是衡量迴歸模型的品質 (quality)，而是適配度的指標之一。

(2) R^2 介於 0 和 1 之間 (無截距項的迴歸模型則例外)。

(3) R^2=0.35 代表迴歸模型解釋因變數平均值變異的 35%。

(4) R^2 偏低，不代表迴歸係數的估計值就沒有意義。

進一步詳情，請見作者《STaTa 與高等統計分析的應用》一書。

7. 繪 logistic 迴歸式之 ROC 曲線

```
* 繪出 ROC 曲線下的面積 (area under ROC curve)
. lroc

Logistic model for admit

number of observations =        400
area under ROC curve   =      0.6928
```

AUC 數值一般的判別準則如下：若模型 AUC = 0.692 ≈ 0.7，落入「可接受的區別力 (acceptable discrimination)」區。

AUC=0.5	幾乎沒有區別力 (no discrimination)
0.5 ≤ AUC<0.7	較低區別力 (準確性)
0.7 ≤ AUC<0.8	可接受的區別力 (acceptable discrimination)
0.8 ≤ AUC<0.9	好的區別力 (excellent discrimination)
AUC ≥ 0.9	非常好的區別力 (outstanding discrimination)

logistic 迴歸分析請見作者《邏輯斯迴歸及離散選擇模型：應用 STaTa 統計》一書。

8. 迴歸之預測績效

通常我們可用預測誤差作為評估預測品質的方法，假定 Y_t 為實際值，Y_t^f 為預測值，常用的模型預測績效指標，包括：

- mean squared error (MSE) $= \dfrac{\Sigma(Y_t^f - Y_t)^2}{T}$

- root mean squared error (RMSE) $= \sqrt{\dfrac{\Sigma(Y_t^f - Y_t)^2}{T}} = \sqrt{MSE}$

- mean absolute error (MAE) $= \dfrac{1}{T}\Sigma|Y_t - Y_t^f|$

- mean absolute percent error (MAPE) $= \dfrac{1}{T}\Sigma 100\dfrac{|Y_t - Y_t^f|}{Y_t}$

- mean squared percent error (MSPE) $= \dfrac{1}{T}\Sigma\left(100\dfrac{Y_t - Y_t^f}{Y_t}\right)^2$

- root mean squared percent error (RMSPE) $= \sqrt{\dfrac{1}{T}\Sigma\left(100\dfrac{Y_t - Y_t^f}{Y_t}\right)^2} = \sqrt{MSPE}$

chapter

02

有限混合模型
(finite mixtures models,
FMM 配搭十七種指令)

本書有限混合模型 (FMM)，包括線性迴歸、次序迴歸、logistic 迴歸、多項 logistic 迴歸、count 迴歸、零膨脹迴歸、參數型存活迴歸、2SLS 線性迴歸、order 迴歸、Beta 迴歸等理論與實作。

一、有限混合模型 (finite mixture model, fmm) 的功能

1. 填補樣本中遺漏值 (missing data)。
2. 發現潛在變數的價值 (discovering the value of latent variables)。
3. 估計 Hidden Markov Model 的參數 (estimating the parameters of HMMs)
   HMM 是一個統計馬爾可夫模型，被建模的系統假定為具有不可觀察（即潛在）狀態 (state) 的馬爾可夫過程。潛在馬爾可夫模型可以表示為最簡單的動態貝葉斯 (Bayesian) 網絡。在較簡單的馬爾可夫模型（如 Markov chain) 中，狀態對於觀察者是直接可見的，因此狀態轉移機率是唯一的參數。而在潛在馬爾可夫模型中，狀態不是直接可見的，但輸出是可見的（依賴於狀態）。每個狀態都有輸出標記的機率分布，因此，由 HMM 生成的 sequence of tokens 會出現關於狀態序列 (sequence of states) 的一些資訊。
4. 估算有限混合模型的參數（平均數 μ, 變異數 Σ)。
5. 非監督式集群學習 (unsupervised learning of clusters)。
6. 半監督分類和聚類 (semi-supervised classification and clustering)。

二、有限混合模型 (finite mixture model, fmm) 簡介

有限混合模型 (finite mixture model, fmm) 為一種混合分布的機率模型，其假定原始實測資料 (field observation) 係自眾多但有限的未知分布而來，而 FMM 模型的 EM 演算法可自行分類 (class/component)，以減少模型因存在不同異質體 (heterogeneity subpopulations) 而導致偏誤的估計結果。FMM 模型假設在未知的 K 個體下，彼此間關係式為：

$$\Pr_i(y \mid \beta_i) = \sum_{k=1}^{K} w_k f_k(y_k \mid \beta_{ki})$$

其中，$\Pr_i(y \mid \beta_i)$ 為混合機率密度 (mixture density) 的機率函數，經由 k 個加權比例 w_k，與其組內機率 $f_k(y_k \mid \beta_{ki})$ 所得的機率加權總和。此種機率函數因存在「有限個」加權機率，所以又稱有限混合機率分布 (finite mixture) 函數。其中，$\beta_i = [(\beta_1, \beta_2, ..., \beta_k)', W]$ 為各組的加權比例 (weight)，它被限制（約束）為正值且總和為 $1(w_i \text{ 且} \sum_{k-1}^{K} w_k = 1)$。公式中 $f_k(y_k \mid \beta_{ki})$ 通常包括常態分布、logit 分布、

Poisson 分布等。假設你指定的樣本符合 Gumbel 分布，則其模型可化身為**選擇模型** (作者另一本書)，包括多項 logit 迴歸 (mlogit 指令及 asmprobit、fmlogit、bayes: mlogit、mprobit、clogit、asclogit、ologit、logit、xtologit、zip 等指令)。其中，多項 logit 模型隱含可觀測的選擇行為，在不同群有不同的分布比例，若依據比例大小來分類，同群內視為同質 (homegeneous)，而不同群之間為異質 (heterogeneous)。由於選擇機率的發生係受迴歸係數 β 所影響，此使得任一影響屬性會因屬於不同群，而在不同群產生不同的邊際影響係數。

在應用方面，行銷、運輸、社會科學等領域，迄今已有眾多研究以 **FMM 模型**或**潛在類別模型** (latent class model, LCM；類別資料＋因素分析的合體) 來進行市場區隔 (各子群體) 的討論。在傳統 LCM 方法中，係同時模化群內與群間機率，而兩者事先之機率分布可就資料特性來自行指定：

1. **群內**機率旨在說明同群內對產生或某服務具有相同特質。例如價格與品牌，由於各族群對變數的感受不一、或某特定族群的比例過低，而導致迴歸係數的不顯著或不穩定，乃至不具參考價值，此時修正方法可考慮固定 (constant)、捨棄或跨群一併校估的處理方式。

2. 各**群間**機率旨在分析影響各次群組的因素，例如：改採用 **FMM 的潛在分類** (當依變數)、社會經濟、群組層次人口統計等當解釋變數。至於分群數目的多寡可由模型適配指標「AIC、BIC」來決定 (值越小、模型越佳)。倘若 BIC 仍難以解釋此困境，則可依據先驗知識 / 文獻探討來決定分群數目。

三、潛在變數模型 (latent variable models) 有六種

潛在變數 （latent variable scale）	外顯變數（observed variable scale）	
	離散型（discrete）	連續型（continuous）
離散型 (discrete)	潛在類別分析 (Latent class analysis, regression) (Lazarsfeld & Henry, 1968; Goodman, 1974; Clogg, 1981)	潛在剖面分析 (Latent profile analysis)，成長潛合模型 (Growth mixture) (Gibson,1959; Everitt, 1984)
連續型 (continuous)	潛在特質分析、離散型因素分析 (Discrete FA)、試題反應分析 (item response,IRT) (Richardson, 1936; Rasch,1960; Haberman, 1974)	因素分析 (Factor analysis)、LISREL (Spearman, 1904; Thurstone, 1947; Jöreskog, 1967)
用 EM 先**潛在分類**再預測	有限混合模型 (FMM) (Everitt & Hand,1981)	有限混合模型 (FMM) (Robertson & Fryer,1969)

假如說，因素分析旨在探討連續型外顯變數 (continuous manifest varibale) 背後的連續型潛在變數 (continuous latnet varibale)，那麼潛在類別分析 (LCM) 旨在探討類別外顯變數 (categorical manifest varibale) 背後的類別潛在變數 (categorical latnet varibale)。故二者最大差異是：外顯依變數是連續型或類別型態；LCM 的目的是以最少的潛在類別變數來解釋外顯變數，以達到局部獨立性。LCM 與因素分析背後數理雖然不同，但在方法學上兩者功能的目的幾乎相同。

由於篇幅限制，故作者《潛在類別分析》一書，另有精采的介紹。

2-1 有限混合模型 (finite mixtures models, FMM)

❏ 單變量Gaussian分配

$$\mathcal{N}(\mathbf{x}\,|\,\mu,\sigma)=\frac{1}{\sqrt{2\pi\sigma^2}}e^{-\frac{(x-\mu)^2}{2\sigma^2}}$$

mean ← → variance

❏ 多變量Gaussian分配

$$\mathcal{N}(\mathbf{x}\,|\,\mu,\Sigma)=\frac{1}{(2\pi|\Sigma|)^{1/2}}\exp\left\{-\frac{1}{2}(\mathbf{x}-\mu)^{\mathrm{T}}\Sigma^{-1}(\mathbf{x}-\mu)\right\}$$

mean ← → covariance

用概似法來估計**Gaussian**分配之這些參數

❏ 考慮 log of Gaussian Distribution

$$\ln \mathrm{p}(\mathbf{x}\,|\,\mu,\Sigma)=-\frac{1}{2}\ln(2\pi)-\frac{1}{2}\ln|\Sigma|-\frac{1}{2}(\mathbf{x}-\mu)^{\mathrm{T}}\Sigma^{-1}(\mathbf{x}-\mu)$$

❏ 偏微分，並令方程式為0

$$\frac{\partial \ln \mathrm{p}(\mathbf{x}\,|\,\mu,\Sigma)}{\partial \mu}=0 \qquad \frac{\partial \ln \mathrm{p}(\mathbf{x}\,|\,\mu,\Sigma)}{\partial \Sigma}=0$$

$$\mu_{\mathrm{ML}}=\frac{1}{N}\sum_{n=1}^{N}\mathbf{x}_n \qquad \Sigma_{\mathrm{ML}}=\frac{1}{N}\sum_{n=1}^{N}(\mathbf{x}_n-\mu_{\mathrm{ML}})(\mathbf{x}_n-\mu_{\mathrm{ML}})^{\mathrm{T}}$$

其中，**N**為樣本數或資料點數

圖 2-1 對數高斯分布最大概似之示意圖

高斯混合模型有二類

　　現有的高斯模型有單高斯模型 (SGM) 和高斯混合模型 (GMM) 兩種。從幾何而言，單高斯分布模型在二維空間上近似於橢圓，在三維空間上近似於橢球。在很多情況下，屬於同一類別的樣本點並不滿足「橢圓」分布的特性，所以我們需要引入混合高斯模型來解決這種情況。

1. 單一高斯模型

　　多維變數 x 服從高斯分布時，它的機率密度函數 PDF 定義如下：

$$N(x; \mu, \Sigma) = \frac{1}{(2\pi)^{D/2}} \frac{1}{(|\Sigma|)^{1/2}} \exp\left[-\frac{1}{2}(x-\mu)^T \Sigma^{-1}(x-\mu)\right]$$

在上述定義中，x 是維數為 D 的樣本向量，μ 是模型期望值，Σ 是模型變異數。對於單高斯模型，可以明確訓練樣本是否屬於該高斯模型，所以我們經常將 μ 用訓練樣本的均值代替，將 Σ 用訓練樣本的變異數代替。假設訓練樣本屬於類別 C，那麼上面的定義可以修改為下面的形式：

$$N(x; C) = \frac{1}{(2\pi)^{D/2}} \frac{1}{(|\Sigma|)^{1/2}} \exp\left[-\frac{1}{2}(x-\mu)^T \Sigma^{-1}(x-\mu)\right]$$

這個公式表示樣本屬於類別 C 的機率，我們可以根據定義的機率臨界值來判斷樣本是否屬於某個類別 (class)。

2. 高斯混合模型 (GMM)

　　高斯混合模型，顧名思義，就是資料可以看作是從多個高斯分布中生成出來的。從中央極限定理可以看出，高斯分布這個假設其實是比較合理的。為什麼我們要假設資料是由若干個高斯分布組合而成的，而不假設是其他分布呢？實際上不管是什麼分布，只要 K 取得足夠大，這個 XX mixture model 就會變得足夠複雜，就可以用來逼近任意連續的機率密度分布。只是因為高斯函數具有良好的計算性能，所 GMM 被廣泛地應用。

　　每個 GMM 由 K 個高斯分布組成，每個高斯分布稱為一個成分 (component/class)，這些成分線性加成在一起就組成了 GMM 的機率密度函數：

$$P(x) = \sum_{k=1}^{K} p(k)p(x|k) = \sum_{k=1}^{K} \pi_k N(x \mid \mu_k, \Sigma_k)$$

　　根據上面式子，如果要從 GMM 分布中隨機地取一個點，需要兩步驟：

1. 隨機地在這 K 個成分之中選一個，每個成分被選中的機率實際上就是它的係數 $P_i(k)$。

2. 選中了成分之後，再單獨地考慮從這個成分的分布中選取一個點。

如何用 GMM 來做聚類呢？其實很簡單，現在我們有了資料，假定它們是由 GMM 生成出來的，那麼我們只要根據資料推出 GMM 的機率分布來就可以了，然後 GMM 的 K 個成分實際上就對應了 K 個聚類了。在已知機率密度函數的情況下，要估計其中的參數的過程被稱作「參數估計」。實例請用 iExplore 開啓 CD 片中「**GMM EM 聚類具有模糊的邊界 .gif**」檔、「**GMM EM聚類具有良好的分離 .gif**」檔，它是 EM 動態模擬圖。

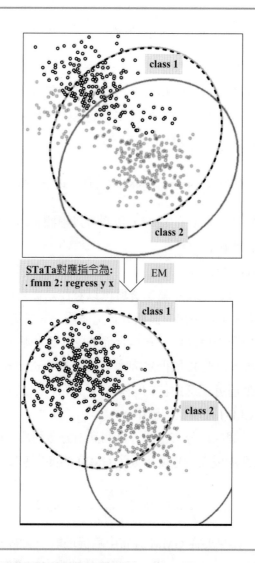

圖 2-2 「GMM EM 聚類具有模糊的邊界 .gif」檔 (請用 iExplore 觀看 EM 動態模擬圖)

我們可以利用最大概似估計來確定這些參數，GMM 的概似函數如下：

$$\sum_{i=1}^{N}\log\left\{\sum_{k=1}^{K}\pi_k N(x\,|\,\mu_k, \Sigma_k)\right\}$$

資料： $\mathcal{D} = \{\mathbf{x}^{(i)}\}_{i=1}^{N}$ where $\mathbf{x}^{(i)} \in \mathbb{R}^{M}$

生成故事：
$$z \sim \text{Categorical}(\phi)$$
$$\mathbf{x} \sim \text{Gaussian}(\mu_z, \Sigma_z)$$

模型： Joint: $p(\mathbf{x}, z; \phi, \mu, \Sigma) = p(\mathbf{x}|z; \mu, \Sigma)p(z; \phi)$

Marginal: $p(\mathbf{x}; \phi, \mu, \Sigma) = \sum_{z=1}^{K} p(\mathbf{x}|z; \mu, \Sigma)p(z; \phi)$

(Marginal) Log-likelihood:
$$\ell(\phi, \mu, \Sigma) = \log \prod_{i=1}^{N} p(\mathbf{x}^{(i)}; \phi, \mu, \Sigma)$$
$$= \sum_{i=1}^{N} \log \sum_{z=1}^{K} p(\mathbf{x}^{(i)}|z; \mu, \Sigma)p(z; \phi)$$

圖 2-3　混合模型 (mixture-model) 之數學式

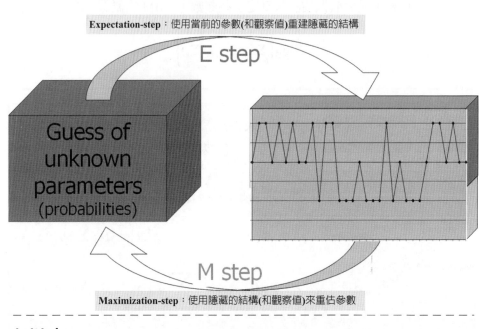

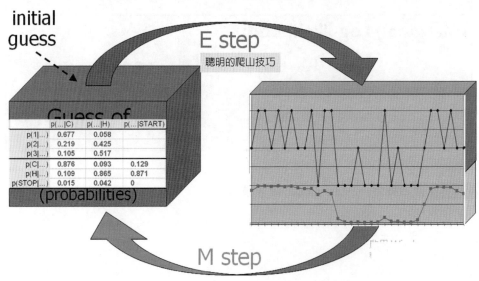

圖 2-4 潛在馬爾可夫 (hidden Markov) 模型 (聰明的爬山技巧)

可以用 EM 演算法來求解這些參數。EM 演算法求解的過程如下：

Expectation-step：使用當前的參數 (和觀察值) 重建隱藏的結構 [Use current parameters (and observations) to reconstruct hidden structure]。

求資料點由各個成分生成的機率 (並不是每個成分被選中的機率)。對於每個資料 x_i 來說，它由第 k 個組件生成的機率公式：

$$\gamma(i, k) = \frac{\pi_k N(x_i | \mu_k, \Sigma_k)}{\sum_{j=1}^{K} \pi_j N(x_i | \mu_j, \Sigma_{kj})}$$

Maximization-step：使用隱藏的結構 (和觀察值) 來重估參數 [Use that hidden structure (and observations) to reestimate parameters]。

估計每個成分的參數。由於每個成分都是一個標準的高斯分布，可以很容易分布求出最大概似所對應的參數值，分別如下公式：

$$\mu_k = \frac{1}{N_k} \sum_{i=1}^{N} \gamma(i, k) x_i$$

$$\pi_k = \frac{N_k}{N}$$

$$\Sigma_k = \frac{1}{N_k} \sum_{i=1}^{N} \gamma(i, k)(x_i - \mu_k)(x_i - \mu_k)^T$$

2-1-1 高斯混合模型 (Gaussian mixture model，簡稱 GMM)

一、何謂高斯 (常態) 模型

有限混合模型中，又以高斯混合模型 (Gaussian mixture model, GMM) 應用最廣且最早，它是用高斯機率密度函數 (常態分布曲線) 精確地量化事物，將一個事物分解為若干類 (class)，它們都基於高斯機率密度函數 (常態分布曲線) 形成的模型。通俗點講，無論觀測資料集如何分布以及呈現何種規律，多數都可以透過多個單一高斯模型的混合進行適配 (fit)。

高斯混合模型 (GMM) 既然叫高斯混合模型，自然是由高斯模型混合而來。高斯模型就是我們平時的常態分布，又名高斯分布。要學習理解高斯混合模型，需要中央極限定理和最大概似估計這兩個機率論背景知識。高斯混合模型，主要是用於聚類 (clustering)。如圖 2-5 例子：假設現在有三個不同的高斯分布，我們用這樣的三個分布隨機的生成任意多個點，那麼如何將某個點判定為屬於哪一個分布？這就相當於一個聚類問題，如何將一個點分布到他應該屬於的那個類 (component/ class) 中。

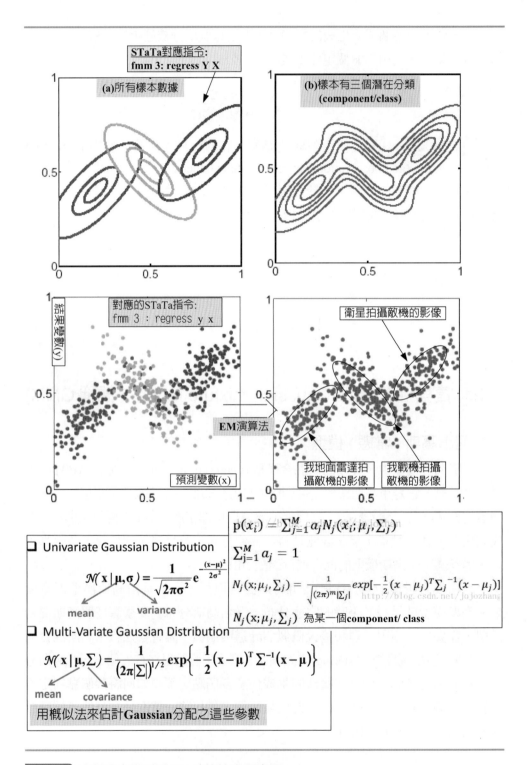

圖 2-5 高斯混合模型採 EM 演算法之示意圖

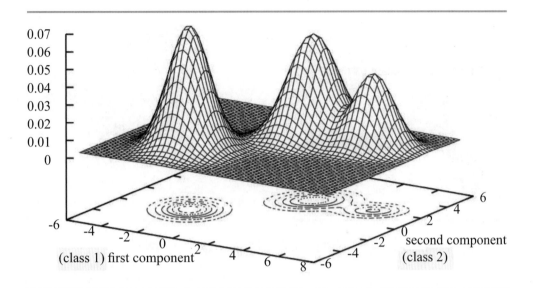

圖 2-6　混合機率密度函數的估計 (mixture probability density function) (樣本本身潛藏三個類別 / 成分)

二、心電圖應用高斯 (常態) 模型之方法：利用 EM 演算法求解

圖 2-7 為對「神經科學 (neuroscience)：電波尖峰的排序 (spike sorting)」應用而言，因為許多波形記錄在一個電極上，心電波形都會繪在一起 (Many waveforms recorded on a single electrode and plotted together)。如圖 2-7 所示，此時神經科學會假定 (assumption)：理想平均 spikes，Gaussian noise[高斯誤差 (噪聲)]。

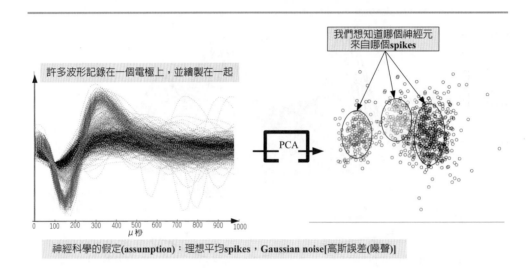

圖 2-7 心電圖有許多波形記錄在同一個電極上，並假定 noise 呈 Gaussian 分布

由圖 2-7 所示，我們心理想要問的問題，包括：

Q1. 這兩個尖峰 (spikes) 來自同一個神經元嗎？

這兩個數據點是否來自同一個潛藏類 (hidden class) 嗎？

Q2. 那裡有多少個神經元 (neurons)？

那裡有多少隱藏類 (classes)？

Q3. 哪個神經元來自哪個尖峰？

什麼模型最能解釋數據？

以上疑問，都可用混合模型 (mixture modeling) 來解決，如圖 2-8 所示。

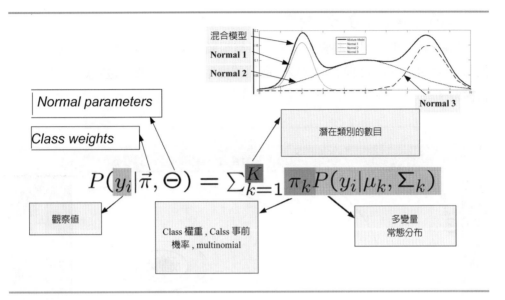

圖 2-8　將機率密度函數建模為參數化函數之和的公式

具體而言，你觀察一組數據其對應的公式符號，如圖 2-9 所示。

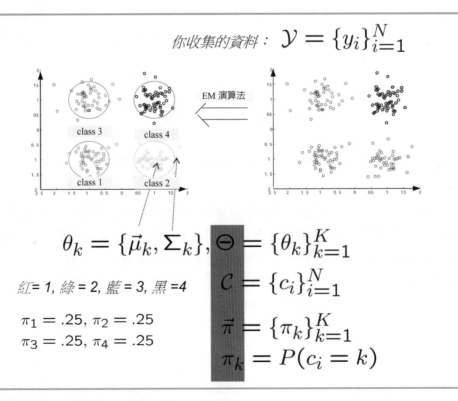

圖 2-9　觀察一組數據，其對應的公式符號

三、高斯 (常態) 分布的特性

　　如圖 2-10 是一個觀測資料集，資料集明顯分為兩個聚集核心，我們透過兩個單一的高斯 (常態) 模型混合成一個複雜模型來適配數據，這就是一個高斯混合模型。

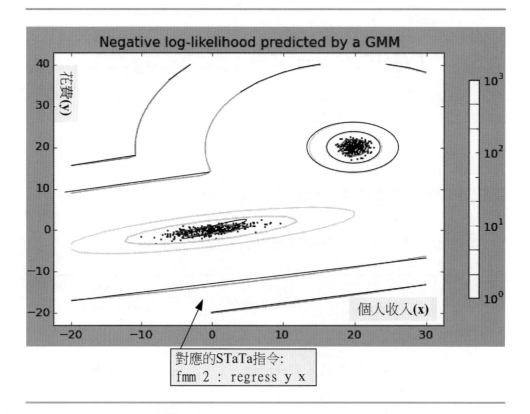

圖 2-10　兩個單一的高斯模型混合成一個複雜模型來適配數據

　　最常見的單一高斯模型 (或者稱單高斯分布) 就是鐘形曲線，只不過鐘形曲線是一維下的高斯分布。高斯分布 (Gaussian distribution) 又稱常態分布 (normal distribution)，是一個在數學、物理及工程等領域都非常重要的機率分布，在統計學的許多方面有著重大的影響力。因其曲線呈鐘形，因此人們又經常稱之為鐘形曲線，如圖 2-11 為標準常態分布圖。

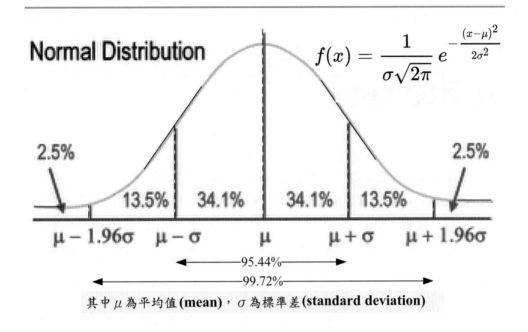

圖 2-11 高斯分布 (常態分布)

高斯分布的基本定義是：若隨機變數 X 服從一個數學期望為 μ、變異數為 σ^2 的高斯分布，則記為 N(μ，σ^2)。數學期望 μ 指的是平均值 (算術平均值)，σ 為標準差 (變異數開平方根後得到標準差)。高斯分布的機率密度函數為：

$$f(x) = \frac{1}{\sqrt{2\pi}\sigma} \exp\left(-\frac{(x-\mu)^2}{2\sigma^2}\right)$$

上述公式只是一維下的高斯分布模型，多維高斯分布模型下機率密度函數如下：

$$N(x; \mu, \Sigma) = \frac{1}{\sqrt{(2\pi)|\Sigma|}} \exp\left[-\frac{1}{2}(x-\mu)^T\Sigma^{-1}(x-\mu)\right]$$

上述公式中，x 是維度為 d 的列向量，μ 是模型期望，Σ 是模型變異數。在實際應用中，μ 通常用樣本平均值來代替，Σ 通常用樣本變異數來代替。很容易判斷一個樣本 x 是否屬於類別 C。因為每個類別都有自己的 μ 和 Σ，把 x 代入公式中，當機率大於一定臨界值時我們就認為 x 屬於 C 類。

從幾何形狀上講，單高斯分布模型在二維空間應該近似於橢圓，在三維空間上近似於橢球。但單高斯分布模型的問題是在很多分類問題中，屬於同一類

別的樣本點並不滿足「橢圓」分布的特性。因此，就需要引入高斯混合模型來解決這個問題。

定義：高斯混合之機率模型

$$Pr(x) = \sum_{k=1}^{K} \pi_k N(x; u_k, \Sigma_k)$$

其中，K 需要事先確定好，就像 K-means 中的 K 一樣，只要 K 足夠大，這個 XX mixture model 就會變得足夠複雜，就可以用來逼近任意連續的機率密度分布。π_k 是權重因數。其中的任意一個高斯分布 N(x; u_k, Σ_k) 叫作這個模型的一個 component(成分)。GMM 是一種聚類演算法，每個成分就是一個聚類中心。

既然已經了解高斯混合模型的定義，如何確定這些參數值？GMM 通常使用最大期望 (expectation maximum, EM) 進行參數評估。EM 演算法的基本思路是：隨機初始化一組參數 $\theta^{(0)}$，根據後驗機率 Pr(Y|X;θ) 來更新 Y 的期望 E(Y)，然後用 E(Y) 代替 Y 求出新的模型參數 $\theta^{(1)}$，如此疊代直到 θ 趨於穩定。詳情請見下一章節的介紹。

2-1-2 單一高斯機率密度函數的參數估測法

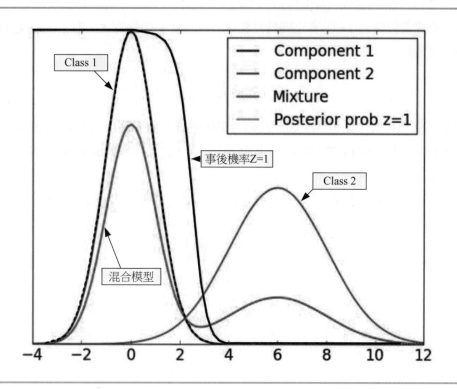

圖 2-12 univariate mixture of Gaussians model 圖

　　高斯混合模型 (Gaussian mixture model, GMM) 是單一高斯機率密度函數的延伸，由於 GMM 能夠平滑地近似任意形狀的密度分布，因此近年來常被用在圖形與語音辨識，得到不錯的效果。

　　假設我們有一組在高維空間 (維度為 d) 的點 x_i, $i = 1, \cdots, n$，若這些點的分布近似橢球狀，則我們可用高斯密度函數 $g(x_i; \mu, \Sigma)$ 來描述產生這些點的機率密度函數：

$$g\,(x;\mu, \Sigma) = \frac{1}{\sqrt{(2\pi)^d|\Sigma|}}\exp\left[-\frac{1}{2}(x-\mu)^T\Sigma^{-1}(x-\mu)\right]$$

其中 μ 代表此密度函數的中心點，Σ 則代表此密度函數的共變異矩陣 (covariance matrix)，這些參數決定了此密度函數的特性，如函數形狀的中心點、寬窄及走

向等。

　　欲求得最佳的參數來描述所觀察到的資料點，可由最佳可能性估測法的概念來求得。在上述高斯密度函數的假設下，當 $x = x_i$ 時，其機率密度為 $g(x_i;\ \mu,\ \Sigma)$。若我們假設 $x_i,\ i = 1 \sim n$ 之間為互相獨立的事件，則發生 $X = \{x_1,\ x_2,\ \cdots x_n,\}$ 的機率密度為

$$p\,(X; \mu,\ \Sigma) = \prod_{i=1}^{n} g\,(x_i;\ \mu,\ \Sigma)$$

由於 X 是已經發生之事件，因此我們希望找出 μ，Σ 值，使得 $p(X;\ \mu,\ \Sigma)$ 能有最大值，此種估測參數 (μ, Σ) 的方法，即稱為最佳可能性估測值 (maximum likelihood estimation, MLE)。

　　欲求得 $p(X;\ \mu,\ \Sigma)$ 的最大值，我們通常將之轉化為求下列 $J(\mu, \Sigma)$ 的最大值：

$$
\begin{aligned}
J\,(\mu,\ \Sigma) &= \ln P(X;\ \mu,\ \Sigma)\\
&= \ln\left[\prod_{i=1}^{n} g(x_i; \mu,\ \Sigma)\right]\\
&= \sum_{i=1}^{n} \ln g\,(x_i;\ \mu,\ \Sigma)\\
&= \sum_{i=1}^{n}\left[-\frac{d}{2}\ln(2\pi) - \ln|\Sigma| - \frac{1}{2}(x_i - \mu)^T \Sigma^{-1}(x_i - \mu)\right]\\
&= -\frac{nd}{2}\ln(2\pi) - n\ln|\Sigma| - \frac{1}{2}\sum_{i=1}^{n}\left[(x_i - \mu)^T \Sigma^{-1}(x_i - \mu)\right]
\end{aligned}
$$

欲求最佳的 μ 值，直接求 $J(\mu, \Sigma)$ 對 μ 的微分即可：

$$
\begin{aligned}
\nabla_\mu J\,(\mu,\ \Sigma) &= -\frac{1}{2}\sum_{i=1}^{n}\left[2\Sigma^{-1}(x_i - \mu)\right]\\
&= -\Sigma^{-1}\left(\sum_{i=1}^{n} x_i - n\mu\right)
\end{aligned}
$$

令上式等於零，我們就可以得到

$$\hat{\mu} = \frac{1}{n}\sum_{i=1}^{n} x_i$$

欲求最佳的 Σ 值，就不是那麼容易，需經過較繁雜的運算，在此我們僅列出結果：

$$\hat{\Sigma} = \frac{1}{n-1}\sum_{i=1}^{n}(x_i - \hat{\mu})(x_i - \hat{\mu})^T$$

一、高斯混合密度函數的參數估測法

如果我們的資料 $X=\{x_1, \cdots, x_n\}$ 在 d 維空間中的分布不是橢球狀，那麼就不適合以一個單一的高斯密度函數來描述這些資料點的機率密度函數。此時的變通方案，就是採用數個高斯函數的加權平均 (weighted average) 來表示。若以三個高斯函數來表示，則可表示成：

$$p(x) = \alpha_1 g(x; \mu_1, \Sigma_1) + \alpha_2 g(x; \mu_2, \Sigma_2) + \alpha_3 g(x; \mu_3, \Sigma_3)$$

此機率密度函數的參數為 $(\alpha_1, \alpha_2, \alpha_3, \mu_1, \mu_2, \mu_3, \Sigma_1, \Sigma_2, \Sigma_3)$，而且 $\alpha_1, \alpha_2, \alpha_3$ 要滿足下列條件：

$$\alpha_1 + \alpha_2 + \alpha_3 = 1$$

以此種方式表示的機率密度函數，稱為「高斯混合密度函數」或是「高斯混合模型」(Gaussian mixture model)，簡稱 GMM。

為簡化討論，我們通常假設各個高斯密度函數的共變異矩陣可以表示為：

$$\Sigma_j = \sigma_j^2 I = \sigma_j^2 \begin{bmatrix} 1 & 0 & \cdots & 0 \\ 0 & \ddots & \ddots & \vdots \\ \vdots & \ddots & \ddots & 0 \\ 0 & \cdots & 0 & 1 \end{bmatrix} \quad , j = 1, 2, 3$$

此時單一的高斯密度函數可表示如下：

$$g(x; \mu, \sigma^2) = (2\pi)^{-d/2} \sigma^{-d} \exp\left[-\frac{(x-\mu)^T(x-\mu)}{2\sigma^2} \right]$$

在上述方程式中，我們暫時省略了下標 j，以簡化方程式。若將上式對各個參數進行微分，可以得到下列等式：

$$\nabla_\mu g(x; \mu, \sigma^2) = g(x; \mu, \sigma^2)\left(-\frac{1}{2\sigma^2}\right)\nabla_\mu[(x-\mu)^T(x-\mu)]$$
$$= g(x; \mu, \sigma^2)\left(\frac{x-\mu}{\sigma^2}\right)$$

$$\nabla_\sigma g(x; \mu, \sigma^2) = (2\pi)^{-d/2}(-d)\sigma^{-d-1}e^{-\frac{(x-\mu)^T(x-\mu)}{2\sigma^2}} + (2\pi)^{-d/2}\sigma^{-d}e^{-\frac{(x-\mu)^T(x-\mu)}{2\sigma^2}}\left[\frac{(x-\mu)^T(x-\mu)}{\sigma^3}\right]$$
$$= g(x; \mu, \sigma^2)\left(\frac{(x-\mu)^T(x-\mu)}{\sigma^3} - \frac{d}{\sigma}\right)$$

上述這兩個等式，會在我們後面推導微分公式時，反覆被用到。

　　當共變異矩陣可以表示成一個常數和一個單位方陣的乘積時，前述的 $p(x)$ 可以簡化成：

$$p(x) = \alpha_1 g(x; \mu_1, \sigma_1^2) + \alpha_2 g(x; \mu_2, \sigma_2^2) + \alpha_3 g(x; \mu_3, \sigma_3^2)$$

此 $p(x)$ 的參數為 $\theta = [\alpha_1, \alpha_2, \alpha_3, \mu_1, \mu_2, \mu_3, \sigma_1^2, \sigma_2^2, \sigma_3^2]$，參數個數為 $1 + 1 + 1 + d + d + d + 1 + 1 + 1 = 6 + 3d$。

　　欲求得最佳的 θ 值，我們可依循最佳可能性估測法 (MLE) 原則，求出下列的最小值：

$$
\begin{aligned}
J(\theta) &= \ln\left[\prod_{i=1}^{n} p(x_i)\right] \\
&= \sum_{i=1}^{n} \ln p(x_i) \\
&= \sum_{i=1}^{n} \ln[\alpha_1 g\,(x_i; \mu_1; \sigma_1^2) + \alpha_2 g\,(x_i; \mu_2; \sigma_2^2) + \alpha_3 g\,(x_i; \mu_3; \sigma_3^2)]
\end{aligned}
$$

為簡化討論，我們引進另一個數學符號：

$$\beta_j(x) = \frac{\alpha_j g(x; \mu_j, \sigma_j^2)}{\alpha_1 g(x; \mu_1, \sigma_1^2) + \alpha_2 g(x; \mu_2, \sigma_2^2) + \alpha_3 g(x; \mu_3, \sigma_3^2)}$$

稱為事後機率 (post probability)，若用條件機率常用的表示方式，$\beta_j(x)$ 可寫成：

$$
\begin{aligned}
\beta_j(x) &= p(j\,|\,x) = \frac{p(j \cap x)}{p(x)} = \frac{p(j)p(x\,|\,j)}{p(x)} \\
&= \frac{p(j)p(x\,|\,j)}{p(1)p(x\,|\,1) + p(2)p(x\,|\,2) + p(3)p(x\,|\,3)} \\
&= \frac{\alpha_j g(x; \mu_j, \sigma_j^2)}{\alpha_1 g(x; \mu_1, \sigma_1^2) + \alpha_2 g(x; \mu_2, \sigma_2^2) + \alpha_3 g(x; \mu_3, \sigma_3^2)}
\end{aligned}
$$

因此 $\beta_j(x)$ 可以看成是下列事件的機率：在觀測到亂數向量的值是 x 時，此向量是第 j 個高斯密度函數所產生的。欲求 $J(\theta)$ 的最小值，我們可以直接對 μ_j 及 σ_j 微分：

$$
\begin{aligned}
\nabla_{\mu j} J(\theta) &= \sum_{i=1}^{n} \frac{\alpha_j g(x; \mu_j, \sigma_j^2)}{\alpha_1 g(x_i; \mu_1, \sigma_1^2) + \alpha_2 g(x_i; \mu_2, \sigma_2^2) + \alpha_3 g(x_i; \mu_3, \sigma_3^2)} \frac{x_i - \mu_j}{\sigma_j^2} \\
&= \sum_{i=1}^{n} \beta_j(x_i)\left(\frac{x_i - \mu_j}{\sigma_j^2}\right)
\end{aligned}
$$

$$\nabla_{\sigma i} J(\theta) = \sum_{i=1}^{n} \frac{\alpha_j g(x; \mu_j, \sigma_j^2)}{\alpha_1 g(x_i; \mu_1, \sigma_1^2) + \alpha_2 g(x_i; \mu_2, \sigma_2^2) + \alpha_3 g(x_i; \mu_3, \sigma_3^2)} \left[\frac{(x_i - \mu_j)^T (x_i - \mu_j)}{\sigma_j^3} - \frac{d}{\sigma_j} \right]$$

$$= \sum_{i=1}^{n} \beta_j(x_i) \left[\frac{(x_i - \mu_j)^T (x_i - \mu_j)}{\sigma_j^3} - \frac{d}{\sigma_j} \right]$$

令上兩式為零,即可得到:

$$\mu_j = \frac{\sum_{i=1}^{n} \beta_j(x_i) x_i}{\sum_{i=1}^{n} \beta_j(x_i)} \tag{2-1}$$

$$\sigma_j^2 = \frac{1}{d} \frac{\sum_{i=1}^{n} \beta_j(x_i)(x_i - \mu_j)^T (x_i - \mu_j)}{\sum_{i=1}^{n} \beta_j(x_i)} \tag{2-2}$$

此外,因為我們必須求 $J(\theta)$ 對 α_j 的微分,但因 α_j 仍必須滿足總和為 1 的條件,因此引進 Lagrange multiplier,並定義新的目標函數為:

$$J_{new} = J + \lambda(1 - \alpha_1 - \alpha_2 - \alpha_3)$$

$$= \sum_{i=1}^{n} \ln \left[\alpha_1 g(x_i; \mu_1, \sigma_1^2) + \alpha_2 g(x_i; \mu_2, \sigma_2^2) + \alpha_3 g(x_i; \mu_3; \sigma_3^2) \right] + \lambda(1 - \alpha_1 - \alpha_2 - \alpha_3)$$

$$\frac{\partial J_{new}}{\partial \alpha_j} = \sum_{i=1}^{n} \frac{g(x_i; \mu_j, \sigma_j^2)}{\alpha_1 g(x_i; \mu_1, \sigma_1^2) + \alpha_2 g(x_i; \mu_2, \sigma_2^2) + \alpha_3 g(x_i; \mu_3, \sigma_3^2)} - \lambda = 0$$

$$= \frac{1}{\alpha_j} \sum_{i=1}^{n} \beta_j(x_i) - \lambda = 0, j = 1, 2, 3$$

$$\Rightarrow \begin{cases} \alpha_1 \lambda = \sum_{i=1}^{n} \beta_1(x_i) \\ \alpha_2 \lambda = \sum_{i=1}^{n} \beta_2(x_i) \\ \alpha_3 \lambda = \sum_{i=1}^{n} \beta_3(x_i) \end{cases}$$

將上三式相加:

$$(\alpha_1 + \alpha_2 + \alpha_3)\lambda = \sum_{i=1}^{n} [\beta_1(x_i) + \beta_2(x_i) + \beta_3(x_i)]$$

$$\lambda = \sum_{i=1}^{n} 1 = n$$

$$\Rightarrow \alpha_j = \frac{1}{n} \sum_{i=1}^{n} \beta_j(x_i), \ j = 1, 2, 3 \tag{2-3}$$

　　因此，經由計算 $J(\theta)$ 的導式並令其爲零，我們得到方程式 (2-1), (2-2) 及 (2-3)，這三個方程式事實上代表了 $6+3d$ 個純量方程式，共含 $6+3d$ 個未知數，但須特別注意的是：$\beta_j(x)$ 仍是 $[\alpha_1, \alpha_2, \alpha_3, \mu_1, \mu_2, \mu_3, \sigma_1^2, \sigma_2^2, \sigma_3^2]$ 的函數，因此方程式 (2-1), (2-2), (2-3) 是一組含 $6+3d$ 個未知數的非線性聯立方程式，很難用一般的方法去解，通常我們是以方程式 (2-1), (2-2), (2-3) 爲基礎來進行疊代法，流程如下：

1. 設定一個起始參數值 $\theta = [\alpha_1, \alpha_2, \alpha_3, \mu_1, \mu_2, \mu_3, \sigma_1^2, \sigma_2^2, \sigma_3^2]$。（我們可令 $\alpha_1 = \alpha_2 = \alpha_3 = \dfrac{1}{3}$，並使用 K-means 的方式來計算群聚的中心點，以作爲 μ_1、μ_2 和 μ_3 的起始參數值。）

2. 使用 θ 來計算 $\beta_1(x_i)$、$\beta_2(x_i)$ 及 $\beta_3(x_i)$，$i = 1\sim n$

3. 計算新的 μ_j 值：

$$\tilde{\mu}_j = \frac{\sum\limits_{i=1}^{n} \beta_j(x_i) x_i}{\sum\limits_{i=1}^{n} \beta_j(x_i)}$$

4. 計算新的 σ_j 值：

$$\tilde{\sigma}_j^2 = \frac{1}{d} \frac{\sum\limits_{i=1}^{n} \beta_j(x_i)(x_i - \tilde{\mu}_j)^T (x_i - \tilde{\mu}_j)}{\sum\limits_{i=1}^{n} \beta_j(x_i)}$$

5. 計算新的 α_j 值：

$$\tilde{\alpha}_j = \frac{1}{n} \sum\limits_{i=1}^{n} \beta_j(x_i)$$

6. 令 $\tilde{\theta} = [\tilde{\alpha}_1, \tilde{\alpha}_2, \tilde{\alpha}_3, \tilde{\mu}_1, \tilde{\mu}_2, \tilde{\mu}_3, \tilde{\sigma}_1^2, \tilde{\sigma}_2^2, \tilde{\sigma}_3^2]$，若 $\| \theta - \tilde{\theta} \|$ 小於某一個極小的容忍值，則停止，否則令 $\theta = \tilde{\theta}$ 並跳回步驟 2。

　　上述疊代方法一定會讓 $J(\theta)$ 逐步遞增，並收斂至一個局部最大值 (local maximum)，但我們無法證明此局部最大值是否就是全域最大值 (global maximum)。

2-1-3 有限混合模型之對應指令

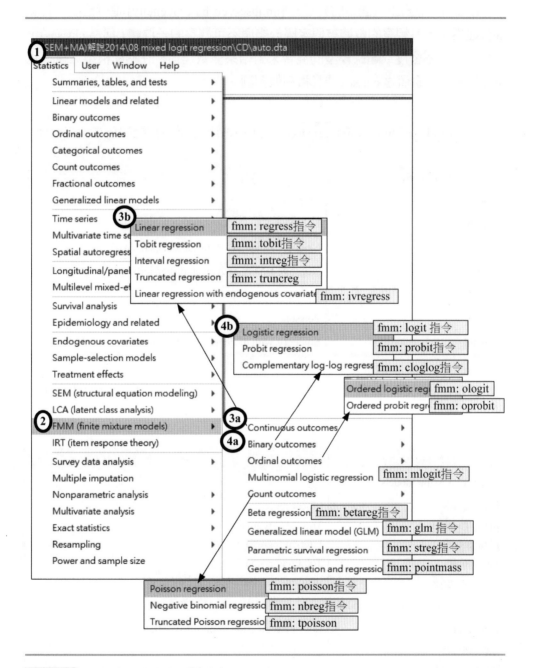

圖 2-13 有限混合模型之對應指令一

fmm 估計法旨在「Fitting finite mixture models」。

Finite mixture models(FMMs) 旨在對可觀察值來分類，調整聚類 (clustering)，並對不可觀察的異質性 (unobserved heterogeneity) 進行建模。有限混合建模中，可觀察的數據被假定屬於幾個不可觀察的子群體 (稱爲 classes)，並且使用機率密度或迴歸模型的混合來對結果變數建模。在適配模型之後，也可以對每個觀察值之 classes 成員機率做預測。

STaTa v12 的 fmm「mix(density)」選項，結果變數可搭配的分布，有七種：

分布 (density)	說明
gamma	Gamma 分布
lognormal	Lognormal
negbin1	Negative Binomial-1(constant dispersion)
negbin2	Negative Binomial-2(mean dispersion)
normal	Normal or Gaussian
poisson	Poisson
studentt	Student-t with df degrees of freedom

STaTa v15 的「fmm: density 」選項，結果變數可搭配的分布，有下列十七種：

分布 (density)	說明
Linear regression models	
fmm: regress	Linear regression
fmm: truncreg	Truncated regression
fmm: intreg	Interval regression
fmm: tobit	Tobit regression
fmm: ivregress	Instrumental-variables regression
Binary-response regression models	
fmm: logit	Logistic regression, reporting coefficients
fmm: probit	Probit regression
fmm: cloglog	Complementary log-log regression

分布 (density)	說明
Ordinal-response regression models	
fmm: ologit	Ordered logistic regression
fmm: oprobit	Ordered probit regression
Categorical-response regression models	
fmm: mlogit	Multinomial(polytomous)logistic regression
Count-response regression models	
fmm: poisson	Poisson regression
fmm: nbreg	Negative binomial regression
fmm: tpoisson	Truncated Poisson regression
Generalized linear models	
fmm: glm	Generalized linear models
Fractional-response regression models	
fmm: betareg	Beta regression
Survival regression models	
fmm: streg	Parametric survival models

「fmm:」可選擇十七種分布之一,來適配你的結果變數的分布。

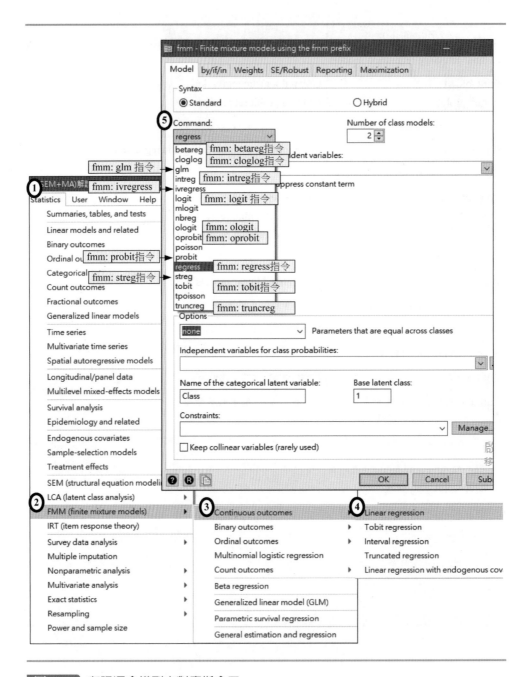

圖 2-14 有限混合模型之對應指令二

2-1-4a 有限混合模型之應用領域

早期有限混合模型主要應用在：天文學 (astronomy)、生物學 (biology)、經濟學 (economics)、工程學 (engineering)、遺傳學 (genetics)、市場行銷 (marketing)、醫學 (medicine)、精神病學 (psychiatry)。現已流行於教育學、心理學、社會科學、人管、生產管理、經濟系、風險管理系、航運管理、財務金融、會計、公共衛生、工業工程、土木……。

一、財務模型 (financial model)

在正常情況下和危機時期 (during crisis times)，財務回報通常表現不同 (Dinov, 2008)。採用數據的混合模型似乎是合理的。有時使用的模型是跳躍擴散模型 (jump-diffusion model)、或是兩個常態分布的混合。

二、直接和間接的應用

上述「財務模型」就是混合模型的一種直接應用，我們假定一種基本機制 (mechanism)，可分辨每個觀察屬於某些不同來源或類別之一。然而，這種基本機制是可能或不可能觀察的。在這種形式的混合物中，每個緣由是由成分機率密度函數來描述，且其混合權重是觀察自該成分的機率。

在混合模型的間接應用中，我們不假定有這樣的機制。混合模型僅套用其數學靈活性。例如：具有不同手段 (means) 的兩個常態分布的混合，可能導致具有兩種模式的密度，這不是由標準參數分布所建模的。另一例子是，利用混合分布的機率來適配厚尾 (非常態) 模型，進而建構更多極端事件的備選方案。結合動態模型獲得一致性，這種方法早已應用於金融衍生品估計值、具有波動性微笑 (volatility smile) 之局部波動 (the context of local volatility models) 的建模。這定義了我們的應用。

三、房價 (house prices)

假設我們觀察到 N 個不同房屋的價格。不同社區、不同類型的房屋將具有非常不同的價格，但特定社區的特定類型的房屋價格 (例如：高檔社區的三房) 將趨於平均集中。這樣的價格可能模式，將是假設價格預測可用混合模型來審視 k 個不同的類別 (component)。每個類別 (component) 分布都有各自未知平均值和變異數的常態分布，每個類別都各界定其房子類型 / 附近的特定組合，再將該模型適配於觀察價格。例如：使用期望最大化 (expectation-maximization, EM)

演算法，將根據房屋類型 / 社區來聚集價格 (cluster the prices)，並揭示每種類型 / 社區價格的差異。請注意，若價格或收入都為房價的正向保值，並且趨於成倍增長的價值，則 log-normal 分布可能會比常態分布更好。

四、文件中有哪些主題？(topics in a document)

定義：Dirichlet 分布

狄利克雷分布是一組連續多變數機率分布，是多變數普遍化的 Beta 分布，為了紀念德國數學家狄利克雷 (Peter Gustav Lejeune Dirichlet) 而命名。狄利克雷分布常作為貝葉斯統計的先驗 (事前) 機率。當狄利克雷分布維度趨向無限時，便成為狄利克雷過程 (Dirichlet process)。

狄利克雷分布奠定了狄利克雷過程的基礎，被廣泛應用於自然語言處理，特別是主題模型 (topic model) 的研究。

機率密度函數

維度 $K \geq 2$ 的狄利克雷分布在參數 $\alpha_1, ..., \alpha_K > 0$ 上，基於歐幾里得空間 R^{K-1} 裡的勒貝格測度有個機率密度函數，定義為：

$$f(x_1, ..., x_K; \alpha_1, ..., \alpha_K) = \frac{1}{B(\alpha)} \prod_{i=1}^{K} x_i^{\alpha_i - 1}$$

$x_1, ..., x_{K-1} > 0$ 且 $x_1 + ... + x_{K-1} < 1$，$x_K = 1 - x_1 - ... - x_{K-1}$，在 $(K-1)$ 維的單純形開集上密度為 0。

歸一化衡量 $B(\alpha)$ 是多項 B 函數，可以用 Γ 函數 (gamma function) 表示：

$$B(\alpha) = \frac{\prod_{i=1}^{K} \Gamma(\alpha_i)}{\Gamma(\sum_{i=1}^{K} \alpha_i)}, \quad \alpha = (\alpha_1, ..., \alpha_k)$$

假設大小為 V 之文件檔的總詞組 (vocabulary) 係由 N 個不同的單詞 (words) 所組成，其中，每個單詞對應於 K 個可能主題之一。這些詞的分布可被模擬為 K 個不同 V 維分類分布 (K different V-dimensional categorical distributions) 的混合，這種模式通常稱為主題模型 (topic model)。請注意，應用於這種模型的期望最大化 (EM) 通常因為過多的參數而無法產生結果，故需要一些額外的假定 (assumptions) 來獲得好結果。例如：將下列兩種附加成分 (components) 添加到模型中：

1. 先驗分布來描述該主題分布中的參數，使用 Dirichlet 分布與 concentration 參數要設定爲 <1，以便符合稀疏分布 (其中僅少數詞語 words 具有顯著非零機率)。

定義：對數常態 (log-normal) 分布

在機率理論中，對數常態分布是一個連續機率分布，隨機變數其對數是常態分布。因此，如果隨機變數 X 是對數常態分布，則 Y = ln(X) 具有常態分布。同樣，如果 Y 具有常態分布，則 X = exp(Y) 的指數函數，具有對數常態分布。常態分布的隨機變數只取正值。在弗朗西斯 · 加爾頓 (Francis Galton) 之後，這種分布有時被稱爲 Galton 分布 (Bulmer, Michael, 2003)。對數常態分布也與其他名稱相關聯，如 McAlister, Gibrat 和 Cobb-Douglas。

對數常態過程是許多獨立隨機變數的乘法乘積的統計實現，每個隨機變數均爲正，透過中心極限定理來證明這一點。對數常態分布是指定 ln(X) 的平均值和變異數的隨機變數 X 的最大熵機率分布。

機率密度函數

如果 X 的對數常態分布，則隨機變數 X 是對數常態分布的，

$$\ln(X) \sim N(\mu, \sigma^2)$$

讓 Φ 和 φ 分別是 N(0,1) 分布的累積機率密度函數和機率密度函數。

那麼我們有：

$$
\begin{aligned}
f_X(x) &= \frac{d}{dx} \Pr(X \le x) = \frac{d}{dx} \Pr(\ln X \le \ln x) \\
&= \frac{d}{dx} \Phi\left(\frac{\ln x - \mu}{\sigma}\right) \\
&= \varphi\left(\frac{\ln x - \mu}{\sigma}\right) \frac{d}{dx}\left(\frac{\ln x - \mu}{\sigma}\right) \\
&= \varphi\left(\frac{\ln x - \mu}{\sigma}\right) \frac{1}{\sigma x} \\
&= \frac{1}{x} \cdot \frac{1}{\sigma\sqrt{2x}} \exp\left(-\frac{(\ln x - \mu)^2}{2\sigma^2}\right)
\end{aligned}
$$

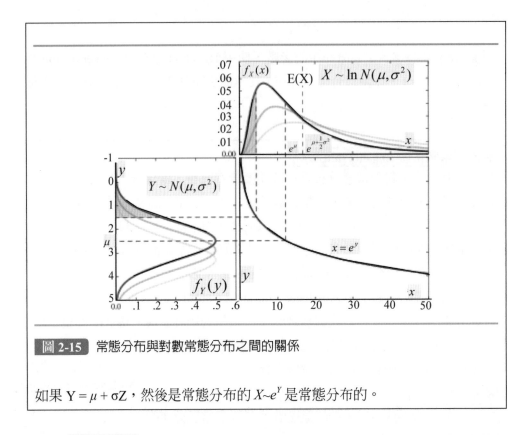

圖 2-15 常態分布與對數常態分布之間的關係

如果 $Y = \mu + \sigma Z$，然後是常態分布的 $X \sim e^Y$ 是常態分布的。

2. 某些額外的約束放在話題的主題身上 (topic identities of words)，以利用自然聚類 (natural clustering)。

   (1) 例如：馬爾可夫鏈 (Markov chain) 可以被放置在主題標識 (topic identities) (即，指定每個觀察的混合成分的潛在變數) 中，來對應相似詞亦可屬於相似主題。這是一個隱藏的馬爾可夫模型 (hidden Markov model)，特別是一個 prior 分布放置在有利於保持在相同狀態轉換 (state transitions) 的模型中。

   (2) 潛在的 Dirichlet 分布的另一種可能性，是將單詞劃分為 D 個不同的文檔 (documents)，並假設在每個文檔中，只有少數主題 (topics) 具有任何出現頻率。

五、手寫識別 (handwriting recognition)

    以 Bishop, Christopher(2006) 的模式識別 (pattern recognition) 和機器學習為例子。

    想像一下，我們提出了一個 N×N 的黑白圖像，被認為是在 0 到 9 之間的手寫數字的掃描，但是我們不知道手寫數字。我們可以創建一個混合模型，它具 K = 10 不同的成分，每個成分 N^2 個向量之 Bernoulli distributions(one per pixel)。這樣的模型即可在未標記的手寫數字集合上,用期望最大化算法 (expectation- maximization algorithm) 來進行訓練,並且根據正在寫入的數字有效地聚集圖像。然後可使用相同模型,簡單地保持參數固定來計算另一圖像數字、計算每個可能數字的新圖像的機率 (a trivial calculation),並轉回手寫字之最高機率的數字。

六、評估射擊精度 (assessing projectile accuracy;又名 circular error probable, CEP)

混合模型適用於將多點射彈引導到某一目標 (directing multiple projectiles at a target)(如空中、陸地或海上防禦應用),其中,射擊的物理或統計特徵在多個射彈場是不同的。例如:可能是來自多個彈藥類型的鏡頭、或來自指向一個目標多個位置的鏡頭 (shots from multiple munitions types or shots from multiple locations directed at one target)。射彈類型 (如:天劍、雄三飛彈) 的組合可用 Gaussian 混合模型 (Spall & Maryak, 1992)。此外,一組射擊的準確度測量,最有名的是循環誤差可能 (circular error probable, CEP),即一組射彈過半數落在 R 半徑的圓內目標。混合模型可用於決定、估計 R 值,此混合模型可適當地捕獲不同類型的射彈。

七、模糊圖像分割 (fuzzy image segmentation)

在圖像處理和計算機視覺中,傳統的圖像分割模型通常只將一個像素 (pixel) 分布給一個互斥圖案 (pattern)。在模糊或 soft 分割中,任何模式都可以在任何單一像素 (pixel) 上具有一定的「ownership」。如果 patterns 是 Gaussian 模糊,則模糊分割自然會導致 Gaussian 混合。結合其他分析或幾何工具 (例如:phase transitions over diffusive boundaries),這種空間正則化混合模型可以導致計算上更有效的分割法 (Shen, 2006)。

2-1-4b 有限混合模型之研究議題

有限混合模型的應用領域,常見的研究議題包括:

————| 行銷管理類 |————

1. 城際客運運具選擇市場區隔模式之比較研究

本文對臺灣地區城際客運的市場區隔方法深入探討。所採用的市場區隔方法有：1. 精密的效用函數指定法、2. 群集分析、3. 修正的分類與迴歸樹法、4. 同時建立市場區隔與選擇模式的內生市場區隔法。本文對四種方法的理論、函數指定、實證結果與各方法間的比較分析做了詳細的討論，所採用的個體選擇模式是多項 logit 模式。研究結果發現修正的分類 (class/ component) 迴歸樹法與內生市場區隔法的解釋能力良好，但後者不易校估。精密的效用函數指定法解釋能力亦佳，但區隔間之差異主要來自社經特性不同、群集分析的區隔能力不佳。

定義： 市場區隔 **(market segmentation)**

市場區隔被定義為：「在滿足消費者需求的過程中，不斷地與某一群特定對象進行對話。」這一群特定對象被稱為市場區隔，而市場區隔不只是靜態的概念，更是動態的過程，是了解某一群特定消費者的特定需求，透過新產品、新服務或新的溝通形式，使消費者從認知到使用產品或服務並回饋相關訊息的過程。

按不同類型的消費者，開發各種適合商品，就是市場區隔。區隔的目標是行銷資源的有效配置、行銷目標的有效制定以及創造行銷優勢等。區隔的作用在於發現新市場，並鞏固舊有市場或從新的區隔市場尋求突破。

市場區隔是指營銷者透過市場調查研究，依據消費者的需要和欲望、購買行為和購買習慣等方面的差異，把某一產品的市場整體劃分為若干消費者群的市場分類過程。每一個消費者群就是一個區隔市場，每一個區隔市場都具有類似需求傾向的消費者構成的群體。

區隔消費者市場的基礎

1. 地理區隔：國家、地區、城市、農村、氣候、地形。
2. 人口區隔：年齡、性別、職業、收入、教育、家庭人口、家庭類型、家庭生命周期、國籍、民族、宗教、社會階層。
3. 心理區隔：社會階層、生活方式、個性。
4. 行為區隔：時機、追求利益、使用者地位、產品使用率、忠誠度、購買準備階段、態度。
5. 受益區隔：追求的具體利益、產品帶來的益處，如質量、價格、品位等。

市場區隔的程序

市場區隔作為一個比較、分類、選擇的過程，應該按照一定的程序來進行，通常有以下幾步驟：

1. 正確選擇市場範圍

企業根據自身的經營條件和經營能力確定進入市場的範圍，如進入什麼行業、生產什麼產品、提供什麼服務。

2. 列出市場範圍內所有潛在顧客的需求情況

根據區隔標準，比較全面地列出潛在顧客的基本需求，作為以後深入研究的基本資料和依據。

3. 分析潛在顧客的不同需求，初步劃分市場

企業將所列出的各種需求透過抽樣調查，進一步收集有關市場訊息與顧客背景資料，然後初步劃分出一些差異最大的區隔市場，至少從中選出三個分市場。

4. 篩選

根據有效市場區隔的條件，對所有區隔市場進行分析研究，剔除不合要求、無用的區隔市場。

5. 為區隔市場定名

為便於操作，可結合各區隔市場上顧客的特點，用形象化、直觀化的方法作為區隔市場的定名，如某旅遊市場分為商人型、舒適型、好奇型、冒險型、享受型、經常外出型等。

6. 覆核

進一步對區隔後選擇的市場進行調查研究，充分認識各區隔市場的特點。例如：本企業所開發的區隔市場的規模、潛在需求，還需要對哪些特點進一步分析研究等。

7. 決定區隔市場規模，選定目標市場

企業在各子市場中選擇與本企業經營優勢和特色相一致的子市場，作為目標市場。沒有這一步，就沒有達到區隔市場的目的。

經過以上七個步驟，企業便完成了市場區隔的工作，此時可以根據自身的實際情況確定目標市場並採取相應的目標市場策略。

─────── 心理 / 管理類 ───────

2. 發展心理學研究中個體定向的理論與方法

> 長期以來，發展心理學研究主要採取變數定向的方法。近年來，隨著發展心理學理論的發展和人類發展個體差異的科學事實的積累，個體定向的方法得以發展並且成為發展心理學研究的主要方法思路之一。個體定向的方法關注作為整體的個體，旨在確定有意義的同質性個體類別或亞組。聚類分析，基於模型的聚類方法以及配置頻次分析等。發展心理學研究需綜合運用個體定向的方法與變數定向的方法。

3. 以品牌實際選購行為建立品牌競爭圖 (任立中等人，2005)

> 顧客表現在品牌選擇行為上的異質性與動態性，可確切的反映出品牌之間的競爭態勢。長久以來，競爭態勢的分析經常侷限於定性的問卷調查，得到的只是顧客的主觀認知，而非實際的購買行為。本文擬以廠商所擁有的客戶交易資料庫為研究對象，根據顧客的實際品牌購買行為探究不同品牌之競爭激烈程度。有別於問卷調查所使用的多變數統計模式僅能衡量跨顧客的變數關係，資料庫行銷所使用的計量模式必須得以分析個別顧客本身的動態交易資料，方能衡量購買行為之異質性。本文所採用的混合分群多項邏輯斯迴歸模式，可衡量顧客表現在品牌選擇行為上的異質性，並進而異中求同產生市場區隔，有助於行銷策略之研擬。顧客的品牌選擇行為能夠反映品牌間之替代與競爭程度，其所形成的品牌競爭圖亦能使廠商有效的辨認主要競爭對手。最後，本文透過表面似無相關迴歸模式描述市場區隔的人口統計特質，有助於廠商了解新進顧客之所屬市場區隔，使行銷策略之發展更趨完整。

4. 國有部門員工被過高支付還是擁有特殊人力資本 —— 來自有限混合模型的估計結果 (Are State-Owned Sector Workers Paid too Much or Have Sector-specific Human Capital: The Result of Finite Mixture Model)

本文使用有限混合模型 (FMM)，對國有和非國有部門的工資決定模式和工資差異重新進行估計。FMM 將勞動力劃歸為兩個異質性群體，一類勞動力擁有在國有部門工作的能力比較優勢，這種比較優勢在非國有部門無法發揮；另一類勞動力在兩個部門中擁有相近的技能水準，技能的發揮在部門轉換中不受影響。勞動力的異質性使其工資獲取模式也表現出異質性，第一類勞動力在兩個部門擁有相近的要素報酬率，而第二類勞動力的要素報酬率在兩個部門存在顯著差異。進一步的工資差異研究表明，國有部門員工轉換到非國有部門時，工資平均會下降 0.3788(對數值)，其中，第一類型員工的工資平均下降 0.0913，第二類型員工的工資平均下降 0.2876。這意味著國有部門確實支付了相對較高的工資，但其中的 0.0913 是對員工特殊人力資本的補償。另外 0.2876 是來自報酬決定機制差別，這部分工資差異既可能包含職業間合理的工資差異，也可能包含職業內由於所有制分割所造成的不合理工資差異。

5. 應用成長混合模式剖析臺灣青少年憂鬱發展軌跡的異質性：六步驟策略性模式發展機制研究

新興成長混合模式 (growth mixture model，簡稱 GMM) 針對可能存在的潛在異質次群體，進行多元發展軌跡估計，故比起傳統潛在成長曲線模式 (Latent Growth Curve Model)，基於同質性假設而僅單一軌跡進行整體成長歷程描述，顯得更加詳盡但模式結構也更複雜。當研究者進行 GMM 分析卻缺乏一套策略性建構機制時，極易造成過度依賴資料探索，並遭致模式無法收斂的窘境。本文旨在發展一套步驟明確的 GMM 標準化建構策略，作為實徵應用分析研究的參考準則，並以臺灣青少年研究從國一至高三所收集之六波段憂鬱症狀實徵資料進行示範分析研究結果顯示，作者所發展的六步驟 GMM 建構機制，除了兼顧理論驗證與分類實質意義，並可有效地提升模式收斂。實徵資料分析結果發現，臺灣青少年從國一到高三的憂鬱發展軌跡可以分為三種類型，包括持續低孤獨憂鬱感的「合群快樂型」(82.3%)、先低後高的「晚發憂鬱型」(7.7%)，以及先高轉低的「早發憂鬱型」(9.9%)。GMM 是目前少數提供具有統計模式基礎的縱貫軌跡分類，針對如何客觀區分發展軌跡次群體，本文的 GMM 策略發展機制具重大實用意涵。

數理類

6. 利用 Dirichlet 混合模型自動化建立彩虹腦神經機率圖

彩虹腦 (brainbow) 技術因爲可以使神經細胞帶有不同的色彩，而被科學家用來試圖辨認大腦的神經網絡。然而，彩虹腦影像有著全面性的混疊現象 (crosstalk effect) 需要被解決，進而得到正確的神經影像。此外，由於神經系統交錯複雜，我們需要建立自動化擷取神經影像的技術來節省研究者的時間。在這篇研究當中，我們利用 Dirichlet 混合模型來對影像的顏色資訊進行分析，並自動產生擷取神經影像的結果。而我們也對 Dirichlet 混合模型的參數估計提出了一個改進的方法，來求得更佳的估計值。最後，由於影像品質的限制，有些原本應該相連的神經影像會斷開。我們提出區塊成長法 (region growing)，來使這些神經影像有機會再連結在一起。結合這些方法，我們建構出一套自動化的分析方法來擷取彩虹腦中的神經，這將可以幫助科學家更容易從原始的彩虹腦影像中發現更有趣的資訊。

7. 稀疏變數選取應用於分類分析中變數個數大於樣本數 (sparse Bayesian variable selection in classification problems with large p small n)

有限混合迴歸模型是用以解決異質性母體建模數據的一種方法，在各異質性子母體中，反應變數可以透過預測變數的線性迴歸來做解釋。假如預測變數大時，就會假定只有一小部分的變數對於反應變數是重要的。進一步假定，不同異質性子母體會受不同變數所影響。這時可逆跳轉蒙地卡羅馬可夫鏈法被統計學家們提出，這方法不只可以在各異質性子母體中選取重要變數，亦可決定在有限混合迴歸模型中異質性子母體的總數量。

8. 具遺失訊息下的精簡高斯分群模型 (parsimonious Gaussian clustering models with missing information)

Celeux and Govaert(1995, Pattern Recognition, 28, pp. 781-793) 提出一個新的高斯混合模型家族，概念是將其組內共變異矩陣透過幾何的解釋方式簡化其模型結構。針對實務上常見的遺失值問題，本文在隨機遺失的機制下，發展計算上易處理的 EM-type 演算法來，估計十四種精簡結構的高斯混合模型之模型參數。為了計算上的便利與理論的發展，在估計過程中，我們引入兩個輔助排列矩陣來正確地萃取可觀察到與遺失成分的位置。此外，我們討論起始值的設定、收斂診斷與模型選擇等課題。最後，藉由真實資料分析與在不同遺失比例設定下之模擬研究來闡述所提出方法的實用性。

9. 覆蓋演算法 (covering algorithm) 的機率模型

要從本質上提高覆蓋演算法的精度，必須在演算法中引入全局的優化計算。為此，先將覆蓋演算法擴展成核覆蓋演算法 (以高斯函數為核函數)，再利用高斯函數的機率意義 (高斯分布)，為核覆蓋演算法建立一個有限混合機率模型。在此基礎上，利用「最大似然原理」引入全局優化計算，並利用 EM(expectation maximization) 方法進行求解，完成對覆蓋演算法的全局優化計算，從而擴大覆蓋方法的使用範圍並提高演算法的精度，且將它從確定的模型擴展成機率的模型，後者更具抗雜訊干擾的能力。最後提出模擬實驗，實驗比較結果表明，經優化後的機率模型確實提高了演算法的精度。

10. 基於 Hybrid 有限混合模型的交通事故嚴重程度分析

隨著機動化進程的不斷加快，各國交通安全方面的壓力也不斷增大。在學術界，利用統計學模型對交通事故資料進行分析，探索事故因素與事故嚴重程度之間的複雜關係已經成為交通領域的一個重要分支。在這個領域中，模型的特性以及擬合的效果直接影響到交通事故資料挖掘的精度與深度，若採用不合理的統計學模型對這種複雜關係進行建模分析，結果可能導致對事故資料的有偏估計和事故因素的錯誤解釋。本文以事故嚴重程度分類模式為出發點，提出了一種 hybrid 有限混合模型 (hybrid finite mixture model, HFM) 來對事故因素與事故嚴重程度的複雜關係進行建模。首先，透過分析導致交通

事故發生的影響因素，確定了以人、車、路、環境方面的十七個重要的事故因素及其特點，將事故嚴重程度按照 KACBO 分類法分為五類，選擇美國事故總評系統 (general estimates system, GES) 的部分機動車事故資料作為樣本。其次，基於對事故資料以及事故嚴重程度分類模式複雜性的考量，本文提出了 HFM 模型，它由兩個不同分類的多元迴歸模型混合組成，其中一組為多項 logit 模型 (multinomial logit model, MNL)，代表無序化的資料生成過程；另一組為有序 logit 模型 (ordered logit model, OL)，代表有序化的資料生成過程，透過 EM 演算法採用機率選擇的方式來決定兩個成分的權重。雖然已有學者運用同分類的傳統有限混合模型對事故嚴重程度進行了研究，這些混合模型中的成分均屬於同一類模型，在事故嚴重程度分類模式上還存在著侷限性。HFM 模型試圖規避傳統有限混合模型採取單一分類 (無序或有序) 而導致分類模式失真的問題，利用不同成分有限混合模型對事故嚴重程度進行分析成為一種新思維。

最後，本文將 HFM 模型與其他四種模型進行了模型評價和彈性分析，包括透過分析模型參數來對事故因素與事故嚴重程度關係進行解釋，以及透過三種不同的評價準則對模型進行綜合評價。研究結果表明，HFM 模型和其他四種模型均認為 30 歲以上年齡段、女性駕駛員、車輛追尾會不同程度地加重事故嚴重程度，而車輛拖尾則會減輕事故嚴重程度。此外，HFM 模型具有無序化特點的事故嚴重程度分類模式占據著主導地位。相比多元迴歸模型和傳統有限混合模型，HFM 模型綜合評價結果最佳，可以有效捕捉潛在因素的異質性，能挖掘事故資料中更多的資訊。

11. 利用混合模型估計多重比較中真實虛無假設個數 (Using mixture models to estimate the number of true null hypotheses in the multiple comparison)

控制整體的 Type I 誤差，一直是進行多個統計檢定時很重要的議題。對於型一誤差的定義有族型誤差 (familywise error rate, FWER) 或是偽陽率 (false discovery rate, FDR)，有許多相對應的檢定準則可以控制 FWER 或 FDR，但在錯誤虛無假設的個數增加時，控制 FWER 或 FDR 的方法都會趨於保守。Benjamini 和 Hochberg (2000) 提出以正確虛無假設的個數來調整原有的控制 FWER 或 FDR 的方法，用以提高檢定的 Type I error 的控制能力並提高檢定

力。爲有效使用調整檢定的檢定方法，本論文套用 Parker 及 Rothenberg (1988) 的混合模型，假設多重比較中每一個檢定所產生的檢定統計量的值，或每一個檢定所產生的 p 值會服從混合模型，利用混合模型中的參數估計來預測正確虛無假設的個數，而混合模型的參數估計利用 EM 演算法加以疊代求得。爲正確知道適配混合模型的成分個數，用重抽方法及 Cramer-von Mises 檢定來選取最恰當的成分個數。文中以不同情況的資料型態加以模擬，最後再使用白血病 (Leukemia) 患者的基因表現資料對上述方法進行實證討論。

───── 工程類 ─────

12. 運用有限混合模型執行三維果蠅神經影像機率圖之建構

本文旨在建構果蠅嗅覺神經的機率圖影像 (機率圖) 與開發一種對果蠅嗅覺腦區 (觸角葉) 中，有著不同功能的局部神經元的嗅覺神經影像的自動化影像分割演算法。在同一張三維影像中，有著許多不同功能的局部神經元，並呈現不同顏色與形狀。我們使用非監督式學習 (統計分群) 的方法，來建構機率圖和開發自動化色彩分割演算法。

一般來說，影像資料有很多冗餘訊息。因此，我們必須使用各種各樣的方法去除雜訊。由於果蠅嗅覺神經很細，因此通常單獨使用空間濾波結果將會破壞神經的空間連續性。而常用頻域濾波可能減少破壞神經的連續性的機會，但是此方法需要大量的計算。由於這些問題，在這項研究中我們運用了影像資料的特徵，並且開發方法去除雜訊且修建機率圖。

基於 brainbow 技術的知識，我們可以知道不同的神經會呈現不同的顏色，但是在得到圖像過程中，顏色在不同的通道將有混疊現象，這使萃取顏色特徵更加困難。在這項研究中，我們開發顏色萃取方法與建構混合模型，並且運用這些特徵修建機率圖和開發一種自動化統計分群演算法。

13. 基於小波轉換與機器學習之短期風力發電預測系統 (Short-Term Wind Power Forecasting Based on Wavelet Transform and Machine Learning Approach)

由於風速具高度不確定及快速變化的特性，在高風力發電滲透率下的電力系統常遇到備轉容量規劃和電力調度等問題。為解決大規模風力發電系統併接於電力系統中產生之相關議題，風力發電預測是不可或缺的必要條件。

本文提出一個整合數值天氣預測資料的短期風力發電預測法。每 4 小時產生未來一組 15 分鐘為間隔之預測結果，可應用於備轉容量規劃與電力調度問題上。本文所提方法利用機率分布、有限混合模型、多解析度分析、類神經網路、模糊推論法以及整合鄰近時間點進行風力發電預測。由過去一年實際歷史風速資料數值模擬結果顯示，利用本文所提測試於一 2MW 之風力發電系統，可獲得每月平均相對誤差與均方根誤差分別是 8.52% 和 287.28kW，明顯優於本文用以比較的類神經網路與多解析度分析類神經網路方法。

14. 空間可變有限混合模型 (An spatially variant finite mixture model)

有限混合模型 (FMM) 是一種無監督分類方法，它在圖像分割領域中得到了廣泛的關注和研究。其中，高斯混合模型 (GMM) 是一個成功應用於圖像分割的 FMM 實例。但是，由於 FMM 在進行圖像分割過程中沒有引入鄰域圖素間的空間關係，導致圖像分割結果受雜訊的干擾非常嚴重。為了解決這個問題，學者提出了一種空間可變有限混合模型 (SVFMM)。該模型中引入了作用於先驗機率分布的空間約束對雜訊的干擾進行有效地抑制。在最近幾年中，SVFMM 的空間約束已經得到了大量的研究和改進。這些研究主要包括兩條技術路線：一是基於馬爾可夫隨機場域 (MRF) 的空間約束，雖然該技術路線具有較好的圖像分割效果，但是其中過多的估計參數增加了模型的計算複雜程度，降低了計算效率；二是在先驗機率分布中採用近似於線性或者非線性空間平滑的方法進行空間約束，相對於第一種技術路線，該技術路線不僅提高了模型對雜訊的抑制能力，而且驟減了估計參數，進而提高計算效率。

目的：有限混合模型是一種無監督學習方法，它被廣泛的應用到資料分類任務中。然而，在圖像分割過程中，由於有限混合模型沒有引入鄰域圖素間的空間關係，導致了圖像分割結果對雜訊非常敏感。為了增強有限混合模型的抗噪性，本文提出了一種新的空間可變有限混合模型。

方法：該模型透過在圖素的先驗分布中，引入一種新的空間關係來降低雜訊對圖像分割結果的干擾。在構建空間關係的過程中，利用形態學膨脹原理將

空間鄰域內特徵值出現的機率而不是特徵值本身進行膨脹操作,然後透過根據具有最大機率的分類標記在高斯混合模型疊代地計算過程中,進行局部圖素空間平滑,進而產生抑制雜訊干擾的作用。

結果:本文實驗包含了人工合成圖像和醫學 CT 圖像的圖像分割實驗。在人工合成圖像分割實驗中,對人工合成圖像添加了不同程度的雜訊來測試本文模型和對比模型對雜訊抑制能力的高低;對醫學 CT 圖像進行圖像分割實驗,該實驗主要作用是比較本文模型與對比模型之間在實際圖像分割中的效果。

結論:實驗資料顯示,本文提出的模型在雜訊抑制能力上,圖像分割精度和計算效率上均有更優的性能。

15. 以訊號強度為基礎利用高斯混合模型之 IEEE 802.11 無線區域網路定位演算法 (Signal Strength – Based Positioning Algorithm Using Gaussian Mixture Model for IEEE 802.11 WLAN)

最近十年來,能夠根據移動用戶預先配置主動提供位置相關資訊以定位為基礎之服務 (location-based service, LBS) 快速的成長,使得定位系統 (location system) 長久被認為是新興行動應用的主要部分。全球衛星定位系統 (global positioning system) 是目前實際運作的室外環境位置感知系統。然而全球衛星定位系統不能夠在室內環境成功的運作,且需要額外的硬體支援。因為採取大量現行存在的無線網路且在不增加的硬體條件下,提出定位系統能夠運作在室外環境並且在室內環境。而 IEEE 802.11 為目前當下最流行的無線區域網路。IEEE 802.11 無線區域網路廣泛的部署,以提供定位為基礎之服務。此外,許多研究專心致力於 IEEE 802.11 無線區域網路之精準室內定位,採用隨著不同位置使得從不同基地臺 (access point, AP) 接收的訊號強度也不同的事實。由於無線電訊號會被雜訊 (noise) 干擾 (interference),多重路徑 (multi-path),及隨意在環境中移動等影響,我們提出利用高斯混合模型 (Gaussian mixture model, GMM) 透過 EM 演算法 (EM Algorithm) 去解決多重路徑的影響。我們也實驗證明所提出的以訊號強度為基礎之定位演算法,有效解決多重路徑的影響且提升定位精確度。

16. 非線性流形上的線性結構聚類挖掘

針對非線性資料流形的線性結構挖掘問題，提出一種基於 Grassmann 流形和蟻群方法的聚類演算法。爲抑制雜訊對線性結構探測的影響，對含噪音資料集進行演算法處理最小單元提升，利用 Grassmann 流形定義提升後單元間相似度，同時設計了一種類測地距離作爲簇連通性約束。爲提高蟻群解的線性結構挖掘品質，提出了曲面複雜度最小方向定義，並將其作爲資訊素更新的啓發資訊引入。在多個資料集上的實驗和分析表明，與 K-means、Geodesic K-means 以及有限混合模型 (finite mixture model, FMM) 等傳統演算法相比，本文演算法具備挖掘非線性流形上線性結構的新特性，並且能夠保證線性結構內部的連通性。

17. 基於 Legendre 正交多項式非參數混合模型的圖像分割

針對有限混合模型中參數估計方法，對先驗假設存在過分依賴的問題，本文提出了一種非參數的 Legendre 正交多項式圖像混合模型分割方法。首先，設計了一種基於 Legendre 正交多項式的圖像非參數混合模型，並用最小均方誤差 (MISE) 估計每一個模型的平滑參數；其次，利用 EM 演算法 (expectation-maximization algorithm) 求解正交多項式係數和模型的混合比。此方法不需要對模型作任何假設，可以有效克服模型失配問題。透過圖像的分割實驗表明，該方法比其他非參數混合模型分割效果更好。

18. 半監督學習若干問題的研究

半監督學習 (semi-supervised learning) 是模式識別和機器學習中的重要研究領域，一直爲國際機器學習界所廣泛關注。近幾年來隨著機器學習在資料分析和資料挖掘中的廣泛應用，半監督學習的理論研究成果已經部分應用於實際問題的解決。

半監督學習研究領域有三：

(1) 基於有限混合模型的多視圖 (multi-view)EM 演算法，將存在多個視圖的樣本進行半監督學習的問題納入 EM 框架。如何利用特徵集存在天然分割的半

監督樣本集進行學習，是半監督學習領域的一個重要問題，Co-training 演算法和 Co-EM 演算法是處理該問題的兩個著名演算法。Multi-View EM 演算法與它們相比有如下優勢：既能夠應用於半監督學習，也能夠應用於非監督學習；能夠對於不同的視圖採用不同的分類器和不同的優化準則；其收斂性能得到理論保證。合成資料、USPS 準則資料集、準則彩色圖像和 WebKB 資料集上面的大量實驗，證明了 multi-view EM 演算法的有效性。

(2) 我們提出了聯合 CEM 和 SVM 進行主動學習的一種演算法，該演算法將主動學習過程分為兩個步驟：第一步利用 CEM 演算法發掘和查詢信賴區間；第二步利用 SVM 主動學習調整分類器決策面位置。實驗證明該演算法與僅利用 SVM 主動學習相比有如下優勢：能夠使得分類器更快尋找到合適的分類決策面；學習過程中，分類器性能更穩定，學習曲線不會出現大的震盪。

(3) 我們提出了基於主動學習的分類器融合演算法，將度量層輸出的分類器融合問題看作二級分類器的設計問題，將 SVM 主動學習引入二級分類器設計。該演算法在有效減少標注代價的同時，獲得了較高的分類性能。實驗證明該演算法在分類性能和標注代價兩方面都優於傳統分類器融合方法。

19. 修正 Gibbs 採樣的有限混合模型無監督學習演算法 (Unsupervised Learning for Finite Mixture Models Via Modified Gibbs Sampling)

針對傳統有限混合模型無監督學習演算法不能處理參數維數變化的問題，本文提出了一種基於修正 Gibbs 採樣的無監督學習演算法。該演算法的關鍵是，在每一次完全採樣之後引入成分的合併和剔除技術，即將利用平均值、共變數矩陣差值的 2-norm 作為合併的判斷準則，最小或小於臨界值的成分權重作為剔除規則 (The 2-norm of the differences in the mean and covariance are used far the component combination rule, and the component elimination rule is that the component that has the least weight and is less than certain threshold will be discarded.)。模擬實驗發現，所提演算法對於參數初值的選擇是不敏感的，對於成分個數的先驗資訊要求得更少。它不僅可以處理維數變化問題，而且不必計算跳變機率，同時能夠很好地估計出成分個數及其參數。

20. 未知雜波環境下的多目標跟蹤演算法 (Multitarget Tracking Algorithm in

Unknown Clutter)

> 提出了一種未知雜波環境下的多目標跟蹤演算法。該演算法透過有限混合模型 (finite mixtrue model, FMM) 建立多目標概似函數，其中混合模型參數可透過期望最大化 (expectation maximum, EM) 演算法及模型合併與刪除技術得到。由估計的混合模型參數可進一步得到雜波模型估計、目標個數估計以及多目標狀態估計。類似基於隨機有限集 (random finite set, RFS) 的多目標跟蹤演算法，該演算法也可避免目標與測量的關聯過程。模擬實驗表明，當雜波分布未知並且較複雜時，本文演算法的估計效果要明顯優於未進行雜波適配時的多目標跟蹤演算法。

21. 基於 MRF 隨機場域的多光譜遙感影像最優化層級聚類 (Multispectral Remote Sensing Images Optimization Hierarchical Clustering Based on Markov Random Field)

> 有限混合模型 (FM) 的層級聚類已廣泛應用於不同領域，然而，由於它的計算複雜度與觀測資料量平方成正比，致使在遙感影像方面應用受到了限制。另外，多光譜圖像能提供空間和光譜兩類資訊詳細的資料，但是，大多數多光譜圖像聚類方法是基於圖元的聚類，僅使用了其光譜資訊而忽視了空間資訊。本文定義一個相對混合密度函數，透過引入一個 q- 參數來調節各成分密度對其混合分布的貢獻，提出一種廣義有限混合模型 GFM，設計一種新的適用於多光譜遙感影像的 GFM 層級聚類演算法。該演算法把 MRF 隨機場域和 GFM 模型結合在一起，分類數透過 PLIC 準則自動確定。最後，利用模擬結果驗證該演算法的有效性，同時透過與 K- 平均值聚類、FM 層級聚類以及 SVMM 層級聚類的比較，說明本文演算法的優越性。

22. 基於電腦層析識別的瀝青混合料有限元模型

> 應用數位圖像處理技術，結合有限元建模方法，建立了包含集料、空隙和膠漿在內的瀝青混合料有限元模型，並類比研究了瀝青混合料劈裂試驗過程中，由於空隙分布、載入方向以及集料與膠漿模量比等指標的變化，對瀝青

混合料內部微觀力學特性的影響，發現瀝青混合料中空隙與集料顆料的分布對最大拉應力分布有很大影響，集料與膠漿模量比的變化則只影響最大拉應力值的大小而不影響其出現的位置。結果表明，該方法可進一步推廣應用於不同條件下瀝青混合料微觀力學回應模擬。

—————| 犯罪學 |—————

23. 探索有限混合模型的分析特徵 (Exploring some analytical characteristics of finite mixture models)

有限的混合模式在過去二十年在犯罪學 (criminology) 中越來越普遍，然而，對於有限混合規格的模型選擇的適當準則尚未達成共識。在本文中，我們使用模擬證據來檢驗模型選擇準則。我們的重點是針對事件計數 (event count) 數據的混合模型，如在犯罪學中經常遇到的數據，我們使用兩個指標來衡量模型選擇績效 (model selection performance)。首先，檢查每個準則正確地選擇界定的頻率 (how often each criterion chooses the correct specification)。然後，研究這些準則選擇的有限混合模型，近似於模擬事件計數數據的真實混合分布。我們考慮三組模擬：在第一組中，底層模型本身就是 Poisson-based finite mixture model。在另外兩組模擬係 the underlying distribution of the Poisson rate parameter follows a continuous distribution。分析顯示，適配度指標 AIC 和 BIC 在犯罪學家可能遇到的某些情況，二者可測得模型界定的好壞。

—————| 生物醫學類 |—————

24. 應用有限混合常態模型與支持向量機分析想像情境下的腦波訊號 (Recognizing EEG Data Using the Finite Mixture Normal Model and Support Vector Machine)

大腦是人類各種機能的訊號中心，掌管身體各部位及器官之運作，因此腦科學一直以來都是醫學上重要的研究領域，而近年來更是廣泛運用到許多不同領域，例如：透過偵測腦波訊號辨識疾病、操控機械或神經義肢等。因此在本文中，嘗試錄製健康受試者的腦波資料並進行分類。我們將腦波資料透過

有限混合常態模型並利用 EM 演算法所估計參數，以平均數及準則差來表示一連串的腦波資料後，將這些參數作為支持向量機的分類依據，分別使用不同的參數組合並透過 Grid Search 以及 leave-one-out cross validation 計算分類正確率，找出較適合作為本研究之腦波分類的參數。

25. 有限混合模型在肝硬化住院患者醫療費用研究中的應用

目的針對醫療費用的偏峰、厚尾分布特徵，探討有限混合模型 (finite mixture model, FMM) 在識別肝硬化患者住院費用異質性、提高醫療費用預測精度等方面的可行性，為準確估計和預測醫療費用提供統計方法學支援。方法介紹 FMM 原理，並將其應用於廣州市第八人民醫院肝硬化住院患者醫療費用研究，識別群體異質性、分析異質性來源，並與單成分廣義線性模型的預測效果進行比較。結果對 2,760 名肝硬化患者住院費用進行 FMM 分析，最優模型為包括低、中等和高費用三個成分，適配優度與預測效果均高於廣義線性模型，異質性來源分析進一步驗證了 FMM 識別各類患者的能力。結論 FMM 能夠有效地識別醫療費用的異質性，解決醫療費用偏峰和厚尾分布問題，提高醫療費用預測精度。

────── 財經類 ──────

26. 時間價值 (value of time) 分布預測的混合密度模型

針對使用常規簡單分布密度函數難以擬合複雜時間價值資料的問題，提出了基於混合分布的建模方法，採用期望最大化 (EM) 演算法推導出了 Weibull 混合分布參數估計的迭代算式，並將其用於時間價值資料的擬合。為考察混合分布模型對複雜資料分布的擬合性能，進行了模擬對比研究，並將基於 EM 演算法的 Weibull 混合分布時間價值模型，應用於城市客運交通方式分擔率的分析和計算。結果表明基於 EM 演算法的混合分布模型是最有效的，Weibull 混合分布模型能夠有效用於複雜時間價值資料統計分布建模和交通方式分擔率預測研究。

27. 厚尾、偏態與壓力測試：混合分布模型的應用

本文使用混合分布方法發展一個可處理厚尾、偏態 (報酬分布不對稱) 的壓力測試模型。在資料上，我們以希臘國債與 S&P500 指數作爲核心資產，臺灣市場的標的資產作爲邊緣資產。在與資料的適配能力上，本文發展的模型確實優於過去假設常態分布的壓力測試模型。在實際執行壓力測試中，本研究比較了本文使用的混合分布模型與過去模型的差異，我們發現壓力測試結果的差異相當大，因此肯定了能抓住厚尾及偏態現象模型的重要性。

28. 有限混合迴歸模型中的貝葉斯變數選擇應用於金融危機數據

本文提出了一個混合迴歸模型下的貝氏變數選取法，此法可以自動適應模型的不確定性、母體的異質性以及離群值效應 (model uncertainty, population heterogeneity and outlier effect.)。變數選取借鑑資料增強的想法和特殊的先驗分布，且模型的推論主要透過馬爾可夫鏈蒙地卡羅演算法之結果實現。此模型被運用在分析全球金融危機資料上，在兩個次母體存在的前提下，我們找到各個次母體中的重要變數，以及一些可能的離群值。

29. 具自我相關性誤差的線性混合效果模型與有限 t 分布混合模型之研究討論 (Topics in Linear Mixed-Effects Model with Autocorrelated Errors and Statistical Modeling of Finite t-Mixtures)

以高斯分布函數爲基準的線性混合效果模型 (linear mixed-effects model) 與有限混合模型 (finite mixture model)，已經有多年的發展歷史且被廣泛應用。本文回顧這兩種模型的研究方法，並從最大概似估計 (maximum likelihood estimation) 與貝氏 (Bayesian) 的觀點提出以下三種推廣模型：(1) 具 Box-Cox 轉換及 ARMA(p, q) 誤差的線性混合效果模型；(2) 具 AR(1) 相依的穩健 t 分布線性混合效果模型；(3) 有限多變數 t 分布混合模型。在此提出的模型當中，我們發展出高效率 EM-type 演算式與馬爾可夫鏈蒙地卡羅 (Markov chain Monte Carlo) 演算式作爲參數估計與推論方法，同時也考慮模型當中未來值的

> 預測及其預測分布。最後，我們應用實際的資料與模擬結果去分析比較不同的模型與方法。

30. 生存混合模型對信貸風險的分析

> 現有的信用評分模型的一個缺點是假設所有的借款人都處於風險之中，即從長遠來看他們必須違約。有了這個假設，模型的表現就會傾斜，因為「好」的借款人的違約機率被高估了。
>
> 為克服這個問題，本文提出長期生存混合模型，這是普通生存模型的延伸。特別是，假定只有一部分借款人處於風險之中 (這種比例在普通生存模式下被迫為 100%)，其餘部分是「無風險」的。「無風險借款人 (risk-free borrower)」一詞並不一定是指從不違約的債務人，而是指沒有足夠長時間違約的債務人。在這種情況下，風險的機率透過邏輯斯迴歸及 time-to-default (for the at-risk group) 來建模，並且以 Weibull 分布的 baseline hazard 來生存分析。
>
> 有人用德國的信用數據，透過 C-Statistic[ROC(受試者工作特徵) 曲線下的估計面積]，進行「存活混合模型」與「Cox 比例危險模型」、Weibull 生存模型和 Logit 模型的比較。結果發現「生存混合模型 (survival mixture model)」表現比其他三模型佳。
>
> 本文採模擬法，研究混合模型在各種情況下的適用性，結果發現估計量的性能都可以被接受的。
>
> 生存混合模型不僅估計風險函數的迴歸係數，而且預測風險的機率。它提供了關於借款人的默認風險的額外訊息，幫助貸款機構更好地管理信用風險。

──── 其他類 ────

31. 有限混合分布理論運用於臺灣農地重金屬汙染特性之分群 (Use of Finite Mixture Model to Classify Farmland Heavy Metal Pollution Characteristics in Taiwan)

有限混合分布理論模式 (finite mixture model) 在各種土壤重金屬調查結果之分類上，可達到許多目的，本研究探討五個方向之應用：

1. 以全省大樣區砷、銅金屬資料，比較 Graphical Method、有母數統計評估方法與有限混合分布理論所得到的背景濃度值，並與環保機關所訂定之準則進行比較，結果顯示後兩者方法較適合用來界定臺灣地區土壤重金屬背景濃度範圍。

2. 結合一般克利金法，將彰化和美地區受重金屬鉻、銅、鎳、鋅汙染的農地之調查結果，以有限混合分布理論，依據最小誤判機率，將推估監測區客觀劃分為兩區，其中的「高度重點監測區」代表具有與管制區相同的汙染特性，需特別加強監測。

3. 以有限混合分布理論得到的區分值與法定管制準則作為門檻值，並結合指標克利金法，可劃分出與「汙染區」具有相同特性的「可能汙染潛勢區」。結果顯示 Cr 金屬之「可能汙染潛勢區」面積為原汙染區之 2.24 倍，Cu 金屬為 1.85 倍，必須加強監控較為完備。

4. 探討彰化地區受汙染農地與溝渠底泥的關係，測量農地進水口與農地採樣點的距離，建立重金屬濃度與進水口距離的關係式，並以有限混合分布理論區分汙染農地受到底泥和廢水影響的可能比例，可有效提高管理效率。

5. 有限混合理論模式可分析彰化地區由不同實驗室所做出的樣本，有著明顯的系統性誤差存在，可提供作為數據檢核之工具。

2-2 Gaussian 混合模型 (GMM) 使用 expectation maximization(EM) 技術

❏ 單變量Gaussian分配

$$\mathcal{N}(x\,|\,\mu,\sigma) = \frac{1}{\sqrt{2\pi\sigma^2}}\,e^{-\frac{(x-\mu)^2}{2\sigma^2}}$$

mean   variance

❏ 多變量Gaussian分配

$$\mathcal{N}(x\,|\,\mu,\Sigma) = \frac{1}{(2\pi|\Sigma|)^{1/2}}\exp\left\{-\frac{1}{2}(x-\mu)^{\mathrm{T}}\Sigma^{-1}(x-\mu)\right\}$$

mean   covariance

用概似法來估計Gaussian分配之這些參數

❏ 考慮　　log of Gaussian Distribution

$$\ln p(x\,|\,\mu,\Sigma) = -\frac{1}{2}\ln(2\pi) - \frac{1}{2}\ln|\Sigma| - \frac{1}{2}(x-\mu)^{\mathrm{T}}\Sigma^{-1}(x-\mu)$$

❏ 　　　　偏微分，並令方程式為0

$$\frac{\partial \ln p(x\,|\,\mu,\Sigma)}{\partial \mu} = 0 \qquad\qquad \frac{\partial \ln p(x\,|\,\mu,\Sigma)}{\partial \Sigma} = 0$$

$$\mu_{\mathrm{ML}} = \frac{1}{N}\sum_{n=1}^{N} x_n \qquad \Sigma_{\mathrm{ML}} = \frac{1}{N}\sum_{n=1}^{N}(x_n - \mu_{\mathrm{ML}})(x_n - \mu_{\mathrm{ML}})^{\mathrm{T}}$$

其中，N為樣本數或資料點數

圖 2-16 Gaussian 分布之示意圖

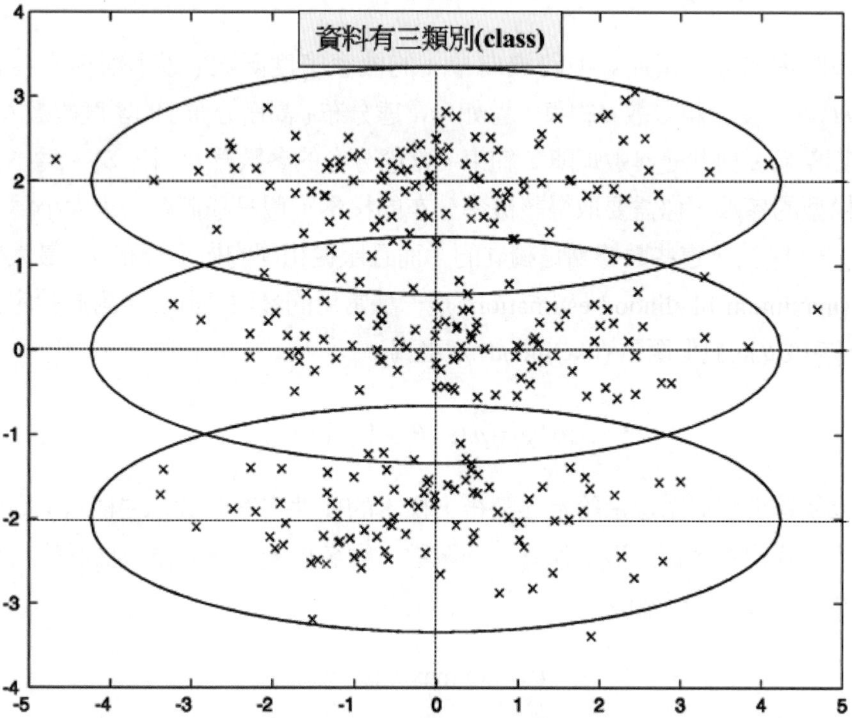

圖表內標題：資料有三類別(class)

高斯混合模型與EM演算法
之對應圖

Ψ	真實值	初始值	EM估計值
權重 π_1	0.333	0.333	0.294
權重 π_2	0.333	0.333	0.337
權重 π_3	0.333	0.333	0.370
平均數 μ_1	$(0\ -2)^T$	$(-1\ 0)^T$	$(-0.154\ -1.961)^T$
平均數 μ_2	$(0\ 0)^T$	$(0\ 0)^T$	$(0.360\ 0.115)^T$
平均數 μ_3	$(0\ 2)^T$	$(1\ 0)^T$	$(-0.004\ 2.027)^T$
變異數 Σ_1	$\begin{pmatrix} 2 & 0 \\ 0 & 0.2 \end{pmatrix}$	$\begin{pmatrix} 1 & 0 \\ 0 & 1 \end{pmatrix}$	$\begin{pmatrix} 1.961 & -0.016 \\ -0.016 & 0.218 \end{pmatrix}$
變異數 Σ_1	$\begin{pmatrix} 2 & 0 \\ 0 & 0.2 \end{pmatrix}$	$\begin{pmatrix} 1 & 0 \\ 0 & 1 \end{pmatrix}$	$\begin{pmatrix} 2.346 & -0.553 \\ -0.553 & 0.218 \end{pmatrix}$
變異數 Σ_1	$\begin{pmatrix} 2 & 0 \\ 0 & 0.2 \end{pmatrix}$	$\begin{pmatrix} 1 & 0 \\ 0 & 1 \end{pmatrix}$	$\begin{pmatrix} 2.339 & 0.042 \\ 0.042 & 0.206 \end{pmatrix}$

圖 2-17　高斯混合模型與 EM 之對應圖

註：權重 π_1 代表屬於 class 1 的機率；權重 π_2 代表屬於 class 2 的機率。

2-2-1 高斯混合模型與最大期望 (EM) 演算法

假設你知道一個連續型隨機向量 x 的機率密度函數 (以下簡稱密度函數 PDF)$p(x|\theta)$，受一組參數 θ 約束。譬如，常態分布 (高斯分布) 的密度函數 $N(x|\mu, \Sigma)$ 受期望值 μ 與共變異數矩陣 Σ 約束，常態分布的參數爲 $\theta = \{\mu, \Sigma\}$。爲了估計機率模型的參數，你需要取得該機率分布的樣本。假設我們有一筆大小爲 n 的樣本 $\chi = \{X_i\}_{i=1}^{n}$，這些數據點是獨立的，而且服從相同的機率分布 p。最大概似估計 (maximum likelihood estimation) 是一種常用的參數估計法。對於給定的樣本 χ，參數 θ 的概似函數 (likelihood) 定義爲：

$$L(\theta \mid \chi) = p(\chi \mid \theta) = \prod_{i=1}^{n} p(x_i \mid \theta)$$

也就是說概似函數是給定參數後，樣本的條件密度函數。在樣本 χ 固定的情形下，我們將概似函數看作 θ 一個函數。顧名思義，最大概似估計的目標要找出 θ^* 使得 L 有最大值：

$$\theta^* = \arg \max_{\theta} L(\theta \mid \chi)$$

對數 log 是一個單調遞增函數，可知 L 的最大值與 log L 的最大值發生在同一個 θ^*。在實際應用時，我們通常考慮較易於計算的 log $L(\theta|\chi)$。對於某些機率分布，最大概似估計很容易求得，譬如常態分布，計算 log $L(\{\mu, \Sigma\}|\chi)$ 對 μ 和 Σ 的偏導數並設爲零，可得代數解。不過，對於一些形式較爲複雜的機率分布，最大概似估計未必存在代數解，這時必須使用疊代法計算。

一、混合模型

在一些應用領域，例如：機器學習、圖形識別 (pattern recognition) 以及電腦視覺，隨機向量 x 經常具有不規則的機率分布型態。混合模型 (mixture model) 是一種描述不規則分布的機率模型。混合模型將多個形式相同的密度函數，稱爲混合成分 (mixture component)，組合成一個密度函數：

$$p(\text{x}|\Theta) = \sum_{k=1}^{m} \alpha_k p(\text{x}|\theta_k)$$

其中 $\Theta = \{\alpha_k, \theta_k\}_{k=1}^{m}$ 表示混合模型的參數集合，θ_k 是混合成分 $p(x|\theta_k)$ 的參數，$\alpha_k \geq 0$ 是 $p(x|\theta_k)$ 的權重，$\sum_{k=1}^{m} \alpha_k = 1$。混合模型的成分疊加方式稱爲凸組合，如此可保證：

$$\int p(\mathrm{x}|\Theta)dx = \sum_{k=1}^{m} \alpha_k \int p(\mathrm{x}|\theta_k)dx = \sum_{k=1}^{m} \alpha_k = 1$$

高斯混合模型 (Gaussian mixture model) 可能是最常見的一種混合模型，其中混合成分為高斯密度函數 $p(x|\theta_k) = N(\mathrm{x}|\mu_k, \Sigma_k)$、$\theta_k = \{\mu_k, \Sigma_k\}$。給定樣本 $\chi = \{\mathrm{x}_i\}_{i=1}^{n}$，混合模型參數 Θ 的概似函數定義為：

$$L(\Theta | \chi) = p (\chi | \Theta) = \prod_{i=1}^{n} p (x_i | \Theta) = \prod_{i=1}^{n} \sum_{k=1}^{m} \alpha_k p (x_i | \theta_k)$$

雙邊都取對數函數 log()：

$$\log L(\Theta | \chi) = \log\left\{\prod_{i=1}^{n} p(x_i|\Theta)\right\} = \sum_{i=1}^{n} \log\left\{\sum_{k=1}^{m} \alpha_k p(x_i | \theta_k)\right\}$$

不幸地，$\log L(\Theta | \chi)$ 包含和的對數，致使最大化的計算變得相當困難。欲突破困境，我們需要創新的想法。

二、最大期望演算法 (EM)

在混合模型中，混合成分 $p(x|\theta_k)$ 的權重 α_k 既是模型參數，也可視為第 k 個混合成分被選中的事前 (prior) 機率。設想你有 m 個甕 (混合成分)，每個甕裡面有無窮多顆球 (數據點)，其密度函數為 $p(x|\theta_k)$。數據樣本 $\chi = \{\mathrm{x}_i\}_{i=1}^{n}$ 的產生過程如下：你閉上眼睛隨機挑選一個甕，然後從中抽出一顆球，睜開眼睛後發現你得到數據點 x_i，按此方式重複 n 次。令 $z = (z_1, ..., z_m)$ 代表選出一個甕的離散型隨機向量，$z_k = 1$ 且 $z_j = 0$、$j \neq k$，表示第 k 個甕被選中。實際上，z 是無法量測的隨機向量，稱為隱藏變數 (hidden variable)。定義事前機率 $p(z_k = 1) = \alpha_k$、$k = 1, ..., m$，稱為類別 (categorical) 分布。隱藏變數 z 的機率即為：

$$p(z) = \prod_{k=1}^{m} p(z_k = 1)^{z_k} = \prod_{k=1}^{m} \alpha_k^{z_k}$$

舉例來說，$z = (1, 0, ..., 0)$ 表示第一個甕被選中，發生的機率是 $p(z) = p(z_1 = 1)^1 p(z_2 = 1)^0 ... p(z_m = 1)^0 = p(z_1 = 1) = \alpha_1$。按照這個思考模型，每個混合成分可用條件密度函數表示：

$$p(\mathrm{x} | z_k = 1) = p(\mathrm{x}|\theta_k), \quad k = 1, ..., m$$

或寫成

$$p(\mathrm{x} \mid z) = \prod_{k=1}^{m} p(\mathrm{x} \mid z_k = 1)^{z_k} = \prod_{k=1}^{m} p(\mathrm{x} \mid \theta_k)^{z_k}$$

使用全機率公式，可以得到混合模型：

$$\begin{aligned} p(\mathrm{x} \mid \Theta) &= \sum_{z} p(\mathrm{x} \mid z) p(z) \\ &= \sum_{k=1}^{m} p(\mathrm{x} \mid z_k = 1) p(z_k = 1) \\ &= \sum_{k=1}^{m} \alpha_k p(x \mid \theta_k) \end{aligned}$$

介紹混合模型的最大概似估計算法之前，我們先討論一個問題：如果你知道混合模型參數 Θ，給定一個數據點 x，能否推測它來自哪個混合成分？也就是計算事後 (posterior) 機率 $p(z_k = 1 \mid \mathrm{x})$？根據貝氏定理：

$$\begin{aligned} r_k(x) &= p\,(z_k = 1 \mid x) \\ &= \frac{p(x \mid z_k = 1) p(z_k = 1)}{p(x)} \\ &= \frac{p(x \mid z_k = 1) p(z_k = 1)}{\sum_{t=1}^{m} p(x \mid z_t = 1) p(z_t = 1)} \\ &= \frac{\alpha_k p(x \mid \theta_k)}{\sum_{t=1}^{m} \alpha_t p(x \mid \theta_t)} \end{aligned}$$

事後機率 $r_k(\mathrm{x})$ 稱為責任 (responsibility)，意思是第 k 個混合成分要對給定的數據點 x 的生成擔負多少責任。請注意，$r_k(\mathrm{x})$ 具有歸一性 (在多種計算中都經常用到的機率必須等於 1)，$\sum_{k=1}^{m} r_k(\mathrm{x}) = \sum_{k=1}^{m} p(z_k = 1 \mid \mathrm{x}) = 1$。稍後我們將使用此式。

根據前述數據產生的模型，我們要從給定的樣本 $\chi = \{\mathrm{x}_i\}_{i=1}^{n}$ 反推每個甕被選中的機率 $p(z_k = 1) = \alpha_k$，以及每個甕裡面球的條件密度函數 $p(\mathrm{x} \mid z_k = 1)$ 的參數 θ_k，聽起來這似乎是一個不可能的任務。最大期望演算法 (expectation-maximization algorithm，簡稱 EM 演算法) 是計算混合模型參數的最大概似估計的一個有效方法。採用前面引入的機率記號表示對數概似函數：

$$\log L\,(\Theta) = \sum_{i=1}^{n} \log p(x_i \mid \Theta) = \sum_{i=1}^{n} \log \left\{ \sum_{k=1}^{m} p(x_i \mid z_k = 1) p(z_k = 1) \right\}$$

最大期望演算法是一種疊代法。假設 $\Theta = \{\alpha_k, \theta_k\}_{k=1}^{m}$ 表示目前所估計出的舊混合模型參數，$\Theta' = \{\alpha'_k, \theta'_k\}_{k=1}^{m}$ 表示尚待決定的新參數。為簡化記號，我們省略所有受約束函數的參數，例如：$L = L(\Theta)$ 代表舊模型的概似函數，$p'(\mathrm{x}_i) = p(\mathrm{x}_i \mid$

Θ') 代表新模型的密度函數。考慮兩組模型參數的對數概似函數改變數，並代入新混合模型的密度函數表達式：

$$\log L' - \log L = \sum_{i=1}^{n} \log \frac{p'(x_i)}{p(x_i)}$$

$$= \sum_{i=1}^{n} \log \left\{ \frac{\sum_{k=1}^{m} p'(x_i \mid z_k = 1) p'(z_k = 1)}{p(x_i)} \right\}$$

$$= \sum_{i=1}^{n} \log \left\{ \sum_{k=1}^{m} p(z_k = 1 \mid x_i) \frac{p'(x_i \mid z_k = 1) p'(z_k = 1)}{p(x_i) p(z_k = 1 \mid x_i)} \right\}$$

上面最後一個式子之所以引進 $p(z_k = 1|x_i)$ 是為了套用 Jensen 不等式 (凸函數)：因為 $-\log$ 是一個凸函數，若每一 $\lambda_k \geq 0$ 且 $\sum_{k=1}^{m} \lambda_k = 1$，下式成立：

$$\log \left\{ \sum_{k=1}^{m} \lambda_k y k \right\} \geq \sum_{k=1}^{m} \lambda_k \log y k$$

直白地說，Jensen 不等式聲明凸組合的對數大於或等於對數的凸組合。在前一式中，責任 (事後機率)$p(z_k = 1|x_i)$ 就是 λ_k 這個角色，因此

$$\log L' - \log L \geq \sum_{i=1}^{n} \sum_{k=1}^{m} p(z_k = 1|x_i) \log \left\{ \frac{p'(x_i \mid z_k = 1) p'(z_k = 1)}{p(x_i) p(z_k = 1 \mid x_i)} \right\}$$

$$= \sum_{i=1}^{n} \sum_{k=1}^{m} p(z_k = 1|x_i) \log \{ p'(x_i \mid z_k = 1) p'(z_k = 1) \}$$

$$- \sum_{i=1}^{n} \sum_{k=1}^{m} p(z_k = 1|x_i) \log \{ p(x_i) p(z_k = 1 \mid x_i) \}$$

其中不等式右邊的第二項由舊模型參數 Θ 固定，可視為一個常數 c(包含負號)。我們在乎的是與新模型參數 Θ' 有關的第一項，於是定義

$$Q(\Theta', \Theta) = \sum_{i=1}^{n} \sum_{k=1}^{m} p(z_k = 1|x_i) \log \{ p'(x_i \mid z_k = 1) p'(z_k = 1) \}$$

$$= \sum_{i=1}^{n} \sum_{k=1}^{m} p(z_k = 1|x_i) \log \{ \alpha'_k p(x_i \mid \theta'_k) \}$$

原本我們希望找到新參數 Θ' 最大化 $\log L'$，但你知道 $\log L' \geq \log L + Q + c$，也就是說 $\log L + Q + c$ 是 $\log L'$ 的下界。欲使 $\log L'$ 有最大的下界，你可以設法找到 Θ' 使最大化目標函數 Q，這比直接最大化 $\log L'$ 容易得多，最大期望演算法稱之為 M 一步驟 (最大一步驟)。最大化 Q 必然使得 $\log L'$ 增大，除非 $\log L'$ 已經抵達局部最大值 (local maximum)。另外，所謂的 E-step(期望一步驟) 是指確立目

標函數 $Q(\Theta', \Theta)$，也就是用舊模型參數 Θ 計算責任 (事後機率)$r_{ik} = r_k(x_i) = p(z_k = 1|x_i)$，$i = 1, ..., n$，$k = 1, ..., m$。

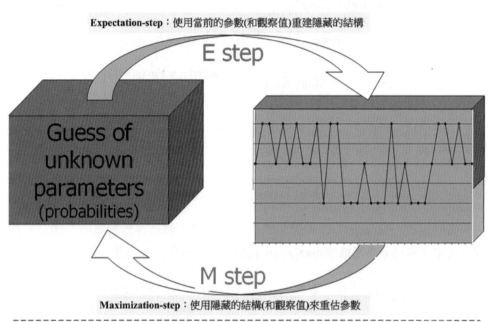

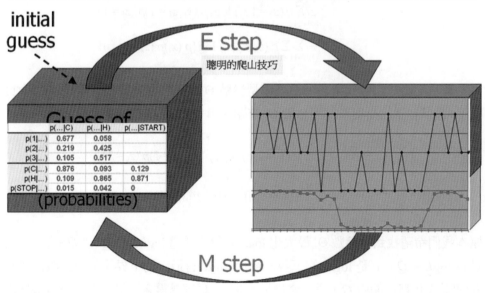

圖 2-18　潛在馬爾可夫 (hidden Markov) 模型

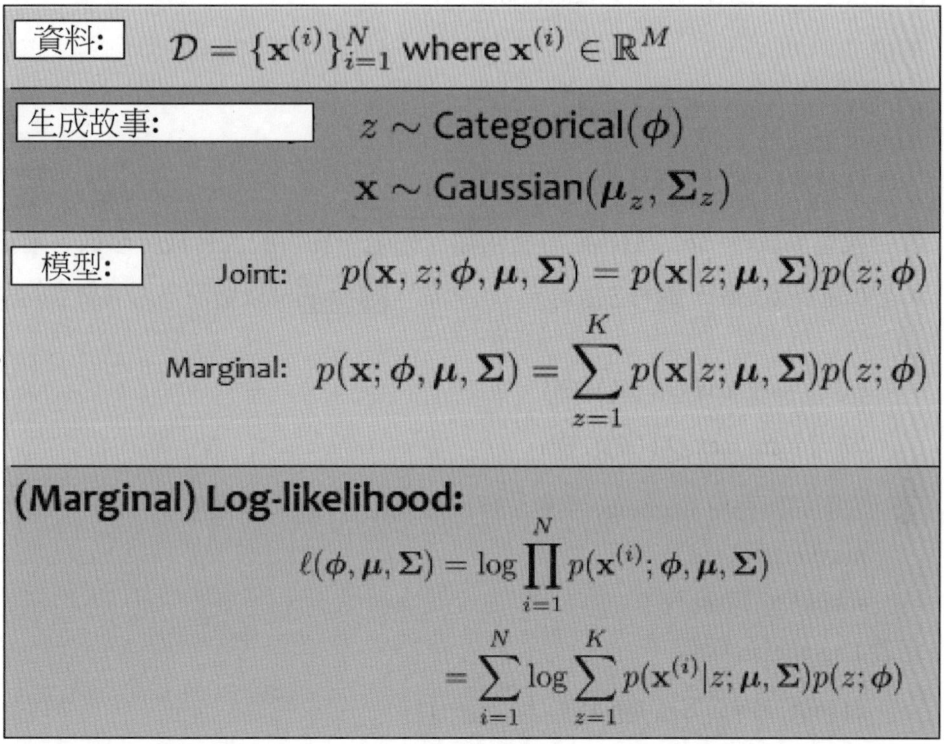

$$\boxed{\text{資料:}} \quad \mathcal{D} = \{\mathbf{x}^{(i)}\}_{i=1}^{N} \text{ where } \mathbf{x}^{(i)} \in \mathbb{R}^{M}$$

$$\boxed{\text{生成故事:}} \quad z \sim \text{Categorical}(\boldsymbol{\phi})$$
$$\mathbf{x} \sim \text{Gaussian}(\boldsymbol{\mu}_z, \boldsymbol{\Sigma}_z)$$

$$\boxed{\text{模型:}} \quad \text{Joint:} \quad p(\mathbf{x}, z; \boldsymbol{\phi}, \boldsymbol{\mu}, \boldsymbol{\Sigma}) = p(\mathbf{x}|z; \boldsymbol{\mu}, \boldsymbol{\Sigma})p(z; \boldsymbol{\phi})$$

$$\text{Marginal:} \quad p(\mathbf{x}; \boldsymbol{\phi}, \boldsymbol{\mu}, \boldsymbol{\Sigma}) = \sum_{z=1}^{K} p(\mathbf{x}|z; \boldsymbol{\mu}, \boldsymbol{\Sigma})p(z; \boldsymbol{\phi})$$

(Marginal) Log-likelihood:

$$\ell(\boldsymbol{\phi}, \boldsymbol{\mu}, \boldsymbol{\Sigma}) = \log \prod_{i=1}^{N} p(\mathbf{x}^{(i)}; \boldsymbol{\phi}, \boldsymbol{\mu}, \boldsymbol{\Sigma})$$

$$= \sum_{i=1}^{N} \log \sum_{z=1}^{K} p(\mathbf{x}^{(i)}|z; \boldsymbol{\mu}, \boldsymbol{\Sigma})p(z; \boldsymbol{\phi})$$

圖 2-19 混合模型 (mixture-model) 之數學式

我們將估計混合模型參數的最大期望演算法整理於下:

初始化 $\Theta^0 = \{\alpha_k^0, \theta_k^0\}_{k=1}^{m}$,設 $t = 0$。重複 $\boxed{\text{E-step}}$ 與 $\boxed{\text{M-step}}$ 直到滿足收斂條件即停止 (譬如 $\log L$ 不再增大)。

1. $\boxed{\text{E-step}}$:使用當前的參數 (和觀察值) 重建隱藏的結構

   使用 $\Theta^t = \{\alpha_k^t, \theta_k^t\}_{k=1}^{m}$ 定義 $Q(\Theta', \Theta^t)$。具體地說,計算每個樣本的責任,對於 $i = 1, ..., n$,$k = 1, ..., m$,

   $$r_{ik}^t = \frac{\alpha_k^t p(x_i \mid \theta_k^t)}{\sum_{l=1}^{m} \alpha_l^t p(x_i \mid \theta_l^t)}$$

2. $\boxed{\text{M-step}}$:使用隱藏的結構 (和觀察值) 來重估參數

   解這個優化問題

   $$\Theta^{t+1} = \arg \max_{\Theta'} Q(\Theta', \Theta^t)$$

   $$= \arg \max_{\Theta'} \sum_{i=1}^{n} \sum_{k=1}^{m} r_{ik}^t \log\{\alpha'_k \, p(x_i \mid \theta'_k)\}$$

$$= \arg \max_{\Theta'} \{Q_1(\{\alpha'_k\}, \Theta') + Q_2(\{\theta'_k\}, \Theta')\}$$

其中

$$Q_1(\{\alpha'_k\}, \Theta') = \sum_{i=1}^{n} \sum_{k=1}^{m} r'_{ik} \log \alpha'_k$$

$$Q_2(\{\theta'_k\}, \Theta') = \sum_{i=1}^{n} \sum_{k=1}^{m} r'_{ik} \log p\,(x_i \,|\, \theta'_k)$$

混合模型參數 $\Theta = \{\alpha_k, \theta_k\}_{k=1}^{m}$ 區分為兩類：θ_k 是所採用的混合成分參數，權重 $\alpha_k \geq 0$ 還要滿足歸一條件 $\sum_{k=1}^{m} \alpha_k = 1$。因此，$\boxed{\text{M-step}}$ 可以切割為兩個獨立的問題：

$$\{\alpha_k^{t+1}\} = \arg \max_{\{\alpha'_k\}} Q_1(\{\alpha'_k\}, \Theta')$$

$$\{\theta_k^{t+1}\} = \arg \max_{\{\theta'_k\}} Q_2(\{\theta'_k\}, \Theta')$$

底下說明如何利用 Lagrange 乘數法解出最大化 Q_1 的最佳權重 α'_k。

maximize $Q_1(\{\alpha'_k\}, \Theta')$

subject to $\sum_{k=1}^{m} \alpha_k' = 1$

定義 Lagrangian 函數

$$L(\{\alpha'_k\}, \lambda) = \sum_{i=1}^{n} \sum_{k=1}^{m} r'_{ik} \log \alpha'_k + \lambda \left(\sum_{k=1}^{m} \alpha'_k - 1 \right)$$

其中 λ 是 Lagrange 乘數，求偏導數可得

$$\frac{\partial L}{\partial \alpha'_k} = \frac{1}{\alpha'_k} \sum_{i=1}^{n} r'_{ik} + \lambda$$

設上式等於零，乘以 α'_k，並加總所有的 k，使用 $\sum_{k=1}^{m} r'_{ik} = 1$。

$$\lambda = \sum_{k=1}^{m} \lambda \alpha'_k = -\sum_{i=1}^{n} \sum_{k=1}^{m} r'_{ik} = -n$$

因此，最佳權重為

$$\alpha'_k = \frac{n_k^t}{n}$$

上面令 $n_k^{\,t} = \sum_{i=1}^{n} r'_{ik}$，這個結果與所採用的模型成分無關。

三、高斯混合模型的最大期望演算法

高斯混合模型是最大期望演算法的一個經典應用，對於隨機變數 $x \in \mathbb{R}^d$，寫出高斯密度函數：

$$N\,(x\,|\,\mu_k, \Sigma_k) = \frac{1}{(2\pi)^{d/2} |\Sigma_k|^{1/2}} \exp \left\{ -\frac{1}{2}(x - \mu_k)^T \Sigma_k^{-1}(x - \mu_k) \right\}$$

因此

$$Q_2(\{\mu'_k, \Sigma'_k\}, \Theta^t) = \sum_{i=1}^{n} \sum_{k=1}^{m} r_{ik}^t \log N(x_i | \mu'_k, \Sigma'_k)$$
$$= \sum_{i=1}^{n} \sum_{k=1}^{m} r_{ik}^t \left(-\frac{d}{2} \log(2\pi) - \frac{1}{2} \log|\Sigma'_k| - \frac{1}{2}(x_i - \mu'_k)^T (\Sigma'_k)^{-1} (x_i - \mu'_k) \right)$$

我們的任務是求出使 Q_2 最大化的 μ'_k 與 Σ'_k，計算 Q_2 對 μ'_k 的偏導數

$$\frac{\partial Q_2}{\partial \mu'_k} = \sum_{i=1}^{n} r_{ik}^t (\Sigma'_k)^{-1} (x_i - \mu'_k) = (\Sigma'_k)^{-1} \sum_{i=1}^{n} r_{ik}^t (x_i - \mu'_k)$$

設上式為零，左乘 Σ'_k，解得：

$$\mu'_k = \frac{1}{n_k^t} \sum_{i=1}^{n} r_{ik}^t x_i$$

接著將 Q_2 包含的二次型改寫為跡 (trace) 數，並使用循環不變性：

$$Q_2(\{\mu'_k, \Sigma'_k\}, \Theta^t)$$
$$= \sum_{i=1}^{n} \sum_{k=1}^{m} r_{ik}^t \left(-\frac{d}{2} \log(2\pi) - \frac{1}{2} \log|\Sigma'_k| - \frac{1}{2} \text{trace}\{(x_i - \mu'_k)^T (\Sigma'_k)^{-1} (x_i - \mu'_k)\} \right)$$
$$= \sum_{i=1}^{n} \sum_{k=1}^{m} r_{ik}^t \left(-\frac{d}{2} \log(2\pi) - \frac{1}{2} \log|\Sigma'_k| - \frac{1}{2} \text{trace}\{(\Sigma'_k)^{-1} (x_i - \mu'_k)(x_i - \mu'_k)^T\} \right)$$

計算 Q_2 對 Σ'_k 的偏導數

$$\frac{\partial Q_2}{\partial \Sigma'_k} = -\frac{1}{2} \sum_{i=1}^{n} r_{ik}^t \left((\Sigma'_k)^{-1} - (\Sigma'_k)^{-1} (x_i - \mu'_k)(x_i - \mu'_k)^T (\Sigma'_k)^{-1} \right)$$

設上式等於零，左右同時乘以 Σ'_k，解得：

$$\Sigma'_k = \frac{1}{n_k^t} \sum_{i=1}^{n} r_{ik}^t (x_i - \mu'_k)(x_i - \mu'_k)^T$$

附帶一提，d×d 階樣本共變異數矩陣 Σ'_k 為可逆的 (即正定) 一個充要條件是 span$\{r_{ik}^t (x_i - \mu'_k)\}_{i=1}^{n} = \mathbb{R}^d$。這意味樣本大小 n，不能小於隨機向量 x 的維數 d。
最後將高斯混合模型的最大期望演算法的計算公式整理在下面：給定樣本 $\chi = \{x_i\}_{i=1}^{n}$，設高斯混合模型參數的初始值為 α_k^0、μ_k^0 與 Σ_k^0，$k = 1, ..., m$，$t = 0$。重複執行下列步驟，直到滿足收斂條件為止。

1. E-step ：使用當前的參數 (和觀察值) 重建隱藏的結構

對於 $i = 1, ..., n$，$k = 1, ..., m$

$$r_{ik}^t = \frac{\alpha_k^t N(x_i | \mu_k^t, \Sigma_k^t)}{\sum_{l=1}^m \alpha_l^t N(x_i | \mu_l^t, \Sigma_l^t)}$$

2. M-step：使用隱藏的結構 (和觀察值) 來重估參數

對於 $k = 1, ..., m$，$n_k^t = \sum_{i=1}^n r_{ik}^t$，且

$$\alpha_k^{t+1} = \frac{n_k^t}{n}$$

$$\mu_k^{t+1} = \frac{1}{n_k^t} \sum_{i=1}^n r_{ik}^t x_i$$

$$\Sigma_k^{t+1} = \frac{1}{n_k^t} \sum_{i=1}^n r_{ik}^t (x_i - \mu_k^{t+1})(x_i - \mu_k^{t+1})^T$$

最大期望演算法是應用廣泛的一般性算法，不僅可計算高斯混合模型的最大概似估計，此法也適用於其他具備隱藏變數的機率模型，譬如因素分析以及因素分析混合模型。最大期望演算法並不限定 x 為連續型隨機向量，對於離散型隨機向量仍然有效。

2-2-2 EM algorithm 範例解說

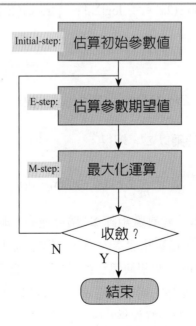

圖 2-20 EM algorithm 流程圖

範例

一、估算初始參數值

假設有十二個特徵參數 (影像 / 音框)，分群後的其中一個 class A 由特徵參數 1、4、7 和 8 四個特徵參數所組成，如下：

特徵參數 1	1	2	3
特徵參數 4	4	5	6
特徵參數 7	7	8	9
特徵參數 8	10	11	12

混合權重值 w_i

$$4/12 = 0.3334$$

平均向量 $\vec{\mu}_i$

$$\mu = \frac{1}{T}\sum_{t=1}^{T}\vec{x}_t$$

5.5	6.5	7.5

共變異矩陣：

$$\Sigma = E[(X - E[x])(X - E[X])^T]$$

$$= \begin{bmatrix} E[(X_1 - \mu_1)(X_1 - \mu_1)^T] & E[(X_1 - \mu_1)(X_2 - \mu_2)^T] & \cdots & E[(X_1 - \mu_1)(X_n - \mu_n)^T] \\ E[(X_2 - \mu_2)(X_1 - \mu_1)^T] & E[(X_2 - \mu_2)(X_2 - \mu_2)^T] & \cdots & E[(X_2 - \mu_2)(X_n - \mu_n)^T] \\ \vdots & \vdots & \ddots & \vdots \\ E[(X_n - \mu_n)(X_1 - \mu_1)^T] & \cdots & & E[(X_n - \mu_n)(X_n - \mu_n)^T] \end{bmatrix}$$

假設有三組特徵參數分別為　　$X_1 = \begin{bmatrix} 1 & 2 \end{bmatrix}$　$X_2 = \begin{bmatrix} 3 & 4 \end{bmatrix}$　$X_3 = \begin{bmatrix} 5 & 6 \end{bmatrix}$

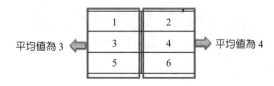

平均值為 3　　　　　　　　　　　平均值為 4

則

$$\Sigma = \begin{bmatrix} \dfrac{1}{3}\left(([1 \quad 3 \quad 5]-3)\left(\begin{bmatrix}1\\3\\5\end{bmatrix}-3\right)\right) & \dfrac{1}{3}\left(([1 \quad 3 \quad 5]-3)\left(\begin{bmatrix}2\\4\\6\end{bmatrix}-4\right)\right) \\[4ex] \dfrac{1}{3}\left(([2 \quad 4 \quad 6]-4)\left(\begin{bmatrix}1\\3\\5\end{bmatrix}-3\right)\right) & \dfrac{1}{3}\left(([2 \quad 4 \quad 6]-4)\left(\begin{bmatrix}2\\4\\6\end{bmatrix}-4\right)\right) \end{bmatrix}$$

$$= \begin{bmatrix} 2.667 & 2.667 \\ 2.667 & 2.667 \end{bmatrix}$$

取得第 i 個混合的事後機率值

$$p(i \mid x_t^{\overline{w}}, \lambda) = \frac{w_i b_i(x_t^w)}{\sum_{k=1}^{M} w_k b_k(x_t^{\overline{w}})}$$

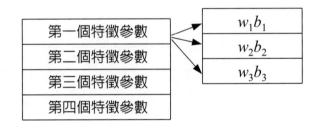

對各參數進行重新估算

$$\overline{w}_i = \frac{1}{T} \sum_{t=1}^{T} p(i \mid \mathring{x}_t, \lambda)$$

$$\overset{\rho}{\mu}_i = \frac{\sum_{t=1}^{T} p(i \mid \mathring{x}_t, \lambda) \mathring{x}_t}{\sum_{t=1}^{T} p(i \mid \mathring{x}_t, \lambda)}$$

$$\overline{\Sigma}_i = \frac{1}{D} \frac{\sum_{t=1}^{T} p(i \mid \mathring{x}_t, \lambda)(\mathring{x}_t - \overset{\rho}{\mu}_i)^T (\mathring{x}_t - \overset{\rho}{\mu}_i)}{\sum_{t=1}^{T} p(i \mid \mathring{x}_t, \lambda)}$$

進行最大概似估算

$$p(X \mid \lambda) = \prod_{t=1}^{T} p(\mathring{x}_t \mid \lambda) = \sum_{t=1}^{T} \log p(\mathring{x}_t \mid \lambda)$$

$$其中 \ p(\mathring{x}_t \mid \lambda) = \sum_{i=1}^{M} w_i b_i(\mathring{x}_t)$$

收斂條件

$$p(X \mid \lambda^{(k+1)}) - p(X \mid \lambda^{(k)}) \le 收斂門檻$$

辨識

將每個樣本與待測的語音進行最大概似估算，機率值最大的，即為答案：

$$\hat{S} = \arg \max_{1 \le k \le S} p(X \mid \lambda_k)$$

$$\hat{S} = \arg \max_{1 \le k \le S} \sum_{t=1}^{T} \log p(\mathring{x}_t \mid \lambda_k)$$

2-3 高斯 (Gaussian) 混合模型應用在圖形辨識

一、有限混合模型的概述

有限混合模型的研究，最早可以追溯到一個世紀以前，1894 年 Pearson 採用具有兩個混合成分的單變數高斯 (常態) 混合模型，對一組觀測資料進行了適配，用矩估計方法對該混合模型的參數集進行了估計。1977 年 A. P. Dempster 等人提出了計算不完全資料的最大概似估計的 EM 演算法，並提出了有限混合模型的不完全資料結構，才使得最大概似估計進行計算的困難迎刃而解。隨後，有限混合模型的研究進入了一個嶄新的發展階段，並擴充到了聚類 (clustering) 分析、語音識別、類神經網路 (neural network)、機器學習、data mining 等應用領域。

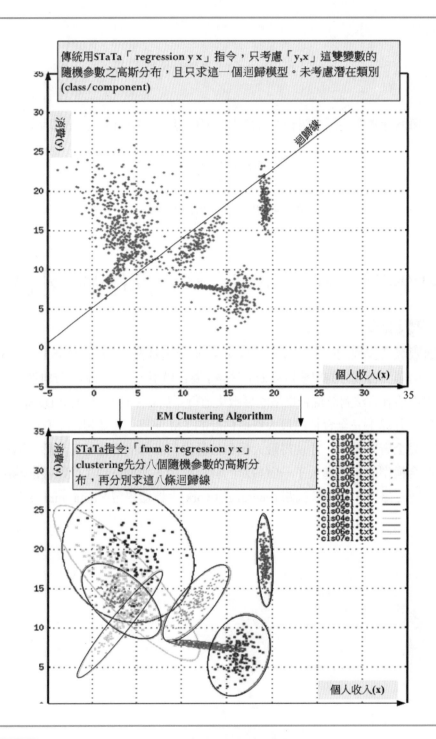

圖 2-21　EM Clustering Algorithm(「fmm 8: regression y x」指令，clustering 先分八個隨機參數的高斯分布，再分別求這八個迴歸模型)

二、有限混合模型的核心問題

FMM 核心問題有兩個：

1. 混合成分 (component)/ 潛在類別 (class) 密度的選擇。
2. 有限混合模型 (FMM) 的參數，STaTa 提供十七種估計法。其中，高斯 (常態) 混合模型憑藉其形式簡單、計算方便等特點，已成為目前比較普遍應用的有限混合模型。然而，我們得到的實際資料大多具有非線性、非高斯 (非常態) 特性，並且侷限於高斯分布的適配能力，導致高斯混合模型不能完全、準確、有效地描述這些複雜資料。

在統計學中，混合模型 (mixture model) 是一個機率模型，用於表示總人口中子母體 (subpopulations) 的存在，它不須在觀察的資料集合來辨識 (identify) 個體所屬的子群體。形式上，混合模型其對應的混合分布，是表示總體群體觀測值的機率分布。然而，具「混合分布」之相關問題，涉及從子群體中得出整體群體的性質 (properties)，「混合模型」在混合群體 (pooled population) 不須子母體的認定資訊，即可使用統計來進行推論子母群體的屬性。

混合模型的實作步驟，涉及子群體的身分辨識 (attribute postulated sub-population-identities) 的步驟 (或 weights towards such sub-populations)。在這種情況下，這些子群體的辨識會採用無監督學習 (unsupervised learning) 或聚類程序 (clustering procedures)。如圖 2-22 所示，傳統常態分布雙變數之迴歸，係不考慮母群應依特徵先分類，就直接求迴歸模型 (iteration 1)；但 FMM 採用 EM 演算法，先將母群分成若干類別 (class) 之後，再分別求各類別之迴歸模型 (iteration 8)。

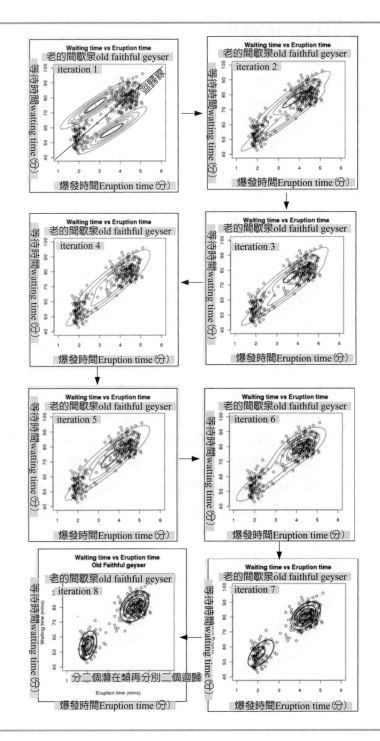

圖 2-22　EM 子群體的身分辨識步驟 (fmm 2: regression y x」指令 clustering 先分二個
隨機參數的高斯分布，再分別求這二條迴歸線)

2-3-1 K-Means 分類 (classifier) 法，如何演變成 EM algorithm 呢？

聚類 (clustering) 的方法有很多種，其中 k-means 是最簡單的一種方法。它大致思想就是把資料分為多個堆，每個堆就是一類 (class)。每個堆都有一個聚類中心 (學習的結果就是獲得這 k 個聚類中心)，這個中心就是這個類中所有資料的均值，而這個堆中所有的點到該類的聚類中心都小於到其他類的聚類中心 (分類的過程就是將未知數據對這 k 個聚類中心進行比較的過程，離誰近就是誰)。其實 k-means 算得上是最直觀、最方便理解的一種聚類方式，原則就是把最像的資料分在一起，而「像」這個定義由我們來完成，比如說歐式距離的最小等。想對 k-means 的具體演算法過程了解的話，請看本章。在此將介紹的是另外一種比較流行的聚類方法：GMM(Gaussian mixture model)。

GMM 和 k-means 其實是十分相似的，區別僅僅在於對 GMM 來說，我們引入了機率。說到這裡，需要先補充一點東西。統計學習的模型有二種，一種是機率模型，一種是非機率模型。所謂機率模型，就是指我們要學習的模型的形式是 P(Y|X)，這樣在分類的過程中，我們透過未知數據 X 可以獲得 Y 取值的一個機率分布，也就是訓練後模型得到的輸出不是一個具體的值，而是一系列值的機率 (對應於分類問題來說，就是對應於各個不同的類的機率)，然後我們可以選取機率最大的那個類作為判決物件 [算是軟分類 (soft assignment)]。而非機率模型，就是指我們學習的模型是一個決策函數 Y=f(X)，輸入資料 X 是多少就可以投影得到唯一的一個 Y，就是判決結果 [算是硬分類 (hard assignment)]。回到 GMM，學習的過程就是訓練出幾個機率分布，所謂混合高斯模型就是指對樣本的機率密度分布進行估計，而估計的模型是幾個高斯模型加權之和 (具體是幾個要在模型訓練前建立好)。每個高斯模型就代表了一個類 (一個 cluster)。對樣本中的資料分別在幾個高斯模型上投影，就會分別得到在各個類上的機率，然後可以選取機率最大的類作為判決結果。

得到機率有什麼好處呢？我們知道人很聰明，就是在於我們會用各種不同的模型對觀察到的事物和現象做判決和分析。當你在路上發現一條狗的時候，你可能光看外形好像鄰居家的狗，又更像一點點女朋友家的狗，你很難判斷，所以從外形上看，用軟分類的方法，是女朋友家的狗機率 52%，是鄰居家的狗的機率是 48%，屬於一個易混淆的區域內，這時你可以再用其他辦法進行區分到底是誰家的狗。而如果是硬分類的話，你所判斷的就是女朋友家的狗，沒有

「多像」這個概念，所以不方便多模型的融合。

從中心極限定理的角度來看，把混合模型假設為高斯的是比較合理的，當然也可以根據實際資料定義成任何分布的 mixture model，不過定義為高斯的在計算上有一些方便之處。另外，理論上可以透過增加 model 的個數，用 GMM 近似任何機率分布。

用 GMM 的優點是計算後樣本點不是得到一個明確的分類標記，而是得到每個類的機率，這是一個重要資訊。GMM 每一步疊代步驟的計算量會比較大，大於 k-means 法。GMM 的求解辦法基於 EM 演算法，因此有可能陷入局部極值 (非 global 最大值)，這和初始值的選取十分相關。GMM 不僅可以用在聚類上，也可以用在機率密度估計上。

一、K-Means 分類 (classifier) 法

如果我們希望快速地、精確地找出高斯混合模型的最佳參數，使得系統有最佳的表現，則在尋找最佳參數之前必須對參數做初始化的動作。向量量化 (VQ) 是一項運用非常廣泛的技術，它能將一堆特徵向量的資料，濃縮成幾個具代表性的類別 (class) 或群集 (cluster)，所以這裡我們先採用 VQ 的技術，將我們得到的影像像素值，做初步的分群，得到高斯混合模型參數的初始化值 (包括群的個數、群的中心)，以利於後面做參數的最佳化。VQ 的方法有很多種，我們採用 K- 平均值分類法 (K-means Cluster)，其流程如圖 2-23 所示，詳細的步驟說明如下：

> **Step-0** 蒐集資料
> 經過一段時間的蒐集，獲得 N 個欲做訓練的特徵向量。

> **Step-1** 初始化

Initialize K clusters: $C_1, \cdots, C_K$
Each Cluster is represented by its mean m_j

假設一開始的群數是 K，並隨機地取 K 個向量當成每群的中心點。

> **Step-2** 以新的群中心來分群
> 其他 (N-K) 個向量對這 K 個群中心做距離測量，以距離作為分群的依據，每個向量被分類到距離最短的中心。

Step-3 更新群中心

接著對每一群算出新的向量平均值，以此作為新的群中心。

估計每個數據的集群 (estimate the cluster of each data)

$x_i \Longrightarrow C(x_i)$

重新估計群集參數 (re-estimate the cluster parameters)

$m_j = \text{mean}\{x_i \mid x_i \in C_j\}$

Step-4 判斷分群是否收斂

將新的群中心與舊的群中心作比較，如果不再有變動，表示已收斂，則做步驟 5；反之，則重複步驟 2、3。

Step-5 判斷是否該合併群

如果這 K 群中，任一二群距離太近 (可以合併成一群)，或是某一群的向量點只有一個，表示群數須減少，則群數減一 (K<=K-1)，並回到 Step-1 重新分群；反之，則做 Step-6。

Step-6 得到初始化參數

將最後分群的個數、群的中心、群的變異數以及每一群的資料個數，當作高斯混合模型的初始參數 (M、μ、Σ、w)。

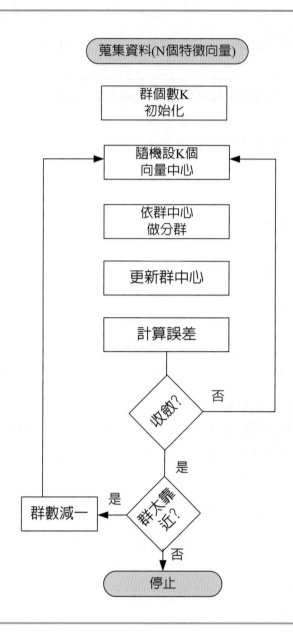

圖 2-23 K- 平均值分類法 (K-means cluster) 流程圖

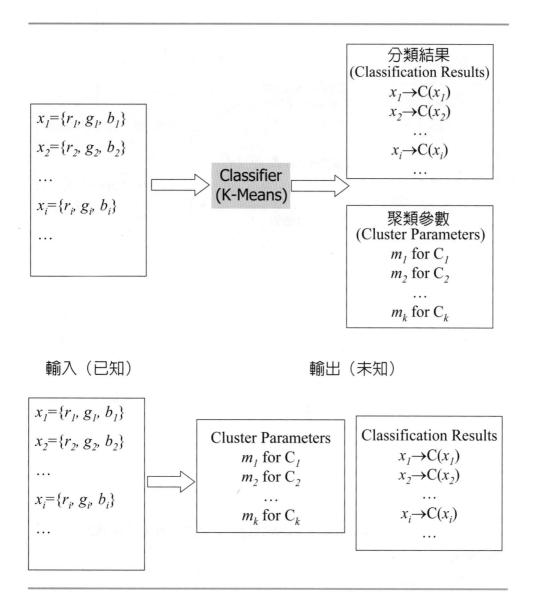

圖 2-24 K- 平均值分類法 (K-means classifier)

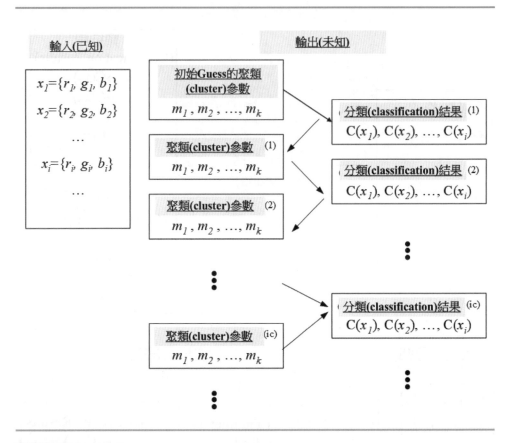

圖 2-25　K- 平均值分類法 (續)

二、K-means 分類法，進化成 expectation maximization algorithm

Boot Step:

　　Initialize K clusters: $C_1, \cdots, C_K$

Iteration Step：又細分 E-Step 及 M-Step

　　估計每個數據的集群 (estimate the cluster of each data)→**Expectation**

　　$p(C_j \mid x_i)$

　　重新估計群集參數 (re-estimate the cluster parameters) → **Maximization**

　　$(\mu_j, \Sigma_j), p(C_j)$, 對每個 **cluster j**

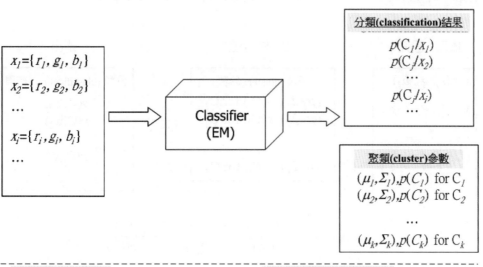

分類(classification)結果

$p(C_1/x_1)$
$p(C_j/x_2)$
...
$p(C_j/x_i)$
...

Classifier
(EM)

$x_1=\{r_1, g_1, b_1\}$
$x_2=\{r_2, g_2, b_2\}$
...
$x_i=\{r_i, g_i, b_i\}$
...

聚類(cluster)參數

$(\mu_1, \Sigma_1), p(C_1)$ for C_1
$(\mu_2, \Sigma_2), p(C_2)$ for C_2
...
$(\mu_k, \Sigma_k), p(C_k)$ for C_k

輸入(已知)

輸出(未知)

$x_1=\{r_1, g_1, b_1\}$
$x_2=\{r_2, g_2, b_2\}$
...
$x_i=\{r_i, g_i, b_i\}$
...

聚類(cluster)參數

$(\mu_1, \Sigma_1), p(C_1)$ for C_1
$(\mu_2, \Sigma_2), p(C_2)$ for C_2
...
$(\mu_k, \Sigma_k), p(C_k)$ for C_k

分類(classification)結果

$p(C_1/x_1)$
$p(C_j|x_2)$
...
$p(C_j/x_i)$
...

圖 2-26 EM 分類 (classifier) 法

有限混合模型 (FMM)：STaTa 分析 (以 EM algorithm 做潛在分類再迴歸分析)

Expectation Step：使用當前的參數 (和觀察值) 重建隱藏的結構

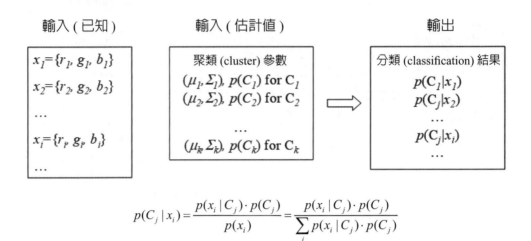

$$p(C_j \mid x_i) = \frac{p(x_i \mid C_j) \cdot p(C_j)}{p(x_i)} = \frac{p(x_i \mid C_j) \cdot p(C_j)}{\sum_j p(x_i \mid C_j) \cdot p(C_j)}$$

Maximization Step：使用隱藏的結構 (和觀察值) 來重估參數

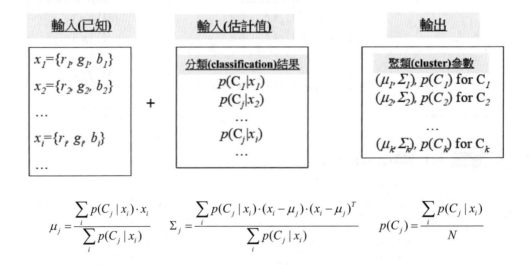

$$\mu_j = \frac{\sum_i p(C_j \mid x_i) \cdot x_i}{\sum_i p(C_j \mid x_i)} \qquad \Sigma_j = \frac{\sum_i p(C_j \mid x_i) \cdot (x_i - \mu_j) \cdot (x_i - \mu_j)^T}{\sum_i p(C_j \mid x_i)} \qquad p(C_j) = \frac{\sum_i p(C_j \mid x_i)}{N}$$

三、**expectation maximization** 演算法

Boot Step:

　　Initialize K clusters: $C_1, \cdots, C_K$

Iteration Step: 又分下列二個步驟

　　Expectation Step:

$$p(C_j \mid x_i) = \frac{p(x_i \mid C_j) \cdot p(C_j)}{p(x_i)} = \frac{p(x_i \mid C_j) \cdot p(C_j)}{\sum_j p(x_i \mid C_j) \cdot p(C_j)}$$

Maximization Step:

$$\mu_j = \frac{\sum_i p(C_j \mid x_i) \cdot x_i}{\sum_i p(C_j \mid x_i)} \qquad \Sigma_j = \frac{\sum_i p(C_j \mid x_i) \cdot (x_i - \mu_j) \cdot (x_i - \mu_j)^T}{\sum_i p(C_j \mid x_i)} \qquad p(C_j) = \frac{\sum_i p(C_j \mid x_i)}{N}$$

2-3-2 EM-GMM 建立的流程

綜合前面的說明，GMM 建立的整個流程如下圖所示，先將 N 個準備拿來訓練模型的資料點，經過 K-means clustering 後得到初始的參數，再由 EM 演算法得到的三個方程式：

$$\mu_j = \frac{\sum_{i=1}^{n} \beta_j(x_i) x_i}{\sum_{i=1}^{n} \beta_j(x_i)} \qquad \Sigma_j = \frac{\sum_{i=1}^{n} \beta_j(x_i)(x_i - \mu_j)(x_i - \mu_j)^T}{\sum_{i=1}^{n} \beta_j(x_i)} \qquad w_j = \frac{1}{n} \sum_{i=1}^{n} \beta_j(x_i)$$

進行參數的更新，並計算新的相似函數的值，如此不斷的疊代，不斷地更新模型的參數，直到相似函數的值已經沒什麼變動，或是疊代的次數超過某個門檻值，才停止疊代。

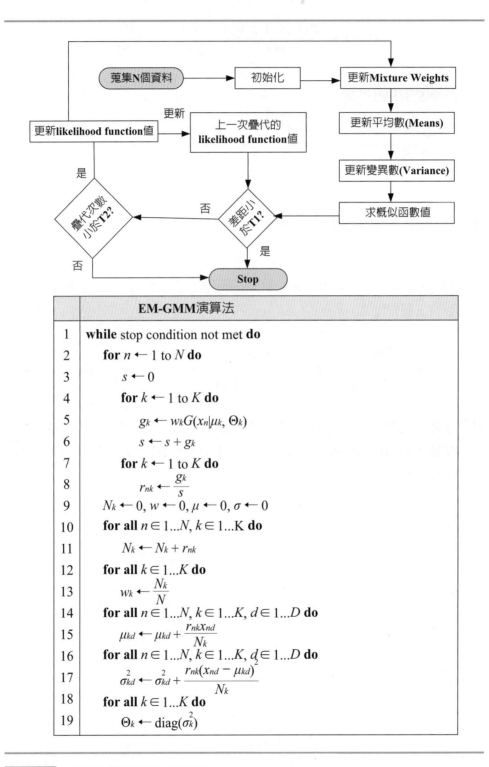

圖 2-27 高斯混合模型建立的流程

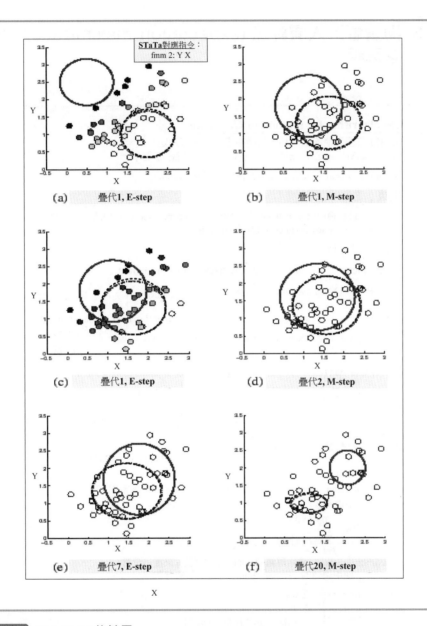

圖 2-28　EM-GMM 的結果

2-3-3 期望值最大演算法 (expectation maximization, EM) 之解說

EM algorithm for mixture of Gaussians

GMM 許多高斯的加權和，其權重由分布 π 來決定

$$p(x) = \pi_0 N(x|\mu_0, \Sigma_0) + \pi_1 N(x|\mu_1, \Sigma_1) + \cdots + \pi_k N(x| \mu_k, \Sigma_k)$$

What is a mixture of K Gaussians? $p(x) = \sum_{k=1}^{k} \pi_k F(x|\Theta_k)$

約束：$\sum_{k=1}^{k} \pi_k = 1$

and F(x|Θ) is the Gaussian distribution with parameters $\Theta = \{\mu, \Sigma\}$

If all points $x \in X$ are mixtures of K Gaussians then

$$p(X) = \prod_{i=1}^{n} p(x_i) = \prod_{i=1}^{n} \sum_{k=1}^{k} \pi_k F(x_i|\Theta_k)$$

目標：Find $\pi_1, \cdots, \pi_k$ and $\Theta_1, \cdots, \Theta_k$ such that P(X) is maximized

或 ln(P(X)) is maximized: $L(\Theta) = \sum_{i=1}^{n} \ln \left\{ \sum_{k=1}^{k} \pi_k F(x_i|\Theta_k) \right\}$

- Every point x_i is *probabillstically* assigned (generated) to (by) the k-th Gaussian
- Probability that point x_i is generated by the k-th Gaussian is $w_{ik} = \dfrac{\pi_k F(x_i|\Theta_k)}{\sum_{j=1}^{k} \pi_j F(x_i|\Theta_j)}$
- Every Gaussian (cluster) C_k has an effective number of points assigned to it N_k

$$N_k = \sum_{i=1}^{n} w_{ik} \qquad 其中，平均數：\mu_k = \frac{1}{N_k} \sum_{i=1}^{n} w_{ik} x_i$$

$$變異數：\Sigma_k = \frac{1}{N_k} \sum_{i=1}^{n} w_{ik}(x_i - \mu_k)x_s(x_i - \mu_k)^T$$

EM for Gaussian 混合模型

- Initialize the means μ_k, variances Σ_k ($\Theta_k = (\mu_k, \Sigma_k)$) and mixing coefficients π_k, and evaluate the initial value of the loglikelihood
- Expectation step：使用當前的參數 (和觀察值) 重建隱藏的結構 (Evaluate weights)

用當前參數評估每個集群的「responsibilities」。

$$w_{ik} = \frac{\pi_k F(x_i|\Theta_k)}{\sum_{j=1}^{k} \pi_j F(x_i|\Theta_j)}$$

- Maximization step：使用隱藏的結構 (和觀察值) 來重估參數

使用現有的「responsibilities」重新估計參數

$$\mu_k^{new} = \frac{1}{N_k} \sum_{i=1}^{n} w_{ik} x_i$$

$$\Sigma_k^{new} = \frac{1}{N_k} \sum_{i=1}^{n} w_{ik}(x_i - \mu_k^{new})x_s(x_i - \mu_k^{new})^T$$

Evaluate L(Θ^{new}) and stop if converged

Latent Variable Representation

$$p(x) = \sum_{i=0}^{k} \pi_i N(x|\mu_k, \Sigma_k) = \sum_{z} p(z)p(x|z)，其中：$$

$$p(z) = \prod_{k=1}^{K} \pi_k^{z_k} \qquad p(x|z) = \prod_{k=1}^{K} N(x|\mu_k, \Sigma_k)^{z_k}$$

圖 2-29 EM for Gaussian 混合模型

一、EM 演算法介紹

初始步驟 :

- Initialize K clusters: $C_1, \cdots, C_K$

疊代步驟 :

- Estimate the cluster of each data
- Re-estimate the cluster parameters

EM 分類 (classifier):

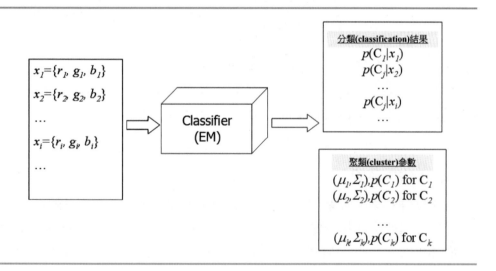

圖 2-30 EM 分類 (classifier)

期望步驟 (expectation-step):

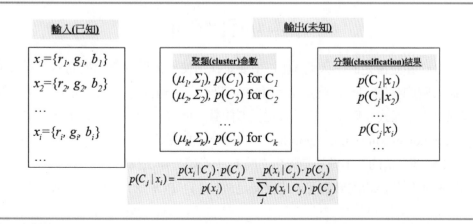

$$p(C_j \mid x_i) = \frac{p(x_i \mid C_j) \cdot p(C_j)}{p(x_i)} = \frac{p(x_i \mid C_j) \cdot p(C_j)}{\sum_j p(x_i \mid C_j) \cdot p(C_j)}$$

圖 2-31 期望步驟 (expectation-step)

最大化步驟 (maximization step):

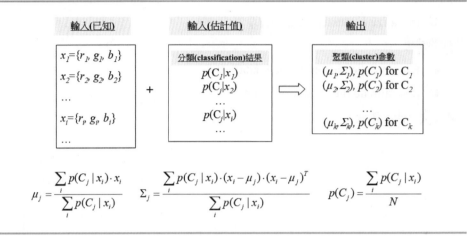

$$\mu_j = \frac{\sum_i p(C_j \mid x_i) \cdot x_i}{\sum_i p(C_j \mid x_i)} \qquad \Sigma_j = \frac{\sum_i p(C_j \mid x_i) \cdot (x_i - \mu_j) \cdot (x_i - \mu_j)^T}{\sum_i p(C_j \mid x_i)} \qquad p(C_j) = \frac{\sum_i p(C_j \mid x_i)}{N}$$

圖 2-32 最大化步驟 (maximization step)

二、EM 法之解說

在做背景模型訓練時，最終的目的是估測最佳的高斯混合模型參數 λ，所謂的「最佳」指的是，影像像素值真正的分布，與模型參數 λ 估測出來的分布有最大的相似度，估測最佳參數的方法有很多，但最受歡迎、最適合的方法是「最佳相似性估測法」(maximum likelihood estimation, MLE)。

在高斯密度函數的假設下，當 $x = x_i$ 時，其機率密度為 $P(x_i \mid \lambda)$。如果 x_i 之間是互相獨立的事件 (i = 1~n)，則發生 $X = \{x_1, x_2, ..., x_n\}$ 的機率密度之相似函數 (likelihood function) 可以表示成：

$$P(X \mid \lambda) = \prod_{i=1}^{n} P(x_i \mid \lambda)$$

由於 X 是確定的，因此 MLE 主要是找出使得高斯混合模型的相似函數值為最大時的參數 λ'，也就是 $\lambda' = \arg\max_\lambda P(x \mid \lambda)$。但是上式對 λ 而言，是一個非線性的方程式，無法直接最大化相似函數，所以我們採用期望值最大演算法 (expectation maximization algorithm)，利用疊代的方式找出 MLE 的估測參數 λ'。

EM 演算法的基本做法是先由之前 K 平均值分類法找出的初始化參數 λ，再利用 EM 估計出新的參數 $\overline{\lambda}$，使得滿足 $P(x \mid \overline{\lambda}) \geq P(X \mid \lambda)$，令 $\lambda = \overline{\lambda}$ 種新疊代估

計新的 $\bar{\lambda}$，直到 $P(X|\lambda)$ 收斂或是達到某個門檻值才停止。EM 演算法主要分成二個部分，與 likelihood 函數有關的 E-Step，以及更新參數方程式的 M-Step。

(一)E-Step：使用當前的參數 (和觀察值) 重建隱藏的結構

目的是測試我們所求的 likelihood 函數值，是否達到我們的要求，若符合要求，EM 演算法就停止，反之就繼續執行 EM 演算法。這裡為了數學推導的方便，假設的模型是由三個高斯分布函數所構成，則其密度函數可表示成：

$$P(x) = w_1 g(x; \mu_1, \Sigma_1) + w_2 g(x; \mu_2, \Sigma_2) + w_3 g(x; \mu_3, \Sigma_3)$$

其中，共變異矩陣部分 Σ_j，每個維度彼此獨立，所以只剩對角有值，$P(x)$ 的參數 $\lambda = [w_1, w_2, w_3, \mu_1, \mu_2, \mu_3, \Sigma_1, \Sigma_2, \Sigma_3]$，參數個數為 (1+1+1+d+d+d+d+d+d)=3+6d 個。依前述 MLE 原則，求出 likelihood 的最大值：

$$E(\lambda) = \ln\left(\prod_{i=1}^{n} P(x_i)\right) = \sum_{i=1}^{n} \ln P(x_i)$$
$$= \sum_{i=1}^{n} \ln[w_1 \times g(x_i; \mu_1, \Sigma_1) + w_2 \times g(x_i; \mu_2, \Sigma_2) + w_3 \times g(x_i; \mu_3, \Sigma_3)]$$

為了簡化討論，再引進另一個數學符號稱事後機率 (post probability)：

$$\beta_j(x) = p(j|x) = \frac{p(j \cap x)}{p(x)} = \frac{p(j)p(x|j)}{p(x)}$$
$$= \frac{p(j)p(x|j)}{p(1)p(x|1) + p(2)p(x|2) + p(3)p(x|3)}$$
$$= \frac{w_j\, g(x; \mu_i, \Sigma_i)}{w_1 g(x; \mu_1, \Sigma_1) + w_2 g(x; \mu_2, \Sigma_2) + w_3 g(x; \mu_3, \Sigma_3)}$$

(二) M-Step：使用隱藏的結構 (和觀察值) 來重估參數

主要目的是為了要找到使 likelihood 函數最大化的參數，因此我們分別對 w_1, x_i, Σ_1 做偏導數，再做後續的運算，於是便可以得到所求的參數，接著返回 E-Step 繼續做。假設初始參數是 λ_{old}，我們希望找出新的 λ 值，滿足 $\lambda > \lambda_{old}$，因為根據 $\ln(\frac{a}{b}) = \ln(a) - \ln(b)$，$E(\lambda) > E(\lambda_{old})$ 可以延伸成下式：

$$E(\lambda) - E(\lambda_{old})$$

$$= \sum_{i=1}^{n} \ln\left[\frac{w_1 g(x_i; \mu_1, \Sigma_1) + w_2 g(x_i; \mu_2, \Sigma_2) + w_3 g(x_i; \mu_3, \Sigma_3)}{w_{1,old} g(x_i; \mu_{1,old}, \Sigma_{1,old}) + w_{2,old} g(x_i; \mu_{2,old}, \Sigma_{2,old}) + w_{3,old} g(x_i; \mu_{3,old}, \Sigma_{3,old})}\right]$$

$$= \sum_{i=1}^{n} \ln\left[\frac{w_1 g(x_i; \mu_1, \Sigma_1)}{D(\lambda_{old})}\frac{\beta_1(x_i)}{\beta_1(x_i)} + \frac{w_2 g(x_i; \mu_2, \Sigma_2)}{D(\lambda_{old})}\frac{\beta_2(x_i)}{\beta_2(x_i)} + \frac{w_3 g(x_i; \mu_3, \Sigma_3)}{D(\lambda_{old})}\frac{\beta_3(x_i)}{\beta_3(x_i)}\right]$$

$$\geq \sum_{i=1}^{n}\left[\beta_1(x_i)\ln\frac{w_1 g(x_i; \mu_1, \Sigma_1)}{D(\lambda_{old})\beta_1(x_i)} + \beta_2(x_i)\ln\frac{w_2 g(x_i; \mu_2, \Sigma_2)}{D(\lambda_{old})\beta_2(x_i)} + \beta_3(x_i)\ln\frac{w_3 g(x_i; \mu_3, \Sigma_3)}{D(\lambda_{old})\beta_3(x_i)}\right]$$

$$= Q(\lambda)$$

上式中，因為 $\ln(x)$ 是一個凸函數 (convex function)，滿足下列不等式

$$\ln[\alpha x_1 + (1-\alpha)x_2] \geq \alpha\ln(x_1) + (1-\alpha)\ln(x_2)$$

推廣上式到「傑森不等式」(Jensen inequality)：

$$\ln\left(\sum_{i=1}^{n}\alpha_i x_i\right) \geq \sum_{i=1}^{n}\alpha_i \ln(x_i)，約束條件是\sum_{i=1}^{n}\alpha_i = 1$$

因為 $\sum_{j=1}^{3}\beta_j(x_i) = 1$，所以可以將傑森不等式套用在上上上式，最後得到下式：

$$E(\lambda) \geq E(\lambda_{old}) + Q(\lambda)$$

只要 $Q(\lambda) > 0$，必滿足 $E(\lambda) > E(\lambda_{old})$，但我們通常希望 $E(\lambda)$ 越大越好，最直接的方式就是找出使得 $Q(\lambda)$ 最大的 λ 值，那 $E(\lambda)$ 也會跟著變大，見下圖。

$Q(\lambda)$ 是 λ 的函數，將一些與 λ 不相關的部分併入常數項，並重新整理 $Q(\lambda)$ 成下式：

$$Q(\lambda) = \sum_{i=1}^{n}\sum_{j=1}^{3}\beta_j(x_i)[\ln w_j + \ln g\ (x_i; \mu_j, \Sigma_j)] + c1$$

$$= \sum_{i=1}^{n}\sum_{j=1}^{3}\beta_j(x_i)\left\{\ln w_j + \ln\left[\frac{1}{(2\pi)^{d/2}[\det \Sigma_j]^{1/2}}\exp\left(-\frac{(x_i - \mu_j)\Sigma_j^{-1}(x_i - \mu_j)^T}{2}\right)\right]\right\} + c1$$

對 μ_j 偏微分，$\partial_{\mu_j}Q = 0 \Rightarrow \mu_j = \dfrac{\sum\limits_{i=1}^{n}\beta_j(x_i)x_i}{\sum\limits_{i=1}^{n}\beta_j(x_i)}$

對 Σ_j 偏微分，$\partial_{\Sigma_j}Q = 0 \Rightarrow \Sigma_j = \dfrac{\sum\limits_{i=1}^{n}\beta_j(x_i)(x_i - \mu_j)(x_i - \mu_j)^T}{\sum\limits_{i=1}^{n}\beta_j(x_i)}$

欲得到最佳之 w_j 值，須將 w_j 的總和為 1 的條件加入，引進 Lagrange multiplier，並定義新的目標函數 (object function) 為：

$$E_{new}(\lambda) = E(\lambda) + \alpha(w_1 + w_2 + w_3 - 1)$$

將 E_{new} 對三個 weighting 做偏微分，可得到下面三個方程式：

$$\frac{\partial E_{new}}{\partial w_j} = -\frac{1}{w_j}\sum_{i=1}^{n}\beta_j(x_i) + \alpha, \quad j = 1, 2, 3$$

最後將上式的三個式子相加，可得到：

$$(w_1 + w_2 + w_3)\alpha = -\sum_{i=1}^{n}[\beta_1(x_i) + \beta_2(x_i) + \beta_3(x_i)]$$

$$\Rightarrow \alpha = -\sum_{i=1}^{n}1 = -n$$

$$\Rightarrow w_j = \frac{1}{n}\sum_{i=1}^{n}\beta_j(x_i), \quad j = 1, 2, 3$$

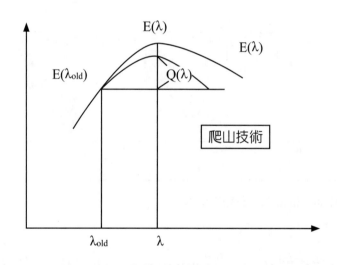

圖 2-33　likelihood function E(λ) 最大化的示意圖

2-3-4 EM algorithm 如何找出高斯混合模型 (GMM) 潛在類別之解說？

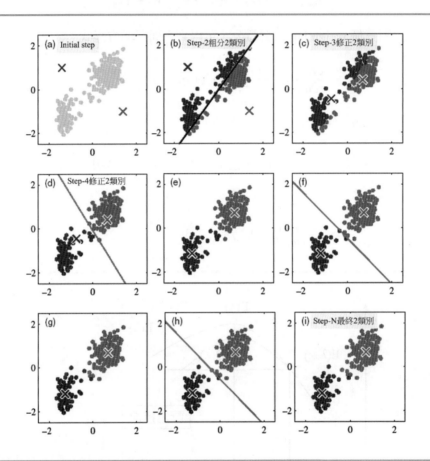

圖 2-34　EM algorithm 潛在分類之步驟

一、高斯混合模型 (Gaussian mixture model, GMM) 之解說

　　事實上，GMM 和 k-means 很像，不過 GMM 是學習出一些機率密度函數來 (所以，GMM 除了用在 clustering 之外，還經常被用於 density estimation)。簡單地說，k-means 的結果是每個資料點被指定 (assign) 到其中某一個 cluster；而 GMM 則提出這些資料點被指定 (assign) 到每個 cluster 的機率，又稱作軟指定 (soft assignment)。

得出一個機率有很多好處，因為它的資訊量比簡單的一個結果要多。比如，我可以把這個機率轉換為一個 score，表示演算法 (algorithm) 對自己得出的這個結果的把握。也許我可以對同一個任務，用多個方法得到結果，最後選取「把握」最大的那個結果；另一個很常見的方法是在諸如疾病診斷之類的場所，機器對於那些很容易分辨的情況 (患病或者不患病的機率很高) 可以自動區分，而對於那種很難分辨的情況，比如，48% 的機率患病、52% 的機率正常，如果僅簡單地使用 50% 的臨界值將患者診斷為「正常」的話，風險是非常大的。因此，在機器對自己的結果把握很小的情況下，會「拒絕發表評論」，而把這個任務留給有經驗的醫生去解決。

我們知道，不管是機器還是人，學習的過程都可以看作是一種「歸納」的過程。在歸納的時候你需要有一些假定的前提條件，例如：當你被告知水裡游的那個傢伙是魚之後，你使用「在同樣的地方生活的是同一種東西」這類似的假定，歸納出「在水裡游的都是魚」這樣一個結論。當然這個過程是完全「本能」的，如果不仔細去想，你也不會了解自己是怎樣「認識魚」的。另一個值得注意的地方是這樣的假定並非總是完全正確的，甚至可以說總會有這樣、那樣的缺陷，因此你有可能會把蝦、龜、甚至是潛水夫當作魚。也許你覺得可以透過修改前提假定來解決這個問題，例如：基於「生活在同樣的地方並且穿著同樣衣服的是同一種東西」這個假定，你得出結論：在水裡游並且身上長有鱗片的是魚。可是這樣還是有問題，因為有些沒有長鱗片的魚現在又被你排除在外了。

在這個問題上，機器學習面臨著和人一樣的問題。在機器學習中，一個學習演算法也會有一個前提假定，這裡被稱作「歸納偏誤 (bias)」(bias 在機器學習和統計裡還有其他許多的意思)。例如：線性迴歸的目的是要找一個函數盡可能好地適配給定的資料點，它的歸納偏誤就是「滿足需求的函數必須是線性函數」。一個沒有歸納偏誤的學習演算法從某種意義上來說毫無用處，就像一個完全沒有歸納能力的人一樣。在第一次看到魚的時候有人告訴他那是魚，下次看到另一條魚了，他並不知道那也是魚，因為兩條魚總有一些地方不一樣，或者就算是同一條魚，在河裡不同的地方看到或者只是看到的時間不一樣，也會被他認為是不同的。因為他無法歸納，無法提取主要矛盾、忽略次要因素，只好要求所有的條件都完全一樣——然而哲學家已經告訴過我們了：世界上不會有任何一樣東西是完全一樣的，所以這個人即使是有無比強悍的記憶力，也絕學不到任何一點知識。

這個問題在機器學習中稱作「過度適配 (overfitting)」，例如：前面的迴歸問題，如果去掉「線性函數」這個歸納偏誤，因爲對於 N 個點，我們總是可以構造一個 N-1 次多項式函數，讓它完美地穿過所有的這 N 個點，或者如果我用任何大於 N-1 次的多項式函數的話，甚至可以構造出無窮多個滿足條件的函數。如果假定特定領域裡的問題所給定的資料個數總是有個上限的話，可以取一個足夠大的 N，從而得到一個 (或者無窮多個)「超級函數」，能夠 fit 這個領域內所有的問題。然而這個 (或者這無窮多個)「超級函數」有用嗎？只要我們注意到學習的目的 (通常) 不是解釋現有的事物，而是從中歸納出知識，並能應用到新的事物上，結果就顯而易見了。

沒有歸納偏誤或者歸納偏誤太寬泛會導致 Overfitting，然而另一個極端──限制過大的歸納偏誤也是有問題的：如果資料本身並不是線性的，強行用線性函數去做迴歸通常並不能得到好結果。困難點在於如何在這之間尋找一個平衡點。不過人在這裡相對於 (現在的) 機器來說有一個很大的優勢：人通常不會孤立地用某一個獨立的系統和模型去處理問題，一個人每天都會從各個來源獲取大量的資訊，並且透過各種手段進行整合處理，歸納所得的所有知識最終得以統一地儲存起來，並能有機地組合起來去解決特定的問題。這裡的「有機」這個詞很有意思，研究理論的人總能提出各種各樣的模型，並且這些模型都有嚴格的理論基礎保證能達到期望的目的。然而絕大多數模型都會有那麼一些「參數」(例如，k-means 中的 k)，通常沒有理論來說明參數取哪個值更好，而模型實際的效果卻通常和參數是否取到最優值有很大的關係，我覺得，在這裡「有機」不妨看作是所有模型的參數已經自動地取到了最優值。另外，雖然進展不大，但是人們也一直都期望在電腦領域也建立起一個統一的知識系統 (例如：語意網就是這樣一個嘗試)。

回到 GMM。按照我們前面的討論，作爲一個流行的演算法，GMM 肯定有它相當體面的歸納偏誤。其實它的假定非常簡單，顧名思義，Gaussian mixture model 就是假定資料服從 mixture Gaussian distribution；換句話說，資料可以看作是從數個 Gaussian distribution 中生成出來的。實際上，在「圖 2-5 高斯混合模型採 EM 演算法之示意圖」K-means 和 K-medoids 中，用到的那個例子就是由三個 Gaussian 分布從隨機選取出來的。實際上，從中央極限定理可以看出，Gaussian 分布 [也叫做常態 (normal) 分布] 這個假定其實是比較合理的。除此之外，Gaussian 分布在計算上也有一些很好的性質。所以，雖然可以用不同的分布來隨意地構造 XX mixture model，但還是 GMM 最爲流行。另外，mixture model 本身其實也是可以變得任意複雜的，透過增加 model 的個數，可以任意地逼近任何連續的機率密度分布。

每個 GMM 由 K 個 Gaussian 分布組成，每個 Gaussian 稱為一個「component/class」，這些 component 線性加成在一起就組成了 GMM 的機率密度函數：

$$P(x) = \sum_{k=1}^{K} p(k)p(x|k)$$

$$= \sum_{k=1}^{K} \pi_k N(x \mid \mu_k, \Sigma_k)$$

根據上面的式子，如果要從 GMM 的分布中隨機取一個點的話，實際上可以分為兩步驟：首先隨機地在這 K 個 component 之中選一個，每個 component 被選中的機率實際上就是它的係數 $p(x|k)$，選中了 component 之後，再單獨地考慮從這個 component 的分布中選取一個點就可以了──這裡已經回到普通的 Gaussian 分布，轉化為已知的問題。

那麼如何用 GMM 來做 clustering 呢？其實很簡單，現在我們有了資料，假定它們是由 GMM 生成而來，那麼只要根據資料推出 GMM 的機率分布就可以，然後 GMM 的 K 個 component 實際上就對應了 K 個 cluster 了。根據資料來推算機率密度通常被稱作 density estimation，特別地，當我們在已知 (或假定) 機率密度函數的形式，而要估計其中參數的過程被稱作「參數估計」。

現在假設我們有 N 個數據點，並假設它們服從某個分布 [記作 p(x)]。現在要確定裡面的一些參數值，例如：在 GMM 中，就需要確定 π_k、μ_k 和 Σ_k 這些參數。我們的想法是，找到這樣一組參數，它所確定的機率分布生成這些給定的資料點的機率最大，而這個機率實際上就等於 $\prod_{i=1}^{N} p(x_i)$，我們把這個乘積稱作概似函數 (likelihood function)。通常單個點的機率都很小，許多很小的位數相乘起來在電腦裡很容易造成浮點數 (float，實數) 下溢，因此我們通常會對其取對數，把乘積變成加和 $\sum_{i=1}^{N} p(x_i)$，得到 log-likelihood function。接下來只要將這個函數最大化 (通常的做法是求導數並令導數方程式等於零，然後解方程)，亦即找到這樣一組參數值，它讓概似函數取得最大值，我們就認為這是最合適的參數，這樣就完成了參數估計的過程。

下面讓我們來看一看 GMM 的 log-likelihood function：

$$\sum_{i=1}^{N}\log\left\{\sum_{k=1}^{K}\pi_k N(x_i\,|\,\mu_k,\Sigma_k)\right\}$$

由於在對數函數裡面又有加和 Σ(Σ_k 為第 k 個 component 的變異數)，我們無法直接用求解方程的辦法直接求得最大值。為了解決這個問題，採取之前從 GMM 中隨機選點的辦法分成兩步驟，實際上也就類似於 K-means 的兩步驟。

Step-1 估計資料由每個 component 生成的機率 (並不是每個 component 被選中的機率)：對於每個資料 x_i 來說，它由第 k 個 component 生成的機率為：

$$\gamma(i,k)=\frac{\pi_k N(x_i\,|\,\mu_k,\Sigma_k)}{\sum_{j=1}^{K}\pi_j N(x_i\,|\,\mu_j,\Sigma_j)}$$

由於式子裡的 μ_k 和 Σ_k 也是需要我們估計的值，此時採用疊代法。在計算 $\gamma(i,k)$ 時假定 μ_k 和 Σ_k 均已知，取上一次疊代所得的值 (或者初始值)。

Step-2 估計每個 component 的參數：現在假設上一步中得到的 $\gamma(i,k)$ 就是正確的「資料 x_i 由 component k 生成的機率」，亦可以當作該 component 在生成這個資料上所做的貢獻；或者說，可以看作 x_i 這個值其中有 $\gamma(i,k)x_i$ 這部分是由 component k 所生成的。集中考慮所有的資料點，現在實際上可以看作 component 生成了 $\gamma(1,k)x_i, ..., \gamma(N,k)x_N$ 這些點。由於每個 component 都是一個標準的 Gaussian 分布，可以很容易求出最大概似所對應的參數值：

$$\mu_k=\frac{1}{N_k}\sum_{i=1}^{N}\gamma(i,k)x_i$$

$$\Sigma_k=\frac{1}{N_k}\sum_{i=1}^{N}\gamma(i,k)(x_i-\mu_k)(x_i-\mu_k)^{T}$$

其中 $N_k=\sum_{i=1}^{N}\gamma(i,k)$，並且 π_k 也順理成章可以估計為 N_k/N。

Step-3 重複疊代前面兩步驟，直到概似函數的值收斂為止。

二、高斯混合模型 (GMM) 最常採用 EM 演算法

統計學習的模型有二種，一種是**機率模型**，一種是**非機率模型**。

所謂**機率**模型，是指訓練模型的是條件機率 P(Y|X) 形式。**輸入是 X 變數**，**輸出**是 Y 變數的機率。訓練後模型得到的輸出不是一個具體的值，而是一系列的機率值 (對應於分類問題來說，就是輸入 X 對應於各個不同 Y(類) 的機率)，然後選取機率最大的那個類 (class) 作爲判決物件 [軟指定 (soft assignment)]。所謂**非機率模型**，是指訓練模型是一個決策函數 Y=f(X)，輸入資料 X 是多少就可以投影得到唯一的 Y，即判決結果 [硬指定 (hard assignment)]。

所謂混合高斯模型 (GMM) 就是指對樣本的機率密度分布進行估計，而估計採用的模型 (訓練模型) 是幾個高斯模型的加權總和 (具體是幾個要在模型訓練前建立好)。每個高斯模型就代表了一個類 (一個 cluster)。對樣本中的資料分別在幾個高斯模型上投影，就會分別得到在各個類上的機率，然後可以選取機率最大的類作爲判決結果。

從中央極限定理的角度來看，把混合模型假設爲高斯的是比較合理的。當然，也可以根據實際資料定義成任何分布 (logit、多項 logit……) 的 mixture model，不過定義爲高斯的在計算上有一些方便之處。另外，理論上可以透過增加 model 的個數，用 GMM 近似任何機率分布。

混合高斯模型的定義爲：

$$p(x) = \sum_{k=1}^{K} \pi_k p(x \mid k)$$

其中 K 爲模型的個數；π_k 爲第 k 個高斯的權重；p(x| k) 則爲第 k 個高斯機率密度，其均值爲 μ_k，變異數爲 σ_k。對此機率密度的估計就是要求出 π_k、μ_k 和 σ_k 各個變數。當求出 p(x) 的運算式後，求各項結果的加總就分別代表樣本 x 屬於各個類的機率。

GMM 在做參數估計的時候，常採用的是最大概似方法。最大概似法就是使樣本點在估計的機率密度函數上的機率值最大。由於機率值一般都很小，N 很大的時候，連乘的結果非常小，容易造成浮點數 (float，實數) 下溢。所以，我們通常取 log，將目標改寫成：

$$\max \sum_{i=1}^{N} \log p(x_i)$$

也就是最大化對數概似函數，完整形式爲：

$$\max \sum_{i=1}^{N} \log \left(\sum_{k=1}^{K} \pi_k N(x_i \,|\, \mu_k, \sigma_k) \right)$$

　　一般用來做參數估計的時候，我們都是透過對待求變數進行求導數 (一階微分) 來求極值。在上式中，log 函數中又有求和，你想用求導的方法算的話方程組將會非常複雜，沒有閉合解。可以採用的求解方法是 EM 演算法——將求解分爲兩步驟：第一步，假設知道各個高斯模型的參數 (可以初始化一個，或者基於上一步疊代結果)，去估計每個高斯模型的權重；第二步，基於估計的權重，回過頭再去確定高斯模型的參數。重複這兩個步驟直到波動很小，近似達到極值 (注意這裡是極值不是最值，EM 演算法會陷入局部最優)。EM 具體表達如下：

---

1. 期望步驟 (**E-step**)：使用當前的參數 (和觀察值) 重建隱藏的結構

　　對於第 i 個樣本 x_i 來說，它由第 k 個 model 生成的機率爲：

$$\varpi_i(k) = \frac{\pi_k N(x_i \,|\, \mu_k, \sigma_k)}{\sum_{j=1}^{K} \pi_j N(x_i \,|\, \mu_j, \sigma_j)}$$

在這一步驟，假設高斯模型的參數和是已知的 (由上一步疊代而來或由初始值決定)。

2. 最大化步驟 (**M-step**)：使用隱藏的結構 (和觀察值) 來重估參數

　　得到每個點的 $\varpi_i(k)$ 之後，你可這樣考慮，對樣本 x_i 來說，它的 $\varpi_i(k) \, x_i$ 的值是由第 k 個高斯模型產生的。換句話說，第 k 個高斯模型產生了 $\varpi_i(k) \, x_i$ (i = 1, 2, …, N) 這些數據，並用最大概似法來估計第 k 個高斯模型的參數。

　　高斯混合模型：

$$\mu_k = \frac{1}{N} \sum_{i=1}^{N} \varpi_i(k) \, x_i$$

$$\sigma_k = \frac{1}{N_k} \sum_{i=1}^{N} \varpi_i(k)(x_i - \mu_k)(x_i - \mu_k)^T$$

$$N_k = \sum_{i=1}^{N} \varpi_i(k)$$

3. 重複上述兩個步驟，直到演算法收斂。

2-3-5 混合模型、潛在類別 (class) 和 EM 演算法 (mixture model, latent class and EM algorithm)

混合模型的主要應用之一，是基於模型的聚類 (clustering)。在有限混合模型中，每一個成分 (component) 對應一個類 (class)。合適的聚類方法以及聚類數目的問題，轉化成「模型如何選擇」的問題，需要考量的是成分的分布 (distribution)[一般人還是選擇高斯混合模型 (GMM)] 以及成分的數目。與通常所用的系統聚類法 (或稱層次聚類法) 及 k-means 聚類法相比，基於混合模型的聚類並不是僅僅提出關於聚類樣本的類 (class) 標籤，而是提出了每個聚類樣本屬於某一個類 (作爲模型成分的分布) 的機率，並由此來決定類別 (class) 的標籤。

1. 一個基本的基於模型的聚類 (clustering) 演算法，可以分爲三個步驟

   先採用可凝聚的基於模型的層次聚類(model-based agglomerative hierarchical clustering) 結果作爲初始值，再採用 EM 演算法估計模型參數，最後使用 BIC 準則 (值越小，模型越佳) 選擇模型和聚類數。

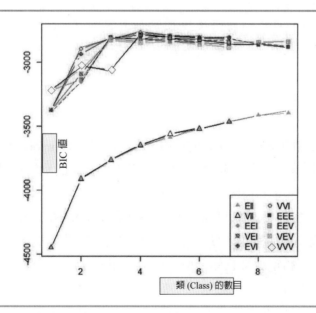

圖 2-35 BIC 的比較，挑較大的

註： BIC(Bayesian information criterion) 屬於一種判斷任何迴歸是否恰當的資訊準則。一般來說，BIC 越小，迴歸模型的適配越佳，故 EM 演算法要挑 BIC 較小者。

2. 多元常態混合模型的參數估計

通常，我們係採用多元常態分布當作混合模型的成分 (component)，多元常態分布的機率密度函數 (PDF) 為：

$$f(x) = |2\pi\Sigma|^{-\frac{1}{2}} \exp\{-\frac{1}{2}(x-\mu)'\Sigma^{-1}(x-\mu)\}$$

其中，Σ 是待估的共變數矩陣，它決定了該分布（在這裡是指聚類中的一類）的幾何特徵（形狀、體積、方向）。若各個成分的共變數矩陣 Σ 都滿足「$\Sigma = \lambda I$」，則所有類別都是球狀的，且有相同的大小。

對於一個一般的 n 階共變數矩陣 $\Sigma_{n \times n}$，若它是對稱且正定的矩陣，則在參數估計時，Σ 需估計 n(n+1)/2 個參數，可是它是很複雜的計算 [而且容易導致過度適配 (overfitting)]。故為了簡化計算複雜度，就是 Σ 矩陣透過特徵值分解再進行參數化：$\Sigma = \lambda DAD'$，其中矩陣 D 是正交特徵向量。對角矩陣 A 是主對角線元素和特徵值的比例，特徵值 λ 就是這個比例。這裡 λ、D、A 可視為獨立的參數，都可約束為「每個類都相同或類別間是變動的」。A 矩陣代表分布的形狀、λ 為體積、D 矩陣為方向。當參數固定時，類的幾何形狀也就確定了。

共變數矩陣 Σ，若根據最大概似法估計所得的估計量，它可能是奇異矩陣（秩 (rank) 大於變數個數）。為簡化 EM 演算法，可採正規化 (normalization)。例如：將 Σ 的最大概似估計量 (MLS) 予以約束（如 λ I），並改用最大後驗（事後）機率估計 (MAP) 法。

3. 模型的選擇

如何選擇合適的成分分布（類的模型）及成分 [類 (component)] 的數目呢？若你選擇簡單的模型，那麼需要更多的類作為數據的更佳表現。反之，若選複雜的模型，則對應的類也較少。

模型選擇法之一，是用貝葉斯 (Bayesian) 因子及後驗的 (posterior) 貝葉斯模型。假設多個模型 $M_1, M_2, ..., M_k$ 可供考慮，其先驗的機率為 M_k，則由貝葉斯公式，給定數據 D 的模型，其 M_k 的後驗（事後）機率為 $p(M_k | D) \propto p(M_k)p(D | M_k)$。

按照後驗（事後）機率最大原則來選擇模型，當先驗（事前）機率 $p(M_k)$ 相等時（通常你會作這樣的選擇）。比較後驗（事後）機率大小，相當於比較 $p(D | M_k)$ 大小。

定義 : $B_{ij} = \dfrac{p(D \mid M_i)}{p(D \mid M_j)}$ 爲模型 M_i 和 M_j 的貝葉斯因子

當因子大於 1 時，表示模型 M_i 發生機率比 M_j 高。當 $B_{ij} > 100$ 時，通常把它改記爲 $2\log(B_{ij})$。取對數係爲了概似法好計算。

$p(D \mid M_i)$ 的計算通常很困難，$p(D \mid M_i) = \int p(D \mid \theta_i, M_i) p(\theta_i \mid M_i) d\theta_i$，其中的參數是未知數。貝葉斯因子近似你採用貝葉斯資訊準測 (BIC) 較小者來漸近求解。爲了計算方便，將上式取對數 $\log()$ 之後，得：

$$2\log(p(D \mid M_i)) \approx BIC \approx 2\log(p(D \mid \hat{\theta}_i, M_i)) - \log(n)k$$

其中，k 爲估計模型的獨立參數的個數。

那麼，你選擇模型的準則就是挑 BIC 值小的。

4. 關於模型的分層聚類 (hierachical class)

模型的分層聚類，旨在計算分類的最大概似法。

$$L(\theta, l_1, l_2, \dots, l_n \mid y) = \prod_{i=1}^{n} f(y_i, \theta)$$

其中，l_i 是唯一的分類指標，$l_i = m$ 表示觀測值 y_i 分至第 m 類。

當分類概似中的模型分布是具有共變數矩陣「$\lambda\,\mathrm{I}$」的多元常態分布，則分類指標的選擇等同於層次聚類法中的 Ward 法 (離均差平方和)。

5. 聚類 (clustering) 步驟

(1) 選擇最大的聚類數目 M 和一組要選擇的混合模型。

(2) 對每個模型運用基於模型的分層聚類，得到最大 M 類的分類結果。

(3) 將上面得到的初始聚類結果作爲初值，對每個模型和 2 到 M 個類數使用 EM 演算法估計參數。

(4) 計算每一種情況下的 BIC，選擇 BIC 值最小的模型。

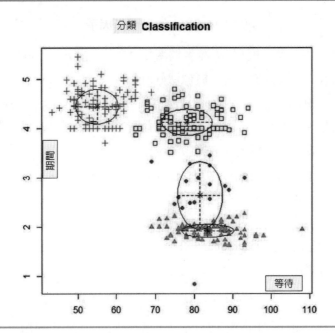

圖 2-36 聚類結果

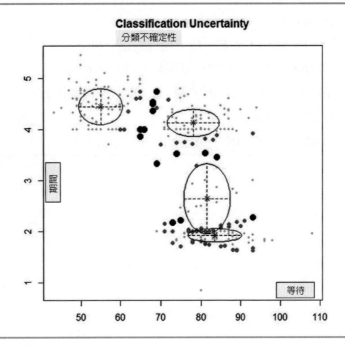

圖 2-37 不確定分類的觀測點 (大的黑點)

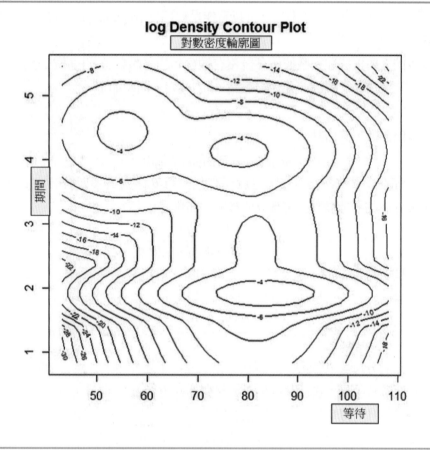

圖 2-38 混合模型密度等高線 (氣象圖)

定義：最大後驗 (事後) 機率估計 (MAP)

貝葉斯定理 (Bayes' theorem) 是機率論中的一個定理，它跟隨機變數的條件機率以及邊緣機率分布有關。所謂**後驗** (posterior) 是指：在貝葉斯統計中，一個隨機事件或者一個不確定事件的**後驗機率**，是在考慮和提出相關證據或資料後所得到的**條件機率**。

在貝葉斯統計學中，「最大後驗 (事後) 機率估計」是後驗 (事後) 機率分布的眾數。利用最大後驗 (事後) 機率估計，可以獲得對實驗數據中無法直接觀察到的量的點估計。它與最大概似估計中的經典方法有密切關係，但是它使用了一個增廣的優化目標，進一步考慮了被估計量的先驗 (事前) 機率分布。所

以，最大後驗 (事後) 機率估計可以看作是規則化 (regularization) 的最大概似估計。

假設我們需要根據觀察數據 x 估計沒有觀察到的總體參數 θ，讓 f 作爲 x 的取樣分布，這樣 $f(x \mid \theta)$ 就是總體參數爲 θx 的機率。函數如下：

$$\theta \to f(x \mid \theta)$$

即爲概似函數，其估計

$$\hat{\theta}_{\mathrm{ML}}(x) = \arg\max_{\theta} f(x \mid \theta)$$

假設 θ 存在一個先驗分布 g，這就允許我們將 θ 作爲貝葉斯統計 (Bayesian statistics) 中的隨機變數，這樣 θ 的後驗分布就是：

$$\theta \mapsto \frac{f(x \mid \theta)\, g(\theta)}{\int_{\Theta} f(x \mid \theta')\, g(\theta')\, d\theta'}$$

其中 θ 是 g 的 domain，這是貝葉斯定理的直接應用。

最大後驗估計方法於是估計 θ 爲這個隨機變數的後驗分布的眾數：

$$\hat{\theta}_{\mathrm{MAP}}(x) = \arg\max_{\theta} \frac{f(x \mid \theta)\, g(\theta)}{\int_{\Theta} f(x \mid \theta')\, g(\theta')\, d\theta'} = \arg\max_{\theta} f(x \mid \theta)\, g(\theta)$$

後驗分布的分母與 θ 無關，所以在優化過程中不起作用。注意當前驗 (prior)g 是常數函數時，最大後驗估計與最大概似估計重合。

最大後驗估計可以用以下幾種方法計算：

1. 解析方法，當後驗分布的模式能夠用 closed form 方式表示的時候，用這種方法。當使用 conjugate prior 的時候，就是這種情況。

2. 透過如共軛積分法或者牛頓法這樣的數值優化方法進行，這通常需要一階或者導數，導數需要透過解析或者數值方法得到。

3. 透過期望最大化演算法的修改來實現，這種方法不需要後驗密度的導數。

儘管最大後驗估計與 Bayesian 統計共享前驗分布的使用，通常並不認爲它是一種 Bayesian 方法，這是因爲最大後驗估計是點估計，然而 Bayesian 方法的特點是使用這些分布來總結數據、得到推論。Bayesian 方法試圖算出後驗均值或者中值以及 posterior interval，而不是後驗模式。尤其是當後驗分布沒有一個簡單的解析形式的時候更是這樣：在這種情況下，後驗分布可以使用 Markov chain Monte Carlo 技術來模擬，但是找到它的模式的優化是很困難或者是不可能的。

2-4 最大概似 (ML)vs. 期望值最大 (EM) 演算法

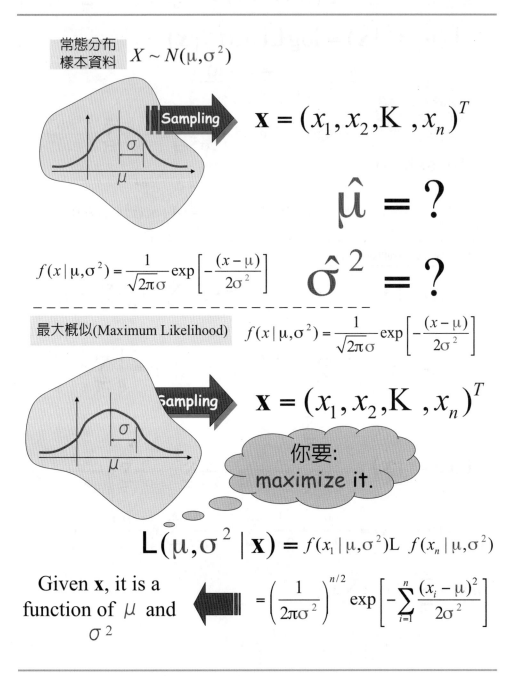

常態分布樣本資料 $X \sim N(\mu, \sigma^2)$

Sampling $\mathbf{x} = (x_1, x_2, \mathrm{K}, x_n)^T$

$\hat{\mu} = ?$

$f(x \mid \mu, \sigma^2) = \frac{1}{\sqrt{2\pi}\sigma} \exp\left[-\frac{(x-\mu)}{2\sigma^2}\right]$

$\hat{\sigma}^2 = ?$

最大概似(Maximum Likelihood) $f(x \mid \mu, \sigma^2) = \frac{1}{\sqrt{2\pi}\sigma} \exp\left[-\frac{(x-\mu)}{2\sigma^2}\right]$

Sampling $\mathbf{x} = (x_1, x_2, \mathrm{K}, x_n)^T$

你要: maximize it.

$\mathrm{L}(\mu, \sigma^2 \mid \mathbf{x}) = f(x_1 \mid \mu, \sigma^2) \mathrm{L}\ f(x_n \mid \mu, \sigma^2)$

Given **x**, it is a function of μ and σ^2

$= \left(\frac{1}{2\pi\sigma^2}\right)^{n/2} \exp\left[-\sum_{i=1}^{n} \frac{(x_i - \mu)^2}{2\sigma^2}\right]$

圖 2-39 如何估計常態樣本的平均數及變異數呢

Log-Likelihood Function： $L\left(\mu,\sigma^2\mid\mathbf{x}\right)=\left(\dfrac{1}{2\pi\sigma^2}\right)^{n/2}\exp\left[-\sum_{i=1}^{n}\dfrac{(x_i-\mu)^2}{2\sigma^2}\right]$

$$l\left(\mu,\sigma^2\mid\mathbf{x}\right)=\log L\left(\mu,\sigma^2\mid\mathbf{x}\right)$$

$$=\frac{n}{2}\log\frac{1}{2\pi\sigma^2}-\sum_{i=1}^{n}\frac{(x_i-\mu)^2}{2\sigma^2}$$

Maximize
this instead

$$=-\frac{n}{2}\log\sigma^2-\frac{n}{2}\log2\pi-\frac{1}{2\sigma^2}\sum_{i=1}^{n}x_i^2+\frac{\mu}{\sigma^2}\sum_{i=1}^{n}x_i-\frac{n\mu^2}{2\sigma^2}$$

By setting

$$\frac{\partial}{\partial\mu}l\left(\mu,\sigma^2\mid\mathbf{x}\right)=0 \quad 且 \quad \frac{\partial}{\partial\sigma^2}l\left(\mu,\sigma^2\mid\mathbf{x}\right)=0$$

Max. the Log-Likelihood Function

$$l\left(\mu,\sigma^2\mid\mathbf{x}\right)=-\frac{n}{2}\log\sigma^2-\frac{n}{2}\log2\pi-\frac{1}{2\sigma^2}\sum_{i=1}^{n}x_i^2+\frac{\mu}{\sigma^2}\sum_{i=1}^{n}x_i-\frac{n\mu^2}{2\sigma^2}$$

$$\frac{\partial}{\partial\mu}l\left(\mu,\sigma^2\mid\mathbf{x}\right)=\frac{1}{\sigma^2}\sum_{i=1}^{n}x_i-\frac{n\mu}{\sigma^2}=0 \qquad \hat{\mu}=\frac{1}{n}\sum_{i=1}^{n}x_i$$

$$\hat{\mu}=\frac{1}{n}\sum_{i=1}^{n}x_i \qquad \hat{\sigma}^2=\frac{1}{n}\sum_{i=1}^{n}x_i^2-\hat{\mu}^2$$

$$l\left(\mu,\sigma^2\mid\mathbf{x}\right)=-\frac{n}{2}\log\sigma^2-\frac{n}{2}\log2\pi-\frac{1}{2\sigma^2}\sum_{i=1}^{n}x_i^2+\frac{\mu}{\sigma^2}\sum_{i=1}^{n}x_i-\frac{n\mu^2}{2\sigma^2}$$

$$\frac{\partial}{\partial\sigma^2}l\left(\mu,\sigma^2\mid\mathbf{x}\right)=-\frac{n}{2\sigma^2}+\frac{1}{2\sigma^4}\sum_{i=1}^{n}x_i^2-\frac{\mu}{\sigma^4}\sum_{i=1}^{n}x_i+\frac{n\mu^2}{2\sigma^4}=0$$

$$n\sigma^2=\sum_{i=1}^{n}x_i^2-2\mu\sum_{i=1}^{n}x_i+n\mu^2$$

$$=\sum_{i=1}^{n}x_i^2-\frac{2}{n}\left(\sum_{i=1}^{n}x_i\right)^2+\frac{1}{n}\left(\sum_{i=1}^{n}x_i\right)^2$$

圖 2-40 Log-Likelihood 函數

2-4-1a最大概似 (ML) ≠ 概似比 (LR)

最大概似 (ML) 是點估計。概似比 (LR) 旨在對比二個敵對模型適配度誰優？

一、最大概似法 (maximum likelihood)

(一) 最大概似法之觀念

一般母體之參數 θ 皆未知，今若從此母體抽出一組隨機樣本，此組樣本之可能性無法得知，因此若能找到一個估計值 $\hat{\theta}$，且可使這組樣本發生之可能性為最大時，則此估計值 $\hat{\theta}$ 即稱為 θ 之最大概似估計值。

(二) 最大概似估計式之相關定義

> **定義**：設 $(X_1, X_2, ..., X_n)$ 為抽自母體 $f(x; \theta)$ 之一組隨機樣本，則其概似函數 (likelihood function) 即為此 n 個隨機變數 $(X_1, X_2, ..., X_n)$ 的聯合機率分配 $f(x_1, x_2, ..., x_n,; \theta)$。因為參數 θ 未知，故此概似函數為 θ 的函數，一般常將其寫為
>
> $$L(\theta) = f(x_1, x_2, ..., x_n; \theta) = f(x_1, \theta) \cdot f(x_2, \theta) \cdots f(x_n, \theta)$$
> $$= \prod_{i=1}^{n} f(x_i; \theta)$$
>
> **定義**：若 $L(\theta)$ 為概似函數，今有一個估計式 $\hat{\Theta} (X_1, X_2, ..., X_n)$ 可使 $L(\theta)$ 為最大時，則此估計式 $\hat{\Theta} (X_1, X_2, ..., X_n)$ 即稱為參數 θ 的最大概似估計式 (MLE)。而當獲取樣本資料值 $(x_1, x_2, ..., x_n)$ 代入上式估計式 $\hat{\Theta} (X_1, X_2, ..., X_n)$ 可知 $\hat{\theta}$，而 $\hat{\theta}$ 即為參數 θ 之最大概似估計值。

(三) 求最大概似估計式之步驟

一般在求算 MLE 時，要先了解概似函數 $L(\theta)$ 是否可微分；若函數 $L(\theta)$ 可微分，則依微積分求極大值之方法，即可快速求出 MLE。但若此函數 $L(\theta)$ 不可微分，則必須利用數值分析方法，才可求出 MLE。以下將先針對可微分部分來探討。

定理：若概似函數 $L(\theta)$ 可微分，則一般在求算 MLE 之步驟如下：

1. 先找概似函數，即 $L(\theta)=f(x_1, x_2, ..., x_n; \theta)=\prod\limits_{i=1}^{n} f(x_i; \theta)$。

2. 令 $\dfrac{d \ln L(\theta)}{d\theta}=0$，解 θ，可獲得 $\hat{\theta}$。

3. 再檢查 $\dfrac{d^2 \ln L(\theta)}{d\theta^2}\Big|_{\hat{\theta}} < 0$。

則此估計式 $\hat{\Theta}$ 即為 θ 之最大概似估計式。

設 $(X_1, X_2, ..., X_n)$ 為抽自 $N(\mu, \sigma^2)$ 之一組隨機樣本，試求 μ 及 σ^2 之最大概似估計量。

解：

因 $L(\mu, \sigma^2)=\prod\limits_{i=1}^{n} f(x_i; \mu, \sigma^2)=\prod\limits_{i=1}^{n} \dfrac{1}{\sqrt{2\pi}\sigma} \exp\left\{-\dfrac{(x_i-\mu)^2}{2\sigma^2}\right\}$

$$=(2\pi\sigma^2)^{-\frac{n}{2}} \exp\left\{-\dfrac{\sum\limits_{i=1}^{n}(x_i-\mu)^2}{2\sigma^2}\right\}$$

又 $\ln L(\mu, \sigma^2)=-\dfrac{n}{2}\ln(2\pi)-\dfrac{n}{2}\ln\sigma^2-\dfrac{\sum\limits_{i=1}^{n}(x_i-\mu)^2}{2\sigma^2}$，所以

$$\dfrac{\partial \ln L(\mu, \sigma^2)}{\partial \mu}=\dfrac{-2\sum\limits_{i=1}^{n}(x_i-\mu)(-1)}{2\sigma^2}$$

$$\dfrac{\partial \ln L(\mu, \sigma^2)}{\partial \sigma^2}=-\dfrac{n}{2\sigma^2}+\dfrac{\sum\limits_{i=1}^{n}(x_i-\mu)^2}{2\sigma^4}$$

又令 $\dfrac{\partial \ln L(\mu, \sigma^2)}{\partial \mu}=0$ 且 $\dfrac{\partial \ln L(\mu, \sigma^2)}{\partial \sigma^2}=0$，即可獲得

$$\begin{cases} \dfrac{\sum\limits_{i=1}^{n}(x_i-\mu)}{\sigma^2}=0\cdots\cdots\cdots\cdots\cdots\cdots(1) \\[3mm] \dfrac{-n}{2\sigma^2}+\dfrac{\sum\limits_{i=1}^{n}(x_i-\mu)^2}{2\sigma^4}=0\cdots\cdots\cdots\cdots(2) \end{cases}$$

再解此聯立方程式，由第 (1) 式中可知

$\sum\limits_{i=1}^{n}(x_i-\mu)=0$，即 $\sum\limits_{i=1}^{n}x_i-n\mu=0$，所以 $\mu=\bar{x}$

今將 $\mu = \bar{x}$ 代入第 (2) 式可知

$$\frac{-n}{2\sigma^2} + \frac{\sum\limits_{i=1}^{n}(x_i - \bar{x})^2}{2\sigma^4} = 0 \text{，即 } \sigma^2 = \frac{\sum\limits_{i=1}^{n}(x_i - \bar{x})^2}{n}$$

故參數 μ 之最大概似估計式為 $\hat{\mu} = \bar{X}$

而參數 σ^2 之最大概似估計式為 $\hat{\sigma}^2 = \dfrac{\sum\limits_{i=1}^{n}(X_i - \bar{X})^2}{n}$

MLE 之性質

1. MLE 不一定具有不偏性。
2. MLE 為在最樂觀的評判標準下所選出之估計式，故並不能保證為最好的估計式。
3. MLE 不一定只有一個，即不唯一。
4. MLE($\hat{\Theta}$) $\overset{漸近}{\sim}$ $N(\theta, CRLB)$。
5. MLE 具有不變性 (invariance)，即若 $\hat{\Theta}$ 為 θ 的最大概似估計式，則 $u(\hat{\Theta})$ 亦為 $u(\theta)$ 之最大概似估計式，其中 $u(\theta)$ 為 θ 之任意函數。

二、概似函數 vs. 對數概似函數

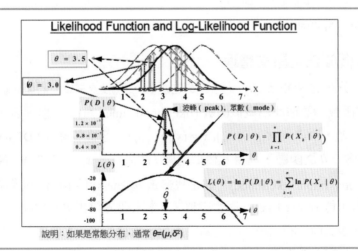

圖 2-41 likelihood 函數與 log-likelihood 函數

簡單地說，maximum likelihood 是用來推論如何從觀察到的樣本 (samples) 中，推測出整個群組最合理的分布狀況。例如：在工程系中，隨機抽樣六個學生的身高，如何推出整個工程系學生身高分布的真正情況。

假設這些樣本符合 Gaussian 分布，那要如何找出合適的平均數 (mean) 及變異數 (variance) 呢？

首先先定義 **likelihood function**：$P(D \mid \theta) = \prod_{k=1}^{n} P(X_k \mid \hat{\theta})$

其中，x_k 是樣本資料，θ 是分布參數 (如平均數 μ、變異數 σ)。

那麼 **log likelihood function** 為：$L(\theta) = \ln P(D \mid \theta) = \sum_{k=1}^{n} \ln P(X_k \mid \theta)$。

由上面可以明顯的體會出，當 $\ln P(D \mid \theta)$ 為最大時，此時 distribution parameter θ 最合理。

2-4-1b EM 與 ML 的關係解說

一、EM 歷史

EM(expectation maximization) 演算法是 1977 年 Arthur Dempster, Nan Laird 和 Donald Rubin 發明的。1977 年 Dempster-Laird-Rubin 論文推廣此方法，為更廣泛的問題繪製了一個收斂分析法，此 EM 方法確定了統計分析的基礎。由於 Dempster-Laird-Rubin 的收斂分析存在缺陷，1983 年再由 CF Jeff Wu 發表了正確的收斂分析。Wu 證明了 Dempster-Laird-Rubin 之「EM method's convergence outside of the exponential family」。

二、最大概似法之重點整理

若將一分布之 PDF $f(x|\theta)$ 視為一 θ 之函數，假設 $\theta \in \Omega$，而將 x 固定，且以 $L(\theta|x)$ 表此函數，並稱此為**概似函數** (likelihood function)。一般而言，設有隨機變數 $X_1, \cdots, X_n$，令 $X = (X_1, \cdots, X_n)$, $x = (x_1, \cdots, x_n)$。若將其聯合 PDF $f(x_1, \cdots, x_n|\theta)$ = $f(x|\theta)$ 視為一 θ 之函數，則得其概似函數 $L(\theta|x_1, \cdots, x_n) = L(\theta|x)$。**最大概似法** (method of maximum likelihood)，就是找參數 θ 之估計值 $\hat{\theta}(x)$，使得在 $\theta = \hat{\theta}(x)$ 之下，會最可能 (most likely) 產生數據 x。本來要先給出 θ，X 的分布才完全決定。現由於觀測值 x 的出現，我們倒回去想，怎樣的 θ，才會使此 x 在諸多可能的 x 中拔得頭籌？即當 $X = x$，尋找 $\hat{\theta}(x)$，使其滿足

$$L(\hat{\theta}(x)|x) = f(x|\hat{\theta}(x)) = \max\{f.(x, \theta), \theta \in \Omega\}$$
$$= \max\{L(\theta, x), \theta \in \Omega\}$$

若如此的 $\hat{\theta}(x)$ 存在，便稱為 θ 之最大概似估計值 (maximum likelihood estimate，縮寫為 MLE)。至於 $\hat{\theta}(X)$ 則為最大概似估計量 (maximum likelihood estimator，縮寫亦為 MLE)。又注意 θ 在此可以是一向量，即有 $\theta = (\theta_1, \cdots, \theta_k)$ 的型式。

(一) 簡介

最大概似法 (method of maximum likelihood) 設 $Y_1, \cdots, Y_n$ 為一由含未知參數 $\theta_1, \cdots, \theta_k$ 的母體所取得的隨機樣本，則最大概似法的步驟如下：

1. 設定概似函數

$L(y_1, \cdots, y_n|\theta_1, \cdots, \theta_k) \stackrel{\text{簡記}}{=\!=\!=} L(\theta_1, \cdots, \theta_k)$ 乃一 $\theta_1, \cdots, \theta_k$ 的函數 (因為 $y_1, \cdots, y_n$ 為已知的觀察值)。

2. 求

$$\theta_1 = \theta_1(y_1, \cdots, y_n)$$
$$\theta_2 = \theta_2(y_1, \cdots, y_n)$$
$$\vdots$$
$$\theta_k = \theta_k(y_1, \cdots, y_n)$$

使得 $L(\theta_1, \cdots, \theta_k)$ 為最大。一般而言，此乃相當於針對方程組

$$\frac{\partial \ln L(\theta_1, \cdots, \theta_k)}{\partial \theta_1} = 0$$
$$\frac{\partial \ln L(\theta_1, \cdots, \theta_k)}{\partial \theta_2} = 0$$
$$\vdots$$
$$\frac{\partial \ln L(\theta_1, \cdots, \theta_k)}{\partial \theta_k} = 0$$

解 $\theta_1, \cdots, \theta_k$，因為 $\ln(\cdot)$ 為遞增函數，

$$L(\theta_1, \cdots, \theta_k)$$

與

$$\ln L(\theta_1, \cdots, \theta_k)$$

於相同的 $\theta_1, \cdots, \theta_k$ 產生極值。

3. 對於 $i = 1, \cdots, k$, θ_i 的最大概似估計量 (maximum likelihood estimator, MLE)

$$\hat{\theta}_i = 步驟\ 2\ 求得的\ \theta_i$$

(二) 最大條件機率的分布

針對許多機率現象，我們只能觀察到某些面向的結果，但是無法觀察到全部的面向。這種情況就可以使用條件機率。

根據最大概似法則，假如已觀察到聯合機率分布 (X,Y)，其中 (x, y) 事件出現的機率為 $p'(x, y)$，那麼根據最大概似法則，應當尋求盡可能滿足下列條件的算式：

$$\arg\max_h P(x, y \mid h)$$

然而，通常雙變數的聯合機率分布 $p'(x, y)$ 會遭遇到「樣本稀疏性」的問題，因此若直接最大化上述算式，將會造成相當大的統計偏差。

為了解決「樣本稀疏性」的問題，應該採用較為可信的 $p'(x)$ 作為 p(x) 的估計，$p'(y)$ 作為 $p(y)$ 的估計，而非直接採用 $p'(x, y)$ 作為 $p(x, y)$ 的估計值。

$$p'(x, y) = \frac{p'(x, y)}{p'(x)p'(y)} * p'(x)p'(y)$$
$$\sim \frac{p(x, y)}{p'(x)p'(y)} * p'(x)p'(y)$$

於是我們可以最佳化下列算式：

$$\arg\max_p \frac{p(x, y)}{p'(x)p'(y)} * p'(x)p'(y)$$

根據條件機率的定義，可以將 $p'(x, y)$ 改寫如下：

$$p'(x, y) = p'(x) * p'(y|x)$$

如果我們用 $p(y|x)$ 取代 $p'(y|x)$，那麼我們應該最大化下列算式：

$$\arg\max p'(x) * p(y \mid x)$$

針對機率分布 p 而言，其機率為 $p(x, y)$ 相當於下列算式：

$$\arg \max p\,(X',\,Y')$$
$$= \arg \max_{x',\,y'} \prod p\,(x'\,|\,y')$$
$$= \arg \max_{x',\,y'} \prod p\,(x')\,p\,(y'\,|\,x')$$

根據微積分的原理，如果我們對上述算式進行微分的動作，那麼最佳解將會是微分式為 0 的 p 解。

三、EM 及 maximum likelihood 的關係

EM 旨在找出指定某分布的參數估計之最大概似值 (maximum likelihood)。EM 與 ML 的不同處是，樣本資料若不完整 (或遺漏值) 時，EM 可能會有未解的 sample 點 (EM is a general method to finding maximum likelihood estimate of the parameter of a distribution from a given data when the data is incomplete or has missing values)。

何謂遺漏值 (missing values)?

舉例來說：

1. 給予四個人的身高跟體重，但其中一個人的體重未知 (miss)，推測整體的 distribution?

2. 任意給予十個人，但尚未做 classify，此時他屬於哪一個 class 是未知的 (miss, hidden)?

2-4-2a EM 演算法是使訓練數據的對數概似函數最大化 (重點解說)

一、對數概似函數最大化之重點整理

1. 數據點 x 的概似 (likelihood) 為：

$$p\,(x) = p\,(x,\,\theta_1) + p\,(x,\,\theta_2) = p\,(x\,|\,\mu_1,\,\sigma_1)p_1 + p\,(x\,|\,\mu_2,\,\sigma_2)p_2$$

$$p\,(x\,|\,\mu_1,\,\sigma_1) = \frac{1}{\sqrt{2\pi\sigma_1^2}}\exp\left(-\frac{(x-\mu_1)^2}{2\sigma_1^2}\right),\ p\,(x\,|\,\mu_2,\,\sigma_2) = \frac{1}{\sqrt{2\pi\sigma_2^2}}\exp\left(-\frac{(x-\mu_2)^2}{2\sigma_2^2}\right)$$

$$p_1 = p(\theta_1) = p(z_1 = 1)\ and\ p_2 = p(\theta_2) = p(z_2 = 1)$$

$$\theta_1 = (\mu_1,\,\sigma_1)\ and\ \theta_2 = (\mu_2,\,\sigma_2)$$

2. 假設

你有 unlabeled **data** X = {$x_1, x_2, \cdots, x_R$}
你知道有 K 類 (classes)
你知道 $P(\theta_1)\ P(\theta_2)\ P(\theta_3)\ \cdots\ P(\theta_k)$
但你知道 $\mu_1\ \mu_2\ \cdots\ \mu_k$

因此，可寫成 P(X | $\mu_1 \cdots \mu_k$) = P(**data** | $\mu_1 \cdots \mu_k$)

$$= p(x_1...x_R|\mu_1...\mu_k)$$

$$= \prod_{i=1}^{R} p(x_i|\mu_1...\mu_k)$$

$$= \prod_{i=1}^{R}\sum_{j=1}^{k} p(x_i|\theta_j,\mu_1...\mu_k)P(\theta_j)$$

$$= \prod_{i=1}^{R}\sum_{j=1}^{k} K\exp\left(-\frac{1}{2\sigma^2}(x_i-\mu_j)^2\right)P(\theta_j)$$

3. EM algorithm：log-likelihood 值會隨著每一步而增加

$$\log p\left(\mathbf{x}^{(1)},\cdots,\mathbf{x}^{(N)}\middle|\theta\right) = \log\left[p\left(\mathbf{x}^{(1)}\middle|\theta\right)p\left(\mathbf{x}^{(2)}\middle|\theta\right)\cdots p\left(\mathbf{x}^{(N)}\middle|\theta\right)\right]$$

$$= \sum_{i=1}^{N}\log p\left(\mathbf{x}^{(i)}\middle|\theta\right)$$

$$= \sum_{i=1}^{N}\log\left[P(z_1=1)N\left(\mathbf{x}^{(i)}\middle|\mu_1,\Sigma_1\right)+P(z_2=1)N\left(\mathbf{x}^{(i)}\middle|\mu_2,\Sigma_2\right)\right]$$

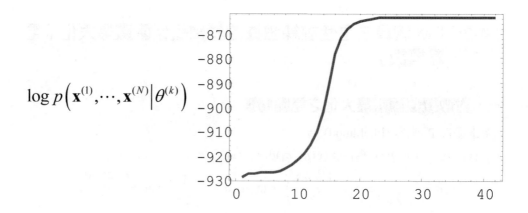

$$\log p\left(\mathbf{x}^{(1)},\cdots,\mathbf{x}^{(N)}\middle|\theta^{(k)}\right)$$

4. GMM 模型最大化 (maximize GMM model)

$$l = \Sigma_{i=1}^n \log p(x_i) = \Sigma_{i=1}^n \log \{p(x|\mu_1, \sigma_1)p_1 + p(x|\mu_2, \sigma_2)p_2\}$$

$$p(x|\mu_1, \sigma_1) = \frac{1}{\sqrt{2\pi\sigma_1^2}} \exp\left(-\frac{(x-\mu_1)^2}{2\sigma_1^2}\right), \ p(x|\mu_2, \sigma_2) = \frac{1}{\sqrt{2\pi\sigma_2^2}} \exp\left(-\frac{(x-\mu_2)^2}{2\sigma_2^2}\right)$$

二、對數概似函數最大化之例子 ： a set of 1–d samples

假設樣本資料如圖 2-42。

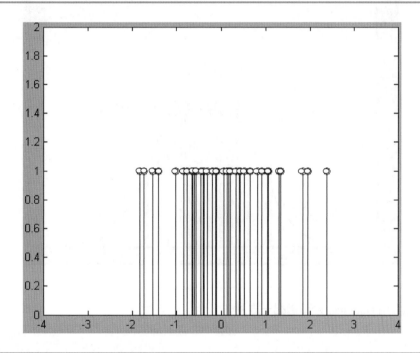

圖 2-42　一維資料 (1–d samples)

1. 用高斯適配 Gaussian 分布

$$P(z_n \mid \mu, \sigma) = \frac{1}{\sqrt{2\pi\sigma^2}} \exp \frac{-(z_n - \mu)^2}{2\sigma^2}$$

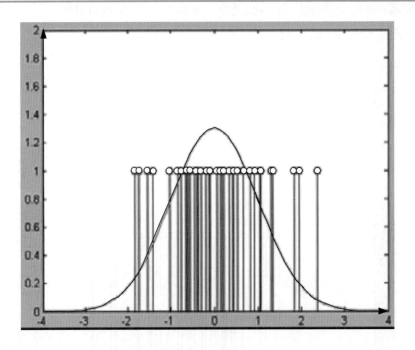

圖 2-43　用 Gaussian 分布適配一維資料

2. 如何找到最佳適配高斯的參數？(How find the parameters of the best-fitting Gaussian?)

有限混合模型 (finite mixtures models, FMM 配搭十七種指令)

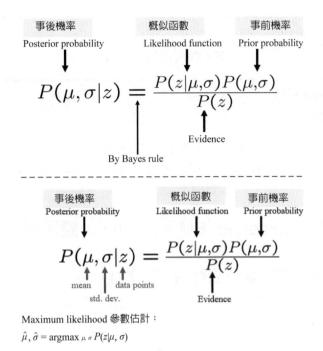

Maximum likelihood 參數估計：

$$\hat{\mu}, \hat{\sigma} = \text{argmax}_{\mu, \sigma} P(z|\mu, \sigma)$$

3. 最大概似 (MLE) 來推導 Gaussians

觀察密度	$p\,(z_n\,|\,\mu, \sigma^2) \propto \dfrac{1}{\sigma}\exp-\dfrac{1}{2\sigma^2}\,(z_n-\mu)^2$
	$L_n = \text{const} - \log\sigma - \dfrac{1}{2\sigma^2}\,(z_n-\mu)^2$
Log likelihood	$$L = \sum_n L_n$$
Maximization	$$0 = \dfrac{\partial L}{\partial\mu} = \dfrac{1}{2\sigma^2}\sum_n (z_n-\mu)$$ $$0 = \dfrac{\partial L}{\partial\sigma} = \sum_n\left(-\dfrac{1}{\sigma}+\dfrac{1}{\sigma^3}(z_n-\mu)^2\right)$$

4. 高斯分布參數估計的最大概似值 (MLE)

平均數 (mean):
$$\hat{\mu} = m \equiv \dfrac{1}{N}\sum_{n=1}^{N} z_n$$

變異數 (variance)
$$\hat{\sigma}^2 = S \equiv \frac{1}{N} \sum_{n=1}^{N} (z_n - \mu)^2$$
為 vector-valued 資料， 你有共變數矩陣 $$\hat{P} = S \equiv \frac{1}{N} \sum_{n=1}^{N} (z_n - \mu)(z_n - \mu)^T$$

2-4-2b 聚類 (clustering) EM algorithm：簡單版

一、給定的數據下，如何估計 μ(平均數)

關於這個問題，我們可得到一個很好且封閉形式的解決方案，即計算觀測數據的 μ，σ 最大概似值。

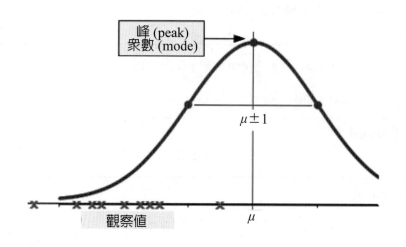

圖 2-44　估計 μ 最大概似值

更複雜的例子，如圖 2-45。

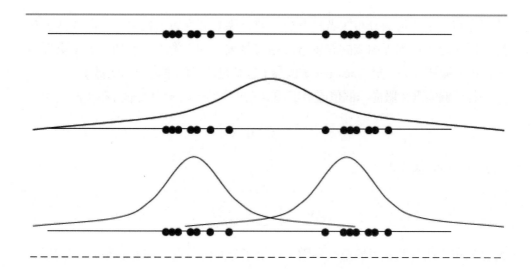

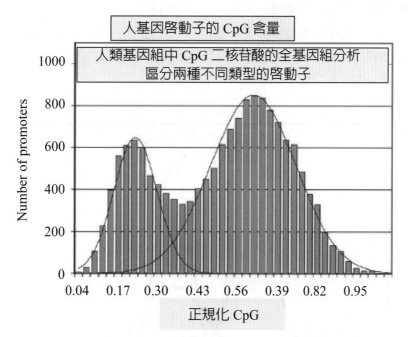

人基因啓動子的 CpG 含量

人類基因組中 CpG 二核苷酸的全基因組分析
區分兩種不同類型的啓動子

正規化 CpG

圖 2-45 更複雜的例子：估計 μ 最大概似值

二、Gaussian 混合模型 / model-based clustering

常態分布 (normal distribution)，又稱 Gaussian 分布。它以德國數學家卡爾‧
弗里德里希‧高斯的姓冠名，是一個在數學、物理及工程等領域都非常重要的

機率分布，由於這個分布函數具有很多非常漂亮的性質，使得其在諸多涉及統計科學、離散科學等領域的許多方面都有著重大的影響力。比如，圖像處理中最常用的濾波器類型為 Gaussian 濾波器 (也就是所謂的常態分布函數)。

若隨機變數 x 服從一個位置參數為 μ、尺度參數為 σ 的機率分布，記為：

$$X\sim 符合 N(\mu, \sigma^2)$$

則其機率密度函數為

$$f(x) = \frac{1}{\sigma\sqrt{2\pi}} e^{-\frac{(x-\mu)^2}{2\sigma^2}}$$

常態分布的期望值 μ 等於位置參數，決定了分布的位置；其變異數 σ^2 的開平方根或標準差 σ 等於尺度參數，決定了分布的幅度。

常態分布的機率密度函數曲線呈鐘形，因此人們又經常稱之為鐘形曲線 (類似於寺廟裡的大鐘，因此得名)。我們通常所說的標準常態分布是位置參數 μ、尺度參數 σ 的常態分布 (見圖 2-46 中粗曲線)。

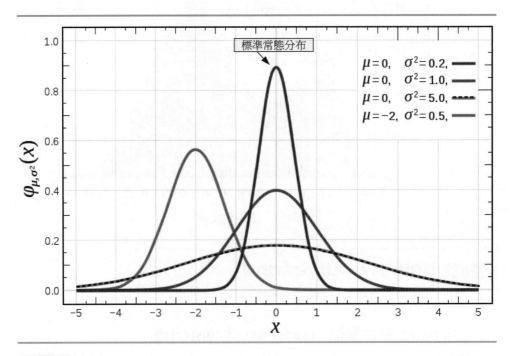

圖 2-46 Gaussian 分布

如圖 2-47，係以 Gaussian 分布來聚類 (clustering) 的情形：

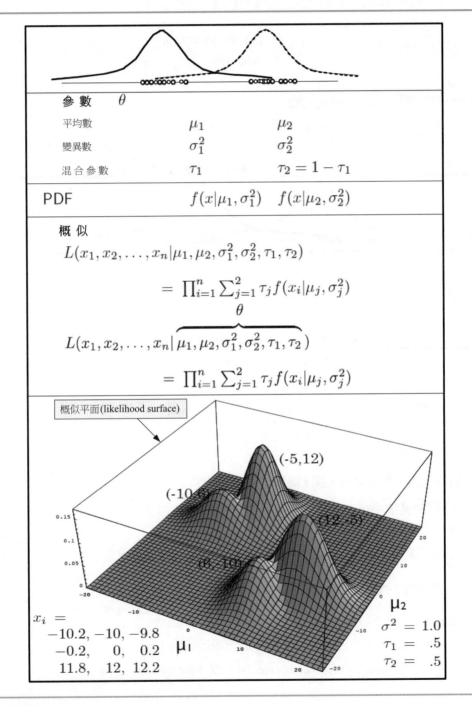

圖 2-47 Gaussian 分布來聚類 (clustering) 的情形

凌亂：沒有 closed form solution 可找到 θ 最大化 L(θ maximizing L)
但是如果 (what if) 我們知道隱藏的數據，又會怎樣？

$$z_{ij} = \begin{bmatrix} 1 & \text{if } x_i \text{ drawn from } f_j \\ 0 & \text{otherwise} \end{bmatrix}$$

(一)EM 如同：蛋 vs. 雞的問題

1. 若 Z_{ij} 已知，則只有 cluster 2 的點會影響 μ_2, σ_2。

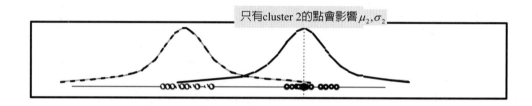

只有cluster 2的點會影響 μ_2, σ_2

2. 若參數 θ 已知，則只可估計 Z_{ij}。例如：

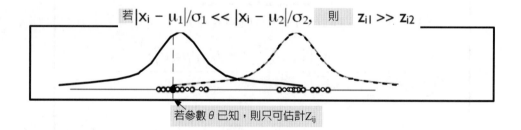

若 $|x_i - \mu_1|/\sigma_1 << |x_i - \mu_2|/\sigma_2$, 則 $z_{i1} >> z_{i2}$

若參數 θ 已知，則只可估計Z_{ij}

但我們既不知道之下，採 (樂觀地)EM 疊代：

E：計算 Expected z_{ij}，在已知參數下。

M：計算參數的 "MLE"，在已知 z_{ij} 下。

總體而言，這是一個聰明的「登山 (hill-climbing)」策略。

(二) 簡單版："Classification EM"

Step-1

若 $z_{ij} < 0.5$，表示它是 0；若 $z_{ij} > 0.5$，表示它是 1。

點的分類 (classify) 成「component 0」或「component 1」。

Step-2

在假定分類 (classify) 下，現在重新計算 θ。

Step-3

在假定 θ 下，現在重新計算 z_{ij}。

Step-4

在假定新的 z_{ij} 下，重新計算新的 $\theta, \cdots,$。如此遞迴下去，直到收斂為止。

下一章節 "full EM" 有更多 EM 的介紹，但這「簡單版」是關鍵。

2-4-2c EM 演算法的推導 (derivation of EM algorithm)

在統計學中，期望最大化 (EM) 演算法，是在統計模型中找尋參數的最大概似或最大後驗 (maximum a posteriori, MAP) 估計的疊代法，其中模型依賴於未觀察到的潛在變數。EM 疊代時交互執行期望步驟 (E-step)(它使用目前估計的參數來估算函數的 log-likelihood 值) 以及 maximization 步驟 (M-step) 來求 E-step 中的參數的最大期望值。最後，使用這些參數估計來確定下一個 E-step 中潛在變數的分布。

一、EM 的推導

1. Total

從 EM 的 log likelihood function 開始推起：

$$L(\theta) = \ln P(X \mid \theta)$$
$$= \ln \sum_z P(X, z \mid \theta)$$
$$= \ln \sum_z P(X, z \mid \theta) \frac{Q(z)}{Q(z)}$$
$$\geq \sum_z Q(z) \ln \frac{P(X, z \mid \theta)}{Q(z)}, \; by \, Jensen's \, inequality$$

因為 ln Σp() 並不好計算，因此幸運地，可以給予一個 Q(z) 來求得

E: Maximize it with respect to Q

M: Maximize it with respect to θ

接下來會對 E-step 跟 M-step 分別做說明。

2. Expectation -step：使用當前的參數 (和觀察值) 重建隱藏的結構

當 $\theta = \theta_n$，先推測下一步 Q(z) 最適合的分布 (distribution) 為什麼樣子。

E-step : Maximize it with respect to Q(z)when $\theta = \theta_n$

$$Q_n(z) = \arg \max_{Q(z)} \sum_z Q(z) \ln \frac{P(X, z \mid \theta_n)}{Q(z)}$$

use lagrange with constraint $\sum_z Q(z) = 1$

$$\Rightarrow Q_n(z) = P(z \mid X, \theta_n)$$

我們可以用 Lagrange 法來找到極值，下面為使用 Lagrange 的推導過程。

$$G(Q(z)) = \lambda(1 - \sum_z Q(z)) + \sum_z Q(z) \ln P(z \mid X, \theta_n) - \sum_z Q(z) \ln Q(z)$$

$$\frac{\partial G}{\partial Q(z)} = -\lambda + \ln P(z \mid X, \theta_n) - \ln Q(z) - 1$$

$$\Rightarrow \ln Q(z) = \ln P(z \mid X, \theta_n) - (\lambda + 1)$$

$$\Rightarrow Q(z) = \frac{P(z \mid X, \theta_n)}{e^{\lambda+1}}$$

且 $\sum_z Q(z) = \sum_z \frac{P(z \mid X, \theta_n)}{e^{\lambda+1}} = 1$

$$\Rightarrow \sum_z P(z \mid X, \theta_n) = e^{\lambda+1}$$

故 $Q_n(z) = \frac{P(z, X \mid \theta_n)}{\sum_z P(z, X \mid \theta_n)} = \frac{P(z, X \mid \theta_n)}{P(X \mid \theta_n)}$

$$= P(z, X \mid \theta_n)$$

3. Maximization-step：使用隱藏的結構 (和觀察值) 來重估參數

M-step: Maximize it with respect to θ

$$\theta^{n+1} = \arg \max_{\theta} l(\theta)$$

$$= \arg \max_{\theta} \sum_z P(z \mid X, \theta^n) \ln \frac{P(z, X \mid \theta)}{P(z, X \mid \theta^n)}$$

$$= \arg \max_{\theta} \sum_z P(z, X \mid \theta^n) \ln P(z, X \mid \theta)$$

$$= \arg \max_{\theta} E_{z \mid X, \theta^n}(\ln P(X, z \mid \theta))$$

當求到這裡，照著上面將已知的式子都帶進去之後，做一次微分，即可得到下一步的 θ^{n+1}。

二、EM 具有沒有遞減的特徵 (The no decreasing feature of EM)

這邊是要證明一下，為什麼 EM 的疊代 (iteration) 會越來越好。

$$\max_{\theta} l(\theta) = \max_{\theta} \sum_z P(z, X | \theta^n) \ln \frac{P(X, z | \theta)}{P(z, X | \theta^n)}, (M - step)$$

$$\geq \sum_z P(z, X | \theta^n) \ln \frac{P(X, z | \theta^n)}{P(z, X | \theta^n)}, (E - step)$$

$$= l(\theta^n)$$

接著，只講解最後兩步比較詳細的推導過程：

$$\sum_z P(z, X | \theta^n) \ln \frac{P(X, z | \theta^n)}{P(z, X | \theta^n)} - l(\theta^n)$$

$$= \sum_z P(z, X | \theta^n) \ln \frac{P(X, z | \theta^n)}{P(z, X | \theta^n)} - \ln P(X | \theta^n)$$

$$= \sum_z P(z, X | \theta^n) \ln \frac{P(X, z | \theta^n)}{P(z, X | \theta^n)} - \sum_z P(z, X | \theta^n) - \ln P(X | \theta^n)$$

$$= \sum_z P(z, X | \theta^n) \ln \frac{P(X, z | \theta^n)}{P(z, X | \theta^n) P(X | \theta^n)}$$

$$= \sum_z P(z, X | \theta^n) \ln \frac{P(X, z | \theta^n)}{P(z, X | \theta^n)}$$

$$= \sum_z P(z, X | \theta^n) \ln 1 = 0$$

小結

EM 演算法的流程：

$$D_0 \quad n = n + 1$$

E-step: compute

$$Q_n(z) = P(z \mid X, \theta), E_{z|X, \theta^n} (\ln P(X, z | \theta))$$

M-step:

$$\theta^{n+1} = \arg \max_{\theta} E_{z|X, \theta^n} (\ln P(X, z | \theta))$$

Until

$$E_{z|X, \theta^n} (\ln P(X, z | \theta^{n+1})) - E_{z|X, \theta^n} (\ln P(X, z | \theta^n)) < Threshold$$

2-5 EM 演算法的工科論文

2-5-1 EM 演算法的範例：圖形模式分類 (pattern classification)

本例「Expectation-Maximization for a 2D Normal Model」，取自 Duda 等人 (2000)，圖形 pattern classification。

假設一個集合中有四組資料，每組資料包含兩個變數：

$$D = \{\bar{x}_1, \bar{x}_2, \bar{x}_3, \bar{x}_4\} = \left\{ \begin{pmatrix} 0 \\ 2 \end{pmatrix}, \begin{pmatrix} 1 \\ 0 \end{pmatrix}, \begin{pmatrix} 2 \\ 2 \end{pmatrix}, \begin{pmatrix} * \\ 4 \end{pmatrix} \right\}$$

假設此二變數符合 Gaussian distribution，且兩變數間無交互關係，即對角共變數矩陣 diagonal covariance 為零。可設定 θ 為：

$$\theta = \begin{pmatrix} \mu_1 \\ \mu_2 \\ \sigma_1^2 \\ \sigma_2^2 \end{pmatrix}$$

設定 θ^0 的值。假設兩變數的 Gaussian 分布以原點為中心、$\Sigma=1$，即：

$$\theta^0 = \begin{pmatrix} 0 \\ 0 \\ 1 \\ 1 \end{pmatrix}$$

現在要找出第一個修正的估測 θ^1，也就是說，須計算

$$Q(\theta; \theta^0)$$

接續前一節的 summary，E-step 可表示為下式：

$$Q(\theta; \theta^t) = E_{z|X, \theta^t} \{\ln p(X, z|\theta)\}$$

將資料套用至 E-step，可得：

$$Q(\theta; \theta^0) = \mathrm{E}_{x_{41}\,|\,x_{42}=4,\,\theta^0}\left\{\ln p\left(\bar{x}_1, \bar{x}_2, \bar{x}_3, \binom{x_{41}}{4}\bigg|\theta\right)\right\}$$

$$= \int_{-\infty}^{\infty}\left[\sum_{i=1}^{3}\ln p(\bar{x}_i\,|\,\theta) + \ln p\left(\binom{x_{41}}{4}\bigg|\theta\right)\right]p(x_{41}\,|\,x_{42}=4,\,\theta^0)\,dx_{41}$$

以一般 Gaussian 分布取代，可得：

$$Q(\theta; \theta^0) = \int_{-\infty}^{\infty}\left[\sum_{i=1}^{3}\ln p(\bar{x}_i\,|\,\theta) + \ln p\left(\binom{x_{41}}{4}\bigg|\theta\right)\right]p(x_{41}\,|\,x_{42}=4,\,\theta^0)\,dx_{41}$$

$$= \sum_{i=1}^{3}\ln p(\bar{x}_i\,|\,\theta) + \int_{-\infty}^{\infty}\left\{\frac{1}{2\pi\left|\begin{smallmatrix}\sigma_1 & 0\\ 0 & \sigma_2\end{smallmatrix}\right|}e^{-\frac{1}{2}\left[\frac{(x_{41}-\mu_1)^2}{\sigma_1^2} + \frac{(4-\mu_2)^2}{\sigma_2^2}\right]}\right\}\frac{1}{2\pi\left|\begin{smallmatrix}1 & 0\\ 0 & 1\end{smallmatrix}\right|}e^{-\frac{1}{2}\left[\frac{(x_{41}-0)^2}{1^2} + \frac{(4-0)^2}{1^2}\right]}dx_{41}$$

$$= \sum_{i=1}^{3}\ln p(\bar{x}_i\,|\,\theta) + \int_{-\infty}^{\infty}\left\{-\ln(2\pi\sigma_1\sigma_2) - \frac{1}{2}\left[\frac{(x_{41}-\mu_1)^2}{\sigma_1^2} + \frac{(4-\mu_2)^2}{\sigma_2^2}\right]\right\}\frac{1}{2\pi\left|\begin{smallmatrix}1 & 0\\ 0 & 1\end{smallmatrix}\right|}e^{-\frac{1}{2}\left[\frac{(x_{41}-0)^2}{1^2} + \frac{(4-0)^2}{1^2}\right]}dx_{41}$$

$$= \sum_{i=1}^{3}\ln p(\bar{x}_i\,|\,\theta) - \ln(2\pi\sigma_1\sigma_2) - \frac{(4-\mu_2)^2}{2\sigma_2^2} + \int_{-\infty}^{\infty}\left\{-\frac{1}{2}\left[\frac{(x_{41}-\mu_1)^2}{\sigma_1^2}\right]\right\}\frac{1}{2\pi\left|\begin{smallmatrix}1 & 0\\ 0 & 1\end{smallmatrix}\right|}e^{-\frac{1}{2}\left[\frac{(x_{41}-0)^2}{1^2} + \frac{(4-0)^2}{1^2}\right]}dx_{41}$$

$$= \sum_{i=1}^{3}\ln p(\bar{x}_i\,|\,\theta) - \ln(2\pi\sigma_1\sigma_2) - \frac{(4-\mu_2)^2}{2\sigma_2^2} + \int_{-\infty}^{\infty}\left\{-\frac{1}{2}\left[\frac{x_{41}^2 - 2x_{41}\mu_1 + \mu_1^2}{\sigma_1^2}\right]\right\}\frac{1}{2\pi\left|\begin{smallmatrix}1 & 0\\ 0 & 1\end{smallmatrix}\right|}e^{-\frac{1}{2}\left[\frac{(x_{41}-0)^2}{1^2} + \frac{(4-0)^2}{1^2}\right]}dx_{41}$$

$$= \sum_{i=1}^{3}\ln p(\bar{x}_i\,|\,\theta) - \ln(2\pi\sigma_1\sigma_2) - \frac{(4-\mu_2)^2}{2\sigma_2^2} - \frac{\mu_1^2}{2\sigma_1^2} + \int_{-\infty}^{\infty}\left\{-\frac{1}{2}\left[\frac{x_{41}^2}{\sigma_1^2}\right]\right\}\frac{1}{2\pi\left|\begin{smallmatrix}1 & 0\\ 0 & 1\end{smallmatrix}\right|}e^{-\frac{1}{2}\left[\frac{(x_{41}-0)^2}{1^2} + \frac{(4-0)^2}{1^2}\right]}dx_{41}$$

$$= \sum_{i=1}^{3}\ln p(\bar{x}_i\,|\,\theta) - \ln(2\pi\sigma_1\sigma_2) - \frac{(4-\mu_2)^2}{2\sigma_2^2} - \frac{\mu_1^2+1}{2\sigma_1^2}$$

完成第一次的 E-step 後，可得：

$$Q(\theta; \theta^0) = \sum_{i=1}^{3}\ln p(\bar{x}_i\,|\,\theta) - \ln(2\pi\sigma_1\sigma_2) - \frac{(4-\mu_2)^2}{2\sigma_2^2} - \frac{\mu_1^2+1}{2\sigma_1^2}$$

將之展開化簡：

$$Q(\theta; \theta^0) = \ln\left(\frac{1}{2\pi\sigma_1\sigma_2}\right)\exp\left(-\frac{1}{2}\frac{(0-\mu_1)^2}{\sigma_1^2} - \frac{1}{2}\frac{(2-\mu_2)^2}{\sigma_2^2}\right)$$

$$+ \ln\left(\frac{1}{2\pi\sigma_1\sigma_2}\right)\exp\left(-\frac{1}{2}\frac{(1-\mu_1)^2}{\sigma_1^2} - \frac{1}{2}\frac{(0-\mu_2)^2}{\sigma_2^2}\right)$$

$$+ \ln\left(\frac{1}{2\pi\sigma_1\sigma_2}\right)\exp\left(-\frac{1}{2}\frac{(2-\mu_1)^2}{\sigma_1^2} - \frac{1}{2}\frac{(2-\mu_2)^2}{\sigma_2^2}\right)$$

$$-\ln(2\pi\sigma_1\sigma_2) - \frac{(4-\mu_2)^2}{2\sigma_2^2} - \frac{\mu_1^2+1}{2\sigma_1^2}$$

$$= -\ln(2\pi\sigma_1\sigma_2) - \frac{1}{2}\frac{(0-\mu_1)^2}{\sigma_1^2} - \frac{1}{2}\frac{(2-\mu_2)^2}{\sigma_2^2}$$

$$-\ln(2\pi\sigma_1\sigma_2) - \frac{1}{2}\frac{(1-\mu_1)^2}{\sigma_1^2} - \frac{1}{2}\frac{(0-\mu_2)^2}{\sigma_2^2}$$

$$-\ln(2\pi\sigma_1\sigma_2) - \frac{1}{2}\frac{(2-\mu_1)^2}{\sigma_1^2} - \frac{1}{2}\frac{(2-\mu_2)^2}{\sigma_2^2}$$

$$-\ln(2\pi\sigma_1\sigma_2) - \frac{(4-\mu_2)^2}{2\sigma_2^2} - \frac{\mu_1^2+1}{2\sigma_1^2}$$

完成 E-step 後，最大化上式，即進行 M-step。

使用微分取得極值。

設

$$\frac{\partial Q(\theta;\theta^0)}{\partial \mu_1} = 0$$

$$\Rightarrow \frac{2(0-\mu_1)}{-2\sigma_1^2} + \frac{2(1-\mu_1)}{-2\sigma_1^2} + \frac{2(2-\mu_1)}{-2\sigma_1^2} + \frac{2\mu_1}{-2\sigma_1^2} = 0$$

$$\Rightarrow \mu_1 = 0.75$$

設

$$\frac{\partial Q(\theta;\theta^0)}{\partial \mu_2} = 0$$

$$\Rightarrow \frac{2(2-\mu_2)}{-2\sigma_2^2} + \frac{2(0-\mu_2)}{-2\sigma_2^2} + \frac{2(2-\mu_2)}{-2\sigma_2^2} + \frac{2(4-\mu_2)}{-2\sigma_2^2} = 0$$

$$\Rightarrow \mu_1 = 2$$

設

$$\frac{\partial Q(\theta;\theta^0)}{\partial \sigma_1} = 0$$

$$\Rightarrow \frac{1}{-\sigma_1} + \frac{(0-\mu_1)^2}{\sigma_1^3} + \frac{1}{-\sigma_1} + \frac{(1-\mu_1)^2}{\sigma_1^3} + \frac{1}{-\sigma_1} + \frac{(2-\mu_1)^2}{\sigma_1^3} + \frac{1}{-\sigma_1} + \frac{1+\mu_1^2}{\sigma_1^3} = 0$$

replace μ_1 with 0.75

$$\Rightarrow \frac{4}{-\sigma_1} + \frac{60}{16\sigma_1^3} = 0$$

$$\Rightarrow \sigma_1^2 = \frac{60}{64} = 0.9375$$

設

$$\frac{\partial Q(\theta; \theta^0)}{\partial \sigma_2} = 0$$

$$\Rightarrow \frac{1}{-\sigma_2} + \frac{(2-\mu_2)^2}{\sigma_2^3} + \frac{1}{-\sigma_2} + \frac{(0-\mu_2)^2}{\sigma_2^3} + \frac{1}{-\sigma_2} + \frac{(2-\mu_2)^2}{\sigma_2^3} + \frac{1}{-\sigma_2} + \frac{(4-\mu_2)^2}{\sigma_2^3} = 0$$

replace μ_2 with 2

$$\Rightarrow \frac{4}{-\sigma_2} + \frac{8}{\sigma_2^3} = 0$$

$$\Rightarrow \sigma_2^2 = 2$$

即可完成第一次的 EM，得到：

$$\theta^1 = \begin{pmatrix} 0.75 \\ 2 \\ 0.9375 \\ 2 \end{pmatrix}$$

接下來的疊代都使用相同的概念與方法，但將會需要多餘的計算 (這是因為 θ^0 設定成最易於計算的值)。但無論做幾次，因為第一個變數與第二個變數互相獨立，因此 μ_2 永遠為 2。

第三次 iteration 後，EM algorithm 將逐漸收斂至：

$$\theta^3 = \begin{pmatrix} 1 \\ 2 \\ 0.6667 \\ 2 \end{pmatrix}$$

以下為三次疊代 (iterations) 後，θ 的變化。

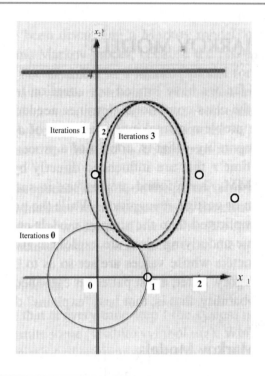

圖 2-48 三次疊代 (iterations) 後，θ 的變化 (見 CD 片中，「GMM EM 聚類具有模糊的邊界 .gif」檔)

2-5-2 EM 演算法的論文：圖像分割 (image segmentation)

本文旨在使用 EM 的方式做圖像分割 (image segmentation)，之後可應用在圖像查詢 (image querying) 方面。而此處主要講如何用 EM 來做 segmentation(Chad 等人，2002)。

首先，他對圖的每個像素 (pixel)，取出八個特徵 (feature)，分別是 color(L, a, b 三個)、texture(anisotropy, polarity, and contrast 三個)、加上 position(x, y 兩個)，總共八個特徵。

假設 pixel feature 的分布是屬 mixture Gaussians，利用 EM 來找出那些 Gaussian 分布的參數 (parameter)。實際拍攝例子如下：

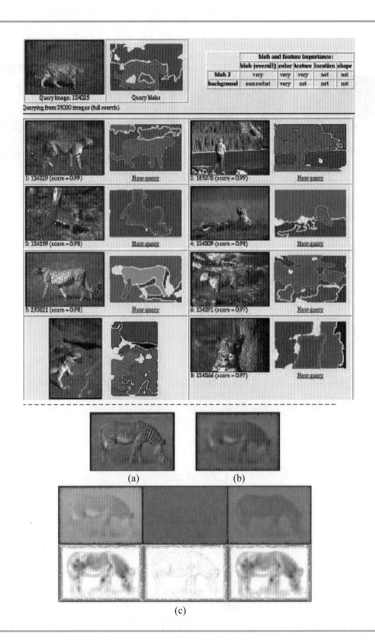

圖 2-49 實際拍攝例子，經平滑化取出六個特徵

　　圖 2-49 中：(a) 原圖；(b) 影像經過適當的 smooth；(c) 取出六個 feature，上面三個是分別是 L、a、b，下面三個分別是 anisotropy、polarity 和 contrast，範圍從 0(白) 到 1(黑)。

每個 pixel 除了六個 feature 外，還有它的座標，所以總共八個 feature。

圖 2-50 圖為假設有二、三、四、五個 Gaussian 分別做出來的情況

以下說明數學式子，假設有 k 個 Gaussian：

$$f(x \mid \Theta) = \sum_{i=1}^{k} \alpha_i f_i \ (x \mid \Theta_i)$$

其中，x 是特徵向量

$\alpha's$ 是混合權重

Θ 是 $(\alpha_1, ..., \alpha_k, \theta_1, ..., \theta_k)$ 的集合

f_i 是多變數參數 $\Theta_i(\mu_i$ 和 $\Sigma_i)$ 的高斯密度

當 d(維度) = 8 時

$$f_i \ (x \mid \Theta_i) = \frac{1}{(2\pi)^{d/2} \det\Sigma_i^{1/2}} e^{-\frac{1}{2}(x-\mu_i)^T \Sigma_i^{-1}(X-\mu_i)}$$

更新上式為：

$$\alpha_i^{new} = \frac{1}{N} \sum_{i=1}^{N} p \ (i \mid x_j, \ \Theta^{old})$$

$$\mu_i^{new} = \frac{\sum_{j=1}^{N} x_j p \ (i \mid x_j, \Theta^{old})}{\sum_{j=1}^{N} p(i \mid x_j, \Theta^{old})}$$

$$\Sigma_i^{new} = \frac{\sum_{j=1}^{N} p \ (i \mid x_j, \Theta^{old})(x_j - \mu_i^{new})(x_j - \mu_i^{new})^T}{\sum_{j=1}^{N} p(i \mid x_j, \Theta^{old})}$$

其中條件機率 $p(i \mid x_j, \Theta)$ 是 Gaussian i 適配 pixel x_j 的機率，已知資料 Θ

$$p\,(i\,|\,x_j,\Theta) = \frac{\alpha_i f_i\,(x_j\,|\,\Theta_i)}{\sum\limits_{k=1}^{N} \alpha_k f_k\,(x_j\,|\,\Theta_k)}$$

重複做到 $\log L(\Theta|X) = \log \prod\limits_{k=1}^{N} f\,(x_k|\Theta)$ 增加少於 1%。

圖 2-51～2-53 為實際做出來的樣子 (在此設 k=4)。

圖 2-51 圖像分割 (image segmentation) 之實例一

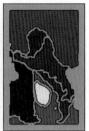

圖 2-52　圖像分割 (image segmentation) 之實例二

Original Images	Color Regions	Texture Regions	Line Clusters

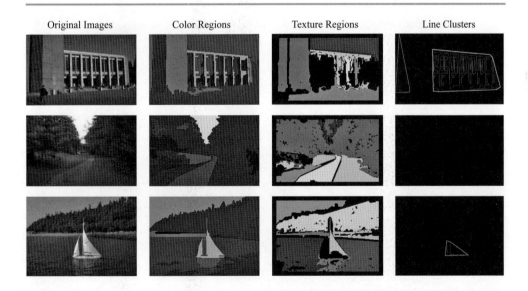

圖 2-53　抽象區域 (abstract regions)

高斯混合模型（fmm：regression 指令）、異質線性迴歸

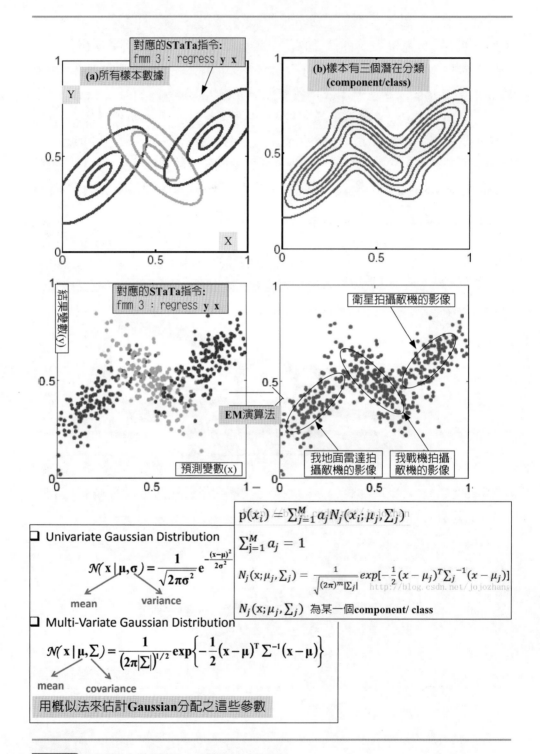

圖 3-1 高斯混合模型採 EM 演算法之示意圖

統計學是應用機率理論與事實的數字，描述、組織、綜合、分析和解釋量的資料的方法或程序，並由此過程藉以發現各現象之真理原則等學問。

在統計學中，混合模型 (MM) 是代表一個大群體中存在子群體的機率模型，MM 不要求觀察資料應事先被人為認定它屬於哪個子群體？一般，混合模型代表大群體觀察結果之二至三個機率分布的混合分布。

混合高斯模型 (GMM) 是指對樣本的機率密度分布進行估計 (如圖 3-2)，

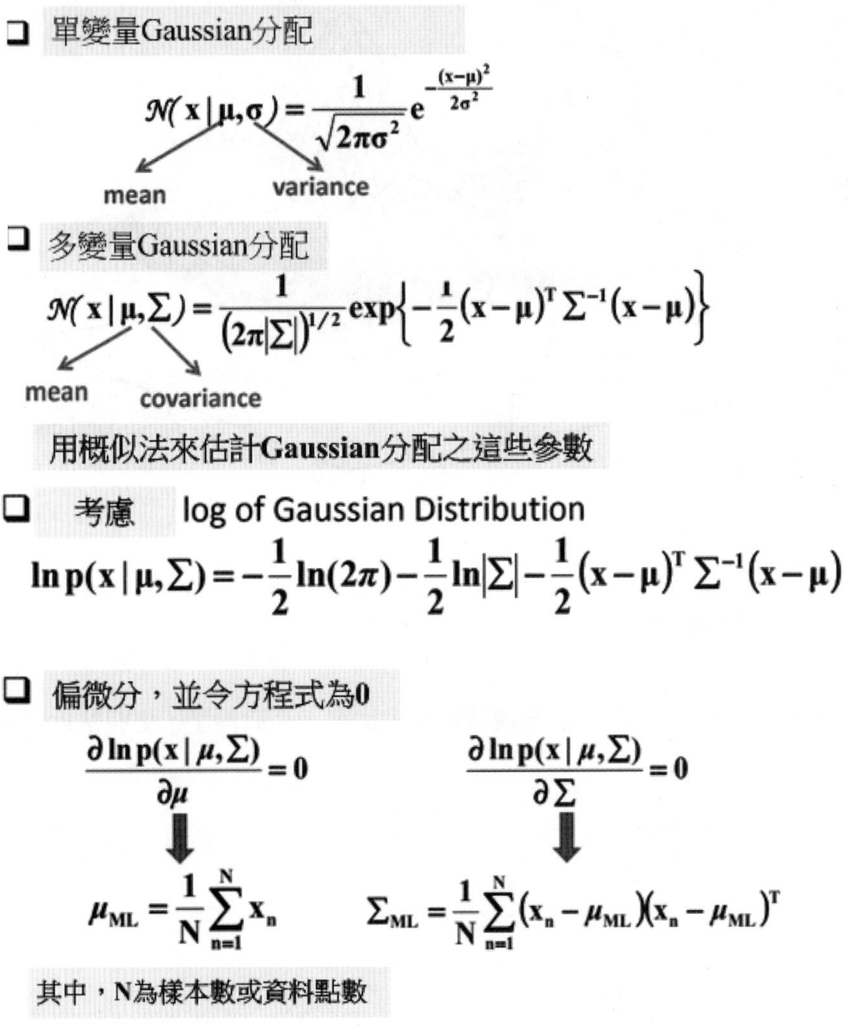

❏ 單變量Gaussian分配

$$\mathcal{N}(x \mid \mu, \sigma) = \frac{1}{\sqrt{2\pi\sigma^2}} e^{-\frac{(x-\mu)^2}{2\sigma^2}}$$

mean　　variance

❏ 多變量Gaussian分配

$$\mathcal{N}(x \mid \mu, \Sigma) = \frac{1}{(2\pi|\Sigma|)^{1/2}} \exp\left\{-\frac{1}{2}(x-\mu)^T \Sigma^{-1}(x-\mu)\right\}$$

mean　covariance

用概似法來估計Gaussian分配之這些參數

❏ 考慮　log of Gaussian Distribution

$$\ln p(x \mid \mu, \Sigma) = -\frac{1}{2}\ln(2\pi) - \frac{1}{2}\ln|\Sigma| - \frac{1}{2}(x-\mu)^T \Sigma^{-1}(x-\mu)$$

❏ 偏微分，並令方程式為0

$$\frac{\partial \ln p(x \mid \mu, \Sigma)}{\partial \mu} = 0 \qquad \frac{\partial \ln p(x \mid \mu, \Sigma)}{\partial \Sigma} = 0$$

$$\mu_{ML} = \frac{1}{N}\sum_{n=1}^{N} x_n \qquad \Sigma_{ML} = \frac{1}{N}\sum_{n=1}^{N}(x_n - \mu_{ML})(x_n - \mu_{ML})^T$$

其中，N為樣本數或資料點數

圖 3-2 　對數高斯分布最大概似之示意圖

EM 訓練模型是幾個高斯模型的加權總和。每個高斯模型就代表了一個類 (一個 cluster/ class)。若將樣本資料投影到幾個高斯模型中，就會求得在各個類別的機率，然後我們可以選取機率最大的類作爲判決結果。

理論上，GMM 在做參數 θ(平均數 μ、變異數 Σ) 估計的時候，常採用的是最大概似方法 (ML)。點估計的最大概似法就是使樣本點在估計機率密度函數時，得到最大的機率值。

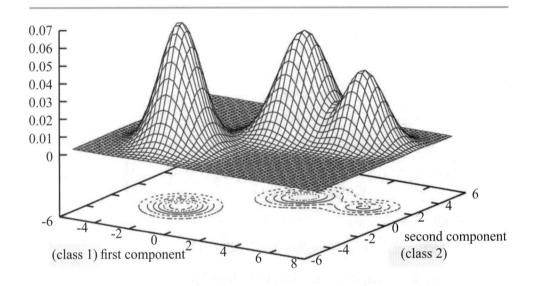

圖 3-3 混合機率密度函數的估計 (mixture probability density function) (樣本本身潛藏三個類別 / 成分)

如圖 3-4 所示，雙高斯混合模型往往會比單一高斯模型，更能貼近眞實世界的樣本分布。

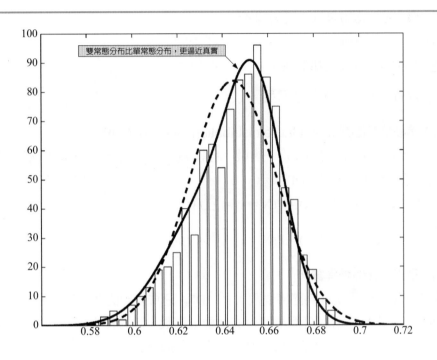

圖 3-4 1,000 隻螃蟹，額頭與身體長度數據，適配成二種：單一成分 (虛線)vs. 雙成分 (實線) 常態混合模型

3-1 機率密度函數 (probability density function) 常見有十種

一、機率密度函數 (PDF)

(一) 定義

將隨機變數各數值出現的機率，按這些數值之大小順序排列，或以函數 $f(x)$ 表示隨機變數所有可能數值及其對應之機率，則稱 f 為隨機變數 X 的機率分布或機率密度函數 (簡稱 PDF)，即 $f(x) = P(X=x)$。

機率分布常以繪圖方式表示，有助於了解其機率密度函數。

(二) 機率密度函數具備下述兩個條件

1. $f(x) \geq 0$，對任何 X。

2. $\sum_{x} f(x) = 1$，當 X 為離散型。

$\int_{-\infty}^{\infty} f(x) \, dx = 1$，當 X 為連續型。

(三) 累積分布函數 (cumulative distribution function, CDF)

設 X 為一隨機變數，x 為一實數，且設 $F(x) = P(X \leq x)$，則稱 F 為隨機變數 X 的累積分布函數，以 CDF 表示。

1. 若 X 為離散型，則 $F(x) = P(X = x) = \sum_{t \leq x} f(t)$

2. 若 X 為連續型，則 $F(x) = P(X = x) = \int_{-\infty}^{x} f(t) \, dt$

(四) 期望值 μ 與變異數 σ^2

1. 期望值定義：設 $f(x)$ 為隨機變數 X 的 PDF，隨機變數的期望值以 E(X) 表示，而 E(X) 是 X 之所有可能觀測值的加權平均數，以各機率值為其權數。E(X) 簡稱為 X 機率分布之平均數，常以 μ 表示，即 E(X)=μ。

   (1) 當 X 為離散型時：$E(X) = \sum_{x} x \, f(x)$

   (2) 當 X 為連續型時：$E(X) = \int_{-\infty}^{\infty} x \, f(x)$

2. 變異數定義：設 $f(x)$ 為隨機變數 X 的 PDF，平均數為 μ，定義 X 之變異數為 $E(X - \mu)^2$，常以 V(X) 或 σ^2 表示變異數。變異數之平方根稱為標準差，以 σ 表示。

$$\sigma^2 = E(X - \mu)^2 = E\{([X - E(X)]^2)$$

   (1) 當 X 為離散型時：$E(x) = \sum_{x} (x - \mu)^2 \, f(x)$

   (2) 當 X 為連續型時：$E(X) = \int_{-\infty}^{\infty} (x - \mu)^2 \, f(x) \, dx$

二、十種常見的機率密度分布

我們常見的機率分布，包括：

1. 二項分布 (Binomial distribution)：離散型

在有限試行次數為 n 的試驗中，每次出象只有兩種結果，分成失敗和成功。每次成功或失敗之機率均相同 (母體總數為 N，每次抽樣後均放回)，且每次試行均相互獨立，則稱此事件為二項試驗或 Bernoulli experiment。

在 n 次之二項試驗中,若令 X 表示成功之總次數,則 X 稱為二項隨機變數,其離散型之機率質量函數 (probability mass function, PMF) 為:

$$f(x) = \begin{cases} \binom{n}{x} p^x q^{n-x}, & x = 0, 1, 2, \cdots, n \\ 0, & \text{其他} \end{cases}$$

其中,正面事件 p(=1-q) 為負面事件 q 的反面。

通常以 $b(x; n, p)$ 表示,稱 X 之分布為二項分布。

補充:**PMF vs. PDF 的差別**

在機率論中,機率質量函數 (probability mass function, PMF) 是離散隨機變數在各特定取值上的機率。機率質量函數和機率密度函數不同之處在於:機率質量函數是對離散隨機變數定義的,本身代表該值的機率;機率密度函數 (PDF) 是對連續隨機變數定義的,本身不是機率,只有對連續隨機變數的機率密度函數在某區間內進行積分後才是機率。

如下圖為一個機率質量函數的圖像,函數的所有值必須非負,且總和為 1。

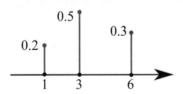

---

2. 超幾何分布 (hypergeometric distribution):離散型

設隨機變數 X 為二項試驗,但每次自母體抽出之樣本不放回,則稱 X 為超幾何分布。超幾何分布之 PDF 為:

$$f(x) = \begin{cases} \dfrac{\binom{K}{x}\binom{N-K}{n-x}}{\binom{N}{n}}, & x = 0, 1, 2, \cdots, \min(n, k) \\ 0, & \text{其他} \end{cases}$$

其中屬於成功者有 K 項,屬於失敗者有 N-K 項。當 N 非常大時,超幾何分布趨近於二項分布。

3. 負二項分布 (negative binomial distribution)：離散型

在二項試驗中，若隨機變數 X 表示自試驗開始至第 r 次成功爲止之試驗，則稱 X 爲負二項隨機變數。設 p 爲每次成功之機率，則 X 之 PDF 爲：

$$f(x) = \begin{cases} \binom{x-1}{r-1} p^r q^{x-r}, & x = r, r+1, r+2, \cdots \\ 0 & , \text{其他} \end{cases}$$

當 r = 1 時，$f(x) = pq^{x-1}, x = 1, 2, 3 \ldots$，稱爲幾何分布。

4. 卜瓦松分布 (Poisson distribution)：離散型

由法國數學家 Simon Denis Poisson 提出，卜瓦松分布之特性如下：

(1) 在兩個不相交的時間間隔，特定事件發生變化的次數爲獨立。

(2) 在短時間間隔或小空間區域發生一次變化的機率，近乎與區間長度、面積或體積成正比。

(3) 在同樣的一個短時間間隔，有兩個或以上的變化發生之機率近乎 0。滿足上述特性者，稱之爲卜瓦松過程。若隨機變數 X 表示卜瓦松過程每段時間變化的次數，則 X 稱爲卜瓦松隨機變數。

(4) 發生於一段時間或某特定區域的成功次數之期望值爲已知。

卜瓦松分布之推演：設 $g(x, w)$ 表示在長 w 的時間內有 X 次變化的機率，則由卜瓦松過程可知：

(1) 設 X_1 表示在 h_1 時間間隔內發生之次數，X_2 表示在 h_2 時間間隔內發生之次數，若 h_1、h_2 不相交，則 X_1、X_2 爲隨機獨立。

(2) $g(1, h) = \alpha h + o(h)$，其中 α 爲一常數，$h > 0$，且 $o(h)$ 表示任何滿足

$$\lim_{h \to 0} \frac{o(h)}{h} = 0 \quad \text{之函數}$$

(3) $\sum_{x=2}^{\infty} g(x, h) = o(h)$

由上述三個式子導出 X 的 PDF 爲：

$$f(x) = \begin{cases} \dfrac{\lambda x e - x}{x!}, & x = 0, 1, 2, \ldots, n \\ 0 & , \text{其他} \end{cases}$$

此分布常以 $p(x, \lambda)$ 表示。

5. 常態分布 (normal distribution)：連續型

此分布理論首先由法國學者 De Moivre 提出，約一百年後學者 Gauss & Laplace 亦導出相同的結果，在英美地區 (包括我國) 稱此分布爲高斯分布。因爲分布圖形類似鐘形，因此又稱爲鐘形分布或常態分布 (normal distribution.)。

常態分布重要性：

(1) 自然界中大部分之分布現象均屬常態分布。

(2) 許多複雜而非常態的分布，可用常態分布近似 (大數法則、中央極限定理)。

(3) 統計上許多推定和檢定，均引用常態分布，例如：抽樣分布理論。

常態分布 PDF 爲：

$$f(x) = \frac{1}{\sqrt{2\pi}\,\sigma} \exp[-\frac{1}{2}(\frac{x-\mu}{\sigma})^2]$$
$$-\infty < x < \infty,\ \sigma > 0,\ -\infty < \mu < \infty$$

則稱 X 爲常態隨機變數，X 之分布稱爲常態分布。其中，μ 爲平均數，σ 爲標準差。

標準常態分布

若將常態分布之隨機變數 X 予以標準化處理：

$$Z = \frac{X-\mu}{\sigma}$$

則隨機變數 Z 服從常態分布 N(0,1)，其中平均數爲 0，標準差爲 1。此分布稱爲標準常態分布。

6. 一致分布 (uniform distribution)：連續型

若隨機變數 X 在區間 [a, b] 上爲一致分布，則 X 之一致分布 PDF 爲：

$$f(x) = \begin{cases} \dfrac{1}{b-a}, & a \le x \le b \\ 0, & 其他 \end{cases}$$

7. 伽瑪分布 (Gamma distribution)：偏態且連續型

伽瑪分布爲等候時間常用之機率分布，例如：顧客到達郵局要求服務的人數，若單位時間內平均到達 λ 人之卜瓦松分布，而此郵局自某時間開始到第 k

個顧客到達爲止所經過之時間爲 W，則 W 服從伽瑪分布。若連續隨機變數 X 之 PDF 爲：

$$f(x) = \begin{cases} \dfrac{1}{\Gamma(\alpha)\beta^\alpha} x^{\alpha-1} e^{-\frac{x}{\beta}}, & x > 0 \\ 0 & , \text{其他} \end{cases}$$

其中，$\Gamma(t) = \int_0^\infty e^{-x} x^{t-1} dx$

8. 指數分布 (exponential distribution)：偏態且連續型

當伽瑪分布之 $\alpha = 1$, $\beta = \dfrac{1}{\lambda}$ 時，隨機變數 X 之指數分布 PDF 爲：

$$f(x) = \begin{cases} \lambda e^{-\lambda x}, & x > 0 \\ 0 & , \text{其他} \end{cases}$$

則稱 X 服從指數分布。

9. 韋伯分布 (Weibull distribution)：偏態且連續型

當隨機變數 X 之韋伯 PDF 爲：

$$f(x) = \frac{\beta(x-\delta)^{\beta-1}}{(\theta-\delta)^\beta} \exp[-(\frac{x-\delta}{\theta-\delta})^\beta], \, x \geq \delta \geq 0$$

其中 β 稱爲線型參數 (shape parameter)，因 β 影響 PDF 圖形之陡峭程度。

(1)「$\theta - \delta$」稱爲尺度參數 (scale parameter)，它影響散布程度。

(2) θ 爲 MTBF(失效率之倒數)。

10. Beta 分布 (Beta distribution)

Beta 分布是常見分布中，少數取值在一有限區間的分布，可用來當作取值在 0 至 1 的母體之機率模式。由於 Beta 分布有二參數 (α, β)，參數的改變，可使 PDF 之圖形有很大的變化。以下提出在不同參數下，Beta 分布之 PDF 圖形 (圖 3-5)。

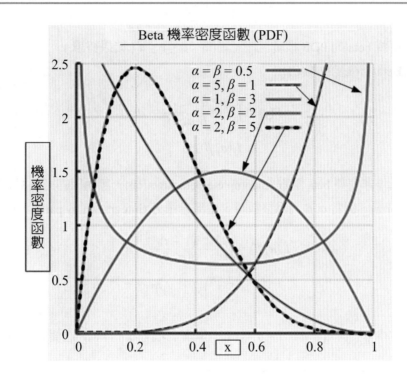

圖 3-5 Beta 分布圖

　　常用於模型化：比率，如 IC 產品中不良的比率，機器處在維修狀態所占的比率……，故其可能值∈ [0, 1]。正式定義如下：

定義 1. $Y \sim beta(\alpha, \beta)$，$\alpha > 0$，$\beta > 0$，若且唯若 Y 的 PDF

$$f(y) = \begin{cases} \dfrac{y^{\alpha-1}(1-y)^{\beta-1}}{B(\alpha, \beta)}, & 0 \leq y \leq 1 \\ 0, & 其他 \end{cases}$$

其中

$$B(\alpha, \beta) = \int_0^1 y^{\alpha-1}(1-y)^{\beta-1}dy = \frac{\Gamma(\alpha)\Gamma(\beta)}{\Gamma(\alpha+\beta)}$$

註 1　雖然 beta 的 PDF 定義在 $0 \leq y \leq 1$，但透過轉換

$$y^* = \frac{y-c}{d-c}$$

可將 beta 的 PDF 推廣至任意區間：$c \le y \le d$ (結果待證)。

註 2　Beta 隨機變數的 CDF

$$F(y) = \int_0^y \frac{t^{\alpha-1}(1-t)^{\beta-1}}{B(\alpha, \beta)} dt$$
$$\overset{\text{表成}}{=} I_y(\alpha, \beta)$$

稱作非完整 beta 函數 (incomplete beta function)，無明確的完整型 (closed-form)，但當 α, β 均為整數時，由部分積分 (integration by parts)，可得

$$I_y(\alpha, \beta) = \int_0^y \frac{t^{\alpha-1}(1-t)^{\beta-1}}{B(\alpha, \beta)} dt$$
$$= \sum_{i=\alpha}^n \binom{n}{i} y^i (1-y)^{n-i}$$

其中 $0 < y < 1$，$n = \alpha + \beta - 1$ (一個與二項分布的 PMF 之間的關係)。

定理：若 $Y \sim \text{beta}(\alpha, \beta)$，$\alpha > 0, \beta > 0$
則期望值

$$\mu = E(Y) = \frac{\alpha}{\alpha+\beta}$$

且變異數

$$\sigma^2 = \text{Var}(Y) = \frac{\alpha\beta}{(\alpha+\beta)^2(\alpha+\beta+1)}$$

〈證〉根據期望值的定義

$$E(Y) = \int_{-\infty}^{\infty} yf(y)dy$$
$$= \int_0^1 y \cdot \left(\frac{y^{\alpha-1}(1-y)^{\beta-1}}{B(\alpha, \beta)} \right) dy$$
$$= \frac{1}{B(\alpha, \beta)} \int_0^1 y^{\alpha}(1-y)^{\beta-1}dy$$
$$= \frac{1}{B(\alpha, \beta)} \cdot B(\alpha+1, \beta)$$
$$= \frac{\Gamma(\alpha+\beta)}{\Gamma(\alpha)\Gamma(\beta)} \cdot \frac{\Gamma(\alpha+1)\Gamma(\beta)}{\Gamma(\alpha+\beta+1)}$$

$$= \frac{\Gamma(\alpha+\beta)}{\Gamma(\alpha)\Gamma(\beta)} \cdot \frac{\Gamma(\alpha)\Gamma(\beta)}{(\alpha+\beta)\Gamma(\alpha+\beta)}$$

$$= \frac{\alpha}{\alpha+\beta}$$

上式中第四個等號成立乃因爲 beta(α, β) 的 PDF 的完整型積分爲 1，亦即：

$$\int_0^1 \frac{y^{\alpha-1}(1-y)^{\beta-1}}{B(\alpha, \beta)} dy = 1$$

由此可導出，對於 $\alpha > 0, \beta > 0$，

$$\int_0^1 y^{\alpha-1}(1-y)^{\beta-1} dy = B(\alpha, \beta) \tag{3-1}$$

故根據 (3-1) 式，得：

$$\int_0^1 y^{\alpha}(1-y)^{\beta-1} dy$$

$$= \int_0^1 y^{(\alpha+1)-1}(1-y)^{\beta-1} dy$$

$$= B(\alpha+1, \beta)$$

同理，根據隨機變數的函數期望值公式，以及 (3-1) 式：

$$E(Y^2) = \int_0^1 y^2 \left(\frac{y^{\alpha-1}(1-y)^{\beta-1}}{B(\alpha, \beta)} \right) dy$$

$$= \frac{1}{B(\alpha, \beta)} \int_0^1 y^{(\alpha+2)-1}(1-y)^{\beta-1} dy$$

$$= \frac{1}{B(\alpha, \beta)} \cdot B(\alpha+2, \beta)$$

（根據 (3-1) 式)

$$= \frac{\Gamma(\alpha+\beta)}{\Gamma(\alpha)\Gamma(\beta)} \cdot \frac{\Gamma(\alpha+2)\Gamma(\beta)}{\Gamma(\alpha+\beta+2)}$$

$$= \frac{\Gamma(\alpha+\beta)}{\Gamma(\alpha)\Gamma(\beta)} \cdot \frac{(\alpha+1)\alpha\Gamma(\alpha)\Gamma(\beta)}{(\alpha+\beta+1)(\alpha+\beta)\Gamma(\alpha+\beta)}$$

$$= \frac{(\alpha+1)\alpha}{(\alpha+\beta+1)(\alpha+\beta)}$$

所以，

$$\text{Var}(Y) = E(Y^2) - [E(Y)]^2$$

$$= \frac{(\alpha+1)\alpha}{(\alpha+\beta+1)(\alpha+\beta)} - \left(\frac{\alpha}{\alpha+\beta} \right)^2$$

$$= \frac{\alpha}{\alpha+\beta}\left[\frac{\alpha+1}{\alpha+\beta+1}-\frac{\alpha}{\alpha+\beta}\right]$$

$$= \frac{\alpha}{\alpha+\beta}\cdot\frac{\alpha(\alpha+\beta)+\alpha+\beta-\alpha(\alpha+\beta)-\alpha}{(\alpha+\beta)(\alpha+\beta+1)}$$

$$= \frac{\alpha\beta}{(\alpha+\beta)^2(\alpha+\beta+1)}$$

例 1　3C 批發商一週的銷售率可用 $\alpha = 4$, $\beta = 2$ 的 beta 分布模型化，試求至少銷售庫存的 90% 的機率。

〈**解**〉由題意，銷售率 $Y \sim \text{beta}(4, 2)$，且其機率密度函數 PDF

$$f(y) = \begin{cases} \dfrac{\Gamma(6)}{\Gamma(4)\Gamma(2)}y^3(1-y), & 0 \le y \le 1 \\ 0, & \text{其他} \end{cases}$$

$$= \begin{cases} 20y^3(1-y), & 0 \le y \le 1 \\ 0, & \text{其他} \end{cases}$$

所以，銷售率至少為 90% 的機率

$$P(Y \ge .9) = \int_{0.9}^{1} 20(y^3 - y^4)\,dy$$

$$= 20\left(\frac{y^4}{4} - \frac{y^5}{5}\right)\Big|_{0.9}^{1}$$

$$= 5y^4 - 4y^5 \Big|_{0.9}^{1}$$

$$= 1 - (0.9)^4(5 - 3.6)$$

$$= 1 - 0.91854$$

$$= 0.08146$$

小結

前六種分布之迴歸模型，請見作者《STaTa 與高等統計分析》一書。後三種及延伸出來的各種分布，將在本章探討。

三、連續隨機變數及其常用的機率分布

隨機變數 (random variable) 是指變數的值無法預先確定，僅以一定的可能性（機率）取值的量。由於它是隨機而獲得的非確定值，故也是機率中重要概念之一。在經濟活動中，隨機變數是某一事件在相同的條件下，可能發生也可能

不發生的事件。(**A random variable** is a number associated with the outcome of a **stochastic process**.)

　　「連續」隨機變數與「離散」隨機變數有一個很重要的不同點：「機率函數」$f_X(x)$ 代表「連續」隨機變數 X 的「機率密度函數」，它不是「機率」。不能談「連續」隨機變數 X 等於某個特定值 x 的機率，因為對所有的 x，$P(X=x) = 0$。我們只能談 X 落於某一個區間的機率，例如：X 會落於區間 (a, b) 的機率為：

$$P (a \leq X \leq b) = \int_a^b f_X(x)dx$$

　　常見的「連續」「隨機變數」的機率分布有：

1. **常態分布 (normal distribution)**：自然界常存在一個現象，就是大部分都是中庸的情形，兩邊極端的情形很少。例如：身高、體重、收入、智商等，這些隨機變數的分布可以假設為「常態分布」。「常態分布」的「機率密度函數」圖形像一個鐘形 (中間高兩邊低)，亦即大部分為中庸的情形，偏大或偏小的情形較少。

2. **韋伯分布 (Weibull distribution)**：「韋伯分布」也常用於電子元件「壽命」的假設，因其具有「累積分布函數」的公式，可使分析變得簡便。

3. **伽瑪分布 (Gamma distribution)**：電子元件「壽命」常假設具有「伽瑪分布」，因其具有動差 (moment) 的公式 [例如：「平均數」$E(X)$、「變異數」$Var(X)$、第三階動差 $E(X^3)$ 與第四階動差 $E(X^4)$]，可使分析變得簡便。

4. **指數分布 (exponential distribution)**：「隨機程序」(stochastic process) 中「事件」之間的間隔時間常假設具有「指數分布」，其「**無記憶性**」(memoryless) 的特性可大幅簡化公式的推導。

常態分布 (normal distribution)

　　若 X 具有「**參數**」為 μ 及 σ^2 的「常態分布」，通常記為 $X \sim N(\mu, \sigma^2)$。

定理：「常態分布」的「平均數」與「變異數」

　　若 X 具有「機率密度函數」

$$f_X (x) = \frac{1}{\sqrt{2\pi}\sigma} e^{-(x-\mu)^2/(2\sigma^2)}, -\infty < x < \infty$$

的「常態分布」，則：

$$\begin{cases} E(X) = \mu \\ Var(X) = \sigma^2 \end{cases}$$

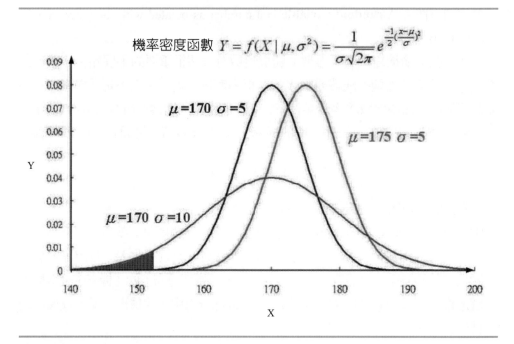

機率密度函數 $Y = f(X \mid \mu, \sigma^2) = \dfrac{1}{\sigma\sqrt{2\pi}} e^{\frac{-1}{2}\left(\frac{x-\mu}{\sigma}\right)^2}$

圖 3-6 常態分布的機率密度函數

四、參數存活模型：以就業時間 T 為例 (相反即失業)

在參數估計模型裡，我們第一個須假設就業時間 T 在已知的解釋變數 X 下，服從何種機率分布 (parametric probability distribution)。存活分析中常用的機率分布有：exponential 分布、Weibull 分布、lognormal 分布、log logistic 分布、generalized Gamma 分布、generalized F 分布。表 3-1 中彙整了這些分布的就業期間 (T) 之機率密度函數 $f(t)$、存活函數 $S(t)$ 以及轉機函數 $h(t)$，其中除了 exponential 分布與 generalized F 分布分別為一個與四個參數的模型外，其他分布為二個參數的模型 (λ 與 γ)，λ 為狀態參數 (location parameter)，γ 為尺度參數 (scale parameter)，其轉機函數的時間依賴性 (duration dependence) 會受 λ、γ 與 t 之影響。其次，在進行實證分析時，我們經常需要了解解釋變數群 (x) 對於就業期間 T 之影響，因此在估計上將上列分布之隨機變數 T(就業時間) 做以下的變數轉換 (Kiefer 1988, Lancaster, 1990)：

$$\omega = (\log T - x'\beta) / \sigma$$

表 3-1　各種分布的函數

分布名稱	機率密度函數 $f(t)$	存活函數 $s(t)$	危險函數 $h(t)$
Exponential	$\lambda \exp(-\lambda t)$	$\exp(-\lambda t)$	λ
Weibull	$\lambda\gamma(\lambda t)^{\gamma-1}\exp(-(\lambda t)^{\gamma})$	$\exp(-(\lambda t)^{\gamma})$	$\lambda\gamma(\lambda t)^{\gamma-1}$
Lognormal	$\phi(-\gamma\ln(\lambda t))$	$\Phi(-\gamma\ln(\lambda t))$	$\phi(-\gamma\ln(\lambda t))/\Phi(-\gamma\ln(\lambda t))$
Gamma	$\lambda\gamma(\lambda t)^{\gamma\theta-1}\left(\dfrac{\exp(-(\lambda t)^{\gamma})}{\Gamma(\theta)}\right)$	No closed form	No closed form
Generalized F	$\lambda\gamma(\lambda t)^{\gamma-1}/\beta(M1, M2)K^{M1}\times$ $(1+K)^{-(M1+M2)}$ $K=(M1/M2)(\lambda t)^{\gamma}$ $\beta(M1, M2)=$ beta function	No closed form	No closed form
Weibull with Gamma heterogeneity	$s(t)^{\theta+1}\lambda\gamma(\lambda t)^{\gamma-1}$	$[1+\theta(\lambda t)^{\gamma}]^{-1/\theta}$	$s(t)^{\theta}\lambda\gamma(\lambda t)^{\gamma-1}$

說明：λ：狀態參數，$\gamma=1/\sigma$：尺度參數。
資料來源：Lancaster (1990)。

　　σ 為 T 的標準差，在此，ω 決定於存活期間 T 之分率；例如：當 T 是 exponential、Weibull 或 log logistic 分布時，ω 為一極限最小分布 (extreme minimum distribution)。而當 T 是 lognormal 分布時，ω 為一標準常態分布 (Greene, 2002)。其中原來的狀態參數 $\lambda = \exp(-x'\beta)$ 且尺度參數 $\gamma = 1/\sigma$。由各分布之危險函數之函數型式，可以了解隨時間的加長其下個時點會轉變狀態之機率 (時間相依性 duration dependence) 與其參數之關係，其關係整理如表 3-1 所示。例如：在 Weibull 分布中，(1) 假如尺度參數 $\gamma > 1$(即 $\sigma < 1$) 時，危險 (hazard) 函數為時間 t 之遞增函數，表示隨著時間的增加脫離原來狀態 (就業狀態) 的機率 (hazard rate) 變大。(2) 反之，尺度參數 $\gamma < 1$(即 $\sigma > 1$) 時，危險函數為時間 t 之遞減函數，表示隨著時間的增加脫離原來狀態 (就業狀態) 的機率 (hazard rate) 變小。至於連續時間的分布是屬於何種分布我們無法預先得知，唯有透過 STaTa 的 log likelihood 值的評比，看哪個模型 log likelihood 值較高，其模型適配度就越佳。

　　以上之估計模型，都假定各觀察值之間的存活函數 s(t|X) 是同質的 (homogeneity)。假如不是同質則參數估計值會產生不一致性 (inconsistency) 以及參數估計之標準差會有誤差 (Heckman and Singer, 1984)。因此，你亦將加入異質性 (即脆弱性) 的隨機變數 (分布)，並將其納入實證中。Hui (1986) 提出韋伯模型的修正建議，令

$s(t \mid v) = v\{\exp(-\lambda t)^\gamma\}$，$v$ 為異質性的隨機變數。

假設 v 為伽瑪分布 (Gamma distribution)，其中伽瑪分布裡的參數分別為 k 和 R，則其 PDF 為 $f(v) = [k^R / \Gamma(R)]e^{-kv}v^{R-1}$。如果這個存活模型包含常數，則可假設 v 的平均值等於 1 時，則 $E(v) = k / R = 1$ 或 $k = R$。此時，我們可以發現，$s(t) = \int_0^\infty vs(t \mid v)f(v)\,dv$，如此可得考慮異質性下的 $s(t) = [1 + \theta(\lambda t)^\gamma]^{-1/\theta}$ 及 $h(t) = s(t)^\theta \lambda p(\lambda t)^{\gamma-1}$。

表 3-2 **各種分布下危險函數 [h(t)] 之特質**

分布名稱	危險函數 $h(t)$ 之特質
Weibull	當 $\gamma > 1$(即 $\sigma < 1$) 時，危險函數為時間 t 之遞增函數。 當 $\gamma < 1$(即 $\sigma > 1$) 時，危險函數為時間 t 之遞減函數。 當 $\gamma = 1$ 時，危險函數不受 t 之影響 (即為 exponential 分布之危險函數)。
Lognormal	轉機函數為時間 t 之先遞增而後遞減函數 (倒 U 字型)。
Gamma	當 $\gamma\lambda > 1$，且 $\gamma < 1$（即 $\sigma > 1$）時，危險函數為先遞增而後遞減函數 (倒 U 字型)。 當 $\gamma\lambda < 1$，且 $\gamma > 1$（即 $\sigma < 1$）時，危險函數為先遞減而後遞增函數 (U 字型)。
Generalized F	依其參數值 M1 及 M2 可畫出包含以上分布所有的圖。

五、概似函數 (likelihood function) 與估計

定義：最大概似法 (method of maximum likelihood)

它是假設母體分布已知的估計法。

1. 假設 $\{X_i\}_{i=1}^n$ 為來自母體分布 $f(x, \theta)$ 的隨機樣本，其中函數 $f(\cdot)$ 已知，但 θ 為未知的母體參數。

2. 由於 $X_1, \cdots, X_n$ 為隨機樣本，其聯合機率分布可以寫成：
   $f(x_1, \cdots, x_n; \theta) = f(x_1; \theta) \cdots f(x_n; \theta) = \prod_i f(x_i; \theta)$

3. 對於上式，我們過去習慣解讀成給定 θ 下，$x_1, \cdots, x_n$ 的函數。

4. 然而，我們也可以解讀為給定 $x_1, \cdots, x_n$ 下，θ 的函數。

5. 在第二種解讀下，把這樣的函數稱作概似函數 (likelihood function)：
   $$L(\theta) = \prod_i f(x_i; \theta)$$
   亦即這組隨機樣本出現的可能性。

6. 最大概似估計式就是要找到一個參數值，使得概似函數 $L(\theta)$ 極大：
   $$\hat{\theta} = \arg\max_{\theta \in \Theta} L(\theta)$$

其中，Θ 為參數空間。

7. 用白話解釋就是說，我們要找出一個參數值 $\theta = \hat{\theta}$，使得該組樣本出現的可能性最大。

8. 亦即，給定某組樣本 $\{X_i\}_{i=1}^{n}$，如果參數值 $\theta = \hat{\theta}_1$ 比 $\theta = \hat{\theta}_2$ 最有可能 (more likely) 觀察到這組樣本特性，則毫無疑問地 $\hat{\theta}_1$ 比 $\hat{\theta}_2$ 估計更優。

9. 而最大概似法就是要在參數空間中，找出能夠讓我們最有可能 (most likely) 觀察到這組樣本的參數。

以臺灣農業部門就業期間為例：

假設資料中有 n 個就業者，如果就業者 i 在觀察時點上已離開就業狀態，令 t_i 為第 i 人離開時之就業期間，X_i 為其個人特性、地區及產業勞動市場情況，則此人之概似函數為 $f(t_i \mid x_i)$。由於受到調查時間上的限制，當我們在時點觀察資料時，有些仍然就業於原來之工作，則其概似函數為 $s(t_i \mid x_i)$。令 C_i 為每個樣本觀察值 t_i 的一個對應截斷時間，δ_i 為一指標函數 (indicator function)，$\delta_i = I(t_i \le C_i) = 1$，假如 $t_i > C_i$，則 $\delta_i = 0$，則 n 個農民的對數概似函數 (log-likelihood function) 為：

$$\ln L = \sum_{i=1}^{n} \delta_i \ln f(t_i \mid x_i) + \sum_{i=1}^{n} (1 - \delta_i) \ln s(t_i \mid x_i) = \sum_{i=1}^{n} \delta_i \ln h(t_i \mid x_i) + \sum_{i=1}^{n} \ln s(t_i \mid x_i)$$

若考慮不可觀察的異質性，亦即再加入異質性的隨機變數 v，則對數概似函數遂成為：

$$\ln L = \sum_{i=1}^{n} \delta_i \left[\ln h(t_i \mid x_i, v) + \ln s(t_i \mid x_i, v) \right] + \sum_{i=1}^{n} (1 - \delta_i) \ln s(t_i \mid x_i, v)$$
$$= \sum_{i=1}^{n} \delta_i \ln h(t_i \mid x_i, v) + \sum_{i=1}^{n} \ln s(t_i \mid x_i, v)$$

將各分布下的 $h(t)$ 與 $s(t)$ 分別代入上式中，對各參數做第一次和第二次微分，再應用 Newton-Raphson 反覆計算法，可得各分布下的最大概似估計值。

3-2 單一常態 (高斯) 分布之迴歸分析

迴歸分析 (regression analysis) 是一種統計學上分析數據的方法，目的在於了解兩個或多個變數間是否相關、相關方向與強度，並建立數學模型以便觀察特

定變數來預測研究者感興趣的變數。更具體來說，迴歸分析可以幫助人們了解在只有一個自變數變化時依變數的變化量。一般來說，透過迴歸分析可以由給出的自變數估計依變數的條件期望。

迴歸分析是建立依變數 Y(或稱依變數、反應變數、結果變數) 與自變數 X(或稱獨立變數、解釋變數) 之間關係的模型。簡單線性迴歸使用一個自變數 X；複迴歸使用超過一個自變數 $(X_1, X_2 ..., X_p)$。

線性迴歸模型的假定 (assumption) 之一：解釋變數 (群組層 Z、個體層 X) 與依變數 (Y) 必須是直線關係，即係數「$\beta_0, \beta_1, ..., \beta_p$」是線性 (一次方)，而非曲線 (二次方、指數次方……) 或 U 型關係。反之，就是非線性迴歸模型改做曲線適配 (curve fitting)。

線性 vs. 非線性迴歸模型之分析流程如圖 3-7。

迴歸分析係以數學和統計方法來確認一組變數中的系統性部分，並依此解釋過去的現象和預測未來。它將研究的變數區分為依變數與自變數，建立依變數為自變數之函數模型，其主要目的是用來解釋資料過去的現象及自由變數來預測依變數未來可能產生之數值。

1. 自變數 (independent variable)：由數學方程式預測的變數。

2. 依變數 (dependent variable)：又稱反應變數，據以預測依變數的值之變數。

3. 簡單線性迴歸 (simple linear regression)：僅有一自變數與一依變數，且其關係大致上可用一直線表示。

$$Y_i = \alpha + \beta X_i + U_i$$

其中

α, β 為未知參數 (迴歸係數)，需要我們去估計。

U_i 代表不能由 $\alpha + \beta X_i$ 所描述的 Y_i 行為，亦即 Y_i 與線性模型之間的誤差。

4. 複迴歸 (multiple regression)：兩個以上自變數的迴歸。

5. 多變數迴歸 (multi-variable regression)：又稱向量迴歸 (如 VAR, VECM)，用多個自變項預測數個依變數所建立之聯立迴歸方程式。例如，STaTa 的 multiple equation 迴歸。

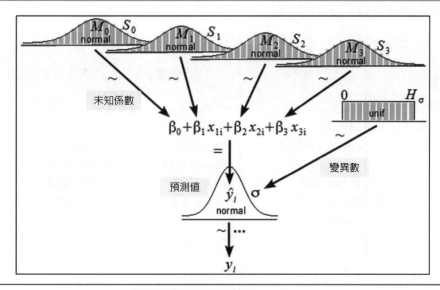

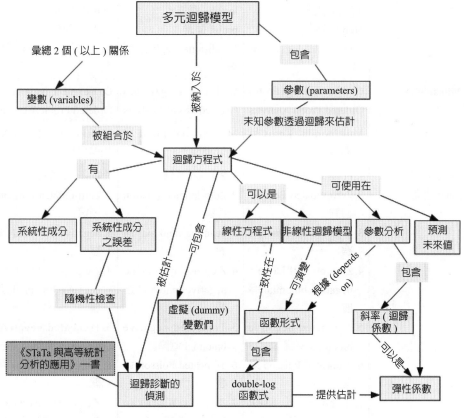

圖 3-7 多元迴歸模型之分析流程

各類型迴歸模型之適用情境

自變數 (predictor) / 依變數 (outcome)	連續變數	類別變數	連續 + 類別變數
連續變數	線性迴歸 censored 迴歸 truncated 迴歸 Robust 迴歸 Quantile 迴歸 Constrained 迴歸 Errors-in-variables 迴歸	線性迴歸 censored 迴歸 truncated 迴歸 Robust 迴歸 Quantile 迴歸 Constrained 迴歸 Errors-in-variables 迴歸	線性迴歸 censored 迴歸 truncated 迴歸 Robust 迴歸 Quantile 迴歸 Constrained 迴歸 Errors-in-variables 迴歸
binary 變數	線性迴歸≈ logistic 迴歸≈ probit 迴歸 Conditional logistic 迴歸	線性迴歸≈ logistic 迴歸≈ probit 迴歸 Conditional logistic 迴歸	線性迴歸≈ logistic 迴歸≈ probit 迴歸 Conditional logistic 迴歸
Ordinal 變數	Ordered Logit and Ordered Probit Analysis	Ordered Logit and Ordered Probit Analysis	Ordered Logit and Ordered Probit Analysis
Nominal 類別變數	Multinomial Logit 及相關模型	Multinomial Logit 及相關模型	Multinomial Logit 及相關模型
Count 變數：Count 迴歸	1. Poisson 迴歸 2. Zero-inflated Poisson 迴歸 3. negative binomial 迴歸 4. Zero-inflated negative binomial 迴歸 5. Truncated negative binomial 迴歸 6. Truncated Poisson 迴歸 7. Zero-truncated Poisson 迴歸 8. Mixed-effects Poisson 迴歸	1. Poisson 迴歸 2. Zero-inflated Poisson 迴歸 3. negative binomial 迴歸 4. Zero-inflated negative binomial 迴歸 5. Truncated negative binomial 迴歸 6. Truncated Poisson 迴歸 7. Zero-truncated Poisson 迴歸 8. Mixed-effects Poisson 迴歸	1. Poisson 迴歸 2. Zero-inflated Poisson 迴歸 3. negative binomial 迴歸 4. Zero-inflated negative binomial 迴歸 5. Truncated negative binomial 迴歸 6. Truncated Poisson 迴歸 7. Zero-truncated Poisson 迴歸 8. Mixed-effects Poisson 迴歸

自變數 (predictor) 依變數 (outcome)	連續變數	類別變數	連續 + 類別變數
多個依變數	Multiple Equation 迴歸 seemingly unrelated 迴歸 (同一組自變數)	Multiple Equation 迴歸 seemingly unrelated 迴歸 (同一組自變數)	Multiple Equation 迴歸 seemingly unrelated 迴歸 (同一組自變數)

註:「≈」表示迴歸係數之顯著性 z 檢定,p 值都是非常接近。

依變數	STaTa 提供的模型	Codes/ Value
二元 (binary) 依變數模型	linear probability model (LPM), probit, logit	e.g. 是與否、同意與不同意、接受貸款申請與否、購屋與否。
多項選擇模型 (multinomial choice)	multinomial probit, multinomial logit	選擇主修經濟、財務、企管、會計或資管。
有序 (ordered) 選擇模型	ordered probit	依變數為非數字,但具有自然的順序。 e.g. 成績 A, B, C, D。 　　 債券等級 AAA, AA 等。
計數資料 (count data) 模型	Poisson 迴歸	依變數為非負整數。 e.g. 某戶子女人數。 　　 某人一年看醫生次數。
個體選擇模型	Tobit 迴歸	y 基本上為連續的正值,但其值為 0 的機率大於 0。 e.g. 保險額度。 　　 退休基金投資於股票的額度。
Heckit 模型:解釋變數 x 可以觀察到,但由於另外一些因素的影響,y 並非全部可觀察	heckprobit 迴歸	(1) 截取迴歸 (censored regression):依變數超過某門檻就不存此觀測值,但自變數資訊存在。STaTa 有提供 Tobit 迴歸。 (2) 斷尾迴歸 (truncated regression):自變數與依變數超過某門檻,都不存在觀測值。STaTa 有 Truncated regression。

1. 以上多數的模型通常並不適合 OLS 估計法 (因為「違反常態性」假定),可以採用非線性最小平方法 (NLS) 來估計,但 NLS 估計式常常是無效率的 (inefficient),一般都採用最大概似估計法 (maximum likelihood estimation)。
2. 最大概似估計法在小樣本中它的性質是未知的,但是我們可以證明在大樣本

裡 (有學者主張樣本數 500 以上)，最大概似估計式是常態分配的、一致的，而且是最佳的。

3. 我們必須將以上的迴歸函數解釋爲機率的預測。

名詞解釋

1. 質量依變數 (qualitative dependent variable)：依變數的本質是質性的、離散的。

2. 受限依變數 (limited dependent variable)：依變數值的範圍受到限制。

   (1) 多數的經濟變數是受限的，例如：必須爲正。但如果變數值可視爲連續，並不需要特殊的經濟模型來處理。

   (2) 如果變數值是離散、受限於幾個數據，則以連續變數來處理並不合理。

3-3 單一分布之線性迴歸概念

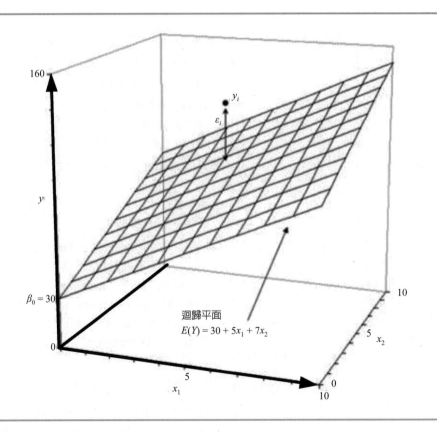

圖 3-8 多元迴歸之示意圖

迴歸平面
$E(Y) = 30 + 5x_1 + 7x_2$

多元迴歸又稱複迴歸 (multiple regression model)，其模型為：

$$y = \beta_0 + \beta_1 X_1 + \beta_2 X_2 + \cdots + \beta_k X_k + e$$

1. 模型的參數 β_k 對每個觀察值而言，都是相同的。
2. β_k：當 X_k 增加一單位，而所有其他變數均保持不變時的 $E(y)$ 變動。

一、線性迴歸之假定 (assumption)

多元迴歸分析之先前假定 (assumptions)，包括：

1. Linearity：預測變數和依變數之間是線性關係。

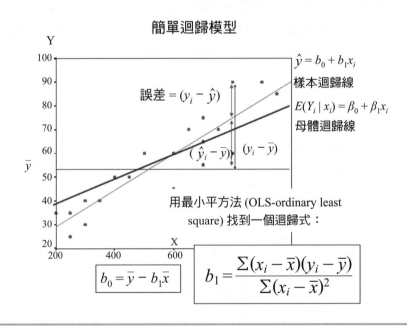

簡單迴歸模型

圖 3-9 預測變數和依變數之間是線性關係

依變數和自變數之間的關係必須是線性的，也就是說，依變數與自變數存在著相當固定比率的關係。若是發現依變數與自變數呈現非線性關係時，亦可以透過轉換 (transform) 成線性關係，再進行迴歸分析；或者直接採用 STaTa non-linear regression 指令來分析。

> 線性迴歸中的「線性」二字，是指模型為參數 (而非變數) 的線性函數。
> 例如：$\alpha + \beta X^2$, $\alpha + \beta \log X$ 都是線性迴歸模型。
> $\alpha + X^\beta$ 不是線性迴歸模型。

2. Normality(誤差常態性)：OLS 是假定 (assumption) e_i 為常態分布，$e_i \sim N(0, \sigma^2)$ 或 $y_i \sim$ 符合常態分布。

若是資料呈現常態分布 (normal distribution)，則殘差項也會呈現同樣的分布。

常態性檢定法有：

(1) 繪圖法：當樣本數夠大時，簡單的檢查方式是使用 Histogram (直方圖)。若是樣本數較小時，檢查的方式則是使用 normal probability plot (p-p plot)、normal quantile- quantile (q-q plot)。若樣本殘差值的累積機率分布，剛好成一條右上到左下的四十五度線，則表示樣本觀察值符合常態性之假定。

(2) 統計檢定法：Kolmogorov-Smirnov 法、Shapiro-Wilks 法 (一般僅用在樣本數 n<50 的情況)。

(3) 求出常態分布之偏態或峰度，分別代入下列對應的 Z 公式，若 Z 值 =[+1.96, -1.96]，則算符合常態性。樣本之各個變數經以上檢定若皆符合常態性，則不必再進行資料轉換。

$$Z_{skewness} = \frac{skewness}{\sqrt{6/N}} \text{，} (N：樣本數)$$

$$Z_{kurtosis} = \frac{kurtosis}{\sqrt{24/N}} \text{，} (N：樣本數)$$

3. Independence(誤差彼此獨立)：每一個觀察值的誤差，應與其他觀察值的誤差無關聯。e_i 彼此不相關，即 $Cov(e_i, e_j)=0$。

自變數的殘差項，相互之間應該是獨立的，也就是殘差項與殘差項之間沒有相互關係，否則，在估計迴歸參數時，會降低統計的檢定力。我們可以藉由殘差 (Residuals) 的圖形分析來檢查，尤其是與時間序列和事件相關的資料，特別需要注意去處理。

4. Homogeneity of variance (homoskedasticity)：殘差 $e_i = Y_i - \hat{Y}_i$，e_i 是觀測值 Y_i 與適配值之間的差。迴歸分析之先前條件就是，誤差變異應該是常數的(恆定)。$Var(e_i) = \sigma^2$ 變異數同質性。

每組的殘差項的變異數均相等，而每一組的變異數實際上是指 $X = x_i$ 條件下的 Y 之變異數，因此 σ^2 也可以表示爲 $\sigma^2_{Y|X}$。

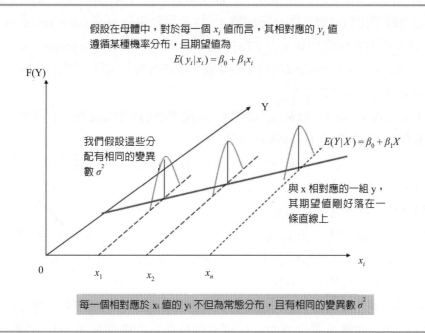

假設在母體中，對於每一個 x_i 值而言，其相對應的 y_i 值遵循某種機率分布，且期望值爲
$$E(y_i|x_i) = \beta_0 + \beta_1 x_i$$

我們假設這些分配有相同的變異數 σ^2

$E(Y|X) = \beta_0 + \beta_1 X$

與 x 相對應的一組 y，其期望值剛好落在一條直線上

每一個相對應於 x_i 值的 y_i 不但爲常態分布，且有相同的變異數 σ^2

圖 3-10 殘差同質性之示意圖

自變數的殘差項除了需要呈現常態性分布外，其變異數也需要相等。變異數的異質性 (heteroskedasticity) 會導致自變數無法有效的估計依變數，例如：殘差分布分析時，所呈現的三角形分布和鑽石分布。當變異數的不相等發生時，可以透過：(1) 轉換 (transform) 成變異數的相等後，(2)Welch's test 再修正 F 值的自由度，再進行迴歸分析。

二、殘餘值之診斷

對殘餘值之診斷主要有二項：

1. Influence(影響值)diagnosis：此診斷要看的是有無一些異常的個案可能對迴歸模式的估計造成不當的影響，並膨脹 standard errors。特別是當樣本數較小時，要當心此可能性。STaTa list 指令「if」選項，可將標準化之殘餘值大於 3 的觀察值之 ID 報告出來。如果此類觀察值數目不多的話 (依機率，每 100 個標準化之殘餘值中，會有五個殘餘值之 z 值大於 2)，那就可說是沒有異常個

案影響迴歸模式估計的問題。

2. Normality 與 heteroskedasticity(誤差異質性)：我們可利用單變數的分析來檢視預測值和殘餘值是否爲常態分布，以及兩者間是否有相關 (依照假定迴歸模式之殘餘項應和自變數間沒有相關)，以及殘餘值在 prediction function 之各 level 是否有相同的變異。在 STaTa 迴歸分析中，也是利用 predictive 指令將 predicted values 和 residuals 儲存後做進一步的分析，也可直接利用 Plots 內的選項來做這些檢視的工作。

3. Model specification(模型界定適當嗎)：該模型應適當界定 (應入模型的變數有遺漏嗎？不相關變數有被排除？)。

4. Collinearity(共線性)：預測變數們之間若有高度共線性，就會造成迴歸係數的錯計。

共線性診斷法有下列三種方法：

(1) 變數間的相關係數：依 Judge 等人 (1982) 的標準，若任兩個自變數間的相關係數超過 0.8，表示兩者中間存在嚴重的多元共線性問題，但它並非是檢定共線性問題的充分條件。

(2) VIF 值：利用 STaTa regression 分析之迴歸係數的容忍值與變異數膨脹因素 (VIF)，作爲檢定自變數間是否有線性重合問題的參考，其中容忍值 (Tolerance) 的值在 0 與 1 之間，它是變異數膨脹因素值的倒數。變異數膨脹因素值越大或容忍值越小，表示變數間線性重合的問題越嚴重。通常 VIF 值大於 10 時，該自變數就可能與其他自變數間有高度的線性重合。

(3) 條件指數 (condiction index, CI 值)：根據 Belsey, Kuh & Welsch (1980) 指出，若 CI 值在 10 左右，則表示變數間低共線性；若 CI 值介於 30 到 100 之間，表示變數間具有中度至高度的線性相關。

三、迴歸診斷之 STaTa 指令

STaTa 迴歸的診斷法，已有提供許多圖形法和統計檢驗法。常見的指令，如下：

1. 偵測異常且有影響力的觀察值

指令	統計功能
predict	used to create predicted values, residuals, and measures of influence.
rvpplot	graphs a residual-versus-predictor plot.
rvfplot	graphs residual-versus-fitted plot.

指令	統計功能
lvr2plot	graphs a leverage-versus-squared-residual plot.
dfbeta	calculates DFBETAs for all the independent variables in the linear model.
avplot	graphs an added-variable plot, a.k.a. partial regression plot.

2. 殘差常態性 (normality of residuals) 之檢定

kdensity	produces kernel density plot with normal distribution overlayed.
pnorm	graphs a standardized normal probability (P-P) plot.
qnorm	plots the quantiles of varname against the quantiles of a normal distribution.
iqr	resistant normality check and outlier identification.
swilk	performs the Shapiro-Wilk W test for normality.

3. 殘差異質性 (heteroskedasticity) 之檢定

rvfplot	graphs residual-versus-fitted plot.
hettest	performs Cook and Weisberg test for heteroskedasticity.
whitetst	computes the White general test for heteroskedasticity.

4. 共線性 (multicollinearity) 之檢定

vif	calculates the variance inflation factor for the independent variables in the linear model.
collin	calculates the variance inflation factor and other multicollinearity diagnostics.

5. 非線性 (non-linearity) 之檢定

acprplot	graphs an augmented component-plus-residual plot.
cprplot	graphs component-plus-residual plot, a.k.a. residual plot.

6. 模型界定之檢定

linktest	performs a link test for model specification.
ovtest	performs regression specification error test (RESET) for omitted variables.

四、直線迴歸 vs. 非直線迴歸

迴歸分析主要是想找出一適當的數學方程式來表示變數間的關係，這個方程式稱爲迴歸方程式。當迴歸方程式具有線性特性時，稱爲直線迴歸，否則稱爲非直線迴歸。

當變數間具有線性關係時，可用下式來表示：

美規寫法 $Y_i = \alpha + \beta X_i + e_i$，誤差 $e_i \sim$ 符合 $N(0, \sigma^2)$

歐規寫法 $Y_i = \alpha + \beta X_i + u_i$，誤差 $u_i \sim$ 符合 $N(0, \sigma^2)$

其中：

Y 依變數，又稱依變數 (dependent variable 或 regressand)

X 自變數，又稱解釋變數 (explanatory variable 或 regressor)。

參數 α 和 β 稱作迴歸係數 (regression coefficient)。

α：截距項，β：斜率。

(1) 斜率係數 β 是衡量 X 的邊際效果，當 X 變動一單位時，估計的迴歸線會預測依變數。

(2) 截距係數 α 則表示當 X 爲 0 時，估計的迴歸線所預測的依變數 Y。

母群的迴歸係數以 α 和 β 表示，其估計值則以 a 和 b 表示。

五、適配度 (goodness of fit) 和決定係數

根據現有的資料建立一個統計模式時，有一個重要的程序，即檢定此模式與資料的符合程度，或稱適配度 (goodness of fit)。

不同的解釋變數可能都適合描述依變數 Y 的系統性部分。如果可以衡量迴歸線的**適配度**，就可以選擇適配度較高的迴歸線來描述依變數的系統性部分。所以，適配度的衡量指標就可以作爲比較不同迴歸模型的基準。

檢定適配度最常使用的量數是 R^2，或稱決定係數 (coefficient of determination)。當 R^2 等於 0，表示變數間沒有線性關係存在，而不是沒有相關，這點須特別留意。

　　樣本的 R^2 是估計模式適配度的一個最佳估計值，但卻非母群 R^2 的不偏估計值。因此要估計母群的 R^2 時，須加以調整。STaTa 會列印出調整後的 R^2(adjusted R square)，使調整後的 R^2_a 更能反映出模式與母群的適配度。

$$\text{non-pseudo } R^2 = \frac{SS_R}{SS_T}$$

$$R^2_a = R^2 - \frac{P(1 - R^2)}{N - P - 1}$$

式中，P 代表迴歸方程式中自變數的個數。

　　最小平方法之迴歸模型 (OLS) 中，non-pseudo(非擬真)R-squared 最常用來檢視線性迴歸模型 (OLS) 的適配度。**coefficient of determination** 又分成置中的與非置中的決定係數兩種。

$$置中的 R^2 = \frac{\sum_{i=1}^{n}(Y_i - \bar{\hat{Y}}_n)^2}{\sum_{i=1}^{n}(Y_i - Y_n)^2} = 1 - \frac{\sum_{i=1}^{n}\hat{U}_i^2}{\sum_{i=1}^{n}(Y_i - Y_n)^2}$$

$$非置中的 R^2 = \frac{\sum_{i=1}^{n}\hat{Y}_i^2}{\sum_{i=1}^{n}Y_i^2} = 1 - \frac{\sum_{i=1}^{n}\hat{U}_i^2}{\sum_{i=1}^{n}Y_i^2}$$

六、線性迴歸分析的檢定公式

OLS 公式如下：

最小平方法：迴歸直線 (重點)

$$y = (a \pm \sigma_a) + (b \pm \sigma_b)x$$ $\qquad$ (完美配適) $1 > R^2 > 0$ (無對應關係)

1. $\begin{cases} \bar{x} = \dfrac{1}{n}\sum_{i=1}^{n} x_i \\[2mm] \bar{y} = \dfrac{1}{n}\sum_{i=1}^{n} y_i \end{cases}$

　平均值

2. $\begin{cases} b = \dfrac{\sum_{i=1}^{n}(x-\bar{x})(y-\bar{y})}{\sum_{i=1}^{n}(x-\bar{x})^2} \\[4mm] a = \bar{y} - b\bar{x} \end{cases}$

　迴歸係數

4. $\begin{cases} \sigma_b = \dfrac{s}{\sqrt{\sum_{i=1}^{n}(x-\bar{x})^2}} \\[4mm] \sigma_a = s\sqrt{\dfrac{1}{n} + \dfrac{\bar{x}^2}{\sum_{i=1}^{n}(x-\bar{x})^2}} \end{cases}$

　迴歸係數誤差

3. $s = \sqrt{\dfrac{\sum_{i=1}^{n}[y_i-(a+bx_i)]^2}{n-2}}$

　標準差

5. $R = \dfrac{\sum_{i=1}^{n}(x-\bar{x})(y-\bar{y})}{\sqrt{\sum_{i=1}^{n}(x-\bar{x})^2}\sqrt{\sum_{i=1}^{n}(y-\bar{y})^2}}$

　判定係數

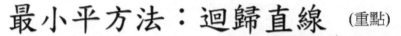

斜率 b

截距 a

圖 3-11 最小平方法求線性迴歸之示意圖

3-3-1a 單層次固定效果：最小平方法 OLS 重點整理 (regress 指令)

追蹤資料 (panel-data) 最簡單的線性迴歸，就是混合資料 (pooled) OLS 法，它亦用 STaTa 之 regress，係採用最小平方法 (ordinary least squares, OLS)，OLS 又稱線性迴歸。所謂最小平方「Least squares」，係指係數 β's 估計值，會使各個觀察值誤差 ε's 的總和達到最小值 (minimize the sum of the ε's)，即 $\min \sum (\varepsilon_i)^2$。

OLS 模型之數學方程式為：

$$y_i = \alpha + x_{i1}\beta_1 + x_{i2}\beta_2 + x_{i3}\beta_3 + ... + x_{iK}\beta_K + \varepsilon_i$$

1. OLS 向量形式

$$y_i = x_i' \beta + \varepsilon_i$$

其中，x'_i 為解釋變數 (explanatory variables) 的向量；β 為係數向量。

$$y_i = \begin{bmatrix} x_{i1} & x_{i2} & x_{i3} & ... & x_{iK} \end{bmatrix} * \begin{bmatrix} \beta_1 \\ \beta_2 \\ \beta_3 \\ . \\ . \\ . \\ \beta_K \end{bmatrix} + \varepsilon_i$$

值得一提的是，論文 / 書上常將 $x'\beta$ 簡寫成 $x\beta$。

2. OLS 矩陣形式

$y = X'\beta + \varepsilon$　即

$$\begin{bmatrix} y_1 \\ y_2 \\ y_3 \\ y_4 \\ y_5 \\ . \\ . \\ . \\ y_N \end{bmatrix} = \begin{bmatrix} x_{11} & x_{12} & x_{13} & ... & x_{1K} \\ x_{21} & x_{22} & x_{23} & ... & x_{2K} \\ x_{31} & x_{32} & x_{33} & ... & x_{3K} \\ x_{41} & x_{42} & x_{43} & ... & x_{4K} \\ x_{51} & x_{52} & x_{53} & ... & x_{5K} \\ . & . & . & ... & . \\ . & . & . & ... & . \\ . & . & . & ... & . \\ x_{N1} & x_{N2} & x_{N3} & ... & x_{NK} \end{bmatrix} * \begin{bmatrix} \beta_1 \\ \beta_2 \\ \beta_3 \\ . \\ . \\ . \\ \beta_K \end{bmatrix} + \begin{bmatrix} \varepsilon_1 \\ \varepsilon_2 \\ \varepsilon_3 \\ . \\ . \\ . \\ . \\ . \\ \varepsilon_N \end{bmatrix}$$

一、OLS 線性迴歸模型

1. *母體迴歸式* (population linear regression)

$$E(Y_t \mid X_t) = \beta_1 + \beta_2 X_t$$

2. *隨機干擾項或誤差項* (stochastic disturbance or stochastic error term)

$$\varepsilon_t = Y_t - E(Y \mid X_t)$$

3. *簡單迴歸模型* (simple linear regression model)

$$Y_t = E(Y \mid X_t) + \varepsilon_t = \beta_1 + \beta_2 X_t + \varepsilon_t$$

其中

Y_t 爲依變數 (dependent variable)

X_t 爲自變數 (independent variable)

ε_t 爲誤差項 (error)

β_1, β_2 爲迴歸係數 (coefficient of regression)

爲何會有誤差項？

答：1. 遺漏重要自變數。

　　2. 調查或統計誤差。

　　3. 變數間非線性關係。

　　4. 樣本間非預期的效果。

(一)OLS 迴歸之基本假定 (assumptions)

A1. 線性 (linear)：係指迴歸模型 β_1 和 β_2 爲一次式。

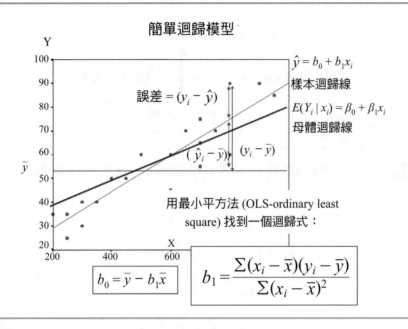

簡單迴歸模型

圖 3-12 預測變數和依變數之間是線性關係

A2. 誤差 ε's 與解釋變數 X's 係無相關 (uncorrelated)：$E(\varepsilon_i \mid X_i) = 0$

(1) 若解釋變數 (regressor) 是內生性 (endogenous)，則違反 A2 假定：$E(\varepsilon_i \mid X_i)$ $= 0$。

(2) 當 $Cov(x, \varepsilon) \neq 0$ 時，OLS 是有偏誤的。此時，自變數 x 是內生性 (endogenous) 的。

(3) 例如：女性勞工供給模型裡，生小孩數目會影響婦女是否需要就業，故「婦女生小孩數目」就可視為工具變數 (instrumental variables, IV)，因為它會干擾婦女是否需要就業。工具變數迴歸是在 x 與 ε 相關時，允許我們得到一致估計式的方法。工具變數用來將 x 變動裡與 ε 無關的部分分離出來，進一步建立一致性的參數。

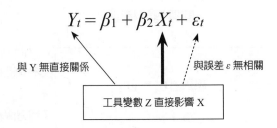

$$Y_t = \beta_1 + \beta_2 X_t + \varepsilon_t$$

與 Y 無直接關係　　　　　與誤差 ε 無相關

工具變數 Z 直接影響 X

圖 3-13 工具變數 Z 直接影響 x，但與 y 無直接關係，且與誤差 ε 無相關

A3. 誤差預期值 (the expected value of the error) 為 0

$$E(\varepsilon_t \mid X_t) = 0 \Leftrightarrow E(Y_t) = \beta_1 + \beta_2 X_t$$

A4. 誤差變異數 (the variance of the error) 同質性 (homoskedasticity)

$$E(\varepsilon_t \mid X_t) = \sigma^2 = Var(Y_t \mid X_t)$$

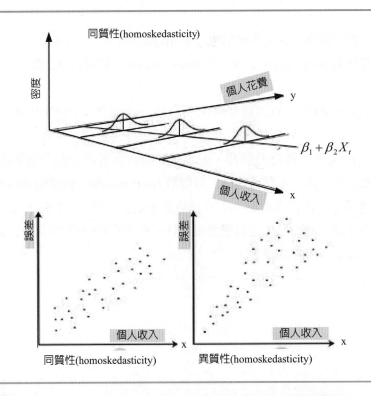

圖 3-14 誤差同質性 vs. 異質性之示意圖 (收入 x 預測個人消費總額 y)

A5. 序列獨立 (series independent)：誤差之間彼此獨立，不互相影響 (ε's uncorrelated with each other)

$$\text{Cov}(\varepsilon_t, \varepsilon_S \mid X_t) = 0 = \text{Cov}(Y_t, Y_S \mid X_t)$$

A6. X_t 是非隨機變數，至少有兩個觀察值 (並由 A2 隱含 $\text{Cov}(X_t, \varepsilon_t) = 0$)

A7. 干擾項 $\varepsilon_t \sim$ 符合 $N(0, \sigma^2)$ (非必要性)

   干擾項 (disturbances) 是 iid (常態分布、平均數 0、固定變異數)。

   有關 OLS 假定的診斷及克服方法，請見作者《STaTa 與高等統計分析》、《Panel-data 迴歸分析》二本書的實例解說。

(二) 違反 OLS 基本假定時做法

1. 增加虛擬變數 (dummy variable)：(1) 虛擬變數設定，如各時間之虛擬變數。(2) CHOW 檢定找到轉折點之後，再分轉折點「前 vs. 後」時段之各別 OLS 迴歸。

2. 異質性 (heteroskedasticity)：在 STaTa 各種迴歸指令中，勾選 Robust 選項之穩健標準誤、重新定義變數 (將原始的線性模型轉換爲 log-log 模型)、加權最小平方法、或者將 xtreg 指令改成「xtgls…, panels(hetero) corr(ar1)」指令。詳見《Panel-data 迴歸分析》第 4 章介紹。

3. 誤差自我相關 (autocorrelation) 或序列相關 (serial correlation)：詳見《Panel-data 迴歸分析》第 3 章及第 7 章單根共整合。

4. 隨機解釋變數 (random regressor) 與工具變數 (instrumental variables)：隨機模型 (gllamm, xtabond, xtcloglog, xtgee, xtintreg, xtlogit, xtmelogit, xtmepoisson, xtmixed, xtnbreg, xtpoisson, xtprobit, xtreg, xtregar, xttobit 等指令搭配 re 選項)、兩階段迴歸 (xtivreg 指令 , ivregress 指令)。至於工具變數之兩階段迴歸，請見《Panel-data 迴歸分析》第 6 章。

5. 改用離散性迴歸，例如：Poisson 迴歸、負二項迴歸等模型，詳見本書後面章節。

6. 改用動態迴歸，將落遲項 (lags) 一併納入迴歸分析，詳見《Panel-data 迴歸分析》第 9 章。

(三) 樣本迴歸式 (sample linear regression)

$$Y_t = \hat{\beta}_1 + \hat{\beta}_2 X_t + \hat{\varepsilon}_t; \ t = 1, 2, ..., T$$
$$\hat{Y}_t \, (= Y_t - \hat{\varepsilon}_t) = \hat{\beta}_1 + \hat{\beta}_2 X_t; \ t = 1, 2, ..., T$$

其中

　　$\hat{\varepsilon}_t$ 為殘差項 (residual)

　　$\hat{\beta}_1$ 和 $\hat{\beta}_2$ 為 β_1 和 β_2 估計量 (estimator)

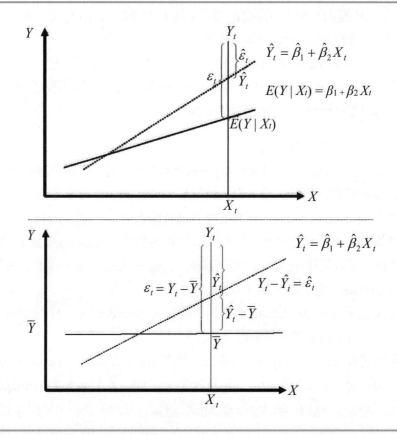

圖 3-15 樣本迴歸線 vs. 母體迴歸線

(四) 違反基本假設所產生的問題和原因

1. 違反 A1 假定，變數或係數間存在非線性關係。範例請見《Panel-data 迴歸分析》第 8 章。

2. 違反 A2 假定，$E(\varepsilon_t) \neq 0$，可能因遺漏重要變數。範例請見《Panel-data 迴歸分析》第 6、7、9 章。

3. 違反 A3 假定，$\text{Var}(\varepsilon_t) = \sigma_t^2$，發生異質性 (heteroskedasticity)。範例請見《Panel-data 迴歸分析》第 4 章。

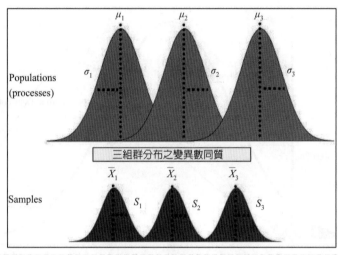

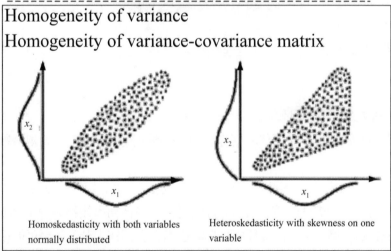

圖 3-16 變異數同質 vs. 變異數異質之示意圖

4. 違反 A4 假定，$\text{Cov}(\varepsilon_t, \varepsilon_S) \neq 0$，發生序列相關 (series correlation)。範例請見《Panel-data 迴歸分析》第 3 章。

5. 違反 A5 假定，X_t 呈隨機變數特徵。範例請見《Panel-data 迴歸分析》第 4 章之隨機效果。

6. 常態性假定在樣本數夠多時，相對的就比前面的五個假定較不重要，因為只要樣本數夠大，OLS 所得到估計式之分布將可漸進為常態分配。

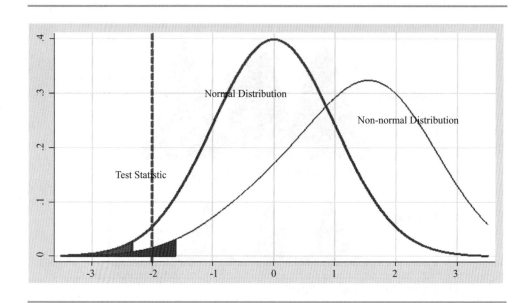

圖 3-17 當違反常態性假定時，推理就謬誤

二、迴歸模型的幾個特性

1. 兩變數的迴歸分析，並不代表兩變數的「相關」關係，也不代表兩變數的「因果」關係。

   相關性並不意味著因果關係是邏輯上有意義的，彼此相符的事件不一定是彼此引起的。它所處理的謬誤 (fallacy) 的形式，被稱為事後特徵 (post hoc、ergo propter hoc)。例如：疫苗接種率和自閉症率二者都在上升（甚至可能相關），但這並不意味著疫苗會導致自閉症。此真實 (reality) 是，因果關係可能是間接由混雜變數 (confounding variable) 之第三個因素所造成的。

2. 符合假設 A2-A5 的隨機變數，通常稱為 iid (即 independently identical distribution)。

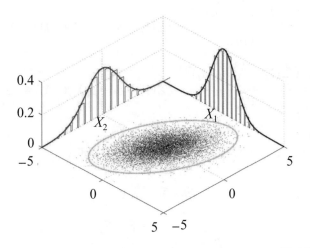

X_2 X_1

圖 3-18 相同且獨立分布 [independently identical distribution(iid)] 之示意圖

三、參數 θ(平均數 μ，變異數 Σ) 估計法：OLS vs. MLE

1. *最小平方法原則* (least squares principle)：ordinary least squares (OLS)

存在一單變數樣本迴歸式：$\hat{Y}_t = \hat{\beta}_1 + \hat{\beta}_2 X_t + \hat{\varepsilon}_t$，可得殘差項估計式：

$$\hat{\varepsilon}_t = \hat{Y}_t - (\hat{\beta}_1 + \hat{\beta}_2 X_t)$$

接著，將所有樣本殘差項開平方後加總：

$$\sum_{t=1}^{T} \hat{\varepsilon}_t^2 = \sum_{t=1}^{T} (Y_t - \hat{\beta}_1 - \hat{\beta}_2 X_t)^2$$

再透過未知參數的一階條件 (對未知數 $\hat{\beta}_1$ 及 $\hat{\beta}_2$ 做偏微分)：

$$\frac{\partial \sum_{t=1}^{T} \hat{\varepsilon}_t^2}{\partial \hat{\beta}_1} = 0$$

$$\frac{\partial \sum_{t=1}^{T} \hat{\varepsilon}_t^2}{\partial \hat{\beta}_2} = 0$$

取得正規方程式 (normal equations)：

$$\begin{cases} \dfrac{\partial \sum\limits_{t=1}^{T} \hat{\varepsilon}_t^2}{\partial \hat{\beta}_1} = \dfrac{\partial \sum\limits_{t=1}^{T} (Y_t - \hat{\beta}_1 - \hat{\beta}_2 X_t)^2}{\partial \hat{\beta}_1} = 2\sum\limits_{t=1}^{T}(Y_t - \hat{\beta}_1 - \hat{\beta}_2 X_t)(-1) = -2\sum\limits_{t=1}^{T}\hat{\varepsilon}_t = 0 \\[6mm] \dfrac{\partial \sum\limits_{t=1}^{T} \hat{\varepsilon}_t^2}{\partial \hat{\beta}_2} = \dfrac{\partial \sum\limits_{t=1}^{T} (Y_t - \hat{\beta}_1 - \hat{\beta}_2 X_t)^2}{\partial \hat{\beta}_2} = 2\sum\limits_{t=1}^{T}(Y_t - \hat{\beta}_1 - \hat{\beta}_2 X_t)(-X_t) = -2\sum\limits_{t=1}^{T}\hat{\varepsilon}_t X_t = 0 \end{cases}$$

上式，整理後，可得最小平方參數估計量 (證明)：

$$\hat{\beta}_1 = \overline{Y} - \hat{\beta}_2 \overline{X}$$

$$\hat{\beta}_2 = \frac{T\sum\limits_{t=1}^{T}X_t Y_t - \sum\limits_{t=1}^{T}Y_t \sum\limits_{t=1}^{T}X_t}{T\sum\limits_{t=1}^{T}X_t^2 - \left(\sum\limits_{t=1}^{T}X_t\right)^2}$$

證明：正規方程式推得最小平方參數估計量過程

$$\Rightarrow \begin{cases} \sum\limits_{t=1}^{T}(Y_t - \hat{\beta}_1 - \hat{\beta}_2 X_t) = 0 \\[4mm] \sum\limits_{t=1}^{T}(X_t Y_t - \hat{\beta}_1 X_t - \hat{\beta}_2 X_t^2) = 0 \end{cases} \Rightarrow \begin{cases} \sum\limits_{t=1}^{T}Y_t - \sum\limits_{t=1}^{T}\hat{\beta}_1 - \sum\limits_{t=1}^{T}\hat{\beta}_2 X_t = 0 \\[4mm] \sum\limits_{t=1}^{T}X_t Y_t - \sum\limits_{t=1}^{T}\hat{\beta}_1 X_t - \sum\limits_{t=1}^{T}\hat{\beta}_2 X_t^2 = 0 \end{cases}$$

$$\Rightarrow \begin{cases} \sum\limits_{t=1}^{T}Y_t - T\hat{\beta}_1 - \hat{\beta}_2 \sum\limits_{t=1}^{T}X_t = 0 \\[4mm] \sum\limits_{t=1}^{T}X_t Y_t - \hat{\beta}_1 \sum\limits_{t=1}^{T}X_t - \hat{\beta}_2 \sum\limits_{t=1}^{T}X_t^2 = 0 \end{cases}$$

$$\Rightarrow \begin{cases} \hat{\beta}_1 = \dfrac{\sum\limits_{t=1}^{T}Y_t}{T} - \hat{\beta}_2 \dfrac{\sum\limits_{t=1}^{T}X_t}{T} \\[6mm] \sum\limits_{t=1}^{T}X_t Y_t - \left(\dfrac{\sum\limits_{t=1}^{T}Y_t}{T} - \hat{\beta}_2 \dfrac{\sum\limits_{t=1}^{T}X_t}{T}\right)\sum\limits_{t=1}^{T}X_t - \hat{\beta}_2 \sum\limits_{t=1}^{T}X_t^2 = 0 \end{cases}$$

$$\Rightarrow \begin{cases} \hat{\beta}_1 = \overline{Y} - \hat{\beta}_2 \overline{X} \\[6mm] \hat{\beta}_2 = \dfrac{\sum\limits_{t=1}^{T}X_t Y_t - \dfrac{\sum\limits_{t=1}^{T}Y_t \sum\limits_{t=1}^{T}X_t}{T}}{\sum\limits_{t=1}^{T}X_t^2 - \dfrac{\sum\limits_{t=1}^{T}X_t \sum\limits_{t=1}^{T}X_t}{T}} \end{cases}$$

$$\hat{\beta}_1 = \overline{Y} - \hat{\beta}_2 \overline{X}$$

$$\hat{\beta}_2 = \frac{T \sum\limits_{t=1}^{T} X_t Y_t - \sum\limits_{t=1}^{T} Y_t \sum\limits_{t=1}^{T} X_t}{T \sum\limits_{t=1}^{T} X_t^2 - \left(\sum\limits_{t=1}^{T} X_t\right)^2} = \frac{\sum\limits_{t=1}^{T} X_t Y_t - T\overline{YX}}{\sum\limits_{t=1}^{T} X_t^2 - T\overline{X}^2}$$

2. 最大概似法原則 (maximum likelihood estimation, MLE)：**係數估計法**

除了最小平方法 (OLS)、最大概似法 (MLE) 和動差法 (MM)，還有其他的方法亦可推估迴歸模型的參數。

若 ε_t 的機率密度函數 (PDF) 為：

$$f(\varepsilon_t;\, \sigma^2) = \frac{1}{\sqrt{2\pi\sigma^2}} \exp\left(-\frac{\varepsilon_t^2}{2\sigma^2}\right)$$

將殘差項估計式代入，得到：

$$f(\varepsilon_t;\, \beta_1, \beta_2, \sigma^2) = \frac{1}{\sqrt{2\pi\sigma^2}} \exp\left(-\frac{(Y_t - \beta_1 - \beta_2 X)^2}{2\sigma^2}\right)$$

將所有樣本 PDF 相乘，得概似函數 (Likelihood function)：

$$L(\beta_1, \beta_2, \sigma^2) = \prod_{t=1}^{T} f(\varepsilon_t;\, \beta_1, \beta_2, \sigma^2) = \frac{1}{2\pi^{\frac{T}{2}}\sigma^T} \exp\left(-\frac{\sum\limits_{t=1}^{T}(Y_t - \beta_1 - \beta_2 X_t)^2}{2\sigma^2}\right)$$

取對數，得：

$$\ln L(\beta_1, \beta_2, \sigma^2) = -\frac{T}{2}(\ln(2\pi) + \ln\sigma^2) - \frac{\sum\limits_{t=1}^{T}(Y_t - \beta_1 - \beta_2 X_t)^2}{2\sigma^2}$$

極大化 $\ln L(\beta_1, \beta_2, \sigma^2)$，並針對 $\beta_1, \beta_2, \sigma^2$ 的一階條件，得：

$$\frac{\partial \ln L(\beta_1, \beta_2, \sigma^2)}{\partial \beta_1} = 0$$

$$\frac{\partial \ln L(\beta_1, \beta_2, \sigma^2)}{\partial \beta_2} = 0$$

$$\frac{\partial \ln L(\beta_1, \beta_2, \sigma^2)}{\partial \sigma^2} = 0$$

經整理，可得：

$$\Rightarrow \begin{cases} \dfrac{\sum\limits_{t=1}^{T}(Y_t - \beta_1 - \beta_2 X_t)(-1)}{\sigma^2} = 0 \\[3mm] \dfrac{\sum\limits_{t=1}^{T}(Y_t - \beta_1 - \beta_2 X_t)(-X_t)}{\sigma^2} = 0 \\[3mm] -\dfrac{T}{2}\dfrac{1}{\sigma^2} + \dfrac{\sum\limits_{t=1}^{T}(Y_t - \beta_1 - \beta_2 X_t)^2}{2\sigma^4} = 0 \end{cases} \Rightarrow \begin{cases} \sum\limits_{t=1}^{T}(Y_t - \beta_1 - \beta_2 X_t) = 0 \\[3mm] \sum\limits_{t=1}^{T}(Y_t - \beta_1 - \beta_2 X_t)X_t = 0 \\[3mm] \dfrac{\sum\limits_{t=1}^{T}(Y_t - \beta_1 - \beta_2 X_t)^2}{2\sigma^4} = \dfrac{T}{2}\dfrac{1}{\sigma^2} \end{cases}$$

得最大概似法估計量：

$$\beta_1^{MLE} = \overline{Y} - \beta_t^{MLE}\overline{X}$$

$$\beta_2^{MLE} = \frac{T\sum\limits_{t=1}^{T}X_t Y_t - \sum\limits_{t=1}^{T}Y_t \sum\limits_{t=1}^{T}X_t}{T\sum\limits_{t=1}^{T}X_t^2 - \left(\sum\limits_{t=1}^{T}X_t\right)^2}$$

$$\sigma_{MLE}^2 = \frac{\sum\limits_{t=1}^{T}\left(Y_t - \beta_1^{MLE} - \beta_2^{MLE}X_t\right)^2}{T} = \frac{\sum\limits_{t=1}^{T}\hat{\varepsilon}^2}{T}$$

3. 動差法 (method of moments, MM)：係數估計法

(1) 母體動差 (population moments)

$$E(\varepsilon_t) = 0 \Rightarrow E(Y_t - \beta_1 - \beta_2 X_t) = 0$$
$$E(X_t \varepsilon_t) = 0 \Rightarrow E[X_t(Y_t - \beta_1 - \beta_2 X_t)] = 0$$

(2) 樣本動差 (sample moments)

$$\frac{\sum\limits_{t=1}^{T}\left(Y_t - \hat{\beta}_1 - \hat{\beta}_2 X_t\right)}{T} = 0$$

$$\frac{\sum\limits_{t=1}^{T}X_t\left(Y_t - \hat{\beta}_1 - \hat{\beta}_2 X_t\right)}{T} = 0$$

經整理，可得：

$$\Rightarrow \begin{cases} \sum\limits_{t=1}^{T}\left(Y_t - \hat{\beta}_1 - \hat{\beta}_2 X_t\right) = 0 \\[3mm] \sum\limits_{t=1}^{T}X_t\left(Y_t - \hat{\beta}_1 - \hat{\beta}_2 X_t\right) = 0 \end{cases}$$

得動差法估計量：

$$\hat{\beta}_1^{Moment} = \overline{Y} - \hat{\beta}_2^{Moment}\,\overline{X}$$

$$\hat{\beta}_2^{Moment} = \frac{T\sum\limits_{t=1}^{T} X_t Y_t - \sum\limits_{t=1}^{T} Y_t \sum\limits_{t=1}^{T} X_t}{T\sum\limits_{t=1}^{T} X_t^2 - \left(\sum\limits_{t=1}^{T} X_t\right)^2}$$

四、檢定

1. 殘差項變異數 (residual variance) σ_ε^2 的不偏估計量

$$\hat{\sigma}^2 = \frac{\sum\limits_{t=1}^{T}\left(Y_t - \hat{Y}_t\right)^2}{T-k} = \frac{\sum\limits_{t=1}^{T} \hat{\varepsilon}_t^2}{T-k}$$

2. 截距項 β_1 的信賴區間與假設檢定

$\hat{\beta}_1$ 的期望值與變異數：

$$E(\hat{\beta}_1) = \beta_1$$

$$Var(\hat{\beta}_1) = \frac{\sigma^2 \sum\limits_{t=1}^{T} X_t^2}{T\sum\limits_{t=1}^{T}\left(X_t - \overline{X}\right)^2}$$

$\hat{\beta}_1$ 的樣本信賴區間：

$$P\left(-t_c \le \frac{\hat{\beta}_1 - \beta_1}{\sqrt{V\hat{a}r(\hat{\beta}_1)}} \le t_c\right) = 1 - \alpha \; ; \; V\hat{a}r(\hat{\beta}_1) = \frac{\hat{\sigma}^2 \sum\limits_{t=1}^{T} X_t^2}{T\sum\limits_{t=1}^{T}(X_t - \overline{X})^2}$$

$\hat{\beta}_1$ 的檢定：

$$H_0 : \beta_1 = 0$$
$$H_1 : \beta_1 \ne 0$$
$$\Rightarrow t^0 = \frac{\hat{\beta}_1 - 0}{\sqrt{V\hat{a}r(\hat{\beta}_1)}} \; ; \; 若 -t_c \le t^0 \le t_c，則接受 H_0$$

3. 係數 β_2 的信賴區間與假設檢定

$\hat{\beta}_2$ 的期望值與變異數：

$$E(\hat{\beta}_2) = \beta_2$$

$$Var(\hat{\beta}_2) = \frac{\sigma^2}{\sum\limits_{t=1}^{T}(X_t - \overline{X})^2}$$

$\hat{\beta}_2$ 的樣本信賴區間：

$$P\left(-t_c \leq \frac{\hat{\beta}_2 - \beta_2}{\sqrt{V\hat{a}r(\hat{\beta}_2)}} \leq t_c\right) = 1 - \alpha \; ; \; V\hat{a}r(\hat{\beta}_2) = \frac{\hat{\sigma}^2}{\sum\limits_{t=1}^{T}(X_t - \overline{X})^2}$$

$\hat{\beta}_2$ 的檢定：

$$H_0 : \beta_2 = 0$$

$$H_1 : \beta_2 \neq 0$$

$$\Rightarrow t^0 = \frac{\hat{\beta}_2 - 0}{\sqrt{V\hat{a}r(\hat{\beta}_2)}} \; ; \; 若 -t_c \leq t^0 \leq t_c，則接受 H_0$$

4. $\hat{\beta}_1$ 和 $\hat{\beta}_2$ 的共變異數

$$Cov(\hat{\beta}_1, \hat{\beta}_2) = -\frac{\overline{X}\sigma^2}{\sum\limits_{t=1}^{T}(X_t - \overline{X})^2}$$

5. $\hat{\sigma}_\varepsilon^2$ 的信賴區間

$$\sum\limits_{t=1}^{T}\left(\frac{\hat{\varepsilon}_t - 0}{\sigma}\right)^2 \sim \chi_T^2$$

$$V^0 = \sum\limits_{t=1}^{T}\left(\frac{\hat{\varepsilon}_t}{\sigma}\right)^2 = \frac{(T-2)\hat{\sigma}^2}{\sigma^2}$$

$$H_0 : \sigma^2 = 0$$

$$H_1 : \sigma^2 \neq 0$$

$$V_c \leq V^0，則拒絕 H_0$$

五、預測

1. 在已知的 X_0 值預測 Y_0 值：點預測 (point forecast)

預測值：$\hat{Y}_0 = \hat{\beta}_1 + \hat{\beta}_2 X_0$

迴歸式：$Y_t = \beta_1 + \beta_2 X_t + \varepsilon_t$

預測誤差 (forecast error)：$\hat{Y}_0 - Y_0$

期望值：$E(\hat{Y}_0 - Y_0) = 0$

變異數：$Var(\hat{Y}_0 - Y_0) = \sigma^2\left(1 + \frac{1}{T} + \frac{(X_0 - \overline{X})^2}{\sum\limits_{t=1}^{T}(X_t - \overline{X})^2}\right)$

點預測信賴區間 (confidence interval for the point forecast)

$$P\left(-t_c \leq \frac{(\hat{Y}_0 - Y_0) - 0}{\sqrt{Var(\hat{Y}_0 - Y_0)}} \leq t_c\right) = 1 - \alpha$$

Y_0 的點預測信賴區間

$$\hat{Y}_0 \pm t_c \sqrt{\sigma^2 \left(1 + \frac{1}{T} + \frac{(X_0 - \overline{X})^2}{\sum\limits_{t=1}^{T}(X_t - \overline{X})^2}\right)}$$

2. 在已知的 X_0 值預測 $E(Y|X_0)$ 值：平均值預測值 (mean predictor)

預測值：$\hat{Y}_0 = \hat{\beta}_1 + \hat{\beta}_2 X_0$

均值迴歸式：$E(Y|X_0) = \beta_1 + \beta_2 X_0$

預測值與均值差距：$Y_0 - E(Y|X_0)$

期望值：$E(\hat{Y}_0 - E(Y|X_0)) = 0$

變異數：$Var(\hat{Y}_0 - E(Y|X_0)) = \sigma^2 \left(\frac{1}{T} + \frac{(X_0 - \overline{X})^2}{\sum\limits_{t=1}^{T}(X_t - \overline{X})^2}\right)$

均值預測值信賴區間 (confidence interval for the point forecast)

$$P\left(-t_c \leq \frac{(\hat{Y}_0 - E(Y|X_0)) - 0}{\sqrt{Var(\hat{Y}_0 - E(Y|X_0))}} \leq t_c\right) = 1 - \alpha$$

$E(Y|X_0)$ 的信賴區間

$$\hat{Y}_0 \pm t_c \sqrt{\sigma^2 \left(\frac{1}{T} + \frac{(X_0 - \overline{X})^2}{\sum\limits_{t=1}^{T}(X_t - \overline{X})^2}\right)}$$

3. 預測績效

通常我們可用預測誤差作爲評估預測品質的方法，假定 Y_t 爲實際值，Y_t^f 爲預測值，常用的模型預測績效指標，包括：

· mean squared error (MSE) $= \dfrac{\Sigma(Y_t^f - Y_t)^2}{T}$

· root mean squared error (RMSE) $= \sqrt{\dfrac{\Sigma(Y_t^f - Y_t)^2}{T}} = \sqrt{MSE}$

· mean absolute error (MAE) $= \dfrac{1}{T}\Sigma|Y_t - Y_t^f|$

· mean absolute percent error (MAPE) $= \dfrac{1}{T} \Sigma 100 \dfrac{|Y_t - Y_t^f|}{Y_t}$

· mean squared percent error (MSPE) $= \dfrac{1}{T} \Sigma \left(100 \dfrac{Y_t - Y_t^f}{Y_t} \right)^2$

· root mean squared percent error (RMSPE) $= \sqrt{\dfrac{1}{T} \Sigma \left(100 \dfrac{Y_t - Y_t^f}{Y_t} \right)^2} = \sqrt{MSPE}$

六、模型適配度 (goodness of fit)

1. 判定係數 (coefficient of determination)：R^2

假定個體樣本觀察值與樣本平均值的差距為 $Y_t - \overline{Y}$，則：

$$Y_t - \overline{Y} = Y_t(-\hat{Y}_t + \hat{Y}_t) - \overline{Y} = (Y_t - \hat{Y}_t) + (\hat{Y}_t - \overline{Y})$$

將上式左右兩邊平方，可得下式：

$$(Y_t - \overline{Y})^2 = (Y_t - \hat{Y}_t)^2 + (\hat{Y}_t - \overline{Y})^2 + 2(Y_t - \hat{Y}_t)(\hat{Y}_t - \overline{Y})$$

將上式所有樣本變異加總，得到：

$$\sum_{t=1}^{T}(Y_t - \overline{Y})^2 = \sum_{t=1}^{T}(Y_t - \hat{Y}_t)^2 + \sum_{t=1}^{T}(\hat{Y}_t - \overline{Y})^2 + 2\sum_{t=1}^{T}(Y_t - \hat{Y}_t)(\hat{Y}_t - \overline{Y})$$

總變異 SS_T ＝ 總誤差變異 SS_E ＋ 迴歸模型可解釋總變異 SS_R ＋ 0

定義：

總變異 $SS_T = \sum_{t=1}^{T}(Y_t - \overline{Y})^2$

總誤差變異 $SS_E = \sum_{t=1}^{T}(Y_t - \hat{Y}_t)^2$

迴歸模型可解釋總變異 $SS_R = \sum_{t=1}^{T}(\hat{Y}_t - \overline{Y})^2$

$2\sum_{t=1}^{T}(Y_t - \hat{Y}_t)(\hat{Y}_t - \overline{Y}) = 0$，證明如下：

$$\sum_{t=1}^{T} 2(Y_t - \hat{Y}_t)(\hat{Y}_t - \overline{Y}) = \sum_{t=1}^{T} 2\hat{\varepsilon}_t(\hat{\beta}_1 + \hat{\beta}_2 X_t - \overline{Y})$$

$$= \sum_{t=1}^{T} 2\hat{\varepsilon}_t\hat{\beta}_1 + \sum_{t=1}^{T} 2\hat{\varepsilon}_t\hat{\beta}_2 X_t - \sum_{t=1}^{T} 2\hat{\varepsilon}_t\overline{Y}$$

$$= 2\hat{\beta}_1 \sum_{t=1}^{T} \hat{\varepsilon}_t + 2\hat{\beta}_2 \sum_{t=1}^{T} \hat{\varepsilon}_t X_t - 2\overline{Y} \sum_{t=1}^{T} \hat{\varepsilon}_t$$

根據正規方程式 $\sum_{t=1}^{T} \hat{\varepsilon}_t = 0$ 和 $\sum_{t=1}^{T} \hat{\varepsilon}_t X_t = 0$，上式為 0。

因此，可以定義下式關係：

總變異 SS_T = 總誤差變異 SS_E + 迴歸模型可解釋總變異 SS_R

再定義之判定係數如下：

$$R^2 = \frac{SS_R}{SS_T} = 1 - \frac{SS_E}{SS_T}$$

2. 判定係數 R^2 的一些特性

(1) R^2 並不是衡量迴歸模型的品質 (quality)，而是適配度的指標之一。

(2) R^2 介於 0 和 1 之間 (無截距項的迴歸模型則例外)。

(3) $R^2 = 0.35$ 代表迴歸模型解釋因變數平均值變異的 35%。

(4) R^2 偏低，不代表迴歸係數的估計值就沒有意義。

3. R^2 與變異數分析 (ANOVA)：$k = 2$ 單變數迴歸模型 (其中，k 為待估計迴歸係數個數量)

變異來源	平方和 SS	自由度 df	均方 MS	判斷法則
模型	$SS_R = \sum_{t=1}^{T}(\hat{Y}_t - \overline{Y})^2$	k−1	$MS_R = SS_R /(k-1)$	
殘差	$SS_E = \sum_{t=1}^{T}(Y_t - \hat{Y}_t)^2$	T−k	$MS_E = SS_E /(T-k)$	$F^0 = \dfrac{MS_R}{MS_E}$
總變異	$SS_T = \sum_{t=1}^{T}(Y_t - \overline{Y})^2$	T−1		

$$\begin{cases} H_0 : \beta_2 = 0 \\ H_1 : \beta_2 \neq 0 \end{cases}$$

$$\Rightarrow F^0 = \frac{MS_R}{MS_E},\ \text{若查表的 } F_c \leq \text{觀測的 } F^0,\ \text{則拒絕 } H_0。$$

特性：F 檢定與 t 檢定並不衝突，在單變數迴歸模型 $F = t^2$。

七、其他模型適配度 (goodness of fit)

R^2 的功能是迴歸模型所有自變數用來解釋因變數平均變異的一個比例，$\overline{R}^2$

的提出是另將自變數增加所產生的自由度損失考慮到指標中。晚近又有一些模型選擇準則被提出，主要重點是著重在殘差平方和「$SS_E = \sum\limits_{t=1}^{T}(Y_t - \hat{Y}_t)^2 = \sum\limits_{t=1}^{T}\hat{\varepsilon}_t^{\,2}$」與自變數增加所產生的自由度損失，常用的有下述幾個指標，這些指標的判斷準則不同於 R^2 與 $\overline{R}^2$，而是以指標值越小模型越佳。

- Akaike information criteria (AIC): $\ln\left(\dfrac{SSE}{T}\right) + \left(\dfrac{2k}{T}\right)$

- Schwarz criteria (SC): $\ln\left(\dfrac{SSE}{T}\right) + \left(\dfrac{k}{T}\ln T\right)$

- Finite prediction error (FPE): $\ln\left(\dfrac{SSE}{T}\right) + \ln\left(\dfrac{T+k}{T-k}\right)$

八、概似比檢定 (likelihood ratio test; LR test)：二個敵對模型之適配度比較

STaTa 提供 lr 指令之概似比檢定，它不等於「最大概似法」之係數估計法，而是二個敵對模型之適配度做對比，看哪一個模型較優。

九、估計的意義

估計 (estimation) 又稱推定，其意義是指利用樣本統計量去估計母體中未知的參數，其內容又區分點估計及區間估計兩大類。

十、估計式的評斷標準

1. 符號：以 θ 表示 (某個我們感興趣的) 隨機變數之母體參數 (是一個固定但未知的常數)，$\hat{\theta}$ 代表 θ 的估計式 (隨機變數)。

2. 估計誤差 (estimation error)：以 $\hat{\theta}(x_1, x_2, ..., x_n)$ 估計 θ 時，$(\hat{\theta} - \theta)$ 稱爲估計誤差。

3. 判斷估計式優劣的直覺：良好估計式的估計誤差應該越小越好。

   (1) 估計誤差有正有負，評估時應將估計誤差都變成正值 (平方)，所有可能的估計誤差均應納入考量 (期望值)，這就導致了底下的評估準則。

   (2) 均方誤 (mean squared error, MSE；平均平方誤差)：一估計式 $\hat{\theta}$ 的均方誤差定義爲

$$MS_E(\hat{\theta}) = E[(\hat{\theta} - \theta)^2]$$

口語上的解釋：誤差平方的平均值，可解釋爲「估計式的平均誤差」。當然，MSE 越小代表估計式越準確。

(3) 均方誤差可進一步拆解如下：

$$MSE(\hat{\theta}) = E[(\hat{\theta} - \theta)^2] = E[[(\hat{\theta} - E[\hat{\theta}]) + (E[\hat{\theta}] - \theta)]^2]$$
$$= E[(\hat{\theta} - E[\hat{\theta}])^2] + E[(E[\hat{\theta}] - \theta)^2] + E[2(\hat{\theta} - E[\hat{\theta}])(E[\hat{\theta}] - \theta)]$$
$$= E[(\hat{\theta} - E[\hat{\theta}])^2] + E[(E[\hat{\theta}] - \theta)^2] + 2(E[\hat{\theta}] - \theta)E[\hat{\theta} - E[\hat{\theta}]]$$
$$= E[(\hat{\theta} - E[\hat{\theta}])^2] + E[(E[\hat{\theta}] - \theta)^2]$$
$$= \underbrace{V(\hat{\theta})}_{\text{估計式的變異數}} + \underbrace{[E(\hat{\theta}) - \theta]^2}_{\text{估計式的偏誤}}$$

(4) MSE 由兩個非負值的部分組成：估計式的變異數 $V(\hat{\theta})$ 與估計式偏誤之平方 $E[(\hat{\theta} - \theta)^2]$。因此，要使得 MSE 較小可從二方面著手：
「$V(\hat{\theta})$ 越小越好」、「$E[(\hat{\theta} - \theta)^2]$ 越小越好」。

(5) 我們定義 (下圖最左邊) 第一個估計式評估準「不偏性」，目的就在使得 $E[(\hat{\theta} - \theta)^2] = 0$。

4. 定義：偏誤 (bias)

E($\hat{\theta}$) 與 θ 的差距，稱為偏誤。即 Bias($\hat{\theta}$) = E($\hat{\theta}$) – θ

當 Bias($\hat{\theta}$) = 0 ⇒ 不偏 (左圖)

當 Bias($\hat{\theta}$) > 0 ⇒ 正偏 (中圖) ⇒ 平均而言，估計值比真實參數大，高估參數值。

當 Bias($\hat{\theta}$) < 0 ⇒ 負偏 (右圖) ⇒ 平均而言，估計值比真實參數小，低估參數值。

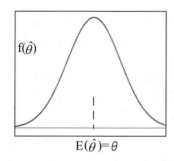 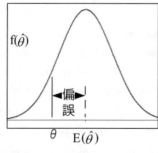 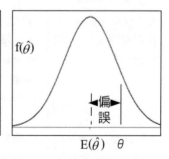

圖 3-19 三種偏誤情況之示意圖

5. 定義：不偏性 (unbiasedness)

當估計量之抽樣分配的期望值等於母體參數值時，稱之為不偏性 (unbiased)，

而具有不偏性的估計量，是一不偏估計量 (unbiased estimator)；反之，則稱為偏估計量 (biased estimator)。

(1) 設 $\hat{\Theta}$ 為參數 θ 之估計式，若 $E(\hat{\Theta}) \neq \theta$，但

$$\lim_{n \to \infty} E(\hat{\Theta}) = \theta$$

則稱估計式 $\hat{\Theta}$ 為參數 θ 之極限不偏估計式 (asymptotic unbiased estimator)。

(2) 設 $\hat{\Theta}(X_1, X_2, ..., X_n)$ 為參數 θ 的函數 $\pi(\theta)$ 之估計式，且

$$E\big(\hat{\Theta}(X_1, X_2, ..., X_n)\big) = \pi(\theta)$$

則稱 $\hat{\Theta}(X_1, X_2, ..., X_n)$ 為函數 $\pi(\theta)$ 之不偏估計式。

3-3-1b 單層次固定效果：最小平方法 (OLS) 七個假定的診斷及補救法

複迴歸 (multiple regression model)，其模型為：

$$y = \beta_0 + \beta_1 X_1 + \beta_2 X_2 + \cdots + \beta_k X_k + e$$

複迴歸若採用最小平方法 (OLS) 估計法，其七個假定的診斷及補救法，如下表：

OLS 七個假定	診斷法	違反假定的補救法
A1. 線性 (linear)：係指迴歸模型 β_1 和 β_2 為一次式。	(1) 橫斷面：test、testparm 指令 (Wald test of linear hypotheses). testnl 指令 (Wald test of nonlinear hypotheses)	(1) 橫：改用非線性迴歸，例如 Poisson 迴歸、負二項迴歸、probit、logit 等模型。 (2) panel：xtpoisson、xtnbreg 等指令。詳見作者《Panel-data 迴歸模型》一書第 8 章。
A2. 誤差 ε's 與解釋變數 X's 係無相關 (uncorrelated)： $E(\varepsilon_i \mid X_i) = 0$ (1) 若解釋變數 (regressor) 是內生性 (endogenous)，則違反 A2 假定： $E(\varepsilon_i \mid X_i) = 0$	(1) 橫斷面：Wu-Hausman 內生性檢定（「estat endogenous」指令。 (2) panel-data：xthtaylor 指令。	(1) 橫：兩階段最小平方法 (2SLS) ivregress 2sls 指令。 (2) panel：兩階段最小平方法 (2SLS)。最常見用 xtivreg 指令。隨機解釋變數 (random regressor) 與工具變數 (instrumental variable)：隨機模型 (gllamm、xtabond、xtcloglog、xtgee、xtintreg、xtlogit、xtmelogit、xtmepoisson、

OLS 七個假定	診斷法	違反假定的補救法
(2) 當 $Cov(x, \varepsilon) \neq 0$ 時，OLS 是有偏誤的。此時，自變數 x 是內生性 (endogenous) 的。		xtmixed、xtnbreg、xtpoisson、xtprobit、xtreg、xtregar、xttobit 等指令搭配 re 選項)、兩階段迴歸 (xtivreg 指令、ivregress 指令)。至於工具變數之兩階段迴歸，請見作者《Panel-data 迴歸模型》第 6 章。
A3. 誤差預期值 (the expected value of the error) 為 0 $E(\varepsilon_t \mid X_t) = 0$ $\Leftrightarrow E(Y_t) = \beta_1 + \beta_2 X_t$	橫斷面：量表當測量工具來施測，量表本身一定有誤差存在，故其信度不可能為 1 之完美狀態。	橫：SEM, Errors-in-variables 迴歸 (eivreg 指令)
A4. 誤差變異數 (the variance of the error) 同質性 (homoskedasticity) $E(\varepsilon_t \mid X_t) = \sigma^2$ $= Var(Y_t \mid X_t)$	(1) 橫斷面：**lvr2plot** 圖法 **predict d1, cooksd** 指令，estat hettest 指令 **whitetst** 指令 (2) 縱斷面：見《STaTa 在財務金融與經濟分析的應用》第 7 章 ARCH、GARCH。 (3) panel-data：見作者《Panel-data 迴歸模型》一書。	(1) 橫：來源 http://www.ats.ucla.edu/stat/stata/dae/rreg.htm 強健 (robust) 迴歸 **rreg** 指令 . 分量迴歸。 (2) 縱：見《STaTa 在財務金融與經濟分析的應用》第 7 章 ARCH、GARCH。 (3) panel：STaTa 各種迴歸指令中勾選 Robust 選項之穩健標準誤、重新定義變數 (將原始的線性模型轉換為 log-log 模型)、加權最小平方法、或者將 xtreg 指令改成「xtgls…, panels(hetero) corr(ar1)」指令。詳見《Panel-data 迴歸模型》第 4 章介紹。
A5. 序列獨立 (series independent)：誤差之間彼此獨立，不互相影響 (ε's uncorrelated with each other) $Cov(\varepsilon_t, \varepsilon_S \mid X_t) = 0$ $= Cov(Y_t, Y_S \mid X_t)$	(1) 縱斷面：見《STaTa 在財務金融與經濟分析的應用》第 3、9、10 章。 (2) panel-data：見《Panel-data 迴歸模型》第 3 章及第 9 章。	(1) 縱：見《STaTa 在財務金融與經濟分析的應用》第 3、9、10 章。 (2) panel：改用動態迴歸，xtgls、xtregar、xtgee、xtmepoisson、xtabond 指令，將落遲項 (lags) 一併納入迴歸分析。詳見《Panel-data 迴歸模型》第 3 章及第 9 章。
A6. X_t 是非隨機變數，至少有兩個觀察值。(並由 A2 隱含 $Cov(X_t, \varepsilon_t) = 0$)	STaTa 目前無指令可解	STaTa 目前無指令可解

231

OLS 七個假定	診斷法	違反假定的補救法
A7. 干擾項 (Disturbances) 又稱誤差 $\varepsilon_t \sim$ 符合 $N(0, \sigma^2)$。干擾項是 iid (常態分布、平均數 0、固定變異數)。	來源：STaTa 高統第 2 章 (1) 橫斷面：方法 1：用 STaTag 指令 iqr、swilk(Shapiro-Wilk W 常態檢定) PP 圖、QQ 圖、Shapiro-Wilk W、Shapiro-Francia W、Kolmogorov-Smirnov D (2) 縱斷面：時間序列常態性 Jarque-Bera 檢定。 (3) panel-data：varnorm、vecnorm 事後指令。	(1) 橫：方法 1：非常態變數取 log(x) 變數變換。 方法 2：改用無母數 (nonparametric) 方法：Kolmogorov-Smirnov 檢定、Kruscal-Wallis 檢定、Wilcoxon Rank-Sum 檢定。 (2) 縱：非常態變數取 log(x) 變數變換。 (3) panel：非常態變數取 log(x) 變數變換。

註：網底字為 STaTa 指令

　　有關 OLS 假定的診斷及克服方法，請見作者《STaTa 與高等統計分析》、《Panel-data 迴歸分析》二本書的實例解說。

3-3-2　最小平方法 (OLS) vs. 概似法

一、最小平方法 (OLS)

　　估計迴歸係數最常使用的方法之一，就是普通最小平方法 (ordinary least squares, OLS)，簡稱為最小平方法。OLS 方法所找的就是使誤差平方和 (或其平均) 最小的那條直線。

　　在散布圖上可以畫一條直線，透過各點附近，使這一條直線最能代表各個點 (觀察值)，這條線稱為最適合線。求取最適合線的客觀且具有效率的方法即為最小平方法，即使各點至此線之平行於 Y 軸的距離的平方和變為最小。

> 定義：普通最小平方法 (ordinary least squares, OLS)
>
> $$Y_i = \alpha + \beta X_i + U_i$$
>
> 找 α 和 β 使模型誤差 U_i 的平方和極小。採用誤差平方和是為了避免正負誤差之間互相抵銷。

1. 目標函數如下：

$$Q(\alpha,\beta) = \frac{1}{n}\sum_{i=1}^{n}(Y_i - \alpha - \beta X_i)^2 = \frac{1}{n}\sum_{i=1}^{n}U_i^2$$

2. 最小平方法所找的就是使誤差平方和 (或其平均) 最小的那條直線。

3. 如果目標函數改變 (如 U_i 的絕對值之和)，就會產生不同的迴歸線。

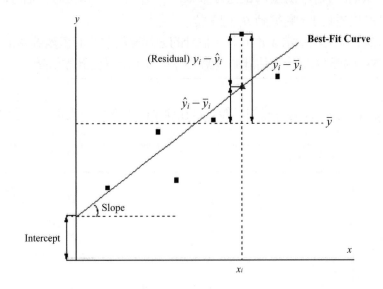

4. 為使目標函數之值最小，必須解出以下的一階條件 (first order condition)。

$$\frac{\partial}{\partial\alpha}Q(\alpha,\beta) = -2\frac{1}{n}\sum_{i=1}^{n}(Y_i - \alpha - \beta X_i) = 0$$

$$\frac{\partial}{\partial\beta}Q(\alpha,\beta) = -2\frac{1}{n}\sum_{i=1}^{n}(Y_i - \alpha - \beta X_i)X_i = 0$$

5. 這兩個一階條件又稱作**標準方程式 (normal equations)**。

6. 可從標準方程式中求出 α 和 β 的解，稱作最小平方估計式 (ordinary least squares estimator，簡稱 OLS estimator)，即：

$$\hat{\beta}_n = \frac{\sum_{i=1}^{n}(X_i - \overline{X}_n)(Y_i - \overline{Y}_n)}{\sum_{i=1}^{n}(X_i - \overline{X}_n)^2}$$

$$\hat{\alpha}_n = \overline{Y}_n - \hat{\beta}_n\overline{X}_n$$

7. 若 X_i 爲常數 (非變數)，$X_i = \overline{X}_n$，則 $\hat{\beta}_n$ 根本無法計算，這是爲什麼需要「認定條件」的原因。

8. 將最小平方估計式 $\hat{\alpha}_n$ 和 $\hat{\beta}_n$ 代入設定的線性模型就可得到一條截距爲 $\hat{\alpha}_n$，斜率爲 $\hat{\beta}_n$ 的直線，稱作**估計的迴歸線 (estimated regression line)**。

9. 斜率係數估計式 $\hat{\beta}_n$ 衡量 X 的邊際效果：當 X 變動一單位時，估計的迴歸線會預測依變數 Y，將變動 $\hat{\beta}_n$ 個單位。

10. 截距係數 $\hat{\alpha}_n$ 則表示當 X 爲 0 時，估計的迴歸線所預測的依變數爲 Y。

11. 將樣本中的變數 X_i 代入估計的迴歸線時，即可求得估計的依變數。

一般而言，決定最適合線的步驟即是在樣本的斜率 b 和截距 a 的過程。

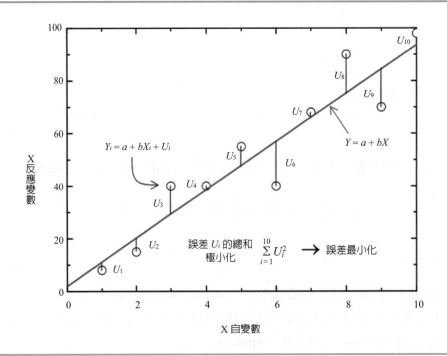

圖 3-20 最小平方法之示意圖

二、最大概似法 ≠ 概似比檢定 (likelihood-ratio test)

(一) 點估計：最大概似法 (ML)

假如 (1) 教室玻璃被打破了，通常老師會從平常最調皮的同學開始詢問。(2) 有命案發生，從現場採到的指紋開始追查。這二個案例皆是因認為這些人嫌疑最大。(3) 醫生看診，也是從病人的症狀推估，推測哪一種病最易產生此症狀。(4) 從所得之觀測值，推測究竟參數為何，會使得到此一觀測值之機率最大，這也是一種常用的估計方法。在統計學裡稱為最大概似法 (method of maximum likelihood)，所得之估計量稱為最大概似估計量 (maximum likelihood estimator，簡稱 MLE)。這種估計法有其道理，但會不會誤判？當然會。只是警方辦案，不從有前科、有地緣關係、由現場蒐證到的可疑事物開始追查，難道要從毫不相干者開始查嗎？那不是更不合理嗎？統計理論顯示，最大概似估計量有很多好的性質；一致最小變異數無偏值計 (uniformly minimum-variance unbiased estimator, UMVUE)，也有漸近常態分布等特性，這也是廣被採用的一種估計法。

(二) 二個敵對模型誰優之檢定法：概似比 (LR)

迴歸模型之適配度：概似比 (likelihood ratio, LR) 檢定

例如：假設我們要檢定自我迴歸 AR(2) 模型是否比 AR(1) 模型來的好，因此可以分別算出兩個模型的最大概似值分別為 L_u 與 L_R，則 LR 統計量為：

$$LR = -2(L_R - L_U) \sim 符合 \chi^2_{(m)} 分配$$

假如，P < 0.05 達顯著的話，則表示 AR(2) 模型優於 AR(1) 模型。以 logistic 迴歸來說，假設 $LR_{(df)} = 188$、P < 0.05，表示我們界定的預測變數對依變數之模型，比「null model」顯著的好，即說明目前這個 logistic 迴歸模型適配得很好。

概似比特性：

1. 不受盛行率影響。
2. 將敏感度 (sensitivity)、特異度 (specificity) 結合成單一數字。
3. 可以量化檢驗結果之實務 (臨床) 意義。
4. 可以結合一連串檢驗換算成檢驗後事件發生率。
5. 但是，LR 依然受 Cut off 值影響。

3-3-3 單一分布之各類型迴歸

一、線性機率迴歸

1. 線性機率模型 (linear probability model, LPM)：

$$\Pr(y_i) = F(\beta_0 + \beta_1 x_i + u_i)$$

2. 依變數 y_i 有兩種結果 (outcome) 反應：$y_i = 0$ 或 $y_i = 1$。這種迴歸函數其依變數 為二元數值的迴歸，為機率的預測。
3. 依據 Bernoulli 分布，如果 y 是 0-1 二元變數，則其期望值表示 $y = 1$ 的機率。
4. 令 p 表示 y 為 1 的機率，則：

$$p = E(y|x) = P(y = 1|x)$$

5. 換句話說，對於一個二元變數，迴歸的預測值表示在給定 x 下，y = 1 的機率。
6. 稱為線性機率模型是因為公式右邊為線性，而左邊取期望值是機率。

二、線性機率模型之缺點

1. p 與 x 呈線性關係。
2. 由於依變數不是 0 就是 1，因此殘差項不是常態分布，造成假設檢定失眞。
3. 殘差項具異質性，$\text{var}(u_i) = p_i \times (1 - p_i)$。
4. 傳統 OLS 的 R^2 將失眞，故 STaTa 另外提供六種 Pseudo R^2。
5. 預測值可能在 (0, 1) 範圍之外：$\hat{P} = \hat{\beta}_0 + \hat{\beta}_1 x_i + u_i$。
6. 更合理的迴歸線應該呈現 S 型，故學者再推 Probit 迴歸。

三、Probit 迴歸

1. 爲了使機率保持在 (0, 1) 的區間內，我們可以考慮不同的機率函數來描述其非 線性關係，即選擇 $G(\beta_0 + \beta_1 x)$，且 $0 < G(z_i) = p_i < 1$。
2. Probit 模型：選擇 G(z) 爲準則常態分布的 CDF。
3. 此模型是非線性的，因此不宜以 OLS 方式估計，一般都選擇採用最大概似估 計法。

$$P_i = G(\beta_0 + \beta_1 x_i) = G(z_i)$$

$$P_i = \int_{-\infty}^{Z_i} \frac{1}{\sqrt{2\pi}} e^{-v^2/2} dv$$

其他教科書，係用下列符號來表示 **Probit** 模型：

$$decision_i = \beta_0 + \sum \beta_i x_i + u_i$$

其中，$\text{Prob}(1 \mid x_i) = \int_{-\infty}^{\beta_0 + \sum \beta_i x_i + u_i} \phi(t)dt$

4. Probit 模型通常寫成：

$$z_i = G^{-1}(p_i) = \beta_0 + \beta_1 x_i$$

5. 一般而言，我們所關切的是 x 對 p(y =1|x) 的影響，即 $\dfrac{\partial p}{\partial x}$。

6. 在計算上，非線性模型比較複雜。如果 x 是連續變數，依微積分的觀念：

$$\frac{\partial p}{\partial v} = g(\beta_0 + \beta_1 x)\beta_1$$

其中，$g(z)$ 為 $\dfrac{dG}{dz}$。

上式說明了連續變數 x 增加對 p 的影響，其與 x 及 β_0、β_1 的估計有關。

7. 如果 x 是二元變數，如 0 或 1，則 x 由 0 改變為 1 的偏效果為：

$$G(\beta_0 + \beta_1 x)\beta_0$$

如果 x 是離散變數，則 x 由 c 改變為 c+1 的偏效果為：

$$G[\beta_0 + \beta_1(c+1)] - G[\beta_0 + \beta_1(c)]$$

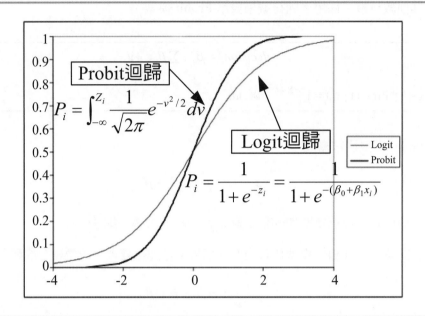

圖 3-21 Probit 模型 vs. logistic 模型之比較

四、logistic 迴歸

1. logistic 模型：選擇 $G(z)$ 為 logistic 分布。

2. 此模型也是非線性的，因此一般都是採用最大概似估計法。

$$P_i = G(\beta_0 + \beta_1 x_i) = G(z_i)$$
$$P_i = \frac{1}{1 + e^{-z_i}} = \frac{1}{1 + e^{-(\beta_0 + \beta_1 x_i)}}$$

其他教科書，係用下列符號來表示 logistic 模型：

$$\pi(x) = \frac{\exp(\alpha + \beta x)}{1 + \exp(\alpha + \beta x)}$$

或

$$P(y_n = 1 | x_n) = \frac{\exp(b_0 + b_1 X_1 + \cdots + b_k X_k)}{1 + \exp(b_0 + b_1 X_1 + \cdots + b_k X_k)}$$

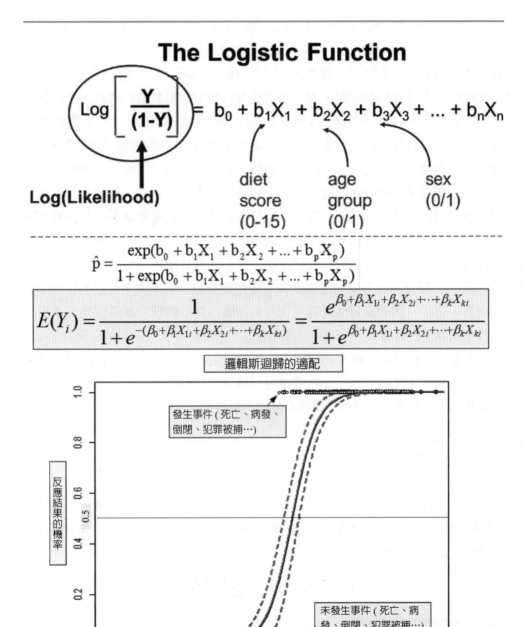

圖 3-22 multiple logistic 函數之示意圖

　　這種迴歸模型可稱爲邏輯斯模型 (logistic model)，這種廣義的線性模型使用邏輯斯連結函數 (logistic link function)。主要使用於反應變數的二元性資料，例如：「成功」或「失敗」。邏輯斯迴歸與傳統的迴歸分析性質相似，不過它是用來處理類別性資料的問題，由於類別性資料是屬於離散型的資料，所以我們必須將此離散型資料轉爲介於 0 與 1 之間的連續型資料型態，才可以對轉換過後的連續型資料作迴歸。而主要目的，是爲了要找出類別型態的反應變數和一連串的解釋變數之間的關係，因此和迴歸分析中最大的差別在於反應變數型態的不同，所以邏輯斯迴歸在運用上也需符合傳統迴歸分析的一般假設，也就是避免解釋變數之間共線性的問題，以及符合常態分布和避免殘差存在自我相關等的統計基本假設。邏輯斯迴歸在反映變數爲離散型，且分類只有兩類或少數幾類時，便成了一個最準則的分析方法。然而，對於離散型變數有很多分析方法，而 Cox 根據兩個主要的理由選擇了邏輯斯分布：第一個理由是基於數學觀點而言，它是一個極富彈性且容易使用的函數；第二個理由則是因爲它適用於解釋生物學上的意義。

　　邏輯斯迴歸模型在統計的運用上已極爲普遍，不但對於二元化的離散型資料使用率高，尤其在醫學方面的使用更爲廣泛。在邏輯斯分布之下，不但可運用在單變數迴歸模型，也可推廣至多變數迴歸模型。

定義：單變數的邏輯斯模型

假設某一個肺癌患者在經過某種特殊治療 (X) 後，若存活者記爲 1，死亡者記爲 0，反應變數令爲 $\pi(x)$ 代表存活者的機率 (依變數的發生機率而非依變數的值)，而 $\pi(x) = P(Y = 1|x)$，則此機率 $\pi(x)$ 爲一伯努利分布 (Bernoulli distribution) 的參數，因此

$$E[Y \mid x] = \pi(x) = \frac{\exp(\beta_0 + \beta_1 x)}{1 + \exp(\beta_0 + \beta_1 x)}$$

爲一單變數的邏輯斯模型。

定義：多變量的邏輯斯模型

假設有 i 個獨立的伯努利隨機變數，$Y = (Y_1, Y_2, \cdots, Y_i)$，而 Y_i 皆爲二元反應變數。$i = 1, 2, \cdots, I$。令 $(X_{i0}, X_{i1}, \cdots, X_{ik})$ 爲第 i 個自變數的向量，含有 k 個自變數，其中：

$$E[Y \mid x] = \pi(x) = \frac{\exp(\sum_{j=0}^{k}\beta_j x_{ij})}{1 + \exp(\sum_{j=0}^{k}\beta_j x_{ij})}, \ i = 1, 2, ..., I$$

為多變量的邏輯斯模型。

logistic 模型經過轉換以後，可以用來預測事件發生的勝算 (odd)：

$$Ln(\frac{P_i}{1 - P_i}) = \beta_0 + \beta_1 x_i$$

五、Probits 與 logistic 比較

1. STaTa 的 Probits 迴歸與 logistic 迴歸之分析結果，z 值及 p 值都很相近。

2. Probit 與 logistic 模型都是非線性的，因此需要採用最大概似估計法。

3. 傳統上，由於 logistic 模型計算上比較容易，因此比較普遍。

4. Probit 與 logistic 模型的參數不應直接比較。

5. 近年來 Probit 與 logistic 模型被廣泛地運用於各領域研究，其效果具體而顯著，如：

   (1) 各種疾病的危險族群等。

   (2) 預測財務艱困企業。

   (3) 預測消費族群的購買行為。

   (4) 計算客戶未來成為催收戶之機率模型。

   (5) 計算飛行員疏失的機率。

六、最大概似比率檢定 (maximum likelihood ratio test)

1. 線性機率模型 (LPM) 及線性迴歸模型，都是採用 F 統計量來進行檢定。

2. Probit 模型與 logistic 模型都採用最大概似比率檢定。

3. 最大概似估計法可以得到對數概似函數 (log-likelihood, LR)。

4. 進行最大概似比率檢定時，我們必須估計受限模型與非受限模型。

5. 檢定的統計量為：

$$LR = 2(L_{ur} - L_r) \sim 符合 \chi^2_{(q)} 分配$$

其中，L_{ur} 表示「未受限」之對數最大概似函數。

L_r 表示「受限」之對數最大概似函數，q 爲受限數目。

七、適配度 (fitness)

1. STaTa 另外提供六種 pseudo R^2。

2. 線性機率模型 (LPM) 及線性迴歸模型，我們可以比較 R^2 來判斷迴歸的適配度。R^2 值越大，迴歸模型就越適配。

3. 但對於 Probit 或 logistic 迴歸，我們需要新的測度，叫做 pseudo R^2，其定義：

$$\text{pseudo } R^2 = 1 - \frac{L_{ur}}{L_0}$$

其中

L_{ur} 表示未受限之對數最大概似函數

L_0 表示僅含截距之對數最大概似函數

通常 $|L_{ur}| < |L_0|$，因此 $1 - \frac{L_{ur}}{L_0} > 0$

4. 你也可以比較樣本中正確預測的百分比 P

若 $P_i > 0.5$，則 $\hat{y}_i = 1$；若 $P_i < 0.5$，則 $\hat{y}_i = 0$

5. 比較 y_i 預測值與實際值，稱爲正確預測百分比 (percent correctly predicted)，即：

$$\frac{\text{正確預測的數目}}{\text{觀察值總合}}$$

例如：樣本數 = 400，360 個實際值爲 0，40 個實際值爲 1。

預測結果：

360 個中有 300 個預測正確

40 個中有 0 個預測正確

以 $y_i = 0$ 而言，正確預測百分比爲 300/360

以 $y_i = 1$ 而言，正確預測百分比爲 0

整體而言，正確預測百分比爲 300/400

八、Tobit 模型

1. Tobit 模型是一個設限 (censored) 迴歸模型，係由 James Tobin(1958) 提出，旨在描述一個非負因變數 y_i 和一個自變數 (或向量) x_i 之間的關係。

2. Tobit 模型特別適合處理個人的成績、家庭收入或公司的行為 (營收、增資額度)。

3. 例如：最近一年中，多數的家庭其捐款為 0。由於捐款的分布必定為正，範圍 0 至無窮大，但許多捐款集中為 0。

4. 又如：以家庭收入 (x) 來預測購屋花費 (y)，若某家庭無購屋，則 y = 0。基本上合理的迴歸模型，係假定 y 為連續的正值，且 y = 0 機率很大。

5. 傳統我們慣用線性 OLS 或 LPM 來估計上例之迴歸參數，可是 OLS 或 LPM 得到 y 的預測值可能是負值，這是不合理的現象，因為捐款數或購屋花費不可能是負值。

6. 預防不合理的預測值出現，可使用 Tobit 模型來處理這種不合理的現象。

7. $y_i = \begin{cases} y_i^*, & if \quad y_i^* > 0 \\ 0, & if \quad y_i^* \leq 0 \end{cases}$

其中，y_i^* 為 潛在變數 (latent variable)

$$y^* = x\beta + u_i, \quad u_i \,|\, x \sim 符合 N(0, \sigma^2)$$

但我們僅僅能觀察到 y，$y = \max(0, y^*)$

$$y_i = \begin{cases} y^* = \beta_0 + \beta_1 x_i + u_i, & y^* > 0 \\ 0 &, \ y^* \leq 0 \end{cases}$$

也有教科書用下列符號來表示 Tobit 模型 (見圖 3-23)。

$Y_i^* = \alpha X_i + \beta Z_i + \varepsilon_i$

$Y_i = \begin{cases} Y_i^* & if \quad Y_i^* > 0 \\ 0 & otherwise, i = 1, 2, ..., N \end{cases}$

$y_{1i}^* = \alpha_1 y_{2i} + \beta_1 x_{1i} + \varepsilon_{1i}$

$y_{2i} = \alpha_2 y_{1i}^* + \beta_2 x_{2i} + \varepsilon_{2i}$

$y_{1i} = \begin{cases} y_{1i}^* & if \quad y_{1i}^* > 0 \\ 0 & otherwise, i = 1, 2, ..., N \end{cases}$

圖 3-23　Tobit 模型之示意圖

8. 關於 Tobit 模型，有兩種期望值是我們感興趣的：

$$E(y|x)$$
$$E(y|y > 0, x)$$

(1) $E(y|x)$ 表示給定 x 之下 y 的期望值。

(2) $E(y|y > 0, x)$ 表示給定 x，在 y > 0 時的期望值。

(3) $E(y|x) = \Phi(\frac{x\beta}{\sigma})x\beta + \sigma\phi(\frac{x\beta}{\sigma})$

上式表示，在 Tobit 模型下，$E(y|x)$ 是 x 與 x 的非線性函數。

進一步的證明：對於任何的 x 與 β，等式右邊恆為正值。

(4) $E(y|y > 0, x) = x\beta + \sigma\lambda(\frac{x\beta}{\sigma})$

其中 $\lambda(c) = \frac{\phi(c)}{\Phi(c)}$，稱為 inverse Mills ratio。

上式表示 $E(y|y > 0, x)$ 等於 $x\beta$ 再加上一調整項。因此，僅以 y > 0 的樣本採用 OLS 來估計參數是偏誤、不一致的。

9. Tobit 模型採用最大概似估計法來估計參數。

10. STaTa 執行 Tobit 模型與 OLS 所得到的結果差異不大，但對參數的解釋與 OLS 並不一樣。

11. Tobit 模型參數的解釋：β 乃估計 x 對 y* 的效果，而不是 y，除非潛伏變數 y* 是我們興趣所在，我們並無法直接解釋參數。

12. Tobit 模型中，偏效果 (partial differentiation) 與所有的解釋變數以及所有的參數有關。

(1) $\frac{\partial E(y|x)}{\partial x_j} = \beta_j \times \Phi(\frac{x\beta}{\sigma})$

(2) $\frac{\partial E(y|y > 0, x)}{\partial x_j} = \beta_j\{1 - \lambda(\frac{x\beta}{\sigma})[\frac{x\beta}{\sigma} + \lambda(\frac{x\beta}{\sigma})]\}$

九、Poisson 模型 (Count 依變數之迴歸)

假設 y 是 Poisson 隨機變數，則其機率密度函數為：

$$p(y = h) = \frac{e^{-\lambda}\lambda^h}{h!}, \quad h = 0, 1, 2, \cdots$$
$$E(y) = Var(y) = \lambda$$

因為我們所感興趣的,是解釋變數 x 對 y 的影響,因此表示為:

$$p(y = h \mid x) = \frac{e^{-E(y|x)}[E(y \mid x)]^h}{h!}, \quad h = 0, 1, 2, \cdots$$

其他教科書,則用下例符號來表示 Poisson 模型:

$$P(Y_i = y_i) = \begin{cases} \pi_i(1 - \pi_i)\left(\dfrac{m_i}{1 + \phi m_i}\right)^{y_i} \dfrac{(1 + \phi y_i)^{y_i - 1}}{y_i} \times \exp\left\{\dfrac{-m_i(1 + \phi y_i)}{1 + \phi m_i}\right\}, y = 0 \\ (1 - \pi_i)\left(\dfrac{m_i}{1 + \phi m_i}\right)^{y_i} \dfrac{(1 + \phi y_i)^{y_i - 1}}{y_i} \times \exp\left\{\dfrac{-m_i(1 + \phi y_i)}{1 + \phi m_i}\right\}, y > 0 \end{cases}$$

1. 一般的做法將條件期望值以指數函數來表示:

$$E(y \mid x) = e^{(\beta_0 + \beta_1 + \cdots + \beta_k x_k)}$$

2. 偏效果:

$$\frac{\partial E(y \mid x)}{\partial x_j} = e^{(\beta_0 + \beta_1 + \cdots + \beta_k x_k)} \times \beta_j$$

3. 參數的估計可以採用最大概似法 (MLE) 來進行。

4. 在採用 Poisson MLE 時,如果毋須假設 Poisson 分布完全正確,其修正步驟稱為 QMLE。

5. 排除性限制 (exclusion restrictions) 檢定,可以採用最大概似比率進行。

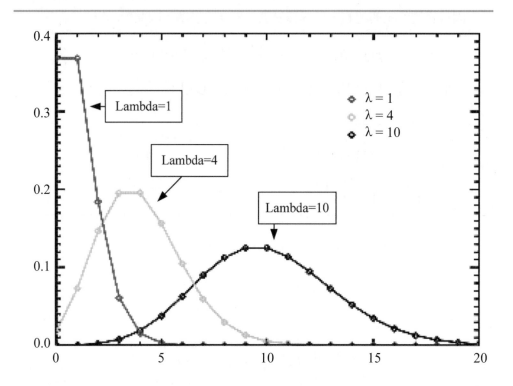

Poisson distribution, lambda = 5

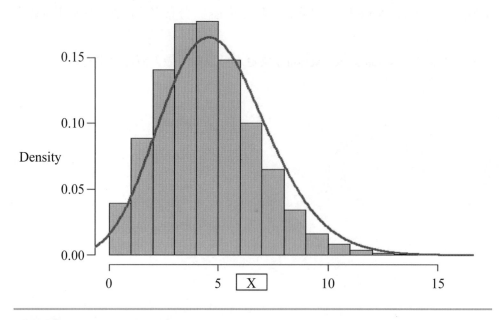

圖 3-24 Poisson 迴歸之示意圖

十、設限迴歸 (STaTa 指令有 <mark>stcox</mark>、<mark>streg</mark>、<mark>tobit</mark>、<mark>cpoisson</mark>、<mark>intreg</mark>、<mark>xtintreg</mark>、<mark>ivtobit</mark>、<mark>bayes: heckman</mark>、<mark>bayes: heckprobit</mark> 等)

設限迴歸 (censored regression)：依變數超過某門檻就刪除此觀察值，但自變數資訊存在。

依變數超過某門檻就不存此觀測值，但自變數資訊存在。STaTa 有 Tobit 迴歸。

設限 (censored) 常態分布 (Normal Distribution)

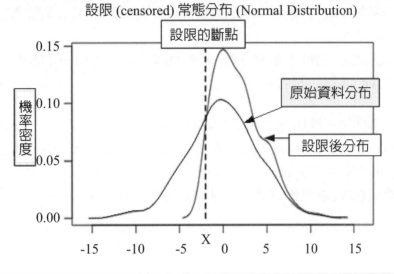

圖 3-25 設限迴歸之示意圖

1. 上述介紹的 probit、logit、Tobit、Poisson 模型，基本上是希望能捕捉 y 分布的重要特徵，並沒有資訊不足的問題。若遇到資訊不足的問題，就可改用設限迴歸。

2. 例如：在問卷調查中，小於 $600,000 的收入可以填入，但大於 $600,000 之收入選「大於 $600,000」。儘管，上述例子非常類似遺失資料的問題，不過我們仍然具有一些資訊。

3. 設限迴歸 (censored regression)

$$y = x\beta + u,\ u|x,c \sim 符合\ N(0, \sigma^2)$$

右設限：$w = \min(y, c)$

左設限：$w = \max(y, c)$

4. 以 OLS 應用於未被設限的資料，或是以 OLS 應用於 w 都是不一致的估計式，我們必須採用最大概似估計法。

5. 設限迴歸與 Tobit 模型並不相同：

(1) 因為，Tobit 模型處理經濟行為，通常 y 會得到 0。而 Censored 迴歸之意思如圖 3-25。設限迴歸面對的是資料蒐集的問題，由於某些緣故，資料被截斷了。

(2) 設限迴歸模型的參數解釋與一般的 OLS 一樣，但 Tobit 的參數解釋與一般的 OLS 係不一樣的。

十一、斷尾迴歸 (truncated regression)

1. STaTa 有 Zero-truncated Poisson 及 Zero-truncated negative binomial 迴歸。

2. 缺少母體裡某些 segment 全部的資訊。

3. 如果 y_i 超過 (或低於) 門檻值，才可以隨機抽取樣本 (x_i, y_i)。

$$f_{Y|X}(y|x; \beta) = \frac{1}{\sigma}\phi\left(\frac{y - x'\alpha}{\sigma}\right) \quad \text{and} \quad p_2(\beta) = \int P(U > -x'\alpha)dF_X(x)$$
$$= \int \Phi\left(x'\frac{\alpha}{\sigma}\right)dF_X(x)$$

4. 在設限迴歸裡，對於任何的隨機樣本，我們都有 x_i 的觀測值；在斷尾迴歸裡，若 y_i 超過門檻值，我們並無 x_i、y_i 的觀測值。

5. 斷尾迴歸最受質疑的問題就是違反隨機取樣，進而會違反「線性」假定 (assumption) 疑慮，即：依變數的平均值是迴歸係數和預測變數的「線性」組合。

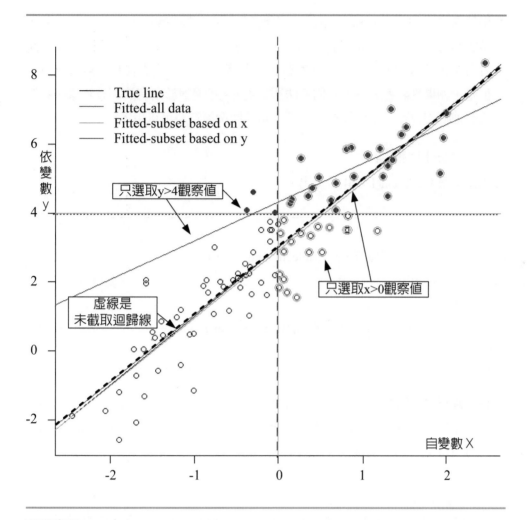

圖 3-26 Truncated 迴歸之示意圖

十二、非隨機樣本 (non-random sample)

下列原因都會造成非隨機樣本：

1. 以斷尾迴歸來篩選你要的觀察值。

2. 在分析已婚婦女薪資的決定因子裡，蒐集已婚婦女資料並詢問其薪資，如果是家庭主婦可能拒絕回答。以職業婦女的資料跑迴歸，這樣的樣本本身就是「斷尾」。

3. 假設 y 為家庭購屋花費，x 為經濟變數 (收入)。若某家庭無購屋，則 y = 0。考慮將收集的樣本中 y = 0 的資料刪除再跑迴歸，此稱為內生樣本選擇。

4. 偶然斷尾 (incidental truncation)：解釋變數 x 可以觀察到，但由於另外一些因素的影響，y 並非全部可觀察。例如：$y = \beta_0 + \beta_1 \times income^0$，$income^0$ 表示受訪者有提供薪水者。假如你在調查時，受訪者有工作，我們就有其薪資資料，但是，如果受訪者失業，我們無法觀察到 y。不過對於所有的調查對象，我們仍有他們的教育、工作經驗、性別、婚姻狀況等資料可以用。

十三、Heckit 模型

1. 經濟學家 Heckman(1976) 所提出。

$$
\left.\begin{array}{ll}
z_i^* = w'_i\alpha + e_i & \\
z_i = 0 \quad \text{if} \quad z_i^* \leq 0 \\
z_i = 1 \quad \text{if} \quad z_i^* > 0
\end{array}\right\} \text{選擇方程式 (Selection equation)}
$$

$$
\left.\begin{array}{ll}
y_i^* = x'_i\beta + u_i & \\
y_i = y_i^* \quad \text{if} \quad z_i = 1 \\
y_i \quad \text{not observed} \quad z_i = 0
\end{array}\right\} \text{結果方程式 (Outcome equation)}
$$

2. 旨在修正偶然斷尾樣本所產生的偏誤。

3. STaTa 的 sample-selection 模型有二種方法：Heckman selection model(ML)、Heckman selection model(two-step)。

4. 此方法包括兩個步驟：

   (1) 執行 probit 迴歸，解釋為什麼某些 y 不可觀察。

   (2) 執行可觀察 y 對解釋變數及修正項 inverse Mills ratio 之 OLS 迴歸。

5. 在原迴歸中，加入選擇方程式：

$$
y = x\beta + u, \; E(u|x) = 0
$$
$$
s = I[\gamma_1 z + v \geq 0]
$$

其中

$$
x\beta = \beta_0 + \beta_1 x_1 + \cdots + \beta_k x_k
$$
$$
z_\gamma = \gamma_0 + \gamma_1 z_1 + \cdots + \gamma_m z_m
$$

x 是 z 的子集

I[·] 是指標變數 (indicator variable)

s = 1 表示 y 是可觀察的

有的教科書係以下列符號來表示 Heckit 模型：

$$y_1 = x_1\beta_1 + u_1 \tag{1a}$$
$$y_2 = 1[x_2\delta_2 + v_2 > 0] \tag{1b}$$

6. 進一步證明：

$$E(y \,|\, z, s = 1) = x\beta + \rho \times \lambda(z\gamma)$$

7. Heckit 模型的目的是估計 β。

8. 以上的公式表示，我們可以採用 y 為可觀察的樣本，但必須加上一修正項作為解釋變數。

9. 由於 γ 是未知的，因此 $\lambda(z\gamma)$ 也是未知的。

第一步：以所有的樣本應用 probit 模型來估計 γ：

$$p(s = 1|z) = \Phi(z\gamma)$$

第二步：以 y 可觀察的樣本，跑其對解釋變數及 inverse Mills ratio 迴歸。

10. 檢定 H_0：$\rho = 0$，無樣本選擇問題。

3-3-4 Type I 誤差 α、Type II 誤差 β、檢定力：ROC 圖的切斷點

有關 ROC 曲線 (receiver operating characteristic curve)，詳情請見作者《生物醫學統計分析》一書。

一、檢定力 (1-β) vs. Type I 誤差 α 及 Type II 誤差 β

統計檢定進行時，除了可探測結果之顯著性，相對的存在一定的風險，即可能發生誤差 (error) 的機會。

假設檢定的目的就是利用統計的方式，推測虛無假設 H_0 是否成立。若虛無假設事實上成立，但統計檢驗的結果不支持虛無假設 (拒絕虛無假設)，這種錯誤稱為第一型錯誤 α。若虛無假設事實上不成立，但統計檢驗的結果支持虛無假設 (接受虛無假設)，這種錯誤稱為第二型錯誤 β。

1. 何謂顯著水準 α (significance level α)？何謂型 I 誤差 (type I error)？何謂型 II 誤差 (type II error)？何謂檢定力 (the power of a test)？

---

(1) 顯著水準 α (significance level α)：α 指決策時所犯第一型誤差的「最大機率」，所以依據統計研究的容忍程度，一般我們在檢定前都要先界定最大的第一型誤差，再進行檢定。

(2) 第一型誤差 α(type I error)：當虛無假設 H_0 為眞，卻因抽樣誤差導致決策為拒絕 H_0，此種誤差稱爲型 I 誤差。型 I 誤差 = 拒絕 H_0 | H_0 爲眞，α = P(Reject H_0 | H_0 is true)。

(3) 第二型誤差 β(type II error)：當虛無假設 H_0 為假，卻因抽樣誤差導致決策不拒絕 H_0，此種誤差稱爲型 II 誤差。型 II 誤差 = 不拒絕 H_0 | H_0 爲假，β = P(Non-Reject H_0 | H_0 is false)。

(4) 當虛無假設 H_0 爲假，經檢定後拒絕 H_0 的機率稱爲檢定力 (power) (也就是正確拒絕 H_0 的機率)。power = P(Reject H_0 | H_0 is false)

Power 翻成統計檢定力、統計檢驗力、統計效能分析。什麼是 power 呢？簡單地說，是指當有效果 (effect) 的時候，power 是偵測到這個 effect 的機率。可以換個方式說，power 是當事實上是要否定虛無假設，而拒絕虛無假設的機率 (it is the probability of rejecting the null hypothesis when it is in fact false)。再換個方式說，power 是避免錯誤接受虛無假設的機率。

---

2. 顯著水準即是型 I 誤差的最大機率，當 α 越大則 β 越小，power 越大。

3. 當 α 爲零，則根本無法拒絕 H_0，且根本不會有 power。

4. 樣本數 n 越大，則 α、β 越小，power 越大。

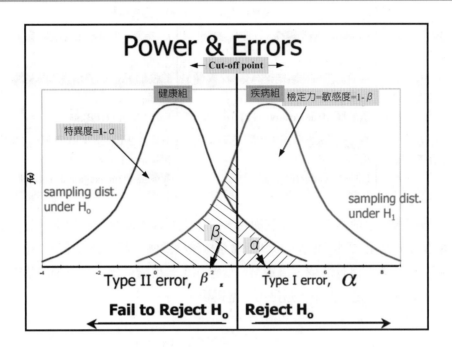

圖 3-27 檢定力 $(1-\beta)$ vs. Type I 誤差 α 及 Type II 誤差 β

當我們在進行統計檢定時，基本上根據有限的樣本數量，對母體的實際分布作一推估，必然會有誤差之風險。這種「誤差」可分二種：

(1) 第一型誤差 (type I error)α：當虛無假設 H_0 為眞，卻因抽樣誤差導致決策爲拒絕 H_0(the probability of rejecting a true null hypothesis)，此種誤差稱爲 α 誤差。犯 Type I error 之機率即爲 α。

(2) 第二型誤差 (type II error)β：當虛無假設 H_0 爲假，卻因抽樣誤差導致決策不拒絕 H_0(the probability of failing to reject a false null hypothesis)，此種誤差稱爲 β 誤差。犯 Type II error 之機率爲 β。

第一型誤差 (α)、第二型誤差 (β) 與 ROC 分類之關係，如下表：

	真實情況 (True State) / 工具檢驗結果	
決定 (Decision)	H_1 為真 (結果陽性)，即 H_0 為假	H_1 為真 (工具檢驗結果為陰性)
拒絕 H_0 (判定為有病)	疾病組正確檢驗結果為有病 (陽性) 機率 $p = 1 - \beta$ 敏感度 (True Positive, TP)：a	Type I error: 健康組誤診為陽性 機率 $p = \alpha$ False Positive(FP)：b
接受 H_0 (判定為沒病)	Type II error: 疾病組誤診為無病 機率 $p = \beta$ False Negative(FN)：c	健康組正確檢驗結果為無病 (陰性) 機率 $p = 1 - \alpha$ 特異度 (True Negative, TN)：d

　　根據檢定之前提與結果正確與否，可產生兩種不同之誤差情況，分別為第一型誤差 α 及第二型誤差 β。以利用驗孕棒驗孕為例：若用驗孕棒為一位孕婦驗孕，眞實結果是沒有懷孕，這是第一型錯誤；若用驗孕棒為一位未懷孕的女士驗孕，眞實結果是已懷孕，這是第二型錯誤。

	真實情況 (True State)	
決定 (Decision)	H_1 為真 (即 H_0 為假)：嫌疑犯真的有作案	H_0 為真：嫌疑犯真的無作案
嫌疑犯有罪	正確決定 (敏感度) 機率 $p = 1 - \beta$ 檢定力 = 敏感度 = $1 - \beta$	Type I error (偽陽性) 機率 $p = \alpha$
嫌疑犯無罪	Type II error (偽陰性) 機率 $p = \beta$	正確決定 (特異度) 機率 $p = 1 - \alpha$ 特異度 = $1 - \alpha$

二、切斷點 (cut-off point) 調動對 Type I 誤差 (α) 與 Type II 誤差 (β) 的影響

　　臨床上對於糖尿病初期診斷最常使用的是空腹血糖值測定，正常人空腹血糖值平均是 100 mg/dl，標準差為 8.5 mg/dl，而糖尿病患者空腹血糖值平均為 126 mg/dl，標準差為 15.0 mg/dl，假設兩族群的空腹血糖值皆為常態分布。假如現在想利用空腹血糖值來建立一個簡單的診斷是否有糖尿病的診斷工具，假如空腹血糖值大於切斷點 C 則判定有糖尿病；反之，小於切斷點 C 則無糖尿病。圖 3-28 是以 C=115 為切斷點下，Type I 誤差 (α) 及 Type II 誤差 (β) 的關係。

由圖 3-28 可看出：當我們把切斷點 C 值提高 (往右移) 時，Type I 誤差 (α) 機率降低，但同時卻升高了 Type II 誤差 (β) 的機率。根據檢定力公式： power=1-β，當 Type II 誤差 β 越大，則檢定力 power 也隨之變小。

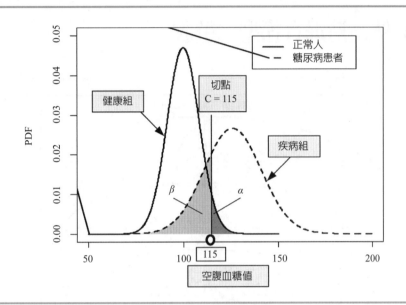

圖 3-28　當把切斷點提高時，Type I error (α) 機率降低，但同時卻升高了 Type II error (β) 的機率

以驗孕棒驗孕爲例，若調高驗孕棒敏感度 (斷點往左移)，雖可降低 α 誤差，但卻提高 β 誤差。有關如何求得風險評級最佳斷點，STaTa 提供 rocfit、roctab 二個指令。詳情請見作者著作《生物醫學統計》之「6-3-3」節及「6-3-4」節。

三、p 值 (P-values) 計算 : 通常以 Type I error(取 α=0.05) 為 p 值比較的臨界值

1. p 值是計算在虛無假設 H_0 成立時，比觀測的檢定統計值 (如 χ^2, z, t, HR...) 更極端 (與虛無假設不一致) 的機率。

2. 當 p 值很小時 (通常取 P<0.05)，有二種可能：(1) 虛無假設 H_0 是正確的，但觀測到一筆發生機率很低的資料 (這顯然不太可能發生)；(2) 虛無假設 H_0 是錯的，資料不是來自虛無假設，這個可能性比較大，所以有充分證據來拒絕 (reject) 虛無假設。

3. p 值可視爲當虛無假設 H_0 成立時，依據資料會拒絕虛無假設的「風險」
(risk)。當風險很小時 (通常取 P<0.05)，我們當然傾向拒絕虛無假設，所以當
這風險小於我們設定的顯著水準 α 時，我們就有充分證據來拒絕虛無假設。

3-4 雙高斯混合模型之解說

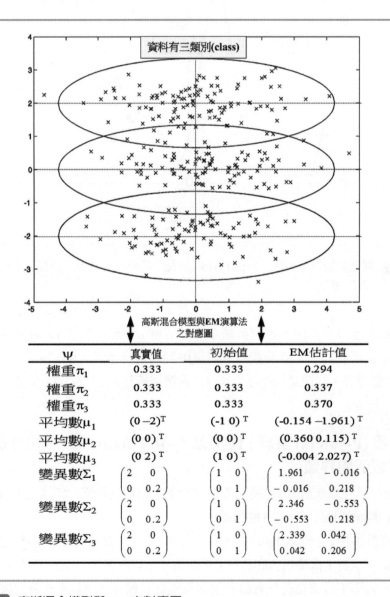

圖 3-29 高斯混合模型與 EM 之對應圖

註：權重 π_1 代表屬於 class 1 的機率，權重 π_2 代表屬於 class 2 的機率。

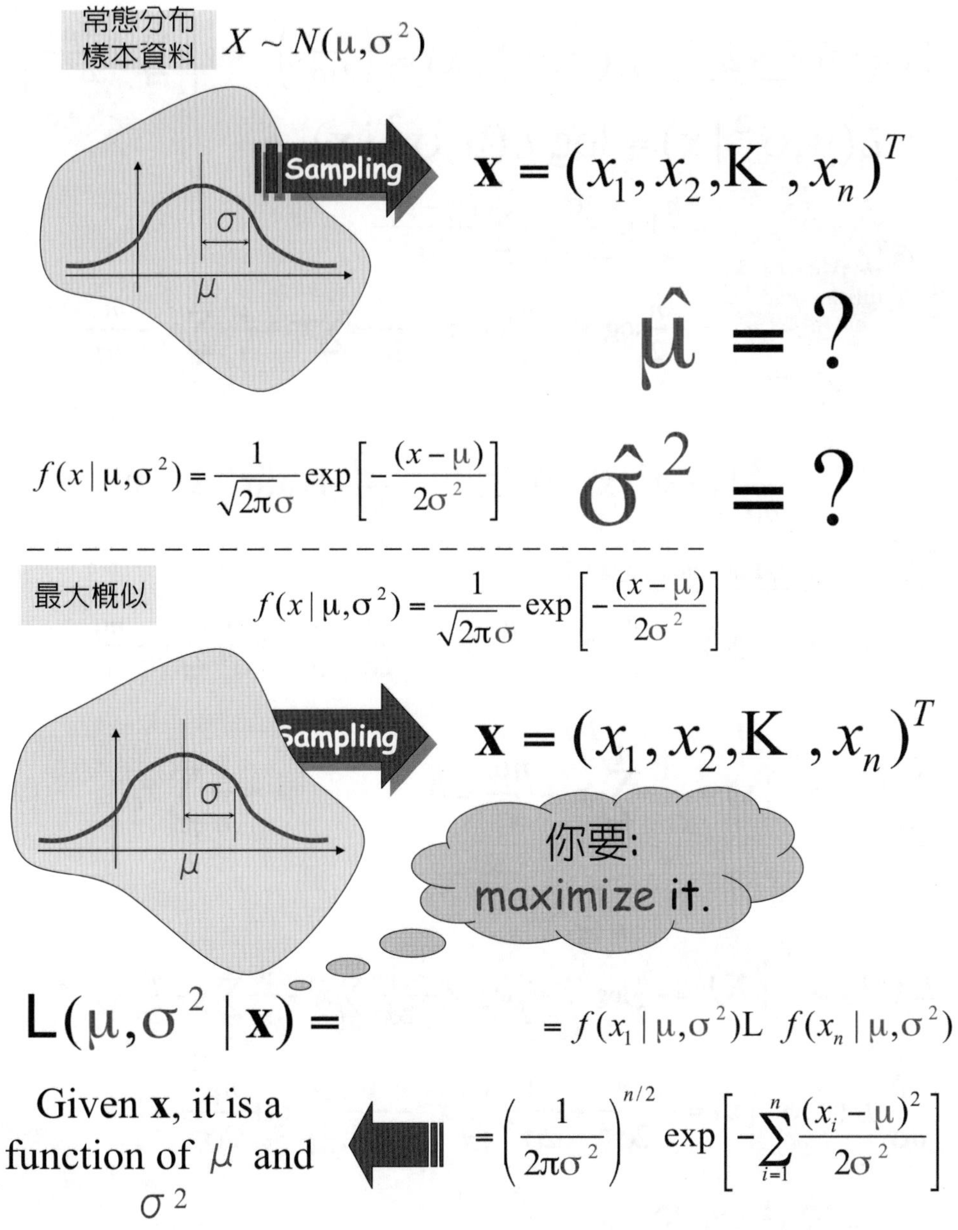

常態分布
樣本資料 $X \sim N(\mu, \sigma^2)$

Sampling

$$\mathbf{x} = (x_1, x_2, K, x_n)^T$$

$$\hat{\mu} = ?$$

$$f(x \mid \mu, \sigma^2) = \frac{1}{\sqrt{2\pi}\sigma} \exp\left[-\frac{(x-\mu)}{2\sigma^2}\right] \qquad \hat{\sigma}^2 = ?$$

最大概似 $\qquad f(x \mid \mu, \sigma^2) = \frac{1}{\sqrt{2\pi}\sigma} \exp\left[-\frac{(x-\mu)}{2\sigma^2}\right]$

Sampling

$$\mathbf{x} = (x_1, x_2, K, x_n)^T$$

你要:
maximize it.

$$\mathsf{L}(\mu, \sigma^2 \mid \mathbf{x}) = \qquad = f(x_1 \mid \mu, \sigma^2) L \; f(x_n \mid \mu, \sigma^2)$$

Given $\mathbf{x}$, it is a
function of μ and
σ^2

$$= \left(\frac{1}{2\pi\sigma^2}\right)^{n/2} \exp\left[-\sum_{i=1}^{n} \frac{(x_i - \mu)^2}{2\sigma^2}\right]$$

圖 3-30　如何估計常態樣本的平均數及變異數呢

$$\boxed{\textbf{Log-Likelihood 函數：}} \quad L\left(\mu, \sigma^2 \mid \mathbf{x}\right) = \left(\frac{1}{2\pi\sigma^2}\right)^{n/2} \exp\left[-\sum_{i=1}^{n} \frac{(x_i - \mu)^2}{2\sigma^2}\right]$$

$$L\left(\mu, \sigma^2 \mid \mathbf{x}\right) = \log L\left(\mu, \sigma^2 \mid \mathbf{x}\right)$$

Maximize this instead

$$= \frac{n}{2}\log\frac{1}{2\pi\sigma^2} - \sum_{i=1}^{n}\frac{(x_i - \mu)^2}{2\sigma^2}$$

$$= -\frac{n}{2}\log\sigma^2 - \frac{n}{2}\log 2\pi - \frac{1}{2\sigma^2}\sum_{i=1}^{n}x_i^2 + \frac{\mu}{\sigma^2}\sum_{i=1}^{n}x_i - \frac{n\mu^2}{2\sigma^2}$$

設定

$$\frac{\partial}{\partial\mu}l\left(\mu, \sigma^2 \mid \mathbf{x}\right) = 0 \quad 且 \quad \frac{\partial}{\partial\sigma^2}l\left(\mu, \sigma^2 \mid \mathbf{x}\right) = 0$$

$\boxed{\text{求最大的}\textbf{Log-Likelihood 函數}}$

$$L\left(\mu, \sigma^2 \mid \mathbf{x}\right) = -\frac{n}{2}\log\sigma^2 - \frac{n}{2}\log 2\pi - \frac{1}{2\sigma^2}\sum_{i=1}^{n}x_i^2 + \frac{\mu}{\sigma^2}\sum_{i=1}^{n}x_i - \frac{n\mu^2}{2\sigma^2}$$

$$\frac{\partial}{\partial\mu}l\left(\mu, \sigma^2 \mid \mathbf{x}\right) = \frac{1}{\sigma^2}\sum_{i=1}^{n}x_i - \frac{n\mu}{\sigma^2} = 0 \qquad \hat{\mu} = \frac{1}{n}\sum_{i=1}^{n}x_i$$

$$\hat{\mu} = \frac{1}{n}\sum_{i=1}^{n}x_i \qquad \hat{\sigma}^2 = \frac{1}{n}\sum_{i=1}^{n}x_i^2 - \hat{\mu}^2$$

$$L\left(\mu, \sigma^2 \mid \mathbf{x}\right) = -\frac{n}{2}\log\sigma^2 - \frac{n}{2}\log 2\pi - \frac{1}{2\sigma^2}\sum_{i=1}^{n}x_i^2 + \frac{\mu}{\sigma^2}\sum_{i=1}^{n}x_i - \frac{n\mu^2}{2\sigma^2}$$

$$\frac{\partial}{\partial\sigma}L\left(\mu, \sigma^2 \mid \mathbf{x}\right) = -\frac{n}{2\sigma^2} + \frac{1}{2\sigma^4}\sum_{i=1}^{n}x_i^2 - \frac{\mu}{\sigma^4}\sum_{i=1}^{n}x_i + \frac{n\mu^2}{2\sigma^4} = 0$$

$$n\sigma^2 = \sum_{i=1}^{n}x_i^2 - 2\mu\sum_{i=1}^{n}x_i + n\mu^2$$

$$= \sum_{i=1}^{n}x_i^2 - \frac{2}{n}\left(\sum_{i=1}^{n}x_i\right)^2 + \frac{1}{n}\left(\sum_{i=1}^{n}x_i\right)^2$$

圖 3-31 Log-Likelihood 函數

3-4-1　EM 演算法如何求解高斯混合模型？

EM algorithm for mixture of Gaussians

GMM許多高斯的加權和，其權重由分布 π 來決定.

$$p(x) \quad \pi_0 N(x|\mu_0, \Sigma_0) + \pi_1 N(x|\mu_1, \Sigma_1) + \ldots + \pi_k N(x|\mu_k, \Sigma_k)$$

What is a mixture of K Gaussians?　$p(x) = \sum_{k=1}^{K} \pi_k F(x|\Theta_k)$

約束：$\sum_{k=1}^{K} \pi_k = 1$

and **F(x|Θ)** is the Gaussian distribution with parameters Θ = {μ,Σ}

If all points **x∈X** are mixtures of **K** Gaussians then

$$p(X) = \prod_{i=1}^{n} p(x_i) = \prod_{i=1}^{n} \sum_{k=1}^{K} \pi_k F(x_i|\Theta_k)$$

目標: Find $\pi_1,\ldots, \pi_k$ and $\Theta_1,\ldots, \Theta_k$ such that **P(X)** is maximized

或 **ln(P(X))** is maximized:　$L(\Theta) = \sum_{i=1}^{n} \ln\left\{ \sum_{k=1}^{K} \pi_k F(x_i|\Theta_k) \right\}$

- Every point x_i is ***probabilistically*** assigned (generated) to (by) the **k-th** Gaussian
- Probability that point x_i is generated by the **k-th** Gaussian is $w_{ik} = \dfrac{\pi_k F(x_i|\Theta_k)}{\sum_{j=1}^{K} \pi_j F(x_i|\Theta_j)}$
- Every Gaussian (cluster) C_k has an effective number of points assigned to it N_k

$$N_k = \sum_{i=1}^{n} w_{ik} \qquad 其中，平均數：\mu_k = \frac{1}{N_k} \sum_{i=1}^{n} w_{ik} x_i$$

$$變異數：\Sigma_k = \frac{1}{N_k} \sum_{i=1}^{n} w_{ik} (x_i - \mu_k) x_i (x_i - \mu_k)^T$$

EM for Gaussian混合模型

- Initialize the means μ_k, variances Σ_k ($\Theta_k = (\mu_k, \Sigma_k)$) and mixing coefficients π_k, and evaluate the initial value of the loglikelihood
- **Expectation step:** 使用當前的參數(和觀察值)重建隱藏的結構(Evaluate weights)
  用當前參數評估每個集群的 "responsibilities"。

$$w_{ik} = \frac{\pi_k F(x_i|\Theta_k)}{\sum_{j=1}^{K} \pi_j F(x_i|\Theta_j)}$$

- **Maximization step:** 使用隱藏的結構(和觀察值)來重估參數
  使用現有的 "responsibilities" 重新估計參數

$$\mu_k^{new} = \frac{1}{N_k} \sum_{i=1}^{n} w_{ik} x_i$$

$$\Sigma_k^{new} = \frac{1}{N_k} \sum_{i=1}^{n} w_{ik} (x_i - \mu_k^{new}) x_i (x_i - \mu_k^{new})^T$$

Evaluate **L(Θ^new)** and stop if converged

Latent Variable Representation

$$p(x) = \sum_{i=0}^{k} \pi_i N(x|\mu_k, \Sigma_k) = \sum_{z} p(z) p(x|z)，其中：$$

$$p(z) = \prod_{k=1}^{K} \pi_k^{z_k} \qquad p(x|z) = \prod_{k=1}^{K} N(x|\mu_k, \Sigma_k)^{z_k}$$

圖 3-32　EM for Gaussian 混合模型

一、潛在變數：事後機率

1. 我們可以將混合係數看作該類的先驗 (事前) 機率 (the mixing coefficients as prior probabilities for the classs)。
2. 給定 x 一個值，可計算其事後機率 (又稱 responsibilities)。
3. 根據 Bayes rule：

$$\gamma_k(x) = p(k \mid x) = \frac{p(k)p(x \mid k)}{p(x)}$$

$$= \frac{\pi_k N(x \mid \mu_k, \Sigma_k)}{\sum\limits_{j=1}^{K} \pi_j N(x \mid \mu_j, \Sigma_j)} \quad \text{where, } \pi_k = \frac{N_k}{N}$$

Latent Variable

將 N_k 解釋為分布給聚類 (classes) k 的有效點數。

二、期望最大化 (expectation maximization, EM)

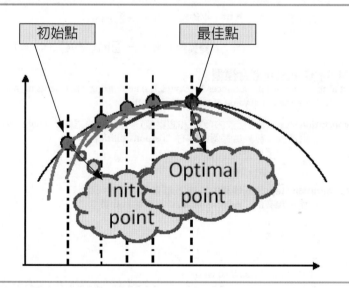

圖 3-33 EM 演算法是一種局部疊代優化 (iterative optimization) 技術

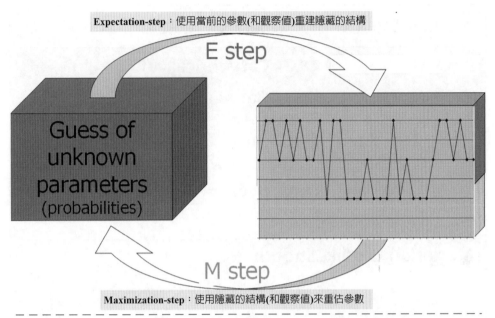

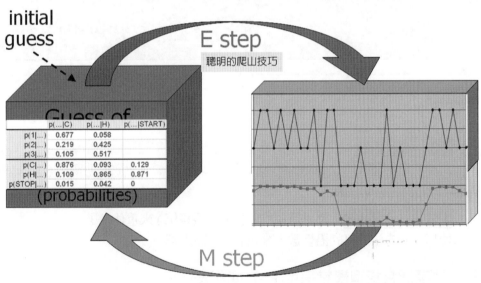

圖 3-34 潛在馬爾可夫 (hidden Markov) 模型 (聰明的爬山技巧)

資料： $\mathcal{D} = \{\mathbf{x}^{(i)}\}_{i=1}^{N}$ where $\mathbf{x}^{(i)} \in \mathbb{R}^{M}$

生成故事：
$$z \sim \text{Categorical}(\boldsymbol{\phi})$$
$$\mathbf{x} \sim \text{Gaussian}(\boldsymbol{\mu}_z, \boldsymbol{\Sigma}_z)$$

模型：

Joint: $\quad p(\mathbf{x}, z; \boldsymbol{\phi}, \boldsymbol{\mu}, \boldsymbol{\Sigma}) = p(\mathbf{x}|z; \boldsymbol{\mu}, \boldsymbol{\Sigma})p(z; \boldsymbol{\phi})$

Marginal: $\quad p(\mathbf{x}; \boldsymbol{\phi}, \boldsymbol{\mu}, \boldsymbol{\Sigma}) = \sum_{z=1}^{K} p(\mathbf{x}|z; \boldsymbol{\mu}, \boldsymbol{\Sigma})p(z; \boldsymbol{\phi})$

(Marginal) Log-likelihood:
$$\ell(\boldsymbol{\phi}, \boldsymbol{\mu}, \boldsymbol{\Sigma}) = \log \prod_{i=1}^{N} p(\mathbf{x}^{(i)}; \boldsymbol{\phi}, \boldsymbol{\mu}, \boldsymbol{\Sigma})$$
$$= \sum_{i=1}^{N} \log \sum_{z=1}^{K} p(\mathbf{x}^{(i)}|z; \boldsymbol{\mu}, \boldsymbol{\Sigma})p(z; \boldsymbol{\phi})$$

圖 3-35　混合模型 (mixture-model) 之數學式

Expectation-step：使用當前的參數 (和觀察值) 重建隱藏的結構
對於給定的參數值 (parameter values)，可以計算潛在變數的期望值 (expected values of the latent variable)。

Maximization-step：使用隱藏的結構 (和觀察值) 來重估參數
使用 ML 方法計算的潛變數，來更新模型的參數。

三、高斯混合模型最常採用 EM 演算法

在給定高斯混合模型的情況下，EM 目標是求得：類別 (class) 和混合係數的平均值 μ_j 和共變數矩陣 $\sum_j$ 的參數，來最大化概似函數。

Step-1　初始化平均值 μ_j，共變數 $\sum_j$ 和混合係數 π_j，並計算 log likelihood 的初始值。

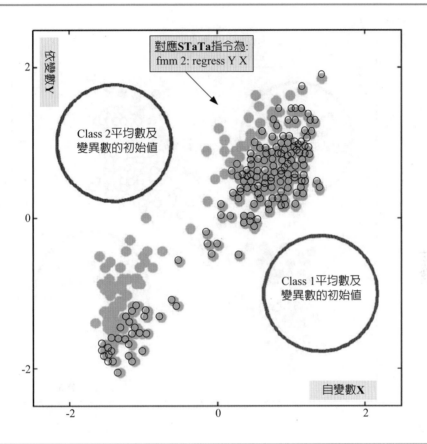

圖 3-36 給任一初始值

Step-2 E-Step：使用當前的參數 (和觀察值) 重建隱藏的結構，用目前參數值來計算事後機率 (又稱 responsibilities)。

$$\gamma_j(x) = \frac{\pi_k N(x \mid \mu_k, \Sigma_k)}{\sum_{j=1}^{K} \pi_j N(x \mid \mu_j, \Sigma_j)}$$

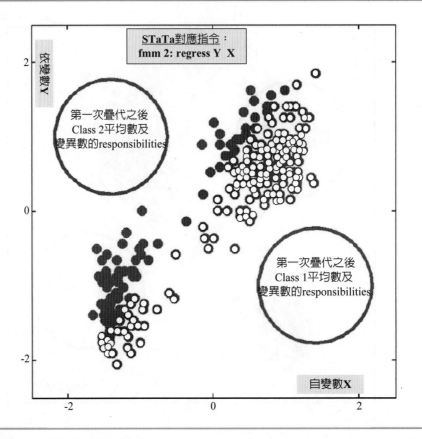

圖 3-37 使用目前參數值來計算事後機率 (又稱 responsibilities)

Step-3 M-Step ：使用隱藏的結構 (和觀察值) 來重估參數，用目前 responsibilities 重新計算參數值。

$$\mu_j = \frac{\sum\limits_{n=1}^{N} \gamma_j(x_n) x_n}{\sum\limits_{n=1}^{N} \gamma_j(x_n)}$$

$$\Sigma_j = \frac{\sum\limits_{n=1}^{N} \gamma_j(x_n)(x_n - \mu_j)(x_n - \mu_j)^T}{\sum\limits_{n=1}^{N} \gamma_j(x_n)}$$

$$\pi_j = \frac{1}{N} \sum\limits_{n=1}^{N} \gamma_j(x_n)$$

Step-4 計算 log likelihood

$$\ln p(X|\mu, \Sigma, \pi) = \sum_{n=1}^{N} \ln \left\{ \sum_{k=1}^{K} \pi_k N(x_n | \mu_k, \Sigma_k) \right\}$$

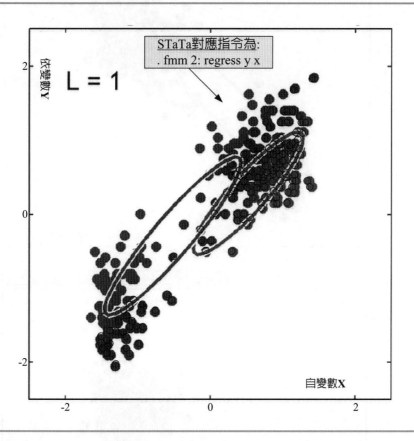

圖 3-38 計算 log likelihood 值

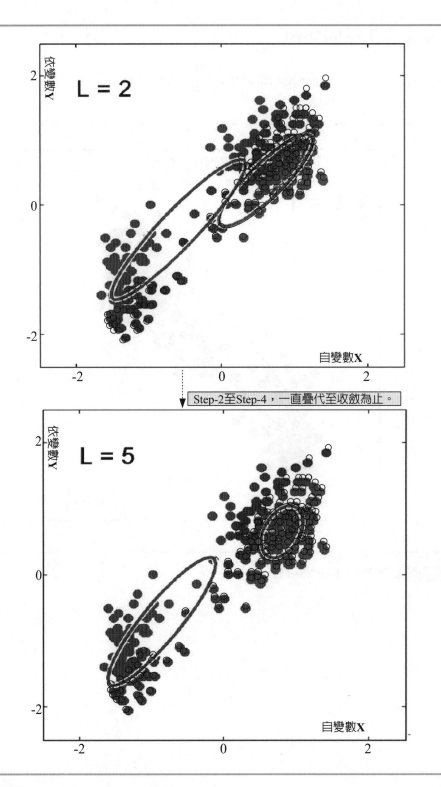

圖 3-39　Step-2 至 Step-4，一直疊代至收斂為止

Step-5 若未達到收斂，則重複「Step-2 至 Step-4」，一直疊代至收斂爲止。

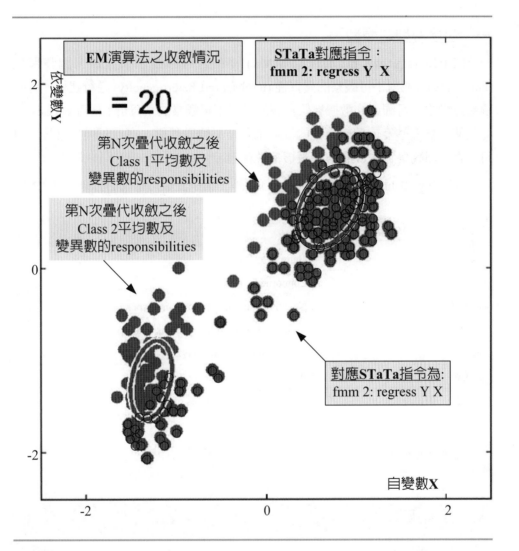

圖 3-40 疊代至收斂的結果之情況

3-4-2 混合模型有十七種：STaTa 指令語法

一、混合模型之類型

Finite mixture models (FMMs) 旨在對可觀察值來分類，調整聚類 (clustering)，並對不可觀察的異質性 (unobserved heterogeneity) 進行建模。有限混合建模中，可觀察的數據被假定屬於幾個不可觀察的子母群 (稱為 classes)，並且使用機率密度或迴歸模型的混合來對結果變數建模。在適配模型之後，也可以對每個觀察值之 classes 成員機率做預測。

STaTa v12 的 fmm「mix(density)」選項，結果變數可搭配的分布，有七種：

分布 (density)	說明
gamma	Gamma 分布
lognormal	Lognormal
negbin1	Negative Binomial-1 (constant dispersion)
negbin2	Negative Binomial-2 (mean dispersion)
normal	Normal or Gaussian
poisson	Poisson
studentt	Student-t with df degrees of freedom

STaTa v15 的「fmm: density 」選項，結果變數可搭配的分布，有下列十七種：

分布 (density)	說明
Linear regression models	
fmm: regress	Linear regression
fmm: truncreg	Truncated regression
fmm: intreg	Interval regression
fmm: tobit	Tobit regression
fmm: ivregress	Instrumental-variables regression (工具變數迴歸)
Binary-response regression models	
fmm: logit	Logistic regression, reporting coefficients
fmm: probit	機率迴歸 (Probit regression)
fmm: cloglog	Complementary log-log regression

分布 (density)	說明
Ordinal-response regression models	
fmm: ologit	Ordered logistic regression
fmm: oprobit	Ordered probit regression
Categorical-response regression models	
fmm: mlogit	Multinomial (polytomous) logistic regression
Count-response regression models	
fmm: poisson	Poisson regression
fmm: nbreg	Negative binomial regression
fmm: tpoisson	Truncated Poisson regression
Generalized linear models	
fmm: glm	Generalized linear models
Fractional-response regression models	
fmm: betareg	Beta regression
Survival regression models	
fmm: streg	Parametric survival models

「fmm:」可選擇十七種分布之一，來適配你的依變數的分布。

二、高斯 (常態) 線性混合模型之指令語法

「fmm: regress」指令語法如下表：

Basic syntax

    fmm #: regress *depvar* [*indepvars*] [, *options*]

Full syntax

    fmm # [*if*] [*in*] [*weight*] [, *fmmopts*]: regress *depvar* [*indepvars*] [, *options*]

where # specifies the number of class models.

options	說明
Model	
noconstant	suppress the constant term

fmmopts	說明
Model	
lcinvariant (*pclassname*)	specify parameters that are equal across classes; default is lcinvariant (none)
lcprob (*varlist*)	specify independent variables for class probabilities
lclabel (*name*)	name of the categorical latent variable; default is lclabel (Class)
lcbase(#)	base latent class
constraints (*constraints*)	apply specifie linear constraints
collinear	keep collinear variables
SE/Robust	
vce (*vcetype*)	*vcetype* may be oim, robust, or cluster *clustvar*
Reporting	
level (#)	set confidence level; default is level (95)
nocnsreport	do not display constraints
noheader	do not display header above parameter table
nodvheader	do not display dependent variables information in the header
notable	do not display parameter table
display_options	control columns and column formats, row spacing, line width, display of omitted variables and base and empty cells, and factor-variable labeling
Maximization	
maximize_options	control the maximization process
startvalues (*svmethod*)	method for obtaining starting values; default is startvalues (factor)
emopts (*maxopts*)	control EM algorithm for improved starting values
noestimate	do not fit the model; show starting values instead
coeflegend	display legend instead of statistics

pclassname	說明
cons	intercepts and cutpoints
coef	fixed coefficients
errvar	covariances of errors
scale	scaling parameters
all	all the above
none	none of the above; the default

「fmm: regress」指令旨在適配線性迴歸的混合模型 (fits mixtures of linear regression models)，常見的指令語法如下表：

---

* Mixture of two normal distributions of y
. fmm 2: regress y

---

* Mixture of seven normal distributions of y with variances constrained to be equal
. fmm 7, lcinvariant(errvar): regress s y

---

* Mixture of two linear regression models of y on x1 and x2
. fmm 2: regress y x1 x2

---

* As above, but with class probabilities depending on z1 and z2
. fmm 2, lcprob(z1 z2): regress s y x1 x2

---

* With robust standard errors
. fmm 2, vce(robust): regress y x1 x2

---

* Constrain coefficients on x1 and x2 to be equal across classes
. fmm 2, lcinvariant(coef): regress y x1 x2

3-4-3a 雙高斯混合模型：重點回顧

一、動機

1. 問題： 如何分析 mixture model(MM) 之資料呢？

2. 做法 (approach)： 首先決定 MM 屬性 (例如：採用 Gauss distribution、潛在 classes 有兩個)，再估計參數 (parameters)θ 值。

假定資料集 (dataset) 是由兩個混合的高斯分布所產生的：

$$\text{Gaussian model 1:} \quad \theta_1 = \{\mu_1, \sigma_1; p_1\}$$
$$\text{Gaussian model 2:} \quad \theta_2 = \{\mu_2, \sigma_2; p_2\}$$

如果我們知道每個 bin 的成員 (memberships)，估計兩個高斯模型就容易了。

若不知道 bins 的成員，如何估計兩個高斯模型呢？

二、重點複習

1. 隨機獨立 (stochastically independent)

$$p(A, B) = p(A)\,p(B)$$

2. Bayes' rule

$$p(X \mid \theta) = \frac{p(X, Y \mid \theta)}{p(Y \mid X, \theta)}$$

3. 對數 (logarithm) 運算

$$\ln ab = \ln a + \ln b$$

4. 期望值 (expectation)

$$E[Y \mid X = x] = \int y \, f_{Y|X}(x, y) \, dy$$

5. 分類數據的類型

(1) 資料檔完整 (complete) 時，是：

x	y	z
$x^{(1)}$	2	0 1 0 ⋯
$x^{(2)}$	3	0 0 1 ⋯
$x^{(3)}$	1	1 0 0 ⋯
⋮	⋮	⋮ ⋮ ⋮ ⋮

(2) K-means：資料檔是不完整 (incomplete)，但我們使用特定成本函數 (specific cost function) 來完成它。

x	y	z
$x^{(1)}$	?	0 1 0 ⋯
$x^{(2)}$	?	0 0 1 ⋯
$x^{(3)}$	?	1 0 0 ⋯
⋮	⋮	⋮ ⋮ ⋮ ⋮

(3) EM：資料檔是不完整 (incomplete)，但是我們使用後驗機率來完成它 (but we complete it using posterior probabilities (a "soft" class membership))。

x	y	z			
$x^{(1)}$	?	$P(z_1 = 1\|x^{(1)}, \theta)$	$P(z_2 = 1\|x^{(1)}, \theta)$	$P(z_3 = 1\|x^{(1)}, \theta)$	$\cdots$
$x^{(2)}$	?	$P(z_1 = 1\|x^{(2)}, \theta)$	$P(z_2 = 1\|x^{(2)}, \theta)$	$P(z_3 = 1\|x^{(2)}, \theta)$	$\cdots$
$x^{(3)}$	?	$P(z_1 = 1\|x^{(3)}, \theta)$	$P(z_2 = 1\|x^{(3)}, \theta)$	$P(z_3 = 1\|x^{(3)}, \theta)$	$\cdots$
$\vdots$	$\vdots$	$\vdots$	$\vdots$	$\vdots$	$\vdots$

三、Gaussian mixture 採用 EM 演算法之疊代過程

1. 疊代 (iteration)-0：

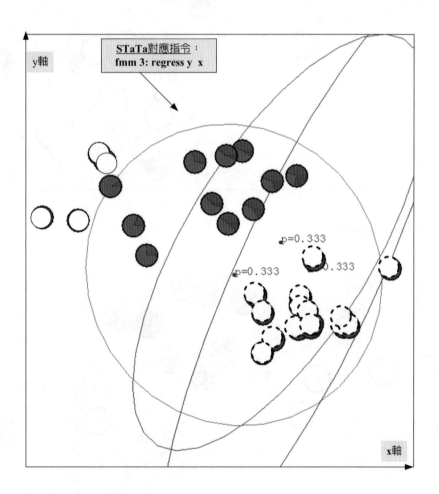

2. 疊代 (iteration)-1：

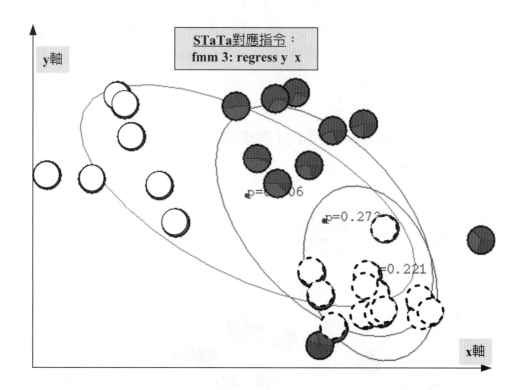

3. 疊代 (iteration)-2：

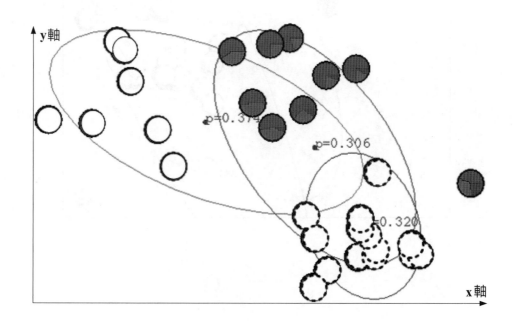

4. 疊代 **(iteration)-3**：

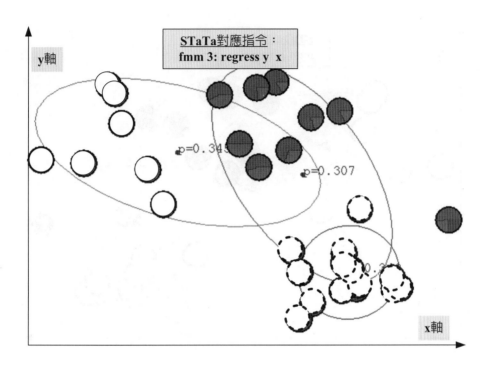

5. 疊代 **(iteration)-4**：

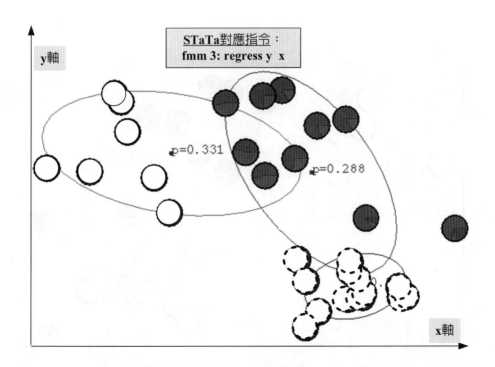

6. 疊代 (iteration)-5：

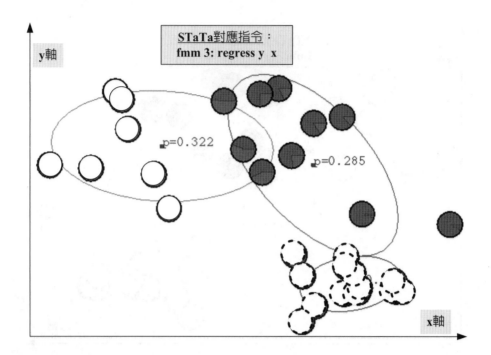

7. 疊代 (iteration)-6：

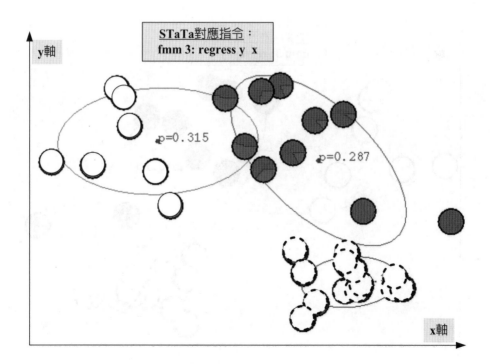

8. 疊代 (iteration)-20：最後求得三個 classes

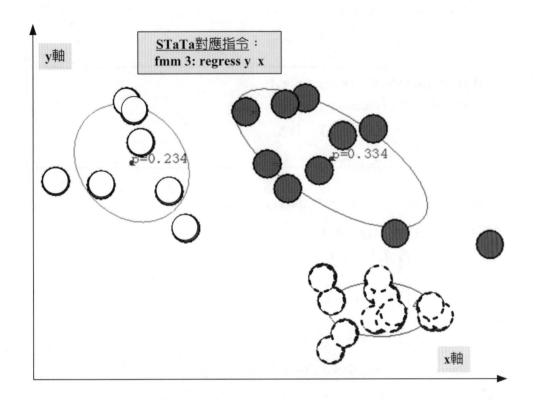

四、求 likelihood

1. 通過調整 Θ 來最大化 L 的期望 (maximize expectation of L by tweaking Θ)

由於分析很困難，故才使用 Expectation Maximization 法。誠如 Dempster 等人 (1977) 所說：「*Maximum likelihood from incomplete data via the EM algorithm*」，它被證明是會收斂的 (convergence)。

3-4-3b EM 演算法是使訓練數據的對數概似函數最大化：簡單版

※ 對數概似函數如何找到最大化機率值

1. 數據點 x 的概似 (likelihood) 為：

$$p(x) = p(x, \theta_1) + p(x, \theta_2) = p(x|\mu_1, \sigma_1)p_1 + p(x|\mu_2, \sigma_2)p_2$$

$$p(x|\mu_1, \sigma_1) = \frac{1}{\sqrt{2\pi\sigma_1^2}} \exp\left(-\frac{(x-\mu_1)^2}{2\sigma_1^2}\right), p(x|\mu_1, \sigma_1) = \frac{1}{\sqrt{2\pi\sigma_2^2}} \exp\left(-\frac{(x-\mu_2)^2}{2\sigma_2^2}\right)$$

$$p_1 = p(\theta_1) = p(z_1 = 1) \text{ and } p_2 = p(\theta_2) = p(z_2 = 1)$$
$$\theta_1 = (\mu_1, \sigma_1) \text{ and } \theta_2 = (\mu_2, \sigma_2)$$

2. 假設

你有 unlabeled **data** $X = \{x_1, x_2, \cdots, x_R\}$

　　你知道有 K 類 (classes)

　　你知道：$P(\theta_1) P(\theta_2) P(\theta_3) \cdots P(\theta_k)$

　　但你知道：$\mu_1 \mu_2 .. \mu_k$

因此可寫成 $P(X \mid \mu_1 \cdots \mu_k) = P(\textbf{data} \mid \mu_1 \cdots \mu_k)$

$$= p(x_1 ... x_R \mid \mu_1 ... \mu_k)$$
$$= \prod_{i=1}^{R} p(x_i \mid \mu_1 ... \mu_k)$$
$$= \prod_{i=1}^{R} \sum_{j=1}^{k} p(x_i \mid \theta_j, \mu_1 ... \mu_k) P(\theta_j)$$
$$= \prod_{i=1}^{R} \sum_{j=1}^{k} K \exp\left(-\frac{1}{2\sigma^2}(x_i - \mu_j)^2\right) P(\theta_j)$$

3. EM algorithm：log-likelihood 值會隨著每一步而增加

$$\log p\left(\mathbf{x}^{(1)}, \cdots, \mathbf{x}^{(N)} \big| \theta\right) = \log\left[p\left(\mathbf{x}^{(1)} \big| \theta\right) p\left(\mathbf{x}^{(2)} \big| \theta\right) \cdots p\left(\mathbf{x}^{(N)} \big| \theta\right) \right]$$
$$= \sum_{i=1}^{N} \log p\left(\mathbf{x}^{(i)} \big| \theta\right)$$
$$= \sum_{i=1}^{N} \log\left[P(z_1 = 1) N\left(\mathbf{x}^{(i)} \big| \mu_1, \Sigma_1\right) + P(z_2 = 1) N\left(\mathbf{x}^{(i)} \big| \mu_2, \Sigma_2\right) \right]$$

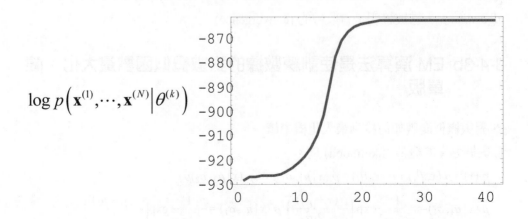

4. GMM 模型最大化 (maximize GMM model)

$$l = \Sigma_{i=1}^{n}\log p(x_i)= \Sigma_{i=1}^{n}\log \{p(x|\,\mu_1,\,\sigma_1)p_1 + p(x|\,\mu_2,\,\sigma_2)p_2\}$$

$$p\,(x\,|\,\mu_1,\,\sigma_1) = \frac{1}{\sqrt{2\pi\sigma_1^2}}\exp\left(-\frac{(x-\mu_1)^2}{2\sigma_1^2}\right),\, p\,(x\,|\,\mu_1,\,\sigma_1) = \frac{1}{\sqrt{2\pi\sigma_2^2}}\exp\left(-\frac{(x-\mu_2)^2}{2\sigma_2^2}\right)$$

3-4-3c 雙高斯混合模型 (fmm 2: regress 指令)：婦女全薪 wagefull

範例：雙高斯混合模型 (fmm 2: regress 指令)：婦女全薪 wagefull

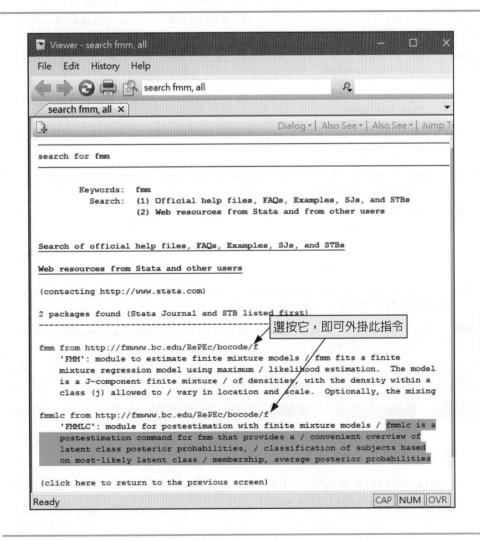

圖 3-41　「findit fmm」出現畫面，讓你安裝 fmm, fmmlc 二個外掛指令 (STaTa v12 版)

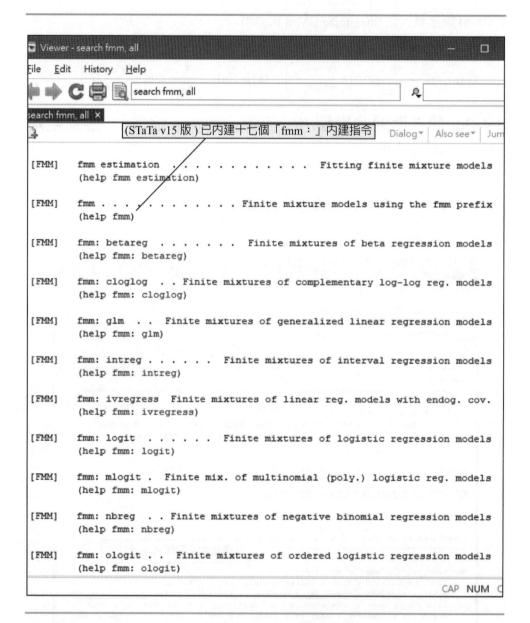

圖 3-42 「search fmm , all」出現畫面，STaTa v15 版已內建十七個「fmm：」估計法

fmm 估計法旨在「Fitting finite mixture models」。

Finite mixture models (FMMs) 旨在對可觀察值來分類，調整聚類 (clustering)，並對不可觀察的異質性 (unobserved heterogeneity) 進行建模。有限

混合建模中，可觀察的數據被假定屬於幾個不可觀察的子母群 (稱為 classes)，並且使用機率密度或迴歸模型的混合來對結果變數建模。在適配模型之後，也可以對每個觀察值之 classes 成員機率做預測。

範例：雙高斯混合模型 (「fmm 2: regress」指令)

(一) 問題說明

為了解婦女薪資之影響因素有哪些？(分析單位：個人)

研究者收集歐洲七個國家 2000 名婦女，此「womenwk.dta」資料檔內容之變數如下，由於結果變數 wagefull 違反 OLS「常態性」假定，故取自然對數 Ln(x)。

變數名稱	說明	編碼 Codes/Values
結果變數 / 依變數：wagefull	Ln(婦女薪資)	-1.680425~45.80979 歐元
解釋變數 / 自變數：education	學歷	10~20 年
解釋變數 / 自變數：age	年齡	20~59 歲
解釋變數 / 自變數：married	性別	0,1 (binary data)

(二) 資料檔之內容

「womenwk.dta」資料檔內容如圖 3-43 所示。

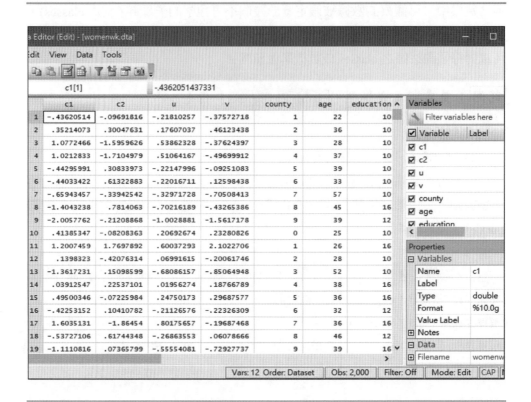

圖 3-43 「womenwk.dta」資料檔內容 (N= 七個國家 2,000 個人，潛在類別 (class)=2)

(三) 觀察資料之特徵

```
* Mixture of normals
. use womenwk, clear

. gen id= _n

* 繪依變數散布圖
. twoway (scatter wagefull id, sort)

. twoway (scatter wagefull age, sort)
```

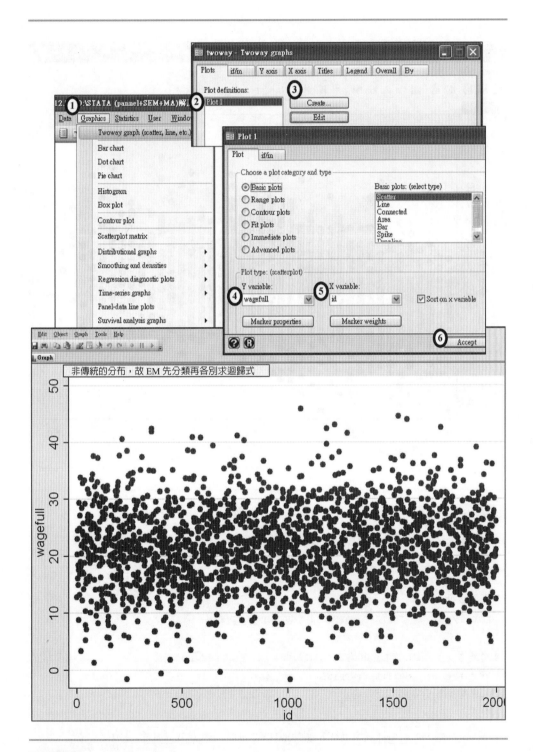

圖 3-44 「twoway (scatter wagefull id, sort)」散布圖

註：Graphics > Twoway graph (scatter, line, etc.)

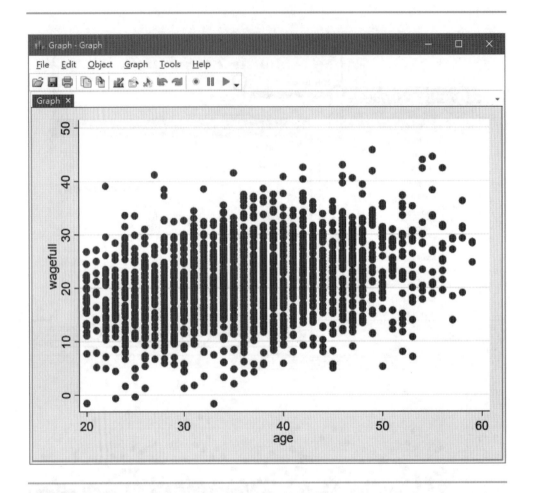

圖 3-45 「twoway (scatter wagefull age, sort)」散布圖

註：Graphics > Twoway graph (scatter, line, etc.)

```
. use womenwk, clear
* 求雙高斯分布
.quietly fmm 2: regress wagefull educ age married

* 將最近一次迴歸分析之 density marginal，存至 den 變數
. predict den, density marginal
* 繪出雙高斯分布圖

. histogram wagefull , bin(80) addplot(scatter den wagefull , sort)
```

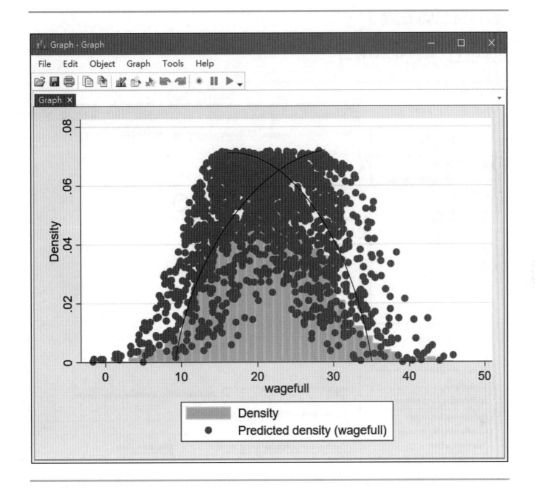

圖 3-46 「histogram wagefull , bin(80) addplot(scatter den wagefull , sort)」繪出雙高斯分布圖

(四) 分析結果與討論

Step 1　雙高斯混合模型

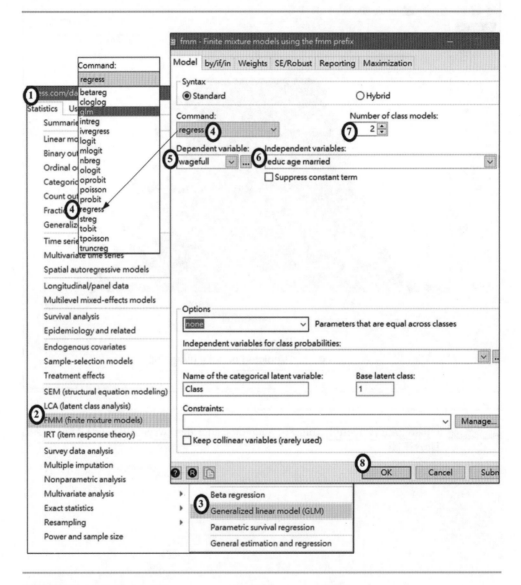

圖 3-47　「fmm 2：regress wagefull educ age married」畫面

| Step 1-1 | 雙高斯混合迴歸分析 |

```
* STaTa v12 版，才須先安裝 fmm 外掛指令；STaTa v15 版已內建十七個「fmm：」估計法
. findit fmm

* Mixture of normals
. use womenwk, clear
*----- STaTa v12 的 General estimation and regression 如下 :--------
. fmm wagefull educ age married, mix(normal) comp(2)

*----- STaTa v15 的 General estimation and regression 如下 :--------
. fmm 2: regress wagefull educ age married

Fitting class model:

Iteration 0:    (class) log likelihood = -1386.2944
Iteration 1:    (class) log likelihood = -1386.2944

Fitting outcome model:

Iteration 0:    (outcome) log likelihood = -6249.5888
Iteration 1:    (outcome) log likelihood = -6249.5888

Refining starting values:

Iteration 0:    (EM) log likelihood = -7502.6467
Iteration 1:    (EM) log likelihood = -7499.5751
∘∘∘ ( 略 )
Iteration 20:   (EM) log likelihood = -7581.9448
Note: EM algorithm reached maximum iterations.

Fitting full model:

Iteration 0:    log likelihood =  -6392.445
∘∘∘ ( 略 )
Iteration 5:    log likelihood = -6391.6167

Finite mixture model                          Number of obs    =    2,000
Log likelihood = -6391.6167
```

```
-----------------------------------------------------------------------
             |      Coef.   Std. Err.     z    P>|z|    [95% Conf. Interval]
-------------+---------------------------------------------------------
1.Class      |  (base outcome)   當比較的基準點 當比較的基準點
-------------+---------------------------------------------------------
2.Class      |
       _cons |  -.8584994   1.019713   -0.84   0.400   -2.857101    1.140102
-----------------------------------------------------------------------
```

```
Class       : 1
Response    : wagefull
Model       : regress
```

```
-----------------------------------------------------------------------
             |      Coef.   Std. Err.     z    P>|z|    [95% Conf. Interval]
-------------+---------------------------------------------------------
wagefull     |
   education |  1.117715    .1173112    9.53   0.000    .8877893    1.347641
         age |  .1452634    .0341863    4.25   0.000    .0782594    .2122674
     married | -.8294215    .725049    -1.14   0.253   -2.250492    .5916485
       _cons |  .7815044    1.598794    0.49   0.625   -2.352075    3.915083
-------------+---------------------------------------------------------
var(e.wagefull)| 32.14027   2.634294                    27.37052    37.74123
-----------------------------------------------------------------------
```

```
Class       : 2
Response    : wagefull
Model       : regress
```

```
-----------------------------------------------------------------------
             |      Coef.   Std. Err.     z    P>|z|    [95% Conf. Interval]
-------------+---------------------------------------------------------
wagefull     |
   education |  .7399889    .2154407    3.43   0.001    .3177329    1.162245
         age |  .2819419    .0879547    3.21   0.001    .1095539    .4543299
     married |  1.942499    1.45219     1.34   0.181   -.9037407    4.788738
       _cons |  2.953027    2.624043    1.13   0.260   -2.190002    8.096056
-------------+---------------------------------------------------------
var(e.wagefull)| 27.94325   5.042294                    19.61913    39.79919
-----------------------------------------------------------------------
```

1. Class 1 高薪知識工作群之 線性迴歸式 為：

wagefull = 0.782 + 1.1177×education + 0.145×age − 0.829×married

婦女薪資 = 0.782 + 1.1177× 學歷 + 0.145× 年齡 − 0.829× 結婚嗎

Class 2 低薪勞力工作群之 線性迴歸式 為：

wagefull = 2.95 + 0.740×education + 0.282×age + 1.942×married

婦女薪資 = 2.95 + 0.740× 學歷 + 0.282× 年齡 + 1.942× 結婚嗎

2. Class 1 中，依變數 (婦女薪資 (wagefull)) 的誤差變異數為 32.14。其 95% 信賴區間為 [27.370, 37.741]，不含零值，故誤差變異數達到 $\alpha=0.05$ 顯著水準。

Class 2 中，依變數 (婦女薪資 (wagefull)) 的誤差變異數為 27.943。其 95% 信賴區間為 [19.619, 39.799]，亦不含零值，故誤差變異數達到 $\alpha=0.05$ 顯著水準。

二類組之 95% 信賴區間都達顯著水準，表示你不可忽視這「兩個類」依變數誤差變異的差異。

Step 2 各潛在類別之邊際平均數及邊際機率

```
* estat lcmean 指令印出 Latent class marginal means (μ)
. estat lcmean

Latent class marginal means                    Number of obs    =    2,000

-------------------------------------------------------------------------
            |            Delta-method
            |   Margin   Std. Err.     z    P>|z|   [95% Conf. Interval]
------------+------------------------------------------------------------
1           |
   wagefull |  20.10926  .842751    23.86   0.000    18.4575    21.76102
------------+------------------------------------------------------------
2           |
   wagefull |  24.14604  1.421876   16.98   0.000    21.35921   26.93287
-------------------------------------------------------------------------

* Estimated probabilities of membership in the two classes (π_i)
. estat lcprob

Latent class marginal probabilities            Number of obs    =    2,000
```

```
------------------------------------------------------------
            |           Delta-method
            |    Margin   Std. Err.     [95% Conf. Interval]
------------+-----------------------------------------------
      Class |
          1 |   .702347   .2131769      .2423016    .9456846
          2 |   .297653   .2131769      .0543154    .7576984
------------------------------------------------------------
```

1. 潛在 Class 1 之婦女平均薪資 μ_1 (wagefull = 20.10926)。「class 1 機率 π_1」占全體樣本 70.23%。薪資低於 Class 2 。

2. 潛在 Class 2 之婦女平均薪資 μ_2 (wagefull = 24.146)。「class 2 機率 π_2」占全體樣本 29.77%。

3. 由於 Class 2 之婦女平均薪資高於 Class 1 ，故可命名： Class 2 為高薪知識工作群； Class 1 為低薪勞力工作群。

4. **Latent variable representation(潛在類別)** 為：

$$p(x) = \sum_{i=0}^{k} \pi_i N(x \mid \mu_k, \Sigma_k) = \sum_z p(z)p(x \mid z)$$

其中，$p(z) = \prod_{k=1}^{K} \pi_k^{z_k}$

$$p(x \mid z) = \prod_{k=1}^{K} N(x \mid \mu_k, \Sigma_k)^{z_k}$$

| Step 3 | 各類的平均值，繪成直方圖

```
* 將各類的平均值，存至 mu1, mu2 新變數
. predict mu*
(option mu assumed)
* 各類的平均值，繪成直方圖
. twoway (histogram mu1, width(.25) color(navy%25)) (histogram mu2, width(.25)
  color(maroon%25) legend(off) title(" 二類的預測值 "))
```

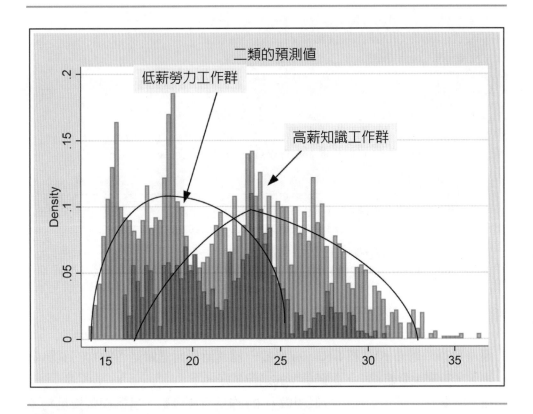

圖 3-48 雙混合模型預測之 (薪資) 平均值直方圖

| Step 4 | 敵對模型，用 **BIC** 值來判定哪個適配度較優？ |

```
* STaTa v12 版，才須先安裝 fmm 外掛指令；STaTa v15 版已內建十七個「fmm：」估計法
. use womenwk, clear

*-----  STaTa v15 的 General estimation and regression 如下：--------
* 對照組一：傳統 OLS 迴歸 ( 單高斯模型 )
. quietly fmm 1: regress wagefull educ age married
. estimates store fmm1

* 對照組二：fmm 分成三個潛在類別 ( 雙高斯混合模型 )
. quietly fmm 2: regress wagefull educ age married
. estimates store fmm2
```

```
.  * 對照組三 :fmm 分成三個潛在類別 ( 參高斯混合模型 )
.  quietly fmm 3: regress wagefull educ age married
.  estimates store fmm3

.  * 求 AIC BIC 值
.  estimates stats fmm1 fmm2 fmm3

Akaike's information criterion and Bayesian information criterion

-------------------------------------------------------------------------------
     Model |       Obs   ll(null)   ll(model)       df         AIC        BIC
----------+--------------------------------------------------------------------
      fmm1 |     2,000          .   -6396.574        5    12803.15   12831.15
      fmm2 |     2,000          .   -6391.617       11    12805.23   12866.84
      fmm3 |     2,000          .   -6386.892       17    12807.78   12903.00
-------------------------------------------------------------------------------
```

1. 模型選擇準則之 AIC 和 BIC，亦屬於一種判斷任何迴歸是否恰當的資訊準則，一般來說數值越小，迴歸模型的適配越好。

   很多參數估計問題均採用概似函數 (LR) 作為目標函數，當訓練數據足夠多時，可以不斷提高模型精簡度，卻提高模型複雜度為付出的代價，同時帶來一個機器學習中非常普遍的問題：過度聚合。所以，模型選擇問題在模型複雜度與模型精簡度 (即概似函數) 之間須尋求最佳平衡。

   學者提出許多資訊準則，來平衡模型複雜度的懲罰項以避免過度聚合問題，此處我們介紹最常用的兩個模型選擇方法：Akaike 資訊準則 (Akaike information criterion, AIC) 和 Bayesian 資訊準則 (Bayesian information criterion, BIC)。

   AIC 是衡量統計模型聚合優良性的一種標準，由日本統計學家 Akaike 在 1974 年提出，它建立在熵的概念上，提供了權衡估計模型複雜度和聚合數據優良性的標準。從一組可供選擇的模型中選擇最佳模型時，通常選擇 AIC 最小的模型。

補充說明：迴歸模型之適配度指標：IC

1. R square 代表的是一個迴歸模型的解釋能力，假設某一線性迴歸之決定係數 R Square = 0.642，即 $R^2 = 0.642$，表示此模型的解釋能力高達 64.2%。

2. AIC (Akaike information criterion) 屬於一種判斷任何迴歸 (e.g 時間序列模型) 是否恰當的訊息準則，一般來說數值越小，線性模型的適配較好。二個敵對模型優劣比較，是看誰的 IC 指標小，那個模型就較優。

$$AIC = T \times Ln(SS_E) + 2k$$

$$BIC = T \times Ln(SS_E) + k \times Ln(T)$$

3. BIC (Bayesian information criterion) 亦屬於一種判斷任何迴歸是否恰當的訊息準則，一般來說數值越小，線性模型的適配較好。但較少有研究者用它。

4. 判定係數 R^2、AIC 與 BIC，雖然是幾種常用的準則，但是卻沒有統計上所要求的「顯著性」。故 LR test(概似比) 就出頭天，旨在比對兩個模型 (如 HLM vs. 單層固定效果 OLS) 是否顯著的好。

2. 用傳統 OLS 估計單高斯 (常態) 模型，求得 BIC= 12803.15 最小，略小於雙高斯混合模型 BIC=12805.23；且略小於參高斯混合模型 BIC=12807.78。但由於這三個模型 BIC 過於相近，故應改由文獻回顧來決定分類 (class/component) 的數目。

3-4-4 參高斯混合模型 (fmm 3: regress 指令)：Ln(醫療花費)

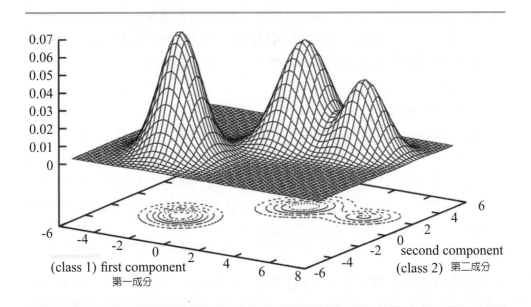

圖 3-49 混合機率密度函數的估計

範例：參高斯混合模型 (「fmm 3: regress」 指令)

(一) 問題說明

為了解個體之 Ln(醫療花費) 之影響因素有哪些？(分析單位：病人)

研究者收集數據並整理成下表，此「mus03sub.dta」資料檔內容之變數如下：

變數名稱	說明	編碼 Codes/Values
結果變數 / 依變數：lmedexp	Log of medical expenditures	1.098612 11.74094
解釋變數 / 自變數：sex	=1 if female	0,1 (binary data)
解釋變數 / 自變數：age	年齡	65~90
解釋變數 / 自變數：income	家戶所得 Annual household income/1000	-1~312.46
解釋變數 / 自變數：totchr	# of chronic problems	0~7

(二) 資料檔之內容

「mus03sub.dta」資料檔內容如圖 3-50。

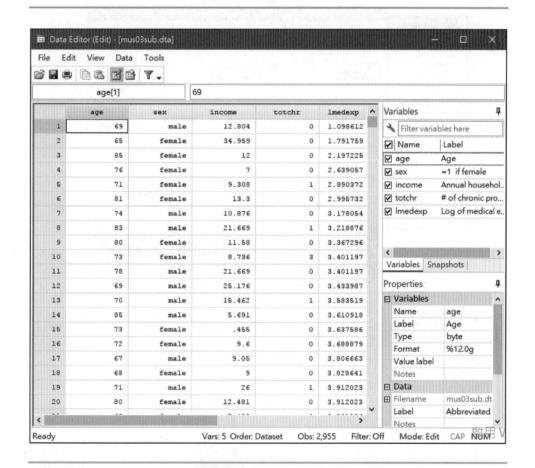

圖 3-50 「mus03sub.dta」資料檔內容 (N=2,955 個人，潛在類別 (class)=3)

(三) 資料的特徵

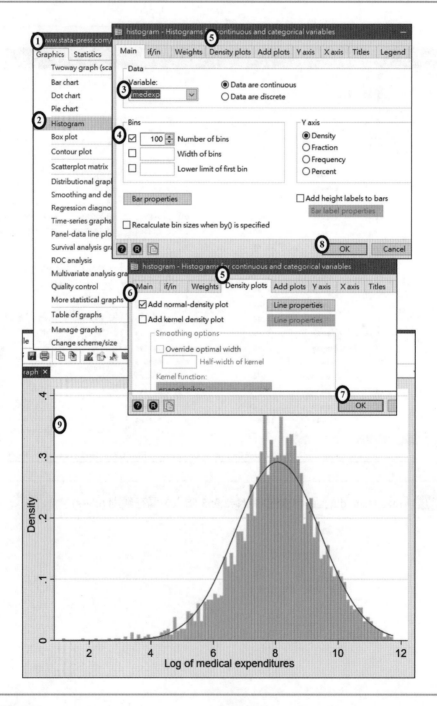

圖 3-51 「histogram lmedexp, bin(100) normal」繪直方圖

圖 3-51，結果變數 lmedexp 看起來像常態分布。事實上，它看起來好像可能來自單一的常態分布。可是，我們的模型包括共變數，而且此直方圖並沒有顯示：迴歸模型如何在不同組之間不同的跡象 (indication)。儘管本例，首先採用三組模型來適配，但我們仍要檢查具有單一分布或兩個分布的模型是否更適合這些數據。

```
. use http://www.stata-press.com/data/r15/mus03sub
(Abbreviated dataset mus03data from Cameron and Trivedi (2010))

. histogram lmedexp, bin(100) normal
(bin=100, start=1.0986123, width=.10642325)
```

(四) 分析結果與討論

Step 1 「**Mixture of three linear regression models**」

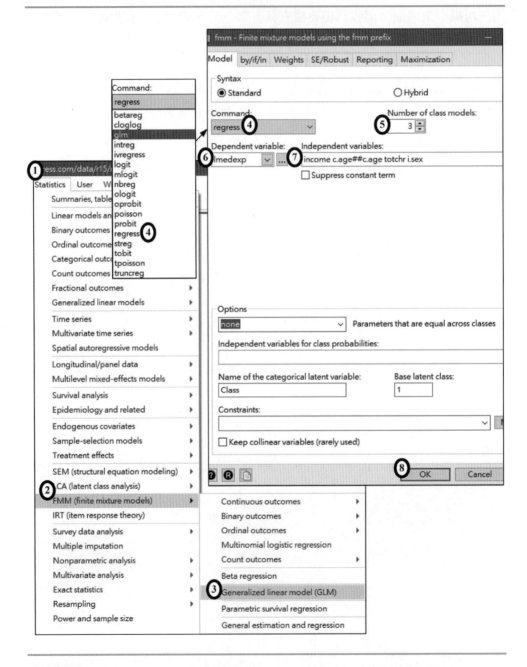

圖 3-52 「fmm 3：regress lmedexp income c.age ＃＃ c.age totchr i.sex」畫面

註：Statistics > FMM (finite mixture models) > General estimation and regression

```
*----- STaTa v15 的 General estimation and regression 如下 :--------
* 開啟資料檔
. webuse mus03sub, clear
(Abbreviated dataset mus03data from Cameron and Trivedi (2010))


* 符號「c.」宣告 age 變數為 Continuous 變數
* Mixture of three linear regression models
. fmm 3: regress lmedexp income c.age##c.age totchr i.sex


Finite mixture model                        Number of obs    =     2,955
Log likelihood = -4727.6738
```

	Coef.	Std. Err.	z	P>|z|	[95% Conf. Interval]
1.Class	(base outcome) 當比較的基準點				
2.Class					
_cons	1.162296	.292186	3.98	0.000	.5896216	1.73497
3.Class					
_cons	-1.153202	.3188697	-3.62	0.000	-1.778175	-.5282289

```
Class          : 1
Response       : lmedexp
Model          : regress
```

	Coef.	Std. Err.	z	P>|z|	[95% Conf. Interval]
lmedexp					
income	.0059804	.002604	2.30	0.022	.0008768	.0110841
age	.1201823	.2926979	0.41	0.681	-.4534951	.6938597
c.age#c.age	-.0007572	.0019417	-0.39	0.697	-.0045628	.0030483
totchr	.9223744	.0810612	11.38	0.000	.7634974	1.081251

```
        sex |
     female |   .0576508    .1453985     0.40    0.692     -.227325     .3426266
      _cons |   .6300965    10.96433     0.06    0.954     -20.8596     22.11979
------------+----------------------------------------------------------------

 var(e.lmedexp)|   1.43183    .1533984                      1.160642     1.766382
------------------------------------------------------------------------------
```

```
┌─────────────────────┐
│Class          : 2   │
└─────────────────────┘
Response       : lmedexp
Model          : regress
```

```
------------------------------------------------------------------------------
            |      Coef.   Std. Err.      z    P>|z|     [95% Conf. Interval]
------------+----------------------------------------------------------------
lmedexp     |
     income |   .0023725    .0012209     1.94    0.052    -.0000205     .0047655
        age |   .2136658    .1075408     1.99    0.047     .0028897     .424442
            |
 c.age#c.age|  -.0013195    .0007152    -1.84    0.065    -.0027213     .0000823
            |
      totchr |   .3106586    .0292864    10.61    0.000     .2532583     .3680589
            |
        sex |
     female |  -.0918924    .0543976    -1.69    0.091    -.1985097     .0147249
      _cons |  -.9546721    4.017561    -0.24    0.812    -8.828947     6.919602
------------+----------------------------------------------------------------

 var(e.lmedexp)|   .7966127    .0805009                      .6534764     .9711013
------------------------------------------------------------------------------
```

```
┌─────────────────────┐
│Class          : 3   │
└─────────────────────┘
Response       : lmedexp
Model          : regress
```

```
------------------------------------------------------------------------------
            |      Coef.   Std. Err.      z    P>|z|     [95% Conf. Interval]
------------+----------------------------------------------------------------
lmedexp     |
     income |   .0009315    .0048146     0.19    0.847    -.0085049     .0103679
```

```
        age |  -.2645947    .2637125    -1.00   0.316    -.7814618    .2522724
            |
 c.age#c.age |   .0015761     .001754     0.90   0.369    -.0018616    .0050138
            |
      totchr |   .186475     .0647115     2.88   0.004     .0596427    .3133072
            |
        sex |
     female |  -.1761484    .1371471    -1.28   0.199    -.4449517    .0926549
       _cons |   20.79524    9.853989     2.11   0.035     1.481775     40.1087
------------+
var(e.lmedexp)|  .3846891    .0983236                      .2331038     .634849
------------
```

1. 由於「fmm 3: regress」界定線性迴歸分析，採用 EM 演算法，先將線性模型分成三個潛在類別 (class/ component)，再進行線性迴歸分析。故迴歸式有三段，分別標示爲：Class 1、Class 2、Class 3。

2. 由於結果變數 lmedexp 爲「$\log_e$(醫療花費)」，取自然對數函數係因爲它違反 OLS「常態性」假定，故才經 Ln(x) 變數變換。因此，迴歸係數 (coefficients) 代表每增加一單位，依變數變化的百分比 (in terms of a percentage change)。例如：在 Class 3 中，其他自變數保持不變之下，totchr 每增加一單位，則 Class 3 的醫療花費就增加 18.6%。

3. 每個潛在類別之迴歸式估計，亦包括依變數誤差的變異數項，本例 Class 1 的變化性 (variability)(= 1.4319) 就比 Class 3 (=0.384) 高，表示 Class 1 樣本數據比 Class 3 更分散。

4. 上表第一表格，印出 latent class membership 的係數，依序印出「1.Class、2.Class、3.Class」，這些係數可視爲：多項式邏輯斯迴歸係數的意義來解釋 (mlogit 指令)，也就是說，他們很難解釋。故可在下列「estat lcprob」事後命令，將它們變成機率。

5. 由於依變數 (Ln(醫療消費)(lmedexp))，符合常態性假定，故適合「fmm: regresion」。本例，參高斯迴歸模型，分析結果如下：

Class 1 低醫療消費之健康群爲：

lmedexp=0.63+0.006×income+0.12×age-0.0007×(age#age)+0.92×totch +0.06×female

Class 2 中醫療消費群爲：

lmedexp=-0.95+0.002×income+0.21×age-0.001×(age#age)+0.31×totch -0.09×female

Class 3 高醫療消費之病貓群為：

lmedexp=20.80+0.0009×income+ -0.26×age + 0.002×(age#age) + 0.19 ×totch+ -0.18×female

Step 2 參高斯模型之邊際機率、邊際平均數

```
* estat lcmean 指令印出 Latent class marginal means
. estat lcmean

Latent class marginal means                    Number of obs    =    2,955

--------------------------------------------------------------------------
             |               Delta-method
             |    Margin   Std. Err.      z    P>|z|   [95% Conf. Interval]
-------------+------------------------------------------------------------
1            |
   lmedexp   |  7.185846   .1572402   45.70   0.000    6.877661    7.494031
-------------+------------------------------------------------------------
2            |
   lmedexp   |  8.143981   .0469051  173.63   0.000    8.052049    8.235914
-------------+------------------------------------------------------------
3            |
   lmedexp   |  10.15809   .1712913   59.30   0.000    9.822369    10.49382
--------------------------------------------------------------------------

* 印出 Latent class marginal probabilities「class 1 機率 $\pi_1$」「class 2 機率 $\pi_2$」
. estat lcprob, nose

Latent class marginal probabilities            Number of obs    =    2,955

--------------------------------------------------------------------------
             |    Margin
-------------+------------------------------------------------------------
     Class   |
         1   |   .2215875
         2   |   .708474
         3   |   .0699385
--------------------------------------------------------------------------
```

1. 本例，母群的個體分為三類，占樣本的人口比例分別為 0.22, 0.71 和 0.07。

2. 我們估計大約 22% 的觀察結果在第一組中，大約 71% 在第二組中，大約 7% 在第三組中。可是，我們仍然不知道哪個組別對應於哪個「醫療消費」階層。如果我們想計算每個群體的消費水平，可以用「estat lcmean」來計算每個類別的邊際平均值。

3. Latent variable representation(潛在類別) 為：

$$p(x) = \sum_{i=0}^{k} \pi_i N(x \mid \mu_k, \Sigma_k) = \sum_z p(z)p(x \mid z)$$

其中，$p(z) = \prod_{k=1}^{K} \pi_k^{z_k}$

$$p(x \mid z) = \prod_{k=1}^{K} N(x \mid \mu_k, \Sigma_k)^{z_k}$$

```
. estat lcmean
```

Latent class marginal means   Number of obs   =   2,955

		Delta-method				
	Margin	Std. Err.	z	P>|z|	[95% Conf. Interval]	
1						
lmedexp	7.185846	.1572402	45.70	0.000	6.877661	7.494031
2						
lmedexp	8.143981	.0469051	173.63	0.000	8.052049	8.235914
3						
lmedexp	10.15809	.1712913	59.30	0.000	9.822369	10.49382

三個潛在類組中，「醫療消費」階層，依序為 Class 1 平均花費 7.186、Class 2 平均花費 8.144、Class 3 平均花費 10.158。故，Class 1 對應於低醫療消費之健康群，Class 2 對應於中度醫療消費群，Class 3 對應於高醫療消費之病貓群。

Step 3 　各類的平均值，繪成直方圖

```
* 將各類的平均值，存至 mu1, mu2, mu3 新變數
. predict mu*
(option mu assumed)
* 各類的平均值，繪成直方圖
. twoway (histogram mu1, width(.1) color(navy%25)) (histogram mu2, width(.1)
  color(maroon%25)) (histogram mu3, width(.1) color(green%25) legend(off)
  title(" 三類的預測值 "))
```

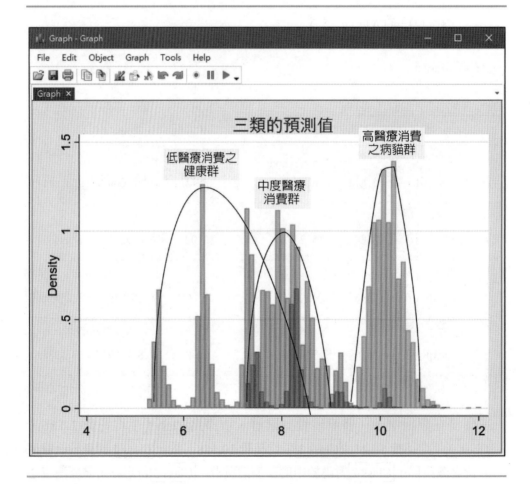

圖 3-53 　參高斯混合模型預測之 (醫療消費) 平均值直方圖

Step 4 高斯模型應分幾個潛在類別，才好呢？

由於 Class 1 和 Class 2 醫療費用相對接近，因此與 Class 3 醫療費用相比，我們可能會傾向於採用兩類模型。我們也可將三類別混合模型與一個類的模型進行比較，這個模型簡化為線性迴歸。

敵對模型，用 BIC 值來判定哪個適配度較優？

```
* STaTa v12 版，才須先安裝 fmm 外掛指令；STaTa v15 版已內建十七個「fmm：」估計法

*-----  STaTa v15 的 General estimation and regression 如下：--------
* 對照組一：傳統 OLS 迴歸 ( 單高斯模型 )
. quietly fmm 1 : regress lmedexp income c.age##c.age totchr i.sex
* 混合模型分析的係數，存至 fmm1 變數中
. estimates store fmm1
.* 對照組二 :fmm 分成二個潛在類別 ( 雙高斯混合模型 )
. quietly fmm 2 : regress lmedexp income c.age##c.age totchr i.sex
. estimates store fmm2
. * 對照組三 :fmm 分成三個潛在類別 ( 參高斯混合模型 )
* 混合模型分析的係數，存至 fmm3 變數中
. quietly fmm 3 : regress lmedexp income c.age##c.age totchr i.sex
. estimates store fmm3

* 求 AIC, BIC 值
. estimates stats fmm1 fmm2 fmm3

Akaike's information criterion and Bayesian information criterion

-----------------------------------------------------------------------
    Model |      Obs  ll(null)  ll(model)     df        AIC        BIC
----------+------------------------------------------------------------
     fmm1 |    2,955         .  -4807.386      7   9628.772   9670.711
     fmm2 |    2,955         .  -4758.177     15   9546.354   9636.223
     fmm3 |    2,955         .  -4727.674     23   9501.348   9639.147
-----------------------------------------------------------------------
```

1. AIC、BIC(Bayesian information criterion) 亦屬於一種判斷任何迴歸是否恰當的資訊準則，一般來說數值越小，迴歸模型的適配度越好。

資訊準則 (information criterion)：亦可用來說明模型的解釋能力 (較常用來作為模型選取的準則，而非單純描述模型的解釋能力。)

(1) AIC(Akaike information criterion)

$$AIC = \ln\left(\frac{ESS}{T}\right) + \frac{2k}{T}$$

(2) BIC(Bayes information criterion) 或 SIC(Schwartz) 或 SBC

$$BIC = \ln\left(\frac{ESS}{T}\right) + \frac{k\ln(T)}{T}$$

(3) AIC 與 BIC 越小，代表模型的解釋能力越好（用的變數越少，或是誤差平方和越小）。

2. 用傳統 OLS 估計單高斯 (常態) 模型，求得 BIC=9670.711，高於雙高斯混合模型 BIC= 9636.223 ，表示有限混合模型比傳統單一高斯模型優。

3. 改依 AIC，fmm 分成三個潛在類別，求得 AIC= 9501.348 最小 (最優)，小於 fmm 分成雙高斯模型 AIC=9546.354，表示分成二個潛在類別之雙高斯混合模型比分成參高斯混合模型差。

4. 你可能會試圖使用一個概似比檢定 (lrtest 指令) 來決定潛在類的數目。可是對具有不同變異數之平均數而言，其 g-1 classes 並不巢套於 g classes 中，因為第 g 個分量 (component) 的平均值有附加方程式 (additional equation)。

Step 5 參高斯模型的線性迴歸 :Include totchr as a **predictor of class membership**

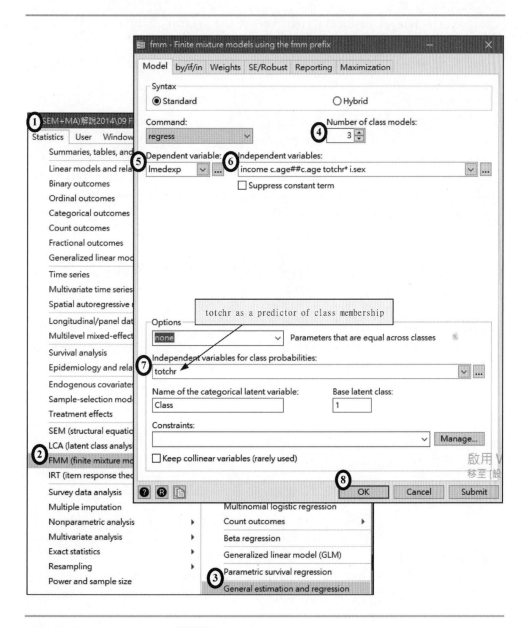

圖 3-54 「fmm 3, lcprob(totchr)：regress lmedexp income c.age ＃ ＃ c.age totchr ＊ i.sex」畫面

```
*----- STaTa v15 的 General estimation and regression 如下 :--------
* 開啟資料檔
. webuse mus03sub
(Abbreviated dataset mus03data from Cameron and Trivedi (2010))
* Include totchr as a predictor of class membership
. fmm 3, lcprob( totchr ): regress lmedexp income c.age##c.age totchr* i.sex

Finite mixture model                         Number of obs    =     2,955
Log likelihood = -4712.3871
```

	Coef.	Std. Err.	z	P>|z|	[95% Conf. Interval]
1.Class	(base outcome) 當比較的基準點				
2.Class					
totchr	.9376084	.2222695	4.22	0.000	.5019683 1.373249
_cons	-.6114399	.4542569	-1.35	0.178	-1.501767 .2788872
3.Class					
totchr	1.16097	.2588803	4.48	0.000	.6535739 1.668366
_cons	-3.270603	.6134585	-5.33	0.000	-4.47296 -2.068246

```
Class        : 1
Response     : lmedexp
Model        : regress
```

	Coef.	Std. Err.	z	P>|z|	[95% Conf. Interval]
lmedexp					
income	.0048917	.0026337	1.86	0.063	-.0002702 .0100537
age	.0261976	.284515	0.09	0.927	-.5314416 .5838368
c.age#c.age	-.0000843	.0018944	-0.04	0.965	-.0037973 .0036286
totchr	.5412491	.1163553	4.65	0.000	.3131969 .7693012

```
        sex |
     female |   .1793964    .1507783    1.19   0.234    -.1161237    .4749164
      _cons |   5.035174    10.61396    0.47   0.635    -15.76781     5.83815
------------+----------------------------------------------------------------
var(e.lmedexp)|  2.311098    .2100365                     1.934015    2.761703
----------------------------------------------------------------------------
```

┌─────────────┐
│Class   : 2 │
└─────────────┘
Response   : lmedexp
Model   : regress

```
            |      Coef.   Std. Err.      z    P>|z|    [95% Conf. Interval]
------------+----------------------------------------------------------------
lmedexp     |
     income |   .0027131    .0013618    1.99   0.046     .0000439    .0053822
        age |   .2675077    .1152288    2.32   0.020     .0416634    .4933519
            |
 c.age#c.age|   -.001688    .0007648   -2.21   0.027    -.0031869   -.0001891
            |
     totchr |   .2878736    .0354297    8.13   0.000     .2184327    .3573145
            |
        sex |
     female |  -.1326158    .0602376   -2.20   0.028    -.2506795   -.0145522
      _cons |  -2.895759    4.313613   -0.67   0.502    -11.35029    5.558767
------------+----------------------------------------------------------------
var(e.lmedexp)|  .7413402    .0801554                     .5997686    .9163288
----------------------------------------------------------------------------
```

┌─────────────┐
│Class   : 3 │
└─────────────┘
Response   : lmedexp
Model   : regress

```
            |      Coef.   Std. Err.      z    P>|z|    [95% Conf. Interval]
------------+----------------------------------------------------------------
lmedexp     |
     income |  -.0061289    .0041295   -1.48   0.138    -.0142226    .0019648
        age |  -.2012074    .2578283   -0.78   0.435    -.7065417    .3041268
```

```
               |
  c.age#c.age  |   .0011186    .0017078     0.65   0.512    -.0022287     .0044659
               |
       totchr  |    .106383    .0878267     1.21   0.226    -.0657542     .2785202
               |
          sex  |
       female  |  -.3027395    .1371042    -2.21   0.027    -.5714588    -.0340202
        _cons  |   18.93315    9.651339     1.96   0.050     .0168759     37.84943
---------------+----------------------------------------------------------------
var(e.lmedexp)|   .3241542    .1006027                        .176432     .5955603
----------------------------------------------------------------------------------
```

Chapter

04

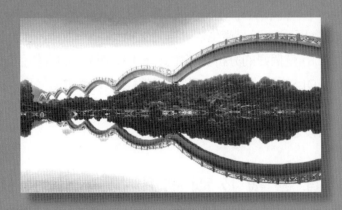

有限混合模型：
線性迴歸
(fmm 開頭指令)

4-1 內生共變數之線性迴歸 (2SLS)(ivregression) 指令

一般傳統估計採用最小平方法時，必須有一致性 (consistency)，假設解釋變數跟誤差項是無相關的。當模型中的變數是穩定時，可以直接使用最小平方法。但是在模型中的變數是不穩定時，直接使用最小平方法將會產生虛假迴歸的問題 (spurious regression)。

某些情況下，解釋變數 x 跟誤差項 (符號 u 或 ε) 是相關的 (relevant)，在這種情況下，最小平方法 (ordinary least squares, OLS) 並無法產生一致性結果。根據經驗法則，若同時檢定最小平方法 (OLS)、最大概似法 (maximum likelihood, ML)、加權最小平方法 (weighted least square, WLS)、廣義最小平方法 (generalized least squares, GLS)、廣義動差法 (generalized method of moments, GMM)，你會發現 OLS 較易產生估計結果偏誤 (bias)，故改用工具變數之兩階最小平方法 (2SLS) 是個好的分析法，尤其在「長期間」的資料估計時，2SLS 的估計結果會比 OLS 的效果要好。例如：在對資本資產定價模型 (CAPM) 進行估計時，OLS 的估計效果最差，其中 ML 與 2SLS 的效果會較為準確，同時也較符合 F-M 兩階段迴歸的漸近式統計特性。

4-2 工具變數及兩階段最小平方法 (2SLS) (ivregression) 指令

兩階段最小平方法 (two stage least squares, 2SLS)，顧名思義包括兩個階段：
1. 第一個階段：將解釋變數 x 拆解為兩個部分，與殘差 u 相關的部分以及與 u 無關的部分。
2. 第二個階段：採用與殘差 u 無關的部分解釋變數 x 來估計其參數值。

4-2-1 進行 OLS 統計分析時應注意之事項

一、線性迴歸採用最小平方法 (OLS)

若殘差 (residual) ε (或符號 u) 符合下列四個假定 (assumption)，則 OLS 估計出的係數才具有「最佳線性不偏估計量」(best linear unbiased estimator, **BLUE**) 的性質。

例如：OLS 用來估計下述複迴歸中，解釋變數 x 與被解釋變數 y 的關係：

$$y_i = \beta_0 + \beta_1 x_{1i} + \beta_2 x_{2i} + \cdots + \beta_k x_{ki} + u_i$$

若殘差 μ_i 符合以下假設，用 OLS 估計 β_k 將具有 BLUE 的性質：

1. 殘差期望值為零 (zero mean)，即 $E(u_i)=0$。
2. 解釋變數與殘差無相關 (orthogonality)，即 $Cov(x_{ki}, u_i)=0$。若違反，就有內生性 (endogeneity) 問題。
3. 殘差無數列相關 (non-autocorrelation)，即 $Cov(u_i, u_j) = 0$。請詳見本書第 3 章。
4. 殘差具同質變異 (homoskedasticity)，即 $Var(u_i) = \sigma^2$。請詳見本書第 4 章。

若 OLS 違反解釋變數 (regressor) 與殘差 (符號 u 或 ε) 無相關的假設，將發生內生性 (endogeneity) 的問題。若解釋變數與殘差為正相關，則估計係數將高估。一般而言，偵測內生性的方法有三：

1. 可透過描繪殘差與解釋變數的散布圖。
2. 計算殘差與解釋變數的相關係數，來檢視是否具內生性 (endogenity)。

在統計學和計量經濟學的模型中，若一個變數或母體參數與誤差項有相關性，這個變數或參數被稱為「內生變數」。內生性有多種來源：

(1) 可能是測量誤差所致；

(2) 可能是自我相關的誤差所導致的自我迴歸；

(3) 可能來自聯立方程式；

(4) 被忽略的解釋變數。

概括而言，一個模型的自變數與因變數之間互為因果，就會導致內生性。

例如：在一個簡單的供需模型中，當要預測均衡的需求量時，價格是內生變數，因為生產者會依據需求來改變價格 (即需求 → 價格)，而消費者會依據價格來改變需求 (價格 → 需求)。在這情形下，只要需求曲線和供給曲線為已知，價格變數便被稱為具有全域內生性。相反地，消費者喜好的改變對於需求曲線而言是外生 (exogenous) 變數。

3. 利用 Wu-Hausman 指令 (「estat endogenous」) 來檢定變數是否具內生性，其虛無假設「H_0：變數不具內生性」。若拒絕虛無假設，表示變數具內生性，OLS 估計式不一致者，就應改用「ivregress、xtivreg 指令」之兩階段最小平方方法 (two stage least squares, 2SLS) 或 gmm 指令之廣義動差法 (generalized method of moment, GMM) 等方式，以獲得一致性估計式。

二、工具變數 (IV)

工具變數 (instrumental variables ,IV) 專門處理非隨機試驗所面臨問題的方法之一，近來廣泛應用於計量經濟、教育學及流行病學領域；其主要目的在於控制不可觀測的干擾因素，使資料經過調整後「近似」於隨機試驗所得的資料，進而求出處理效果的一致估計值。在 x 與 u 相關時，可使用工具變數 z 將解釋變數 x 變動裡與殘差 u 無關的部分分離出來，使我們能得到一致性估計式。

例如：有人以 1981 年至 2015 年間四十三個亞撒哈拉非洲 (Sub-Saharan Africa) 內陸國家為分析對象，研究食物生產對國家內部衝突的影響，利用降雨量作為工具變數 (instrument variables, IV) 以削除因為個體國家或政府組織能力異質性造成的遺漏變數偏誤 (omitted variable bias)，發現食物生產和國家內部衝突次數存在顯著且負向的關係，且此現象在死傷規模較小的衝突較為明顯，而種族、宗教和語言的歧異程度和內部衝突沒有統計上的關係。

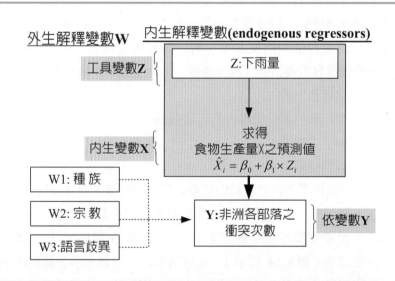

圖 4-1 內部衝突次數為依變數，食物生產量為內生變數之 Panel IV 模型

三、工具變數之應用領域

學術界，工具變數的兩階段迴歸之常見研究主題，包括：

1. 以越戰風險為工具變數估計**教育**對薪資之影響。例如：探討越南戰爭對美國越戰世代之教育程度的外生衝擊，進而對其 1980 年代經濟表現造成之影響。

文中採用美國於越戰期間各年各州平均陣亡人數，作為一衡量越戰世代所面對戰爭風險之指標。我們利用該戰爭風險指標作為工具變數，捕捉在不同戰爭風險水準下，年輕男性與年輕女性間大學教育程度之差異，並以此外生造成的差異估計教育對薪資所得之影響。我們發現在越戰期間不論戰爭風險對教育程度之效果，或者這些外生決定的教育程度對薪資所得之效果均為正向且顯著。藉此，我們將於越戰脈絡下對這兩項效果的認知，由目前的限於越戰彩券時期 (1970 - 1972) 推廣到整個越戰 (1965 -1972)。

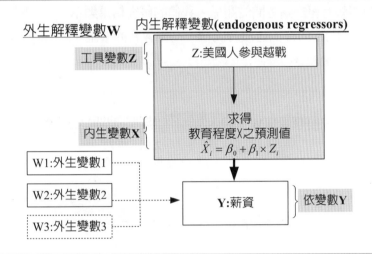

圖 4-2 越南戰爭對美國越戰世代教育程度之外生衝擊

2. 教育政策、跨代教育效果與統計生命價值的評估。

3. 教育 (內生變數 X) 與健康 (依變數 Y)——教育內生性問題之探討。

4. 教育 (X) 對生育行為 (Y) 的影響。

5. 過度教育、肥胖與薪資

6. 影響中學生 PISA 成績因素之估計——臺灣、香港、日本、韓國之比較。

7. 經濟學教學方式、時間投入與學習績效間之關係。

8. 焦慮對學生學業成就的影響。

9. 臺灣高中職學生打工行為對於學業成就之影響——工具變數法之應用。

10. 教育的回報率在臺灣高等教育擴張的影響代價。有人使用華人家庭動態資料庫 RI1999、RI2000、RI2003、RCI2004、與 RCI2005 的混合資料樣本進行估計。面對教育可能存在的內生性問題，即以兩階段最小平方法 (2SLS)、

Hausman Taylor 估計法 (HT 模型)、與追蹤資料廣義動差估計法 (panel GMM) 來對教育報酬進行估計，試圖對內生性問題加以處理。結果發現，若沒有處理「能力 (IV) 在教育 (X) 與薪資 (Y) 上」所造成的內生性問題時，以 OLS 估計教育報酬的結果可能有低估的偏誤，因爲其結果較其他估計法所得出的教育報酬低了至少 20%。此外，不同估計方式所得出的教育報酬結果介於 5%-12%，其中在 OLS 估計下會得出最低的邊際教育報酬，其他依序爲以純粹解釋變數落遲期爲工具變數的 panel GMM 估計、2SLS 估計、加入配偶教育年數爲工具變數的 panel GMM 估計，最後爲 HT 模型的估計。對於高教擴張與教育報酬兩者間的關係，我們的研究結果顯示：在我國大學錄取率由 27% 上升到 60% 的這段時間裡，高等教育的擴張並未對教育報酬產生顯著的負向影響。

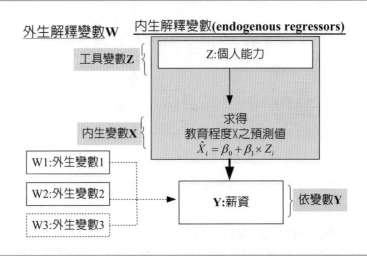

圖 4-3　教育回報率在臺灣高等教育擴張的影響代價

11. 育兒時間的決定因素——American Time Use Survey 2003-2010 實證研究。
12. 幸福與信任的因果關係——跨國資料的工具變數分析。
13. 經驗概似法之理論與蒙地卡羅模擬。
14. 宗教信仰與宗教捐獻之實證研究。
15. 中國移民和工資的關係。
16. 以動態三因子模型解釋短期報酬趨勢與長期反轉現象——以臺灣市場爲例。
17. 臺指選擇權履約機率與報酬率之相關性研究：Black-Scholes 模型之應用。

18. 臺灣山坡地違規農業使用之研究。利用傳統犯罪計量模型採用的線性對數化以 OLS 進行分析，再加上系統模型 2SLS 比對出各變數的影響，研究顯示民眾違規使用山坡地，主要是受山地農業政策包括水稻、檳榔、茶葉等政策所影響。

19. 電視對印度女性地位的影響：以取水時間作為工具變數。

20. 食物生產對國家內部衝突的影響，降雨量當工具變數。

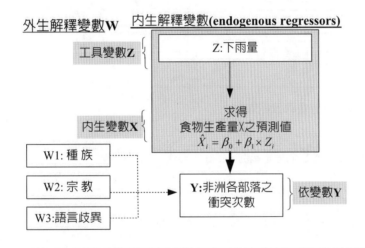

圖 4-4 內部衝突次數為依變數，食物生產量為內生變數之 Panel IV 模型

21. 分別以兩階段最小平方法 (2SLS) 與兩階段成分迴歸法 (2SQR) 分析臺灣銀行業風險與資本間的關係。2SLS 發現，銀行資本水準對目標風險水準決定無顯著影響，銀行風險水準正向影響目標資本水準。但 2SQR 更深入發現，無論是中度與高度風險銀行或是中度與高度資本銀行，其風險與資本均呈正相關，但是低度資本的銀行，風險上升並不會同步造成資本上升。

22. 失業真的會導致犯罪嗎？並以美元匯率、日圓匯率以及能源價格三者分別與製造業就業人口比例乘積作為失業率的工具變數，且從理論與弱工具變數檢定 (weak IV test，**rivtest** 外掛指令) 兩方面同時探討該組工具變數之有效性。結果發現，在 OLS 下失業率對各類犯罪影響幾乎都為正且顯著；但在兩階段最小平方法 (2SLS) 下，失業率只對財產犯罪 (主要在其中的竊盜一項) 有正的顯著影響，對暴力犯罪則無，且 2SLS 估計值皆大於 OLS 的結果。

有限混合模型 (FMM)：STaTa 分析（以 EM algorithm 做潛在分類再迴歸分析）

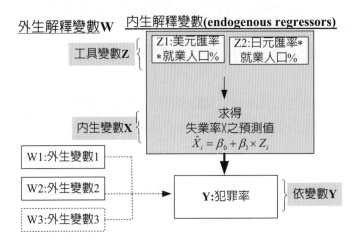

外生解釋變數**W** 　內生解釋變數**(endogenous regressors)**

工具變數**Z**
- Z1:美元匯率＊就業人口%
- Z2:日元匯率＊就業人口%

求得
失業率X之預測值
$\hat{X}_i = \beta_0 + \beta_1 \times Z_i$

內生變數**X**

- W1:外生變數1
- W2:外生變數2
- W3:外生變數3

Y:犯罪率 依變數**Y**

圖 4-5　失業真的會導致犯罪

```
* rivtest 外掛指令之弱檢定範例，存在「weak.do」指令檔

. use http://www.stata.com/data/jwooldridge/eacsap/mroz.dta

* Test significance of educ in the lwage equation (homoskedastic VCE)

. ivregress 2sls lwage exper expersq (educ = fatheduc motheduc)
* 結果略
. rivtest

Weak instrument robust tests for linear IV
H₀: beta[lwage:educ] = 0


-----------------------------------------------------
 Test |      Statistic             p-value
------+----------------------------------------------
  CLR | stat(.)  =    3.47    Prob > stat =   0.0636
   AR | chi2(2)  =    3.85    Prob > chi2 =   0.1459
   LM | chi2(1)  =    3.46    Prob > chi2 =   0.0629
    J | chi2(1)  =    0.39    Prob > chi2 =   0.5323
 LM-J |        H₀ not rejected at 5% level
------+----------------------------------------------
 Wald | chi2(1)  =    3.85    Prob > chi2 =   0.0497
-----------------------------------------------------
```

Note: Wald test not robust to weak instruments.
*Test significance of educ in the lwage equation and estimate confidence sets (robust VCE)
* 卡方值 3.85(p<.05)，拒絕「H_0: beta[lwage:educ] = 0」，故「educ → lwage」存在工具變數。

23. 乾淨用水對長期健康及教育成就的影響，並以前一年的營業稅與雜種稅作爲自來水供水戶數 (每千人) 的工具變數的做法。兩階段迴歸估計顯示，自來水供水戶數 (每千人) 仍與教育、婚姻與健康有顯著的正向關係，且 2SLS 的估計值大於 OLS 估計結果。

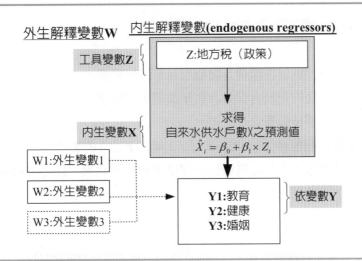

圖 4-6　乾淨用水對長期健康及教育成就的影響

24. 血液透析與腹膜透析對末期腎臟病患之存活影響。

25. 平均數——擴展吉尼係數架構下，玉米期貨避險比率之研究。

26. 臺灣個人醫療門診次數與居家型態之關係爲何？若以工具變數來排除因居家型態有內生性所造成的偏誤值。研究結果顯示：依其都市化程度的不同，其居家型態、門診次數也會有所改變；迴歸模型方面，當我們納入內生性考量之後，居家型態於有無內生性下會有不同的差異性。在沒有考量內生性下，居家型態於迴歸中沒有顯著的水準；而考量有內生性型態時，居家型態會有顯著性的水準存在。

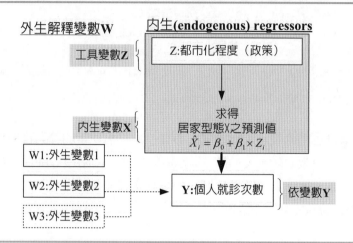

圖 4-7 臺灣個人醫療門診次數與居家型態之關係

27. 老人接種流行性感冒疫苗與其醫療服務利用之研究。
28. 臺灣花卉供應鏈的資料倉儲設計與量測變數迴歸應用。
29. 多角化對公司價值影響之再驗證。
30. 醫生服務量對醫療結果 (1 月、6 月、1 年內死亡) 的影響——臺灣初次接受肝癌病患為對象。由於品質較佳的醫師更會吸引病患，使得服務量產生自我選擇的內生性問題。

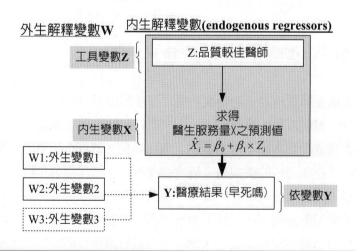

圖 4-8 醫生服務量對醫療結果的影響

31. 嫁妝與家務時間分布的實證研究。

32. 糖尿病 (X) 對勞動市揚 (Y) 的影響。有人運用我國 85 年「國民營養狀況變遷調查」、90 年與 94 年「國民健康訪問調查」資料分男女，按年齡分組估計罹患糖尿病對就業負向衝擊效果。為考量糖尿病為內生，使用具有工具變數之雙元 Probit 模型，工具變數包含糖尿病家族病史和糖尿病區域盛行率。比較三年度分析可知：85 年與 90 年因缺乏糖尿病家族病史且糖尿病區域盛行率變異不夠大，糖尿病對就業負向衝擊較不明確；惟 94 年則無此二項限制，中老年男性之糖尿病對就業衝擊效果呈顯著為 -24.22%，其他各組之效果多偏小或不顯著。

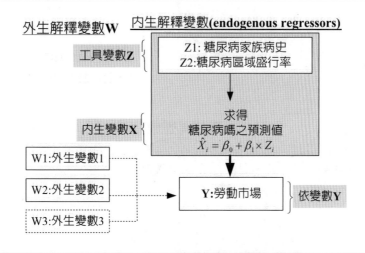

圖 4-9 糖尿病 (X) 對勞動市場 (Y) 的影響

4-2-2 工具變數 (IV) 之重點整理

一、工具變數 (IV) 之示意圖

當 $Cov(x, u) \neq 0$ 時 (解釋變數 x 與殘差 u 有相關)，OLS 估計產生偏誤。此時，自變數 x 是內生 (endogenous) 的，解決辦法之一就是採用工具變數 (instrumental variables, IV)。

工具變數可以處理：(1) 遺漏變數產生偏差的問題；(2) 應用於古典變數中誤差 (errors-in-variables) 的情況 (eivreg 指令)；(3) 估計聯立方程式 (simultaneous equation) 參數。STaTa 指令則有三：ivregress(Single-equation instrumental-variables regression)、reg3(Three-stage estimation for systems of simultaneous equations)、xtivreg(Instr. var. & two-stage least squares for panel-data models)。

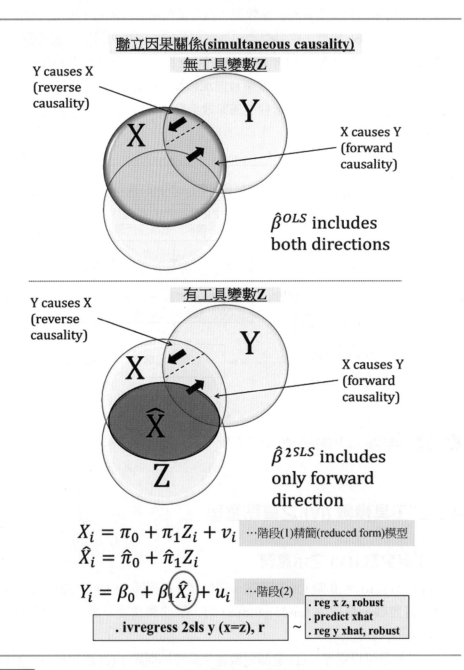

圖 4-10 simultaneous causality 中，工具變數 Z 之示意圖

由圖 4-10 中可看出：

1. 工具變數 Z 直接影響 X，但與 Y 無直接關係。

2. 工具變數 Z 與殘差 u 無關係。

二、如何選擇工具變數 (IV)？

工具變數 Z 必須符合外生性 (exogenous) 與相關性 (relevant)，然而我們該如何尋找？

1. IV 必須是外生的 (可以檢定)。

2. IV 可能來自於常識來判斷。

3. IV 可能來自於經濟理論。

4. IV 可能來自於隨機的現象，此現象造成內生變數 X 的改變。

例如：$\log(wage) = \beta_0 + \beta_1 educ + u$，此「學歷預測薪資」方程式中，請問：

1. 智力 IQ 是好的工具變數嗎？

2. 父母教育水準是好的工具變數嗎？

3. 家庭中小孩子數目是好的工具變數嗎？

4. 出生的季分是好的工具變數嗎？

答：

我們需找一個工具變數「某變數 Z」，它需滿足二個條件：

1. 具有相關性 (relevant): corr(工具變數 Z_i，內生解釋變數 x) $\neq 0$

2. 具有外生性 (exogenous): corr(工具變數 Z_i，殘差 u_i) $\neq 0$

又如，學生的「測驗分數 $= \beta_0 + \beta_1$ 班級大小 $+ u$」，此方程式中工具變數(IV)是：與班級大小有關，但與 u 無關 (包括父母態度、校外學習環境、學習設備、老師品質等)。

小結

工具變數 Z 與殘差 U 相關性低，Z 與 X 相關性高，這樣的工具變數被稱為好工具變數；反之，則稱為劣工具變數。

好的工具變數的識別：

1. Z 與 U 不相關，即 Cov(Z, U) = 0。

由於 U 無法觀察，因而難以用正式的工具進行測量，通常由經濟理論來使人們相信。

2. Z 與 X 相關，即與 Cov(Z, X) ≠ 0。

舉例：以雙變數模型為例

$$Y = a + bX + U$$

其中，X 與 U 相關，因而 OLS 估計會有偏誤。假設現在有 X 的工具變數 Z，

於是有 Cov(Z, Y) = Cov(Z, a + bX + U)

= Cov(Z, bX) + Cov(Z, U)(a 為截距之常數)

= b Cov(Z, X)

所以有 b = Cov(Z, Y)/Cov(Z, X)

工具變數 Z 的優劣之判斷準則：

1. 工具變數 Z 與殘差 U 不相關，即 Cov(Z, U) = 0；相關性越低，則越好。

2. 工具變數 Z 與解釋變數 X 相關，即 Cov(Z, X) 不等於 0；相關性越高，則越好。

三、兩階段最小平方法 (two stage least squares, 2SLS)

考慮簡單迴歸模型：$y_i = \beta_0 + \beta_1 x_i + u_i$

兩階段最小平方法 (2SLS) 顧名思義包括兩個階段：

第一個階段：將 x 拆解為兩個部分，與殘差 u 相關的 regressors 部分，以及與殘差 u 無關的 regressors 部分。

x 的變動 $\begin{cases} 與\ u\ 相關：丟棄產生偏誤的這一部分 \\ 與\ u\ 無關：以工具變數將此部分分離，建立一致估計式 \end{cases}$

與 u 相關

$$x_i = \pi_0 + \pi_1 z_i + v_i$$

與 u 無關

若係數 π_1 不顯著，則表示 Cov(z, x) ≠ 0 的條件可能不成立，應找尋其他工具變數。若 π_1 顯著，則進行第兩階段迴歸。

第二個階段：採用與殘差 u 無關的部分估計參數，用以建立一致性的估計式，所得到的估計式稱為 2SLS 估計式。

$$y_i = \beta_0 + \beta_1 \hat{x}_1 + \varepsilon_i$$

其中，$\hat{x}_1 = \hat{\pi}_0 + \hat{\pi}_1 \hat{z}_1$，表示 x 中與殘差無關的部分。

在小樣本下，2SLS 估計式確切的分布是非常複雜的；不過在大樣本下，2SLS 估計式是一致的，且為常態分布。

假設 z 是一個工具變數 (IV)，則 z 應符合兩項條件：

(1) z 必須是外生的 (exogenous)：$Cov(z, \varepsilon) = 0$，工具變數需與殘差無關，工具變數亦為外生 (exogenous) 解釋變數。

(2) z 必須與內生變數 x 有相關：$Cov(z, x) \neq 0$，工具變數需與解釋變數相關。

四、兩階段最小平方法 (2SLS) 之重點整理

通常會根據常識、經濟理論等，來找尋合適的工具變數 Z。其中，兩階段迴歸分析如下：

1. 以 IV 估計簡單迴歸

第一階段，假設簡單迴歸：$y_i = \beta_0 + \beta_1 x_i + u_i$，令 Z 表示符合條件的工具變數，則：

$$Cov(z, y) = \beta_1 Cov(z, x) + Cov(z, u)$$

因此

$$\beta_1 = \frac{Cov(z, y)}{Cov(z, x)} - \frac{Cov(z, u)}{Cov(z, x)}$$

β_1 的 IV 估計式為：

$$\hat{\beta}_1 = \frac{\Sigma(z_i - \bar{z})(y_i - \bar{y})}{\Sigma(z_i - \bar{z})(x_i - \bar{x})}$$

同質性假設：$E(u^2 \mid z) = \sigma^2 = Var(u)$

如同 OLS 的情況，漸近變異數與其估計式可以證明如下：

$$Var(\hat{\beta}_1) = \frac{\sigma^2}{n\sigma_x^2 \rho_{x,z}^2}$$

其估計式為：

$$\frac{\hat{\sigma}^2}{SST_x R_{x,z}^2}$$

(1) 第二階段 OLS 迴歸所得到的標準誤並不是 IV 迴歸的標準誤，此乃由於第二階段 OLS 迴歸是採用第一階段所得到的預測值，因此必須有所調整。

(2) 計量經濟統計軟體（如 STaTa) 會自動調整為 IV 迴歸的標準誤。

(3) 在小樣本下，2SLS 估計式的分布是很複雜的。

(4) 在大樣本下，2SLS 估計式是一致的，且為常態分布。

$$p \lim (\hat{\beta}_1) = \beta_1$$

$$\hat{\beta}_1 \overset{a}{\sim} \text{Normal} [\beta_1, \text{se} (\hat{\beta}_1)]$$

2. IV 與 OLS 之差異比較

IV 與 OLS 估計式標準誤的差別，在於執行 x 對 z 迴歸所得到的 R^2。

$$\text{OLS}：\text{Var} (\hat{\beta}_1) = \frac{\hat{\sigma}^2}{\Sigma (x_i - \overline{x})^2} = \frac{\hat{\sigma}^2}{\text{SST}_x}$$

$$\text{IV}：\quad \text{Var} (\hat{\beta}_1) = \frac{\hat{\sigma}^2}{\text{SST}_x R_{x,z}^2}$$

(1) 由於 $R_{x,z}^2 < 1$，IV 的標準誤是比較大的。

(2) z 與 x 的相關性越高，IV 的標準誤越小。

(3) 當 $\text{Cov}(x, u) \neq 0$，OLS 估計式不是一致的，不過符合條件的 IV 估計式可以證明是一致的。

(4) IV 估計式並非是不偏誤的。

(5) 由於存在許多的工具變數可供選擇，因此 IV 估計式的標準誤並非最小。

(6) 即便 IV 估計式缺乏效率，但在眾多偏誤的估計式中是一致的。

3. 數個內生解釋變數 (endogenous regressors)

假設我們有數個內生變數，則有三種情況：

(1) 過度認定 (overidentified)：如果工具變數 Z 個數大於內生變數 X 個數。

(2) 不足認定 (underidentified)：如果工具變數 Z 個數小於內生變數 X 個數。

(3) 恰好認定 (just identified)：如果工具變數 Z 個數等於內生變數 X 個數。

基本上，工具變數至少需要與內生自變數一樣多。過度認定或恰好認定，進行 IV 迴歸才有解。在大樣本的情況下，2SLS 可獲得一致的估計式，且為常態分布，但標準誤 (standard error) 較大。若欲降低標準誤，可找尋與解釋變數相關性較高的工具變數。值得注意的是，若所選擇的工具變數與解釋變數僅存在些許相關，甚至無關時，此法所得之估計式是不一致的。基本上，工具變數至

少需要與內生的解釋變數一樣多。若工具變數個數大於內生變數個數，稱爲過度認定 (overidentified，有多組解)；若等於內生變數的個數，稱爲恰好認定 (just identified，恰一組解)；若小於內生變數的個數，稱爲不足認定 (underidentified，無解)。當過度認定時，可進行過度認定限制檢定，檢定某些工具變數是否與誤差項相關。

4-2-3 隨機解釋變數 X(random regressor) 與工具變數 Z(instrumental variable)

(一) 定義

X_t 爲隨機的，且 $\text{Cov}(X_t, \varepsilon_t) \neq 0$。

(二) 影響

1. 估計參數會有偏差

存在一迴歸模型：$Y_t = \beta_1 + \beta_2 X_t + \varepsilon_t$，利用 $\hat{\beta}_2 = \beta_2 + \frac{\sum (X_t - \bar{X})^2 \varepsilon_t}{\sum (X_t - \bar{X})^2}$，整理後改寫

爲 $\hat{\beta}_2 = \beta_2 + \frac{\frac{\sum (X_t - \bar{X})^2 \varepsilon_t}{T}}{\frac{\sum (X_t - \bar{X})^2}{T}}$，取期望值

$$E(\hat{\beta}_2) = E\left(\beta_2 + \frac{\frac{\sum (X_t - \bar{X})^2 \varepsilon_t}{T}}{\frac{\sum (X_t - \bar{X})^2}{T}} \right) = \beta_2 + E\left(\frac{\frac{\sum (X_t - \bar{X})^2 \varepsilon_t}{T}}{\frac{\sum (X_t - \bar{X})^2}{T}} \right) \neq \beta_2$$

2. 估計參數不再具備一致性

上式取機率極限

$$P\lim(\hat{\beta}_2) = \beta_2 + P\lim\left(\frac{\frac{\sum (X_t - \bar{X})^2 \varepsilon_t}{T}}{\frac{\sum (X_t - \bar{X})^2}{T}} \right) = \beta_2 + \frac{Cov(X_t, \varepsilon_t)}{Var(X_t)} \neq \beta_2$$

(三) 類型

1. errors-in-variables 問題 (eivreg 指令)

存在一迴歸模型：$Y_t = \beta_1 + \beta_2 X_t + \varepsilon_t$，但 X_t 無法被觀察到，因此選擇一個代理變數 (proxy variable) X_t^*，其中

$$X_t^* = X_t + e_t$$

因此，實際估計上是採用下式：

$$Y_t = \beta_1 + \beta_2 X_t^* + \varepsilon_t$$

惟理論上與實際估計模型存在下述關係：

$$
\begin{aligned}
Y_t &= \beta_1 + \beta_2 X_t^* + \varepsilon_t \\
&= \beta_1 + \beta_2 (X_t - e_t) + \varepsilon_t \\
&= \beta_1 + \beta_2 X_t + (\varepsilon_t - \beta_2 e_t)
\end{aligned}
$$

此時，實際估計模型的自變數與殘差的共變異數為：

$$
\begin{aligned}
\mathrm{Cov}(X_t^*, \varepsilon_t - \beta_2 e_t) &= E(X_t^*(\varepsilon_t - \beta_2 e_t)) = E((X_t + e_t)(\varepsilon_t - \beta_2 e_t)) \\
&= E(X_t \varepsilon_t + e_t \varepsilon_t - X_t \beta_2 e_t - \beta_2 e_t^2) = -X_t \beta_2 E(e_t) - \beta_2 E(e_t^2)
\end{aligned}
$$

若 $E(e_t) = 0$，則上式等於 $-\beta_2 \sigma_e^2$，且 $-\beta_2 \sigma_e^2 \neq 0$。

有關「**errors-in-variables**」eivreg 指令之迴歸分析，請見作者《STaTa 高等統計》一書。

(四) 解決方法：工具變數法 (instrumental variable)

根據前述的動差法，通常可透過下面兩式取得未知參數 β_1 和 β_2。

$$
\begin{aligned}
\mathrm{E}(\varepsilon_t) = 0 &\Rightarrow E[(Y_t - \beta_1 - \beta_2 X_t)] = 0 \\
\mathrm{E}(X_t, \varepsilon_t) = 0 &\Rightarrow E[(X_t - \beta_1 - \beta_2 X_t)] = 0
\end{aligned}
$$

此時若發生 $\mathrm{E}(X_t, \varepsilon_t) \neq 0$，上面兩式就不適用。工具變數法是企圖找到一個工具變數 Z_t，並符合 $\mathrm{E}(Z_t, \varepsilon_t) = 0$，因此可改用下面兩式取得未知參數 β_1 和 β_2，此時改用：

$$
\begin{aligned}
\mathrm{E}(\varepsilon_t) = 0 &\Rightarrow E[(Y_t - \beta_1 - \beta_2 X_t)] = 0 \\
\mathrm{E}(Z_t, \varepsilon_t) = 0 &\Rightarrow E[(Z_t - \beta_1 - \beta_2 X_t)] = 0
\end{aligned}
$$

透過樣本動差 (sample moments)，整理得：

$$\frac{\sum_{t=1}^{T}(Y_t - \hat{\beta}_1 - \hat{\beta}_2 X_t)}{T} = 0$$

$$\frac{\sum_{t=1}^{T} Z_t(Y_t - \hat{\beta}_1 - \hat{\beta}_2 X_t)}{T} = 0$$

經整理，得

$$\Rightarrow \begin{cases} \sum_{t=1}^{T}(Y_t - \hat{\beta}_1 - \hat{\beta}_2 X_t) = 0 \\ \sum_{t=1}^{T} Z_t(Y_t - \hat{\beta}_1 - \hat{\beta}_2 X_t) = 0 \end{cases}$$

可得推定量：

$$\hat{\beta}_1 = \overline{Y} - \hat{\beta}_2 \overline{X}$$

$$\hat{\beta}_2 = \frac{T\sum_{t=1}^{T} Z_t Y_t - \sum_{t=1}^{T} Y_t \sum_{t=1}^{T} Z_t}{T\sum_{t=1}^{T} Z_t X_t - \sum_{t=1}^{T} X_t \sum_{t=1}^{T} Z_t} = \frac{\sum_{t=1}^{T}(Z_t - \overline{Z})(Y_t - \overline{Y})}{\sum_{t=1}^{T}(Z_t - \overline{Z})(X_t - \overline{X})}$$

(五) 檢定：橫斷面 Hausman 檢定 (**hausman** 指令)

1. 比較最小平方法與工具變數法兩種方法估計出的參數是否有差異，如果沒有差異，代表 H_0: $Cov(H_t, \varepsilon_t) = 0$ 被接受。

2. 若迴歸模型 $Y_t = \beta_1 + \beta_2 X_t + \varepsilon_t$，檢定「$H_0$: $Cov(X_t, \varepsilon_t) = 0$」之步驟如下：

   step(1) 選取可使用的工具變數，例如 $Z_{t,1}$ 和 $Z_{t,2}$ 來估計

   $$X_t = \alpha_1 + \alpha_2 Z_{t,1} + \alpha_3 Z_{t,2} + u_t$$

   求得 $\hat{u}_t = \hat{\alpha}_1 + \hat{\alpha}_2 Z_{t,1} + \hat{\alpha}_3 Z_{t,2}$

   step(2) 續估計

   $$Y_t = \beta_1 + \beta_2 X_t + \gamma \hat{u}_t + u_t$$

   檢定 H_0: $\gamma = 0$ (表示 X_t 與 ε_t 無相關)

4-2-4a 單一工具變數及單一內生變數：內生性檢定

在迴歸模型假定中，若「自變數 x 與誤差項 u」具有相關性，即 $cov(x, u) \neq 0$，稱為內生性 (endogeneity)。

一、內生性問題對參數估計有何影響？

1. 在內生性下，OLS 估計式之參數不再具有不偏性。

2. 在內生性下，OLS 估計式之參數不再具有有效性。

3. 在內生性下，OLS 估計式之參數不再具有一致性。

二、為何產生內生性問題？

1. 迴歸模型中，遺漏重要變數。

2. 模迴歸型中，存有測量誤差。

3. 忽略了聯立方程式。

4. 忽略了動態迴歸。

三、傳統 OLS 如何檢定內生性問題？

假設

$$y_1 = \beta_0 + \beta_1 y_2 + \beta_2 z_1 + \beta_3 z_2 + u_1$$

其中：z_1, z_2 是外生變數，想知道 y_2 是否為外生變數？

也就是 u_1 與 y_2 是否無關？

加入外生變數 z_3, z_4

$$y_2 = \pi_0 + \pi_1 z_1 + \pi_2 z_2 + \pi_3 z_3 + \pi_4 z_4 + v_2 \qquad (\text{a 式})$$

與 y_2 無關 $\Leftrightarrow u_1$ 與 v_2 無關 $\Leftrightarrow \delta_1 = 0$

令 $u_1 = \delta_1 v_2 + e_1$

因此

$$y_1 = \pi_0 + \beta_1 y_2 + \beta_2 z_1 + \beta_3 z_2 + \delta_1 \hat{v}_2 + error \qquad (\text{b 式})$$

由 (a 式) 利用 OLS $\Rightarrow \hat{v}_2$ 代入 (b 式)

由 (b 式) 利用 OLS 且檢定 $H_0: \delta_1 = 0$ (用 t test)

如果拒絕 (reject)$H_0: \delta_1 = 0$，表示 v_1 與 v_2 相關

也就是說，y_2 是外生變數。

四、如何解決內生性問題？

1. **工具變數法** (instrumental variable method)

找一個可觀測的變數 z，且 z 與 x 相關，但 z 與 u 無關。

即 $Cov(z, x) \neq 0, Cov(z, u) = 0$。

有關工具變數之範例，請見「4-3-2 橫斷面 Hausman 檢定：OLS vs. 2SLS

誰優？(hausman 指令)」、《Panel-data 迴歸模型》一書「6-2-3 Panel-data Hausman-Taylor 法：需工具變數嗎？(xthtaylor)」。

2. 兩階段最小平方方法 (Two stage least squares, 2SLS)

有關 2SLS 範例，請見《Panel-data 迴歸模型》一書「4-2-4b 兩階段最小平方法迴歸：Wu-Hausman 內生性檢定 (「estat endogenous」指令)」、「6-3-2 panel 資料內生性 (xtivreg 指令)」。

五、眾多範例：單一工具變數及單一內生變數

> **範例 1** 不同年級之研讀效果 **(effect of studying on grades)**
> What is the effect on grades of studying for an additional hour per day?
> 研究者想了解不同年級的學生每天讀書的時間對其學習成績的影響，但擔心電動遊戲會對結果造成影響。

此模型中，各變數之操作型定義爲：

令 Y= 新生第一學期 GPA, X = study time 每天平均讀書時間 (用調查法)。

我們需找一個工具變數：Z = video game，它需滿足二個條件：

1. relevant: ***corr*** $(Z_i, study\ time) \neq 0$

2. exogenous: ***corr*** $(Z_i, u_i) \neq 0$

隨機分派學校室友，若他有玩電動遊戲，則 Z = 1，否則 Z=0。

請問：此工具變數 Z 有效嗎？

答：

要判斷工具變數 Z 是否有效，要偵測工具變數之二個條件是否符合？

條件 (1) relevant: ***corr*** (室友的 video game, study time) $\neq 0$

條件 (2) exogenous: ***corr*** (室友的 video game, u_i) $\neq 0$

其對應 reg 指令分兩階段來談：

偵測條件 (1)：relevant: ***corr*** (室友的 video game, study time) $\neq 0$

```
. reg x z, robust
. predict xhat
. reg y xhat, robust
```

或

. **ivregress** **2sls** y (x = z), **r**

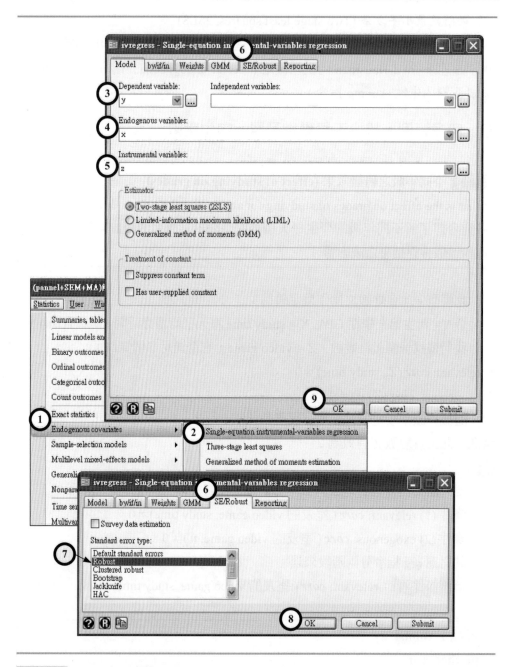

圖 4-11　指令「ivregress 2sls y (x=z), **r**」之畫面

註：Statistics > Endogenous covariates > Single-equation instrumental-variables regression

Estimates of the effect of studying on grade performance: Instrumental Variables (using game instruments)					
Independent Variable	IV instrument: RGAME	IV instrument: RCONSOLE	IV instrument: RCOMPUTER	IV instruments: RCONSOLE, RCOMPUTER	IV instruments: RGAME, OGAME x RGAME
	n=210 estimate (std. error)	n=210 estimate (std. error)	n=210 estimate (std. error)	n=210 estimate (std. error)	n=210 estimate (std. error)
STUDY	.360 (.183)**	.511 (.308)*	.312 (.239)	.415 (.209)**	.321 (.163)**
OGAME					.099 (.154)
SEX	-.023 (.129)	.027 (.175)	-.040 (.133)	-.005 (.142)	-.065 (.116)
BLACK	-.356 (.183)*	-.420 (.243)*	-.336 (.185)*	-.379 (.200)*	-.351 (.177)**
ACT	.069 (.018)**	.072 (.022)**	.068 (.017)**	.070 (.019)**	.067 (.016)**
MAJOR$_1$	.393 (.474)	.185 (.652)	.459 (.498)	.318 (.520)	.486 (.426)
MAJOR$_2$	.356 (.454)	.151 (.629)	.422 (.481)	.282 (.499)	.426 (.415)
MAJOR$_3$	.335 (.452)	.152 (.613)	.393 (.468)	.268 (.495)	.371 (.427)
MAJOR$_4$	.298 (.474)	.064 (.669)	.373 (.513)	.214 (.523)	.379 (.429)

圖 4-12　工具變數 z＝「使用六種電動玩具之排列組合」，符合都達顯著水準之條件一

偵測條件 (2)：exogenous: *corr* (室友的 video game, u_i) ≠ 0

由於本例 Z 工具變數，係自然實驗，故 Z 的「實驗」結果可視為「與誤差 u_i」無關，故亦符合條件二「外生性 (exogeneity)」。

由於本例挑選的 Z 工具變數符合：相關性 (relevant) 及外生性，所以它是有效的。

範例 2 政策分析：「提高奢侈稅能抑制人民消費行為嗎」？
美國猶他州 (Utah) 在 1995 年率先大幅提高捲菸稅收。試問，高菸稅政策會對抽菸消費行為產生什麼效果？

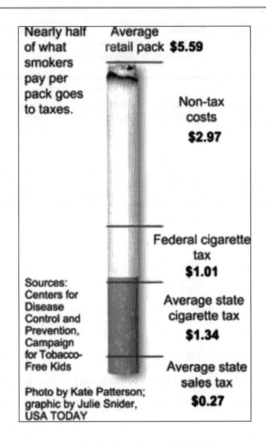

圖 4-13 香菸稅之示意圖

　　香菸需求之模式為：$\ln(Q_i^{cigarettes}) = \beta_0 + \beta_1 \ln(p_i^{cigarettes}) + u_i$，價格可預測銷售量。

　　Panel data 樣本：

1. 每年香菸消費及平均售價 (含稅)。
2. 美國四十八州，追加 1985-1995 年。
3. 提議工具變數為：

　　Z_i = 該州每包香菸之奢侈稅 = SalesTax$_i$

　　有效的工具變數有二個條件：

　　(1) 相關性 (relevant): corr(SalesTax$_i$, $\ln(p_i^{cigarettes})$) $\neq 0$

　　(2) 內生性 (exogeneity): corr(SalesTax$_i$, u_i) = 0

　　為了解 1995 年前低菸稅 vs. 1995 年後高菸稅政策，對抽菸消費行為會產生什麼效果。首先，只以 1995 年的樣本來迴歸分析，兩階段迴歸分析步驟如下：

Step 1　第一回合使用 OLS 迴歸，求得：

$$\ln(\widehat{P_i^{cigarettes}}) = 4.62 + .031 SalesTax_i,\ n = 48$$

Step 2　第二回合改用 Robust OLS 迴歸 (robust SEs)，求得：

$$\ln(Q_i^{cigarettes}) = 9.72 - 1.08 \ln(\widehat{P_i^{cigarettes}}),\ n = 48$$
$$(1.50)\quad (0.31)$$

```
            Y           X-hat
 . regression lpackpc lravphat if yera==1998, vce(robust)

Linear regression                              Number of obs =        48
                                               F(  1,    46) =     10.54
                                               Prob > F      =    0.0022
                                               R-squared     =    0.1525
                                               Root MSE      =    .22645

                  |              Robust
         lpackpc  |    Coef.   Std. Err.      t    P>|t|    [95% Conf. Interval]
         ---------+-------------------------------------------------------------
         lravphat | -1.083586  .3336949    -3.25   0.002   -1.755279   -.4118932
            _cons |  9.719875  1.597119     6.09   0.000    6.505042   12.93471
```

註：These coefficients are the 2nd OLS estimates. The standard errors are wrong because they ignore the fact that the first stage was estimated.

圖 4-14　第二步 STaTa 指令「reg y x_hat, if year ==1995, r」，因未考量第一階段之估計量，故標準誤仍是錯的

Step 3　若將前二回合 OLS 迴歸一併組合，兩階段迴歸指令「ivregress 2sls⋯, r」就是正確做法，結果如下：

```
                y              x              z

. ivregress 2sls lpackpc (lravgprs = rtaxso) if yera==1995, vce(robust)

Instrumental variables (2SLS) regression      Number of obs =        48
                                              Wald chi2(1)  =     12.05
                                              Prob > chi2   =    0.0005
                                              R-squared     =    0.4011
                                              Root MSE      =    .18635

-----------------------------------------------------------------------
             |                Robust
    lpackpc  |     Coef.   Std. Err.      z    P>|z|    [95% Conf. Interval]
-------------+---------------------------------------------------------
    lravgprs | -1.083587   .3122035   -3.47   0.001   -1.695494   -.471679
      _cons  |  9.719876   1.496143    6.50   0.000    6.78749    12.65226
-----------------------------------------------------------------------
Instrumented: lravgprs              This is the endogenous regressor
Instruments:  rtaxso               This is the instrumental variable
```

圖 4-15　指令「ivregress 2sls lpackpc (lravgprs = rtaxso) if year==1995, r」之結果

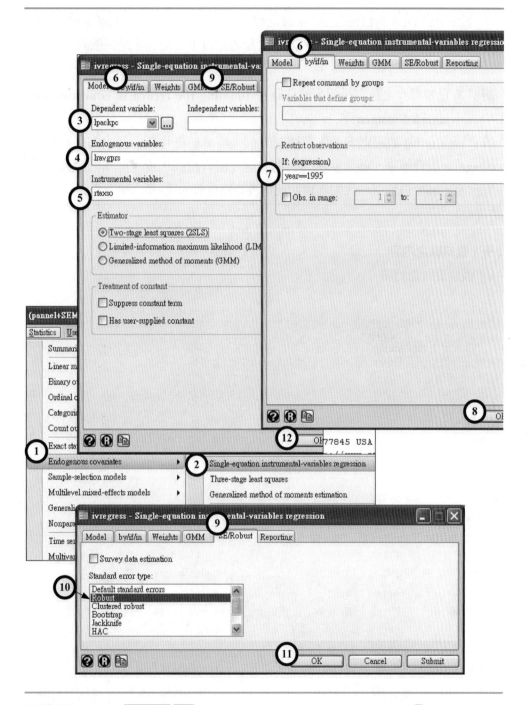

圖 4-16 指令「ivregress 2sls lpackpc (lravgprs = rtaxso) if year==1995, r」之畫面

第二回合 OLS 迴歸係數 lravphat 之標準差 =0.3336949，但「ivregress 2sls」求得係數 lravphat 之標準差 =0.3122035，反而比較小，但它才是正確的。

範例 3. 已婚婦女之教育投報率的估計 **(estimating the return to education for married women)**

教育程度 (edu) 如何影響個人經濟呢？個人經濟結果包括：個人的薪資報酬 (wage)、消費模型、健康狀況、婚姻狀況及生育行為，或是配偶的所得及教育程度，甚至是其下一代的健康狀況與教育程度等。

(一) 資料檔之內容

觀察資料之特徵

```
* 此檔另一指令檔：_2sls 書 534 例 3.do
. use mroz, clear
* 或 use http://fmwww.bc.edu/ec-p/data/wooldridge/mroz

. describe
  obs:           753
  vars:           22                          2 Sep 1996 16:04
  size:        36,897
-----------------------------------------------------------------------
              storage   display     value
variable name    type   format      label    variable label
-----------------------------------------------------------------------
inlf            byte    %9.0g                 =1 if in lab frce, 1975
hours           int     %9.0g                 hours worked, 1975
kidslt6         byte    %9.0g                 # kids < 6 years
kidsge6         byte    %9.0g                 # kids 6-18
age             byte    %9.0g                 woman's age in yrs
educ            byte    %9.0g                 years of schooling
wage            float   %9.0g                 est. wage from earn, hrs
repwage         float   %9.0g                 rep. wage at interview in 1976
hushrs          int     %9.0g                 hours worked by husband, 1975
husage          byte    %9.0g                 husband's age
huseduc         byte    %9.0g                 husband's years of schooling
```

```
huswage          float    %9.0g      husband's hourly wage, 1975
faminc           float    %9.0g      family income, 1975
mtr              float    %9.0g      fed. marg. tax rte facing woman
motheduc         byte     %9.0g      mother's years of schooling
fatheduc         byte     %9.0g      father's years of schooling
unem             float    %9.0g      unem. rate in county of resid.
city             byte     %9.0g      =1 if live in SMSA
exper            byte     %9.0g      actual labor mkt exper
nwifeinc         float    %9.0g      (faminc - wage*hours)/1000
lwage            float    %9.0g      log(wage)
expersq          int      %9.0g      exper^2
------------------------------------------------------------------

. jb wage
Jarque-Bera normality test:     6106 Chi(2)        0
Jarque-Bera test for Ho: normality
```

1. 工資 (wage) 經 Jarque-Bera 常態性檢定，結果為 $\chi^2 = 6106$ (p = 0 < 0.05)，故拒絕「H_0: normality」。由於 wage 已違反線性迴歸「常態性」基本假定，所以需做「ln(x) 變數變換」，使它變成符合常態之變數 lwage。

2. 自然對數之變數變換，指令為「. **gen** lwage= ln(wage)」。

(二) 分析結果與討論

Step 1. 單純之「$Y = \beta_0 + \beta_1 X + \varepsilon$」OLS 迴歸

```
use mroz, clear

. reg lwage educ

      Source |       SS       df       MS              Number of obs =     428
-------------+------------------------------           F(  1,   426) =   56.93
       Model | 26.3264193        1  26.3264193         Prob > F      =  0.0000
    Residual | 197.001022      426  .462443713         R-squared     =  0.1179
-------------+------------------------------           Adj R-squared =  0.1158
       Total | 223.327441      427  .523015084         Root MSE      =  .68003
```

```
-----------------------------------------------------------------------
   lwage |      Coef.   Std. Err.      t    P>|t|    [95% Conf. Interval]
---------+-------------------------------------------------------------
    educ |   .1086487   .0143998    7.55   0.000     .0803451    .1369523
   _cons |  -.1851968   .1852259   -1.00   0.318    -.5492673    .1788736
-----------------------------------------------------------------------
```

1. 未考量工具變數時，學歷 (edu) 與工資 (lwage)，雙尾 Pearson 積差相關 r=0.11(p<0.05)，達到 0.05 顯著相關水準。相對地，納入父親學歷 (fatheduc) 當工具變數時，兩階段迴歸分析，卻發現學歷 (edu) 與工資 (lwage) 則未達 0.05 顯著相關性。請見「Step 2」分析。

Step 2. 工具變數 Z 加到「$\hat{X} = \lambda_0 + \lambda_1 Z + \upsilon$」，形成「$Y = \beta_0 + \beta_1 \hat{X} + \varepsilon$」

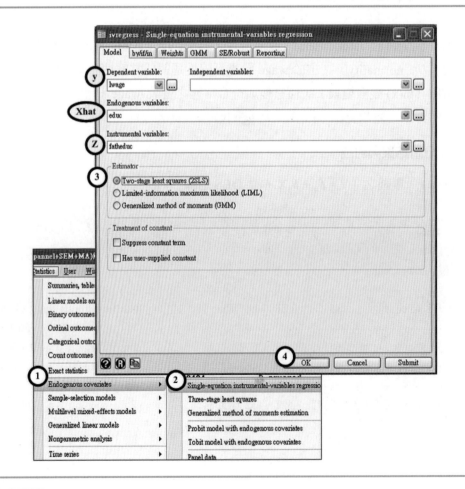

圖 4-17 「ivreg lwage (educ = fatheduc)」畫面

```
. use mroz, clear

*父親學歷 (fatheduc) 為女兒學歷 (educ) 的工具變數
. ivreg lwage (educ = fatheduc )

Instrumental variables (2SLS) regression

    Source |       SS       df       MS              Number of obs =     428
-----------+------------------------------          F(  1,   426) =    2.84
     Model | 20.8673606      1  20.8673606          Prob > F      =  0.0929
  Residual | 202.46008     426  .475258404          R-squared     =  0.0934
-----------+------------------------------          Adj R-squared =  0.0913
     Total | 223.327441    427  .523015084          Root MSE      =  .68939



-------------------------------------------------------------------------------
     lwage |     Coef.   Std. Err.      t    P>|t|     [95% Conf. Interval]
-----------+-------------------------------------------------------------------
      educ |   .0591735   .0351418     1.68   0.093    -.0098994    .1282463
     _cons |   .4411034   .4461018     0.99   0.323    -.4357312    1.317938
-------------------------------------------------------------------------------
Instrumented:  educ
Instruments:   fatheduc
-------------------------------------------------------------------------------
```

1. 未考量工具變數時，學歷 (edu) 與工資 (lwage)，雙尾 Pearson 積差相關 r = 0.11(p<0.05)，達到 0.05 顯著相關水準。考量工具變數時，學歷 (edu) 與工資 (lwage)，雙尾 Pearson 積差相關 r = 0.05(p>0.05)，卻未達到 0.05 顯著相關水準。

2. 以父親學歷(fatheduc)為女兒學歷(educ)的工具變數，求得兩階段迴歸模型為：

$$lwage = 0.44 + 0.059educ + \varepsilon$$

小結

　　本例，以父親學歷 (fatheduc) 為女兒學歷 (educ) 的單一工具變數。實務上，亦可多加幾個工具變數，例如：加上媽媽學歷，並且加二個外生解釋變數 (exogenous regressors)「exper expersq」。整個指令修改如下：考量父母學歷這二個工具變數時，學歷 (edu) 與工資 (lwage)，雙尾 Pearson 積差相關，r = 0.06(p<0.05)。

```
. use mroz, clear


*勾選 first，才會印出 First-stage regressions
. ivregress 2sls  lwage (educ = motheduc fatheduc) exper expersq, first



First-stage regressions
------------------------

                                              Number of obs   =        428
                                              F(  4,    423) =      28.36
                                              Prob > F        =     0.0000
                                              R-squared       =     0.2115
                                              Adj R-squared   =     0.2040
                                              Root MSE        =     2.0390


-------------------------------------------------------------------------------
      educ |     Coef.    Std. Err.      t     P>|t|    [95% Conf. Interval]
-----------+-------------------------------------------------------------------
     exper |   .0452254   .0402507     1.12   0.262    -.0338909    .1243417
    expersq |  -.0010091   .0012033    -0.84   0.402    -.0033744    .0013562
   motheduc |    .157597   .0358941     4.39   0.000     .087044    .2281501
   fatheduc |   .1895484   .0337565     5.62   0.000     .1231971    .2558997
     _cons |    9.10264   .4265614    21.34   0.000    8.264196    9.941084
-------------------------------------------------------------------------------

Instrumental variables (2SLS) regression      Number of obs =        428
                                              Wald chi2(3)   =      24.65
                                              Prob > chi2    =     0.0000
                                              R-squared      =     0.1357
                                              Root MSE       =     .67155


-------------------------------------------------------------------------------
     lwage |     Coef.    Std. Err.      z     P>|z|    [95% Conf. Interval]
-----------+-------------------------------------------------------------------
```

```
      educ |   .0613966    .0312895     1.96   0.050    .0000704    .1227228
     exper |   .0441704    .0133696     3.30   0.001    .0179665    .0703742
   expersq |   -.000899    .0003998    -2.25   0.025   -.0016826   -.0001154
     _cons |   .0481003     .398453     0.12   0.904   -.7328532    .8290538
-------------------------------------------------------------------------
Instrumented:  educ
Instruments:   exper expersq motheduc fatheduc
```

1. 母親學歷 (motheduc) 及父親學歷 (fatheduc) 當作子女學歷 (educ) 的工具變數，外加二個外生解釋變數 (exogenous regressors)「exper expersq」，所求得「完整」兩階段迴歸式模型為：

$$lwage_i = 0.48 + 0.061educ_i + 0.04exper_i - 0.0009expersq_i + \varepsilon_i$$

2. 未考慮工具變數時，學歷 (edu) 與工資 (lwage) 兩者皆達到 0.05 顯著相關水準。相對地，只納入父親學歷 (fatheduc) 當工具變數時，會發現學歷 (edu) 與工資 (lwage) 均未達 0.05 顯著相關性。但是，再考慮二個干擾之外生變數 (exper expersq) 時，學歷 (edu) 與工資 (lwage) 兩者又回到 0.05 顯著相關水準。

Step 3. Wu-Hausman 內生性檢定 (「estat endogenous」指令)

如何偵測變數是否具內生性呢？可以利用「ivregress 2sls」事後指令「estat endogenous」之 Wu-Hausman 檢定：

$$\begin{cases} H_0 : Cov(x,u) = 0, x是外生性 \\ H_1 : Cov(x,u) \neq 0, x是內生性 \end{cases}$$

檢定自變數的外生性可以幫助我們選擇採用 OLS 或 IV 迴歸。

如果無法拒絕虛無假設 H_0，則內生自變數不存在，OLS 估計式與 IV 估計式都是一致的，我們應該採用較有效率的 OLS 估計式。此時

$$(\hat{\beta}_{OLS} - \hat{\beta}_{IV}) \to 0$$

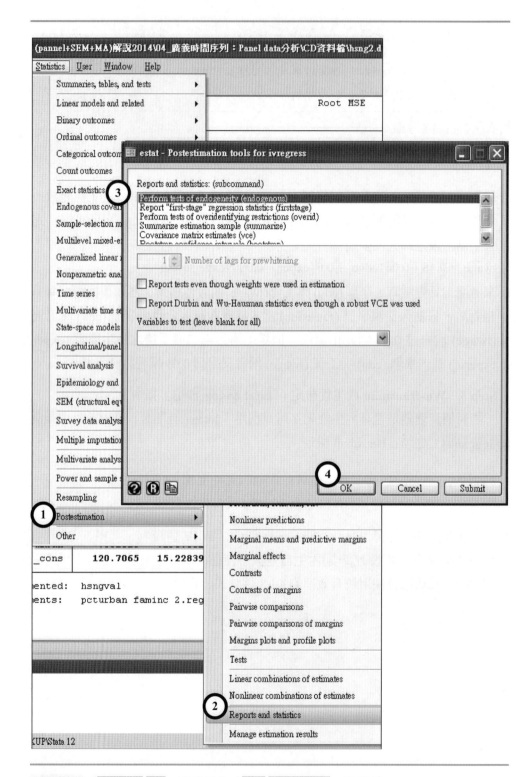

圖 4-18 「ivregress 2sls」事後指令「estat endogenous」之畫面

```
. estat endogenous

Tests of endogeneity
H₀: variables are exogenous

Durbin (score) chi2(1)          =    2.80707  (p = 0.0938)
Wu-Hausman F(1,423)             =    2.79259  (p = 0.0954)
```

1. Wu-Hausman 內生性檢定

$$\begin{cases} H_0 : Cov(x,u) = 0, x是外生性 \\ H_1 : Cov(x,u) \neq 0, x是內生性 \end{cases}$$

本例求得 $F_{(1,423)}$ = 2.79，p>0.05，故接受「H₀: variables are exogenous(外生性)」，表示內生自變數「motheduc、fatheduc」不存在，OLS 估計式與 IV 估計式都是一致的，本例我們應該採用較有效率的 OLS 估計式。此時

$$(\hat{\beta}_{OLS} - \hat{\beta}_{IV}) \rightarrow 0$$

範例 4. 使用大學接近度 (College Proximity) 當作教育的 IV
本例旨在估計工具變數迴歸式：「大學附近嗎 (nearc4) →學歷 (educ) →工資 (wage)」，即員工額外在職進修教育年數對其薪資(wage)的影響效果百分比。

(一) 資料檔之內容

1. 以居住在四年制大學附近嗎 (nearc4) 當作學歷 (educ) 的工具變數。

2. 內生解釋變數 (endogenous regressors)，包括學歷 (educ)。

3. 依變數：工資 [ln(wage)]。因工資 (wage) 違反線性迴歸「常態性」，故取自然對數。

4. 外生解釋變數 (exogenous regressors)，包括 exper, expersq, black, smsa, south。

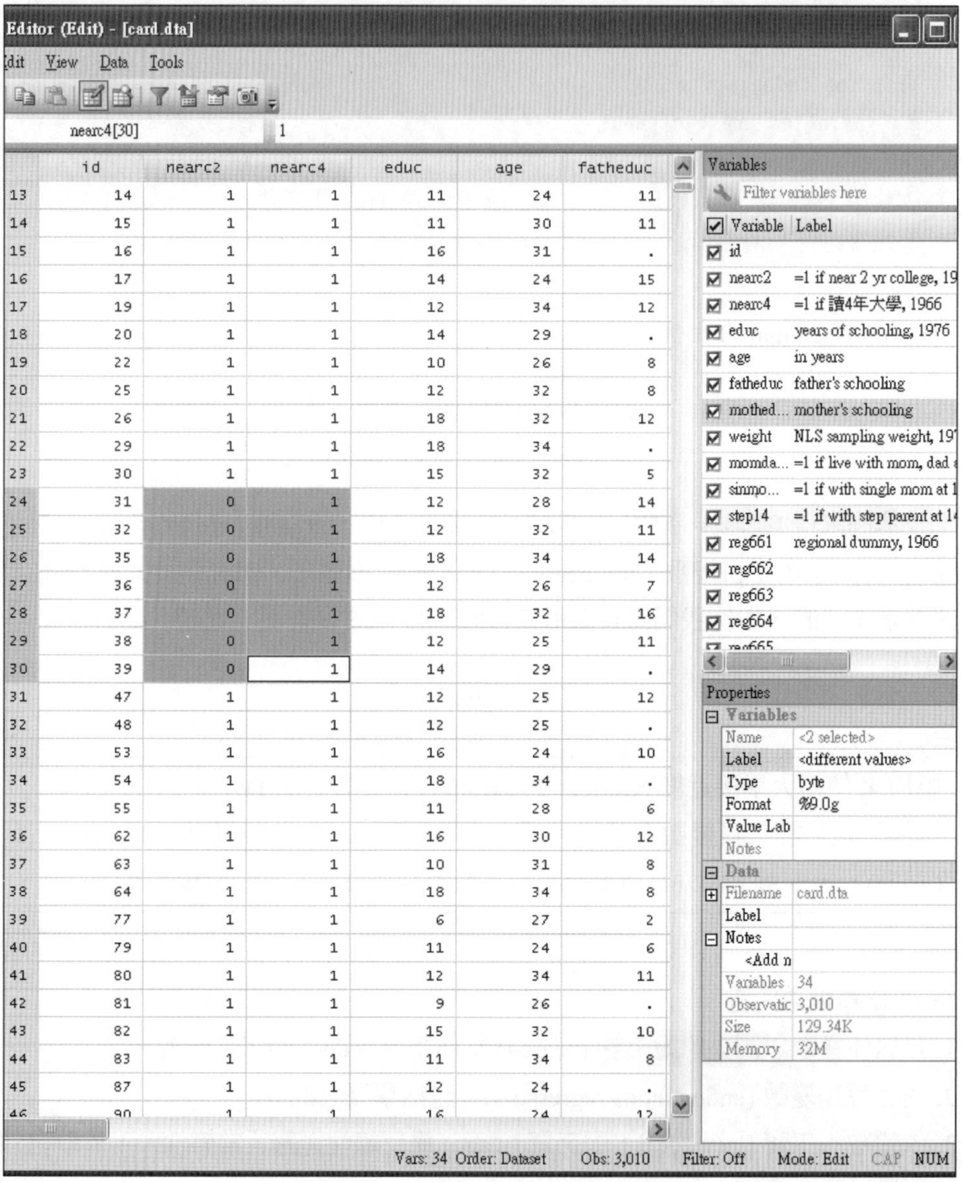

	id	nearc2	nearc4	educ	age	fatheduc
13	14	1	1	11	24	11
14	15	1	1	11	30	11
15	16	1	1	16	31	.
16	17	1	1	14	24	15
17	19	1	1	12	34	12
18	20	1	1	14	29	.
19	22	1	1	10	26	8
20	25	1	1	12	32	8
21	26	1	1	18	32	12
22	29	1	1	18	34	.
23	30	1	1	15	32	5
24	31	0	1	12	28	14
25	32	0	1	12	32	11
26	35	0	1	18	34	14
27	36	0	1	12	26	7
28	37	0	1	18	32	16
29	38	0	1	12	25	11
30	39	0	1	14	29	.
31	47	1	1	12	25	12
32	48	1	1	12	25	.
33	53	1	1	16	24	10
34	54	1	1	18	34	.
35	55	1	1	11	28	6
36	62	1	1	16	30	12
37	63	1	1	10	31	8
38	64	1	1	18	34	8
39	77	1	1	6	27	2
40	79	1	1	11	24	6
41	80	1	1	12	34	11
42	81	1	1	9	26	.
43	82	1	1	15	32	10
44	83	1	1	11	34	8
45	87	1	1	12	24	.

圖 4-19 「card.dta」資料檔內容 (N=3,010)

觀察資料之特徵

```
. use card, clear
* 或 use http://fmwww.bc.edu/ec-p/data/wooldridge/card

. describe

  obs:         3,010
  vars:           34                      2 Sep 1996 15:51
  size:      132,440
-------------------------------------------------------------------------
              storage  display   value
variable name  type    format    label       variable label
-------------------------------------------------------------------------
id           int    %9.0g
nearc2       byte   %9.0g  住在2年專科學校附近  =1 if lived near a 2 yr college in 1966
nearc4       byte   %9.0g  住在4年專科學校附近  =1 if lived near a 4 yr college in 1966
educ         byte   %9.0g                  years of schooling, 1976
age          byte   %9.0g                  in years
fatheduc     byte   %9.0g                  father's schooling
motheduc     byte   %9.0g                  mother's schooling
weight       float  %9.0g                  NLS sampling weight, 1976
momdad14     byte   %9.0g                  =1 if live with mom, dad at 14
sinmom14     byte   %9.0g                  =1 if with single mom at 14
step14       byte   %9.0g                  =1 if with step parent at 14
reg661       byte   %9.0g                  regional dummy, 1966
reg662       byte   %9.0g
reg663       byte   %9.0g
reg664       byte   %9.0g
reg665       byte   %9.0g
reg666       byte   %9.0g
reg667       byte   %9.0g
reg668       byte   %9.0g
reg669       byte   %9.0g
south66      byte   %9.0g                  =1 if in south in 1966
black        byte   %9.0g                  =1 if black
smsa         byte   %9.0g                  =1 in in SMSA, 1976
south        byte   %9.0g                  =1 if in south, 1976
smsa66       byte   %9.0g                  =1 in in SMSA, 1966
wage         int    %9.0g                  hourly wage in cents, 1976
```

```
enroll     byte   %9.0g              =1 if enrolled in school, 1976
kww        byte   %9.0g              knowledge world of work score
iq         int    %9.0g              IQ score
married    byte   %9.0g              =1 if married, 1976
libcrd14   byte   %9.0g              =1 if lib. card in home at 14
exper      byte   %9.0g              工作年資
lwage      float  %9.0g              log(wage)
expersq    int    %9.0g              exper^2
----------------------------------------------------------------------------
Sorted by:

. note

_dta:
  1. Using Geographic Variation in College Proximity to Estimate the Returns to
     Schooling," by D. Card (1994) in L.N. Christophides et al.(ed.), Aspects of La-
     bour Market Behaviour: Essays in Honour of John Vanderkamp and used in the text-
     book: Introductory Econometrics: A Modern Approach, second edition, by Jeffrey M.
     Wooldridge.
```

(二) 分析結果與討論

Step 1. 單純之「$Y = \beta_0 + \beta_1 X + \varepsilon$」OLS 迴歸

```
. use card, clear
. reg lwage educ

      Source |       SS           df       MS            Number of obs =    3010
-------------+----------------------------------         F( 1,  3008) =  329.54
       Model | 58.5153704          1   58.5153704        Prob > F      =  0.0000
    Residual | 534.126274       3008   .177568575        R-squared     =  0.0987
-------------+----------------------------------         Adj R-squared =  0.0984
       Total | 592.641645       3009   .196956346        Root MSE      =  .42139

-------------------------------------------------------------------------------
       lwage |      Coef.   Std. Err.      t    P>|t|     [95% Conf. Interval]
-------------+-----------------------------------------------------------------
        educ |   .0520942   .0028697    18.15   0.000     .0464674    .057721
       _cons |   5.570882   .0388295   143.47   0.000     5.494747   5.647017
-------------------------------------------------------------------------------
```

1. 未考量工具變數時，學歷 (edu) 與工資 (lwage)，雙尾 Pearson 積差相關 r = 0.05 (p < 0.05)。

Step 2. 工具變數 **Z** 加到「$\hat{X} = \lambda_0 + \lambda_1 Z + v$」，形成「$Y = \beta_0 + \beta_1 \hat{X} + \beta_2 w + \varepsilon$」

```
. use card, clear
* 舊版 ivreg 指令 ( 一階及兩階 )，不等於「ivregress 2sls」指令 ( 兩階段 )
* 學歷 (educ) 有多個工具變數，包括：exper、expersq、black、black、south、nearc4。
. ivreg lwage (educ = nearc4 ) exper expersq black smsa south, first

First-stage regressions

      Source |       SS       df       MS              Number of obs =     3010
-------------+------------------------------           F(  6,  3003) =   451.87
       Model |  10230.4843     6  1705.08072           Prob > F      =   0.0000
    Residual |  11331.5958  3003  3.77342516           R-squared     =   0.4745
-------------+------------------------------           Adj R-squared =   0.4734
       Total |  21562.0801  3009  7.16586243           Root MSE      =   1.9425


        educ |      Coef.   Std. Err.      t    P>|t|     [95% Conf. Interval]
-------------+----------------------------------------------------------------
       exper |  -.4100081   .0336939   -12.17   0.000    -.4760735   -.3439427
      expersq |   .0007323   .0016499     0.44   0.657    -.0025029    .0039674
       black |  -1.006138   .0896454   -11.22   0.000    -1.181911   -.8303656
        smsa |   .4038769   .0848872     4.76   0.000     .2374339    .5703199
       south |   -.291464   .0792247    -3.68   0.000    -.4468042   -.1361238
      nearc4 |   .3373208   .0825004     4.09   0.000     .1755577    .4990839
       _cons |   16.65917   .1763889    94.45   0.000     16.31332    17.00503


Instrumental variables (2SLS) regression

      Source |       SS       df       MS              Number of obs =     3010
-------------+------------------------------           F(  6,  3003) =   120.83
       Model |  133.463143     6  22.2438571           Prob > F      =   0.0000
```

```
  Residual |  459.178502   3003   .152906594        R-squared    =  0.2252
-----------+------------------------------------    Adj R-squared =  0.2237
     Total |  592.641645   3009   .196956346        Root MSE     =  .39103


------------------------------------------------------------------------------
     lwage |     Coef.   Std. Err.      t    P>|t|    [95% Conf. Interval]
-----------+------------------------------------------------------------------
      educ |   .1322888   .0492332     2.69   0.007    .0357546    .2288231
     exper |    .107498   .0213006     5.05   0.000    .0657327    .1492632
    expersq |  -.0022841   .0003341    -6.84   0.000   -.0029392   -.0016289
     black |  -.1308019   .0528723    -2.47   0.013   -.2344715   -.0271323
      smsa |   .1313237   .0301298     4.36   0.000    .0722465    .1904009
     south |  -.1049005   .0230731    -4.55   0.000   -.1501412   -.0596598
      _cons |   3.752781   .8293409     4.53   0.000    2.126648    5.378915
------------------------------------------------------------------------------
Instrumented:  educ
Instruments:   exper expersq black smsa south nearc4
------------------------------------------------------------------------------
```

1. 第一階迴歸：學歷 (educ) 有六個工具變數，包括：exper、expersq、black、smsa、south、nearc4。除了 expersq 外，其餘五個都是非時變變數，且與學歷 (educ) 都達到 0.05 顯著相關，故這五個非時變變數當中，僅用「(educ =nearc4)」來界定 nearc4 是工具變數，其餘五個都是兩階段迴歸之 exogenous regressors。

2. 未考量工具變數時，學歷(educ) 與工資 (lwage)，雙尾 Pearson 積差相關 r = 0.05 (p < 0.05)。考量工具變數時，學歷 (educ) 與工資 (lwage)，雙尾 Pearson 積差相關，增加至 r=0.13(p<0.05)。

3. 以就讀四年大學嗎 (nearc4) 為員工學歷 (educ) 的工具變數，求得兩階段迴歸模型為：

$$\text{lwage} = 3.75 + 0.13\text{educ} + 0.107\text{expr} - 0.002\text{expr}^2 - 0.13\text{black} + 0.13\text{smsa} - 0.1\text{south} + \varepsilon$$

4. 本例採用舊版指令：

「**ivreg** lwage (educ = nearc4) exper expersq black smsa south, **first**」，等於下列指令，兩者印出報表一模一樣：

* 勾選 first，才可印出 First-stage regressions
. ivregress 2sls lwage exper expersq black smsa south (educ = nearc4), first

4-2-4b 兩階段最小平方法迴歸：Wu-Hausman 內生性檢定 (estat endogenous 指令)

一、理論建構的二途徑 (內生性 ≠ 中介變數)

模型 (model) 與理論 (theory) 是一體二面，意義上，兩者是實質等同之關係。

理論建構是一個過程，在建構的過程中所發展出來的構念 (概念) 與假設 (命題) 是用來說明至少兩個定理或命題的關係。Kaplan(1964) 提出理論建構有兩個途徑 (intention vs. extension)：

(一) 內部細緻化 / 內伸法 (knowledge growth by intention)

在一個完整的領域內，使內部的解釋更加細緻、更適當化。Intention 有三種方法：

1. 增加中介 (Intervention) 變數 (內生性 ≠ 中介變數)

在「自變數 X 影響依變數 Y」關係中，添增一個中介變數 I，使原來的「X → Y」變成「X → I → Y」的關係，原始「刺激 S→ 反應 R」古典制約理論變成「刺激 S→ 有機體 O→ 反應 R」認知心理學。

2. 尋找「共同」外生變數 (exogenous variable)

例如：「抽菸 → 癌症」關係中，發現抽菸 (X 變數) 是因為心情不好 (E 變數)，癌症 (Y 變數) 也是因為心情不好，此時「X → Y」關係變成圖 4-20 的關係。原來「X → Y」的虛假關係不見了，後來發現 E 才是 X 與 Y 的共同原因 (common cause)。又如，多角化程度與國際化程度也是組織績效的共同原因。

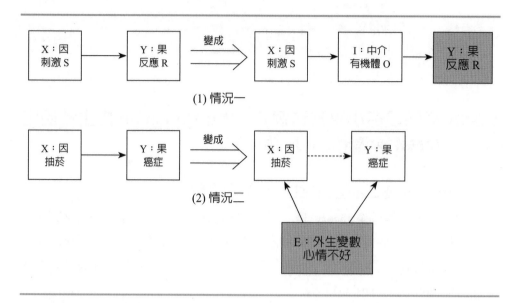

圖 4-20 內伸法 (中介 vs. 共同原因)

(1) 變數「刺激 S」亦可當作中介「有機體 O」的工具變數 (IV)，此時可將 OLS/SEM 模型改用兩階段最小平方法迴歸來取代。

(2) 偵測變數「心情不好」是強外生，可用 Wu-Hausman 內生性檢定 (「estat endogenous」指令)。

3. 增加干擾 (moderate) 變數 [次族群 (subgroup) 即 multi-level 混合模型、multi-level SEM]

例如：「工作滿意影響工作績效」的模型中，後來發現年齡層 [次族群之調節 (干擾) 變數 M] 亦會影響工作績效 (Y 變數)，此時原來的「X → Y」關係就變成圖 4-21，即 X 與 Y 的關係是有條件性的，隨著調節 (干擾) 變數的不同，其關係強度亦會隨著不同。例如：原來「父母社經地位 → 子女成績」其關係強度，係隨著「不同縣市城鄉差距」而變動。

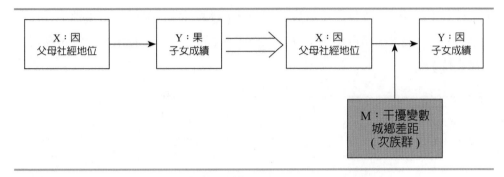

圖 4-21 父母社經地位 vs. 子女成績 [次族群當調節 (干擾) 變數]

又如，腦中風的危險因子 (高血壓、症狀性心衰竭、瓣膜性心臟病) 受到性別、年紀、糖尿病、家族中風史等次族群 (subgroup) 的干擾 (moderate)。

(二) 外延法 (knowledge growth by extension)

在一個較小的領域，先求取完整的解釋，然後將此結論延伸至相似的領域，此種 extension 模型有三種不同的做法：

1. 增加內生變數 (endogenous variable)

由已知「X → Y」延伸爲「X → Y → Z」，即從已知 X 與 Y 的關係中延伸至 Z 的知識。例如：原來「個人態度 → 意向」變成「個人態度 → 意向 → 實際行爲」。

圖 4-22 個人態度 (因果鏈是外延法之一型態)

2. 增加另一原因之外生變數

由已知「X→Y」延伸爲圖 4-23 關係，即由原先發現 X 會影響 Y，後來又發現 Z 也會影響 Y。例如：除「學生 IQ→ 成績」外，「家長社經地位 → 成績」。其統計可採淨相關 $r_{XY,Z} = 0.04$(排除 Z 之後，X 與 Y 的淨相關)、及 $r_{ZY,X} = 0.03$。又如，工作滿意及組織承諾都是離職意圖的前因。再舉一例子，影響疏離感 (alienation) 的原因有五項，包括 (1) 個人特徵 (成就動機、內外控、工作倫

理)；(2) 上級領導 (支持型)；(3) 工作設計 (變異性、回饋性、自主性)；(4) 角色壓力 (角色混淆、角色衝突)；(5) 工作內涵 (正式化、授權層級、決策參與、組織支持)。

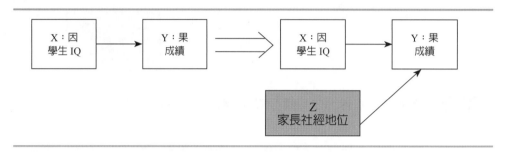

圖 4-23　學生 IQ(多重因果架構是外延法之一)

學生 IQ 及家長社經地位都是強外生 (stick exogenouse)。

3. 增加另一結果之內生變數

由已知「X→Y」延伸爲圖 4-24 關係，即由原先發現 X 會影響 Y，後來又發現 X 也會影響 Z。例如：原來「地球氣候 → 糧食產量」，又發現「地球氣候 → 河川水文」。再舉一例子，疏離感 (Alienation) 的後果有四項，包括 (1) 態度面 (工作滿意、工作涉入、組織認同、組織承諾)；(2) 離職意向；(3) 員工績效 (工作績效、OCB)；(4) 副作用 (酗酒)。

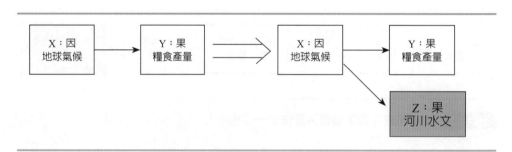

圖 4-24　地球氣候 (多重因果之研究架構)

二、內生性檢定 (「estat endogenous」指令)

如何偵測變數是否具內生性呢？可以利用「ivregress 2sls」事後指令「estat endogenous」之 Wu-Hausman 檢定：

$$\begin{cases} H_0 : Cov(x,u) = 0, x\text{是外生性} \\ H_1 : Cov(x,u) \neq 0, x\text{是內生性} \end{cases}, \text{其中 u 為殘差}$$

檢定自變數的外生性可以幫助我們選擇採用 OLS 或 IV 迴歸。

如果無法拒絕虛無假設 H_0，則內生自變數不存在，OLS 估計式與 IV 估計式都是一致的，應該採用較有效率的 OLS 估計式。此時

$$(\hat{\beta}_{OLS} - \hat{\beta}_{IV}) \to 0，\text{其中} \to \text{為殘差}$$

相對地，若拒絕虛無假設 H_0，則內生自變數存在，OLS 估計式是不一致的，但 IV 估計式是一致的。此時

$$(\hat{\beta}_{OLS} - \hat{\beta}_{IV}) \to \text{常數} c \neq 0，\text{其中} \to \text{為「趨近」}$$

三、範例：內生性 Wu-Hausman 檢定 (「estat endogenous」事後指令)

假設當地房價 (rent) 來預測當地房租 (rent) 模型中，試問 faminc(當地平均家庭收入) 及類別變數 region(地段) 兩者是否為適當的工具變數呢？

Step 1. 變數描述

1. 依變數 y：rent 變數 (平均房租)。
2. 連續變數 faminc(當地平均家庭收入) 及類別變數 region(地段，前導字 "i." 宣告為 **I**ndicator 變數)，兩者為 hsngval(平均房價) 解釋變數的工具變數。
3. pcturban 為外生解釋變數 (exogenous regressor)。

```
. use http://www.stata-press.com/data/r13/hsng
(1980 Census housing data)

. describe rent pcturban hsngval faminc region

              storage   display    value
variable name  type     format     label      variable label
-------------------------------------------------------------------
rent          long     %6.2f                  平均房租 Median gross rent
pcturban      float    %8.1f                  住市區的人口 %
```

hsngval	long	%9.2f	平均房價 Median hsng value
faminc	long	%8.2f	平均家庭收入 Median family inc., 1979
region	int	%8.0g	region 地段 Census region

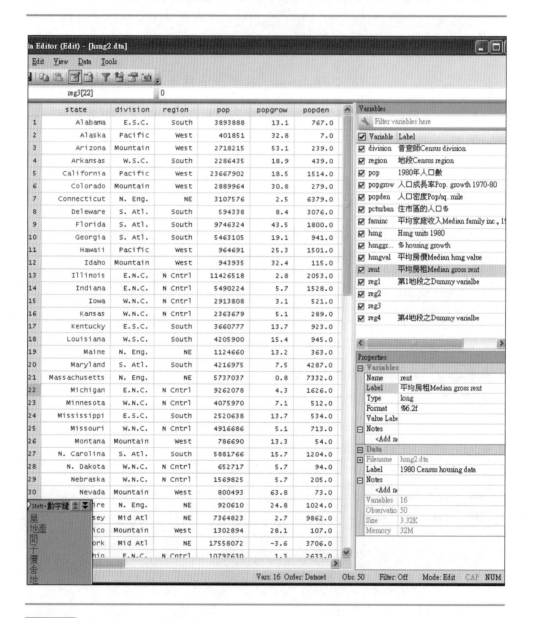

圖 4-25 「hsng2.dta」資料檔之內容

Step 2. 2SLS 模型的認定

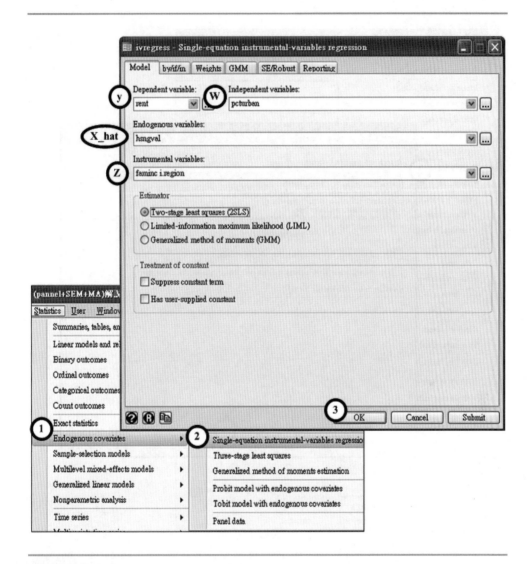

圖 4-26 「**ivregress 2sls** rent pcturban (hsngval = faminc i.region)」畫面

Step 3. 內生性檢定：**Wu-Hausman** 檢定

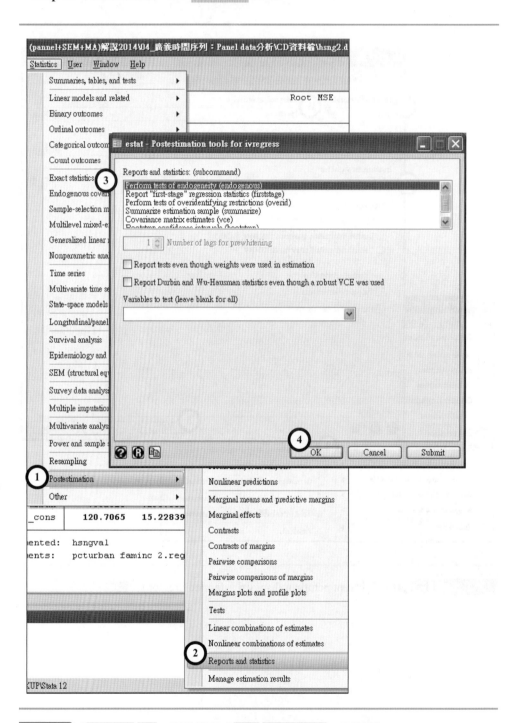

圖 4-27 「**ivregress 2sls**」事後指令「**estat endogenous**」之畫面

```
. use http://www.stata-press.com/data/r13/hsng
(1980 Census housing data)
. ivregress 2sls rent pcturban (hsngval = faminc i.region)

Instrumental variables (2SLS) regression        Number of obs =        50
                                                 Wald chi2(2)  =     90.76
                                                 Prob > chi2   =    0.0000
                                                 R-squared     =    0.5989
                                                 Root MSE      =    22.166

------------------------------------------------------------------------------
      rent |      Coef.   Std. Err.      z    P>|z|     [95% Conf. Interval]
-----------+------------------------------------------------------------------
   hsngval |   .0022398   .0003284     6.82   0.000     .0015961    .0028836
  pcturban |    .081516   .2987652     0.27   0.785    -.504053     .667085
     _cons |   120.7065   15.22839     7.93   0.000     90.85942    150.5536
------------------------------------------------------------------------------
Instrumented:  hsngval
Instruments:   pcturban faminc 2.region 3.region 4.region
```

* 執行「**ivregress 2sls**」事後指令，旨在檢定內生性
. **estat endogenous**

```
Tests of endogeneity
Ho: variables are exogenous

Durbin (score) chi2(1)          =   12.8473  (p = 0.0003)
Wu-Hausman F(1, 46)             =   15.9067  (p = 0.0002)
```

1. Wu-Hausman 內生性檢定：

$$\begin{cases} H_0 : Cov(x,u) = 0, x是外生性 \\ H_1 : Cov(x,u) \neq 0, x是內生性 \end{cases}$$

本例求得 $F(1, 46) = 15.9067$，$p<0.05$，故拒絕「H_0: variables are exogenous(外生性)」，表示「faminc、region」適合當作內生變數。

4-2-5 為何需要多個工具變數？

以相關性 (relevant) 觀點來看，工具變數越多個，2SLS 迴歸產生的係數標準差越小，模型越精確。因為 2SLS 在第一階段之 R^2 也會增加，故可求得更多的 $\hat{X}$ 變異數。

一、工具變數迴歸之認定及過度認定 (over-identification)

在工具變數迴歸中，係數是否能被認定，取決於二個關係：

1. 工具變數 Z 之個數 (m 個)。

2. 內生變數 X(endogenous variables) 之個數 (r 個)。

對係數 $\beta_1, \beta_2, ..., \beta_k$ 而言，其認定有三種情況：

情況 1. 恰巧認定 **(exactly identified): if m = k**

工具變數剛剛好可估計 $\beta_1, \beta_2, ..., \beta_k$，故 IV 模型只有單一解。

情況 2. 過度認定 **(overidentified): if m > k**

更多的工具變數可估計 $\beta_1, \beta_2, ..., \beta_k$，故 IV 模型有多個解。

情況 3. 不足認定 **(underidentified): if m < k**

不足夠的工具變數可估計 $\beta_1, \beta_2, ..., \beta_k$，故仍須更多的工具變數才可估計，故 IV 模型無解。

二、General 工具變數模型：Jargon 的總結

$$Y_i = \beta_0 + \beta_1 X_{1i} + \cdots + \beta_k X_{ki} + \beta_{k+1} W_{1i} + \cdots + \beta_{k+r} W_{ri} + u_i$$

其中

Y_i：依變數

$\beta_1, \beta_2, ..., \beta_k$：待估的係數

$X_{1i}, ..., X_{ki}$：內生變數 (endogenous regressors)，它們與誤差 u_i 有潛在性相關。

$W_{1i}, ..., W_{ri}$：被納入的外生解釋變數 (exogenous regressors) ，它們與 u_i 無關。

$Z_{1i}, ..., Z_{ri}$：工具變數 (被排除的外生解釋變數)

u_i：誤差

三、單一內生 X_{1i} 變數 regressors 之情況

$$Y_i = \beta_0 + \beta_1 X_{1i} + ... + \beta_k X_{ki} + \beta_{k+1} W_{1i} + ... + \beta_{k+r} W_{ri} + u_i$$

兩階段最小平方法 (two stage least squares, 稱 TSLS 或 2SLS) 為：

Step 1. 求 X_{1i} 在「所有外生解釋變數」的 OLS 迴歸

(1)X_{1i} 在「$W_{1i}, \cdots, W_{ri}, Z_{1i}, \cdots, Z_{mi}$」的 OLS 迴歸

(2) 並求得 $\hat{X}_{1i}$

```
. reg x W₁ ⋯ Wᵣ Z₁ ⋯ Zₘ , robust
. predict xhat
. reg y xhat, robust
```

Step 2. 求 Y_{1i} 在「$W_{1i}, \cdots, W_{ri}$」的 OLS 迴歸

```
. reg y xhat W₁ ⋯ Wᵣ , robust
```

上面兩個 step 所求得係數是 TSLS 估計值，但 OLS 係數的標準誤是錯的，故應改用「ivregress 2sls Y W (X = Z)⋯, r」指令。

範例 續前例「提高奢侈稅能抑制人民消費行為嗎」？
承前例，美國猶他州 (Utah) 大幅提高捲菸稅收，會對抽菸消費行為產生什麼效果？

假如我們多加一個「內生 X 變數 regressors」個入收入 (Incomeᵢ)，則香菸需求模型為：

$$\ln(Q_i^{cigarettes}) = \beta_0 + \beta_1 \ln(p_i^{cigarettes}) + \beta_2 \ln(Income_i) + u_i$$
$$Z_{1i} = \text{general sales tax}_i$$
$$Z_{2i} = \text{cigarette - specific tax}_i$$

其中

1. 內生解釋變數 (只一個 X)：$\ln(p_i^{cigarettes})$
2. 被納入的外生變數 (只一個 W)：$\ln(Income_i)$

3. 工具變數 (二個 Z)：general sales tax$_i$、cigarette - specific tax$_i$

　　由於工具變數 Z 個數有二個，小於內生變數 X 個數有一個，故屬過度認定，因此「ivregress 2sls」指令可求得一個以上的解。

情況 1：單一工具變數 Z、單一外生變數 W

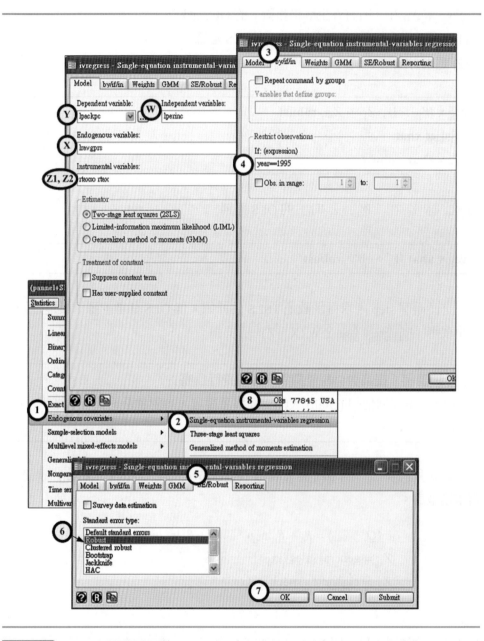

圖 4-28　指令「ivregress 2sls lpackpc lperinc (lravgprs = rtaxso) if year==1995, r」之畫面

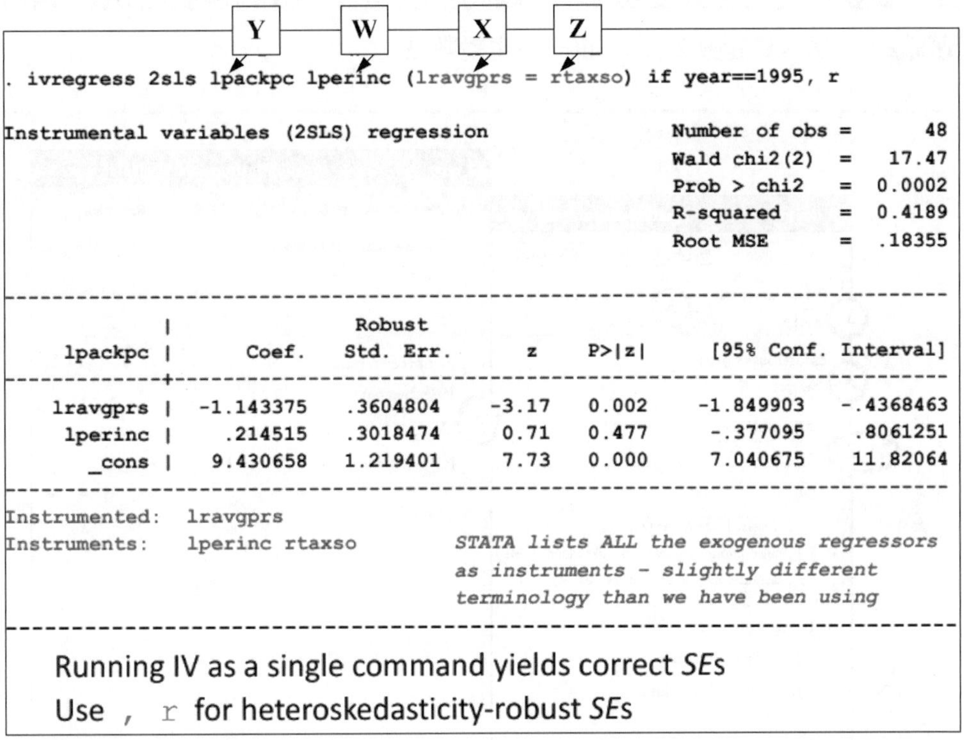


```
. ivregress 2sls lpackpc lperinc (lravgprs = rtaxso) if year==1995, r

Instrumental variables (2SLS) regression          Number of obs =       48
                                                  Wald chi2(2)  =    17.47
                                                  Prob > chi2   =   0.0002
                                                  R-squared     =   0.4189
                                                  Root MSE      =   .18355

------------------------------------------------------------------------------
             |               Robust
     lpackpc |      Coef.   Std. Err.      z    P>|z|     [95% Conf. Interval]
-------------+----------------------------------------------------------------
    lravgprs |  -1.143375   .3604804    -3.17   0.002    -1.849903   -.4368463
     lperinc |    .214515   .3018474     0.71   0.477    -.377095    .8061251
       _cons |   9.430658   1.219401     7.73   0.000     7.040675    11.82064
------------------------------------------------------------------------------
Instrumented:  lravgprs
Instruments:   lperinc rtaxso        STATA lists ALL the exogenous regressors
                                     as instruments - slightly different
                                     terminology than we have been using
------------------------------------------------------------------------------
```

Running IV as a single command yields correct *SE*s
Use , r for heteroskedasticity-robust *SE*s

圖 4-29 指令「ivregress 2sls lpackpc lperinc (lravgprs = rtaxso) if year==1995, r」之結果

四、個數：雙個工具變數 Z > 一個內生變數 X，故屬過度認定 (有解)

情況 2：二個工具變數 Z_1, Z_2、單一外生變數 W

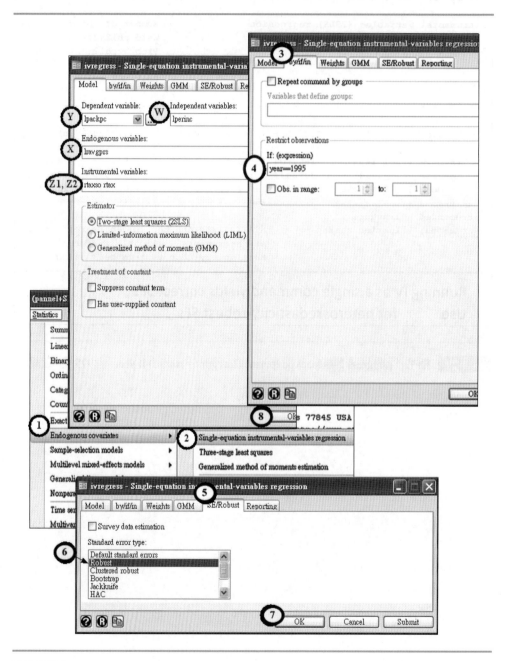

圖 4-30 二個工具變數「ivregress 2sls lpackpc lperinc (lravgprs = rtaxso rtax) if year==1995, r」畫面

```
                    Y        W        X         Z₁       Z₂
. ivregress 2sls lpackpc lperinc (lravgprs = rtaxso rtax) if year==1995, r

Instrumental variables (2SLS) regression          Number of obs  =      48
                                                  Wald chi2(2)   =   34.51
                                                  Prob > chi2    =  0.0000
                                                  R-squared      =  0.4294
                                                  Root MSE       =  .18189

-------------------------------------------------------------------------------
             |              Robust
     lpackpc |    Coef.   Std. Err.      z    P>|z|     [95% Conf. Interval]
-------------+-----------------------------------------------------------------
    lravgprs | -1.277424  .2416838    -5.29   0.000    -1.751115   -.8037324
     lperinc |  .2804045  .2458274     1.14   0.254    -.2014083    .7622174
       _cons |  9.894955  .9287578    10.65   0.000     8.074623    11.71529
-------------------------------------------------------------------------------
Instrumented:  lravgprs
Instruments:   lperinc rtaxso rtax
```

圖 4-31 二個工具變數「ivregress 2sls lpackpc lperinc (lravgprs = rtaxso rtax) if year==1995, r」結果

五、雙工具變數 Z_1, Z_2 之分析結果如何堆疊呢？

TSLS estimates, Z = sales tax ($m = 1$)

$\ln (Q_i^{cigarettes}) = 9.43 - 1.14 \ln(P_i^{\widehat{cigarettes}}) + 0.21 \ln(\text{Income}_i)$

$\qquad (1.22) \quad (0.36) \qquad\qquad (0.30)$

TSLS estimates, Z = sales tax, cig-only tax ($m = 2$)

$\ln (Q_i^{cigarettes}) = 9.89 - 1.28 \ln(P_i^{\widehat{cigarettes}}) + 0.28 \ln(\text{Income}_i)$

$\qquad (0.93) \quad (0.24) \qquad\qquad (0.25)$

4-2-6 工具變數 (instrumental variables) 在教育應用

一、教育為何需要工具變數

一個好的工具變數 (instrumental variables, IV) 係指，工具變數 Z 須與內生性

變數 X 具有高度相關，但與殘差 u(或依變數 y) 無關。

例如：學界辯證「健康 (*H$_i$*) 與教育 (*SCH$_i$*) 之間的因果」就有兩派對立的論點。第一派論點隱含增加政府在教育 (*SCH$_i$*) 方面的支出，是增進國民健康 (*H$_i$*) 的有效政策；而第二派論點則認為教育和健康之因果關係不存在，兩者的關係是來自於某些未能觀察到的變數同時影響兩者時，亦即當教育具有內生性問題的時候，政府便無法經由增加教育投資來達到改善國民健康的目標。

然而教育 (*SCH$_i$*) 具有**內生性共變** (endogenous covariates)，其可能的原因有兩點，教育和存在隨機誤差項中的*時間偏好 (time preference)* 或是*能力 (ability)* 仍有相關。由於無法觀察的這兩種變數存在於迴歸的隨機誤差項之中，會導致教育和「時間偏好或能力」產生相關的情形，此時若這兩個變數「同時」對健康 (*H$_i$*) 與教育 (*SCH$_i$*) 有正向影響時，則會造成教育對健康之影響程度的高估，為了準確評估教育本身對健康的影響，必須解決此內生性的問題。在許多教育文獻中，都會使用工具變數分析法來消除可能的估計誤差。在工具變數 Z 的選擇上，必須要符合以下兩個條件：(1) 與內生變數 x 具有高相關。(2) 但與被解釋變數 y 則無關。

Kenkel 等人 (2006) 曾將工具變數分為個體工具變數和總體工具變數兩類。歸納起來，早期的文獻較偏向使用個體方面的工具變數，如 IQ、家長的教育程度、兄弟姐妹個數等與個人較相關的變數 (Berger & Leigh,1989; Sander,1995a,1995b; Leigh & Dhir,1997)。這類工具變數 Z 雖和內生變數 X(教育) 有較強的相關性，但卻也因為是個人相關的變數，所以也有可能和被解釋變數 Y(健康) 有少許相關。以家長的教育程度為例，若家長教育程度較高，則可能會嚴加控管自己孩子的飲食習慣以及作息時間，使孩子可能較其他孩子為健康，此時工具變數便可能和健康相關，家長的教育程度就不一定是個有效的工具變數。而近期的文獻則較偏向使用總體方面的工具變數，如義務教育法的實施、居住地區的所得水準、大學的校數、越戰的徵召風險等與總體大環境較相關的變數 (Adams, 2002; Currie & Moretti, 2003; Breierova & Duflo, 2004; Arendt, 2005; Kenkel et al., 2006; de Walque, 2007; Park & Kang, 2008; Osili & Long, 2008; Chou et al., 2010)。這類總體環境的工具變數和個人健康的相關性較低，但有時卻可能也和個人教育程度關聯性不高。

正因為教育可能存在的內生性問題，會造成教育對健康影響的高估或低估，許多考慮**工具變數** (instrumental variables, IV) 來解決問題的學者們，在研究中會對於工具**變數**「控制前後」的迴歸結果進行比較。研究顯示，早期文獻認

為在「控制前」由於沒有排除和教育內生相關的影響，教育水準對健康的影響力相較於「控制後」的估計值為大，可以推測出教育對健康的影響可能非直接影響，而是透過某些管道進而影響個人的健康狀況。但近期部分文獻在迴歸結果中，發現教育在使用工具變數之後對健康之影響力會大於之前的影響，學者認為此時可能因為整體教育水準的提升，進而對個人的教育水準產生外溢效果所致。

二、教育和健康關係的工具變數 (IV)

早期多使用與個人特性相關的變數為教育程度的工具變數，Berger & Leigh(1989), Sander(1995a,1995b) 以及 Leigh & Dhir(1997) 即為其中的代表文獻。Berger & Leigh(1989) 利用美國國家健康營養調查 (Health & Nutrition Examination Survey, HANES, http://www.icpsr.umich.edu/icpsrweb/DSDR/studies/) 和青少年生涯追蹤調查 (National Longitudinal Survey of Young Men, NLS, http://www.bls.gov/nls/#order)，檢定教育是否為影響個人健康的直接因素。使用血壓以及身體功能是否受限制和是否殘障當作衡量健康的變數，工具變數方面則為 IQ、考試成績、家長教育程度以及血統、平均每人所得、幼年時代居住地的教育支出兩部分。實證結果發現教育對健康具有直接的影響，而時間偏好等無法直接觀察到的變數，對健康的影響則不顯著。而在 Sander(1995a) 的研究中，則使用美國 1986 到 1991 年的一般社會調查 (general social survey) 資料，探討教育對於吸菸行為的影響，針對 25 歲至 54 歲男性以及 25 歲至 44 歲女性樣本進行迴歸分析，使用家長的教育程度、兄弟姐妹個數以及 16 歲時是否居住在農村作為工具變數。研究結果顯示，在特定年齡群的消費者中，教育對吸菸具有顯著的負向影響，亦即教育水準的提升會造成降低吸菸的機率。Leigh & Dhir(1997) 則使用 1986 年的收入動態追蹤調查 (Panel Study of Income Dynamics, PSID, http://psidonline.isr.umich.edu/Guide/FAQ.aspx?Type=1) 的資料，探討教育對殘障 (衰弱程度) 和運動的影響，被解釋變數以取自日常生活能力量表 (activities of daily living, ADLs) 的六項日常生活能力來衡量個人的衰弱程度。另外，也控制原本存在於隨機誤差項中的自我滿足、風險偏好以及時間偏好程度，以家長教育程度、家長所得及男性幼年時期居住在何州，作為教育程度的工具變數。

近期更有文獻指出，早期使用家庭背景相關的變數作為教育的工具變數是有爭議的，這些變數可能會和觀察對象的健康有關而造成偏誤的估計，因此在解決教育內生性的問題方面，便有文獻引進其他不同的總體工具變數來

進行分析。Adams(2002) 使用出生季作爲教育程度的 工具變數，以健康與退休調查 (Health & Retirement Survey, HRS, http://hrsonline.isr.umich.edu/index.php?p=data)1992 年美國的老年人口爲觀察對象，將樣本設定在 51 歲至 61 歲的範疇，並且使用自評健康和身體的活動能力檢測作爲衡量健康的變數。在兩階段最小平方法的迴歸結果中顯示，教育對於年長男性以及女性的健康皆有顯著正向的影響，並且在修正隨機誤差項中未觀察變數的影響後，此正向關係依然存在。Kenkel 等人 (2006) 的研究中，以 1998 年進行的美國青年縱向調查 (national longitudinal survey of youth 1979, NLSY79)，探討教育水準對於其吸菸狀況、戒菸狀況、肥胖程度的影響。教育水準的衡量上，分成是否高中畢業以及有高中同等學歷證明 (general education development high school equivalency diploma, GED) 兩類，工具變數 方面則以各州的特性及父母親教育水準作爲個人教育水準的工具變數。de Walque(2007) 使用美國國家訪問調查 (national interview survey, http://www.cdc.gov/nchs/surveys.htm) 中，1983 到 1995 年間取得的個人吸菸史，以及 1937 到 1956 年出生的樣本資料。以越戰爲例，認爲在年輕男性會去就讀大學，有可能是因爲正面臨服役的年齡，因爲不想入伍而選擇繼續就學，所以使用徵召風險 (risk of induction) 作爲教育的 工具變數。進一步認爲，更有可能是因爲戰爭所夾帶的死亡風險，所以將工具變數換爲徵召風險乘上戰死風險再進行分析。被解釋變數分別爲吸菸行爲和戒菸行爲，解釋變數方面則將教育分成學歷超過高中以上幾年以及大學和大學以上的虛擬變數兩部分，另外還控制了所得、是否爲越戰退役軍人等變數。對於吸菸行爲，作者使用徵召風險爲工具變數時，會得到教育顯著降低吸菸機率的結果；在戒菸行爲方面，則是在徵召風險乘上戰死風險作爲 工具變數時，可得教育顯著增加戒菸機率的結果，但是否爲退役軍人對於戒菸行爲則沒有影響。

　　近年來無論在探討教育和健康的關係上，抑或是教育和薪資的關係上，都有許多文獻使用各國的教育改革相關變數來作爲自身教育程度或父母親教育水準的 工具變數。Lleras-Muney(2005) 使用 1960、1970、1980 年美國人口普查 (U.S. censuses of population) 的資料，以 1915 到 1939 年間 14 歲的人口爲觀察對象，並且使用在這些年間義務教育法及童工法相關的變數，作爲教育的工具變數，這些變數包含有入學年齡、畢業年齡等，進而探討教育對於成人死亡率的影響。在迴歸結果中，最小平方法 (ordinary least square, OLS) 得到的結果爲增加一年的義務教育會減少未來十年中至少 1.3% 的死亡率，而兩階段最小平方法 (two-stage least square, 2SLS) 的結果較最小平方法影響爲大，爲減少 3.6% 的死

亡率。Currie & Moretti(2003) 則探討母親的教育，對孩子出生體重以及其懷孕期間吸菸機率的影響。使用美國 1970 到 2000 年的生命統計資料 (vital statistics natality files)，並且以 1940 到 1990 年間女性 17 歲時該州兩年及四年制的大學開設間數作為教育的工具變數。在工具變數分析的實證結果顯示，母親的教育對於孩子的出生體重有正向的影響，且對懷孕期間吸菸的機率有負向的影響。

　　而在臺灣教改的部分，則在 1968 年時，政府推動義務教育改革，將國民教育由六年增加為九年，全臺各地紛紛增設國民中學，進而也提升了當時國民教育的水準，亦有不少文獻使用臺灣的資料作為樣本進行研究。Clark & Hsieh(2000) 將 1968 年時 6-11 歲的樣本視為實驗組、15-20 歲的樣本較不會受教改影響則視為對照組，把臺灣分成十七個縣市後，以各縣市國民中學的密度和出生世代的相乘項，作為衡量教育水準對男性薪資收入影響的工具變數。Spohr(2003) 利用 1979 到 1996 年之臺灣家庭收支調查資料 (taiwan's household income & expenditure survey)，探討教育水準對勞動參與程度、傳統或現代產業、薪資收入的影響，也是以 1968 年的國民義務教育改革作為工具變數。Chou 等人 (2010) 研究臺灣家長的教育對孩子健康的影響，以 1968 到 1973 年六年間每年各地區增加學校數目的累加值，以及 1968 年各縣市 12-14 歲正值國中學齡人口的數量求算縣市別的新設國中密度。樣本方面則為臺灣 1978 到 1999 年的所有出生證明以及嬰兒和孩童的死亡證明資料，並且以出生體重輕及過輕、出生後三個階段的死亡率以及是否早產作為衡量孩子健康的變數，工具變數的選擇上則使用 1968 年臺灣各城市中新開設中學的密度以及出生世代作為教育的變數，在兩階段最小平方法 (2SLS) 的迴歸結果中發現，母親的教育對孩子健康的影響大於父親。

三、panel 教育之資料來源 (在臺灣)

　　來自中央研究院、國科會、國科會社會科學研究中心及蔣經國基金會等單位所贊助創立的華人家庭動態資料庫 (panel study of family dynamics, PSFD, http://psfd.sinica.edu.tw/web/)，以華人家庭的成年人為固定樣本追蹤調查 (panel data) 的對象。而這類型的追蹤調查，是對特定的樣本做持續性的追蹤訪問，只要是成功的樣本，則會在往後的每年以部分問項相同、部分稍作修正的問卷，持續對此樣本年年進行訪問。除了主樣本的訪問外，也針對主樣本的親屬進行相關的追蹤 (panel) 調查。

　　最初建構此資料庫的想法，是由於華人社會不論在家庭模型、生活習慣及風土民情上皆較國外複雜，亦即國外的問卷中可能會遺漏某些華人特有的問項，例如：傳統的家庭特質與觀念、較為勤儉保守的生活方式、補教文化等。假如這些問題是影響華人行為的重要影響因子，如此一來，忽略了這些變數的解釋能力時，所得到的估計結果就會失真與偏誤，因此，有必要針對華人社會設計合適的問卷。因為華人社會的家庭觀念較為強烈，故此資料庫的主題及問項以家庭為單位進行調查，要構成一個家，成員除了自己外最重要的還包含有配偶、父母親、兄弟姐妹以及子女，所以在問卷中除了先對主樣本自己本身的背景資料做訪問之外，更有其他家庭成員的相關問項。問卷內容主要包括受訪者個人的基本資料、教育經驗、工作經驗、婚姻與配偶資料、家庭價值與態度、親屬資料、居住安排、家庭決策與支出、家庭關係與和諧及子女教養等，除了前三項主題是個人相關，其他主題皆以家庭為基礎來提問。在我們主要感興趣的教育部分，此資料庫包含的內容頗為詳細，除了正規教育的資訊之外，還包含有補習教育、才藝訓練、重考班等特殊的非正規教育資訊；甚至不少家長求好心切想讓孩子受更多元、更完整的教育，不惜砸重金在孩子的學費上或是搬遷到好學校的學區等，都有詳細的問項。

　　此資料庫的主樣本主要由三群樣本所組成，分別於 1999 年 (訪問對象的出生年次為 1953-1964 年 ; 問卷編號 RI-1999)、2000 年 (出生年次為 1935-1954 年 ; 問卷編號 RI-2000) 及 2003 年 (出生年次為 1964-1976 年 ; 問卷編號 RI-2003) 進行第一次的訪問。以 PSFD 第一年計畫的問卷 (RI-1999) 問項為基礎，後續訪問調查的問卷都依照此問卷做增減與修正的動作。

小結

　　「教育」為解釋變數之一，本身具有內生性問題，亦即教育可能會與隨機誤差項中被忽略的變數 (例如：能力或是時間偏好等) 有相關，而造成估計上的偏誤。為了避免對迴歸結果造成偏誤的估計，有不少學者提出可以工具變數分析法來排除此偏誤的問題，在選擇適合的工具變數上也有許多不同的看法，早期的文獻使用與個人或家庭背景較為相關的變數來作為工具變數 (Berger & Leigh, 1989; Sander, 1995a, 1995b; Leigh & Dhir, 1997)。而近期則從個體工具變數轉向為使用與總體大環境相關的變數，來作為教育的工具變數 (Adams, 2002; Kenkel et al., 2006; de Walque, 2007; Park & Kang, 2008)。近年來更有許多文獻使用總體大環境中和教育改革相關的變數，來作為自身教

育或父母親教育的工具變數 (Clark & Hsieh, 2000; Duflo, 2001; Adams, 2002; Currie & Moretti, 2003; Spohr, 2003; Arendt, 2005; Breierova & Duflo, 2004; Osili & Long, 2008; Chou et al., 2010)。

4-2-7 兩階段迴歸 vs. 最小平方法迴歸之練習題

工具變數練習題 1：孕婦吸菸會導致早產兒

來源：http://fmwww.bc.edu/gstat/examples/wooldridge/wooldridge15.html

```
* 開啟網站之 bwght.dta 檔
use http://fmwww.bc.edu/ec-p/data/wooldridge/bwght
* 對照組 (pooled reg)：孕婦吸菸量 (packs) 會導致嬰兒出生體重 (lbwght) 過輕
. reg lbwght packs
* 實驗組：香菸價格 (cigprice) 當孕婦吸菸量 (packs) 的 IV，來預測嬰兒出生體重 (lb-
wght)，結果駁斥對照組的論述
ivreg lbwght (packs = cigprice ), first
```

工具變數練習題 2：以緊鄰大學 (nearc4) 當員工學歷的 IV，學歷再預測工資 (ln(wage))。干擾之外生變數包括：員工經驗 (exper)、種族 (black)、有否 smsa、南北差距 (south)。

```
use http://fmwww.bc.edu/ec-p/data/wooldridge/card
* 對照組：先兩階段迴歸分析
ivreg lwage (educ = nearc4 ) exper expersq black smsa south, first
* 實驗組：以 OLS 迴歸分析當對照組，求得這二個迴歸係數及標準誤是不同的。
reg lwage educ exper expersq black smsa south
```

工具變數練習題 3：預測女工之教育投報率 (return to education)。以父親學歷當女工的 IV，學歷再預測工資 (ln(wage))。

```
use http://fmwww.bc.edu/ec-p/data/wooldridge/mroz
* 對照組：先 OLS 迴歸分析，求得迴歸係數 0.1086(p<0.05)
reg lwage educ
* 實驗組：以父親學歷當 IV，求得迴歸係數 0.059 (p>0.05)，係數顯著性與 OLS 相反
ivreg lwage (educ = fatheduc )
```

工具變數練習題 4：女工之教育投報率 (return to education)。以雙親學歷當女工的 IV，學歷再預測工資 (ln(wage))。干擾之外生變數包括：員工經驗年資 (exper)、員工經驗年資平方 (expersq)。

```
use http://fmwww.bc.edu/ec-p/data/wooldridge/mroz
* 對照組：先兩階段迴歸分析
ivreg lwage (educ = motheduc fatheduc) exper expersq
* 用 ssc 來外掛 overid 指令，它可診斷最近一次 model 是否「過度認定」，若不足認定
則不佳。
ssc install overid, replace
* 執行 overid 指令，卡方檢定求得 p=0.5386，顯示本模型是「過度認定」，故認定仍佳。
overid
* 實驗組：IV 除女工再加雙親學歷，再增加 huseduc
ivreg lwage (educ = motheduc fatheduc huseduc) exper expersq
* 執行 overid 指令，卡方檢定求得 p=0.5726，顯示本模型也是「過度認定」，故認定仍
佳。
overid
```

工具變數練習題 5：員工訓練 (hrsemp) 預測員工生產力 (lscrap)

```
use http://fmwww.bc.edu/ec-p/data/wooldridge/mroz
* 對照組：先兩階段迴歸分析，以「grant 差分項」當「hrsemp 差分項」的工具變數。
use http://fmwww.bc.edu/ec-p/data/wooldridge/jtrain
tsset fcode year
sort fcode year
drop if year==1989
*「D.」是差分運算子
ivreg D.lscrap (D.hrsemp = D.grant )
* 實驗組：OLS 迴歸。
reg D.lscrap D.hrsemp
```

4-3 橫斷面 /panel：如何偵測需要工具變數呢？

一、線性機率 (linear probability) 模型

線性機率迴歸之應用例子，包括：

1. 探討臺商製造業赴廈門設廠與回流臺灣之區位選擇。
2. 影響需求臺灣貿易商之因素。
3. 探討通路、保費及繳費別對解約率之影響。
4. 探討性別、保額及繳費期間對解約率之影響。
5. 臺灣省國民中學教師流動因素與型態之研究。

Probit 迴歸分析與邏輯斯迴歸分析最大的不同點，在於 Probit 迴歸分析中依變數不再是二元變數 (即 0 與 1)，而是介於 0 與 1 之間的百分比變數。進行 Probit 迴歸分析時，與前節在邏輯斯分析時所導出之模型相同。

$$成功機率為：P = \frac{e^{f(x)}}{1 + e^{f(x)}}$$

$$失敗機率為：1 - P = \frac{1}{1 + e^{f(x)}}$$

$$勝算比 (odd ratio) 為：\frac{P}{1-P} = e^{f(x)}$$

$$\ln\frac{P}{1-P} = f(x) = \beta_0 + \beta_1 X_1 + \beta_2 X_2 + \cdots + \beta_k X_k$$

線性機率模型之假設

H_0：Probit 模型適配度 (goodness of fit) 佳

H_1：Probit 模型適配度 (goodness of fit) 不佳

對 STaTa 而言，其線性迴歸 (reg 指令)、Logit 迴歸 (logit 指令) 及 Probit 迴歸 (probit 指令)，三者分析之顯著性 t(或 Z) 檢定的 p 值都會非常接近，只是三者計算公式之單位不同而已。而且，線性迴歸的依變數，不論是連續變數或類別變數都可以。但 Logit 迴歸及 Probit 迴歸的依變數，只限類別變數才可以。此外，線性迴歸、Logit 迴歸及 Probit 迴歸三者的解釋變數 (自變數)，不論是連續變數或類別變數都可以。

4-3-1 為何「教育水準」需要多個工具變數 Z 呢？

工具變數的估計法 (IV analysis) 原理是，當自變數具有內生性之下，如果沒有第一階段「IV 方程式」的偵測及認定，傳統一階段 OLS 就無法得到一致性的估計值。

兩階段 OLS 與一階段 OLS 不同的是，解釋變數 X 與殘差 (residual) 的共變異數 (covariance) 不再假定 (assumption) 為零。對於工具變數 Z 的選擇條件上，工具變數必須符合：外生性 (與依變數 y 無相關) 與相關性 (與內生變數 x 有相關) 二個條件。例如：在 Milligan 等人 (2004) 曾採用種族、性別、出生地、年齡當作工具變數，因為種族、性別、出生地、年齡對於公民來說，不是非時變 (time-invariant, TI) 就是已知外生 (endogenous)，故這四者都適合當作工具變數。

舉例來說，「健康 (H_i) 與教育 (SCH_i) 之間的因果」研究，其中，被解釋變數 (依變數 y) 為自評健康 (H_i) 狀態，它設為一虛擬變數。選用非線性機率模型 (nonlinear probability model) 中的普羅比模型 (probit model) 進行估計，並考慮內生解釋變數的存在，利用工具變數來處理可能產生的內生性問題。

首先，架構一個基本的普羅比 (probit) 模型，個人的健康狀況 H_i 為一個潛在變數 (latent variable)H_i^*，此變數之定義如下：

$$H_i^* = X_i\beta + \varepsilon_i \tag{4-1}$$

在 (4-1) 式中，X_i 包含所有「外生解釋變數 W_{1i} 以及內生變數之教育水準 SCH_i」。ε_i 為一標準常態分布之隨機干擾項，$E(\varepsilon_i)= 0$。但是，由於 H_i^* 無法被直接量化，因此用虛擬變數 (自評「健康 H_i 良好」設為 1)H_i 來衡量健康狀況，這兩者之間的關係如下：

$$\begin{cases} H_i = 1, 若 H_i^* > 0 \\ H_i = 0, 若 H_i^* = 0 \end{cases}$$

自評健康良好的機率為：

$$\begin{aligned} \Pr(H_i = 1|X) &= \Pr(H_i^* > 0|X) = \Pr(X_i\beta + \epsilon_i > 0|X) \\ &= \Pr(\epsilon_i > -X_i\beta|X) = \Pr\left(\frac{\epsilon_i}{\sigma} > -X_i\frac{\beta}{\sigma}\right) \\ &= \Pr\left(\frac{\epsilon_i}{\sigma} < X_i\frac{\beta}{\sigma}\right) = \Phi\left(\frac{X_i\beta}{\sigma}\right) \end{aligned} \tag{4-2}$$

其中，Φ 為標準常態分布之累積機率函數 (cumulative density function, CDF)，且由於機率相加總和必為 1，所以當 $H_i = 0$ 發生的機率為：

$$\Pr(H_i = 0 | X) = 1 - \Pr(H_i = 1 | X) = 1 - \Phi\left(\frac{X_i\beta}{\sigma}\right) \tag{4-3}$$

由 (4-2)(4-3) 式，可導出觀察值 i 的概似函數 (likelihood function)：

$$\ell(H_i | X_i; \beta) = [\Phi(X_i\beta)]^{H_i}[1 - \Phi(X_i\beta)]^{1-H_i}, H_i = 0 \text{ 或 } 1 \tag{4-4}$$

而全體樣本之概似函數為：

$$L = \prod_{i=1}^{N} \ell(H_i | X_i; \beta) \tag{4-5}$$
$$= \prod_{i=1}^{N} [\Phi(X_i\beta)]^{H_i}[1 - \Phi(X_i\beta)]^{1-H_i}$$

將以上概似函數取對數後，可以得到對數概似函數 (log-likelihood function)：

$$L = \sum_{i=1}^{N} H_i \log[\Phi(X_i\beta)] + (1 - H_i)\log[1 - \Phi(X_i\beta)] \tag{4-6}$$

以最大概似估計法 (maximum likelihood estimation, MLE) 進行估計，可得到 β 的一致性估計式。但是普羅比模型的迴歸係數 β 只可以看出解釋變數對被解釋變數的影響方向，並非為我們所關心的邊際效果 (marginal effect)，欲求出邊際效果，還必須乘上調整因子。

解釋變數 X_j 對被解釋變數 H_i 的邊際效果為：

$$\frac{\partial \Pr(H_i = 1 | X)}{\partial(X_j)} = \frac{\partial \Phi(X_i\beta)}{\partial(X_j)} = \phi(X_i\beta)\beta_j$$

其中，ϕ 為標準常態分布之機率密度函數 (probability density function, PDF)。

一、納入工具變數之 Probit 模型

然而，自變數之教育 (SCH_i) 可能具有內生性問題，若 SCH_i 和 ε_i 中未能觀察到的變數 (例如：能力、時間偏好……) 有相關，亦即：

$$\text{Cov}(SCH_i, \varepsilon_i) \neq 0$$

則可能造成教育對健康影響力的高估或低估。為避免此偏誤估計的情形產生，我們納入工具變數來進行兩階段普羅比迴歸分析。(4-1) 式可改寫如下：

$$H_i^* = X_i\beta + \varepsilon_i = Z_1\alpha_1 + \gamma SCH_i + \varepsilon_i \tag{4-7}$$

$$H_i = 1[H_i^* > 0] \tag{4-8}$$

$$SCH_i = Z_1\alpha_{i1} + Z_2\alpha_{i2} + e_i = Z_i\alpha_i + e_i \tag{4-9}$$

其中，第 (4-7) 及第 (4-8) 式為結構式 (structual equation)。第 (4-9) 式則為縮減式 (reduced form)，當縮減式的隨機誤差項 e_i 和 ε_i 相關時，即產生內生性的問題。Z_2 則為外生工具變數，e_i 和 ε_i 分別為 (4-7) 式及 (4-9) 式的隨機誤差項。假設 e_i 和 ε_i 都為常態分布，且和所有外生解釋變數及工具變數無關，其中

$$\varepsilon_i \mid Z_i \sim N(0, 1) \text{ 且 } e_i \mid Z_i \sim N(0, \eta_i^2)$$

若想知道教育水準是否存在內生性問題，也就是要討論 $\text{Cov}(e_i, \varepsilon_i)$ 是否等於零。若兩誤差項之相關係數等於零，則不存在內生性問題；反之，教育則有內生性問題 (即「4-2-4b 兩階段最小平方法迴歸：Wu-Hausman 內生性檢定 (「estat endogenous 指令)」、《Panel-data 迴歸模型》一書「6-2-3 Panel-data Hausman-Taylor 法：需工具變數嗎？(xthtaylor 指令)」、《Panel-data 迴歸模型》一書「6-3-2 panel 資料內生性 (xtivreg 指令)」)。因此，我們令兩隨機誤差項之關係為

$$\varepsilon_i = \delta_1 e_i + \mu_i \text{，所以 } \mu_i = \varepsilon_i - \delta_1 e_i \text{，其中 } \delta_1 = \text{Cov}(\varepsilon_i, e_i)/\text{Var}(e_i)$$

此時，便可推得變異數如下：

$$\begin{aligned}
\text{Var}(\mu_i) &= \text{Var}(\varepsilon_i) + \delta_1^2 \text{Var}(e_i) - 2\delta_1 \text{Cov}(\varepsilon_i, e_i) \\
&= \text{Var}(\varepsilon_i) + \frac{\text{Cov}(\varepsilon_i, e_i)^2}{\text{Var}(e_i)^2}\text{Var}(e_i) - 2\frac{\text{Cov}(\varepsilon_i, e_i)}{\text{Var}(e_i)}\text{Cov}(\varepsilon_i, e_i) \\
&= \text{Var}(\varepsilon_i) - \frac{\text{Cov}(\varepsilon_i, e_i)^2}{\text{Var}(e_i)} \\
&= \text{Var}(\varepsilon_i) - [\text{Corr}(\varepsilon_i, e_i)]^2 \\
&= 1 - [\text{Corr}(\varepsilon_i, e_i)]^2 \\
&= 1 - \pi_i^2
\end{aligned}$$

因此，

$$\mu_i \mid Z_i, e_i, SCH_i \sim N(0, 1 - \pi_i^2)$$

接下來，可將 (4-7) 式改寫成：

$$H_i^* = Z_1\alpha_1 + \gamma SCH_i + \varepsilon_i$$
$$= Z_1\alpha_1 + \gamma SCH_i + \delta_1 e_i + \mu_i$$

則 $H_i = 1$ 的機率為：

$$\Pr(H_i = 1|Z_i, SCH, e_i) = \Pr[\mu_i > -(Z_1\alpha_1 + \gamma SCH_i + \delta_1 e_i)|Z_i, SCH, e_i]$$
$$= \Pr\left[\frac{\mu_i}{\pi_i} > \frac{-(Z_1\alpha_1 + \gamma SCH_i + \delta_1 e_i)}{\pi_i}\right]$$
$$= \Phi\left[\frac{1}{\pi_i}(Z_1\alpha_1 + \gamma SCH_i + \delta_1 e_i)\right]$$
$$= \Phi\left[Z_1\frac{\alpha_1}{\pi_i} + \frac{\gamma}{\pi_i}SCH_i + \frac{\delta_i}{\pi_i}e_i\right]$$

由於健康 (H_i) 與教育 (SCH_i) 皆為內生變數，我們需要推導出其聯合機率密度函數 (joint probability density function)：

$$f(H_i, SCH_i \mid Z_i) = f(H_i \mid SCH_i, Z_i) f(SCH_i \mid Z_i) \tag{4-10}$$

以便利用條件最大概似估計法來進行估計。

已知 $SCH_i \mid Z_i \sim N(Z_i\alpha_{1i}, \eta_i^2)$，因此：

$$f(SCH_i|Z_i) = \frac{1}{\eta_i}\phi\left(\frac{SCH_i - Z_i\alpha_i}{\eta_i}\right) \tag{4-11}$$

另外，自評健康良好的條件機率 (conditional density) 為：

$$\Pr(H_i = 1|SCH_i, Z_i) = \Pr[H_i^* > 0|SCH_i, Z_i]$$
$$= \Pr[\mu_i > -(Z_1\alpha_1 + \gamma SCH_i + \delta_1 e_i |SCH_i, Z_i)]$$
$$= \Pr\{\mu_i > -[Z_1\alpha_1 + \gamma SCH_i + \delta_1 (SCH_i - Z_i\alpha_i)]|SCH_i, Z_i]\}$$
$$= \Phi\left[\frac{Z_1\alpha_1 + \gamma SCH_i + \delta_1(SCH_i - Z_i\alpha_i)}{\pi_i}\right]$$
$$= \Phi(m) \tag{4-12}$$

其中，我們令

$$\frac{Z_1\alpha_1 + \gamma SCH_i + \delta_1(SCH_i - Z_i\alpha_i)}{\pi_i} = m$$

因為機率總和為 1，故可得：

$$\mathrm{pr}(H_i = 0 \mid SCH_i, Z_i) = 1 - \Pr(H_i = 1|SCH_i, Z_i) = 1 - \Phi(m) \tag{4-13}$$

經由 (4-11)、(4-12)、(4-13) 三式，可將 (4-10) 式改寫成：

$$f(H_i, SCH_i | Z_i) = [\Phi(m)]^H [1-\Phi(m)]^{1-H} \frac{1}{\eta_i} \phi\left(\frac{SCH_i - Z_i\alpha_i}{\eta_i}\right) \qquad (4\text{-}14)$$

因此，觀察值 i 的對數概似函數為：

$$H_i \log \Phi(m_i) + (1-H_i) \log[1-\Phi(m_i)] - \frac{1}{2}\log(\eta_i^2) - \frac{1}{2}\frac{(SCH_i - Z_i\alpha_i)^2}{\eta_i^2} \qquad (4\text{-}15)$$

將第 (4-15) 式中所有觀察值的加總，可得到全體樣本的對數概似函數，而極大化 α_1、γ、α_i、π_i、η_i^2 的最大概似估計量，即為所求之迴歸係數值。

二、線性機率模型及 Probit 模型之迴歸比較

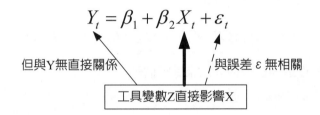

$$Y_t = \beta_1 + \beta_2 X_t + \varepsilon_t$$

但與Y無直接關係　　與誤差 ε 無相關

工具變數Z直接影響X

圖 4-32　工具變數 Z 直接影響 X，但與 Y 無直接關係，且與誤差 ε 無相關

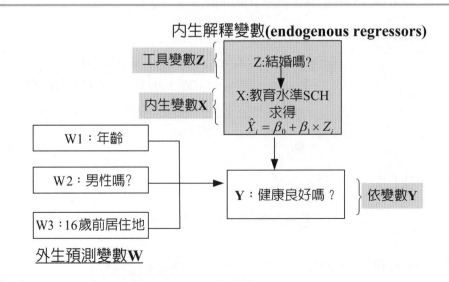

內生解釋變數(endogenous regressors)

工具變數Z {　Z:結婚嗎？

內生變數X {　X:教育水準SCH
求得
$\hat{X}_i = \beta_0 + \beta_1 \times Z_i$

W1：年齡

W2：男性嗎？

W3：16歲前居住地

外生預測變數W

Y：健康良好嗎？　} 依變數Y

圖 4-33　健康 (H) 為依變數，教育 (SCH) 為內生變數之示意圖

(一) 建立資料檔

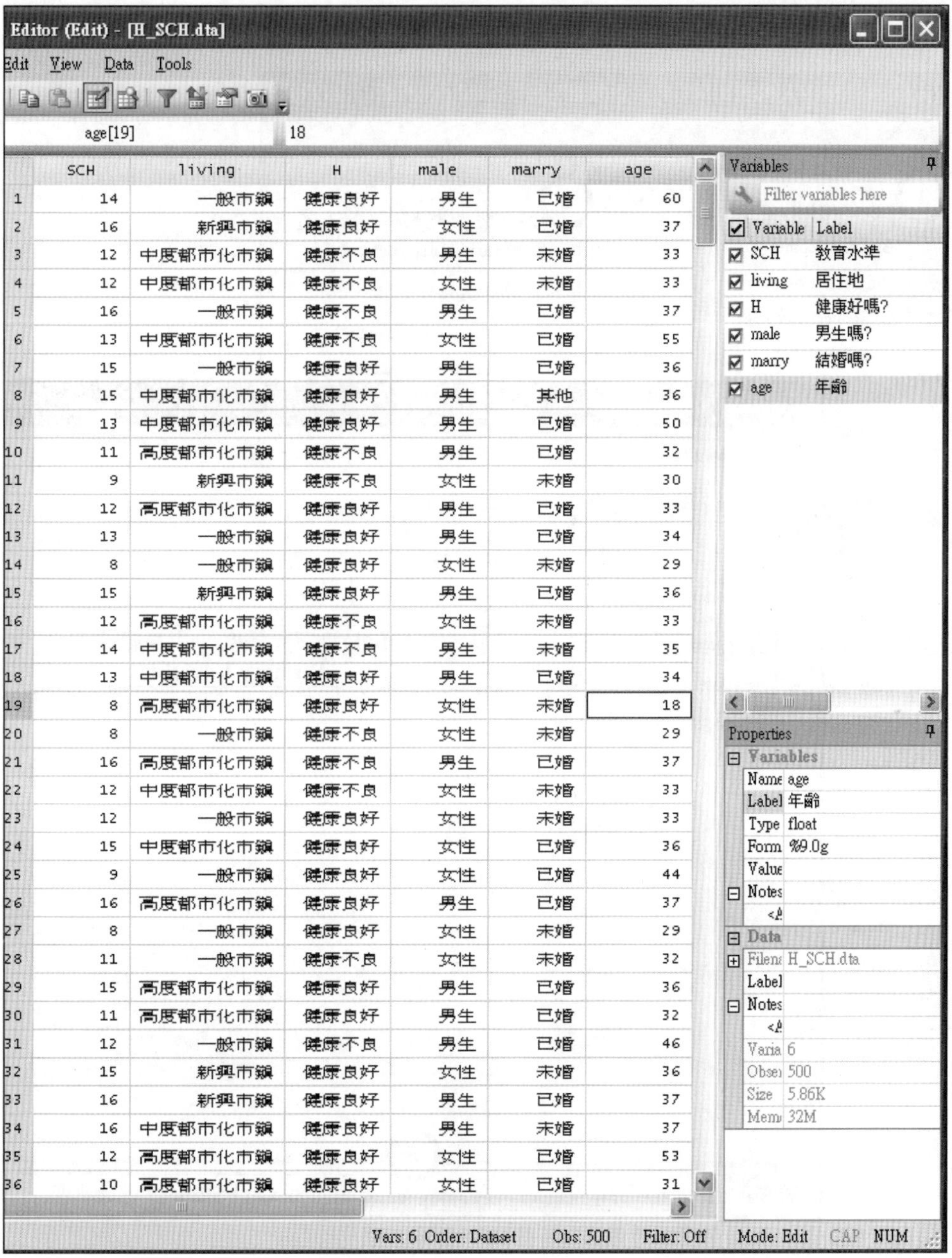

圖 4-34 「H_SCH.dta」之模擬資料檔

(二) 比較四種迴歸之步驟

Step1. 未納入工具變數之線性機率迴歸 (regress 指令)

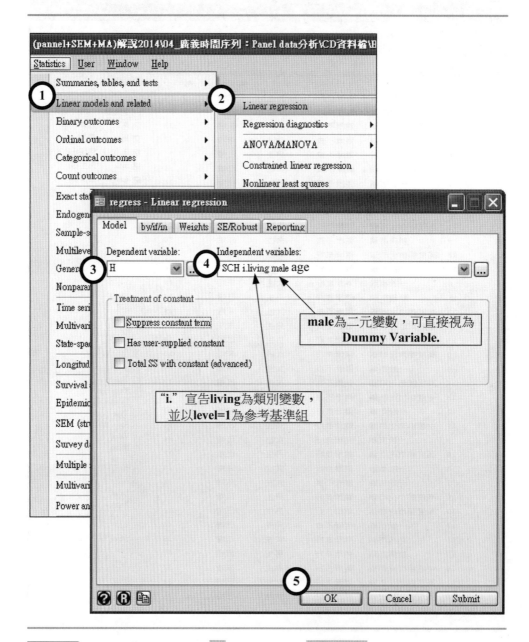

圖 4-35 線性機率迴歸之畫面 (reg 指令：本例之線性機率 2)

Step2. 未納入工具變數的 **Probit** 迴歸 **(probit** 指令 **)**

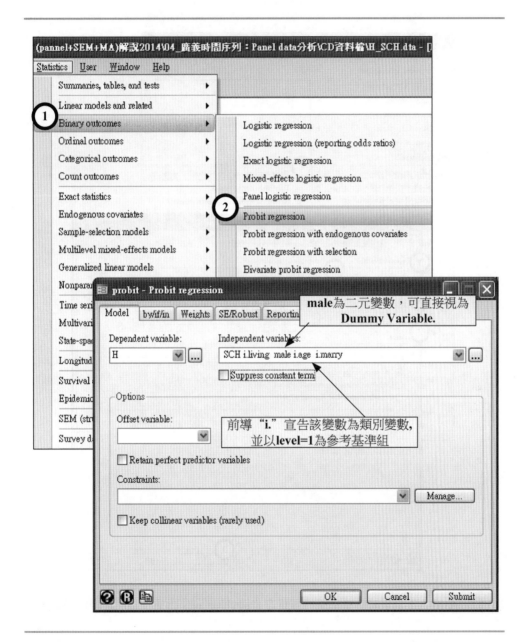

圖 **4-36** 未納入工具變數的 probit 迴歸之畫面 (probit 指令：本例之普羅比 3)

Step3. 納入工具變數的機率線性迴歸 (ivregress 指令)

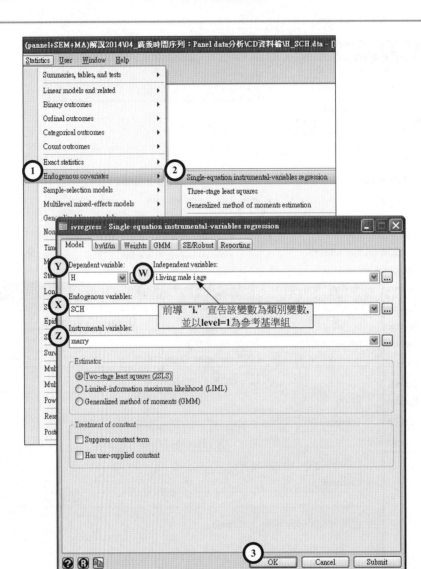

圖 4-37　納入工具變數的機率線性迴歸之畫面 (**ivregress** 指令：本例之線性機率 5)

1. 指令語法：

```
. ivregress 2sls H i.living male i.age (SCH = marry), small
```

2. 工具變數 Z 為結婚否 (marry)，內生性變數：X 為教育水準 (SCH)。

3. 自變數又稱外生解釋變數有三個：住的地段(living)、男性(male)、年齡(age)。

4. 二元依變數為健康良好嗎 (H)。

Step4. 納入工具變數的 **Probit** 迴歸 **(ivprobit 指令)**

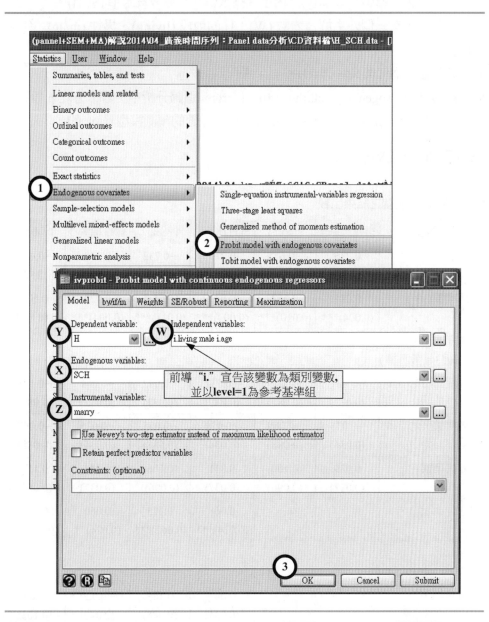

圖 4-38 納入工具變數的 ivprobit 迴歸之畫面 (ivprobit 指令：本例之普羅比 5)

1. 指令語法：

```
. ivprobit  H i.living male i.age (SCH = marry)
```

2. 工具變數 Z 爲結婚否 (marry)，內生性變數爲：X 爲教育水準 (SCH)。
3. 自變數中，有三個外生解釋變數 (W)：住的地段 (living)、男性 (male)、年齡 (age)。
4. 二元依變數爲健康良好嗎 (H)。
5. Wald test of exogeneity (/athrho = 0)：ivprobit 迴歸分析中，若卡方之 p 值要 < 0.05，則表示認定的三個「外生變數」對依變數的預測模型是 ok 的。

(三) 四種迴歸之結果比較

表 4-1　四種迴歸之結果比較

解釋變數	線性機率 1	Probit 1	線性機率 2	Probit 2	線性機率 3	Probit 3
常數項	0.236	−0.678	0.217	−0.732	0.238	−0.678
	(0.046)***	(0.119)***	(0.047)***	(0.123)***	(0.048)***	(0.125)***
教育水準 (年)	0.024	0.062	0.021	0.054	0.020	0.505
	(0.004)***	(0.010)***	(0.004)***	(0.011)***	(0.004)***	(0.011)***
16 歲前居住地 (基準組：一般市鎮)						
高度都市化市鎮	−0.031	−0.079	−0.032	−0.082	−0.041	−0.108
	(0.032)	(0.082)	(0.032)	(0.083)	(0.032)	(0.083)
中度都市化市鎮	−0.035	−0.089	−0.029	−0.075	−0.035	−0.092
	(0.034)	(0.088)	(0.034)	(0.088)	(0.034)	(0.088)
新興市鎮	0.039	0.100	0.041	0.106	0.044	0.113
	(0.037)	(0.096)	(0.037)	(0.096))	(0.037)	(0.097)
男性			0.068	0.175	0.060	0.153
			(0.024)***	(0.062)***	(0.024)**	(0.062)**
年齡 (基準組：40 歲以上)						
30 歲以下			0.043	0.109	−0.020	−0.052
			(0.034)	(0.088)	(0.040)	(0.103)

表 4-1　四種迴歸之結果比較 (續)

解釋變數	線性機率 1	Probit 1	線性機率 2	Probit 2	線性機率 3	Probit 3
30-40 歲			0.030 (0.029)	0.076 (0.072)	0.013 (0.029)	0.035 (0.074)
婚姻狀況 (基準組：已婚)						
未婚					0.092 (0.032)***	0.235 (0.084)***
其他					−0.082 (0.061)	−0.201 (0.160)
樣本數	1,708	1,708	1,708	1,708	1,707	1,707
(pseudo)R-square	0.026	0.019	0.031	0.023	0.038	0.028

註：*** 為 1% 顯著水準，** 為 5% 顯著水準，* 為 10% 顯著水準；括號內為標準誤。
資料來源：宋有容 (2010)

　　在表 4-1 的第三及第四欄中，進一步控制了性別以及年齡之後，教育水準對於自身健康狀況依然有顯著且正向的影響，顯示教育水準對於健康狀況影響的強健性 (robustness)。第三欄線性機率模型迴歸結果的係數即為教育的邊際效果，和第一欄相比，教育對健康的影響雖然顯著，但在影響程度上卻有些微的下降；而男性自評健康狀況良好的機率較女性來的大，這是和以往文獻結果相符且符合預期，推測可能男性的自尊意識較女性來的強，因此在自評健康方面，也就會認為自己健康狀況較佳。考慮了個人特性作為解釋變數後，在第五及第六欄，進一步包含了可能因為他人行為而影響自評健康狀況的因子，在此我們考慮婚姻狀況，在包含婚姻狀況的變數後，教育水準對於自評健康狀況的影響依然顯著且正向，和第一及第三欄相比，線性機率模型的迴歸係數下降了一些，而迴歸結果顯示在婚姻狀況的部分，未婚的人顯著較已婚的人自評健康狀況良好，推測可能由於有伴侶的人相較於單身的人必須勞心於照顧另一半或是子女，甚至要加倍努力打拼來維持家計，使之產生精神上的疲勞，進而認為自己的健康狀況較差；相反的，未婚的人相較於已婚的人較為自由、心靈上也可能並未因為家計負擔而較輕鬆愉快，因而影響其認為自己較為健康。

三、納入工具變數的 Probit 模型及線性機率模型之迴歸結果

　　然而，為了避免存在於隨機誤差項中的能力或是時間偏好等未能觀察到的變數和教育水準的相關性，導致自身教育水準對健康狀況影響的偏誤估計，進

而影響研究結果的精確程度。因此，在和表 4-1 相同條件之下，我們進一步探討工具變數的迴歸結果是否依然具有強健性，再將其和未考慮工具變數的迴歸結果做比較。

在表 4-2 中，奇數欄為考慮工具變數後的線性機率模型之迴歸結果、偶數欄則為考慮工具變數後 Probit 模型的迴歸結果。第一及第二欄可以發現，考慮了工具變數之後，教育水準對於健康的影響依然是正向且顯著的，且在線性機率模型的迴歸結果中可以看出教育水準對健康狀況的影響明顯增強許多，推測可能因為義務教育年數由六年轉為九年，使得學童受教育的權力平等，也不用在入學考試的窄門中擠破頭。因此透過義務教育的開放，教育變得更普及，顯示使用工具變數下所估計之教育效果，可能包含了整體教育水準提升而對個人教育程度所產生的外溢效果，進而使教育對於健康的影響力增強。而在 16 歲前居住地區的部分，和我們預期高度都市化市鎮醫療發達對健康會有較正面影響的預期正好相反。居住在高度都市化市鎮與中度都市化市鎮的人相較於一般市鎮的居民，身體會較為健康的機率顯著的不增反降，推測可能關鍵原因並非醫療設備發達與否，而是生活環境是否受汙染。高度都市化市鎮相對於一般市鎮而言開發較早、汙染也較多，如空氣汙染、水汙染、噪音汙染等都是有害身體健康的不良因子；再加上居住在大都市的孩子，無論是求學方面、人際方面等競爭力也相對大於居住在鄉間的孩子，家長對於孩子學業品格上的要求也較為嚴苛，這部分也可能包含了心理壓力的影響，導致孩子身體機能較差的情況。所以都市化程度越高的地方，居民會相對認為自己健康狀況較差。

表 4-2 納入工具變數後線性機率模型及普羅比模型之迴歸結果比較

解釋變數	線性機率 4	Probit 4	線性機率 5	Probit 5	線性機率 6	Probit 6
常數項	−0.191	−1.679	−0.338	−1.980	−0.313	−1.927
	(0.201)	(0.427)***	(0.338)	(0.628)***	(0.359)	(0.682)
教育水準 (年)	0.064	0.155	0.078	0.184	0.076	0.179
	(0.018)***	(0.038)***	(0.034)**	(0.065)***	(0.036)**	(0.070)
16 歲前居住地 (基準組：一般市鎮)						
高度都市化市鎮	−0.137	−0.334	−0.155	−0.367	−0.157	−0.373
	(0.053)***	(0.118)***	(0.072)**	(0.142)***	(0.071)**	(0.141)

表 4-2　納入工具變數後線性機率模型及普羅比模型之迴歸結果比較（續）

解釋變數	線性機率 4	Probit 4	線性機率 5	Probit 5	線性機率 6	Probit 6
中度都市化市鎮	−0.135 (0.052)***	−0.329 (0.119)***	−0.149 (0.073)**	−0.353 (0.146)**	−0.150 (0.073)**	−0.357 (0.146)
新興市鎮	−0.036 (0.050)	−0.087 (0.121)	−0.043 (0.062)	−0.101 (0.139)	−0.038 (0.063)	−0.087 (0.144)
男性			0.053 (0.029)*	0.126 (0.073)*	0.051 (0.028)*	0.121 (0.070)
年齡 （基準組：40 歲以上）						
30 歲以下			−0.108 (0.099)	−0.255 (0.213)	−0.130 (0.085)	−0.308 (0.178)
30-40 歲			−0.064 (0.070)	−0.15 (0.155)	−0.068 (0.067)	−0.159 (0.148)
樣本數	1,593	1,593	1,593	1,593	1,592	1,592
Hausman 檢定 （卡方值）	13.72	5.65	15.03	4.13	16.21	2.85
p-value	0.018	0.018	0.059	0.069	0.094	0.092

註 1：*** 為 1% 顯著水準，** 為 5% 顯著水準，* 為 10% 顯著水準；括號內為標準誤。
註 2：此部分迴歸分析皆考慮工具變數（國中校數密度 * 出生世代）。
註 3：模型線性機率 6、普羅比 6 解釋變數中，皆包含婚姻狀況。
資料來源：宋有容 (2010)

　　接著在其他條件相同下，第三及第四欄進一步控制了性別以及年齡，在迴歸結果中可見，男性受訪者認爲自己身體狀況良好的機率顯著大過女性，但此時教育水準對於健康狀況的影響顯著性卻下降，在控制了工具變數後，仍然得到和未控制前一樣的顯著結果。在年齡部分結果和表 4-2 中相似，並未對健康狀況有顯著的影響，但是相較於年齡較高的受訪者，這部分可看出年齡層較低的受訪者有較爲不健康的趨勢，我們推測年齡較高的族群，可能已經退休或者工作穩定，且相較於過往不再具有競爭及升遷的壓力，悠閒的生活、開朗的心情都可能會使自己覺得身體狀況較好。而在第五及第六欄中，控制婚姻狀況後，教育對健康的影響力依然爲顯著的正向影響；年齡部分，此時在 30 歲以下的族群，呈現對健康有顯著且負向的影響，可能因爲相較於年齡層較高的族群，30歲以下的受訪者還處於找工作階段、經濟狀況較不穩定，或是有升遷及生活壓力，導致身心較爲疲憊，進而不看好自己健康狀況良好。在迴歸結果中可以發

現，無論控制何種條件之下、無論考慮工具變數的前後，自身的教育水準對於健康狀況都為顯著且正向的影響，因此可以說教育對健康的影響具有頑強性。

為了驗證考慮工具變數後的迴歸係數，是否為不偏誤的一致性估計量，我們對考慮工具變數前後的迴歸結果進行 Hausman 檢定，檢定結果皆可得到卡方 (chi-square) 值顯著異於零的結果，此時必須拒絕虛無假設，亦即可知未考慮工具變數的迴歸係數雖然顯著但卻為偏誤估計量。因此，考慮工具變數後的迴歸分析，才可得到不偏誤的一致性估計量。

四、邊際效果 (marginal effect) 比較

本例 STaTa 分析重點如下：

1. 選擇表：Statistics > Postestimation > Marginal effects
2. 事後指令 margins 之語法為：

```
. margins [marginlist] [if] [in] [weight] [, response_options options]
```

3. 本例，事後指令 margins 之語法為：

```
. margins SCH living male age marry
```

至此，我們只看出了在線性機率模型迴歸結果中，控制各種條件之下，教育水準及其他變數對於健康狀況的影響力大小。Probit 模型中解釋變數對健康的邊際效果呈現於表 4-3 中，由表 4-3 可發現，在控制工具變數之前，線性機率模型迴歸的邊際效果和 Probit 模型的邊際效果差距並不大。然而在控制工具變數後，兩模型各變數的邊際效果出現了差距，和未控制工具變數前相比，增加的幅度更大。在此我們可以知道，未考慮工具變數前，有部分影響效果存在於隨機誤差項中，教育水準對於健康良好的機率影響僅為 2%；而使用工具變數後，因為整體教育水準提升對於個人教育程度之外溢效果的關係，當自身教育程度提升一年，在線性機率模型迴歸中即可以增加 7.6% 健康狀況良好的機率，而在 Probit 迴歸中則增加 7.1% 健康的可能性。在控制了工具變數後，住在高度都市化市鎮的居民，相較於住在一般市鎮的居民，身體健康較差的機率，在 Probit 迴歸中，從原先較一般市鎮居民不健康的機率 4.3% 提高至 14.8%。但是，是否為男性以及婚姻狀況對個人健康的影響力，都相較於控制工具變數前為小。因

此，可以推測其部分影響效果是因爲義務教育的普及所致，導致其在未考慮工具變數前對自評健康狀況影響力的高估。

表 4-3 邊際效果比較表

解釋變數	線性機率模型	普羅比模型	線性機率模型考慮工具變數	普羅比模型考慮工具變數
教育水準 (年)	0.020	0.020	0.076	0.071
16 歲前居住地 (基準組：一般市鎮)				
高度都市化市鎮	−0.041	−0.043	−0.157	−0.148
中度都市化市鎮	−0.035	−0.037	−0.150	−0.141
新興市鎮	0.044	0.045	−0.038	−0.035
男性	0.060	0.060	0.051	0.048
年齡 (基準組：40 歲以上)				
30 歲以下	−0.020	−0.021	−0.130	−0.122
30-40 歲	0.013	0.011	−0.068	−0.063
婚姻狀況 (基準組：已婚)				
未婚	0.092	0.093	0.035	0.033
其他	−0.082	−0.084	−0.067	−0.064

五、Hausman 檢定

　　爲了驗證考慮工具變數後的迴歸係數，是否爲不偏誤的一致性估計量，我們對納入工具變數前後的迴歸結果進行 Hausman 檢定。檢定結果可得到卡方 (chi-square) 值，若它顯著異於零的結果，則拒絕虛無假設 H_0，亦即可知未納入工具變數的迴歸係數雖然顯著但卻爲偏誤估計量。因此，納入工具變數後的迴歸分析，才可得到不偏誤的一致性估計量。

　　STaTa 提供 Hausman 檢定有：hausman 指令、xthtaylor 指令。請見下一節的實作。

> **小結**
>
> 　　以上宋有容 (2010) 論文架構，其實作者需將它修正爲圖 4-39，才更符合臺灣民情。

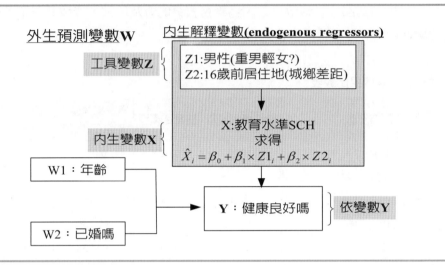

圖 4-39　健康 (H) 為依變數，教育 (SCH) 為內生變數之修正架構

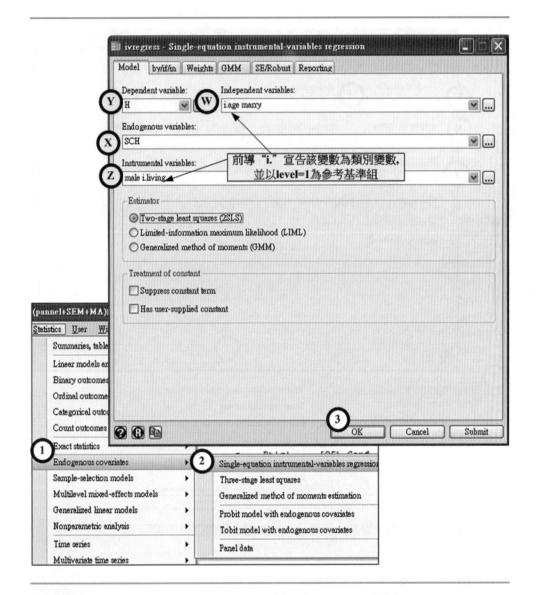

圖 4-40　健康 (H) 為依變數，教育 (SCH) 為內生變數之更正畫面一

```
. ivregress 2sls H i.age marry (SCH = male i.living), small
```

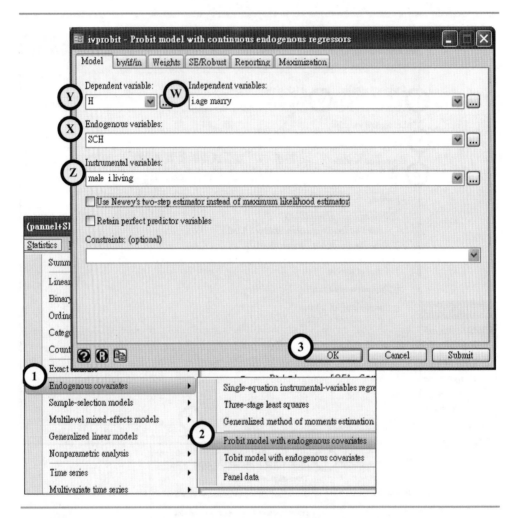

圖 4-41　健康 (H) 為依變數，教育 (SCH) 為內生變數之更正畫面二

```
. ivprobit H i.age marry (SCH = male  i.living)
```

4-3-2 橫斷面 Hausman 檢定：OLS vs. 2SLS 誰優？ (hausman 指令)

　　為了驗證考慮工具變數後的迴歸係數，是否為不偏誤的一致性估計量，我們對納入工具變數前後的迴歸結果進行 Hausman 檢定。檢定結果可得到 Wald 卡方 (Wald chi-square) 值，若它顯著異於零的結果，則拒絕虛無假設 H_0，亦即可知未納入工具變數的迴歸係數雖然顯著但卻為偏誤估計量。因此，納入工具

變數後的迴歸分析，才可得到不偏誤的一致性估計量。

STaTa 提供 hausman 檢定，有二個指令：

1. **hausman** 指令：它係「reg、mlogit、probit…」等迴歸之事後指令。

2. **xthtaylor** 指令：它係「xtreg」panel 迴歸之事後指令。

xthtaylor 指令，旨在做誤差成分模型的 Hausman-Taylor 估計「Hausman-Taylor estimator for error-components models」。

若要證明，兩階段迴歸比一階段迴歸誰優，則要分二次做 Hausman 檢定：

第 1 步：regression equation 與 Hausman selection「兩階段迴歸」檢定，來證明兩階段迴歸確實比較優。

第 2 步：selection equation 與 Hausman selection「兩階段迴歸」檢定，亦證明兩階段迴歸確實比較優。

以上兩者都獲得證實之後，才可放心執行 ivgression、ivprobit、xtivreg 等指令之兩階段迴歸。

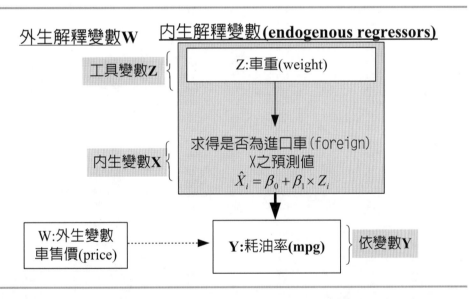

圖 4-42 車重當工具變數，車價當外生變數，(進口車嗎) 當內生變數，耗油率當依變數

Step 1. 線性迴歸 (regression equation) vs. 兩階段迴歸誰優呢：Hausman 檢定

(一) Hausman 檢定之範例 (「hausman 某迴歸名稱」指令)

範例一：先 OLS 迴歸再「heckman…, select」，最後再 Hausman 檢定

觀察變數之特徵

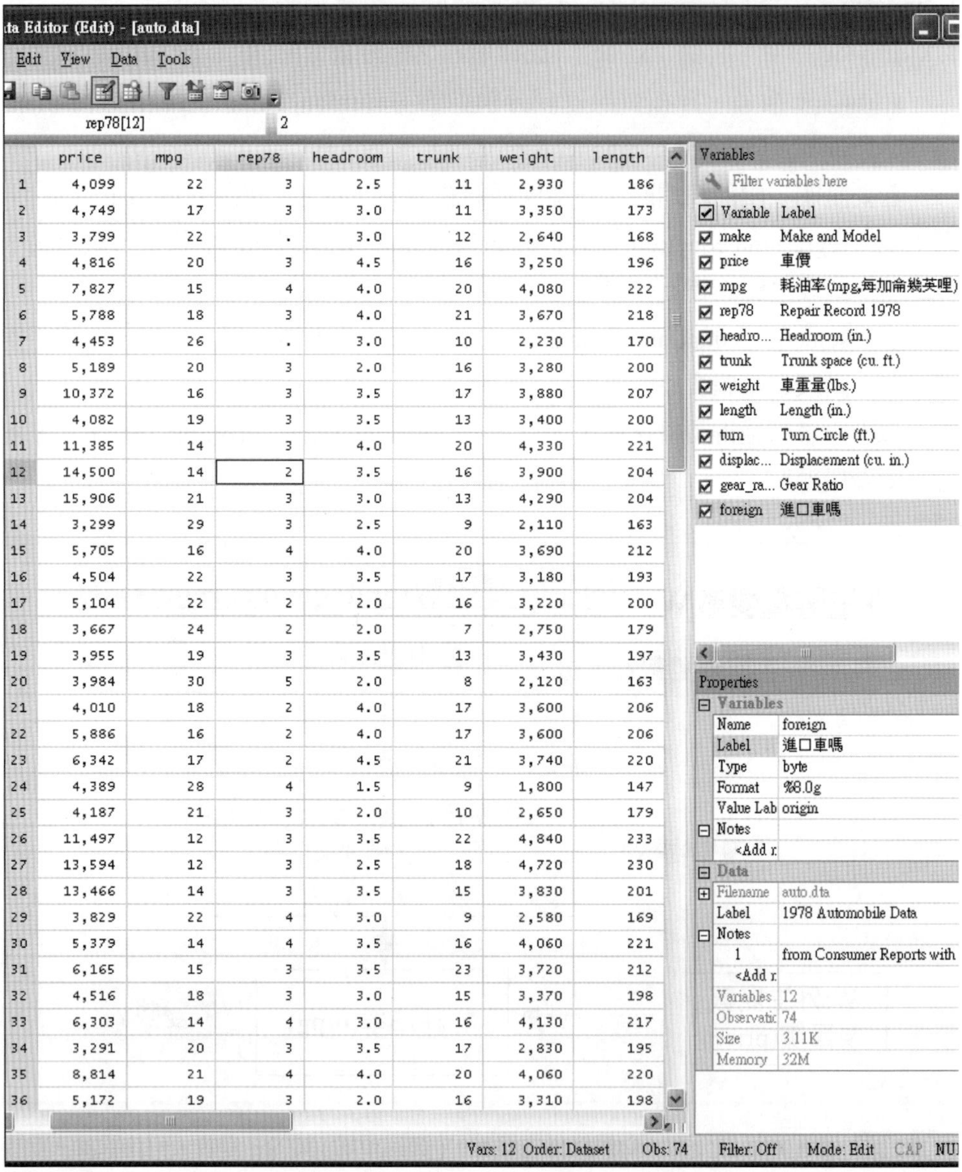

	price	mpg	rep78	headroom	trunk	weight	length
1	4,099	22	3	2.5	11	2,930	186
2	4,749	17	3	3.0	11	3,350	173
3	3,799	22	.	3.0	12	2,640	168
4	4,816	20	3	4.5	16	3,250	196
5	7,827	15	4	4.0	20	4,080	222
6	5,788	18	3	4.0	21	3,670	218
7	4,453	26	.	3.0	10	2,230	170
8	5,189	20	3	2.0	16	3,280	200
9	10,372	16	3	3.5	17	3,880	207
10	4,082	19	3	3.5	13	3,400	200
11	11,385	14	3	4.0	20	4,330	221
12	14,500	14	2	3.5	16	3,900	204
13	15,906	21	3	3.0	13	4,290	204
14	3,299	29	3	2.5	9	2,110	163
15	5,705	16	4	4.0	20	3,690	212
16	4,504	22	3	3.5	17	3,180	193
17	5,104	22	2	2.0	16	3,220	200
18	3,667	24	2	2.0	7	2,750	179
19	3,955	19	3	3.5	13	3,430	197
20	3,984	30	5	2.0	8	2,120	163
21	4,010	18	2	4.0	17	3,600	206
22	5,886	16	2	4.0	17	3,600	206
23	6,342	17	2	4.5	21	3,740	220
24	4,389	28	4	1.5	9	1,800	147
25	4,187	21	3	2.0	10	2,650	179
26	11,497	12	3	3.5	22	4,840	233
27	13,594	12	3	2.5	18	4,720	230
28	13,466	14	3	3.5	15	3,830	201
29	3,829	22	4	3.0	9	2,580	169
30	5,379	14	4	3.5	16	4,060	221
31	6,165	15	3	3.5	23	3,720	212
32	4,516	18	3	3.0	15	3,370	198
33	6,303	14	4	3.0	16	4,130	217
34	3,291	20	3	3.5	17	2,830	195
35	8,814	21	4	4.0	20	4,060	220
36	5,172	19	3	2.0	16	3,310	198

圖 4-43 「auto.dta」資料檔

本例係以車價 (price) 來預測該車的耗油率 (mpg)，試問此模型需要工具變數嗎？

Step 1-1. 先做 **OLS** 迴歸當作對照組
　　　　指令為：**regress** mpg price
Step 1-2. 再做「heckman …, select」迴歸，以 select 來納入工具變數。

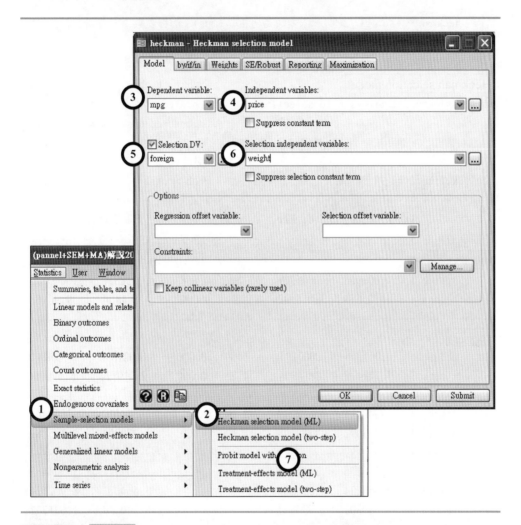

圖 4-44 「heckman mpg price, select(foreign=weight)」之畫面

範例一：OLS 迴歸之後的 hausman 檢定
* 開啟 STaTa 系統之 auto.dta 資料檔
. sysuse auto

* 先「未納入工具變數」OLS 迴歸。依變數為耗油率 (mpg)；解釋變數為車價 (price)。

```
. regress mpg price
* 估計的係數存至資料檔中 reg 變數
. estimates store reg

* 再「heckman…, select」迴歸。依變數為耗油率 (mpg)；解釋變數為車價 (price)。
. heckman mpg price, select(foreign=weight)
```

Heckman selection model   Number of obs   =   74
(regression model with sample selection)   Censored obs   =   52
                                                 Uncensored obs   =   22

                                                 Wald chi2(1)   =   3.33
Log likelihood = -94.94709   Prob > chi2   =   0.0679

             | Coef.   Std. Err.   z   P>|z| [95% Conf. Interval]
-------------+--
mpg |
       price | -.001053   .0005769   -1.83   0.068   -.0021837   .0000776
       _cons | 34.05654   3.015942   11.29   0.000   28.1454   39.96768
-------------+--
foreign |
      weight | -.001544   .0003295   -4.69   0.000   -.0021898   -.0008983
       _cons | 3.747496   .8814804   4.25   0.000   2.019826   5.475166
-------------+--
     /athrho | -.7340315   .5612249   -1.31   0.191   -1.834012   .3659491
     /lnsigma | 1.733092   .2358148   7.35   0.000   1.270904   2.195281
-------------+--
         rho | -.6255256   .3416276   -.9502171   .3504433
       sigma | 5.658124   1.334269   3.564072   8.982524
      lambda | -3.539301   2.633223   -8.700324   1.621722

LR test of indep. eqns. (rho = 0):   chi2(1) =   1.25   Prob > chi2 = 0.2629
```

1. 本例，先「未納入工具變數」OLS 迴歸當對照組。

2. 再執行「**heckman**…, select」迴歸，分析結果為：

   (1) Step 1 做 regression equation 之結果：$mpg_i = 34.06 - 0.001 price_i + u_1$。

   車價 (price) 對耗油率 (mpg) 的 marginal effect 為係數 -0.001，即車價 (price)
```

每增加一單位，耗油率就下降 0.001 單位。

(2) Step 2 做 selection equation 之結果：$foreign_i = 3.74 - 0.0015weight_i + u_2$

(3) 二個迴歸式殘差「u_1 與 u_2」的相關 $\rho = -0.625$。

(4) athrho 為 $\tan^{-1}(\rho) = \frac{1}{2}\ln(\frac{1+\rho}{1-\rho}) = -0.734$。

(5) 依變數 mpg 此迴歸殘差的標準誤 $\sigma = 5.65$。

(6) 經濟學家常以 lambda 值來判定「selectivity effect」，本例選擇效果 $\lambda = \rho\sigma$ $= -3.539$。

(7)「LR test of indep. eqns.」概似比，得到卡方 = 1.25(p > 0.05)，故接受「$Cov(u_1, u_2) = 0$」二個殘差係獨立的假定，表示 regression equation 殘差 u_1 及 selection equation 殘差 u_2 無相關。故 selection equation 「$foreign_i = 3.74 - 0.0015weight_i + u_2$」，其中 $weight_i$ 適合當 regression equation「$mpg_i = 34.06 - 0.001price_i + u_1$」的工具變數。

Step 1-3. **Hausman** 檢定，比較 regression equation 迴歸 vs. 工具變數 heckman 迴歸，來看哪一個迴歸較優？

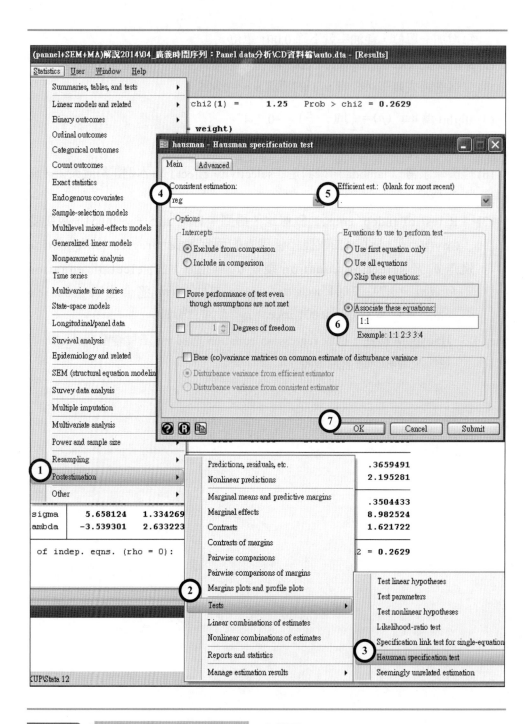

圖 4-45　「hausman reg ., equation(1：1)」之畫面

```
* 設定「equations()」選項:to force comparison when one estimator uses equa-
tion names and the other does not
. hausman reg., equation(1:1)



                ---- Coefficients ----
            |      (b)            (B)           (b-B)      sqrt(diag(V_b-V_B))
            |      reg            .           Difference          S.E.
------------+-----------------------------------------------------------------
     price  |   -.0009192      -.001053        .0001339             .
------------+-----------------------------------------------------------------
                 b = consistent under Ho and Ha; obtained from regress
          B = inconsistent under Ha, efficient under Ho; obtained from heckman


    Test:   Ho:  difference in coefficients not systematic


           chi2(1) = (b-B)' [(V_b-V_B)^(-1)](b-B)
                 =      -0.06     chi2<0 ==> model fitted on these
                              data fails to meet the asymptotic
                              assumptions of the Hausman test;
                              see suest for a generalized test
```

1. 本例，先執行「無工具變數」之 regression equation 迴歸，再執行「heckman…, select」迴歸之後，接著兩者做 Hausman 檢定比較，來判定「無工具變數之 regression equation」vs.「有工具變數兩階段迴歸」，何者較適切？結果得 $\chi^2_{(1)}$= -0.06。若卡方值 <0，故接受「H_0: difference in coefficients not systematic」，表示本例採用後者:「有工具變數」模型較適切；反之則反。

　　由上述 Hausman 檢定結果，本例接受虛無假設 H_0 且卡方值 <0，亦即納入工具變數的 regression equation 迴歸，才可得到不偏誤的一致性估計量。

Step 2. Selection equation vs. 兩階段迴歸誰優呢：Hausman 檢定

再試問，有或無工具變數，哪一種模型較適合「車重 (weight) 來預測該車是否爲進口車 (foreign)」？

　　承前例，之前 Hausman 檢定證實，regression equation 與 selection equation

兩者係獨立的。接著，再單獨偵測選擇式 (selection equation) 之適配性。由於本
例 selection equation 的依變數 foreign 是 binary 變數，故先執行 probit 迴歸，來
當作 Hausman 檢定的對照組。

Step 2-1. 先做 probit 迴歸當作 **Hausman** 檢定之對照組

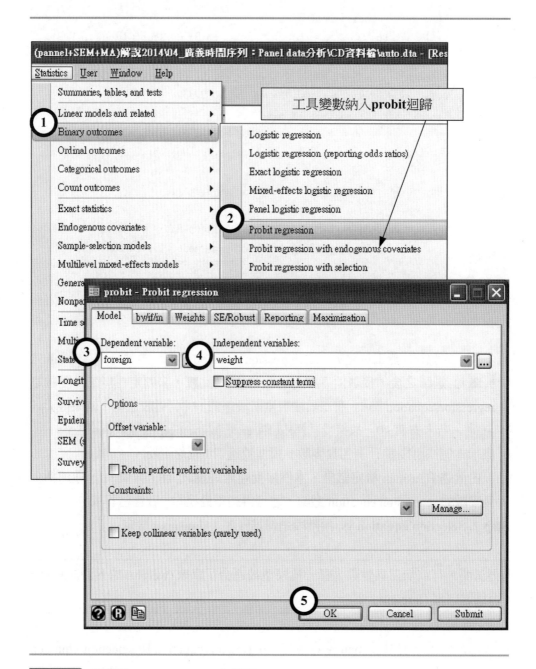

圖 4-46 「probit foreign weight」之畫面

Step 2-2. 再做「heckman …, select」迴歸，以 select 來納入工具變數。

Step 2-3. Hausman 檢定，比較 selection equation 之 probit 迴歸 vs. 工具變數
heckman 兩階段迴歸，來看哪一個迴歸較優？

> 試問以車重 (weight) 當進口車嗎 (foreign) 之工具變數，此模型會比傳統 probit
> 模型優嗎？

範例二：Probit 迴歸之後的 Hausman 檢定
* 開啟 auto.dta 資料檔之前，先設定你的工作目錄「File > Change Working Dictionary」
. use auto
* 做 probit 迴歸。依變數為「進口車嗎 (foreign)」；解釋變數為車重量 (weight)。
. probit foreign weight
. estimates store probit_y
. heckman mpg price, select(foreign=weight)

```
Heckman selection model                    Number of obs    =        74
(regression model with sample selection)   Censored obs     =        52
                                           Uncensored obs   =        22

                                           Wald chi2(1)     =      3.33
Log likelihood = -94.94709                 Prob > chi2      =    0.0679

------------------------------------------------------------------------
         |     Coef.   Std. Err.      z    P>|z|    [95% Conf. Interval]
---------+--------------------------------------------------------------
mpg      |
   price |  -.001053   .0005769   -1.83   0.068   -.0021837    .0000776
   _cons |  34.05654   3.015942   11.29   0.000     28.1454    39.96768
---------+--------------------------------------------------------------
foreign  |
  weight |  -.001544   .0003295   -4.69   0.000   -.0021898   -.0008983
   _cons |  3.747496   .8814804    4.25   0.000    2.019826    5.475166
---------+--------------------------------------------------------------
 /athrho |  -.7340315   .5612249   -1.31   0.191   -1.834012    .3659491
/lnsigma |  1.733092   .2358148    7.35   0.000    1.270904    2.195281
---------+--------------------------------------------------------------
```

有限混合模型 (FMM)：STaTa 分析 (以 EM algorithm 做潛在分類再迴歸分析)

```
       rho |   -.6255256     .3416276                         -.9502171     .3504433
     sigma |    5.658124    1.334269                          3.564072     8.982524
    lambda |   -3.539301    2.633223                         -8.700324     1.621722
-----------------------------------------------------------------------------------
LR test of indep. eqns. (rho = 0):   chi2(1) =       1.25   Prob > chi2 = 0.2629
```

1. 本例，先「無工具變數」選擇式 (selection equation) 之 Probit 迴歸當對照組。

2. 再執行「heckman…, select」兩階段迴歸，分析結果為：

   (1) Step 1 做 regression equation 之 Logit 迴歸模型為：

   Pr(mpg) = F(34.06 − 0.001× price + u_1)。

   其中，F(.) 為標準常態分布的累積分析函數。

   在 Type I 誤差 α = 5% 水準下，車輛價格 (price) 與耗油率 (lfp) 之機率呈顯著負相關，即車子越貴、耗油率越低，車子價格每貴一個單位，耗油率就降 0.001 單位。

   (2) Step 2 做 selection equation 之結果：Pr(foreign) = F(3.75 − 0.0015×weight + u_2)

   (3) 二個迴歸式殘差「u_1 與 u_2」的相關 ρ = − 0.625。

   (4) athrho 為 $\tan^{-1}(\rho) = \frac{1}{2}\ln(\frac{1+\rho}{1-\rho}) = -0.734$。

   (5) 依變數 mpg 此迴歸殘差的標準誤 σ =5.65。

   (6) 經濟學家常以 lambda 值來判定「selectivity effect」，本例選擇效果 $\lambda = \rho\sigma$ = −3.539。

   (7)「LR test of indep. eqns.」概似比，得到卡方 =1.25(p>0.05)，故接受「Cov(u_1, u_2) = 0」二個殘差係獨立的假定。

   由上述 Hausman 檢定結果，本例接受虛無假設 H_0 且卡方值 <0，亦即納入工具變數的 selection equation 之迴歸，才可得到不偏誤的一致性估計量。

```
* 比較 :probit model and selection equation of heckman model
. hausman probit_y ., equation(1:2)


           ---- Coefficients ----
        |      (b)           (B)            (b-B)      sqrt(diag(V_b-V_B))
        |    probit_y         .          Difference          S.E.
------------+-----------------------------------------------------------------
  weight |   -.0015049     -.001544        .0000391              .
------------------------------------------------------------------------------
              b = consistent under Ho and Ha; obtained from probit
    B = inconsistent under Ha, efficient under Ho; obtained from heckman


  Test:  Ho:  difference in coefficients not systematic


        chi2(1) = (b-B)' [(V_b-V_B)^(-1)](b-B)
             =     -0.78    chi2<0 ==> model fitted on these
                            data fails to meet the asymptotic
                            assumptions of the Hausman test;
                            see suest for a generalized test
```

Step 3. 正式進入：工具變數之兩階段迴歸 (ivregress 2sls 指令)

等到 Hausman 檢定確定了兩階段迴歸比一階段迴歸優之後，再正式進行如下之 ivregress 指令。此 2SLS 模型認定為：

1. 依變數：汽車之耗油率 (mpg)。

2. 外生解釋變數 (exogenous regressors)：車價 (price)。

3. 工具變數：車重量 (weight)。

4. 內生解釋變數 (endogenous regressors)：進口車嗎 (foreign)。

兩階段迴歸分析指令，如圖 4-47。

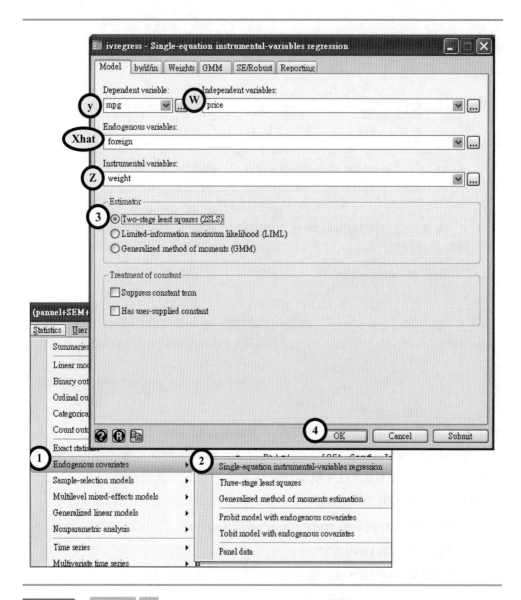

圖 4-47 「ivregress 2sls mpg price (foreign = weight)」畫面

```
. use auto, clear

. ivregress 2sls mpg price (foreign = weight)

Instrumental variables (2SLS) regression          Number of obs  =      74
                                                   Wald chi2(2)   =   57.84
                                                   Prob > chi2    =  0.0000
                                                   R-squared      =  0.1644
                                                   Root MSE       =  5.2527


------------------------------------------------------------------------------
         mpg |      Coef.   Std. Err.      z    P>|z|     [95% Conf. Interval]
-------------+----------------------------------------------------------------
     foreign |   11.26649   1.818216     6.20   0.000     7.702849    14.83012
       price |  -.0010048   .0002089    -4.81   0.000    -.0014142   -.0005954
       _cons |   24.14267   1.493853    16.16   0.000     21.21478    27.07057
------------------------------------------------------------------------------
Instrumented:  foreign
Instruments:   price weight
```

含 IV 之 2SLS 分析結果：

$$mpg_i = 24.14_i + 11.27 foreign_i - 0.001 price_i + \varepsilon_i$$

耗油率 $_i$ = 24.14$_i$ + 11.27 進口車嗎 $_i$ − 0.001 車價 $_i$ + ε_i

4-3-3 Panel-data Hausman-Taylor 法：需工具變數嗎？ (xthtaylor)

本例 panel-data 係以美國工人薪資 (取自然對數之 lwage) 為依變數，試問除了性別 (fem) 及種族 (blk) 二個非時變外生變數當作學歷 (ed) 之工具變數外，外加下圖 4-48 九個時變外生變數 (wks、south、smsa、ms、exp、exp2、occ、ind、union)，共 10 個解釋變數，它們能有效預測工人薪資 (lwage) 嗎？

雖然 xthtaylor 及 xtivreg 都是使用工具變數來做估計，但兩者的事前假定 (assumption) 是不同的：

1. xtivreg 假定：模型中，解釋變數的某部分變數 (a subset of the explanatory variables) 與特質誤差 (idiosyncratic error)e_{it} 是有相關的。

2. 但 xthtaylor 指令之 Hausman-Taylor 及 Amemiya-MaCurdy 估計法係假定：某些解釋變數與個體層次 (individual-level) 隨機效果 u_i 是有相關的，但某些解釋變數卻與特質誤差 (idiosyncratic error)e_{it} 是無相關的。

　　在處理 panel-data 內生共變性之問題，STaTa 提供 xthtaylor 指令，旨在執行「Hausman-Taylor estimator for error-components models」。xthtaylor 指令會產生 Wald 卡方檢定，若 p < 0.05，表示本「模型設定」是 ok 的，你應該納入工具變數至迴歸式，所得係數才是不偏估計值。反之，若 Wald 卡方檢定 p>0.05，則表示「模型設定」是不適當的，不該納入工具變數至迴歸式。

範例：panel-data Hausman-Taylor 估計法 (**xthtaylor** 指令)

　　固定效果模型裡，當某一「內生解釋變數 (endogenous regressor)」係非時變 (time-invariant)，則 FE 就無法認定 (identify) β 係數。此時解決方法有二：

1. 假定內生解釋變數只與個體效果 α_i 有相關 (但與誤差項 ε_{it} 無關)。

2. 將「內生時變之解釋變數」的其他期間 t，視爲「工具 (instruments)」。

　　xthtaylor 係內生共變之 Hausman-Taylor 模型，此指令旨在執行「Hausman-Taylor estimator for error-components models」，它可將「內生時變之解釋變數」的其他期間 (非同時期)，視爲「constant with panel」且爲內生「工具 (instruments)」變數，來進行非時變之解釋變數的係數估計。

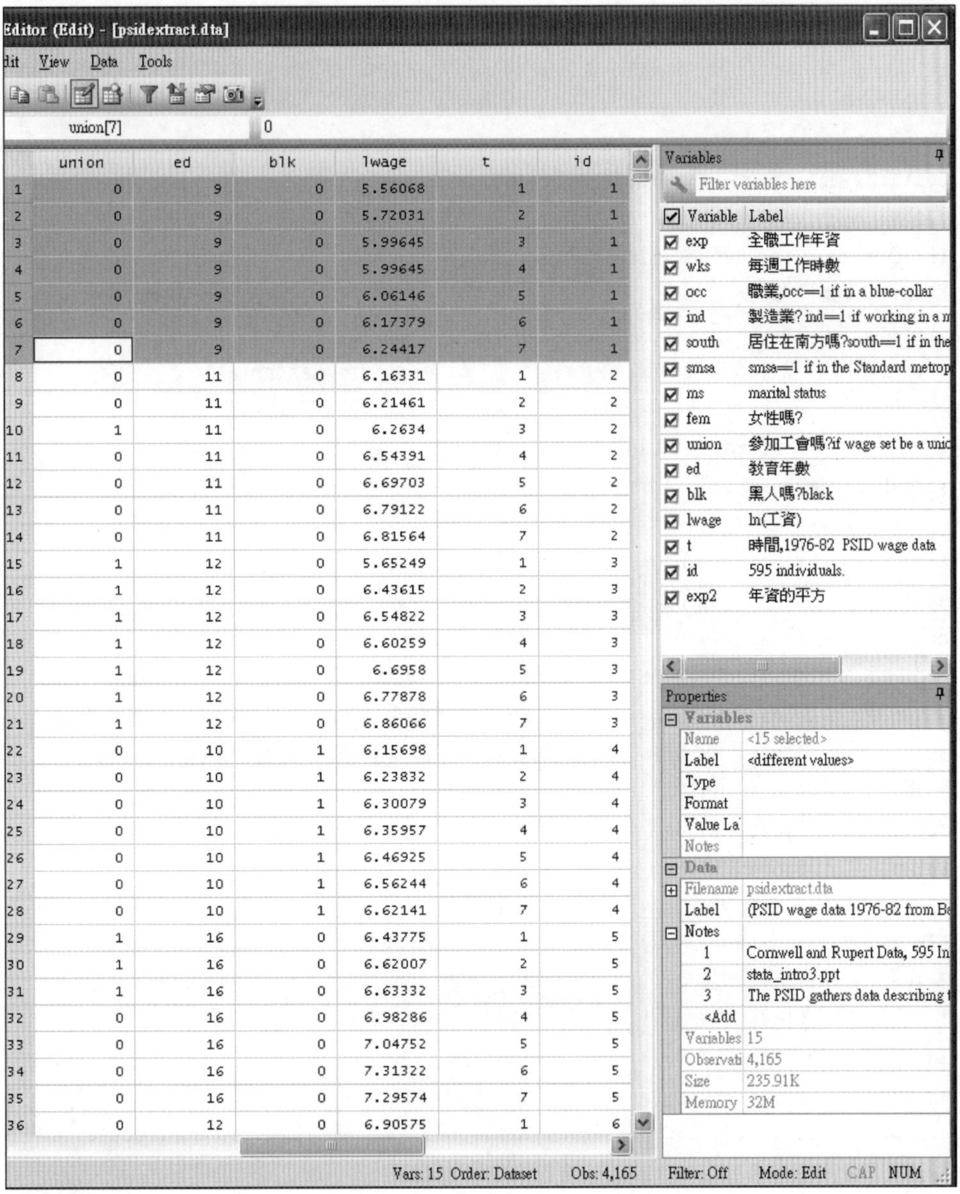

圖 4-48 「psidextract.dta」資料檔內容

```
* 開啟 psidextract.dta 資料檔
. use psidextract


. describe


Contains data from D:\psidextract.dta
  obs:        4,165
(PSID wage data 1976-82 from Baltagi and
Khanti-Akom(1990)
 vars:             15                    5 Jul 2014 21:51
 size:        241,570                    (_dta has notes)
-------------------------------------------------------------------
              storage  display    value
variable name   type   format     label      variable label
-------------------------------------------------------------------
exp           float    %9.0g        全職工作年資
wks           float    %9.0g        每週工作時數
occ           float    %9.0g        職業 , occ==1 if in a blue-collar
ind           float    %9.0g        製造業 ? ind==1 if working in a manuf
south         float    %9.0g        居住在南方嗎 ?south==1 if in the South area
smsa          float    %9.0g        smsa==1 if in the Standard metropolita
ms            float    %9.0g        marital status
fem           float    %9.0g        女性嗎 ?
union         float    %9.0g        參加工會嗎 ?if wage set be a union contract
ed            float    %9.0g        教育年數
blk           float    %9.0g        黑人嗎 ?black
lwage         float    %9.0g        ln( 工資 )
t             float    %9.0g        時間 , 1976-82 PSID wage data
id            int      %8.0g        595 individuals
exp2          float    %9.0g        年資的平方
-------------------------------------------------------------------
Sorted by:  id  t


. note


_dta:
 1.  Cornwell and Rupert Data, 595 Individuals, 7 Years
```

2. stata_intro3.ppt

3. The PSID gathers data describing the circumstances of the family as a whole as well as data about particular individuals in the family. While some information is collected about all individuals in the family, the greatest level of detail is ascertained for the primary adult(s) heading the family (called the head and wife). The PSID has consistently achieved unprecedented response rates, and as a consequence of low attrition and the success in following young adults as they form their own families, the sample size has grown from 4,800 families in 1968, to 7000 families in 2001, to 7400 by 2005, and to more than 9,000 as of 2009. By 2003, the PSID had collected information on more than 65,000 individuals. As of 2009, the PSID had information on over 70,000 individuals, spanning as many as 4 decades of their lives.

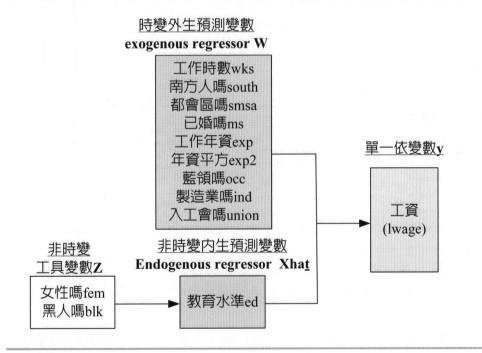

圖 4-49 panel-data Hausman-Taylor 估計式之示意圖

註：女性嗎 (fem) 及黑人嗎 (blk) 二個屬性變數，都為教育水準 (ed) 的工具變數。

Step 1. Hausman-Taylor 估計法

　　判斷「fem、blk」可當教育水準 (ed) 的工具變數嗎？

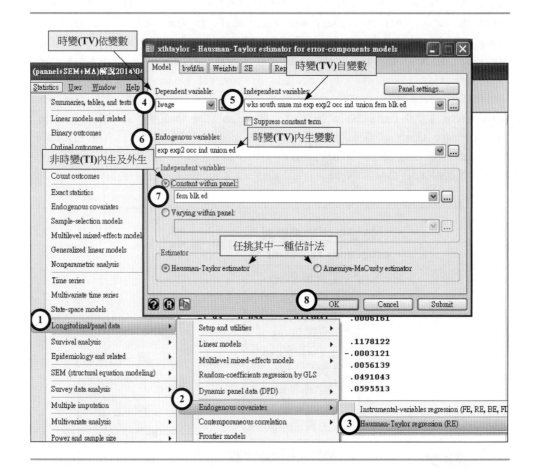

圖 4-50　「xthtaylor lwage wks south smsa ms exp exp2 occ ind union fem blk ed, endog(exp exp2 occ ind union ed) constant(fem blk ed)」畫面

1. 依變數：員工工資 lwage。它經 Jarque-Bera 常態性檢定，發現它不是常態，故取自然對數 LN(x)，使它符合線性迴歸「常態性」的假定。

2. 外生解釋變數 (exogenous regressors)：包括 wks、south、smsa、ms、exp、exp2、occ、ind、union、fem、blk 及 ed。

3. 「constant within panel」為 fem、blk、ed 三個變數。因為三者都是「非時變變數」，故與眾多解釋變數 (時變變數) 會無相關，故三者適合來當作工具變數之迴歸式，為：

$$ed_{it} = blk_{it} + fem_{it} + u_2$$

4. 內生 (endogenous) 變數：包括 exp、exp2、occ、ind、union、ed。

5. 工資 (lwage) 的 panel 模型中，員工的學歷 (ed) 不會隨時間增長而增長，故屬於非時變之解釋變數，故改用 xthtaylor 指令來估計 ed「非時變之變數」。如下指令：

```
* 開啟 cornwell_panel.dta 檔 ( 或開啟 psidextract.dta 檔亦可 )
. use cornwell_panel.dta, clear
. webuse psidextract

* 方法一：進行 Hausman-Taylor estimates。「constant(…)」：設定解釋變數是 con-
  stant。
. xthtaylor lwage wks south smsa ms exp exp2 occ ind union fem blk ed,
endog(exp exp2 occ ind union ed) constant(fem blk ed)


Hausman-Taylor estimation              Number of obs      =      4165
Group variable: id                     Number of groups   =       595

                                       Obs per group: min =         7
                                                      avg =         7
                                                      max =         7


Random effects u_i ~ i.i.d.            Wald chi2(12)      =   6874.89
                                       Prob > chi2        =    0.0000


-------------------------------------------------------------------------
      lwage |      Coef.   Std. Err.      z    P>|z|    [95% Conf. Interval]
------------+------------------------------------------------------------
TVexogenous |
        wks |    .000909   .0005988    1.52   0.129    -.0002647    .0020827
      south |   .0071377    .032548    0.22   0.826    -.0566553    .0709306
       smsa |  -.0417623   .0194019   -2.15   0.031    -.0797893   -.0037352
         ms |   -.036344   .0188576   -1.93   0.054    -.0733041    .0006161
TVendogenous|
        exp |   .1129718   .0024697   45.74   0.000     .1081313    .1178122
       exp2 |  -.0004191   .0000546   -7.68   0.000    -.0005261   -.0003121
        occ |  -.0213946   .0137801   -1.55   0.121     -.048403    .0056139
```

ind |	.0188416	.0154404	1.22	0.222	-.011421	.0491043
union |	.0303548	.0148964	2.04	0.042	.0011583	.0595513
TIexogenous |						
fem |	-.1368468	.1272797	-1.08	0.282	-.3863104	.1126169
blk |	-.2818287	.1766269	-1.60	0.111	-.628011	.0643536
TIendogenous |						
ed |	.1405254	.0658715	2.13	0.033	.0114197	.2696311
|						
_cons |	2.884418	.8527775	3.38	0.001	1.213004	4.555831

```
-------------+------------------------------------------------------------
     sigma_u |  .94172547
     sigma_e |  .15180273
         rho |  .97467381   (fraction of variance due to u_i)
-------------------------------------------------------------------------
Note: TV refers to time varying ; TI refers to time invariant .
```

1. 整體適配度檢定，Wald $\chi^2_{(12)}$ =6874.89，p<0.05，表示你暫時認定「**模型設定**」是 ok 的，故本例應該納入工具變數至兩階段迴歸模型中。反之，若 p>0.05，則表示「**模型設定**」是不適當的，不該納入工具變數至迴歸式。

2. 解釋變數 wks 對 lwage 預測係數 β 為 0.0009，雙尾 z = 1.52(p>0.05)，表示「工作時數 wks 每增加一單位，依變數 (工資 lwage) 就增加 0.0009 單位」。通常，雙尾 z 值之 p 值 <0.05，表示該係數的預測力達顯著水準。

3.「sigma_u (σ_u)」0.94 為「組內誤差的標準差 (sd of residuals within group) u_i」。

4.「sigma_e(σ_e)」0.15 為「整體誤差的標準差 [sd of residuals (overall error term)] e_i」。

5. 類別間相關 (interclass correlation) 殘差自我相關 $\rho = \dfrac{(\sigma_u)^2}{(\sigma_u)^2 + (\sigma_e)^2}$，本例 rho=0.974，表示「變異數的 97.4% 係來自 across panels 之差異」。

Step 2. 改用 Amemiya-MaCurdy 估計法：只當對照組

```
* 開啟 STaTa 系統之 psidextract.dta 資料檔
. webuse psidextract

* 方法二：改用 Amemiya-MaCurdy estimates
. xthtaylor lwage wks south smsa ms exp exp2 occ ind union fem blk ed,
  endog(exp exp2 occ ind union ed) amacurdy
```

```
Amemiya-MaCurdy estimation          Number of obs      =      4165
Group variable: id                  Number of groups   =       595

Time variable: t                    Obs per group: min =         7
                                                   avg =         7
                                                   max =         7

Random effects u_i ~ i.i.d.         Wald chi2(12)      =   6860.76
                                    Prob > chi2        =    0.0000

------------------------------------------------------------------
       lwage |     Coef.   Std. Err.      z    P>|z|   [95% Conf. Interval]
-------------+----------------------------------------------------
TVexogenous  |
         wks |  .0009088   .0005986    1.52   0.129   -.0002644    .002082
       south |  .0085256   .0322231    0.26   0.791   -.0546306   .0716818
        smsa | -.0429478   .0191636   -2.24   0.025   -.0805078  -.0053878
          ms | -.0363004   .0188446   -1.93   0.054   -.0732353   .0006344
TVendogenous |
         exp |  .1127072   .0024668   45.69   0.000    .1078724    .117542
        exp2 | -.0004205   .0000545   -7.71   0.000   -.0005274  -.0003136
         occ | -.0215057     .01377   -1.56   0.118   -.0484943    .005483
         ind |  .0184101   .0154298    1.19   0.233   -.0118317   .0486519
       union |  .0301854   .0148807    2.03   0.043    .0010197   .0593511
TIexogenous  |
         fem | -.1412649   .1268806   -1.11   0.266   -.3899462   .1074165
         blk | -.2613071   .1660962   -1.57   0.116   -.5868497   .0642356
TIendogenous |
          ed |  .1551821   .0483174    3.21   0.001    .0604817   .2498825
             |
       _cons |   2.70175   .6275322    4.31   0.000    1.471809    3.93169
-------------+----------------------------------------------------
     sigma_u |  .94172547
     sigma_e |  .15180273
         rho |  .97467381   (fraction of variance due to u_i)
------------------------------------------------------------------
Note:  TV refers to time varying ;  TI refers to time invariant .
```

1. TVexogenous 代表「時變內生變數」，包括：藍領嗎 (occ)、南方人嗎 (south)、都會區嗎 (smsa)、製造業嗎 (ind)、工作年資 (exp)、年資平方 (exp2)、工作時數 (wks)、已婚嗎 (ms)、工會否 (union)。

2. TIexogenous 代表「非時變內生變數」，包括：性別 (fem)、黑人嗎 (blk)、學歷 (ed)。

3. 內生共變之 Hausman-Taylor 模型為：

$$lwage_i = 2.7 + 0.0009 \times wks_i + 0.008 \times south_i - 0.042 \times smsa_i - 0.036 \times ms_i + 0.113 \times exp_i$$
$$- 0.0004 \times exp2_i - 0.02 \times occ_i + 0.02 \times ind_i + 0.03 \times union_i - 0.14 \times fem_i - 0.26 \times blk_i + \varepsilon_i$$

Step 3. 初步：全部 exogenous regressors 變數 W 都納入 xtivreg

由於本例經過 Hausman-Taylor 檢定，得到 Wald $\chi^2_{(12)}$ = 6860.76, p < 0.05，表示本例應該納入工具變數至兩階段迴歸模型中。因此，再進行 xtivreg 指令。

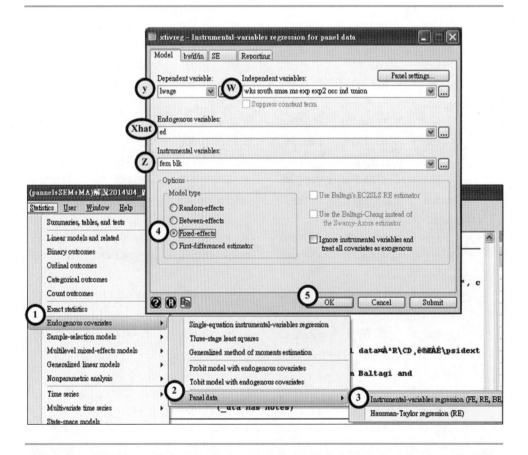

圖 4-51 「xtivreg lwage wks south smsa ms exp exp2 occ ind union (ed = fem blk), fe」畫面

```
. use psidextract.dta, clear

. xtivreg lwage wks south smsa ms exp exp2 occ ind union (ed = fem blk), fe

Fixed-effects (within) IV regression          Number of obs      =        4165
Group variable: id                            Number of groups   =         595

R-sq:  within  = 0.6581                        Obs per group: min =           7
       between = 0.0261                                        avg =         7.0
       overall = 0.0461                                        max =           7

                                               Wald chi2(9)       =     8.04e+06
corr(u_i, Xb)  = -0.9100                        Prob > chi2        =      0.0000

------------------------------------------------------------------------------
       lwage |      Coef.   Std. Err.      z    P>|z|     [95% Conf. Interval]
-------------+----------------------------------------------------------------
          ed |          0  (omitted)
         wks |   .0008359   .0005997     1.39   0.163    -.0003394    .0020113
       south |  -.0018612   .0342993    -0.05   0.957    -.0690866    .0653642
        smsa |  -.0424691   .0194284    -2.19   0.029     -.080548   -.0043903
          ms |  -.0297259   .0189836    -1.57   0.117     -.066933    .0074813
         exp |   .1132083    .002471    45.81   0.000     .1083651    .1180514
        exp2 |  -.0004184   .0000546    -7.66   0.000    -.0005254   -.0003113
         occ |  -.0214765   .0137837    -1.56   0.119     -.048492     .005539
         ind |   .0192101   .0154463     1.24   0.214    -.0110641    .0494843
       union |   .0327849   .0149229     2.20   0.028     .0035366    .0620331
       _cons |   4.648767    .046022   101.01   0.000     4.558566    4.738969
-------------+----------------------------------------------------------------
     sigma_u |  1.0338102
     sigma_e |  .15199444
         rho |  .97884144   (fraction of variance due to u_i)
------------------------------------------------------------------------------
F test that all u_i=0:     F(594,3561) =     33.50          Prob > F   = 0.0000
------------------------------------------------------------------------------
Instrumented:   ed
Instruments:    wks south smsa ms exp exp2 occ ind union fem blk
------------------------------------------------------------------------------
```

1. 若 $Cov(x_{it}, \alpha_i) = 0$，才可採用隨機效果 (RE)，即截距項 α_i 與解釋變數 x_{it} 無關；相反地，因本例 $Cov(x_{it}, \alpha_i) \neq 0$，故本例可採用固定效果 (FE)，因為誤差項 u_i 與解釋變數 x_{it} 之相關高達 -0.91，兩者存在高相關。
   截距項 α_i 與解釋變數 x_{it} 之相關為 -0.91。

2. 所有 Regressors 當中，p 值 >0.05 者，都應排除在 xtivreg 分析之外，包括：wks、south、ms、occ、ind 等五個自變數。

3. xtreg、xtivreg、ivregress 指令來執行固定 / 隨機效果之複迴歸，才會多印出最後一行之 F=33.5，p<0.05，故拒絕「H_0：每個個體的截距項 α_i 皆相同」，故採用固定效果模型分析較為合適；反之，若接受 H_0，則只需估計單一截距項 α_i，意涵此 panel data 的 N 個觀察個體，T 期觀察時間的資料，可被作 N×T 個觀察值的橫斷面或時間數列樣本，因而喪失縱橫資料的特性，成為混合資料 OLS 迴歸模型。

4. 因此排除這五個自變數之後，再次執行 xtivreg 分析，如下一步驟。

Step 4. 篩選：顯著 exogenous regressors 變數 W 才納入 xtivreg

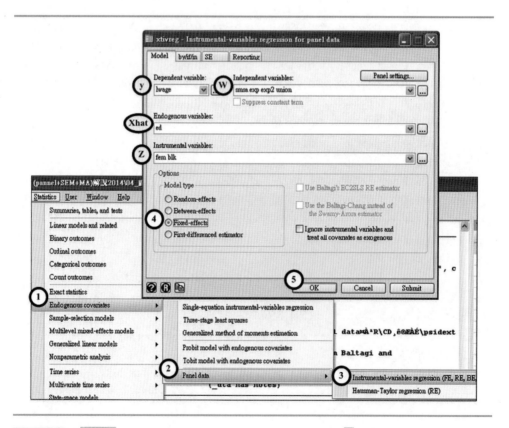

圖 4-52 「xtivreg lwage smsa exp exp2 union (ed = fem blk), fe」畫面

```
. use psidextract.dta, clear

. xtivreg lwage smsa exp exp2 union (ed = fem blk), fe

Fixed-effects (within) IV regression        Number of obs      =        4165
Group variable: id                          Number of groups   =         595

R-sq:  within  = 0.6574                      Obs per group: min =           7
       between = 0.0258                                      avg =         7.0
       overall = 0.0456                                      max =           7

                                             Wald chi2(4)       =     8.04e+06
corr(u_i, Xb)  = -0.9105                      Prob > chi2        =      0.0000

------------------------------------------------------------------------------
      lwage |      Coef.   Std. Err.      z    P>|z|     [95% Conf. Interval]
------------+-----------------------------------------------------------------
         ed |          0  (omitted)
       smsa | -.0438315   .0192991    -2.27   0.023    -.081657    -.006006
        exp |   .113704   .0024644    46.14   0.000    .1088737    .1185342
       exp2 | -.0004271   .0000545    -7.84   0.000    -.0005339   -.0003204
      union |  .0312717   .0147958     2.11   0.035     .0022724    .0602709
      _cons |  4.655884   .0314841   147.88   0.000     4.594177    4.717592
------------+-----------------------------------------------------------------
    sigma_u |  1.0365753
    sigma_e |  .15206462
        rho |  .97893277   (fraction of variance due to u_i)
------------------------------------------------------------------------------
F  test that all u_i=0:     F(594,3566) =      38.74        Prob > F   = 0.0000
------------------------------------------------------------------------------
Instrumented:   ed
Instruments:    smsa exp exp2 union fem blk
------------------------------------------------------------------------------
```

有限混合模型 (FMM)：STaTa 分析 (以 EM algorithm 做潛在分類再迴歸分析)

1. 「corr(u_i, Xb) = -0.91」，截距項 μ_i 與解釋變數 X_{it} 之間相關值為 -0.91(並非 0)，表示採用固定效果係適當。

2. 本模型「xtreg lwage …, re」整體適配 Wald $\chi^2_{(4)}$ = 8040000(p < 0.05)，表示本模型中，所有係數都不是 0，即本模型設定是 ok 的。即以性別 (fem)、黑人嗎 (blk) 當作教育水準 (ed) 的工具變數，來執行 panel-data 兩階段迴歸分析，是非常恰當的。

3. 解釋變數 exp 對 lwage 預測係數 β 為 0.114，雙尾 z=46.14 (p<0.05)，表示「工作年資 exp 每增加一單位，依變數 (工資 lwage) 就增加 0.114 單位」。

4. 固定效果 panel 迴歸式「$Y_{it} = \alpha_i + \beta_1 Y_{1it} + \cdots + \beta_k Y_{kit} + e_{it}$」為：
$$lwage_{it} = 4.66 - 0.04smsa_{it} + 0.11\exp_{it} - 0.0004\exp^2_{it} + 0.03union_{it} + e_{it}$$

5. 「sigma_u (σ_u)」1.03 為「組內誤差的標準差 (sd of residuals within group) u_i」。

6. 「sigma_e(σ_e)」0.152 為「整體誤差的標準差 [sd of residuals (overall error term)] e_i」。

7. 類別間相關 (interclass correlation) 殘差自我相關 $\rho = \dfrac{(\sigma_u)^2}{(\sigma_u)^2 + (\sigma_e)^2}$，本例 rho=0.978，表示「變異數的 97.80% 係來自 across panels 之差異」。

8. xtreg 及 xtivreg 指令在執行複迴歸之後，才會多印出最後一行之 $F_{(594,3566)}$ = 38.74，p < 0.05，故拒絕「H_0：每個個體的截距項 μ_i 皆相同」，所以本例五個解釋變數之特定個體效果 μ_i 都顯著不同。

4-4 內生共變數之混合模型 (2SLS)(fmm：ivregression) 指令)

4-4-1 2SLS 混合模型

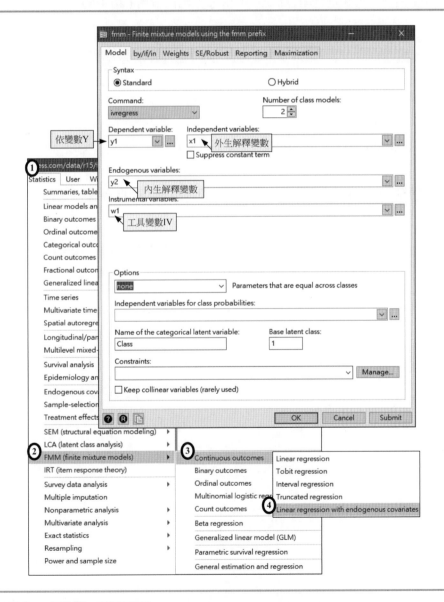

依變數Y

外生解釋變數

內生解釋變數

工具變數IV

圖 4-53 「fmm 2：ivregress y1 x1 (y2 = w1)」指令對應的畫面

註：Statistics > FMM (finite mixture models) > Continuous outcomes > Linear regression with endogenous covariates

假設二個線性迴歸「x1→y1」之混合模型，它有內生解釋變數 y2、工具變數 w1，則其對應的指令為 (圖 4-59)：

```
. fmm 2: ivregress y1 x1 (y2 = w1)
```

如上所述，但類別機率取決於 z1 和 z2，則指令為 (圖 4-60)：

```
. fmm 2, lcprob(z1 z2): ivregress y1 x1 (y2 = w1)
```

若具有強健 (robust) 的誤差，則指令改為：

```
. fmm 2, vce(robust) : ivregress y1 x1 (y2 = w1)
```

若限制 x1、w1 和 y2 的係數在各類之間是相等，則指令為：

```
. fmm 2, lcinvariant(coef): ivregress y1 x1 (y2 = w1)
```

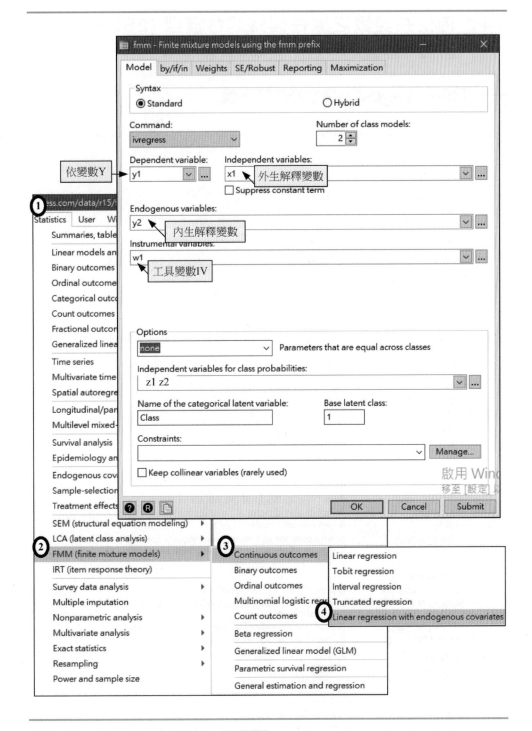

4-4-2 內生共變數之線性迴歸混合模型 (2SLS) (fmm: ivregression) 指令：房租之影響因素

一、「fmm: ivregress」指令語法如下表

Basic syntax

 fmm #: ivregress *depvar* [*varlist*₁] (*varlist*₂ = *varlist_iv*) [, *options*]

Full syntax

 fmm # [*if*] [*in*] [*weight*] [, *fmmopts*]:

    ivregress *depvar* [*varlist*₁] (*varlist*₂ = *varlist_iv*) [, *options*]

where # specifies the number of class models.

options	說明
Model	
noconstant	suppress the constant term

fmmopts	說明
Model	
lcinvariant (*pclassname*)	specify parameters that are equal across classes; default is lcinvariant (none)
lcprob (*varlist*)	specify independent variables for class probabilities
lclabel (*name*)	name of the categorical latent variable; default is lclabel (Class)
lcbase(#)	base latent class
constraints (*constraints*)	apply specified linear constraints
collinear	keep collinear variables
SE/Robust	
vce (*vcetype*)	*vcetype* may be oim, robust, or cluster *clustvar*
Reporting	
level (#)	set confidence level; default is level (95)
nocnsreport	do not display constraints
noheader	do not display header above parameter table
nodvheader	do not display dependent variables information in the header
notable	do not display parameter table
display_options	control columns and column formats, row spacing, line width, display of omitted variables and base and empty cells, and factor-variable labeling
Maximization	
maximize_options	control the maximization process
startvalues (*svmethod*)	method for obtaining starting values; default is startvalues (factor)
emopts (*maxopts*)	control EM algorithm for improved starting values
noestimate	do not fit the model; show starting values instead
coeflegend	display legend instead of statistics

pclassname	說明
cons	intercepts and cutpoints
coef	fixed coefficients
errvar	covariances of errors
scale	scaling parameters
all	all the above
none	none of the above; the default

「fmm: ivregress」指令旨在適配內生變數之線性迴歸混合模型 (fits mixtures of linear regression models with endogenous covariates)，即雙 2SLS 之線性迴歸。常見的指令語法如下表：

* Mixture of two linear regressions of y1 on x1 with endogenous regressor y2 that is instrumented by w1   . fmm 2: ivregress s y1 x1 (y2 = w1)
* As above, but with class probabilities depending on z1 and z2   . fmm 2, lcprob(z1 z2): ivregress y1 x1 (y2 = w1)
* With robust standard errors   . fmm 2, vce(robust): ivregress y1 x1 (y2 = w1)
* Constrain coefficients on x1, w1, and y2 to be equal across classes   . fmm 2, lcinvariant(coef): ivregress y1 x1 (y2 = w1)

二、範例：Finite mixtures of linear regression models with endogenous covariates(fmm: ivregress 指令)

(一) 問題說明

為了解美國 5,550 個地區平均房租之影響因素有哪些？(分析單位：地區)

研究者收集數據並整理成下表，此「fmm_hsng2.dta」資料檔內容之變數如下：

變數名稱	說明	編碼 Codes/Values
結果變數 / 依變數：rent	平均房租 Median gross rent	1~1.831185 倍
外生解釋變數：pcturban	住市區的人口 %Percent urban	32.05016~93.82729%
內生解釋變數：hsngval	平均房價 Median hsng value	1~1.289189 倍
工具變數 IV：faminc	平均家庭收入 Median family	14.399~28.598 美元

(二) 資料檔之內容

「fmm_hsng2.dta」資料檔內容如圖 4-55。

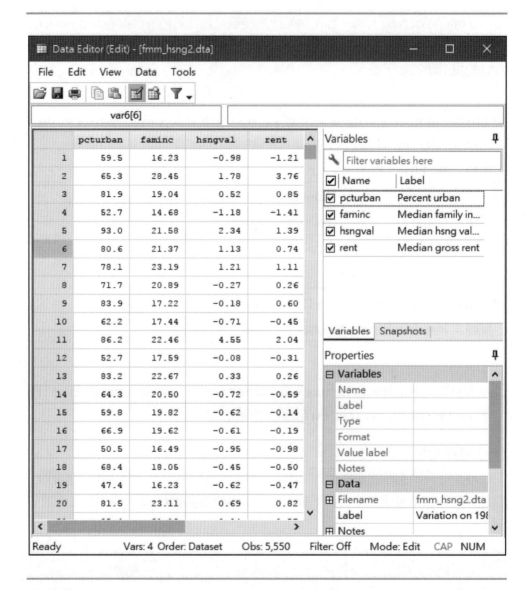

圖 4-55 「fmm_hsng2.dta」資料檔內容 (N=5,550 個地區，潛在類別 (class)=2)

觀察資料之特徵

```
* Mixture of normals
. use fmm_hsng2.dta, clear

* 繪依變數直方圖
. histogram rent, bin(80) normal
(bin=80, start=-1.8311852, width=.07487977)
```

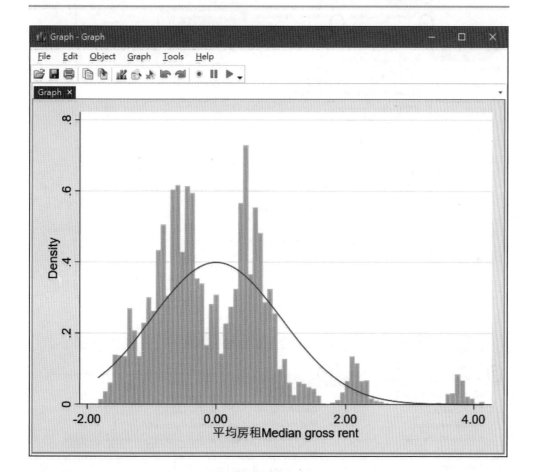

圖 4-56 「histogram rent, bin(80) normal」繪直方圖

註：Graphics > Histogram

(三) 分析結果與討論

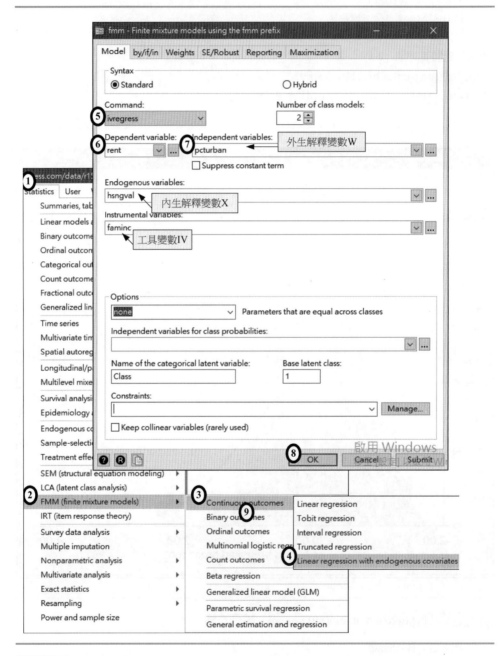

圖 4-57　「fmm 2: ivregress rent pcturban (hsngval = faminc)」畫面

註：Statistics > FMM (finite mixture models) > Continuous outcomes > Linear regression with endogenous covariates

Step 1 **雙 Poisson 混合迴歸分析**

```
* STaTa v12 版，才須先安裝 fmm 外掛指令；STaTa v15 版已內建十七個「fmm：」估計法
* 開啟資料檔
. webuse fmm_hsng2 ,clear
(Variation on 1980 Census housing data 住房數據 )

* Mixture of two regression models with endogenous covariate hsngval
. fmm 2: ivregress rent pcturban (hsngval = faminc)

Finite mixture model                          Number of obs    =      5,550
Log likelihood = -6765.7909
```

	Coef.	Std. Err.	z	P>|z|	[95% Conf. Interval]
1.Class	(base outcome)				
2.Class					
_cons	-1.678547	.0471026	-35.64	0.000	-1.770866 -1.586228

Class   : 1

```
Response    : rent
Model       : regress

Response    : hsngval
Model       : regress
```

	Coef.	Std. Err.	z	P>|z|	[95% Conf. Interval]
rent	2SLS 之總迴歸式				
hsngval	1.208501	.0231094	52.29	0.000	1.163207 1.253794
pcturban	.0021281	.0008021	2.65	0.008	.0005561 .0037002
_cons	-.1165915	.0570678	-2.04	0.041	-.2284423 -.0047408

```
hsngval      |  工具變數之迴歸式
    pcturban |   .0036157    .0006228     5.81   0.000     .002395    .0048364
      faminc |   .1896054    .0036612    51.79   0.000    .1824296    .1967812
       _cons |  -4.115641    .0503555   -81.73   0.000   -4.214336   -4.016946
-------------+----------------------------------------------------------------
  var(e.rent)|   .2298579    .0083357                     .2140874    .2467901
var(e.hsngval)|  .1598142    .0033746                     .1533351    .1665671
-------------+----------------------------------------------------------------
cov(e.rent,e.hsngval)| -.1477808  .0051488  -28.70  0.000  -.1578722  -.1376893
-------------+----------------------------------------------------------------
```

Class   : 2

Response   : rent
Model   : regress

Response   : hsngval
Model   : regress

```
             |      Coef.   Std. Err.      z    P>|z|     [95% Conf. Interval]
-------------+----------------------------------------------------------------
rent         |
     hsngval |   1.276167    .0602533    21.18   0.000    1.158072    1.394261
    pcturban |  -.0564121    .0049825   -11.32   0.000   -.0661776   -.0466466
       _cons |   4.119677    .3726074    11.06   0.000    3.38938     4.849974
-------------+----------------------------------------------------------------
hsngval      |
    pcturban |   .0608354    .0035646    17.07   0.000    .0538489    .067822
      faminc |   .2690142    .0115589    23.27   0.000    .2463592    .2916692
       _cons |  -9.056659    .4378058   -20.69   0.000   -9.914743   -8.198576
-------------+----------------------------------------------------------------
  var(e.rent)|   1.8977      .1844969                     1.568457    2.296056
var(e.hsngval)|  .9767619    .0491097                     .8850993    1.077917
-------------+----------------------------------------------------------------
cov(e.rent,e.hsngval)| -1.325328  .0883944  -14.99  0.000  -1.498578  -1.152078
-------------+----------------------------------------------------------------
```

1. Class 1 之 2SLS 工具變數迴歸式為：

Rent= -0.1166+1.2085×hsngval+0.0021×pcturban

　平均房租 = -0.1166+1.2085× 平均房價 +0.0021× 都市化程度

Class 2 之 2SLS 工具變數迴歸式為：

Rent= 4.1197+1.276×hsngval-0.0564×pcturban

　平均房租 = 4.1197+1.276× 平均房價 -0.0564× 都市化程度

Step 2 各潛在類別之邊際平均數及邊際機率

```
* estat lcmean 指令印出 Latent class marginal means （μ）
. estat lcmean

Latent class marginal means                Number of obs      =      5,550

-----------------------------------------------------------------------------
            |              Delta-method
            |    Margin   Std. Err.      z    P>|z|    [95% Conf. Interval]
------------+----------------------------------------------------------------
1           | 平均數
       rent |  .0259282   .0084542    3.07   0.002    .0093584    .0424981
    hsngval | -.1759658   .0061158  -28.77   0.000   -.1879526    -.163979
------------+----------------------------------------------------------------
2           | 平均數
       rent |  .3417772    .101674    3.36   0.001    .1424999    .5410545
    hsngval |  .2635655   .0650025    4.05   0.000    .1361628    .3909681
-----------------------------------------------------------------------------


* Estimated probabilities of membership in the two classes （π）
. estat lcprob

Latent class marginal probabilities        Number of obs      =      5,550

-----------------------------------------------------------------------------
            |              Delta-method
            |    Margin   Std. Err.        [95% Conf. Interval]
------------+----------------------------------------------------------------
      Class | 事後機率
          1 |   .842712   .0062434        .8300847    .8545654
          2 |   .157288   .0062434        .1454346    .1699153
```

有限混合模型 (FMM)：STaTa 分析 (以 EM algorithm 做潛在分類再迴歸分析)

1.「class 1 平均數 μ_1」平均房租 (rent=0.0259)，平均房價 μ_1(hsngval= -0.176)。「class 1 機率 π_1」占全體樣本 84.27%。價格都低於 Class：2 。

2. 潛在 Class：2 之平均房租 (rent=0.3418)，平均房價 μ_2 (hsngval=0.2636)。「class 2 機率 π_2」占全體樣本 15.72%。

3. 由於 Class：2 之房租及房價都高於 Class：1，故可命名：Class：2 為蛋黃區住宅；Class：1 為蛋白區住宅。

4. **Latent variable representation(潛在類別)** 為：

$$p(x) = \sum_{i=0}^{k} \pi_i N(x \mid \mu_k, \Sigma_k) = \sum_z p(z) p(x \mid z)$$

其中， $p(z) = \prod_{k=1}^{K} \pi_k^{z_k}$

$$p(x \mid z) = \prod_{k=1}^{K} N(x \mid \mu_k, \Sigma_k)^{z_k}$$

Step 3 各類的平均值，繪成直方圖

```
* 將各類的平均值，存至 mu1, mu2 新變數
. predict mu*
  (option mu assumed)
* 各類的平均值，繪成直方圖
. twoway (histogram mu1, width(.1) color(navy%25)) (histogram mu2, width(.1)
  color(maroon%25) legend(off) title(" 二類的預測值 "))
```

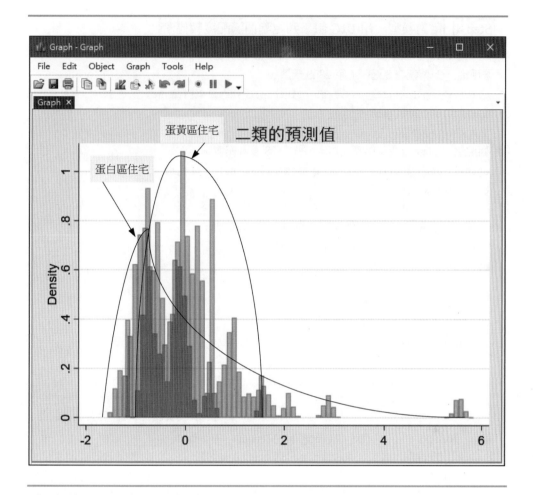

圖 4-58 雙 2SLS 混合模型預測之 (房租) 平均值直方圖

| Step 4 | 敵對模型，用 **BIC** 值來判定哪個適配度較優？ |

```
*----- STaTa v15 的 General estimation and regression 如下 :--------
* 對照組一 : 傳統 OLS 迴歸 ( 單 2SLS 模型 )
. quietly fmm 1: ivregress rent pcturban (hsngval = faminc)
. estimates store fmm1

* 對照組二 :fmm 分成二個潛在類別 ( 雙 2SLS 混合模型 )
. quietly fmm 2: ivregress rent pcturban (hsngval = faminc)
. estimates store fmm2

* 對照組三 :fmm 分成三個潛在類別 ( 雙 2SLS 混合模型 )
. quietly fmm 3: ivregress rent pcturban (hsngval = faminc)
. estimates store fmm3


* 求 AIC BIC 值
. estimates stats fmm1 fmm2 fmm3

Akaike's information criterion and Bayesian information criterion
```

```
------------------------------------------------------------------------
      Model |       Obs  ll(null)  ll(model)      df         AIC        BIC
------------+-----------------------------------------------------------
       fmm1 |      5,550         .  -9379.536       9    18777.07   18836.67
       fmm2 |      5,550         .  -6765.791      19    13569.58   13695.39
       fmm3 |      5,550         .  -5869.874      29    11797.75   11989.77
------------------------------------------------------------------------
```

1. AIC、BIC(Bayesian information criterion) 亦屬於一種判斷任何迴歸是否恰當的
   資訊準則，一般來說數值越小，迴歸模型的適配度越好。

   資訊準則 (information criterion) 亦可用來說明模型的解釋能力，較常用來作為
   模型選取的準則，而非單純描述模型的解釋能力。

   (1) AIC(Akaike information criterion)

   $$AIC = \ln\left(\frac{ESS}{T}\right) + \frac{2k}{T}$$

(2) BIC(Bayes information criterion) 或 SIC(Schwartz) 或 SBC

$$BIC = \ln\left(\frac{ESS}{T}\right) + \frac{k \ln(T)}{T}$$

(3) AIC 與 BIC 越小，代表模型的解釋能力越好（用的變數越少，或是誤差平方和越小）。

2. 根據 AIC、BIC 準則，都是參 2SLS 混合模型 (AIC=11797.75) 之 IC 值最小，雙 2SLS 混合模型 (AIC=13569.58)，單 2SLS 模型 (AIC=18777.07)，表示參 2SLS 混合模型最優。故本例最佳解為：

```
. fmm 3: ivregress rent pcturban (hsngval = faminc)
```

將當地房租及房價，潛在區分為三類：蛋白區、蛋黃區、蛋殼區住宅。

有限混合模型：logistic 迴歸 (fmm 開頭指令)

作者《邏輯斯迴歸及離散選擇模型：應用 STaTa 統計》一書，專書介紹：邏輯斯迴歸 vs. 多元邏輯斯迴歸、配對資料的條件 logistic 迴歸分析、multinomial logistic regression、特定方案 Rank-ordered logistic 迴歸、零膨脹 ordered probit regression 迴歸、配對資料的條件邏輯斯迴歸、特定方案 conditional logit model、離散選擇模型、多層次邏輯斯迴歸……。

邏輯斯迴歸模型在統計的運用上已極為普遍，不但對於二元化的離散型資料使用率高，尤其在醫學方面的使用更為廣泛。在邏輯斯分布之下，不但可運用在單變量迴歸模型，也可推廣至多變量迴歸模型 (多個自變數之 logistic 迴歸)。

定義：單變數的邏輯斯模型

假設某一個肺癌患者在經過某種特殊治療 (X) 後，若存活者記為 1，死亡者記為 0，反應變數令為 $\pi(x)$ 代表存活者的機率 (發生的機率，而非依變數的值)，而 $\pi(x) = P(Y = 1 \mid x)$，則此機率 $\pi(x)$ 為一伯努利分配 (Bernoulli distribution) 的參數，因此

$$E[Y \mid x] = \pi(x) = \frac{\exp(\beta_0 + \beta_1 x)}{1 + \exp(\beta_0 + \beta_1 x)}$$

為一單變量的邏輯斯模型。

定義：多變數的邏輯斯模型

假設有 i 個獨立的伯努利隨機變數，$Y = (Y_1, Y_2, \cdots, Y_i)$，而 Y_i 皆為二元反應變數。$i = 1, 2, \cdots, I$。令 $X = (X_{i0}, X_{i1}, \cdots, X_{ik})$ 為第 i 個自變數的向量，含有 k 個自變數，其中：

$$E[Y \mid x] = \pi(x) = \frac{\exp(\sum_{j=0}^{k} \beta_j x_{ij})}{1 + \exp(\sum_{j=0}^{k} \beta_j x_{ij})}, \ i = 1, 2, ..., I$$

為多變數的邏輯斯模型。

　　當你希望能夠根據預測值變數集的數值，來預測特性或結果的出現或缺席時，邏輯斯迴歸分析 (logistic regression) 就很有用。它和線性迴歸模型很相似，但是適合二元依變數的模型。邏輯斯迴歸係數可以用來估計模式中，每一個自變數的勝算比。邏輯斯迴歸分析適用在較廣範圍的研究情況，而不是區別分析。

5-1 logistic 迴歸之概念

　　迴歸分析可以幫助我們建立依變數 (dependent variable) 或稱反應變數 (response variable) 與自變數 (independent variable) 或稱共變數 (covariable) 間關係的統計模型，俾能藉由所選取的適當自變數以預測依變數，在所有統計分析工具中算是最常被使用者。例如：想預測身高這個依變數，可以選取與依變數相關性高的自變數，諸如體重、父母親身高與國民所得等，進行身高對這些自變數的迴歸分析。

　　邏輯斯迴歸分析適用於依變數為二元類別資料的情形，若自變數只有一個，則稱為單變數邏輯斯迴歸分析 (univariate logistic regression)；若自變數超過一個以上，則稱為多邏輯斯迴歸分析 (multivariate logistic regression)，又可稱為多元或複邏輯斯迴歸分析 (如圖 5-1)。

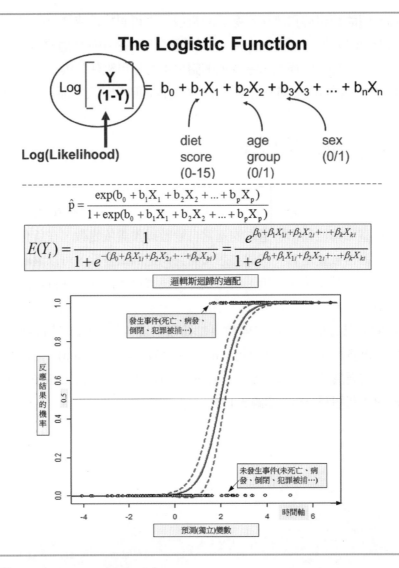

圖 5-1 multiple logistic 函數之示意圖

　　當依變數為二元的類別變數時，若想作迴歸分析，此時不能再使用一般的線性迴歸，而應該要改用二元邏輯斯迴歸分析。

　　二元邏輯斯迴歸式如下：

$$\text{logit}\left[\pi(x)\right] = \log\left(\frac{\pi(x)}{1-\pi(x)}\right) = \log\left(\frac{P(x=1)}{1-P(x=1)}\right) = \log\left(\frac{P(x=1)}{P(x=0)}\right) = \alpha + \beta x$$

　　公式經轉換為：

$$\frac{P(x=1)}{P(x=0)} = e^{\alpha + \beta x}$$

1. 邏輯斯方程式很像原本的一般迴歸線性模式，不同點在於現在的依變數變為事件發生機率的勝算比。

2. 因此，現在的 β 需解釋為：當 x 每增加一單位時，事件發生的機率是不發生的 $\exp(\beta)$ 倍。

3. 為了方便結果的解釋與理解，一般來說，會將依變數為 0 設為參照組 (event free)。

5-1-1 logistic 迴歸假定、迴歸式解說

一、邏輯斯迴歸的 IIA 假定 (assumption)

　　邏輯斯迴歸的基本假定 (assumption) 與其他多變數分析之假設不同，因為它不需要假定分布類型，在邏輯斯分布中，自變數對於依變數之影響方式是以指數的方式來變動。此意味著邏輯斯迴歸無需具有符合常態分布的假設，但是如果預測變數為常態分布的話，結果會比較可靠。在邏輯斯迴歸分析中，自變數可以是類別變數 (category variable)，也可以是連續變數。

二、邏輯斯分布公式

$$P(Y=1 \mid X=x) = \frac{e^{x'\beta}}{1 + e^{x'\beta}}$$

其中，迴歸係數 β 用最大概似來估計。

三、IIA 假定

　　「Independent and irrelevant alternatives」方案彼此獨立之假定，也稱作「IIA 效應」，指 Logit 模型中的各個替選方案是獨立不相關的。

　　假如，一個新產品 D 引入市場，有能力占有 20% 的市場：

　　Case 1 如果滿足 IIA 假定，各個產品 (方案) 獨立作用，互不關聯 (互斥)：新產品 D 占有 20% 的市場份額，剩下的 80% 在 A、B、C 之間按照 6：3：1 的比例瓜分，分別占有 48%、24% 和 8%。

　　Case 2 如果不滿足 IIA 假定，比如新產品 (方案)D 跟產品 B 幾乎相同，則

新產品 D 跟產品 B 嚴重相關。新產品 D 奪去產品 B 的部分市場，占有總份額的 20%，產品 B 占有剩餘的 10%，而產品 A 和 C 的市場份額保持 60% 和 10% 不變，這推論不是正確的。

(一) 滿足 IIA 假定的優點

1. 可以獲得每個個性化選擇集合的一致參數估計。

2. 各個類別子集的一般化估計。

3. 節省電腦演算法的計算時間。

4. 可選項 (方案) 數目很多的時候尤其如此。

(二) IIA 假定的檢定法

STaTa 有關 IIA 檢定的相關指令，包含：

asroprobit 指令旨在：Alternative-specific rank-ordered probit regression。
clogit 指令旨在：Conditional (fixed-effects) logistic regression。
hausman 指令旨在：Hausman specification test。
nlogit 指令旨在：Nested logit regression。
suest 指令旨在：Seemingly unrelated estimation。
bayes: clogit 指令旨在：Bayesian conditional logistic regression。

其中，Hausman 和 McFadden 提出的 Hausman 檢定法，其範例見本書「4-3-2 橫斷面 Hausman 檢定：OLS vs. 2SLS 誰優？(hausman 指令)」。

(三) IIA 問題的解決方法

1. 多項 Probit 模型 (mlogit、mprobit、asmprobit 指令)。

2. 一般化極值模型分三種模型

(1) 巢式 Logit 模型 (nestreg、nlogit、bayes: mecloglog、bayes: meglm、bayes: menbreg、bayes: meologit、bayes: mepoisson、bayes: meprobit、bayes: mixed 指令)

(2) 配對資料的條件 Logit 模型 (clogit、asclogit、nlogit、rologit、slogit、bayes: menbreg、menbreg 指令)

(3) 廣義分類 Logit 模型 (glm、binreg、gllamm、gmm、ivpoisson、nbreg 指令)

3. 混合效果 Logit 模型 (gllamm、bayes: mecloglog、bayes: meglm、bayes: meintreg、bayes: melogit 等指令)

四、二元依變數之認定模型有三類

依變數／結果變數	統計量	組別比較	迴歸模型
1. 連續變數 numerical	平均數 mean	t-test/ANOVA	Linear regression
2. 類別變數 categorical	百分比 percentage	Chi-square test	Logistic regression
3. 存活時間 persontime	KM estimates (survival curves)	Log-rank test	Cox regression

註：Cox regression 請見作者《STaTa 在生物醫學統計分析》一書；Linear regression 請見作者《STaTa 與高等統計分析》一書。

五、多元 **logistic** 迴歸模型

> **定義：簡單邏輯斯迴歸**
>
> 假設 $\pi(x) = E(y \mid x)$，則模型表示如下
>
> $$成功率\ \pi(x) = \frac{e^{(\beta_0 + \beta_1 x)}}{1 + e^{(\beta_0 + \beta_1 x)}}$$
>
> 若將 $\pi(x)$ 做邏輯斯轉換，可得下列表示式
>
> $$g(x) = \text{logit}[\pi(x)] = \ln\left(\frac{\pi(x)}{1 - \pi(x)}\right) = \beta_0 + \beta_1 x + e$$
>
> 經由此轉換，g(x) 便符合線性迴歸模型的性質，此時 g(x) 就為連續變數。
> 如果依變數為二分變項時，邏輯斯迴歸有以下特性：
> 1. 條件期望值的迴歸式必須介於 0～1 之間，即
>
> $$0 \le E(y \mid x) = \pi(x) = \frac{\exp(\beta_0 + \beta_1 x)}{1 + \exp(\beta_0 + \beta_1 x)} \le 1$$
>
> 2. 其誤差 ε 分布是服從二項分配，而不是符合常態分配。
> 3. 用來處理線性迴歸的分析原則，也可以用在邏輯斯迴歸上。

(一) logistic 迴歸之特性：受限依變數的問題

　　線性迴歸 (以下稱最小平方法之 OLS) 是所有迴歸分析的入門與基礎。可是 OLS 有許多前提與假定，只有當這些前提與假定都存在時，OLS 所估算的線性函數參數值才會準確。其中有一個條件是依變數必須是呈常態分布的連續變

數 (如某個小學二年級學生第一次月考的數學成績、某一個國家的國民體重、臺灣國內所有護理之家的住民跌倒率等)，可是有很多時候我們研究或分析的依變數並非這種型態的變數，這時 OLS 便派不上用場。這些不符合 OLS 依變數條件要求的情況很多，計量經濟學通稱這些為「受限的依變數」(limited dependent variables, LDV)，針對不同的 LDV，統計學家與計量經濟學家大多已經發展出不同的模型去處理。

在研究上經常遇到的一種 LDV 情況，就是依變數是二元變數 (binary variable)，這類變數的數值只有兩種可能，常見的例子如下：
1. 公司財務健全 vs. 破產之預測。
2. 市民罹患冠心病 (coronary heart disease, CHD) 的狀態 (有罹患或者沒有罹患)。
3. 應屆畢業大學生應徵職務的結果 (被錄取或者沒被錄取)。

二元 logistic 迴歸模型適合使用 logistic 迴歸程序或多元 logistic 迴歸程序。每種程序都有其他程序未提供的選項。理論上很重要的差異是 logistic 迴歸程序會產生所有的預測、殘差 (residual)、影響統計量 (Influence)，以及在個別觀察值等級使用資料的適配度測試，而不管資料是如何輸入的，以及共變數形式的數量是否小於觀察值的總數量。但是多元 logistic 迴歸程序會內部整合觀察值以形成預測變數相同的共變異數形式的子母體，以產生預測、殘差、以及根據這些子母體的適配度測試。如果所有的預測變數都是類別變數，或是任何連續預測變數只具有有限的變數值。

(1) 使每個共變數樣式中，都有數個觀察值。
(2) 子母體方式可以產生有效的適配度檢定和情報殘差，但是個別觀察值等級方法則不能。

(二) 二元依變數的模型：Logit 模型與 Probit 模型

解決受限依變數的問題的方法有好幾個，最常用的有兩種：第一種是「邏輯斯迴歸分析」(logistic regression，或稱為 logit model)，另一種是 probit model。這兩種方式都是透過非線性的函數去估算我們所感興趣的參數值，前者是使用 logit 函數，後者是使用常態分布的累積函數。這兩種非線性函數的共同點是它們的數值永遠介於 0 與 1 之間，因此我們所得到的迴歸預測值不會像線性迴歸所得到預測值有超過 1 或低於 0 的情況。其實這兩種函數值的分布情況很相似，不注意的話還看不出來它們的區別。圖 5-2 是 logit 函數值的分布圖。

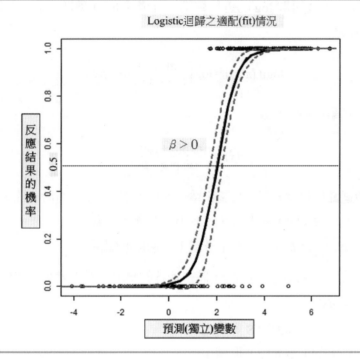

圖 5-2 logit 函數值的分布圖

　　如果依變數的編碼是二進制，例如：違約 (Y = 1)、不違約 (Y = 0)，我們想知道的是預測違約的可能性，這就是典型邏輯斯迴歸。它於是創造一個潛在變數 (latent variable)Y*，令解釋變數只有一個 X，則二元資料的分析模型如下：

$$y_j^* = \beta_0 + \sum_{i=1}^{N} \beta_i x_{i,j} + \varepsilon_j$$

$$\begin{cases} y_j = 1 \text{ if } y_j^* \geq \theta \\ y_j = 0 \text{ if } y_j^* < \theta \end{cases}$$

　　其中，θ 為決斷值。

(三) 簡單邏輯斯迴歸 (logistic regression model) 的解說

1. 令 X 為連續解釋變數；Y 為二元反應變數，即 $Y \sim B(1, \pi(x))$，其中 $\pi(x) = P(Y = 1 \mid X = x)$，為當 $X = x$ 時，$Y = 1$ 的機率。邏輯斯迴歸是假設 π 與 x 的關係為：

$$\log\left(\frac{\pi(x)}{1 - \pi(x)}\right) = \alpha + \beta x$$

π 先取勝算 (odds) 再取 log 的這種轉換，就成爲 logit 轉換，這也是邏輯斯迴歸名稱的由來。

$$\text{logit}\,[\pi(x)] = \log\left(\frac{\pi(x)}{1 - \pi(x)}\right) = \alpha + \beta x$$

(1) π 與 x 的關係亦可寫成

$$\pi(x) = \frac{\exp(\alpha + \beta x)}{1 + \exp(\alpha + \beta x)}$$

(2) 邏輯斯迴歸是假設 π 與 x 的關係爲一 S 形，如圖 5-2。有時 π 隨 x 變大而 S 形變大，有時 π 隨 x 變大而 S 形變小。關鍵在係數 β。

2. 係數 β 的 解釋一 ：β 與 S 形的上升或下降速度的關係

(1) $\dfrac{d\pi(x)}{dx} = \beta\pi(x)[1 - \pi(x)]$：在 $X = x$ 時，切線的斜率。即 X 變化一單位，π 變化 $\beta\pi(x)[1 - \pi(x)]$。

若 $\beta > 0$，π 隨 x 變大而 S 形變大。

若 $\beta < 0$，π 隨 x 變大而 S 形變小。

若 $\beta = 0$，π 與 x 無關。

S 形的上升或下降速度在 $\pi(x) = 0.5$ 時最快，爲 0.25β。此時 $x = -\dfrac{\alpha}{\beta}$，稱爲中位有效水準 (median effective level)，並記爲 $EL_{50} = -\dfrac{\alpha}{\beta}$，代表此時 Y=1 的機率有 50%。

(2) 參數 β 的 解釋二 ：係數 β 與勝算 (odds) 的關係

$\dfrac{\pi(x)}{1 - \pi(x)} = \exp(\alpha + \beta x) = e^{\alpha}\,(e^{\beta})^{x}$：$X$ 變化一單位，勝算變化的倍數爲 e^{β}。（在 $X = x + 1$ 時，勝算爲 $X = x$ 時的 e^{β}）

若 $\beta > 0$，勝算隨 x 變大而變大。

若 $\beta < 0$，勝算隨 x 變大而變小。

若 $\beta = 0$，勝算與 x 無關。

(3) 參數 β 的 解釋三 ：係數 β 與對數勝算 (log odds) 的關係

$\log\left(\dfrac{\pi(x)}{1 - \pi(x)}\right) = \alpha + \beta x$：$X$ 變化一單位，對數勝算變化 β 單位。

(四) 邏輯斯迴歸模型的統計分析

統計推論：最大概似估計量 $\hat{\beta} \sim N(\beta,*)$

1. 效應的區間估計：β 的信賴區間為 $\hat{\beta} \pm z_{\alpha/2} ASE$

2. 顯著性檢定：$H_0 : \beta = 0$

(1) Z 檢定：$z = \dfrac{\hat{\beta}}{ASE} \overset{H_0}{\sim} N(0, 1)$

(2) Wald 檢定：$W = \left(\dfrac{\hat{\beta}}{ASE}\right)^2 \overset{H_0}{\sim} \chi_1$

(3) LRT：

$$\Lambda = \frac{\text{在 } H_0 \text{對時，概似函數的最大值}}{\text{無限制時，概似函數的最大值}} = \frac{l_0}{l_1}$$

$$-2 \log \Lambda = -2(\log l_0 - \log l_1) = -2(L_0 - L_1) \overset{H_0}{\sim} \chi_1$$

3. 當 $X = x$ 時，機率的估計：

(1) 點估計：

$$\hat{\pi}(x) = \frac{\exp(\hat{\alpha} + \hat{\beta}x)}{1 + \exp(\hat{\alpha} + \hat{\beta}x)}$$

(2) 區間估計：

(a) 先計算 $\alpha + \beta x$ 的信賴區間。

(I) $Var(\hat{\alpha} + \hat{\beta}x) = Var(\hat{\alpha}) + x^2 Var(\hat{\beta}) + 2x \, Cov(\hat{\alpha}, \hat{\beta})$

(II) $(\hat{\alpha} + \hat{\beta}x) \pm z_{\alpha/2} ASE$

(b) 再轉換成 $\pi(x)$ 的信賴區間。

(五) 簡單邏輯斯迴歸 (logistic regression model) 的特性

如果用 $\pi(x)$ 代表 logit 函數，其轉換公式為：

$$\pi(x) = \frac{1}{1 + e^{-x}}$$

1. 當 $x = 0$ 時，$e^{-x} = e^0 = 1$，因此 $\pi(0) = 1/(1 + 1) = 0.5$

2. 當 $x = \infty$ (無限大) 時，$e^{-x} = e^{-\infty} = 0$，因此 $\pi(\infty) = 1/(1 + 0) = 1$

3. 當 $x = -\infty$ (負無限大) 時，$e^{-x} = e^{\infty} = \infty$，因此 $\pi(-\infty) = 1/(1 + \infty) = 0$

相反地，$1 - \pi(x) = 1 - \dfrac{1}{1 + e^{-x}} = \dfrac{e^{-x}}{1 + e^{-x}}$

再對上面公式，取 odds ratio 之自然對數：$\log\left(\dfrac{\pi}{1 - \pi}\right) = \beta_0 + \beta_1 X + e_i$

此數學式即是 Logit 迴歸式，這些參數彼此關係如下表：

$$\ln\left(\frac{P}{1-P}\right) = a + bX$$

$$\frac{P}{1-P} = e^{a+bX}$$

$$P = \frac{e^{a+bX}}{1 + e^{a+bX}}$$

註：P 成功率，(1 − P) 失敗率，odds ratio = P/(1 − P)

1. 當勝算機率 (odds)π 從 0 增加到 1 時，odds 從 0 增加到 ∞，而對數 logit 則從 $-\infty$ 增加到 ∞。

2. 當 π = 1/2 時，odds = 1，而 logit = 0。

3. 當 π > 1/2 時，logit > 0。

4. 當 π < 1/2 時，logit < 0。

此外

1. 當 β_1 > 0，X 變大，π 也變大。

2. 當 β_1 < 0，X 變大，π 變小。

3. $|\beta_1|$ 越大，logistic 曲線越陡。

   但是在 logistic regression model 裡，這不是斜率的意思。

4. 斜率會隨著 X 不同而不同。

   如果 π = 0.5，則勝算比 (odds) 為 $\frac{\pi}{1-\pi}$ = 1，再取自然對數，可得：

   $$\log\left(\frac{\pi}{1-\pi}\right) = \log(1) = 0$$

   即 $0 = \beta_0 + \beta_1 X$

   所以 $X = -\beta_0 / \beta_1$

   當 $X = -\beta_0 / \beta_1$，π = 0.5

5. $\beta_1 \times \pi(1-\pi)$ 是 logistic 曲線在特定 π 值時的切線斜率。

   若自變數 X 預測得知 π = 0.5，則在這個 X 值上切線的斜率是 $0.25 \times \beta_1$。

   當 π = 1/2 時，切線斜率最大，logit = 0，也就是當 $X = -\beta_0 / \beta_1$ 時。

小結

在定量分析的實際研究中，線性迴歸模型 (linear regression model) 是最流行的統計方式。但許多社會科學問題的觀察，都只是分類而非連續的，此時線性迴歸就不適用了。

對於離散型 (類別) 變數有很多分析方法，有兩個原因使人會選擇邏輯斯迴歸：(1) 基於數學觀點，邏輯為一個極富彈性且容易使用的函數。(2) 適用於解釋生物／醫學上的意義。

利用邏輯斯迴歸的目的，在於建立一個最精簡和最能適配 (fit) 的分析結果，而且在實用上合理的模型，建立模型後可用來預測依變數與一組預測變數之間的關係。

在一般的迴歸分析中，dependent variable(DV) 是連續變數 (continuous variable)；如果 DV 不是連續變數，而是二分變數 (dichotomous variable，如：男或女、存活或死亡、通過考試與否) 等情況，這時你就必須使用 logistic regression 了。

當然，如果你堅持的話，也可以跑 OLS regression，一樣會得到結果的。如果你得到的 coefficient 是 0.056 的話，解讀就是：當 IV 增加 1 的時候，DV 發生的機率增加 5.6%。然而，這樣做是有缺點的，通常沒辦法準確地估算 IV 對 DV 的影響 (通常是低估)。

為了解決這個問題，統計學家用 odds ratio(勝算比) 於 logistic regression 之中。要說勝算比之前，要先了解什麼是勝算。勝算指的是：一件事情發生的機率與一件事情沒發生機率的比值。以拋硬幣為例，拿到正面與拿到反面的機率都是 0.5，所以 odds ratio 就是 0.5/0.5 = 1。如果一件事情的發生機率是 0.1，那勝算是 0.1/0.9 = 1/9。如果一件事情發生的機率是 0.9，那勝算是 0.9/0.1 = 9。所以勝算是介於 0 與無限大之間。

odds ratio 則是兩件事情的 odds 作比較。舉個例子來說，如果高學歷的人高薪的勝算 (odds) 是 2.33，低學歷的人高薪的勝算是 0.67，那與低學歷的人比起來，高學歷的人高薪的勝算是他們的 3.48 倍 (2.33/0.67)，所以勝算比 (odds ratio) 就是 3.48。

最後要提到的當依變數是次序尺度，例如：「病患受傷等級」分成四類，但是並非為等距變數，此時要預測的統計工具可選用比例勝算模型 (odds proportional model) 或累積機率模型 (cumulative probability model)。此時迴歸係數的解讀為：當自變數 X 增加一個單位，「依變數 Y_1 相對依變數 Y_2 與 Y_3

的機率」以及「依變數 Y_1 與 Y_2 相對依變數 Y_3」的機率會增加幾倍，所以是一種累積機率的概念，實務上也很常用。

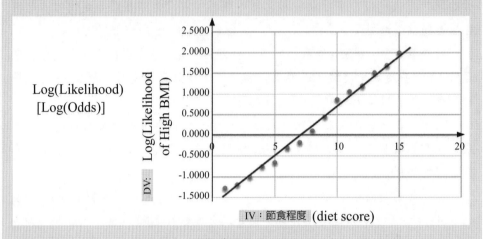

圖 5-3　log(odds), log (概似比) 之示意圖

　　那如何解讀邏輯斯迴歸的結果呢？通常你會看到文章裡呈現兩種結果：一種如果沒特別指名的話，就叫迴歸係數 (coefficient)，它的 DV 是某件事的 log odds ratio 是勝算比取自然對數；一種是 odds ratio。這兩種值是可以互相轉換的，如果你的 log odds ratio 得到的係數 (coefficient) 是 0.405，你可以計算 odds ratio，在 STaTa 指令列輸入「. **dis**play exp(0.405)」，會得到 1.500。所以在讀文章的時候，一定要讀清楚作者呈現的是 log odds ratio 或是 odds ratio。

　　logistic 迴歸之結果怎麼解讀呢？可從 log odds ratio 開始，解讀是：當 IV 增加一單位，log odds 會增加「某」多少量。其實這解讀與 OLS regression 的解讀是一樣。如果你看到的是 odds ratio，解讀是：當 IV 增加一單位，odds 會增加 (某 – 1)×100%。兩種解讀方式都套上剛剛的數字，那結果會是：

　　1. log odds ratio：當 IV 增加 1，log odds ratio of 某件事會增加 0.405。

　　2. odds ratio：當 IV 增加 1，odds of 某件事會增加 (1.5 – 1)×100% = 50%。如果本來是 2，增加 50% 的話，會變成 2×50% + 2 = 3。換句話說，你也可以直接解讀為：當 IV 增加 1，odds 某件事 (或是某件事的勝算。注意：這裡是勝算，不是勝算比) 會變成原本的值乘以 1.5。

　　如果你的勝算比 odds ratio 的 coefficient 是 0.667，那應該怎麼解讀呢？當

IV 增加 1，某件事的勝算會變成原本的值 (或勝算) 乘以 0.667。所以原本的勝算比如果是 3 的話，當 IV 增加 1 時，某件事的勝算會變成 2。你也可以說：當 IV 增加 1 時，某件事的勝算會減少 $(1 - 0.667) \times 100\% = 33\%$。

5-1-2 STaTa 之單一 binary regression 選擇表之對應指令

一、迴歸旨在預測

當我們想要「預測」一件事情，最常用的統計工具就是「迴歸」(regression)，要被預測或被了解的變數叫做依變數 (dependent variable)，它可以是名目變數 (nominal)、次序變數 (ordinal)、等距變數 (interval) 以及比率變數 (ratio)。如果依變數是屬於後兩者，我們稱作連續變數 (continuous)，那麼我們習慣用線性迴歸 (linear regression) 去適配資料。

然而在實際的情況下，所蒐集回來的資料不見得會是連續變數，而常常是名目變數與次序變數 [我們稱為間斷變數 (discrete variable)]，例如：醫學統計最常遇到的就是「有無復發」、「死亡與否」、「有無生病」。此時依變數只有兩種情況，那麼傳統的線性迴歸再也不適用於適配這樣的類別性資料，原因有很多，例如：殘差常態性不可能成立、依變數的預測值可能會超過 1 等。此時若對依變數作一個轉換，稱作 logit 轉換則可以解決以上諸多問題 (關於詳細的轉換過程要參見教科書)。

傳統線性迴歸的迴歸係數 (regression coefficient) 的解釋為「當自變數增加一個單位，依變數則會增加多少單位」，但是在 logistic regression 的迴歸係數解釋為「當自變數增加一個單位，依變數 1 相對依變數 0 的機率會增加幾倍」；也就是說「自變數增加一個單位，依變數有發生狀況 (習慣稱為 Event) 相對於沒有發生狀況 (non-event) 的比值」，這個比值就是勝算比 (odds ratio, OR)。我們可以這樣說，除了迴歸係數的解釋方法不太相同之外，基本上可說傳統線性迴歸跟 logistic 迴歸是一樣的分析。

以上我們提到的是當依變數是二元的 (binary) 時的 logistic 迴歸，不過有的時候依變數的類別會超過三類，例如：人格心理學就常常把人格分成「五大人格」，而且這五個人格之間是互斥的 (沒有次序關係)，此時想要「預測」這個人的人格會是哪一種類型的迴歸方法就是多項邏輯模型 (multinomial logistic regression)，它是 logistic regression 的擴充，解釋方法都一樣。唯一不同之

處，在於要將依變數其中一個類別設爲「參照組」(baseline category / reference group)。假設依變數有三類，那麼迴歸係數解讀爲「當自變數增加一個單位，依變數 A 相對依變數 C 的機率會增加幾倍」，此時依變數 C 爲我們選定的參照組 (分母，或說被比較的那一組)，參照組可隨意設定，因爲結果會完全一樣。

二、STaTa 之 binary regression 選擇表之對應指令

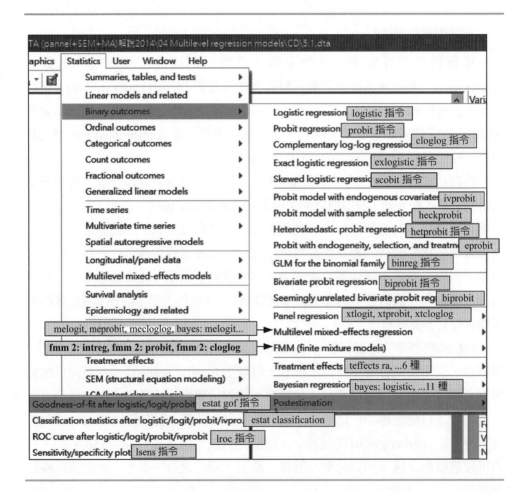

圖 5-4　binary regression 選擇表之對應指令

Logit 迴歸執行之後，才可做下列指令的事後檢定：

STaTa 指令	說明
. boxtid	進行自變數的冪次變換，並進行非線性檢定：performs power transformation of independent variables and performs nonlinearity test.
. contrast	進行 contrasts and ANOVA-style joint tests of estimates
. estat (svy)	調查法之事後統計量 postestimation statistics for survey data
. estat ic	印出 Akaike's and Schwarz's Bayesian information criteria (AIC and BIC)
. estat summarize	印出樣本的描述統計量 (summary statistics for the estimation sample)
. estat vce	求變異數 - 共變數矩陣 [variance-covariance matrix of the estimators (VCE)]
. estimates	編目估算結果 (cataloging estimation results)
. fitstat	計算各種適配度的後估計指令：is a post-estimation command that computes a variety of measures of fit.
. forecast *	動態預測及模擬 (dynamic forecasts and simulations)
. hausman *	Hausman's 界定檢定
. ldfbeta 外掛指令	求出 influence of each individual observation on the coefficient estimate (not adjusted for the covariate pattern)
. lfit	進行適配度檢定：performs goodness-of-fit test, calculates either Pearson chi-square goodness-of-fit statistic or Hosmer-Lemeshow chi-square goodness-of-fit depending on if the group option is used.
. lincom	點估計、係數線性組合的檢定等 (point estimates, standard errors, testing, and inference for linear combinations of coefficients)
. linktest	模型界定的連接檢定：performs a link test for model specification, in our case to check if logit is the right link function to use. This command is issued after the logit or logistic command.
. listcoef	列出了各種迴歸模型的估計係數：lists the estimated coefficients for a variety of regression models, including logistic regression.
. lroc	繪圖並求出 ROC 曲線面積：graphs and calculates the area under the ROC curve based on the model.
. lrtest *	概似比檢定 (likelihood-ratio test)
. lsens	繪靈敏度和特異性與機率截止值：graphs sensitivity and specificity versus probability cutoff.
. lstat	顯示匯總統計 displays summary statistics, including the classification table, sensitivity, and specificity.
. margins	求邊際平均數等 (marginal means, predictive margins, marginal effects, and average marginal effects)

有限混合模型 (FMM)：STaTa 分析 (以 EM algorithm 做潛在分類再迴歸分析)

STaTa 指令	說明
. marginsplot	繪剖面圖 [graph the results from margins (profile plots, interaction plots, etc.)]
. nlcom	點估計、係數線性組合的檢定等 (point estimates, standard errors, testing, and inference for nonlinear combinations of coefficients)
. predict	存預測值、殘差值、影響值 (predictions, residuals, influence statistics, and other diagnostic measures)
. predict dbeta	求出 Pregibon delta beta influence statistic
. predict dd	儲存 Hosmer and Lemeshow change in deviance statistic
. predict deviance	殘差的離均差 deviance residual
. predict dx2	儲存 Hosmer and Lemeshow change in chi-square influence statistic
. predict hat	儲存 Pregibon leverage
. predict residual	儲存 Pearson residuals; adjusted for the covariate pattern
. predict rstandard	儲存 standardized Pearson residuals; adjusted for the covariate pattern
. predictnl	求廣義預測值等 (point estimates, standard errors, testing, and inference for generalized predictions)
. pwcompare	估計配對比較 (pairwise comparisons of estimates)
. scatlog	繪出 produces scatter plot for logistic regression
. suest	似不相關估計 (seemingly unrelated estimation)
. test	求出線性 Wald 檢定 (Wald tests of simple and composite linear hypotheses)
. testnl	求出非線性 Wald 檢定 (Wald tests of nonlinear hypotheses)

註：*forecast, hausman 及 lrtest 不適合在「svy：」開頭的迴歸，且 forecast 亦不適合在「mi」指令。

各統計軟體：類別依變數之迴歸指令

	Model	STaTa 11	SAS	R	LIMDEP	SPSS
OLS		. regress	REG	lme ( )	Regress$	Regression
Binary	Binary logit	. logit, . logistic	QLIM, LOGISTIC, GENMOD, PROBIT	glm ( )	Logit$	Logistic regression
	Binary probit	. probit	QLIM, LOGISTIC, GENMOD, PROBIT	glm ( )	Probit$	Probit
Bivariate	Bivariate probit	. biprobit	QLIM	bprobit ( )	Bivariateprobit$	-
Ordinal	Ordinal logit	. ologit	QLIM, LOGISTIC, GENMOD, PROBIT	lme ( )	Ordered$, Logit$	Plum
	Generalized logit	. gologit2	-	logit ( )	-	-
	Ordinal probit	. oprobit	QLIM, LOGISTIC, GENMOD, PROBIT	polr ( )	Ordered$	Plum
	Multinomial logit	. mlogit	LOGISTIC, CATMOD	multinom ( ), mlogit ( )	Mlogit$, Logit$	Nomreg
	Conditional	. clogit	LOGISTIC,	clogit ( )	Clogit$, Logit$	Coxreg

圖 5-5　各統計軟體：類別依變數之迴歸指令

5-2 單一邏輯斯迴歸的入門

統計中的迴歸分析 (regression analysis) 最主要的應用是用來做預測，透過資料庫中的某些已知訊息，便可對未知的變數做預測。在考慮解釋變數的選取時，必須要注意我們所選出來的解釋變數和反應變數是否存在著因果關係。除此之外，如果解釋變數間的關係非常密切，則彼此之間或許存在有共線性的關係，顯然不適合放在同一個模型中。然而，在模型適配的過程當中，如果判定係數 (R-square) 的值越大，並不一定表示迴歸模型的適配越好，因爲只要解釋變數的個數增加，相對於判定係數而言也會越大，而且對於解釋反應變數的解釋力也會變得複雜。

一、一般迴歸分析

在實際工作中往往會發現某一事物或某一現象的變化，而許多事物與現象也都是相互聯繫的。例如：某疾病的發病率與氣溫、溫度的關係；血壓下降程度與降壓藥的劑量和患者年齡的關係等。在這類問題中，反應變數 (Y) 同時會受到兩個或兩個以上自變數 (X_1、X_2、...) 的影響。研究這類多變數之間的關係，常用多元線性迴歸模型分析方法，在固定 X_i 之下，隨機抽取 X_i，$i = 1, 2, \cdots, n$，則機率模型變爲：

$$Y_i = \beta_0 + \beta_1 X_{i,1} + ... + \beta_k X_{i,k} + \varepsilon_i$$

通常假定 (assumption) ε_i 符合常態分配 $N(0, \sigma^2)$ 且彼此獨立 (iid)。

其中，誤差 ε 可解釋成「除了 X 以外其他會影響到 Y 的因素」(無法觀察到之因素)，亦可解釋爲「用 X 來解釋 Y 所產生的誤差」。既然是無法觀察到的誤差，故誤差 ε 常稱爲隨機誤差項 (error term)。

二、卜瓦松迴歸 (Poisson regression)

這種迴歸模型可稱爲對數線性模型 (loglinear model)，這種廣義的線性模型使用對數連結函數 (log link function)。主要使用於反應變數爲間斷型資料。卜瓦松迴歸主要的應用是根據在某一段時間內已發生的次數，而以此資訊來推估未來的時間發生的行爲。以銀行的信用卡客戶爲例，我們可以根據某位顧客在過去一段時間內所刷卡的比例和消費金額，用來推算該顧客未來的消費行爲和信用卡的使用機率，如此便可預估該顧客對其刷卡銀行的價值。

三、邏輯斯迴歸 (logistic regression)

這種迴歸模型可稱爲邏輯斯模型 (logistic model)，這種廣義的線性模型 (GLM) 使用邏輯斯連結函數 (logistic link function)。主要使用於反應變數而二元的 (binary) 資料，例如：「成功」或「失敗」。邏輯斯迴歸與傳統的迴歸分析性質相似，不過它是用來處理類別性資料的問題，由於類別性資料是屬於離散型的資料，所以我們必須將此離散型資料轉爲介於 0 與 1 之間的連續型資料型態，才可以對轉換過後的連續型資料作迴歸。而主要目的，是爲了要找出類別型態的反應變數和一連串的解釋變數之間的關係，因此和迴歸分析中最大的差別在於反應變數型態的不同，所以邏輯斯迴歸在運用上也需符合傳統迴歸分析的一般假設，也就是避免解釋變數之間共線性的問題，以及符合常態分布和避免殘差存在自我相關等的統計基本假設。邏輯斯迴歸在反映變數爲離散型，且分類

只有兩類或少數幾類時，便成了一個最標準的分析方法。然而，對於離散型變數有很多分析方法，而 Cox 根據兩個主要的理由選擇了邏輯斯分布：第一個理由是基於數學觀點而言，它是一個極富彈性且容易使用的函數；第二個理由則是因為它適用於解釋生物學上的意義。

邏輯斯迴歸模型在統計的運用上已極為普遍，不但對於二元化的離散型資料使用率高，尤其在醫學方面的使用更為廣泛。在邏輯斯分布之下，不但可運用在單變數迴歸模型，也可推廣至多變數迴歸模型。

當你希望能夠根據預測值變數集的數值，來預測特性或結果的出現或缺席時，邏輯斯迴歸分析 (logistic regression) 就很有用。它和線性迴歸模型很相似，但是適合二元依變數的模型。邏輯斯迴歸係數可以用來估計模式中每一個自變數的勝算比。邏輯斯迴歸分析適用在較廣範圍的研究情況，而不是區別分析。

範例：對冠狀動脈心臟疾病 (CHD) 而言，什麼樣的生活型態特性是風險因素？假定以病人樣本來測量抽菸狀況、飲食、運動、酒精使用情形以及 CHD 狀況，你可以利用這四種生活型態變數來建置模型，並預測在病人樣本中 CHD 的陽性或陰性。之後可以用這個模型得到每個因素的勝算比 (odds ratio, OR) 預估。舉例來說，告訴你吸菸者比不吸菸者更容易得到 CHD 的可能性。

統計量：對於每一個分析：總觀察值、選取的觀察值、有效觀察值。對每一個類別變數：參數編碼。對於每一個步驟：輸入或移除的變數、疊代歷程、2-log 概似、適合度、Hosmer-Lemeshow 適配度統計量、模型卡方分布、改良卡方分布、分類表、相關變數、觀察組和預測機率圖、殘差卡方。對於方程式中的每一個變數：係數 (B)、B 的標準誤、Wald 統計、預估勝算比 (e^B)、e^B 的信賴區間、若從模型移除項的對數概似。對每一個不在方程式中的每個變數：統計量評分。對於每一個觀察值：觀察組、預測機率、預測組、殘差、標準化殘差。

定義：F 檢定

(1) 若虛無假設 $H_0 : \beta_2 = 0, \beta_3 = 1$ 成立，則真正的模型應該是

$$Y_t = \beta_1 + X_{3t} + \beta_4 X_{4t} + \cdots + \beta_k X_{kt} + \varepsilon_t$$

我們將其稱為受限制的模型 (restricted model)。若要估計該模型，應該整理如下 (以 $Y_t - X_{3t}$ 作為被解釋變數)

$$Y_t - X_{3t} = \beta_1 + \beta_4 X_{4t} + \cdots + \beta_k X_{kt} + \varepsilon_t$$

以 OLS 估計該受限制的模型後，可以計算出其殘差平方和 ESS_R。

(2) 相對於受限制的模型，若不假設虛無假設成立時的模型稱爲**未受限制的模型**（unrestricted model），亦即原始模型

$$Y_t = \beta_1 + \beta_2 X_{2t} + \beta_3 X_{3t} + \cdots + \beta_k X_{kt} + \varepsilon_t$$

以 OLS 估計未受限制的模型後，可以計算出其殘差平方和 ESS_U。

(3) 檢定統計量：F 統計量

$$F = \frac{(ESS_R - ESS_U)/r}{ESS_U/(T-k)} \sim F(r, T-k)$$

式中 r 代表限制式的個數，該例中 $r = 2$。

(4) 檢定的直覺：記得我們提到，解釋變數個數越多，殘差平方和越小 (R^2 越大)；因此受限制模型的殘差平方和 ESS_R，應該比受限制模型的殘差平方和 ESS_U 大。若虛無假設是對的，則根據虛無假設所設定的受限制模型，其殘差平方和 ESS_R 應該與 ESS_U 差距不大 (因此 F 統計量很小)；但是如果虛無假設是錯誤的，ESS_R 應該與 ESS_U 差距很大 (F 統計量很大)。所以，如果所計算出的 F 統計量很大，就拒絕虛無假設；但若 F 統計量很小，就接受虛無假設。

定義：　**Wald 檢定**

Wald 係數檢定：有時候受限制的模型並不是很容易寫出來，因此估計受限制的模型較不直接；這時可用 Wald 係數檢定。

(1) 改寫限制式：通常我們可將限制式 (虛無假設) 寫爲

$$H_0 : R\beta = q$$

式中 R 爲 $r \times k$ 矩陣，q 爲 $r \times 1$ 向量，r 就是我們所說的限制式個數。

例如：前例的虛無假設 $H_0 : \beta_2 = 0, \beta_3 = 1$ 中，若我們令

$$R = \begin{pmatrix} 0 & 1 & 0 & 0 & \cdots & 0 \\ 0 & 0 & 1 & 0 & \cdots & 0 \end{pmatrix} 、 q = \begin{pmatrix} 0 \\ 1 \end{pmatrix}$$

則可將虛無假設改寫爲 $H_0 : R\beta = q$。

(2) 檢定的直覺：若虛無假設 H_0：$R\beta = q$ 是正確的，則 $R\hat{\beta} - q$ 應該非常接近 0；若 $R\hat{\beta} - q$ 跟 0 差距很遠，代表虛無假設 H_0：$R\beta = q$ 是錯誤的。

(3) 檢定統計量：由 $\hat{\beta} \sim N(\beta, \sigma^2 (X'X)^{-1})$，因此

$$R\hat{\beta} \sim N(R\beta, \sigma^2 R(X'X)^{-1} R')$$

若虛無假設 H_0：$R\beta = q$ 是正確的，則

$$R\hat{\beta} \sim N(q, \sigma^2 R(X'X)^{-1} R')$$

亦即 $R\hat{\beta} - q \sim N(0, \sigma^2 R(X'X)^{-1} R')$

因此 (這就是 r 個標準化後的常態變數之平方和)

$$(R\hat{\beta} - q)'(\sigma^2 R(X'X)^{-1} R')^{-1}(R\hat{\beta} - q) \sim \chi^2(r)$$

而我們之前已知 (未受限制模型的誤差項變異數估計)

$$\frac{(T-k)\hat{\sigma}^2}{\sigma^2} \sim \chi^2(T-k)$$

因此

$$\frac{[(R\hat{\beta} - q)'(\sigma^2 R(X'X)^{-1} R')^{-1}(R\hat{\beta} - q)]/r}{\dfrac{(T-k)\hat{\sigma}^2}{\sigma^2}/(T-k)} \sim F(r, T-k)$$

而等式左邊即為

$$F = \frac{(R\hat{\beta} - q)'(\hat{\sigma}^2 R(X'X)^{-1} R')^{-1}(R\hat{\beta} - q)}{r} \sim F(r, T-k)$$

這就是 **Wald** 檢定統計量。

(4) 決策準則：設定顯著水準 α，並決定臨界值 $F_{1-\alpha}(r, T-k)$。

若 $F > F_{1-\alpha}(r, T-k)$ 就拒絕虛無假設；若 $F < F_{1-\alpha}(r, T-k)$ 就接受虛無假設。

5-2-1a 單模型之 logistic 迴歸分析：年齡與罹患冠心病 (CHD) 關係

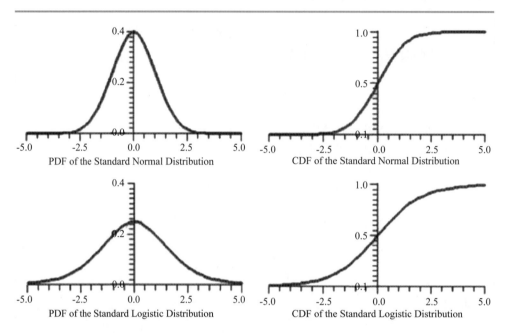

PDF of the Standard Normal Distribution

CDF of the Standard Normal Distribution

PDF of the Standard Logistic Distribution

CDF of the Standard Logistic Distribution

The Standard Normal and Standard Logistic Probability Distributions

圖 5-6 標準常態 vs. 標準 logistic 分布圖

　　例如：調查 125 名病人，年齡 (age) 與罹患冠心病 (CHD) 關係，收集數據如圖 5-7。

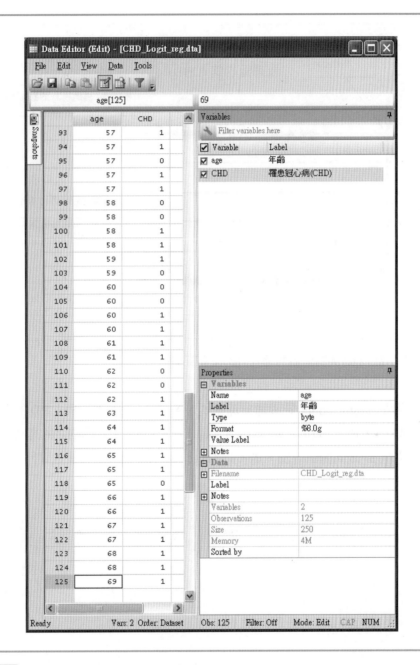

圖 5-7 年齡 (age) 與罹患冠心病 (CHD) 之資料檔「CHD_Logit_reg.dta」

倘若採傳統 OLS 的線性函數是：$CHD = \beta_0 + \beta_1 \times Age$。OLS 的分析基礎，如圖 5-8 之散布圖所示，因為資料散布圖顯示二群組之分布並非常態，故採 OLS 迴歸分析，似乎不太合理。

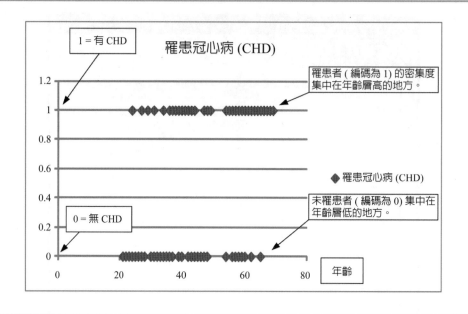

圖 5-8 年齡 (age) 與罹患冠心病 (CHD) 之散布圖

　　相對地，logit model 是透過 $\pi(\beta_0 + \beta_1 \times \text{Age})$ 來描述 Age 與 CHD 的關係，分析公式爲：$\text{CHD}_i = \pi(\beta_0 + \beta_1 \times \text{Age}_i) + e_i$ (i = 1～125)。我們的目的是要去估算或找到 β_0 與 β_1 這兩個值，使 $\pi(\beta_0 + \beta_1 \times \text{Age}_i)$ 的 125 個數值最接近資料中這 N = 125 個 CHD_i 的值。

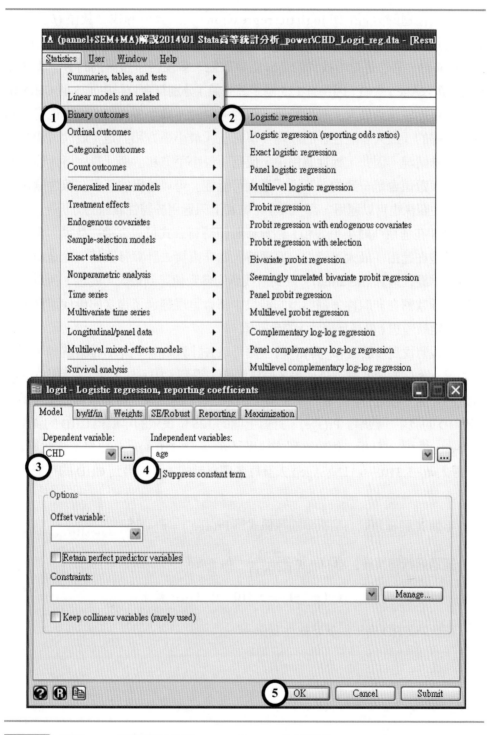

圖 5-9　年齡 (age) 與罹患冠心病 (CHD) 之 logit 分析畫面

非線性迴歸分析 (如 logistic regression) 在估算或尋找參數值 (β_0 與 β_1) 時，所用的數學原理不再是「最小平方和」，而是「最大可能性」(maximum likelihood)，意思是說所找到的這一組參數值，會使得所預測到的 N = 125 個 $\pi(\beta_0 + \beta_1 \times \text{Age}_i)$ 數值 (因為有 125 個年齡的值) 分別符合資料中 125 個 CHD_i 值的整體可能性達到最大。有趣的是，線性迴歸的「最小平方和」恰好也符合非線性迴歸的「最大可能性」的原理，事實上「最小平方和」是「最大可能性」一種特殊情況。因此，線性關係中，使用「最小平方和」與「最大可能性」所估算的參數值會是一致的。不過「最大可能性」可以適用的不僅在線性關係，連非線性關係也可以運用，而「最小平方和」只適用於線性關係的分析。

OLS 在運用「最小平方和」估算參數值時有公式可以直接去計算，但是非線性模型在運用「最大可能性」原理時，並非直接去計算參數值，而是由電腦一再嘗試疊代運算 (iteration)，直到所找到的參數值達到最大可能性。所以一般電腦統計軟體在非線性迴歸模型的結果中都會呈現經過了幾次的疊代運算，才找到這組最理想 (最具代表性) 的參數值。

當我們找到參數值 (β_0 與 β_1) 時，便可以去計算 $\pi(\beta_0 + \beta_1 \times \text{Age}_i)$ 的值，所得到的這 125 個數值其實就是代表各個年齡的人得到 CHD 的可能性。因此，logit 函數的好處，就是將原本是「有或無 CHD(0, 1)」的結果，轉變成每一個年齡得到 CHD 的發生「機率」Pr(age)。針對上面的 125 位民眾的年齡與 CHD 的資料，用 logit model 去分析，假設得到的結果是 $\beta_0 = -5.310$、$\beta_1 = 0.111$，將此組 (β_0, β_1) 帶入 $\pi(-5.310 + 0.111 \times \text{Age}_i)$ 去計算各個年齡的人預期得到 CHD 的可能發生率：

年齡 X 與罹患冠心病機率的關係式為 $Pr(age_i) = \pi = \dfrac{e^{-5.31+0.111 \times age_i}}{1 + e^{-5.31+0.111 \times age_i}}$

經過邏輯轉換後：$g(x) = \ln \dfrac{\pi(x)}{1 - \pi(x)} = b_0 + b_1 X$

$$Ln(\frac{\pi}{1-\pi}) = -5.310 + 0.111(\text{ 年齡 })$$

則此時 CHD 與年齡就呈線性關係。

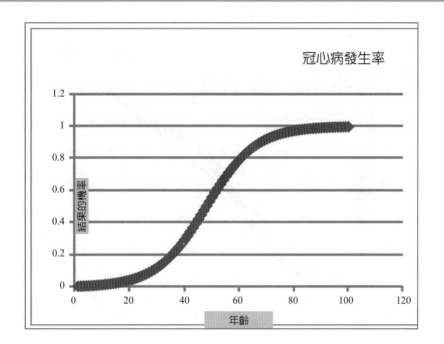

圖 5-10 年齡得到罹患冠心病之機率 Pr(x)

　　我們可以比較，並用 logit model 所預估的各年齡的人，得到 CHD 的可能性與前面用年齡分組所得到的結果。我將線性迴歸線畫在同一個散布圖，可以看到這兩種方式所得到的結果有重疊在一起，但是用 logit model 所得到的結果與實際的情況相當吻合。

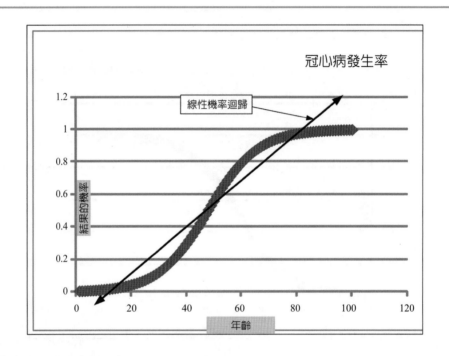

圖 5-11 線性機率迴歸 vs. logistic 迴歸 (當 $\beta > 0$ 時)

logistic 迴歸的好處

在面對二元依變數的情況，logistic 模型可能是被運用得最廣的，特別是在生物統計、醫學與流行病學的研究方面。logistic 模型有其優勢存在，因為 logistic 模型所得到的自變數的係數值透過簡單的換算，就可以得到生物醫學上常用到的一個指標值——「勝算比」(odds ratio)。在 logistic 模型中，如果我們使用的自變數也是二元變數，更能夠突顯在結果解讀上的方便。

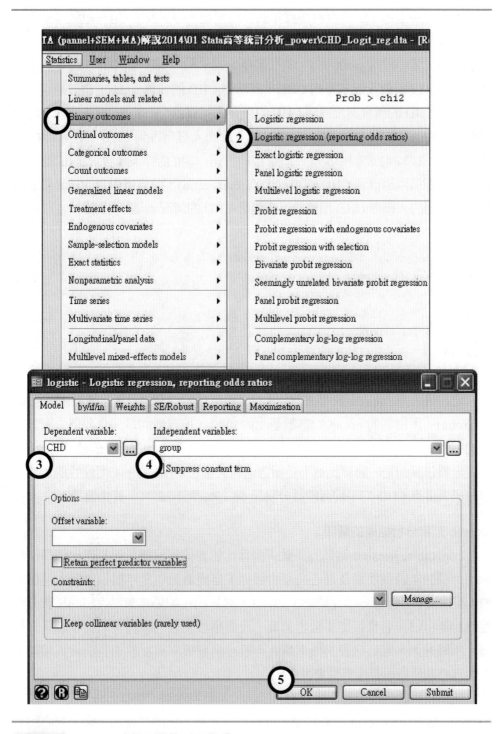

圖 5-12　logistic 迴歸求勝算比之畫面

我們再將上述 125 筆資料根據年齡分成兩組 (如下表)，第一組是年齡大於或等於 40 歲的人，另一組包含年齡小於 40 歲的人。用一個新變數 (group) 來代表這兩組，第一組是 group = 1，第二組是 group = 0。第一組中有 58.7% 的人得到 CHD，41.3% 的人沒有得到 CHD，其得到 CHD 的勝算 (odds，也就是這一組的人得到 CHD 的機會與沒得到 CHD 的機會的相對值) = 58.7%/41.3% = 1.423。較年輕組中有 16.2% 的人得到 CHD，83.8% 的人沒有得到 CHD，其得到 CHD 的勝算 = 16.2%/83.8% =0.194。如果我們將第一組的勝算除以第二組的勝算，便可以了解這兩組得到 CHD 的勝算比值 (odds ratio)。此處所得到的結果告訴我們，年長組的人罹患 CHD 相較於沒有罹患 CHD 的情況，是年輕組的 7.353 倍。

```
--------------Group=1--------------Group=0
--------------Age>=40--------------Age<40
chd="1---------58.7%---------------16.2%"
chd="0---------41.3%---------------83.8%"
Odds-----------1.423----------------0.194
Odds ratio------1.423/0.194=7.353
```

現在我們用 logistic 模型去分析 CHD 與這兩組的關係 (將自變數由 Age 改成 group)，所得到的 group 的參數是 1.995049。很有趣的是，當我們去取這個值的指數時，exp(1.995049) = 7.35256，剛好是等於前面計算出來的勝算比。

需要強調的是，勝算比並不是指這兩組人罹患 CHD 的平均可能性的比值。這兩組人罹患 CHD 的平均可能性分別是 58.73% 與 16.22%，其比值是 3.62。

logistic 迴歸分析結果的解讀

Logistic regression 結果的係數或勝算比值要如何解讀，這裡用一個簡例來說明：探討年齡與性別及冠心病發的關係，自變數分別是年齡 (1-100，連續變數) 與性別 (男與女，二元變數，女 = 1，男 = 0)。如果年齡與性別的係數分別是 0.1 與 −0.5，若直接從係數值來看，我們應該說冠心病發機率與年齡呈正相關，年齡越大，冠心病發的機率越大；冠心病發機率與女性的性別呈負相關，女性冠心病發機率要比男性來得小。

如果將係數轉換成勝算比 (odds ratio)，年齡與性別的勝算比分別為 1.105 與 0.6065[odds ratio = exp(係數值)]。解釋的方式是：年齡每增加 1 歲，冠心病發的勝算值 (病發機率 / 未病發機率的比值) 是未增加前的 1.105 倍。在二變數方

面，會更容易解釋：女性冠心病發的勝算值 (病發機率／未病發機率的比值) 只有男性的 0.6065 倍。

此外，我們也可以說男性冠心病發的勝算值為女性的 1.648(1/0.6065) 倍 ($e^{-0.5}$ = 0.6065)。其實，如果我們將性別變數的男性改設定為 1、女性為 0，再跑一次 logistic regression，所得到的係數會是 0.5(從 −0.5 變成 0.5)，而 odds ratio = $e^{0.5}$ = 1.648，意義完全一樣，只是比較的基礎不同而已。

如果要解釋 logit model 中，乘積項或交互項 (interaction term) 的係數或勝算比值的意義，就比較複雜了，不過大體上的相關性說明原則應該是跟前面所說的一樣。比如有一個乘積項是性別 x 抽菸與否 (抽菸 = 1，未抽菸 = 0)，如果此乘積項的係數是 0.2 (正值，$e^{0.2}$ = 1.22)，可以解讀為：女性抽菸後得到冠心病的勝算率為男性的 1.22 倍；此即意謂：與男性相較之下，抽菸對女性 (性別：女 = 1，男 = 0) 得到冠心病發的影響要比抽菸對男性的影響來得大；或是女性從不抽菸變成抽菸所帶來冠心病發的風險，要比男性從不抽菸變成抽菸所帶來冠心病發的風險來得高；也就是女性性別與抽菸互動之下，與冠心病發機率有正相關 (乘積項的勝算比率是女性抽菸得到冠心病的勝算比率／男性抽菸得到冠心病的勝算比率)。

5-2-1b 單一 logistic 迴歸之再練習：年齡與罹患冠心病 (CHD) 關係

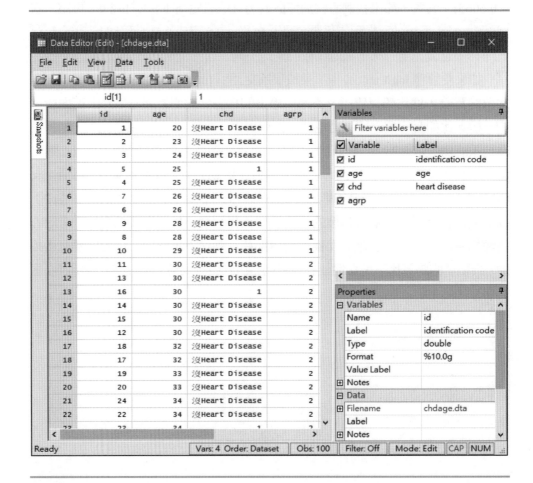

圖 5-13 「chdage.dta」資料檔內容 (N = 100 個 heart disease)

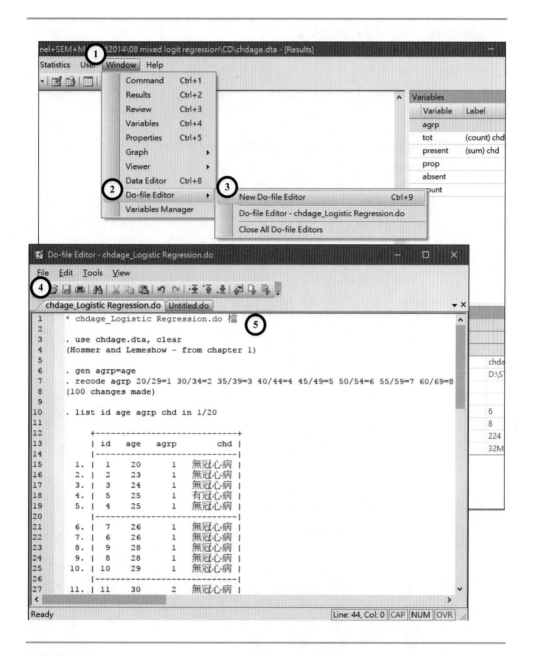

圖 5-14 「chdage_Logistic Regression.do」指令檔之內容

```
* chdage_Logistic Regression.do 檔

. use chdage.dta, clear
(Hosmer and Lemeshow - from chapter 1)

. gen agrp=age
. recode agrp 20/29=1 30/34=2 35/39=3 40/44=4 45/49=5 50/54=6 55/59=7 60/69=8
(100 changes made)

. list id age agrp chd in 1/20

        +---------------------------------+
        |   id   age   agrp       chd |
        |---------------------------------|
   1. |   1    20     1    無冠心病 |
   2. |   2    23     1    無冠心病 |
   3. |   3    24     1    無冠心病 |
   4. |   5    25     1    有冠心病 |
   5. |   4    25     1    無冠心病 |
        |---------------------------------|
   6. |   7    26     1    無冠心病 |
   7. |   6    26     1    無冠心病 |
   8. |   9    28     1    無冠心病 |
   9. |   8    28     1    無冠心病 |
  10. |  10    29     1    無冠心病 |
        |---------------------------------|
  11. |  11    30     2    無冠心病 |
  12. |  13    30     2    無冠心病 |
  13. |  16    30     2    有冠心病 |
  14. |  14    30     2    無冠心病 |
  15. |  15    30     2    無冠心病 |
        |---------------------------------|
  16. |  12    30     2    無冠心病 |
  17. |  18    32     2    無冠心病 |
  18. |  17    32     2    無冠心病 |
  19. |  19    33     2    無冠心病 |
  20. |  20    33     2    無冠心病 |
        +---------------------------------+
```

```
* 繪散布圖 'chd-age'
. graph twoway scatter chd age, xlabel(20(10)70) ylabel(0(.2)1)
```

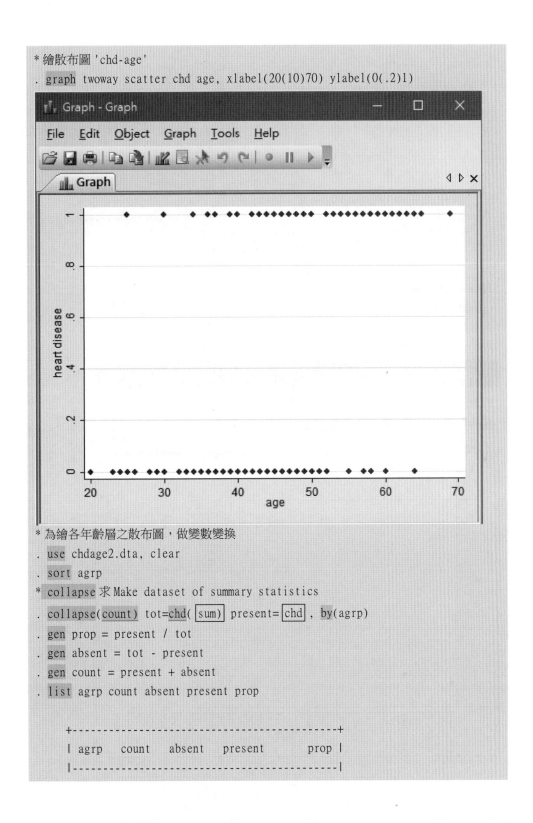

```
* 為繪各年齡層之散布圖，做變數變換
. use chdage2.dta, clear
. sort agrp
* collapse 求 Make dataset of summary statistics
. collapse(count) tot=chd(sum) present=chd, by(agrp)
. gen prop = present / tot
. gen absent = tot - present
. gen count = present + absent
. list agrp count absent present prop


     +--------------------------------------------+
     | agrp   count   absent   present      prop |
     |--------------------------------------------|
```

```
  1. |    1      10        9         1           .1 |
  2. |    2      15       13         2    .1333333 |
  3. |    3      12        9         3          .25 |
  4. |    4      15       10         5    .3333333 |
  5. |    5      13        7         6    .4615385 |
     |-------------------------------------------------|
  6. |    6       8        3         5         .625 |
  7. |    7      17        4        13    .7647059 |
  8. |    8      10        2         8           .8 |
     +-------------------------------------------------+
```

* 繪各年齡層之散布圖
. graph twoway scatter prop agrp, ylabel(0(.2)1) xlabel(1(1)8)
* 另存新檔
. save "D:\08 mixed logit regression\CD\chdage1.dta"

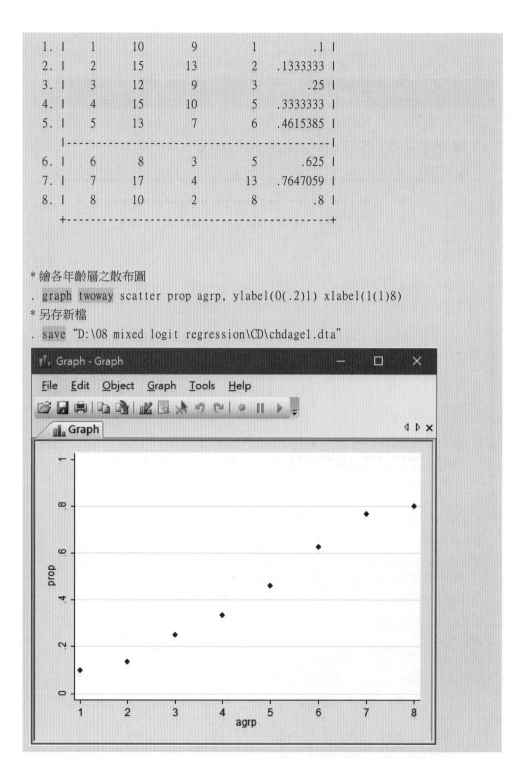

```
* 重開啟資料檔
. use chdage.dta, clear

. logistic chd age, coef

Logit estimates                          Number of obs    =        100
                                         LR chi2(1)       =      29.31
                                         Prob > chi2      =     0.0000
Log likelihood = -53.676546              Pseudo R2        =     0.2145


------------------------------------------------------------------------------
        chd |      Coef.   Std. Err.       z    P>|z|     [95% Conf. Interval]
------------+-----------------------------------------------------------------
        age |   .1109211   .0240598     4.61   0.000     .0637647    .1580776
      _cons |  -5.309453   1.133655    -4.68   0.000    -7.531376   -3.087531
------------------------------------------------------------------------------


* 上式指令，亦可簡化成：
. logistic chd age

* 使用「estat vce」是計算出各參數估計量的共變異數矩陣。
. estat vce

Covariance matrix of coefficients of logit model

       e(V) |        age       _cons
------------+------------------------
        age |   .00057888
      _cons |  -.02667702   1.2851728
```

1. 邏輯斯迴歸式為 $\log\left(\dfrac{P(Y=1\mid X=x)}{P(Y=0\mid X=x)}\right) = \alpha + \beta x = -5.31 + 0.111 \times \text{age}$

2. 使用「estat vce」是計算出各參數估計量的共變異數矩陣。

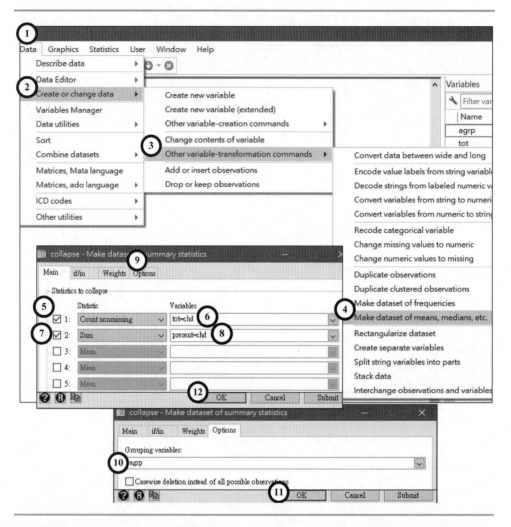

圖 5-15 「collapse(count) tot=chd(sum) present= chd , by(agrp)」畫面

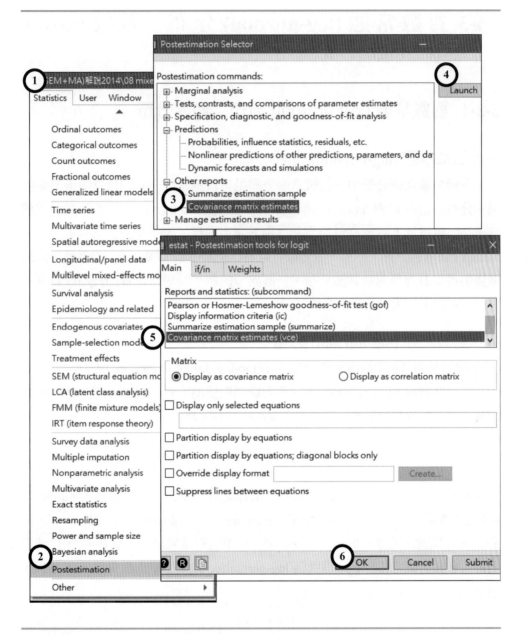

圖 5-16 「estat vce」事後指令之畫面

5-3 對數常態 (log-normal) 分布、對數 logistic (log-log) 分布

5-3-1 對數常態 (log-normal) 分布：偏態分布

一、對數常態 (log-normal) 介紹

在機率論與統計學中，對數常態分布是對數爲常態分布的任意隨機變量的機率分布。由於 e^x 與 $\ln(x)$ 互爲反 (inverse) 函數，即 $\ln(e^x) = x$。如果 X 是常態分布的隨機變量，則 $exp(X)$ 爲對數常態分布；同樣，如果 Y 是對數常態分布，則 $\ln(Y)$ 爲常態分布。如果一個變數可以看作是許多很小獨立因子的乘積，則這個變數可以看作是對數常態分布。一個典型的例子是股票投資的長期收益率，它可以看作是每天收益率的乘積。

二、對數常態 (log-normal) 分布

(一) 對數常態分布之機率密度函數 (probability density function, PDF)

若隨機變數 X(即存活時間 t)，做對數函數變換：Y = ln(X)，則新變數 Y 的分布，謂之對數常態分布，其機率密度函數 (PDF) 爲：

$$f(x) = \frac{e - ((\ln(x - \theta)/m))^2/(2\sigma^2))}{(x - \theta)\sigma\sqrt{2\pi}} \quad x > \theta;\, m,\, \sigma > 0$$

其中，σ 爲形狀參數 (也是 the standard deviation of the log of the distribution)，θ 是位置參數，m 爲尺度參數 (也是 the median of the distribution)。若 $x = \theta$，則 $f(x) = 0$。因此，當 $\theta = 0$, m = 1 時，謂之標準對數常態分布。當 $\theta = 0$，也就退化成二參數對數常態分布，符號爲 log-normal(σ, m)。標準對數常態分布之 PDF 如下：

$$f(x) = \frac{e - ((\ln x)^2/2\sigma^2)}{x\sigma\sqrt{2\pi}} \quad x > 0;\, \sigma > 0$$

圖 5-17 係四個不同 σ 值，所繪出對數常態之機率密度函數 (lognormal probability density function)。

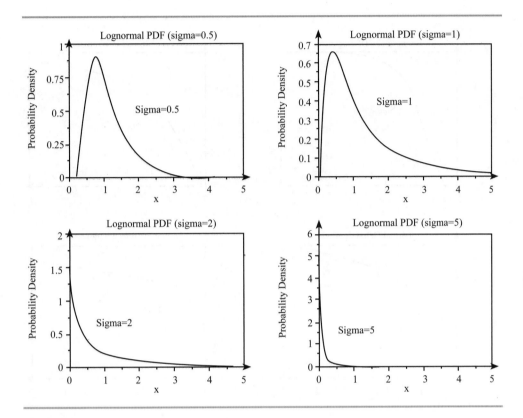

圖 5-17 log-normal 之 PDF 示意圖

(二) 對數常態分布之累積分布函數 (cumulative distribution function, CDF)

$$F(x) = \Phi\left(\frac{\ln(x)}{\sigma}\right) \quad x \geq 0; \, \sigma > 0$$

其中，Φ 是 cumulative distribution function of the normal distribution。

圖 5-18 係四個不同 σ 值，所繪出對數常態之累積分布函數 (CDF)。

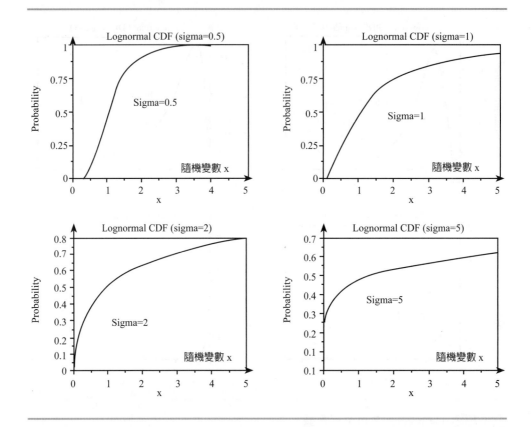

圖 5-18 對數常態之累積分布函數示意圖

(三) 對數常態分布之危險函數 (hazard function)

對數常態 (log-normal) 分布之危險函數為：

$$h\,(x,\,\sigma) = \frac{\left(\dfrac{1}{x\sigma}\right)\phi\left(\dfrac{\ln x}{\sigma}\right)}{\Phi\left(\dfrac{-\ln x}{\sigma}\right)} \quad x > 0;\ \sigma > 0$$

其中，ϕ 是對數常態分布的機率密度函數 (PDF)，Φ 是對數常態分布的累積分布函數 (CDF)。

在四個不同 σ 值之下，對數常態分布之危險函數，如下圖 5-19 所示。

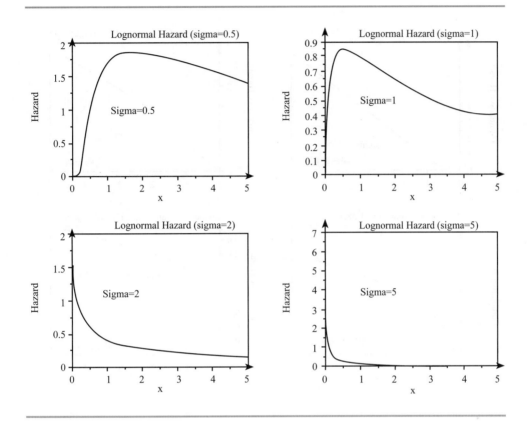

圖 5-19 lognormal hazard function 之示意圖

(四) 對數常態分布之累積危險函數 (cumulative hazard function)

$$H(x) = -\ln\left(1 - \Phi\left(\frac{\ln(x)}{\sigma}\right)\right) \quad x \geq 0; \sigma > 0$$

其中，Φ 為常態分布的累積分布函數 (is the cumulative distribution function of the normal distribution)。

在四個不同 σ 值之下，對數常態分布之累積危險函數，如圖 5-20 所示。

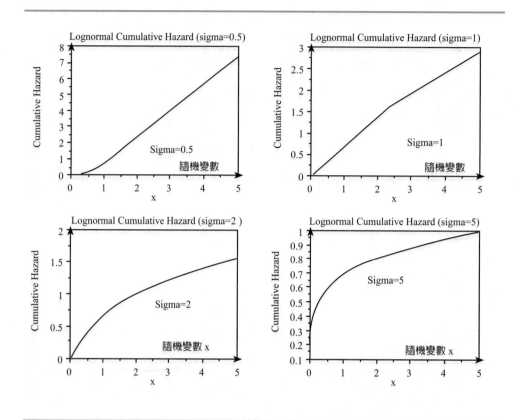

圖 5-20 對數常態分布之累積危險函數

(五) 對數常態分布之存活函數

對數常態分布之存活函數，如圖 5-21 所示，其存活函數為：

$$S(x) = 1 - \Phi\left(\frac{\ln(x)}{\sigma}\right) \quad x \geq 0; \sigma > 0$$

其中，Φ 是對數常態分布的累積分布函數。

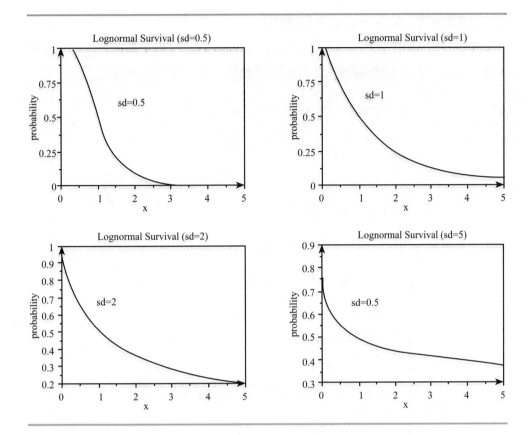

圖 5-21 對數常態分布之存活函數 (lognormal sunvival function) 示意圖

(六) 對數常態分布常見統計量 (common statistics)

Mean 平均數	$e^{0.5\sigma^2}$
Median 中位數	scale parameter m (= if scale parameter not specified).
Mode 眾數	$\dfrac{1}{e^{\sigma^2}}$
Range 值域	0 to ∞
Standard Deviation 標準差	$\sqrt{e^{\sigma^2}(e^{\sigma^2}-1)}$
Skewness 偏態	$(e^{\sigma^2}+2)\sqrt{e^{\sigma^2}-1}$
Kurtosis 峰度	$(e^{\sigma^2})^4 + 2\,(e^{\sigma^2})^3 + 3\,(e^{\sigma^2})^2 - 3$
Coefficient of Variation 變異係數	$\sqrt{e^{\sigma^2-1}}$

三、對數常態 (log-normal) 的應用

韋伯 (Weibull) 分布與對數常態 (log-normal) 分布，兩者常用來描述大多數工業 (電子) 產品壽命 (lifetime)(即隨機變數 T)，惟兩者特性極爲相似。

$$Ln(T) \sim N(\mu, \sigma^2), -\infty < \mu < \infty; \sigma > 0$$

$$f_T(t) = \begin{cases} \dfrac{1}{\sqrt{2\pi}\sigma t} \exp\left[-\dfrac{(\log t - \mu)^2}{2\sigma^2}\right], & t \geq 0 \\ 0 & , 其 \end{cases}$$

$$S_T(t) = 1 - \Phi \frac{\ln(t) - \mu}{\sigma}$$

其中，Φ 是標準常態分布的累積分布函數。

$$h_T(t) = \left\{1 - \Phi\left[\frac{\ln(t) - \mu}{\sigma}\right]\right\} \times \left\{\frac{1}{\sqrt{2\pi}\sigma t} \exp\left[-\frac{(\log t - \mu)^2}{2\sigma^2}\right]\right\}$$

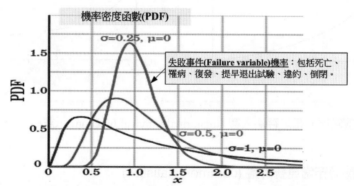

Some log-normal density functions with identical location parameter μ but differing scale parameters σ

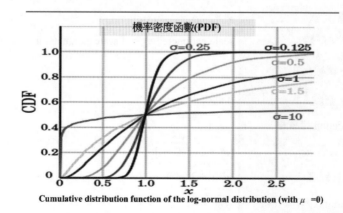

Cumulative distribution function of the log-normal distribution (with μ =0)

圖 5-22 Parametric survival models: Log-normal 之示意圖

5-3-2 對數邏輯斯分布 (log-logistic)：偏態分布

logistic 迴歸 (logistic 指令) 旨在估計勝算比 (odds ratio)。相對地，Cox 迴歸 (stcox、svy: stcox 指令) 及參數存活模型 (streg、svy: streg、stcrreg、xtstreg、mestreg 指令) 旨在估計危險比 (hazard ratio)。

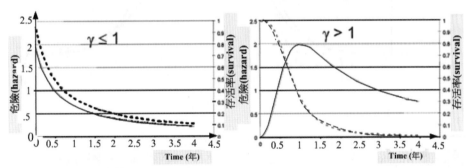

對數邏輯斯 (log-logistic) 分布

$$S(t) = \frac{1}{1+\lambda \times t^{\gamma}} \quad h(t) = \frac{\lambda \times \gamma \times t^{\gamma-1}}{\left(1+\lambda \times t^{\gamma}\right)^2}$$

圖形檢定(graphical test)

$$Odds = \frac{S(t)}{1-S(t)} = \lambda \times t^{\gamma}$$

$$\log(Odds) = \log(\lambda) + \gamma \log(t)$$

若log(S/1-S)呈線性，則此分布像log-logistic

圖 5-23 log-logistic 分布之存活函數 S(t) 與危險函數 h(t) 之關係

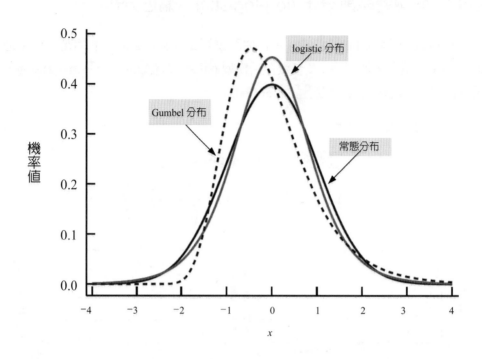

圖 5-24 Gumbel、常態、logistic 密度函數之比較，其平均數 1，變異數 1

一、logistic 迴歸之期望值 π

　　因為誤差項的分布與反應變數 Y_i 的伯努利分布有關，所以用以下的方式表達簡單 logistic 迴歸模型會更好些。

　　Y_i 為符合伯努利分布的獨立隨機變數 (即存活時間 T)，且具有期望值 $E\{Y\}$ = π，其中

$$E\{Y_i\} = \pi_i = \frac{\exp(\beta_0 + \beta_1 X_i)}{1 + \exp(\beta_0 + \beta_1 X_i)}$$

二、logistic 迴歸的原理：勝算比 (odds ratio) 或稱為相對風險 (relative risk)

　　「受訪者是否 (0, 1) 發生某事件 (event)」(死亡、病發、倒閉、犯罪被捕……) 之類型，即二元 (binary) 依變數的類型。logistic 迴歸係假設解釋變數 (x) 與受試者是否發生某事件 (event)(y) 之間，必須符合下列 logistic 函數：

$$P(y \mid x) = \frac{1}{1 + e^{-\sum b_i \times x_i}}$$

其中 b_i 代表對應解釋變數的係數，y 屬二元變數 (binary variable)，若 y = 1 表示受訪者有發生某事件 (event)(死亡、病發、倒閉、犯罪被捕……)；反之，若 y = 0 則表示該受訪者未發生某事件 (event)。因此 P(y = 1|x) 表示當自變數 x 已知時，該受訪者有發生某事件的機率；P(y = 0|x) 表示當自變數 x 已知時，該受訪者未發生某事件的機率。

logistic 函數之分子、分母同時乘以 $e^{\sum b_i \times x_i}$ 後，上式變爲：

$$P(y \mid x) = \frac{1}{1 + e^{-\sum b_i \times x_i}} = \frac{e^{\sum b_i x_i}}{1 + e^{\sum b_i x_i}}$$

將上式之左右兩側均以 1 減去，可以得到：

$$1 - P(y \mid x) = \frac{1}{1 + e^{\sum b_i \times x_i}}$$

再將上面二式相除，則可以得到：

$$\frac{P(y \mid x)}{1 - P(y \mid x)} = e^{\sum b_i \times x_i}$$

針對上式，兩邊同時取自然對數，可以得到：

$$Ln\left(\frac{P(y \mid x)}{1 - P(y \mid x)}\right) = Ln\left(e^{\sum b_i \times x_i}\right) = \sum b_i \times x_i$$

經由上述公式推導可將原自變數非線性的關係，轉換成以線性關係來表達。

其中 $\frac{P(y \mid x)}{1 - P(y \mid x)}$ 可代表受訪者有發生某事件 (e.g. 死亡、病發、倒閉、犯罪被捕……) 的勝算比 (odds ratio) 或稱爲相對風險 (relative risk)。

三、Log-logistic 分布

若將隨機變數 X 取自然對數函數之後的機率分布 (如 Ln(Y) = X)，它若具有 logistic 分布特性，謂之 log-logistic 分布 (The log-logistic distribution is the probability distribution of a random variable whose logarithm has a logistic distribution.)。log-logistic 分布很像 log-normal 分布，但它卻有厚尾 (heavier tails) 分布。它也不像 log-normal 分布，其累積分布函數可以寫成封閉形式 (closed form)。

在機率和統計領域中，log-logistic 分布 (在經濟學稱爲 Fisk 分布) 是一個非負數隨機變數之連續機率分布 (continuous probability distribution)。它很適合於參數存活模型，尤其對於事件初始速率增加、但快結果時速度放緩的事件，例如：癌症診斷或癌症治療後之死亡率。log-logistic 分布亦常應用在水文之水流模型和沉澱，在經濟學亦可當作財富分布和收入模型。

(一) Log-logistic 之 PDF(probability density function)

$$f(x;\alpha,\beta)=\frac{(\beta/\alpha)(x/\alpha)^{\beta-1}}{(1+(x/\alpha)^{\beta})^2}$$

其中，存活時間 x > 0，位置參數 α > 0，形狀參數 β > 0。在 PDF 分布圖中，β 值越大，機率曲線越像常態分布；β 值越小，則越像標準指數分布。

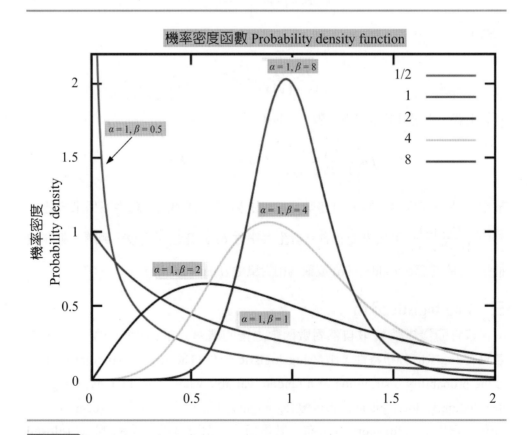

圖 5-25　Log-logistic 之 PDF

(二) Log-logistic 之 CDF(cumulative distribution function)

$$F(x; \alpha, \beta) = \frac{1}{1 + (x/\alpha)^{-\beta}}$$

$$= \frac{(x/\alpha)^\beta}{1 + (x/\alpha)^\beta}$$

$$= \frac{x^\beta}{\alpha^\beta + x^\beta}$$

其中，存活時間 $x > 0$，位置參數 $\alpha > 0$，形狀參數 $\beta > 0$。當 $\beta > 1$，此分布是 unimodal(見圖 5-26)，在 CDF 分布圖中，β 值越大，機率曲線越陡。

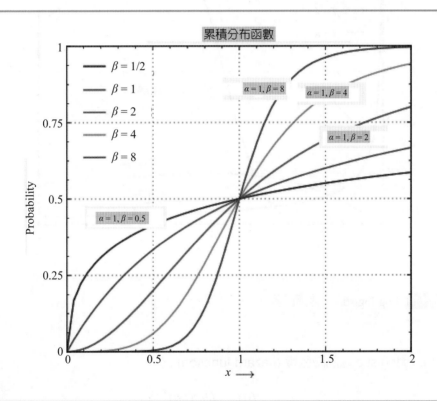

圖 **5-26** Log-logistic 之 CDF

(三) Log-logistic 之存活函數 (survival function)

$$S(t) = 1 - F(t) = [1 + (t/\alpha)^\beta]^{-1}$$

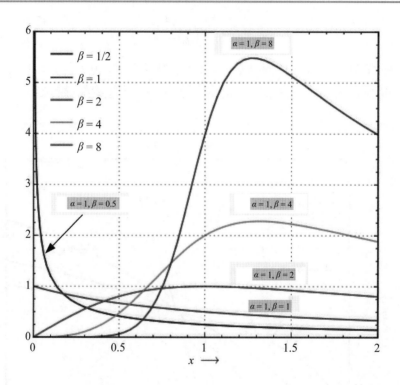

圖 5-27　Log-logistic 之存活函數

(四) Log-logistic 之危險函數 (hazard function)

$$h(t) = \frac{f(t)}{S(t)} = \frac{(\beta/\alpha)(t/\alpha)^{\beta-1}}{1 + (t/\alpha)^\beta}$$

(五) Log-logistic 常見的統計量

Parameters 參數	$\alpha > 0$ scale $\beta > 0$ scape
Support	$x \in [0, \infty)$
PDF	$\dfrac{(\beta/\alpha)(x/\alpha)^{\beta-1}}{(1+(x/\alpha)^\beta)^2}$
CDF	$\dfrac{1}{1+(x/\alpha)^{-\beta}}$
Mean 平均數	$\dfrac{\alpha\pi/\beta}{\sin(\pi/\beta)}$ if $\beta > 1$, else undefined
Median 中位數	α
Mode 眾數	$\alpha\left(\dfrac{\beta-1}{\beta+1}\right)^{1/\beta}$ if $\beta > 1$, 0 otherwise

四、概似函數：logistic 估計法

假設每一個 Y_i 都是符合伯努利分布的隨機變數，其中：

$$P(Y_i = 1) = \pi_i$$

$$P(Y_i = 0) = 1 - \pi_i$$

則其機率分布為：

$$f_i(Y_i) = \pi_i^{Y_i}(1-\pi_i)^{1-Y_i} \quad Y_i = 0, 1; \quad i = 1, \cdots, n$$

假設每一觀測值 Y_i 是獨立的，則他們的聯合機率函數為：

$$g(Y_1, \cdots, Y_n) = \prod_{i=1}^{n} f_i(Y_i) = \prod_{i=1}^{n} \pi_i^{Y_i}(1-\pi_i)^{1-Y_i}$$

再者，對其聯合機率函數取對數，是基於方便來找最大概似估計值：

$$\log_e g(Y_1, \cdots, Y_n) = \log_e \prod_{i=1}^{n} \pi_i^{Y_i}(1-\pi_i)^{1-Y_i}$$

$$= \sum_{i=1}^{n} [Y_i \log_e \pi_i + (1-Y_i)\log_e(1-\pi_i)]$$

$$= \sum_{i=1}^{n} \left[Y_i \log_e\left(\frac{\pi_i}{1-\pi_i}\right)\right] + \sum_{i=1}^{n} \log_e(1-\pi_i)$$

因為 $E\{Y_i\} = \pi_i$，且 Y_i 為二元變數。代入下式之 logistic 平均反應函數：

$$E\{Y_i\} = \pi_i = F_L(\beta_0 + \beta_1 X_i) = \frac{\exp(\beta_0 + \beta_1 X_i)}{1 + \exp(\beta_0 + \beta_1 X_i)}$$

由上式，可得：

$$1 - \pi_i = [1 + \exp(\beta_0 + \beta_1 X_i)]^{-1}$$

進一步，代入下式：

$$F_L^{-1}(\pi_i) = \log_e\left(\frac{\pi_i}{1 - \pi_i}\right)$$

可得：

$$\log_e\left(\frac{\pi_i}{1 - \pi_i}\right) = \beta_0 + \beta_1 X_i$$

五、Logistic 平均反應函數

假設隨機變數 ε_L 符合 logistic 分布平均值為 0，標準差為 $\sigma = \dfrac{\pi}{\sqrt{3}}$，其分布為：

$$f_L(\varepsilon_L) = \frac{\exp(\varepsilon_L)}{[1 + \exp(\varepsilon_L)]^2}$$

其累積分布函數為：

$$F_L(\varepsilon_L) = \frac{\exp(\varepsilon_L)}{1 + \exp(\varepsilon_L)}$$

假設下式具有 logistic 分布平均值為 0，標準差為 σ，則：

$$Y_i^C = \beta_0^C + \beta_1^C X_i + \varepsilon_i^C$$

例如：若 c 代表連續型懷孕期間的反應變數。

假設，想探討母親在懷孕期間 Y^c 與酒精使用程度 X 之關係。如此可用下列簡單線性迴歸，來表示孕婦酒精小於 38 單位，但有某反應 (Y = 1) 的機率：

$$P(Y_i = 1) = P(\beta_0^C + \beta_1^C X_i + \varepsilon_i^C \leq 38)$$

然後可得：

$$P(Y_i = 1) = P\left(\frac{\varepsilon_i^c}{\sigma_c} \leq \beta_0^* + \beta_1^* X_i\right)$$

之後，將不等式的左右兩邊各乘上 $\frac{\pi}{3}$，其機率值亦保持不變，因此：

$$P(Y_i = 1) = \pi_i = P\left(\frac{\pi}{\sqrt{3}} \frac{\varepsilon_i^c}{\sigma_c} \leq \frac{\pi}{\sqrt{3}} \beta_0^* + \frac{\pi}{\sqrt{3}} \beta_1^* X_i\right)$$

$$= P(\varepsilon_L \leq \beta_0 + \beta_1 X_i)$$

$$= F_L(\beta_0 + \beta_1 X_i)$$

$$= \frac{\exp(\beta_0 + \beta_1 X_i)}{1 + \exp(\beta_0 + \beta_1 X_i)}$$

總括而論，**logistic** 平均反應函數為：

$$E\{Y_i\} = \pi_i = F_L(\beta_0 + \beta_1 X_i) = \frac{\exp(\beta_0 + \beta_1 X_i)}{1 + \exp(\beta_0 + \beta_1 X_i)}$$

上式亦等同於：

$$E\{Y_i\} = \pi_i = [1 + \exp(-\beta_0 - \beta_1 X_i)]^{-1}$$

將上上式，做累積分布 F_L 的反函數則可得：

$$F_L^{-1}(\pi_i) = \beta_0 + \beta_1 X_i = \pi_i'$$

F_L^{-1} 的轉換函數稱為機率值 π_i 的 logit 轉換，表示為：

$$F_L^{-1}(\pi_i) = \log_e\left(\frac{\pi_i}{1 - \pi_i}\right)$$

六、互補對數邏輯斯 (log-log) 反應函數

可由下式的 ε^c 為 Gumbel 的誤差分布，來導出平均反應函數：

$$\pi_i = 1 - \exp(-\exp(\beta_0^G + \beta_1^G X_i))$$

解下式之線性預測：

$$\beta_0^G + \beta_1^G X_i$$

可得到互補 log-log 反應模型：

$$\pi'_i = \log[-\log(1 - \pi(X_i))] = \beta_0^G + \beta_1^G X_i$$

七、Log-logistic 分布之小結

Log-logistic 分布具有非單調危險函數 (non-monotonic hazard function)，它非常適合癌症存活率數據。log-logistic 迴歸可描述具有時間聚合之分離樣本的危險函數 (in which the hazard functions for separate samples converge with time)。而且可對任何你挑選之存活時間，來計算「對數勝算 (log odds)」的線性模型。

對存活期間 T 而言，ln(T)～符合 logistic 分布 (μ, σ^2), $-\infty < \mu < \infty; \sigma > 0$。

$$f_T(t) = \frac{(e^{-\mu}/\sigma)(e^{-\mu} \times t)^{(1/\sigma - 1)}}{(1 + (t \times e^{-\mu})^{(1/\sigma)})^2}, t \geq 0$$

$$S_T(t) = \frac{1}{1 + \{t \times e^{-\mu}\}^{(1/\sigma)}}$$

$$h_T(t) = \frac{(e^{-\mu}/\sigma)(e^{-\mu} \times t)^{(1/\sigma - 1)}}{1 + (t \times e^{-\mu})^{(1/\sigma)}}$$

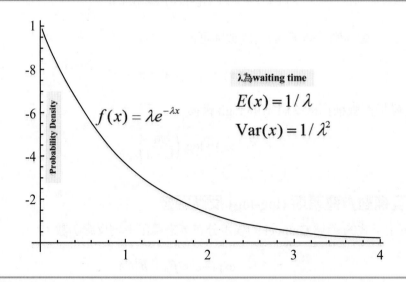

圖 5-28　指數分布之 PDF 示意圖

(一) 指數分布之累積分布函數 (cumulative distribution function, CDF)

$$F(x) = 1 - e^{-x/\beta} \quad x \geq 0; \beta > 0$$

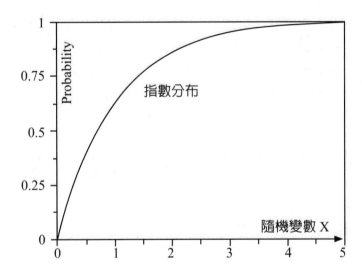

圖 5-29 指數分布之累積分布函數

(二) 指數分布之百分點函數 (percent point function)

$$G(p) = -\beta \ln(1 - p) \quad 0 \leq p < 1; \beta > 0$$

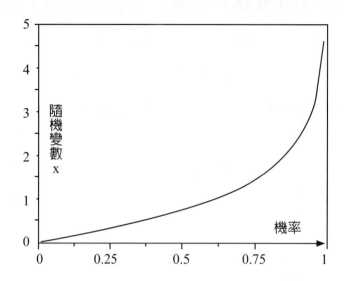

圖 5-30 指數分布之百分點函數

(三) 指數分布之危險函數 (hazard function)

$$h(x) = \frac{1}{\beta} \quad x \geq 0; \beta > 0$$

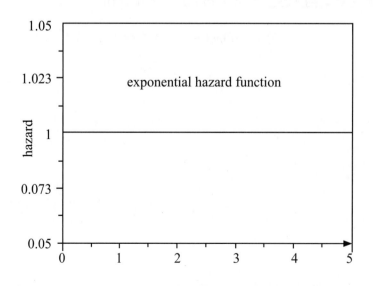

圖 5-31 指數分布之危險函數 (harzard function)

(四) 指數分布之累積危險函數 (cumulative hazard function)

$$H(x) = \frac{x}{\beta} \quad x \geq 0; \beta > 0$$

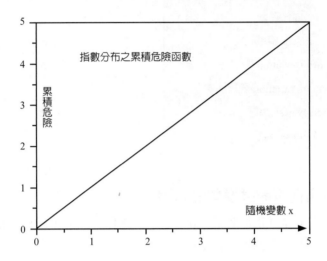

指數分布之累積危險函數

圖 5-32 指數分布之累積危險函數

(五) 指數分布之存活函數 (survival function)

$$S(x) = e^{-x/\beta} \quad x \geq 0; \beta > 0$$

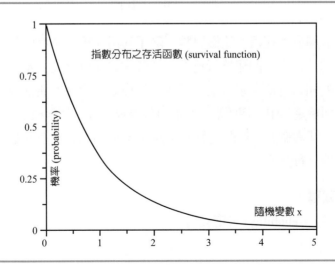

指數分布之存活函數 (survival function)

圖 5-33 指數分布之存活函數

495

(六) 指數分布常見統計量 (common statistics)

Mean 平均數	β
Median 中位數	$\beta \ln 2$
Mode 眾數	μ
Range 值域	μ to ∞
Standard Deviation 標準差	β
Coefficient of Variation 變異係數	1
Skewness 偏態	2
Kurtosis 峰度	9

八、指數分布在可靠度模型的應用

「指數分布」是「形狀參數」$\alpha = 1$ 的「伽瑪分布」，所以「指數分布」只有一個參數 β，其「機率密度函數」為：

$$f_X(x) = \begin{cases} \dfrac{1}{\beta}\, e^{-x/\beta}, & x > 0 \\ 0, & \text{其他} \end{cases}$$

此外，有人將指數分布之機率密度函數，符號記為：

$$f_T(t) = \begin{cases} \lambda e^{-\lambda t}, & t \geq 0 \\ 0 & ,\text{其他} \end{cases}$$

「壽命」屬於「連續」隨機變數，除了利用「機率密度函數」與「累積分配函數」描述「壽命」的隨機行為外，一般常以「可靠度」及「失效率」來描述「壽命」的隨機行為。事實上，這些用以描述「壽命」隨機行為的函數都是相通的，亦即給定其中一個函數，我們可以求算另外三個函數。

當 T 表示「壽命」的隨機變數，則 $f_T(t)$ 及 $F_T(t)$ 分別代表 T 的「機率密度函數」與「累積分布函數」。

可靠度與失效率

「可靠度」(reliability) 可定義為：

$$R(t) = P(T > t), t \geq 0$$
$$= 1 - P(T \leq t)$$
$$= 1 - F_T(t)$$

亦即元件在時間 t 點的「可靠度」$R(t)$ 代表在時點 t 時，元件仍然處於運作狀態的「機率」。

「失效率」(failure rate 或 hazard rate) 可定義為：

$$Z(t) = \lim_{\Delta t \to 0} \frac{P(t < T < t + \Delta t \mid T > t)}{\Delta t}$$

定理：「失效率」與「壽命」機率分配的關係

$$Z(t) = \frac{f_T(t)}{R(t)}$$

定理：「壽命」機率分配與「失效率」的關係

$$R(t) = c \cdot e^{-\int Z(t)dt}$$

其中常數 c 滿足邊界條件方程式 $R(0) = 1$。

歸納上面兩個定理可以得到：

(1) 有了 $f_T(t)$, $F_T(t)$ 或 $R(t)$ 其中任何一個，可以利用公式 $Z(t) = f_T(t) / R(t)$ 求算「失效率」$Z(t)$。

(2) 有了「失效率」$Z(t)$，可以利用公式 $R(t) = c \cdot e^{-\int Z(t)dt}$ 求算 $R(t)$(其中 c 滿足 $R(0) = 1$)，然後可得 $F_T(t) = 1 - R(t)$ 與 $f_T(t) = dF_T(t) / dt$。

5-4 雙邏輯斯混合模型 (fmm 2：logit 指令)：電子支付之因素

一、「fmm: logit」指令語法

「fmm: logit」指令語法如下表：

Basic syntax

   fmm #: logit *depvar* [*indepvars*] [, *options*]

Full syntax

   fmm # [*if*] [*in*] [*weight*] [, *fmmopts*]: logit *depvar* [*indepvars*] [, *options*]

where # specifies the number of class models.

options	說明
Model	
<u>noc</u>onstant	suppress the constant term
<u>off</u>set (*varname*)	include *varname* in model with coefficient constrained to 1
asis	retain perfect predictor variables

fmmopts	說明
Model	
<u>lcin</u>variant (*pclassname*)	specify parameters that are equal across classes; default is lcinvariant (none)
<u>lcp</u>rob (*varlist*)	specify independent variables for class probabilities
<u>lclab</u>el (*name*)	name of the categorical latent variable; default is lclabel (Class)
<u>lcb</u>ase(#)	base latent class
<u>constr</u>aints (*constraints*)	apply specified linear constraints
<u>coll</u>inear	keep collinear variables
SE/Robust	
<u>vce</u> (*vcetype*)	*vcetype* may be oim, <u>r</u>obust, or <u>c</u>luster *clustvar*
Reporting	
<u>l</u>evel (#)	set confidence level; default is level (95)
<u>noc</u>nsreport	do not display constraints
<u>noh</u>eader	do not display header above parameter table
<u>nodv</u>header	do not display dependent variables information in the header
<u>not</u>able	do not display parameter table
display_options	control columns and column formats, row spacing, line width, display of omitted variables and base and empty cells, and factor-variable labeling
Maximization	
maximize_options	control the maximization process
<u>startv</u>alues (*svmethod*)	method for obtaining starting values; default is startvalues (factor)
<u>emo</u>pts (*maxopts*)	control EM algorithm for improved starting values
<u>noe</u>stimate	do not fit the model; show starting values instead
<u>coefl</u>egend	display legend instead of statistics

pclassname	說明
cons	intercepts and cutpoints
coef	fixed coefficients
<u>err</u>var	covariances of errors
<u>scale</u>	scaling parameters
all	all the above
none	none of the above; the default

「fmm: logit」指令旨在適配邏輯斯迴歸的混合模型 (fits mixtures of logistic regression models)。常見的指令語法如下表：

---

* Mixture of two logistic regression models of y on x1 and x2
. fmm 2: logit y x1 x2

---

* As above, but with class probabilities depending on z1 and z2
. fmm 2, lcprob(z1 z2): logit y x1 x2

---

* With robust standard errors
. fmm 2, vce(robust): logit y x1 x2

---

* Constrain coefficients on x1 and x2 to be equal across classes
. fmm 2, lcinvariant(coef): logit y x1 x2

二、logistic 迴歸函數

$$P = \frac{e^{f(x)}}{1 + e^{f(x)}} \quad \boxed{\text{成功的機率 (非線性)}}$$

$$1 - p = \frac{1}{1 + e^{f(x)}} \quad \boxed{\text{失敗的機率 (非線性)}}$$

$$\frac{P}{1 - P} = e^{f(x)} \quad \boxed{\text{優勢比}}$$

$$\ln\left(\frac{P}{1 - P}\right) = f(x) = \beta_0 + \beta_1 x_1 + \beta_2 x_2 + \cdots$$

$$\log\left(\frac{\pi}{1 - \pi}\right) = \alpha + \beta \rightarrow \begin{array}{l} \text{經過轉換而成具} \\ \text{有線性的性質} \end{array}$$

$\pi(x)$ 與 x 的非線性關係是單調的 (monotonic)

$\pi(x)$ 隨著 x 的增加而連續地遞增；或

$\pi(x)$ 隨著 x 的增加而連續地遞減

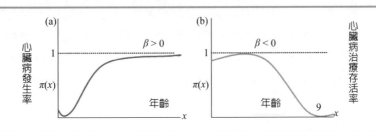

圖 5-34 logistic regression 函數之示意圖

499

三、勝算 (odds) vs. 勝算比 (odds ratio)

$$\frac{\pi(x)}{1-\pi(x)} = \exp(\alpha+\beta) = e^{\alpha}(e^{\beta})^{x}$$

此式提供 β 一個解釋：

勝算在 x 增加一單位時，有依倍數的增加效應 (e^{β})。

勝算對數 $\log\frac{\pi(x)}{1-\pi(x)} = \alpha+\beta x$，即 $\pi(x)$ 的 logical 變換。

i.e. x 的每一單位改變，導致 logical 值 β 單位的增減。

四、Likelihood-ratio 檢定統計量

$$-2\log(l_0/l_1) = -2[\log(l_0) - \log(l_1)] = -2[L_0 - L_1]$$

其中 L_0 與 L_1 表極大化的對數概似數值。

在 $H_0：\beta = 0$ 時，此統計量能服從大樣本 df = 1 的 χ^2 分配。

一般實務上，概似度函數比檢定比華德檢定可靠。

概似度函數比檢定是比較 $\beta = 0$ (i.e. 強制 $\pi(x)$ 在所有 x 值都相同) 時，對數概似函數最大值 L_1。

檢定統計量 $-2(L_0 - L_1)$ 具有 df = 1 的大樣本 χ^2 分布。

五、範例：Finite mixtures of logistic regression models, fmm: logit 指令

(一) 問題說明

為了解電子支付之影響因素有哪些？(分析單位：個人)

研究者收集數據並整理成下表，此「epay.dta」資料檔內容之變數如下：

變數名稱	說明	編碼 Codes/Values
結果變數 / 依變數：epay	=1 if electronic payment, =0 cash/check	0,1(binary data)
解釋變數 / 自變數：male	男 =1, 女 =0	0,1(dummy variable)
解釋變數 / 自變數：age	Standardized age	-3.610283~3.835622

(二) 資料檔之內容

「epay.dta」資料檔內容如圖 5-35。

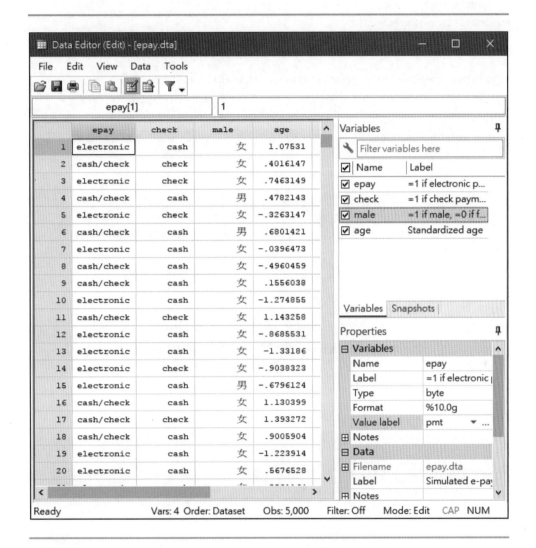

圖 5-35 「epay.dta」資料檔內容 (N=500 個人，潛在類別 (class)=2)

(三) 觀察資料之特徵

```
* 開啟資料檔
. webuse epay
(Simulated e-payment data)
. des

Contains data from http://www.stata-press.com/data/r15/epay.dta
  obs:         5,000                      Simulated e-payment data
  vars:            4                      19 May 2017 15:56
  size:       35,000
-------------------------------------------------------------------
              storage   display    value
variable name   type    format     label      variable label
-------------------------------------------------------------------
epay          byte     %10.0g      pmt        =1 if electronic payment,
                                              =0 cash/check

check         byte     %9.0g       chk        =1 if check payment,
                                              =0 if cash

male          byte     %9.0g                  =1 if male,
                                              =0 if female

age           float    %9.0g                  Standardized age
-------------------------------------------------------------------
```

```
. webuse epay
(Simulated e-payment data)

* 繪依變數散布圖
. twoway(scatter epay age, sort)
```

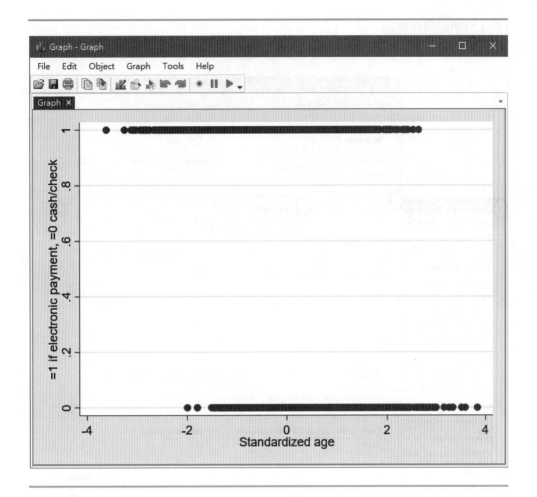

圖 5-36 「twoway(scatter epay age, sort)」繪散布圖

註：Graphics > Histogram

(四) 分析結果與討論

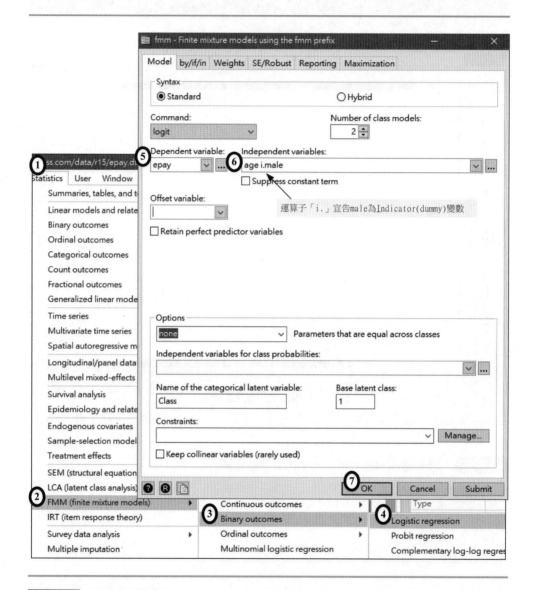

圖 5-37 「fmm 2：logit epay age i.male」畫面

註：Statistics > FMM(finite mixture models)> Binary outcomes > Logistic regression

Step 1 雙 **Logit** 混合迴歸分析

```
* 開啟資料檔
. webuse epay, clear
(Simulated e-payment data)

*----- STaTa v15 的雙 Logit 混合迴歸分析如下 --------
* 運算子「i.」宣告 male 為 Indicator(dummy) 變數
. fmm 2 : logit epay age i.male

Finite mixture model                    Number of obs     =     5,000
Log likelihood = -2497.7074
```

	Coef.	Std. Err.	z	P>|z|	[95% Conf. Interval]
1.Class	(base outcome)					
2.Class						
_cons	1.030463	.8919386	1.16	0.248	-.7177048	2.77863

```
Class         : 1
Response      : epay
Model         : logit
```

	Coef.	Std. Err.	z	P>|z|	[95% Conf. Interval]
epay						
age	-1.07715	.3811449	-2.83	0.005	-1.824181	-.3301201
1.male	.652228	1.00883	0.65	0.518	-1.325043	2.629499
_cons	1.937241	1.415045	1.37	0.171	-.8361952	4.710678

```
Class         : 2
Response      : epay
Model         : logit
```

```
-----------------------------------------------------------------------
            |     Coef.    Std. Err.      z    P>|z|    [95% Conf. Interval]
------------+----------------------------------------------------------
epay        |
        age | -1.990823    .2786117    -7.15   0.000    -2.536891   -1.444754
     1.male |  -.913284    .3753839    -2.43   0.015    -1.649023   -.1775451
      _cons |   .436606    .1624656     2.69   0.007     .1181793    .7550328
-----------------------------------------------------------------------
```

1. 報表「z」欄中，two-tail 檢定下，若 |z| > 1.96，則表示該自變數對依變數有顯著影響力。|z| 值越大，表示該自變數對依變數的關聯性 (relevance) 越高。

2. Logit 係數「Coef.」欄中，是 log-odds 單位，故不能用 OLS 迴歸係數的概念來解釋。

3. 潛在 Class 1 之 logistic 迴歸式為：

$$Ln\left(\frac{P_{電子支付}}{1-P_{電子支付}}\right) = 1.937 - 1.077 \times age + 0.652 \times (male = 1)$$

$$Ln\left(\frac{P_{電子支付}}{1-P_{電子支付}}\right) = 1.937 - 1.077 \times 年齡 + 0.652 \times 男性嗎$$

其中 (male = 1) 表示若括弧內的判別式成立，則代入 1，若不成立則代入 0。
上列迴歸方程式可解釋為在控制性別的影響後，年齡 (age) 每增加 1 歲，有電子支付的勝算為 0.341 (= $exp^{-1.077}$) 倍，且達到統計上的顯著差異 (p = 0.005)。在控制年齡 (age) 的影響後，男性 (male) 有電子支付的勝算為女性 1.919 (= $exp^{0.652}$) 倍，但未達到統計上的顯著差異 (p = 0.518)。

Class 2 之 logistic 迴歸式為：

$$Ln\left(\frac{P_{電子支付}}{1-P_{電子支付}}\right) = 0.437 - 1.991 \times age - 0.913 \times (male = 1)$$

$$Ln\left(\frac{P_{電子支付}}{1-P_{電子支付}}\right) = 0.437 - 1.991 \times 年齡 - 0.913 \times 男性嗎$$

上列迴歸方程式可解釋為在控制性別的影響後，年齡 (age) 每增加 1 歲，有電子支付的勝算為 0.137(= $exp^{-1.991}$) 倍，且達到統計上的顯著差異 (p = 0.000)。在控制年齡 (age) 的影響後，男性 (male) 有電子支付的勝算為女性 0.401 (= $exp^{-0.912}$) 倍，且達到統計上的顯著差異 (p = 0.015)。

* 迴歸係數改成 exponentiated coefficients 型式
. estat eform

Class   : 1

```
                -------------------------------------------------------------
                |    exp(b)    Std. Err.      z     P>|z|    [95% Conf. Interval]
                -------+-----------------------------------------------------
        epay    |
          age   |   .3405646    .1298045    -2.83    0.005    .1613498    .7188374
       1.male   |   1.919813    1.936766     0.65    0.518    .2657914   13.86683
        _cons   |   6.939581    9.819817     1.37    0.171    .4333562   111.1275
                -------------------------------------------------------------
```

Class   : 2

```
                -------------------------------------------------------------
                |    exp(b)    Std. Err.      z     P>|z|    [95% Conf. Interval]
                -------+-----------------------------------------------------
        epay    |
          age   |   .136583     .0380536    -7.15    0.000    .0791119    .2358042
       1.male   |   .4012045    .1506057    -2.43    0.015    .1922377    .8373232
        _cons   |   1.547446    .2514068     2.69    0.007    1.125446    2.127681
                -------------------------------------------------------------
```

Step 2 求潛在類別之邊際平均數及邊際機率

* Estimated marginal probability of epay in each classes
. estat lcmean

Latent class marginal means   Number of obs   =   5,000

```
                -------------------------------------------------------------
                |            Delta-method
                |   Margin    Std. Err.    [95% Conf. Interval]
                -------+-----------------------------------------------------
        1       |
          epay  |   .8429783    .1530737    .3575459    .9810561
```

```
--------------+----------------------------------------------------
2             |
        epay  |    .5409725     .0282907       .4852451       .5956935
--------------------------------------------------------------------


* Estimated probabilities of membership in the two classes
. estat lcprob
Latent class marginal probabilities           Number of obs    =     5,000


-------------------------------------------------------------------
              |              Delta-method
              |    Margin    Std. Err.      [95% Conf. Interval]
--------------+----------------------------------------------------
        Class |
          1   |   .2629944    .172883        .05849      .6721014
          2   |   .7370056    .172883       .3278986       .94151
-------------------------------------------------------------------
```

1. 潛在 Class 1 $P_{有電子支付}$ ($\mu_1 = 0.842$)。「class 1 機率 π_1」占全體樣本 26.29% 人口比例。有電子支付的機率高於 Class 2。

2. 潛在 Class 2 $P_{有電子支付}$ ($\mu_2 = 0.540$)。「class 2 機率 π_2」占全體樣本 73.70% 人口比例。

3. 由於 Class 1 $P_{有電子支付}$ 高於 Class 2，故可命名：Class 1 爲 e 世代刷卡群；Class 2 爲傳統現金群。

4. **Latent variable representation(潛在類別)** 爲：

$$p(x) = \sum_{i=0}^{k} \pi_i N(x \mid \mu_k, \Sigma_k) = \sum_z p(z)p(x \mid z)$$

其中，$p(z) = \prod_{k=1}^{K} \pi_k^{z_k}$

$p(x \mid z) = \prod_{k=1}^{K} N(x \mid \mu_k, \Sigma_k)^{z_k}$

Step 3 各類的平均值，繪成直方圖

* 將各類的平均值，存至 mu1, mu2, mu3 新變數
. predict mu*
(option mu assumed)
* 各類的平均值，繪成直方圖
. twoway(histogram mu1, width(.01)color(navy%25))(histogram mu2, width(.01)
  color(maroon%25)legend(off)title("二類的預測值"))

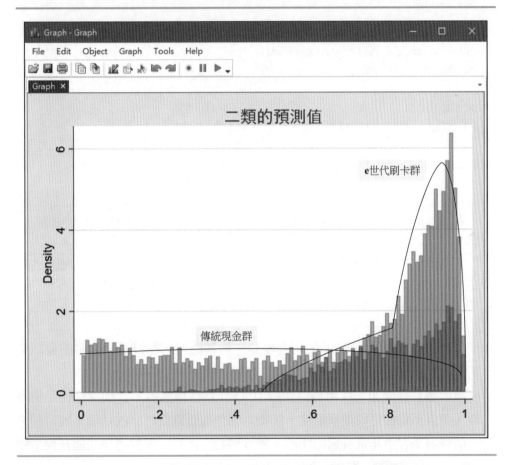

圖 5-38 雙 logit 混合模型預測之 (電子支付) 平均值直方圖

| Step 4 | 敵對模型，用 **BIC** 值來判定哪個適配度較優？ |

```
* STaTa v12 版，才須先安裝 fmm 外掛指令；STaTa v15 版已內建十七個「fmm：」估計法

*-----  STaTa v15 的 General estimation and regression 如下：--------
* 對照組一：傳統 OLS 迴歸 ( 單 logistic 模型 )
. quietly fmm 1 : logit epay age i.male
. estimates store fmm1


* 對照組二：fmm 分成三個潛在類別 ( 雙 Logit 混合模型 )
. quietly fmm 2 : logit epay age i.male
. estimates store fmm2


* 求 AIC BIC 值
. estimates stats fmm1 fmm2

Akaike's information criterion and Bayesian information criterion
```

```
-----------------------------------------------------------------------
    Model |     Obs   ll(null)  ll(model)    df        AIC        BIC
----------+------------------------------------------------------------
     fmm1 |   5,000          .  -2511.183      3   5028.367   5047.918
     fmm2 |   5,000          .  -2497.707      7   5009.415   5055.035
-----------------------------------------------------------------------
```

1. 模型選擇準則之 AIC 和 BIC，亦屬於一種判斷任何迴歸是否恰當的資訊準則，一般來說數值越小，迴歸模型的適配越好。

   很多參數估計問題均採用概似函數 (LR) 作為目標函數，當訓練數據足夠多時，可以不斷提高模型精簡度，卻提高模型複雜度為付出的代價，同時帶來一個機器學習中非常普遍的問題：過度聚合。所以，模型選擇問題在模型複雜度與模型精簡度 (即概似函數) 之間尋求最佳平衡。

   學者提出許多資訊準則，來平衡模型複雜度的懲罰項來避免過度聚合問題，此處我們介紹最常用的兩個模型選擇方法：Akaike 資訊準則 (Akaike information criterion, AIC) 和 Bayesian 資訊準則 (bayesian information criterion, BIC)。

AIC 是衡量統計模型聚合優良性的一種標準，由日本統計學家 Akaike 在 1974 年提出，它建立在熵的概念上，提供了權衡估計模型複雜度和聚合數據優良性的標準。從一組可供選擇的模型中選擇最佳模型時，通常選擇 **AIC 最小** 的模型。

定義：**AIC**、**BIC**

  AIC = −2*ln(likelihood) + 2*k

  BIC = −2*ln(likelihood) + ln(N)*k

其中

  k = 待估參數的個數 (number of parameters estimated)

  N = 樣本數 (number of observations)

---

2. 根據 AIC 準則，雙 Logit 混合模型之 IC 值較小，表示雙 Logit 混合模型比單 logistic 模型優。

5-5 雙機率混合模型 (fmm 2: probit 指令)：電子支付之因素

5-5-1 線性機率迴歸模型 (probit regression) vs. logistic 模型

一、機率迴歸模型 (probit regression)

(一) 機率迴歸模型

  probit 模型是一種廣義的線性模型，符合常態分布。

  一個質性的反應變數，對應一個或多個解釋變數的情況，就適合採用 Logistic 或 Probit 迴歸模型來進行分析。

(二) probit regression 形式

$$Y_i = \alpha + \beta X_i + \varepsilon_i$$

$$Y_i = \begin{cases} 0, 若決策為非 \\ 1, 若決策為是 \end{cases}$$

  上式中 Y_i 的分布為二項分布，其機率密度函數為：

$$f(Y) = P^Y (1-P)^{1-Y} \qquad Y = 0, 1$$

P 是應變數 $Y_i = 1$ 的機率，Y_i 的期望值：

$$E(Y_i) = \alpha + \beta X_i = 1(P_i) + 0(1 - P_i) = P_i$$

最簡單的 probit 模型就是指被解釋變數 Y 是一個 0,1 變數，事件發生的機率是依賴於解釋變數，即 P(Y = 1) = f(X)；也就是說，Y = 1 的機率是一個關於 X 的函數，其中 f(.) 符合標準常態分布。若 f(.) 是累積分布函數，則其為 logistic 模型。

(三) 隨機誤差項機率分布

Y_i	ε_i	機率
1	$1 - \alpha - \beta X_i$	P_i
0	$- \alpha - \beta X_i$	$1 - P_i$

$$E(\varepsilon_i) = (1 - \alpha - \beta X)P_i + (- \alpha - \beta X_i)(1 - P_i) = 0$$
$$\sigma_i^2 = E(\varepsilon_i^2) - E(\varepsilon_i)^2 = (1 - \alpha - \beta X_i)^2 P_i + (- \alpha - \beta X_i)^2 (1 - P_i)$$
$$= (1 - P_i)^2 P_i + P_i^2 (1 - P_i)$$
$$= P_i (1 - P_i)[(1 - P_i)P_i]$$
$$= P_i (1 - P_i) = E(Y_i)[1 - E(Y_i)] = \hat{Y}_i (1 - \hat{Y}_i)$$

(四) 最大概似估計 (maximum likelihood estimation)

假設資料集 $\{y_i, x_i\}_{i=1}^n$ 包含與上述模型相對應的 n 個獨立統計單位，然後他們的聯合對數概似函數是：

$$\ln L (\beta) = \sum_{i=1}^n (y_i \ln \Phi (x_i'\beta) + (1 - y_i) \ln(1 - \Phi (x_i'\beta)))$$

估計 $\hat{\beta}$，如果 E[XX'] 存在且不是奇異的 (singular)，那麼使這個 L() 函數最大化將是一致的，漸近 t 常態和有效的。可看出，這個對數概似函數在 β 中是 globally concave，因此用於優化的數值分析演算法 (standard numerical algorithms) 將快速地收斂到唯一的最大值。

$\hat{\beta}$ 的漸近分布由下式求出：

$$\sqrt{n}\,(\hat{\beta} - \beta) \xrightarrow{d} N(0, \Omega^{-1})$$

其中

$$\Omega = E\left[\frac{\varphi^2(X'\beta)}{\Phi(X'\beta)(1 - \Phi(X'\beta))}XX'\right] \cdot \hat{\Omega} = \frac{1}{n}\sum_{i=1}^{n}\frac{\varphi^2(x_i'\hat{\beta})}{\Phi(x_i'\hat{\beta})(1 - \Phi(x_i'\hat{\beta}))}x_i x_i'$$

且 $\varphi = \Phi'$ 是標準常態分布之機率密度函數 (probability density function, PDF)。

　　線性機率迴歸模型在進行參數之最大概似估計時，很容易受到樣本分布的影響，而造成斜率的低估或高估偏誤。

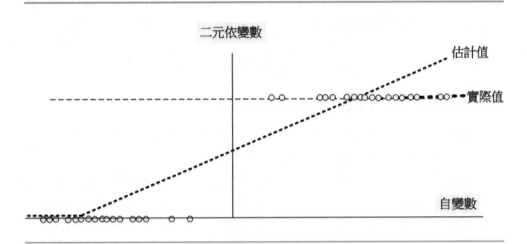

圖 5-39　機率模型的參數估計偏誤

(五) 線性機率模型的限制

1. 自變數範圍限制

　　當自變數的值超過某範圍時，預測所得的應變數值可能會大於 1 或小於 0，因而違反機率的定理；解決方法之一爲將估計式設限，成爲下式：

$$P_i = \begin{cases} \alpha + \beta X_i & 0 < \alpha + \beta X_i < 1 \\ 1 & \alpha + \beta X_i \geq 1 \\ 0 & \alpha + \beta X_i \leq 0 \end{cases}$$

2. 參數估計偏誤

　　線性機率迴歸模型在進行參數估計時，很容易受到樣本分布的影響，而造

成斜率的低估或高估偏誤。

(六) 多元機率比迴歸模型

1. 什麼是多元機率比迴歸模型

多元機率比迴歸模型亦稱 Probit 迴歸模型，是假定企業破產的機率為 p，並假設企業樣本符合標準常態分布，其機率函數的 p 分位元數可以用財務指標線性解釋。

2. 多元機率比迴歸模型的計算公式

先是確定企業樣本的最大概似函數，透過求概似函數的極大值得到參數 a、b，然後利用公式如下，求出企業破產的機率。和前面的判別規則一樣，如果機率 p 小於 0.5，就判別為財務正常型；如果 p 大於 0.5，則為即將破產型。

$$\int_{-\infty}^{a+bx} \left(\frac{1}{\sqrt{2\pi}} \right) e^{\frac{-t^2}{2}} dt$$

3. 多項機率比迴歸模型與多項邏輯模型的區別

Probit 模型和 logistic 模型的思路很相似，但在具體的計算方法和假定前提上又有一定的差異，主要體現在三個方面：

(1) 假定前提不同，logistic 不需要嚴格的假定條件，而 Probit 則假定企業樣本符合標準常態分布，其機率函數的 p 分位元數可以用財務指標線性解釋。

(2) 參數 a、b 的求解方法不同，logistic 採用線性迴歸方法求解，而 Probit 採用最大概似函數求極值的方法求解。

(3) 求破產機率的方法不同，logistic 採用取對數方法，而 Probit 採用積分的方法。

4. 多項機率比迴歸模型的優點

假定條件比較嚴格，計算過程複雜，且有較多近似處理，但預測精確度高。

(七) Probit regression 與 logistic 模型的區別

logistic 模型也叫 logit 模型，本身符合 logistic 分布。probit 模型符合常態分布。兩個模型都是離散選擇模型的常用模型，但 logistic 模型簡單直接，應用更廣。

而且，當依變數是名義變數時，logistic 和 Probit 沒有本質的區別，一般情況下可以換用。區別在於採用的分布函數不同，前者假設隨機變數符合邏輯機率分布，而後者假設隨機變數符合常態分布。其實，這兩種分布函數的公式很

相似，函數值相差也並不大，唯一的區別在於邏輯機率密度函數的尾巴比常態分布粗一些。但是，如果依變數是次序變數，迴歸時只能用次序 Probit 模型。次序 Probit 可以看作是 logistic 的擴展。

二、Probit 模型 vs. logistic 模型之比較

Probit 模型是一種廣義的線性模型，符合常態分布。

最簡單的 Probit 模型就是指被解釋變數 Y 是一個 0,1 變數，事件發生的機率是依賴於解釋變數，即 P(Y = 1) = f(X)；也就是說，Y = 1 的機率是一個關於 X 的函數，其中 f(.) 符合標準常態分布。

若 f(.) 是累積分布函數，則其爲 logistic 模型。

logistic 模型 (logit model，也譯作「評選模型」、「分類評選模型」，又作 logistic regression，「邏輯斯迴歸」) 是離散選擇法模型之一，屬於多重變數分析範疇，是社會學、生物統計學、臨床、數量心理學、市場行銷等統計實證分析的常用方法。

邏輯斯分布 (logistic distribution) 公式：

$$P(Y = 1 \mid X = x) = \exp(x' \beta)/1 + \exp(x' \beta)$$

其中，參數 β 常用最大概似估計。

logistic 模型是最早的離散選擇模型，也是目前應用最廣的模型。logistic 模型是 Luce (1959) 根據 IIA(Independent of irrelevant alternatives) 特性首次導出的；Marschark (1960) 證明了 logistic 模型與最大效用理論的一致性；Marley (1965) 研究了模型的形式和效用非確定項的分布之間的關係，證明了極值分布可以推導出 logit 形式的模型；McFadden (1974) 反過來證明了具有 logit 形式的模型效用非確定項一定符合極值分布。

此後 logistic 模型在心理學、社會學、經濟學及交通領域得到了廣泛的應用，並衍生發展出了其他離散選擇模型，形成了完整的離散選擇模型體系，如 Probit 模型、NL 模型 (nest logit model)、mixed logistic 模型等。模型假設個人 n 選擇第 j 的效用，可由效用確定項和隨機項兩部分構成。

logistic 模型應用廣泛性的原因主要是因爲其機率運算式的顯性特點，模型的求解速度快、應用方便。當模型選擇集沒有發生變化，而僅僅是當各變數的水準發生變化時 (如出行時間發生變化)，可以方便的求解各選擇分枝在新環境下的各選擇分枝的被選機率。根據 logistic 模型的 IIA 特性，選擇分枝的減少或

者增加不影響其他各選擇之間被選機率比值的大小，因此，可以直接將需要去掉的選擇分枝從模型中去掉，也可將新加入的選擇分枝添加到模型中直接用於預測。

　　logistic 模型這種應用的方便性是其他模型所不具有的，也是模型被廣泛應用的主原因之一。

logistic 模型的優缺點

1. 模型考察了對兩種貨幣危機定義情況下發生貨幣危機的可能性，即利率調整引起的匯率大幅度貶值和貨幣的貶值幅度超過了以往的水準情形，而以往的模型只考慮一種情況。

2. 該模型不僅可以在樣本內進行預測，還可以對樣本外的資料進行預測。

3. 模型可以對預測的結果進行比較和檢驗，克服了以往模型只能解釋貨幣危機的侷限。

　　雖然 logistic 模型能夠在一定程度上克服以往模型事後預測事前事件的缺陷，綜合了 FR 模型中 FR 機率分析法和 KLR 模型中信號分析法的優點，但是，它只是在利率、匯率等幾個主要金融資產或經濟指標的基礎上預警投機衝擊性貨幣危機，與我們所要求的一般貨幣危機預警還有所差異。所以，僅用幾個指標來定義貨幣危機從而判斷發生貨幣危機的機率就會存在一定問題，外債、進出口、外匯儲備、不良貸款等因素對貨幣危機的影響同樣非常重要。

　　離散選擇模型的軟體很多，有 STaTa、limdep、elm、nlogit 等。

　　logistic 迴歸是直接估計機率，而 logistic 模型對機率做了 logit 轉換。不過，STaTa 軟體好像將以分類數目構成的模型稱為 logistic 模型，而將既有分類數目又有連續數目的模型稱為 logistic 迴歸模型。至於是二元 (binary) 還是多項 (multinomial logistic regression)，關鍵是看依變數類別的多少，多項是二元的擴展。

　　其次，當依變數是名義變數時，Logit 和 Probit 沒有本質的區別，一般情況下可以換用。區別在於採用的分布函數不同，前者假設隨機變數符合邏輯機率分布，而後者假設隨機變數符合常態分布。其實，這兩種分布函數的公式很相似，函數值相差也並不大，唯一的區別在於邏輯機率密度函數的尾巴比常態分布粗一些。但是，如果依變數是次序變數，迴歸時只能用次序 Probit 模型。次序 Probit 可以看作是 logistic 的擴展。

　　首先，通常人們將「logistic 迴歸」、「logistic 迴歸模型」及「logistic 模型」

的稱謂相互通用，來指同一個模型，唯一的區別是形式有所不同：logistic 迴歸是直接估計機率，而 logistic 模型對機率做了 Logit 轉換。不過，STaTa 軟體好像將以分類數目 (level) 構成的模型稱為 logistic 模型，而將既有分類數目又有連續數目的模型稱為 logistic 迴歸模型。至於是二元還是多項 (multinomial logistic regression)，關鍵是看依變數類別的多少，多項是二元的擴展。

5-5-2 雙機率迴歸分析：電子支付影響因素

一、機率迴歸的應用領域

Linear probability 迴歸之應用例子，包括：

1. 探討臺商製造業赴廈門設廠與回流臺灣之區位選擇。
2. 影響需求臺灣貿易商之因素。
3. 探討通路、保費及繳費別對解約率之影響。
4. 探討性別、保額及繳費期間對解約率之影響。
5. 臺灣省國民中學教師流動因素與型態之研究。

Probit 迴歸分析與邏輯斯迴歸分析最大的不同點，在於在 Probit 迴歸分析中依變數不再是二元變數 (即 0 與 1)，而是介於 0 與 1 之間的百分比變數。進行 Probit 迴歸分析時，與邏輯斯分析時所導出之模型相同。

成功機率：$P = \dfrac{e^{f(x)}}{1 + e^{f(x)}}$

失敗機率：$1 - p = \dfrac{1}{1 + e^{f(x)}}$

勝算比 (odd ratio) 為：$\dfrac{P}{1-P} = e^{f(x)}$

$\ln\dfrac{p}{1-p} = f(x) = \beta_0 + \beta_1 X + \beta_2 X_2 + \cdots + \beta_k X_k$

Finite mixtures of probit regression models，fmm: probit 指令。

二、「fmm: probit」指令語法如下表

Basic syntax

    fmm #: probit *depvar* [*indepvars*] [, *options*]

Full syntax

    fmm # [*if*] [*in*] [*weight*] [, *fmmopts*]: probit *depvar* [*indepvars*] [, *options*]

where # specifies the number of class models.

options	說明
Model	
noconstant	suppress the constant term
offset (*varname*)	include *varname* in model with coefficient constrained to 1
asis	retain perfect predictor variables

fmmopts	說明
Model	
lcinvariant (*pclassname*)	specify parameters that are equal across classes; default is lcinvariant (none)
lcprob (*varlist*)	specify independent variables for class probabilities
lclabel (*name*)	name of the categorical latent variable; default is lclabel (Class)
lcbase(#)	base latent class
constraints (*constraints*)	apply specified linear constraints
collinear	keep collinear variables
SE/Robust	
vce (*vcetype*)	*vcetype* may be oim, robust, or cluster *clustvar*
Reporting	
level (#)	set confidence level; default is level (95)
nocnsreport	do not display constraints
noheader	do not display header above parameter table
nodvheader	do not display dependent variables information in the header
notable	do not display parameter table
display_options	control columns and column formats, row spacing, line width, display of omitted variables and base and empty cells, and factor-variable labeling
Maximization	
maximize_options	control the maximization process
startvalues (*svmethod*)	method for obtaining starting values; default is startvalues (factor)
emopts (*maxopts*)	control EM algorithm for improved starting values
noestimate	do not fit the model; show starting values instead
coeflegend	display legend instead of statistics

---

pclassname	說明
cons	intercepts and cutpoints
coef	fixed coefficients
errvar	covariances of errors
scale	scaling parameters
all	all the above
none	none of the above; the default

「fmm: probit」指令旨在適配 probit 迴歸的混合模型 (fits mixtures of probit regression models)，常見的指令語法如下表：

* Mixture of two probit regression models of y on x1 and x2
. fmm 2: probit y x1 x2

* As above, but with class probabilities depending on z1 and z2
. fmm 2, lcprob(z1 z2): probit y x1 x2

* With robust standard errors
. fmm 2, vce(robust): probit y x1 x2

* Constrain coefficients on x1 and x2 to be equal across classes
. fmm 2, lcinvariant(coef): probit y x1 x2

三、範例：雙機率迴歸分析：電子支付影響因素

(一) 問題說明

為了解電子支付之影響因素有哪些？(分析單位：個人)

研究者收集數據並整理成下表，此「epay.dta」資料檔內容之變數如下：

變數名稱	說明	編碼 Codes/Values
結果變數 / 依變數：epay	=1 if electronic payment, =0 cash/check	0,1(binary data)
解釋變數 / 自變數：male	男 =1, 女 =0	0,1(dummy variable)
解釋變數 / 自變數：age	Standardized age	-3.610283~3.835622

(二) 資料檔之內容

「epay.dta」資料檔內容如圖 5-40。

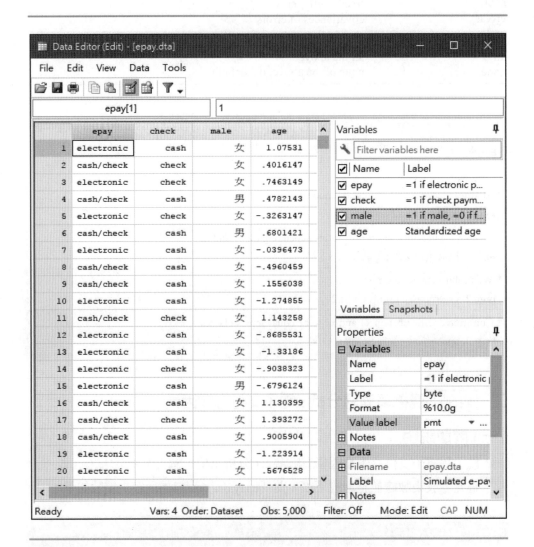

圖 5-40 「epay.dta」資料檔內容 (N=500 個人，潛在類別 (class)=2)

觀察資料之特徵

```
* 開啟資料檔
. webuse epay
(Simulated e-payment data)
. des


Contains data from http://www.stata-press.com/data/r15/epay.dta
  obs:          5,000                    Simulated e-payment data
  vars:             4                    19 May 2017 15:56
  size:        35,000
-------------------------------------------------------------------
              storage   display    value
variable name   type    format     label     variable label
-------------------------------------------------------------------
epay          byte     %10.0g      pmt       =1 if electronic payment,
                                             =0 cash/check

check         byte     %9.0g       chk       =1 if check payment,
                                             =0 if cash

male          byte     %9.0g                 =1 if male,
                                             =0 if female

age           float    %9.0g                 Standardized age
-------------------------------------------------------------------
```

```
. webuse epay
(Simulated e-payment data)

* 繪依變數散布圖
. twoway(scatter epay age, sort)
```

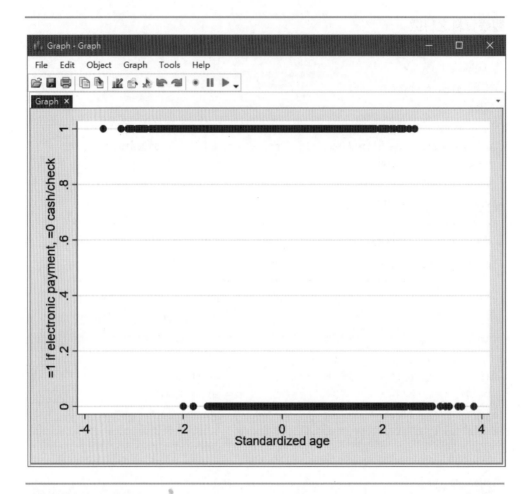

圖 5-41 「twoway(scatter epay age, sort)」繪散布圖

註：Graphics > Histogram

(三) 分析結果與討論

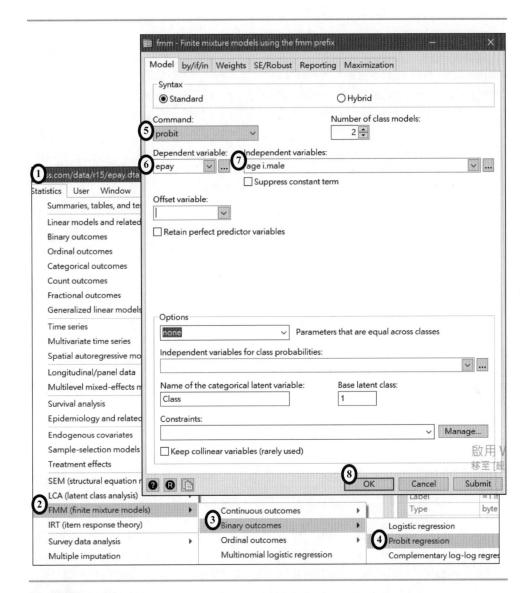

圖 5-42 「fmm 2: probit epay age i.male」畫面

註：Statistics > FMM(finite mixture models)> Binary outcomes > Probit regression

Step 1 雙機率迴歸分析

```
* 開啟資料檔
. webuse epay, clear
(Simulated e-payment data)
* Mixture of two probit regression models
. fmm 2: probit epay age i.male


Finite mixture model                              Number of obs   =    5,000
Log likelihood = -2497.2883
```

	Coef.	Std. Err.	z	P>|z|	[95% Conf. Interval]
1.Class	(base outcome)					
2.Class						
_cons	.4272441	.8212046	0.52	0.603	-1.182287	2.036776

```
Class        : 1
Response     : epay
Model        : probit
```

	Coef.	Std. Err.	z	P>|z|	[95% Conf. Interval]
epay						
age	-.5653036	.1475917	-3.83	0.000	-.8545779	-.2760293
1.male	.2301974	.3465329	0.66	0.507	-.4489946	.9093894
_cons	.6991263	.1715441	4.08	0.000	.362906	1.035347

```
Class        : 2
Response     : epay
Model        : probit
```

```
           |      Coef.   Std. Err.      z    P>|z|     [95% Conf. Interval]
-----------+----------------------------------------------------------------
epay       |
       age | -1.327811    .2290685   -5.80   0.000    -1.776777   -.8788454
    1.male |   -.75291    .2761869   -2.73   0.006    -1.294226   -.2115936
     _cons |  .3164116    .1028507    3.08   0.002      .114828    .5179953
-----------+----------------------------------------------------------------
```

1. 報表「z」欄中，two-tail 檢定下，若 |z| > 1.96，則表示該自變數對依變數有顯著影響力。|z| 值越大，表示該自變數對依變數的關聯性 (relevance) 越高。
2. 二個潛在類別，連續之自變數 age、male 都會影響電子支付 (epay) 之使用率。
3. 在 Class 2 中，age 每增加一單位，電子支付 (epay) 就減少 -1.3278。
4. 類別之自變數 male，男性比女性消費者，電子支付 (epay) 少 -0.753 之使用率 (z = -2.73，P = 0.006 < 0.05)。
5. Logit 係數「 Coef.」欄中，是 log-odds 單位，故不能用 OLS 迴歸係數的概念來解釋。

Step 2 各潛在類別之邊際平均數及邊際機率

```
* estat lcmean 指令印出 Latent class marginal means
. estat lcmean

Latent class marginal means                    Number of obs    =     5,000

------------------------------------------------------------------------
           |             Delta-method
           |    Margin   Std. Err.      [95% Conf. Interval]
-----------+------------------------------------------------------------
1          |
      epay |   .73899   .0660305       .5914023    .8470548
-----------+------------------------------------------------------------
2          |
      epay | .5430699   .0305251       .4829083    .6020008
------------------------------------------------------------------------

* estat lcprob 印出 a table of the marginal predicted latent class probabilities.
```

```
. estat lcprob

Latent class marginal probabilities           Number of obs    =    5,000

--------------------------------------------------------------------
            |              Delta-method
            |     Margin   Std. Err.      [95% Conf. Interval]
------------+-------------------------------------------------------
      Class |
          1 |   .3947846   .1962102     .1153955    .7653588
          2 |   .6052154   .1962102     .2346412    .8846045
--------------------------------------------------------------------
```

1. 潛在 Class 1 $P_{有電子支付}$ ($\mu_1 = 0.738$)。「class 1 機率 π_1」占全體樣本 39.48% 人口比例。有電子支付的機率高於 Class 2。

2. 潛在 Class 2 $P_{有電子支付}$ ($\mu_2 = 0.5431$)。「class 2 機率 π_2」占全體樣本 60.52% 人口比例。

3. 由於 Class 1 $P_{有電子支付}$ 高於 Class 2，故可命名：Class 1 為 e 世代刷卡群；Class 2 為傳統現金群。

4. **Latent variable representation(潛在類別)** 為：

$$p(x) = \sum_{i=0}^{k} \pi_i N(x \mid \mu_k, \Sigma_k) = \sum_z p(z)p(x \mid z)$$

其中，$p(z) = \prod_{k=1}^{K} \pi_k^{z_k}$

$$p(x \mid z) = \prod_{k=1}^{K} N(x \mid \mu_k, \Sigma_k)^{z_k}$$

Step 3 各類的平均值，繪成直方圖

```
* 將各類的平均值，存至 mu1, mu2, mu3 新變數
. predict mu*
(option mu assumed)
* 各類的平均值，繪成直方圖
. twoway(histogram mu1, width(.03)color(navy%25))(histogram mu2, width(.03)
  color(maroon%25)legend(off)title( "二類的預測值" ))
```

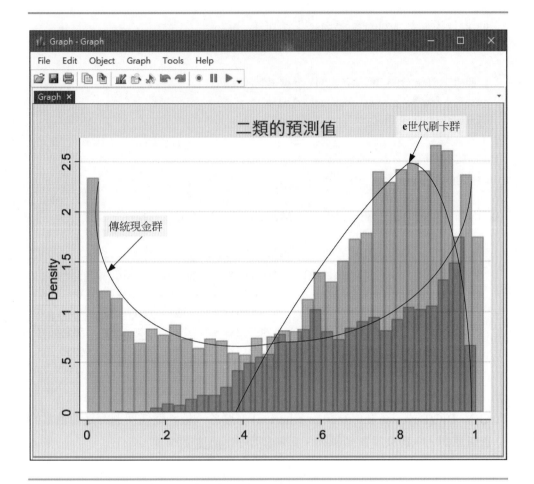

圖 5-43 雙混合模型預測 (電子支付勝算機率) 平均值直方圖二

Step 4 敵對模型，用 **BIC** 值來判定哪個適配度較優？

---

* STaTa v12 版，才須先安裝 fmm 外掛指令；STaTa v15 版已內建十七個「fmm：」估計法

*----- STaTa v15 的 General estimation and regression 如下：--------
* 對照組一：傳統 OLS 迴歸 (單機率模型)
. quietly fmm 1: probit epay age i.male
. estimates store fmm1

* 對照組二：fmm 分成二個潛在類別 (雙機率混合模型)

```
. quietly fmm 2: probit epay age i.male
. estimates store fmm2

* 對照組三 :fmm 分成三個潛在類別 ( 參機率混合模型 )
. quietly fmm 3: probit epay age i.male
. estimates store fmm3

* 求 AIC BIC 值
. estimates stats fmm1 fmm2 fmm3

Akaike's information criterion and Bayesian information criterion

-----------------------------------------------------------------------------
     Model |        Obs  ll(null)  ll(model)       df        AIC        BIC
-----------+-----------------------------------------------------------------
      fmm1 |      5,000         .  -2510.957        3   5027.914   5047.466
      fmm2 |      5,000         .  -2497.288        7   5008.577   5054.197
      fmm3 |      5,000         .  -2495.327        9   5008.654   5067.308
-----------------------------------------------------------------------------
```

1. AIC、BIC(Bayesian information criterion) 亦屬於一種判斷任何迴歸是否恰當的
   資訊準則，一般來說數值越小，迴歸模型的適配越好。

資訊準則 (information criterion)：亦可用來說明模型的解釋能力 (較常用來作
為模型選取的準則，而非單純描述模型的解釋能力)。

(1) AIC (Akaike information criterion)

$$AIC = \ln\left(\frac{ESS}{T}\right) + \frac{2k}{T}$$

(2) BIC (Bayes information criterion) 或 SIC(Schwartz) 或 SBC

$$BIC = \ln\left(\frac{ESS}{T}\right) + \frac{k\ln(T)}{T}$$

(3) AIC 與 BIC 越小，代表模型的解釋能力越好 (用的變數越少，或是誤差平
   方和越小)。

---

2. 根據 AIC 準則，雙 logistic 模型 (AIC = 5008.577) 比單 logistic 模型 (AIC =
   5027.914) 優。但根據 BIC 準則，單 logistic 模型 (BIC = 5047.466) 卻比雙

logistic 模型 (BIC = 5054.197) 優。故本例，可根據理論或文獻回顧，來判定該採哪種模型？

5-6 雙 complementary log-logistic 模型 (fmm 2: cloglog 指令)：電子支付之因素

5-6-1 對數—邏輯斯模型 (complementary log-logistic model)

在機率和統計學中，對數—邏輯 (log-logistic) 分布 (經濟學稱為 Fisk 分布) 是非負隨機變數的連續機率分布。它被用於生存分析，作為參數模型，用於事件發生率先增加後降低的事件，例如：診斷或治療後癌症的死亡率。它也被用於水文學模擬溪流流量和降水量。在經濟學中作為一個簡單的模型分布財富或收入。網絡化建模，考慮網絡和軟體對數據傳輸時間。

對數邏輯斯分布是一個隨機變數的機率分布，其對數具有邏輯分布。它的形狀與對數常態分布相似，但尾巴較重。與對數正常分布不同的是，它的累積分布函數可以寫成封閉的形式。

一、對數—邏輯斯迴歸之特性

有幾種不同的使用分布參數。這裡提出的一個合理可解釋的參數和累積分布函數的簡單形式。參數 $\alpha > 0$ 是尺度參數，也是分布的中位數。參數 $\beta > 0$ 是一個形狀參數。分布是單峰的時候 $\beta > 1$，其 dispersion 隨著 β 降低而增加。

Log-logistic 累積分布函數 (cumulative distribution function is) 是：

$$F(x; \alpha, \beta) = \frac{1}{1 + (x/\alpha)^{-\beta}}$$
$$= \frac{(x/\alpha)^{\beta}}{1 + (x/\alpha)^{\beta}}$$
$$= \frac{x^{\beta}}{\alpha^{\beta} + x^{\beta}}$$

其中，$x > 0, \alpha > 0, \beta > 0$

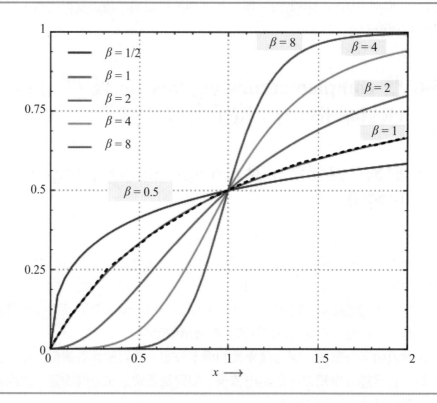

圖 5-44 Log-logistic 的累積分布函數 ($\alpha = 1$ 時)

Log-logistic 的機率密度函數是：

$$f(x;\,\alpha,\,\beta) = \frac{(\beta/\alpha)(x/\alpha)^{\beta-1}}{(1 + (x/\alpha)^{\beta})^2}$$

期望值：$E(X) = \alpha b\,/\,\sin b,\, \beta > 1$

變異數：$\mathrm{Var}\,(X) = \alpha^2(2b\,/\,\sin 2b - b^2\,/\,\sin^2 b)$，$\beta > 2$

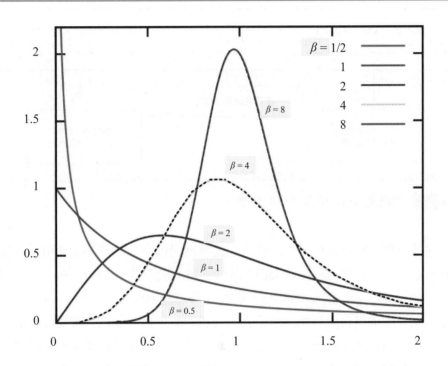

圖 5-45 Log-logistic 的機率密度函數 ($\alpha = 1$ 時)

二、logistic 模型應用領域

1.「財務危機預警模型」

例如：預測客戶未來各時點是否違約 (依變數 Y = 0,1)？此種統計模型需至少具備兩大因素：一要有足夠的危機公司、二要有透明度高且可跨公司 (跨期) 比較的財務報表。

研究對象與研究期間

決定多個變數的加權數值，依此訂出總指標，以客觀、量化的方式建立模型，對未來五年 (預測期〔outcome period〕：M + 1～M + 5) 內的違約機率與違約時點做估計。

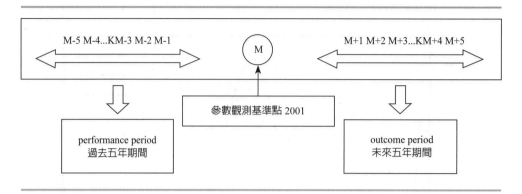

圖 5-46 財務危機預警模型之研究期間

在「財務危機預警模型」統計方法的發展過程中，早期學者使用「單變數分析法」。最早首推 Beaver(1966)，其樣本選取期間為 1954 至 1964 年，選取 79 家破產公司，同時選取非破產公司 79 家作為配對樣本，涵蓋了 39 個不同的產業，每一配對組合屬於相同產業且規模類似的公司，並以企業在失敗前五年的十四種財務變數比率作估計。實證發現，「現金流量／負債總額」是預測企業失敗的最佳指標，「本期淨利／資產總額」、「負債／資產總額」分別為第二及第三重要指標。

區別分析法必須假定變數為常態分布，其結果看不出程度上的差別 (只有違約或不違約)；而 Logit 模型以及 Probit 模型之信用評分方法，就改進了區別分析法對於處理名目變數和分布假定上的缺點，但是仍無法提供金融檢查主管單位在未來不同時點的違約機率 (或存活率)。以醫學領域及精算領域廣為使用的存活分析法為基礎，建立一完整之危機銀行資料進行研究，確認其於實務上的應用性。發展一套建立存活率表 (survival table) 及使用存活率表的方法，使得原本很複雜的存活分析法得以簡易地應用於金融監理與風險預測的操作上。

Ohlson(1980) 是運用 logistic 模型發展財務預警模式的學者。以 1970 年至 1976 年間上市上櫃的製造業資料作為樣本，選取 105 家破產公司，並選出 2,058 家正常公司。共使用九個財務比率，建立三個預測模型，最後萃取出四個財務因素，可用以解釋企業之財務危機，分別為「企業規模」、「財務結構」、「經營績效」、「流動能力」。logistic 模型雖然亦能預測未來一段時間內發生違約的機率，但無法預測接近發生違約的時點，因此容易過早將尚未有違約風險的客戶列為危險客戶，如此容易損失客戶；相較而言，存活分析可以預測出

接近違約的時點，在預測出某客戶在未來的某個時點有高違約風險的情況下，可將之列為觀察對象。區別分析法 (discriminant analysis)、Logit 或 Probit 模型、類神經網路 (neural networks) 及資料探勘 (data mining) 工具中，最為廣泛運用者為區別分析法及 logistic 模型。

2. 藥劑學「劑量—反應」分析

雜草科學研究上，經常使用劑量—反應分析。在除草劑之劑量—反應分析上，已廣泛使用 log-logistic 模式。此模式具有在生物學上有意義的參數，並且可以通過一些統計軟體容易地求解。本篇報告對 log-logistic 模式的理論做介紹，並且使用一組實際的資料來解釋 log-logistic 模式。將嘉磷塞 (glyphosate) 稀釋不同倍，然後施用於玉米種子以及香附子塊根上，實驗進行三天調查其發芽率，結果顯示除草劑嘉磷塞對於玉米種子與香附子塊根的作用位置是相同的。

3. 對數線性二分類迴歸模型

不顯性感染率在公共衛生上是一個重要的指標，是計算感染病原體的個案中，未發生症狀的個案比例。然而，被某種病原體感染的個案所產生的症狀不全然發自於該病原體。此外，當個案同時感染多重病原體時，也不易分辨導致症狀的真正因素。因此，對同時感染多重病原體的個案，很難估計出每一個病原體真正的不顯性感染率。

有人以對數線性二分類迴歸模型為模型套式，其中自變數為研究病原體感染情形，依變數為個案是否發出可觀察症狀 (令發出症狀為 0，未發出症狀為 1)，求出各自變數的迴歸係數之自然指數，即為個案感染該種病原體卻不因此發生症狀的機率，我們稱之為該種病原體的病原體特定不顯性感染率。截距項取自然指數後，即為未感染病原體者維持無症狀的機率，稱之為背景不顯性感染率。

以有人研究的 1,104 名學童中，隨機抽出 600 人為例。發現在估計不顯性感染率情況下，對數線性二分類迴歸模型較一般處理二分類依變數的邏輯斯迴歸模型來得直接且有效，並能清楚分辨出背景因素及病原體因素的影響。在比較以上兩迴歸模型對此研究資料的模型適合度上，兩種模型皆能符合未感染及各種感染情況下有無症狀之實際人數，但對數線性二分類迴歸模型較邏輯斯迴歸模型更能符合觀察數值。

5-6-2 雙「對數—邏輯斯」模型 (complementary log-log model)：電子支付

一、「**fmm: cloglog**」指令語法如下表

Basic syntax	
fmm #: cloglog *depvar* [*indepvars*] [, *options*]	
Full syntax	
fmm # [*if*] [*in*] [*weight*] [, *fmmopts*]: cloglog *depvar* [*indepvars*] [, *options*]	
where # specifies the number of class models.	

options	說明
Model	
noconstant	suppress the constant term
offset (*varname*)	include *varname* in model with coefficient constrained to 1
asis	retain perfect predictor variables

fmmopts	Description
Model	
lcinvariant (*pclassname*)	specify parameters that are equal across classes; default is lcinvariant (none)
lcprob (*varlist*)	specify independent variables for class probabilities
lclabel (*name*)	name of the categorical latent variable; default is lclabel (Class)
lcbase(#)	base latent class
constraints (*constraints*)	apply specified linear constraints
collinear	keep collinear variables
SE/Robust	
vce (*vcetype*)	*vcetype* may be oim, robust, or cluster *clustvar*
Reporting	
level (#)	set confidence level; default is level (95)
nocnsreport	do not display constraints
noheader	do not display header above parameter table
nodvheader	do not display dependent variables information in the header
notable	do not display parameter table
display_options	control columns and column formats, row spacing, line width, display of omitted variables and base and empty cells, and factor-variable labeling
Maximization	
maximize_options	control the maximization process
startvalues (*svmethod*)	method for obtaining starting values; default is startvalues (factor)
emopts (*maxopts*)	control EM algorithm for improved starting values
noestimate	do not fit the model; show starting values instead
coeflegend	display legend instead of statistics

pclassname	說明
cons	intercepts and cutpoints
coef	fixed coefficients
errvar	covariances of errors
scale	scaling parameters
all	all the above
none	none of the above; the default

「fmm: cloglog」指令旨在適配 complementary log-log 迴歸的混合模型 (fits mixtures of complementary log-log regression models)。常見的指令語法如下表：

---

* Mixture of two cloglog regression models of y on x1 and x2
. fmm 2: cloglog y x1 x2

---

* As above, but with class probabilities depending on z1 and z2
. fmm 2, lcprob(z1 z2): cloglog y x1 x2

---

* With robust standard errors
. fmm 2, vce(robust): cloglog y x1 x2

---

* Constrain coefficients on x1 and x2 to be equal across classes
. fmm 2, lcinvariant(coef): cloglog y x1 x2

二、範例：mixture of two complementary log-log regression models, fmm 2: cloglog 指令：電子支付

(一) 問題說明

為了解電子支付之影響因素有哪些？(分析單位：個人)

研究者收集數據並整理成下表，此「epay.dta」資料檔內容之變數如下：

變數名稱	說明	編碼 Codes/Values
結果變數 / 依變數：epay	=1 if electronic payment, =0 cash/check	0,1(binary data)
解釋變數 / 自變數：male	男 =1, 女 =0	0,1(dummy variable)
解釋變數 / 自變數：age	Standardized age	-3.610283~3.835622

(二) 資料檔之內容

「epay.dta」資料檔內容如圖 5-47。

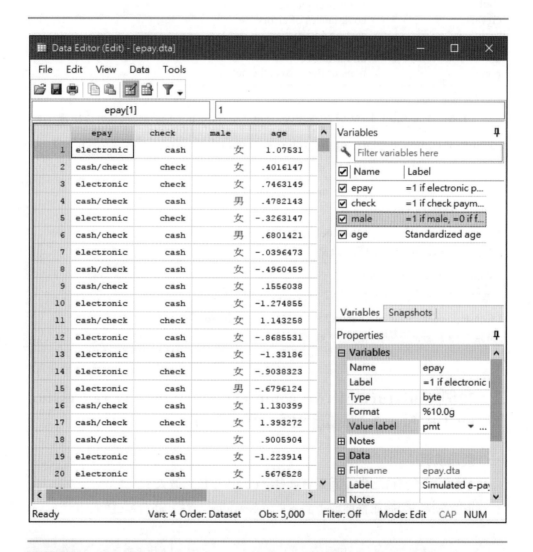

圖 5-47 「epay.dta」資料檔內容 (N=500 個人，潛在類別 (class)=2)

觀察資料之特徵

```
* 開啟資料檔
. webuse epay
(Simulated e-payment data)
. des

Contains data from http://www.stata-press.com/data/r15/epay.dta
  obs:          5,000                          Simulated e-payment data
  vars:             4                          19 May 2017 15:56
  size:        35,000
-------------------------------------------------------------------------
              storage   display    value
variable name  type     format     label     variable label
-------------------------------------------------------------------------
epay           byte     %10.0g     pmt       =1 if electronic payment,
                                             =0 cash/check

check          byte     %9.0g      chk       =1 if check payment, =0 if cash
male           byte     %9.0g                =1 if male, =0 if female
age            float    %9.0g                Standardized age
-------------------------------------------------------------------------
```

```
. webuse epay
(Simulated e-payment data)

*繪依變數散布圖
. twoway(scatter epay age, sort)
```

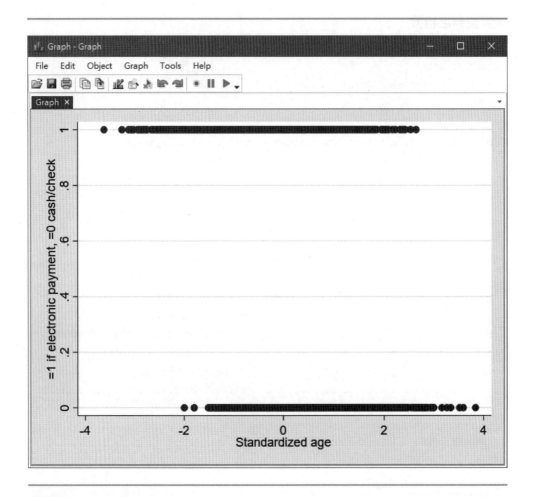

圖 5-48 「twoway(scatter epay age, sort)」繪散布圖

註：Graphics > Histogram

(三) 分析結果與討論

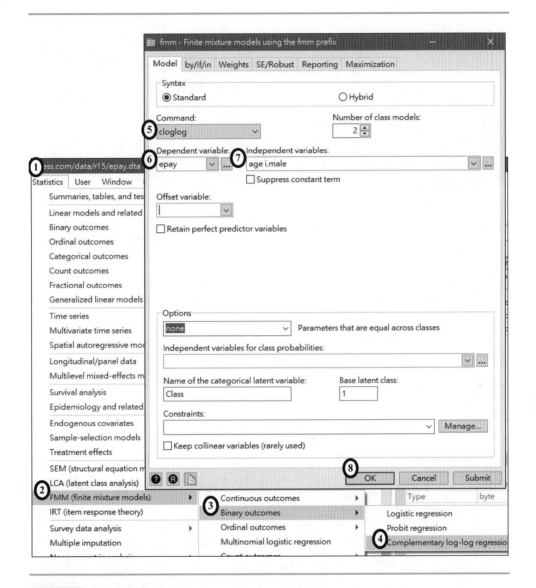

圖 5-49 「fmm 2：cloglog epay age i.male」畫面

註：Finite mixtures of complementary log-log regression models

Step 1 雙 complementary log-log 迴歸分析

```
* 開啟資料檔
. webuse epay
(Simulated e-payment data)

* Mixture of two complementary log-log regression models
. fmm 2: cloglog epay age i.male

Finite mixture model                    Number of obs    =      5,000
Log likelihood = -2497.2377
```

```
-----------------------------------------------------------------------------
             |      Coef.   Std. Err.      z    P>|z|     [95% Conf. Interval]
-------------+---------------------------------------------------------------
1.Class      |  (base outcome)
-------------+---------------------------------------------------------------
2.Class      |
       _cons |   .6710046   1.132193     0.59   0.553    -1.548053    2.890063
-----------------------------------------------------------------------------
```

```
Class           : 1
Response        : epay
Model           : cloglog
```

```
-----------------------------------------------------------------------------
             |      Coef.   Std. Err.      z    P>|z|     [95% Conf. Interval]
-------------+---------------------------------------------------------------
epay         |
         age |  -.6699576   .1413701    -4.74   0.000    -.9470378   -.3928773
      1.male |    .793656   .852435      0.93   0.352    -.8770859    2.464398
       _cons |  -.1611645   .287989     -0.56   0.576    -.7256126    .4032836
-----------------------------------------------------------------------------
```

```
Class           : 2
Response        : epay
Model           : cloglog
```

```
--------------------------------------------------------------------------
           |      Coef.    Std. Err.      z     P>|z|    [95% Conf. Interval]
-----------+--------------------------------------------------------------
epay       |
       age |  -1.275359    .2562888    -4.98    0.000    -1.777676   -.7730426
    1.male |  -1.06851     .4809145    -2.22    0.026    -2.011085   -.1259349
     _cons |   .2526201    .1314592     1.92    0.055    -.0050353    .5102755
--------------------------------------------------------------------------
```

1. 報表「z」欄中，two-tail 檢定下，若 |z| > 1.96，則表示該自變數對依變數有顯著影響力。|z| 值越大，表示該自變數對依變數的關聯性 (relevance) 越高。

2. Logit 係數「Coef.」欄中，是 log-odds 單位，故不能用 OLS 迴歸係數的概念來解釋。

3. 潛在 Class 1 之 logistic 迴歸式 為：

$$Ln\left(\frac{P_{電子支付}}{1-P_{電子支付}}\right) = -0.161 - 0.670 \times age + 0.794 \times (male = 1)$$

$$Ln\left(\frac{P_{電子支付}}{1-P_{電子支付}}\right) = -0.161 - 0.670 \times 年齡 + 0.794 \times 男性嗎$$

其中 (male = 1) 表示若括弧內的判別式成立，則代入 1，若不成立則代入 0。
上列迴歸方程式可解釋為在控制性別的影響後，年齡 (age) 每增加 1 歲，有電子支付的勝算為 0.5117 (= $exp^{-0.670}$) 倍，且達到統計上的顯著差異 (p = 0.000)。在控制年齡 (age) 的影響後，男性 (male) 有電子支付的勝算為女性 2.211 (= $exp^{0.794}$) 倍，但未達到統計上的顯著差異 (p = 0.352)。

Class 2 之 logistic 迴歸式 為：

$$Ln\left(\frac{P_{電子支付}}{1-P_{電子支付}}\right) = 0.253 - 1.275 \times age - 1.069 \times (male = 1)$$

$$Ln\left(\frac{P_{電子支付}}{1-P_{電子支付}}\right) = 0.253 - 1.275 \times 年齡 - 1.069 \times 男性嗎$$

上列迴歸方程式可解釋為在控制性別的影響後，年齡 (age) 每增加 1 歲，有電子支付的勝算為 0.279(= $exp^{-1.275}$) 倍，且達到統計上的顯著差異 (p = 0.000)。在控制年齡 (age) 的影響後，男性 (male) 有電子支付的勝算為女性 0.343 (= $exp^{-1.069}$) 倍，且達到統計上的顯著差異 (p = 0.026)。

```
* 迴歸係數改成 exponentiated coefficients 型式
. estat eform
```

Class   : 1

```
-----------------------------------------------------------------------
             |    exp(b)   Std. Err.      z    P>|z|   [95% Conf. Interval]
-------------+---------------------------------------------------------
epay         |
        age  |  .5117303   .0723433   -4.74   0.000    .3878883    .6751116
     1.male  |  2.211467   1.885132    0.93   0.352    .4159934    11.7564
      _cons  |  .8511521   .2451224   -0.56   0.576    .484028     1.496731
-----------------------------------------------------------------------
```

Class   : 2

```
-----------------------------------------------------------------------
             |    exp(b)   Std. Err.      z    P>|z|   [95% Conf. Interval]
-------------+---------------------------------------------------------
epay         |
        age  |  .2793305   .0715893   -4.98   0.000    .1690305    .4616064
     1.male  |  .34352     .1652037   -2.22   0.026    .1338434    .8816722
      _cons  |  1.287394   .1692399    1.92   0.055    .9949774    1.66575
-----------------------------------------------------------------------
```

Step 2 各潛在類別之邊際平均數及邊際機率

```
* estat lcmean 指令印出 Latent class marginal means
. estat lcmean

Latent class marginal means                    Number of obs    =     5,000

-----------------------------------------------------------------------
             |              Delta-method
             |    Margin   Std. Err.      [95% Conf. Interval]
-------------+---------------------------------------------------------
1            |
```

```
       epay |   .6185879     .054228     .5082689     .7178941
------------+
2           |
       epay |   .6212284    .0276376     .5657564     .6737012
------------+
```

* estat lcprob 印出 a table of the marginal predicted latent class probabilities.
. estat lcprob

```
Latent class marginal probabilities          Number of obs    =     5,000

------------------------------------------------------------------------
            |             Delta-method
            |    Margin    Std. Err.    [95% Conf. Interval]
------------+
      Class |
          1 |  .3382719    .2534347      .052647     .8246324
          2 |  .6617281    .2534347     .1753676      .947353
------------------------------------------------------------------------
```

1.「class 1 平均數 μ_1」：潛在 Class 1 P 有電子支付 (= 0.6186)。「class 1 機率 π_1」占全體樣本 33.83% 人口比例。有電子支付的機率高於 Class 2。

2.「class 2 平均數 μ_2」：潛在 Class 2 P 有電子支付 (= 0.6212)。「class 2 機率 π_2」占全體樣本 66.17% 人口比例。

3. 由於 Class 1 P 有電子支付 高於 Class 2，故可命名 Class 1 為 e 世代刷卡組；Class 2 為傳統現金組。

4. **Latent variable representation(潛在類別)** 為：

$$p(x) = \sum_{i=0}^{k} \pi_i N(x \mid \mu_k, \Sigma_k) = \sum_z p(z)p(x \mid z)$$

其中，$p(z) = \prod_{k=1}^{K} \pi_k^{z_k}$

$$p(x \mid z) = \prod_{k=1}^{K} N(x \mid \mu_k, \Sigma_k)^{z_k}$$

Step 3 各類的平均值，繪成直方圖

```
* 將各類的平均值，存至 mu1, mu2, mu3 新變數
. predict mu*
(option mu assumed)
* 各類的平均值，繪成直方圖
. twoway(histogram mu1, width(.03)color(navy%25))(histogram mu2, width(.03)
  color(maroon%25)legend(off)title("二類的預測值"))
```

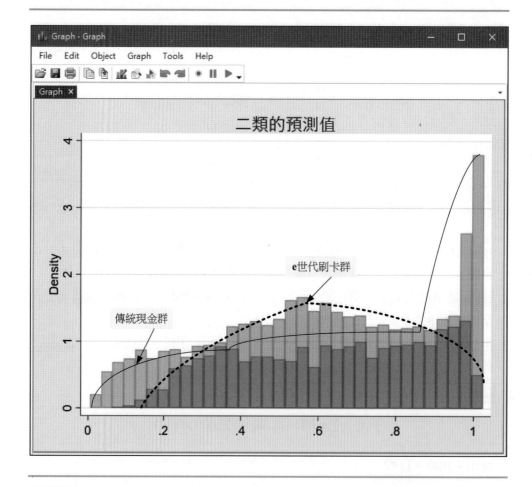

圖 5-50 cloglog 雙混合模型預測之 (電子支付勝算機率) 平均值直方圖

Step 4 敵對模型，用 **BIC** 值來判定哪個適配度較優？

```
* STaTa v12 版，才須先安裝 fmm 外掛指令；STaTa v15 版已內建十七個「fmm：」估計法

*----- STaTa v15 的 General estimation and regression 如下：--------
* 對照組一：Mixture of one complementary log-log regression models
. quietly fmm 1: cloglog epay age i.male
. estimates store fmm1


* 對照組二：Mixture of two complementary log-log regression models
. quietly fmm 2: cloglog epay age i.male
. estimates store fmm2

* 求 AIC BIC 值
. estimates stats fmm1 fmm2

Akaike's information criterion and Bayesian information criterion

---------------------------------------------------------------------
    Model |       Obs   ll(null)  ll(model)     df         AIC        BIC
----------+----------------------------------------------------------
     fmm1 |     5,000          .  -2507.355      3    5020.710   5040.261
     fmm2 |     5,000          .  -2497.238      7    5008.475   5054.096
---------------------------------------------------------------------
```

Chapter

06

有限混合模型：多項 Logit 迴歸 (fmm 開頭 mlogit 等指令)

在迴歸分析中若依變數爲二元類別變數 (binary variable)，例如：手術的兩個結果 (存活或死亡；公司破產或續存)；若以此爲依變數，則二元邏輯斯迴歸模型 (binary logistic regression model) 經常會用來分析；而若反依變數爲超過二元的類別變數，例如：研究者欲探討不同年齡層對睡眠品質重要性的看法，以三分法的李克特量尺 (5-point Likert scale：1. 不重要、2. 中等重要、5. 很重要) 測量個案對睡眠品質重要性的看法，它就是多項 (multinomial) 邏輯斯迴歸。

多項 (multinomial)logit 模型是整個離散選擇模型體系的基礎，在實際中也最爲常用，一方面是由於其技術門檻低、易於實現。

二元依變數、次序、multinomial 依變數的概念比較

在社會科學中，我們想解釋的現象也許是：

1. 二元 / 二分：勝 / 敗、投票 / 不投票、公司破產 / 續存、手術後復發 / 不復發。

   當我們的依變數是二分類，通常以 1 表示我們感興趣的結果 (成功)，以 0 表示另外一個結果 (失敗)。此二元分布稱爲二項分布 (binomial distribution)。此種 logit 迴歸之數學式爲：

   $$\log \left[\frac{P(Y=1)}{1-P(Y=1)} \right] = \beta_0 + \beta_1 X_1$$

   $$\frac{P(Y=1)}{1-P(Y=1)} = e^{\beta_0 + \beta_1 X_1} = e^{\beta_0} (e^{\beta_1})^{X_1}$$

2. 次序 多分 (等第)：例如：滿意度 (從非常不滿～非常滿意)。此四分類的滿意度爲：

   $$P(Y \leq 1) = P(Y=1)$$
   $$P(Y \leq 2) = P(Y=1) + P(Y=2)$$
   $$P(Y \leq 3) = P(Y=1) + P(Y=2) + P(Y=3)$$

非常不滿意	不太滿意	有點滿意	非常滿意
$P(Y=1)$	$P(Y=2)$	$P(Y=3)$	$P(Y=4)$
截距一	截距二	截距三	

$P(Y \le 1)$		$P(Y > 1)$	
$P(Y \le 2)$		$P(Y > 2)$	
$P(Y \le 3)$			$P(Y > 3)$

$$odds = \frac{P(Y \le j)}{P(Y > j)}$$

$$\text{logit}\,[P\,(Y \le 1)] = \log\,[\frac{P(Y=1)}{P(Y>1)}] = \log\,[\frac{P(Y=1)}{P(Y=2)+P(Y=3)+P(Y=4)}]$$

$$\text{logit}\,[P\,(Y \le 2)] = \log\,[\frac{P(Y \le 2)}{P(Y>2)}] = \log\,[\frac{P(Y=1)+P(Y=2)}{P(Y=3)+P(Y=4)}]$$

$$\text{logit}\,[P\,(Y \le 3)] = \log\,[\frac{P(Y \le 3)}{P(Y>3)}] = \log\,[\frac{P(Y=1)+P(Y=2)+P(Y=3)}{P(Y=4)}]$$

$$\text{logit}\,[P(Y \le j)] = \alpha_j - \beta X, j = 1, 2, \cdots, c - 1$$

當 c 有四組，自變數解釋：

$Y \le 1$、$Y \le 2$、$Y \le 3$ 時，他們除對 logit 有影響，此外會有 $c - 1$ 個截距，此模型又稱爲比例勝算 (proportional odds) 模型。

3. 多項邏輯斯迴歸 (multinomial logit) 模型：三個候選人、政黨認同。

基本模型：

$$\log[\frac{P(Y = j)}{P(Y = c)}] = \alpha_j + \beta_j X_1, j = 1,...,c-1$$

例如：三類別宗教傾向 (level = 3 類)：無、道教、佛教。

$$\log\,[\frac{P(Y=1)}{P(Y=3)}] = \alpha_1 + \beta_1 X_1$$

$$\log\,[\frac{P(Y=2)}{P(Y=3)}] = \alpha_2 + \beta_2 X_1$$

6-1 離散選擇模型 (asmprobit、mlogit、fmlogit、bayes: mlogit、mprobit、clogit、asclogit、ologit、logit、xtologit、zip 等指令)

前言

邏輯斯模型 (logit model) 也是離散選擇法模型之一，屬於多項變數分析範疇，是社會學、生物統計學、臨床、數量心理學、計量經濟學、市場行銷等統

計實證分析的常用方法。

類別選擇 (discrete choices) 係由 McFadden(1974) 發展出之理論和實證方法。在 1970 年代以前，經濟理論和計量經濟學的分析都侷限於數值連續的經濟變數 (像消費、所得、價格等)，類別選擇的問題雖然是無所不在，傳統上卻沒有一個嚴謹的分析架構，McFadden 填補了這個空隙，他對類別選擇問題的研究在很短的時間內就發展成為新領域。

個體之離散選擇模型 (discrete choice models, DCM) 廣泛應用於國外的交通運輸及行銷領域，而國內交通運輸領域，也長期以此模型分析個體的運具選擇行為。反觀國內的行銷領域，因較難取得消費者的商品品牌購買紀錄，而鮮少應用個體選擇模型分析消費者的選擇行為，值得大家努力來關注它。

McFadden 對類別選擇問題的分析，認為不論要選的類別是什麼，對每一個類別選擇的經濟個體來說，或多或少都有考量效用 (沒有效用的類別當然不會被考慮)，某一個類別的脫穎而出，必然是因為該類別能產生最高的效用 (utility)。McFadden 將每一個類別的效用分解為兩部分：(1) 受「類別本身的特質」以及「做選擇之經濟個體的特質」所影響之可衡量效用 (V_{rj}^i)；(2) 是一個隨機變數 ε_{rj}^i，它代表所有其他不可觀測的效用。

替選方案的效用 (U_{rj}^i) 可分成兩部分：
1. 可衡量固定效用 (V_{rj}^i)：替選方案可以被觀測的效用。
2. 不可衡量之隨機效用 (ε_{rj}^i)：不可觀測的效用 (誤差)。

也因為效用包含一個誤差之隨機變數 (ε_{rj}^i)，所以每一個類別效用本身也都是隨機的。影響各個類別之可衡量效用 (V_{rj}^i) 值不是固定不變，而是隨機變動的。換句話說，經濟個體不會固定不變只選擇某一類別，最多只能說某個經濟個體選擇某類別的機率是多少，這套想法 McFadden 稱之為「隨機效用模型」(random utility model, RUM)。透過分類 McFadden，大大擴展了效用理論的適用範圍。

McFadden 接著對隨機效用 (ε_{rj}^i) 做出一些巧妙的分布假定，使得選擇各類別的機率 (乃至於整個概似函數) 都可以很簡單的公式表示出來，因此可用標準的統計方法 (最大概似估計法) 將「類別特質」以及「經濟個體特質」對類別選擇的影響估計出來，McFadden 將這種計量模型取名為「條件 logit 模型」(conditional logit model, clogit 指令)，由於這種模型的理論堅實且計算簡單，幾

乎沒有一本計量經濟學的教科書不介紹這種模型以及類似的「多項 logit 模型」
(multinomial logit model; mlogit、nlogit、ologit、rlogit……指令)。

多項 logit 模型雖然好用，但和所有其他的計量模型一樣都有某些限制。多
項 logit 模型最大的限制，在於各個類別必須是獨立互斥且不相互隸屬。因此在
可供選擇的類別中，不能有主類別和次類別混雜在一起的情形。例如：旅遊交
通工具的選擇時，主類別可粗分為航空、火車、公用汽車、自用汽車四大類，
但若將航空類別再依三家航空公司細分出三個次類別而得到總共六個類別，則
多項 logit 模型就不適用，因為航空、火車、公用汽車、自用汽車均屬同一等級
的主類別，而航空公司的區別則是較次要的類別，不應該混雜在一起。在這個
例子中，主類別和次類別很容易分辨，但在其他研究領域中就可能不是那麼容
易分辨，若不慎將不同層級的類別混在一起，則由多項 logit 模型所得到的實證
結果就會有偏誤 (bias)。為解決這個問題，McFadden 除了設計出多個檢定法 (如
LR test for IIA (tau = 1))，來檢查「主從隸屬」問題是否存在外，還發展出一個
較為一般化的「階層多項 logit 模型」(nested multinomial logit model，nlogit 指
令)，不僅可同時處理主類別和次類別，尚保持多項 logit 模型的優點：理論完
整而計算簡單。

McFadden 更進一步的發展出可同時處理類別和連續型經濟變數的混合模
型，並將之應用到家庭對電器類別以及用電量 (連續型變數) 需求的研究上。一
般來說，(1) 當反應變數 (response variable/dependent variable) 是二分類變數，且
相應個體的共變數（covariate variable/independent variable）有一個以上時，對
應的 logistic 迴歸稱為「多變量 logit 模型」；(2) 當反應變數是多分類變數時，
對應的 logistic 模型成為「多項 logit 模型」，這裡多項 logit 模型係指依變數是
多類別的，不只是 (0，1) 這麼簡單。

例如：以問卷收集消費者對三個洗髮精品牌的選擇行為，以個體選擇
模型中的多項邏輯斯模型 (multinomial logit model)、巢狀邏輯斯模型 (nested
multinomial logit model)、混合效果邏輯斯模型 (mixed logit model) 進行分析，檢
驗促銷活動、消費者特性對洗髮精選擇行為的影響。可發現：洗髮精的原價格
及促銷折扣、贈品容量、加量不加價等促銷活動，皆對消費者的選擇行為有顯
著的影響力，其中促銷折扣與贈品容量影響的程度較大，是較具有效果的促銷
活動。而消費者的性別、年齡、職業及品牌更換的頻率，皆影響洗髮精的選擇
行為。消費者若固定選擇自己最常購買的洗髮精，此類型的消費者與其他人的
品牌選擇行為，也有顯著的不同。此外，也發現海倫仙度絲與潘婷間的替代、
互補性較強。

6-1-1 離散選擇模型 (DCM) 概念

一、什麼是離散選擇模型 (discrete choice models, DCM)

離散選擇模型 (DCM)，也叫做基於選擇的聯合分析模型 (choice-based conjoint analysis, CBC)。例如：等級次序邏輯斯迴歸 (rank-ordered logistic regressiono) 可用 rologit 指令。DCM 是一種非常有效且實用的市場研究技術 (Amemiya & Takeshi, 1981)。該模型是在實驗設計的基礎上，透過模擬所要研究產品／服務的市場競爭環境，來測量消費者的購買行為，從而獲知消費者如何在不同產品／服務屬性水準和價格條件下進行選擇。這種技術可廣泛應用於新產品開發、市場占有率分析、品牌競爭分析、市場區隔和定價策略等市場營銷領域。同時離散選擇模型也是處理離散的、非線性定性數據且複雜性高之多項統計分析技術，它採用 multinomial logit model(mlogit、clogit、asclogit……指令) 進行統計分析。這項技術最初是由生物學家發明的，生物學家利用這種方法研究不同劑量 (dose) 殺蟲劑對昆蟲是否死亡的影響 (存活分析指令有 stcox、xtstreg、mestreg 等指令)。

離散選擇模型使得經濟學家能夠對那些理論上是連續的，但在實際中只能偵察到離散值的機率比 (例如：如果一個事件發生則取 1，不發生則取 0) 建立模型 (logit 迴歸分析有：logit、asmixlogit、asclogit、clogit、cloglog exlogistic、fracreg、glm、mlogit、nlogit、ologit、scobit、slogit 等指令)。在研究對私人交通工具提供交通服務需求的模型中，人們只能觀察到消費者是否擁有這一輛汽車 (間斷)，但是這輛汽車所提供的服務量 (連續) 卻是不可觀察的。

離散選擇模型之應用領域如下：

1. 接受介入案例組 (case group) 病人，再與一組吃安慰劑治療的對照組 (control group) 進行對比，觀察某治療法是否成功。STaTa 提供指令為：配對資料的條件邏輯斯迴歸 (clogit 指令)、[Alternative-specific conditional logit(McFadden's choice)](asclogit 指令)。

2. 解釋婦女的工作選擇行為。

3. 選擇某一專業學習。

4. 在一籃子商品中，對某一商品的購買決策。

5. 情境條件下 (e.g. 飢餓行銷)，市場占有率的建模。

6. 根據「回憶者」(表現出來) 的特徵衡量廣告活動的成功。

7. 解釋顧客價值概念 (分類模型)。

8. 顧客滿意度研究 (分類模型)。

二、離散選擇模型的基礎

1. 一般原理

　　離散選擇模型的一般原理爲隨機效用理論 (random utility theory)：假設選擇者有 J 個備選方案 (alternative)，分別對應一定的效用 U，該效用由固定與隨機兩部分加和構成，固定效用 (V^i_{rj}) 能夠被觀測要素 x 所解釋，而隨機部分 ε 代表了未被觀測的效用及誤差的影響。選擇者的策略爲選擇效用最大的備選方案，那麼每個備選方案被選中的機率，可以表示爲固定效用的函數：$P=f(V^i_{rj})$，函數的具體形式取決於隨機效果的分布。在大多數模型設定中，可見效用 V 被表述爲解釋要素 X 的線性組合形式，其迴歸式爲 $V = \beta X$，β 爲係數 (coef.) 向量，其中 β 值和顯著性水準 (z 檢定) 來決定解釋變數的影響力。

2. 應用價值

　　離散選擇模型的應用領域非常廣，市場與交通是最主要兩領域。(1) 市場研究中經典的效用理論和聯合分析 (conjoint analysis) 方法，兩者都和離散選擇模型有直接淵源。透過分析消費者對不同商品、服務的選擇偏好，LR 檢定來預測市場需求。(2) 在交通領域，利用離散選擇模型分析個體層面對目的地、交通方式、路徑的選擇行爲，進而預測交通需求的方法，比傳統的交通單層面的集計方法更具有顯著的優勢，已成爲研究主流。此外，在生醫、社會科學、環境、社會、空間、經濟、教育、心理、行銷廣告等領域的研究常見到。

　　離散選擇模型的主要貢獻有三方面：

(1) 揭示行爲規律。透過對迴歸係數 β 估計值的 (正負) 符號、大小、顯著性的分析，可以判斷哪些要素眞正影響了行爲，其方向和重要程度如何。對於不同類型的人群，還可以比較群組間的差異。

(2) 估計支付意願。一般透過計算其他要素與價格的係數 (coef.) 之比，得到該要素的貨幣化價值，該方法也可推廣到兩個非價格要素上。值得注意的是，有一類研究透過直接向受訪者抛出價格進而徵詢其是否接受的方式，估計個體對物品、設施、政策的支付意願，這種被稱爲意願價值評估 (contingent valuation method, CVM) 的方法，廣泛應用於對無法市場化的資源、環境、歷史文化等的評價，應用案例有 Breffle 等 (1998) 對未開發用地、Treiman 等 (2006) 對社區森林、Báez-Montenegro 等 (2012) 對文化遺

址價值的研究。

(3) 展開模擬分析。一般以「what-if」的方式考察諸如要素改變、政策實施、備選方案增減等造成的前後差異，或是對方案、情景的效果進行前瞻。例如：Yang 等 (2010) 模擬了高鐵進入後對原有交通方式選擇的影響。Müller 等 (2014) 模擬了兩種不同的連鎖店布局方案分別的經濟效益。以上模擬都是在集合層面上進行的，相比之下，個體層面的模擬更加複雜。有的研究基於個體的最大可能選擇，例如：Zhou 等 (2008) 對各地用地功能變更的推演模擬；更多研究是藉助蒙特卡洛 (Monte Carlo) 方法進行隨機抽樣 (bayesmh、simulate、permute、bayestest interval 指令)，例如：Borgers 等 (2005、2006) 分別在巨集觀、微觀尺度下對行人在商業空間中連續空間選擇行為的模擬。

3. **基礎模型形式：多項 logit 模型 (asclogit、nlogit、mi impute mlogit、discrim logistic 等指令)**

多項 logit 模型 (multinomial logit model, MNL; mlogit 指令) 是最簡單的離散選擇模型形式，它設定隨機效用服從獨立的極值分布。有關 mlogit 指令，請見第 5 章。

多項 logit 模型是整個離散選擇模型體系的基礎，在實際中也最為常用，一方面是由於其技術門檻低、易於實現；另一方面也與其簡潔性、穩健、通用性、樣本數低、技術成熟、出錯率少等分不開 (Ye 等人，2014)。雖然 MNL 模型存在固有的理論缺陷 (如假定隨機效用要獨立性)，但在一些複雜問題上採用更加精細化的模型卻很適宜。根據 Hensher 等 (2005) 的看法：前期應以 MNL 模型為框架投入 50% 以上的時間，將有助於模型的整體優化，包括發現更多解釋變數、要素水準更為合理等。可見，MNL 模型儘管較為簡單，但其基礎地位在任何情況下都舉足輕重，應當引起研究者的高度重視。

三、離散選擇模型主要應用 (mlogit 指令為基礎)

離散選擇模型主要用於測量消費者在實際或模擬的市場競爭環境下，如何在不同產品 / 服務中進行選擇。通常是在正交實驗設計的基礎上，構造一定數量的產品 / 服務選擇集合 (choice set)，每個選擇集合包括多個產品 / 服務的輪廓 (profile)，每一個輪廓是由能夠描述產品 / 服務重要特徵的屬性 (attributes) 以及賦予每一個屬性的不同水準 (level) 組合所構成。例如：消費者購買手機的重要屬性和水準，可能包括品牌 (A、B、C)、價格 (2,100 元、19,880 元、3,660

元）、功能 (簡訊、簡訊語音、圖片簡訊) 等。離散選擇模型是測量消費者在給出不同的產品價格、功能條件下是選擇購買品牌 A，還是品牌 B 或者品牌 C，還是什麼都不選擇。離散選擇模型的二個重要假設是：(1) 消費者是根據構成產品 / 服務的多個屬性來進行理解和作選擇判斷；(2) 消費者的選擇行為要比偏好行為更接近現實情況。

又如，臺商根據經濟部投審會所核准的對外投資廠商，其投資區位，若依地主國地緣位置及經濟發展程度規劃，可分為北美洲、歐洲、亞洲已開發國家或新興工業化國家以及大陸與東南亞國家等四大區位。進而探討勞動成本、資金成本、市場大小、基礎建設、及群聚效果在臺商對外直接投資區位的選擇決策中所扮演的角色。

離散選擇模型與傳統的全輪廓聯合分析 (full profiles conjoint analysis) 都是在全輪廓的基礎上，採用分解的方法測量消費者對某一輪廓 (產品) 的選擇與偏好，對構成該輪廓的多個屬性和水準的選擇與偏好，都用效用值 (utilities) 來描述。

定義：聯合分析 (conjoint analysis)

聯合分析法又稱多屬性組合模型，或狀態優先分析，是一種多元的統計分析方法，它產生於 1964 年。雖然最初不是為市場營銷研究而設計的，但這種分析法在提出不久後就被引入市場營銷領域，被用來分析產品的多個特性如何影響消費者購買決策問題。

聯合分析是用於評估不同屬性對消費者的相對重要性，以及不同屬性水平給消費者帶來的效用的統計分析方法。

聯合分析始於消費者對產品或服務（刺激物）的總體偏好判斷（渴望程度評分、購買意向、偏好排序等），從消費者對不同屬性及其水平組成的產品的總體評價（權衡），可以得到聯合分析所需要的資訊。

在研究的產品或服務中，具有哪些特徵的產品最能得到消費者的歡迎。一件產品通常擁有許多特徵如價格、顏色、款式以及產品的特有功能等，那麼在這些特性之中，每個特性對消費者的重要程度如何？在同樣的（機會）成本下，產品具有哪些特性最能贏得消費者的滿意？要解決這類問題，傳統的市場研究方法往往只能作定性研究，而難以作出定量的回答。聯合分析

(conjoint analysis，也譯爲交互分析)，就是針對這些需要而產生的一種市場分析方法。

聯合分析目前已經廣泛應用於消費品、工業品、金融以及其他服務等領域。在現代市場研究的各個方面，如新產品的概念篩選、開發、競爭分析、產品定價、市場細分、廣告、分銷、品牌等領域，都可見到聯合分析的應用。

但是，離散選擇模型與傳統的聯合分析最大區別在於：離散選擇模型不是測量消費者的偏好 (現今有 rologit 指令)，而是獲知消費者如何在不同競爭產品選擇集合中進行選擇。因此，離散選擇模型在定價研究中是一種更爲實際、更有效、也更複雜的技術。具體表現在：

1. 將消費者的選擇置於模擬的競爭市場環境，「選擇」更接近消費者的實際購買行爲 (消費者的選擇)。
2. 行爲要比偏好態度更能反映產品不同屬性和水準的價值，也更具有針對性。
3. 消費者只需做出「買」或「不買」的回答，數據獲得更容易，也更準確。
4. 消費者可以做出「任何產品都不購買」的決策，這與現實是一致的。
5. 實驗設計可以排除不合理的產品組合，同時可以分析產品屬性水準存在交互作用的情況。
6. 離散選擇集能夠較好地處理產品屬性水準個數 (大於 4) 較多的情況。
7. 統計分析模型和數據結構更爲複雜，但可以模擬更廣泛的市場競爭環境。
8. 模型分析是在消費者群體層面，而非個體層面。

離散選擇模型主要採用離散的、非線性的 multinomial logit 統計分析技術，其依變數是消費者在多個可選產品中，選擇購買哪一種產品；而自變數是構成選擇集的不同產品屬性。

目前統計分析軟體主要有 STaTa 及 SAS，兩者均另外提供比例風險迴歸 (proportional hazards regression) 分析。此外，Sawtooth 軟體公司開發了專用的 CBC 市場研究分析軟體 (choice-based conjoint analysis)，該軟體集成了從選擇實驗設計、問卷生成、數據收集到統計分析、市場模擬等離散選擇模型的市場研究過程。

四、離散選擇模型的其他應用

難以相信，至令經濟學的某些領域中，離散選擇模型尚未完全被應用。最早的應用是對交通方式 / 市場的選擇。在選擇交通方式的模型中，要求被調查者

對每天的外出情況進行記錄。記錄的數據包括出發地點和終點、距離、乘車時間、外出支出、被調查者的收人以及乘車之前和下車之後的步行時間。這些數據用來理解交通方式的不同選擇：私家車、公車、火車或其他方式。這些交通方式選擇的統計模型經常被交通部規劃部門採用；例如：這些數據可以用來規劃兩座城市之間新修高速公路的運載能力。

離散選擇模型應用最廣泛，且獲得計量經濟學大突破的，是勞動經濟學領域。研究問題包括：就業、對職業的選擇、參加工會嗎、是否工作、是否尋找工作、是否接受一個職位、是否要加人工會……都是二元選擇問題，它都可以用離散選擇模型建模。在勞動經濟學中，一個多元選擇的例子是：就業、上大學、參軍之間的選擇問題。例如：軍方通過職業路徑選擇模型來評估提供軍事服務的經濟回報，軍方可以通過提高退伍軍人的收人等市場機制來鼓勵參軍。

離散選擇模型還應用於信貸分布 (銀行應該向誰提供貸款)、立法和投票記錄、出生和人口動態變化、企業破產和犯罪行為……。

五、離散選擇模型的相關內容

離散選擇模型，最初是由生物統計學家在研究流行病、病毒以及發病率時發展起來的 (Ben-Akiva, Moshe,1985)。這種存活分析 (stcox 指令) 是被用來為實驗結果建模的，實驗結果通常是以比值的形式衡量 (例如：在施用給定劑量的殺蟲劑後，昆蟲死亡的比例)。這些技術獲得經濟學採用，原因有二：(1) 經濟學家研究的許多變數是離散的或是以離散形式度量的。一個人要麼就業，要麼失業。一家企業即使不知道漲價的具體幅度，也可以聲稱下個月將要漲價。(2) 由於調查問卷題目越來越多，造成被調查者的疲憊。調查問卷上的問題若只是定性反應類型的問題，只提出定性問題，才可提高有效樣本的比例，以及提高受訪者完成提問的準確性。

離散選擇採最大概似法 (maximum likelihood) 來估計，加上電腦統計技術的快速發展、儲存和處理大量數據的能力增強，才可對這些數據的隨機過程進行更精確的統計分析。

離散選擇模型另一重要的影響，在於計畫評估領域，例如：

1. 擴建一座機場將會產生多少新的交通流量？
2. 對撫養未成年兒童的家庭實行稅收減免，是否能使教育投資提高？
3. 地方政府未能平衡一項新的預算，是否會影響其在信貸市場的借貸能力？
4. 顧客喜歡藍色，還是紅色的衣服 / 包裝？

以上規劃技術，無論是公共部門還是私人部門都可應用離散選擇模型來解答這些問題。

有關「離散選擇模型」更精彩介紹，可參考作者《邏輯斯迴歸及離散選擇模型：應用 STaTa 統計》一書。

6-1-2 離散選擇模型 (DCM) 之數學式：以住宅選擇為例

一、離散選擇行為之 logit 延伸模型

由於過去有關住宅選擇的相關文獻 (如 McFadden, 1973) 均指出購屋消費的選擇行為，是屬於個體的離散選擇行為。家戶及住宅供給者必須自某些特定之替選方案中，選取其中最大效用或利益的住宅。因此，近年來利用離散選擇理論 (discrete choice theory) 中的 logit 模型，來建立住宅消費選擇模型的相關文獻越來越多，原因是傳統在消費者決策行為研究的文獻大都使用多屬性效用模型之效果較佳，其最基本假設在於決策者可將其偏好直接以效用函數予以表現，但效用函數是否能真正地反映出消費者對住宅此一特殊產品屬性的偏好，實有相當之爭議。

離散選擇理論之基礎主要來自經濟學的消費者行為及心理學的選擇行為兩個領域，但一般經由消費者行為所導出之理論應用較為廣泛。

Logit 模型乃屬於個體選擇理論之一種應用模型。其通常有兩種用途：(1) 解釋行為與現象，(2) 預測行為與現象。其他 logit 模型的延伸變化模型，包括：

1. 多項 logit 模型 (multinomial logit model, mlogit 指令)，最被廣泛使用。因為其具有簡單的數學架構及容易校估的優勢，但也因為模型有基本假定：方案間的獨立性 (independence of irrelevant alternatives, IIA)，而限制了它的應用。

2. 人們最常被使用的巢狀多項 logit 模型 (nested multinomial logit model, nlogit、melogit meologit、meoprobit、mepoisson……指令)，它是多項 logit 模型的變形。此模型是由 McFadden 的廣義極值模型 (generalized extreme value model, GEV) 所導出，模型中允許同一群組內的方案之效用是不獨立的，但是卻仍受限於同一群組中的方案間具有同等相關性的假定，此點可能與現實的狀況不合。

3. 次序型廣義極值模型 (ordered generalized extreme value)。STaTa 提供 ologit、oprobit、rologit、zioprobit, bayes: heckoprobit、bayes: meologit……等指令。

4. 成對組合 logit 模型 (paired combinational logit)。STaTa 提供 asclogit、clogit、

nlogit、rologit、slogit、bayes: clogit……指令)。

5. 交叉巢狀 logit 模型 (cross-nested logit)。STaTa 提供 bayes: melogit、bayes: meologit 指令。

6. 異質性廣義極值模型 (heteroskedastic extreme value)。STaTa 提供 fracreg、binreg、glm、gmm、hetprobit、ivregress、nl、bayes: glm 等指令。

定義：廣義極端值分布 (generalized extreme value distribution)

一些日常生活中的自然現象，像是洪水、豪雨降雨量、強陣風、空氣汙染等。這些自然現象平常很少能觀察到，但一發生卻又會造成重大災害。那麼要如何計算其發生的機率呢？極端值分布就是用來估算這些現象發生的機率。以下是廣義極端值分布的數學式：

極端值分布有三個參數，分別為位置參數 (location) μ、尺度參數 (scale) σ、形狀參數 (shape) k。

令 X 為一連續隨機變數，若 X 符合極端值分布，其機率密度分布函數 (PDF) 為：

$$f(x) = \begin{cases} \dfrac{1}{\sigma} \exp\left(-\exp\left(-\dfrac{x-\mu}{\sigma}\right) - \dfrac{x-\mu}{\sigma}\right) & if \quad k=0 \\ \dfrac{1}{\sigma} \exp\left[-\left(1 + k\dfrac{x-\mu}{\sigma}\right)^{\frac{-1}{k}}\right]\left(1 + k\dfrac{x-\mu}{\sigma}\right)^{-1-\frac{1}{k}} & for \quad 1 + k\dfrac{x-\mu}{\sigma} > 0, \quad if \quad k \neq 0 \end{cases}$$

例如：有一份記錄英國約克郡 (Yorkshire) 裡 Nidd 河的三十五年來，每年最高水位的資料。

65.08	65.60	75.06	76.22	78.55	81.27	86.93
87.76	88.89	90.28	91.80	91.80	92.82	95.47
100.40	111.54	111.74	115.52	131.82	138.72	148.63
149.30	151.79	153.04	158.01	162.99	172.92	179.12
181.59	189.04	213.70	226.48	251.96	261.82	305.75

圖 6-1 Nidd 河的三十五年來每年最高水位

從直方圖我們可以看到三十五年最高水位的分布情況集中在七十五至一百年之間，但是卻有少數幾年的水位突然高漲 2～3 倍。在這種情況之下，如果用一般的分布去推估水位突然暴漲的機率一定會非常低，因為我們不希望只是因為沒有觀察到就低估它發生的機率。如果套用極端值分布去估計的話，可以推得分布中三個參數的數值分別是 (location) μ = 36.15、尺度參數 (scale) σ = 103.12、形狀參數 (shape) k = 0.32。

我們就能利用這些估計參數來預測下一年最高水位，其水位小於 100 的機率是 0.566，介於 100 到 200 之間的機率是 0.192，超過 200 的機率是 0.242。

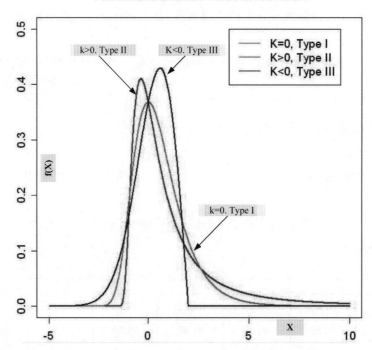

Generalized Extreme Value Distribution

$$f(x) = \begin{cases} \dfrac{1}{\sigma} \exp\left(-\exp\left(-\dfrac{x-\mu}{\sigma}\right) - \dfrac{x-\mu}{\sigma}\right) & if \quad k=0 \\[2ex] \dfrac{1}{\sigma} \exp\left[-\left(1+k\dfrac{x-\mu}{\sigma}\right)^{\frac{-1}{k}}\right]\left(1+k\dfrac{x-\mu}{\sigma}\right)^{-1-\frac{1}{k}} & for \quad 1+k\dfrac{x-\mu}{\sigma} > 0, \quad if \quad k \neq 0 \end{cases}$$

圖 6-2　廣義極端值分布的機率密度函數圖形

次序性廣義極值模型 (OGEV) 是指我們在選擇時會有次序性地作抉擇，可是在唯一的文獻中 (Sma11, 1987) 所做出的結果不如巢狀 logit 模型 (NL)，且與多項 logit 模型無顯著差異。成對組合 logit 模型 (PCL) 允許方案間具有不同的相關程度，可是在方案較多時有不易校估的問題存在。交叉巢狀 logit 模型 (CNL) 及異質性廣義極值模型 (HEV)，同樣具有校估困難的問題。

上述幾種 logit 模型，多數範例會在本書中介紹。

二、Logit 模型之一般化

這裡將介紹住宅租購與區位方案聯合選擇模型，來說明離散選擇行為模型之基本理論及其一般式。離散選擇理論 (discrete choice theory) 導源於隨機效用的概念，認為在理性的經濟選擇行為下，選擇者 (如家戶 i) 必然選擇效用最大化的替選方案 (如住宅區位 j)。假設消費者對住宅選擇，他有 j = 1, 2, …, J 個住宅區位可選擇，每個住宅區位方案又可提供消費者 r = 1, 2(即租屋或購屋) 二種選擇，此消費者選擇某一住宅區位 j 及住宅租購 r 方案之組合 (以下稱為替選方案) 之效用可用 U_{rj}^i 表示；U_{rj}^i 乃替選方案 rj 之屬性 Z_{rj}^i 與消費者 i 之社會經濟特性 S^i 之函數。而替選方案的效用 (U_{rj}^i) 可分成兩部分：

1. 可衡量效用 (V_{rj}^i)，代表替選方案可以被觀測的效用。
2. 隨機效用 (ε_{rj}^i)，代表不可觀測的效用。

另外，替選方案的效用 (U_{rj}^i) 為了方便起見，一般都假設效用函數為線性，以數學式表示如下式：

$$U_{rj}^i(Z_{rj}^i, S^i) = V_{rj}^i(Z_{rj}^i, S^i) + \varepsilon_{rj}^i(Z_{rj}^i, S^i)$$

其中，隨機效用 ε_{rj}^i 除了代表不可觀測的效用之外，尚包括了許多誤差來源，例如：對可衡量效用的誤差、函數指定誤差、抽樣誤差以及變數選定誤差等。對隨機效用作不同的機率分布假設，可以得到不同的選擇模型。在離散選擇理論中，一般常用的機率分布假設為常態分布 (normal distribution) 及 Gumbel 分布。若假設 ε_{rj}^i 呈常態分布，則可以推導出 Probit 模型；若假設 ε_{rj}^i 呈相同且獨立之第一型態極端值分布 (IID, Type I extreme-value distribution) 即 Gumbel 分布，則可以推導出 logit 模型 (Mcfadden, 1973)。由於 Probit 模型無法推導出簡化的計算式，因此不易計算其選擇機率，也因此使得 Probit 模型在實證應用上受到限制。

McFadden(1978) 對極端值分布 (extreme value distribution) 有明確定義，其第一型態極端值分布之累積分布函數 (CDF) 為：

$$F(\varepsilon) = \exp\{-\exp[-\delta(\varepsilon - \eta)]\}, \delta > 0$$

其平均數為 $\{\eta + r/\delta\}$，而變異數為 $(\sigma^2 = \pi^2/6\delta^2)$。其中，$r$ 為尤拉 (Euler) 係數，其值約為 0.577；π 為圓周率，其值約 3.14；而 η 為眾數 (mode)；δ 為離散參數 (dispersion parameter) 或稱為異質係數 (heterogeneity coefficient)，其數值大小恰與變異數 σ^2 之大小相反。當 δ 值趨近極大值時，σ^2 趨近於 0；反之，當 δ 值趨近 0 時，σ^2 趨近於極大值。離散參數在巢式 logit 模型中將可用以檢定包容值的係數是否合理，並可據以驗證模型的巢層結構。

根據上述，假設家戶 (i) 選擇住宅區位 (j) 的機率 P_{rj}^i 取決於該住宅所帶給家戶的效用大小 U_{rj}^i。當住宅區位的效用越大時，該住宅區位被家戶選擇的機率就越大。其數學式表示如下式：

$$P_{rj}^i = P_{rob}(U_{rj}^i > U_{mn}^i), \forall rj \neq mn$$
$$= P_{rob}(V_{rj}^i + \varepsilon_{rj}^i > V_{mn}^i + \varepsilon_{mn}^i), \forall rj \neq mn$$
$$= P_{rob}(\varepsilon_{rj}^i + V_{rj}^i - V_{mn}^i > \varepsilon_{mn}^i), \forall rj \neq mn$$

其中，P_{rj}^i 代表消費者 i 選擇替選方案 r_j 之機率。為了簡潔起見，上標 i 已省略。令 ε 表示向量，而 $F(\varepsilon)$ 表示 ε 之累積機率密度函數，將上式微分後可表示為下式：

$$P_{rj}^i = \int_{-\infty}^{\infty} F_{rj}(\varepsilon_{rj} + V_{rj} - V_{mn})d\varepsilon_{rj}$$

上式中 $F_{rj}()$ 表示函數 F 對 ε_{rj} 微分之一次導數，$\varepsilon_{rj} + V_{rj} - V_{mn}$ 為向量形式，其中 mn 項等於 $\varepsilon_{rj} + V_{rj} - V_{mn}$。對函數之分布作不同假設，即可得出不同的離散選擇模型。以下所要探討之多項 logit 模型 (MNL) 與巢狀多項 logit 模型 (NMNL)，皆可由上式離散選擇模型一般式所導出。

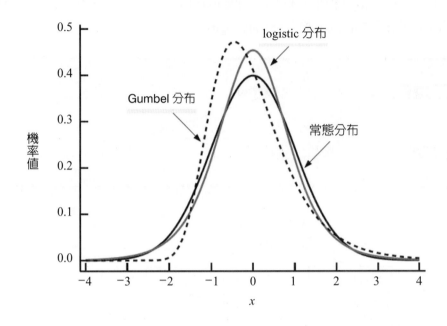

圖 6-3　Gumbel、常態、logistic 密度函數之比較 (其平均數 1，變異數 1)

三、單層次：多項 logit 模型

$$P_{rj}^i = \int_{-\infty}^{\infty} F_{rj}(\varepsilon_{rj} + V_{rj} - V_{mn})d\varepsilon_{rj}$$

若將上式中 ε_{rj}^i 假定獨立且具有相同的極端值分配 (即 Gumbel 分配或第一型極值)，則其數學式如下式：

$$P_{rob}(\varepsilon_{rj} \leq \varepsilon) = \exp[-\exp(-\varepsilon_{rj})]$$

由上式可導出離散選擇模型中，使用最廣之 MNL 模型。因此，選擇第 rj 個方案的機率值 P_{rj} 如下式：

$$P_{rj} = \frac{\exp(\delta V_{rj})}{\sum_{rj \in RJ} \exp(\delta V_{mn})}$$

上式爲多項 logit 模型 (MNL)，如圖 6-4 所示。若當只有兩個替選方案可供選擇時，則稱爲二項 logit 模型 (binary logit)。

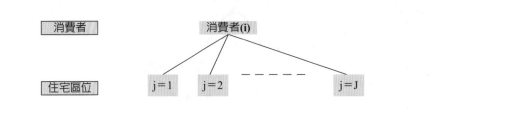

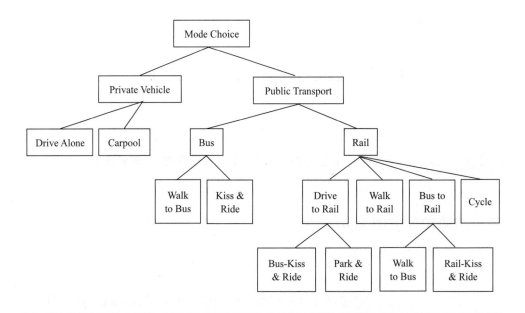

圖 6-4 多項 logit 模型 (上圖)vs. 巢狀模型 (下圖) 之示意圖

由上式，可進一步導出 MNL 模型的一個重要特性。以數學式表示此特性如下式：

$$\frac{P_{rj}}{P_{mn}} = \frac{\exp(\delta V_{rj})}{\exp(\delta V_{mn})} = \exp[(\delta(V_{rj} - V_{mn})]$$

上式即所謂的不相干方案獨立性 (簡稱 IIA 特性)。IIA 特性說明選擇兩替選方案的機率之相對比值 (P_{rj} / P_{mn})，與該兩替選方案效用之差 ($V_{rj} - V_{mn}$) 有關，而與其他替選方案之是否存在無關。對於多項 logit 模型的 IIA 特性的優缺點如下：

優點一：當消費者有新的替選方案可供選擇時，僅須將此新替選方案之效用帶入公式便可，不須重新估計效用函數之參數值。此可由下面二個公式表示：

$$P_{rj} = \frac{\exp(\delta V_{rj})}{\sum\limits_{mn=1}^{MN} \exp(\delta V_{mn})}$$

$$P'_{rj} = \frac{\exp(\delta V_{rj})}{\sum\limits_{mn=1}^{MN+1} \exp(\delta V_{rj})}$$

P_{rj} 為原來選擇替選方案 rj 之機率，P'_{rj} 為加入一新替選方案後選擇替選方案 rj 之機率，由上面二個式子，可看出各替選方案之選擇機率將成等比例減少，但各替選方案間之相對選擇機率則不變。IIA 特性在預測上的優點必須是當效用函數之所有變數皆為共生變數方可行，若效用函數有替選方案特定變數時，因為新方案特定變數之係數值無法決定，將造成顯著之預測誤差。

優點二：與參數的估計有關。當替選方案之數目過多時 (如區位之選擇) 雖然理論上仍可採用 logit 模型，但在實際應用上，蒐集資料所需之時間與成本，以及測定變數參數值之計算時間與成本，將使模型之建立極為困難。由 IIA 特性卻僅抽取所有替選方案中之部分替選方案，理論上其結果將與全部替選方案所求得者相同。

缺點一：為假設各替選方案之間完全獨立，如何決定所謂不同的替選方案即成為一難題。以下將以著名的紅色公車與藍色公車為例說明，假設一旅行者可選擇小汽車或紅色汽車二種替選運具，而此二種運具可衡量部分之效用相同，因此任一運具之被選擇機率將為二分之一。若現在新引進一運具稱為藍色公車，此種公車除顏色外所有屬性皆與紅色公車完全相同，則可知旅行者選擇小汽車、紅色汽車、藍色汽車之機率將均為三分之一。故雖然公車的顏色對旅行者運具選擇之行為並無影響，藉著改變公車的顏色卻可以大大增加公車的搭乘機率，此乃不合理的現象。

由上述得知，在建立多項 logit 模型時，須先確認各替選方案的獨立性，否則所推導的結果會不符合決策者的行為。但在許多實證研究中卻發現，要使

所有替選方案完全獨立是不大可能達成的，因此爲解決此問題，一般有兩種方法。一爲「市場區隔法 (market segmentation)」，即將選擇者按照社會經濟條件先行分類，但一般僅能部分解決各替選方案間非彼此獨立的問題。另一個方法爲「巢狀 logit 模型」，此方法不但最常使用，也可以完全解決 IIA 的問題。以下將介紹巢狀多項 logit 模型的建構過程。

四、巢狀 / 多層次：多項 logit 模型

McFadden(1973) 所推導的巢狀 logit 模型是最常被用來克服不相關替選方案獨立特性 (IIA 特性) 的模型，而多項 logit 模型與巢狀多項 logit 模型之差異主要在於選擇替選方案之機率；前者估算替選方案機率時，各替選方案是同時存在的，而後者是估算連續的機率。另外，巢狀 logit 模型假設選擇決策是有先後順序的過程，並且係將相似的方案置於同一巢，可考慮巢內方案間的相關性。本文以二層巢狀模型爲例說明，擴大到二層以上的情況亦雷同，茲將其模型結構分別說明如下。假設消費者 (i) 選擇住宅的決策程序是先決定租購行爲 (k)，再決定住宅區位 (j)。其結構如圖 6-5 所示，此時，其消費者選擇之效用函數如下式所示：

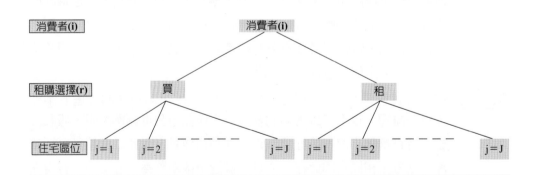

圖 6-5 二層之巢狀住宅選擇之決策結構

$$U_{jr}^i = V_r^i + V_j^i + V_{jr}^i + \varepsilon_r^i + \varepsilon_{jr}^i$$

其中，

V_r^i 代表上巢層各方案之效用，用以衡量房屋租購所帶給消費者 (i) 之可衡量效用。

V_j^i 及 V_{jr}^i 表示下巢層各住宅區位所帶給消費者 (i) 之可衡量效用。

ε_j^i 及 ε_{jr}^i 分別表示上、下巢層之隨機效用。

若假設 δ_j^i 及 δ_{jr}^i 均為相同且獨立之第一型態極端值分配，而上巢層之離散參數為 δ_1，下巢層之離散參數為 δ_2，則住宅租購及住宅區位之聯合選擇機率 (P_{jr}^i) 如下式：

$$P_{jr}^i = P_r^i \times P_{j|r}^i$$

其中，P_r^i 為選擇住宅租購之邊際機率 (marginal probability)，而 $P_{j|r}^i$ 為選擇住宅區位之條件機率 (conditional probability)。兩項機率之計算分別如下列二式：

$$P_{j|r}^i = \frac{\exp[\delta_2(V_j^i + V_{jr}^i)]}{\exp(I_j^i)}$$

$$I_r^i = Ln\left[\sum_{n \in A_r} \exp(\delta_2(V_n^i + V_{nr}^i))\right]$$

而

$$P_r^i = \frac{\exp[\delta_2 V_r^i + (\delta_1/\delta_2)I_r^i)]}{\sum_m \exp[\delta_1 V_m^i + (\delta_1/\delta_2)I_m^i)]}$$

上式 I_r^i 式所計算之 I_r^i，即為第 r 種租購類型之包容值 (inclusive value)。其中，A_r 代表第 r 種租購類型內之住宅區位替選方案的集合。

上式 I_r^i 代入 $P_{j|r}^i$ 式中，即可看出下巢層內之住宅區位選擇皆為多項 logit 模型。其中包容值的係數為 (δ_1/δ_2)，而 δ_1 與 δ_2 分別表示上巢層 (或稱第一巢層) 及下巢層 (或稱第二巢層) 的離散參數 (dispersion parameter)。而由 Gumbel 分布之變異數計算公式，可以得知離散參數又恰與該巢層之效用函數中不可衡量部分 (P_r^i 及 $P_{j|r}^i$) 之變異數呈反向變動關係。

一般合理的巢層結構假設是，上巢層的變異大於下巢層的變異。換言之，若假設住宅租購選擇的內部變異相對較大，而住宅區位選擇的內部變異相對較小，則家戶的決策程序是先選擇住宅租購，再就同一住宅租購選擇下進行住宅區位選擇。基於此假設，則上下層的變異數必然有 $\sigma_1 > \sigma_2$ 的關係。因此，包容值的係數 (δ_1/δ_2) 必然介於 0 與 1 之間，所以可以透過對包容值係數的檢定推論住宅選擇之決策程序，故有下列四種情況產生：

(Case 1) 包容值係數 = 1：則表示上、下巢層之變異數一樣大，所以此巢層 logit

模型可以簡化成爲多項 logit 模型；意即，家戶在選擇住宅租購或住宅區位時無程序上的差別，爲同時決策選擇地。

(Case 2) 包容值係數 = 0：則表示下巢層之變異數遠小於上巢層之變異數，相對之下幾乎可以忽略下巢層之內部變異；意即，下巢層之住宅區位方案彼此間具高度相似性。

(Case 3) 包容值係數 > 1：則表示下巢層之變異數大於上巢層之變異數，因此可以推論上、下巢層的結構可能反置。

(Case 4)1 < 包容值係數 < 0：則表示該所有替選方案集合內之替選方案的確是存在相關性的，此時則適用巢式多項 logit 以解決相關替選方案之非獨立性問題方才適當。

五、Logit 模型估計與檢定

多項及巢式 logit 模型參數的校估方法一般乃採全部資訊最大概似法 (full information maximum likelihood method, FIML 法)，此種方法乃對所有可供選擇的集合中之每一元素加以組合，將每種組合視爲一替選方案，然後找出使對數概似函數值 (log likelihood function) 爲極大之參數值。此二種模型之檢定可分爲模型參數檢定、logit 模型結構檢定、漸進 t 檢定、預測成功率與彈性值檢定五種方法：

(一) 模型參數檢定

有關多項及巢式 logit 模型參數值之估計方法很多，目前使用最廣者爲最大概似估計法 (maximum likelihood method) 與兩階段估計法 (two step estimation) 校估。由此最大概似估計法校估出來之係數值稱爲「最大概似估計值」，其具有一致性 (consistency)、有效性 (efficiency) 及充分性 (sufficiency)，但不一定具有不偏性 (unbiasedness)。不過此偏誤一般將隨著樣本數的增加而迅速減少，因此當樣本數趨於無限大時，最大概似估計值將趨近爲常態分布。

在參數之校估上，利用最大概似估計法直接求出使對數概似函數 (log likehood function) 爲極大值之參數值 α、β 與 σ。如下式所示：

$$\ln L(\alpha,\beta,\sigma) = \sum_{i=1}^{I} \sum_{j=1}^{J} f_{ij} \times \ln P_{ij}(\alpha,\beta,\sigma,X,Y)$$

上式中 i 表示樣本個體；P_{ij} 爲樣本 i 選擇替選方案 j 之機率。

當 $f_{ij} = 1$ 時，指的是所觀測之樣本 i 選擇該替選方案 j，否則 $f_{ij} = 0$。此爲一

階段估計法，又稱爲「充分訊息最大概似估計法 (FIML)」。理論上利用此方法即可求出極大之參數值 α、β 與 σ，但實際上因效用函數不爲線性時，將使估計式極爲困難，因此一般估計上多採用較無效率但估計方式較簡易之部分訊息之兩階段估計法 (two step estimation) 以校估參數。

所謂兩階段估計法，即先估計下巢層之參數，再估計上巢層之參數。因此由上式之對數概似函數，依估計之順序可寫成邊際對數概似函數與條件對數概似函數之和，如下列三式所示：

$$\ln L = \ln L_{邊際} + \ln L_{條件}$$
$$\ln L_{條件}(\alpha) = \sum_i \sum_{l \in k} f_{l|k} \times \ln L_{l|k}(\alpha, X)$$
$$\ln L_{邊際}(\beta, \alpha) = \sum_i \sum_{l \in kl} f_l \times \ln P_l(\alpha, \beta, \sigma, X, Y)$$

其中，l 爲次市場之下的各替選方案，k 爲各次市場，向量 X 表示次市場之下的各替選方案之屬性向量，向量 Y 則表示各次市場的方案屬性向量，α、β 與 σ 則爲待估計之參數向量。同樣地，當 $f_{l|k} = 1$ 時，指所觀測之樣本選擇該替選方案 1，否則 $f_{l|k} = 0$；又 $P_{l|k}$ 爲該樣本選擇替選方案 l 之機率。採用兩階段估計參數之優點在於各階段之效用函數均爲線性，可較容易估出各概似函數之極大參數值。故在多項與巢式 logit 模型中，一般都採用兩階段估計法校估所需之參數值。

另外，評估 logit 模型是否能反映眞實選擇行爲的統計量，主要有「概似比統計量」與「參數檢定」。其中概似比統計量乃以概似比檢定爲基礎，一般最常被用來檢定 logit 模型者爲等占有率模型或市場占有率模型，亦可用來檢定各模型間是否有顯著的不同，以找出最佳模型或是檢定模型所有參數之顯著性等。而參數檢定則針對整個模型所有變數的各參數值作檢定，包含檢定參數之正負號是否符合先驗知識之邏輯，並檢定在某種信賴水準下是否拒絕參數值爲 0 之 t 檢定。

(二) Logit 模型結構檢定

在模型參數校估完成後，必須透過一些統計上的檢定方法來判斷模型的好壞。以最大概似估計法校估參數之模型，常用的統計檢定包括「概似比指標檢定」、「概似比統計量檢定」、「漸進 t 檢定」等。各項說明如下：

1. 概似比指標檢定 (likelihood-ratio index, ρ^2)

在最小平方法中，是以判定係數 (R^2) 來衡量模型之適配度，但在 logit 模型中觀測之選擇機率僅有選擇 ($Y_{ij} = 1$) 或未選擇 ($Y_{ij} = 0$) 兩種情形，而沒有消費者真正的機率，故一般以 ρ^2 來檢定模型之優劣，如下式：

$$\rho^2 = 1 - \frac{\ln L(\hat{\alpha}_k)}{\ln L(0)}$$

其中，

$\ln L(\hat{\alpha}_k)$：參數推估值爲 $\hat{\alpha}_k$ 時之對數概似函數值。

$\ln L(0)$：等市場占有率 (equal share) 模型，即所有參數皆爲 0 時之對數概似函數值。

由於 $\ln L(0)$ 之絕對值較 $\ln L(\hat{\alpha}_k)$ 大，故 ρ^2 永遠介於 0 與 1 之間，而越接近 1 時，表示模型與數據間的適配程度越高。

2. 概似比統計量 (likelihood ratio statistics)

概似比統計量最常被用來作檢定，即爲等占有率模型與市場占有率模型；也就是以概似比檢定爲基礎，來檢定模型所有參數是否均爲 0 的虛無假設。概似比統計量定義如下：

$$\lambda = \frac{L(0)}{L(\hat{\alpha}_k)}$$

其中，$L(0)$：等占有率之概似函數

$L(\hat{\alpha}_k)$：你所測定模型之概似函數

k：變數個數

λ 經過運算，得到統計量如下式：

$$-2\ln\lambda = -2[\ln L(0) - \ln L(\hat{\alpha}_k)]$$

當樣本數很大時，統計量 $(-2\ln\lambda)$ 之數值將會趨近於自由度爲 k 之卡方分配 (Chi-square distribution)，此值稱爲概似比統計量。經查卡方分配表後，可以判斷吾人所測定之模型是否顯著優於等占有率模型，亦即檢定是否所有參數均顯著不爲零之虛無假設。

(三) 漸進 t 檢定 (asymptotict test)

概似比檢定乃針對整個模型之所有參數是否全部爲零作檢定，而漸近 t 檢定

則是對每一參數是否等於零作個別之檢定。對概似函數的二次導數乘上 (−1) 之反函數，即為各參數之變異數—共變異數矩陣 (variance-covariance matrix)，其對角線數值開根號即為各參數值之標準差 (SE_k)。各參數 ($\hat{\alpha}_k$) 之顯著性即由下式之 t 統計量加以檢定：

$$t_{\hat{\alpha}_k} = \frac{\hat{\alpha}_k - 0}{SE_k}$$

(四) 預測成功率 (predicted probabilities) 檢定

評估我們所測定的模型是否能反映選擇行為的一個很簡單的方法，便是看此模型能準確的預測多少的選擇行為。以下分別定義並加以說明：

【定義】

N_{jm}：實際觀測替選方案 j，但模型預測為替選方案 m 之選擇者總數。

N_j：選擇替選方案 j 之選擇者的實際觀測總數。

$\hat{N}_j$：模型所預測選擇替選方案 j 之選擇者總數。

N：選擇者 i 之總數，即 $N = \sum i$。

N_{jj}：模型預測選擇替選方案 j，而實際選擇替選方案 j 之選擇者總數。

---

1. 單位加權 (unit weight)

將各替選方案中被選擇機率最大者的機率為 1，而將選擇者選擇其他方案的機率設定為 0，然後再將加權過的機率相加而得。

2. 機率和 (probability sum)

將各個選擇所選各替選方案的機率直接相加而得。

3. 實際觀測之市場占有率

選擇者 i 選擇替選方案 j 的屬性 (X_{jk}^i) 平均值如下式：

$$\frac{1}{N} \sum_{i=1}^{N} \sum_{j \in C_i} P_j^i \times X_{jk}^i$$

其中，X_{jk}^i 指定為方案 j 之方案特定虛擬變數，即若選擇者選擇方案 j 為 1，其餘則否。當模型設定為飽和模型時，X_{jk}^i 之屬性平均值可以稱為「方案 j 之市場占有率」；若方案有 j 個，最多可指定 $(j - 1)$ 個方案特定虛擬變數。

4. 模型預測之市場占有率

選擇者 i 選擇替選方案 j 的屬性 (X_{jk}^i) 期望值為：

$$\frac{1}{N}\sum_{i=1}^{N}\sum_{j\in C_i}P_j^i \times X_{jk}^i$$

5. 預測成功率 (即判中率)

預測成功率 $=\dfrac{N_{jj}}{\hat{N}_j}$，對所有方案預測成功比率 $=\sum_j \dfrac{N_{jj}}{\hat{N}_j}$，又稱正確預測百分比 (%，correctly predicted)。

(五) 彈性值檢定

有關多項與巢式 logit 模型彈性之公式，如下 (Ben-Akiva & Lerman, 1985)：
直接彈性 (direct elasticity)

$$E_{X_{jk}^i}^{P_j^i} = \left(\frac{\partial P_j^i}{\partial X_{jk}^i}\right)\left(\frac{X_{jk}^i}{P_j^i}\right)$$

上式表示，對任何一位選擇者 i 而言，某特定替選方案 (j) 的效用函數中的某一個變數 (X_{jk}^i) 改變一個百分比時，對於該選擇者 (i) 選擇該特定方案 (j) 的選擇機率 (P_j^i) 改變的百分比。

6-2 單分布之多項邏輯斯模型 (multinominal logit model, MNL)

當依變數為二元的類別變數時，若想作迴歸分析，此時不能再使用一般的線性迴歸，而應該要改用二元邏輯斯迴歸分析。

二元邏輯斯迴歸式如下：

$$\text{logit}\,[\pi(x)] = \log\left(\frac{\pi(x)}{1-\pi(x)}\right) = \log\left(\frac{P(x=1)}{1-P(x=1)}\right) = \log\left(\frac{P(x=1)}{P(x=0)}\right) = \alpha + \beta x$$

公式經轉換為

$$\frac{P(x=1)}{P(x=0)} = e^{\alpha+\beta x}$$

1. 邏輯斯方程式很像原本的一般迴歸線性模式，不同點為現在的依變數變為事件發生機率的勝算比。

2. 因此現在的 β 需解釋為，當 x 每增加一單位時，事件發生的機率是不發生的 $\exp(\beta)$ 倍。

3. 為了方便結果的解釋與理解，一般來說我們會將依變數為 0 設為參照組 (event free)。

一、多項邏輯斯模型 (multinominal logit model, MNL) 概述

多項邏輯斯 (MNL) 是 logit 類模型的基本型式，其效用隨機項 $\varepsilon_{i,q}$ 相互獨立且服從同一 Gumble 極值分布。基於機率理論，J 個選擇項 MNL 模型可以表示如下：

$$P_{i,q} = \frac{\exp(bV_{i,q})}{\sum_{j=i}^{J} \exp(bV_{j,q})} = \frac{1}{1 + \sum_{J \neq 1} \exp(b(V_{J,q} - V_{i,q}))} \quad i = 1, 2, \cdots\cdots J \quad (6\text{-}1)$$

$P_{i,q}$ 是上班者 q 對選擇項 i 的機率，b 是參數。

MNL 模型通過效用函數確定項的計算，就可以獲得個體不同交通工具的選擇機率。通過模型標定，其效用函數的隨機項因素影響已經被表達在參數 b 中。

由於模型概念明確、計算方便，而在經濟、交通等多方面得到廣泛應用。

MNL 模型在應用中也受到某些制約，最大限制在於各種交通方式在邏輯上必須是對等的 (IIA 特性)。如果主要方式和次要方式混雜在一起，所得到的結果就會有誤差。MNL 模型應用中表現的另一點不足是計算機率僅與交通方式效用項差值有關，而與效用值自身大小無關，缺乏方式之間的相對比較合理性。

產生限制或不足的根本原因是 logit 模型在推導中，假定了效用隨機項是獨立分布的 (independent and identical distribution, IID)，但在現實中存在著影響各選擇項效用的共同因素，組成效用項的某個因素發生變化，會引發多種交通方式市場份額的變化，其影響大小可以引用經濟學中的交叉彈性係數來表達。

二、多項邏輯斯模型發展出幾個重要模型

現有 MNL 模型的改進中，常用的有 BCL 模型 (Box-Cox logit)、NL(巢狀) 模型 (nested logit mode1)、Dogit 模型和 BCD 模型 (Box-Cox Dogit)。

BCL 模型對效用項計算進行變換，方式選擇機率計算與效用項的大小有了關聯，也改善了方式之間的合理可比性。

　　NL 模型是對 MNL 的直接改進，它由交通方式的邏輯劃分、結構係數與 MNL 子模型共同構成，由於各種方式之間明確了邏輯關係，子巢內交通方式選擇機率由結構係數控制，因此它緩解了 IIA 問題，是目前應用最為廣泛的模型之一。但巢狀層次結構的構造沒有一定的規則可循，方式劃分的不同帶來計算結果也不盡相同。

　　Dogit 將交通方式選擇劃分為「自由選擇」與「強迫選擇」兩部分，「強迫選擇」方式是交通的基本必要消費 (如上下班、上下學)；「自由選擇」相對為非基本消費，且服從 MNL 模型。Dogit 模型比 MNL 模型減小了交叉彈性係數，改變子選擇項數量對其他選擇枝的機率影響相應減小。此外，每個選擇項的交叉彈性係數可以不同，使得選擇項之間的柔性增加。

　　BCD 模型組合了 BCL 模型的效用確定項計算變換與 Dogit 模型，它同時完成了 BCL 和 Dogit 兩個模型從 IIA 到交叉彈性兩個方面的改進。

三、多項邏輯斯模型的新延伸模型

1. CNL 模型 (cross-nested logit)

　　CNL 模型 (Voshva, 1998) 是 MNL 模型的又一改進模型，為了體現各選擇項之間的相關和部分可替代性，它設有 m 個選擇子巢，允許各選擇項按不同的比例分布到各個結構參數相同的選擇子巢中，其單一選擇項機率可表達為所有被選中的包含該選擇項的子巢機率和子巢內選擇該選擇項機率的乘積和：

$$P_i = \sum_m P_{i/m} \cdot P_m = \sum_m \left[\frac{(\alpha_{im} e^{V_i})^{1/\theta}}{\sum_{j \in N_m} (\alpha_{jm} e_J^v)^{1/\theta}} \cdot \frac{\sum_{j \in N_m} (\alpha_{jm} e_J^v)^{1/\theta}}{\sum_m (\sum_{j \in N_m} (\alpha_{jm} e_i^v)^{1/\theta})^\theta} \right] \tag{6-2}$$

V_i 是 i 選擇項可觀測到的效用值，N 是選擇巢 m 中的選擇項數目，$\theta \in (0, 1)$ 是各巢之間的結構係數，$\alpha_{im} = 1$ 是選擇項 i 分布到 m 巢的份額，對所有 i 和 m 它滿足：

$$\sum_m \alpha_{im} = 1$$

$$P_i = \sum_{J \neq 1} P_{i/ij} \cdot P_{ij} = \sum_{j \neq 1} \left\{ \frac{(\alpha e^{V_i})^{1/\theta_{iJ}}}{(\alpha e^{V_i})^{1/\theta_{ij}} + (\alpha e^{V_J})^{1/\theta_{iJ}}} \cdot \frac{[(\alpha e^{V_i})^{1/\theta_{iJ}} + (\alpha e^{V_J})^{1/\theta_{iJ}}]_{iJ}^\theta}{\sum_{k=1}^{J-1} \sum_{m=k+1}^{J} [(\alpha e^{V_k})^{1/\theta_{km}} + (\alpha e_m^V)^{1/\theta_{km}}]_{km}^\theta} \right\} \tag{6-3}$$

其中，J 為選擇項總數，$\theta \in (0, 1)$ 為每個對的結構參數，$\alpha = \dfrac{1}{j-1}$ 為分布份額參數，表示 i 分布到 (i, j) 對的機率。由於模型子巢是選擇對，兩選擇項之間不同

的交叉彈性、部分可替代性可以充分表達，從而緩解了 IIA 特性。但相同的分布參數值 (這與 CNL 模型可任意比例分布不同) 限制了交叉彈性係數的最大值，也限制了最大相關。

如果改 PCL 結構參數 0 可變，結合 CNL 可變的選擇項分布份額參數，便組成具有充分「柔性」的 GNL 模型 (Wen & Koppelman, 2000)，PCL 和 CNL 模型是 GNL 模型的特例。

2. 誤差異質多項邏輯斯模型 (heteroskedastic multinomial logit, HMNL) 和共變異質多項邏輯斯模型 COVNL 模型 (covariance heterogeneous nested logit)

HMNL 模型 (Swait & Adamowicz, 1996) 從另一個角度，由 MNL 模型發展而來，它保留了 MNL 模型的形式、IIA 特性和同一的交叉彈性，但它允許效用隨機項之間具有相異變異數，它認為不同上班族對效用的感受能力和應對方法是不同的，這種不同可以透過隨機效用項目變異數表達在模型中。不同於 MNL，HMNL 認為不同的上班族感受到的選擇項集合與選擇分類方式是不完全相同的，因此效用可觀測項定義為與選擇項 i 和整個被選擇的交通系統劃分方式 q(即方式選擇的樹形結構) 有關的函數。

E_q 為個人特性 (如收入) 與被選擇系統 (如選擇項數量、選擇項之間的相似程度) 的函數。尺度因數 $\mu(E_q)$ 是表達交通系統組成 (樹形結構) 複雜程度的函數。由於計算機率值受到尺度因數的控制，各選擇項之間就具有了不同相關關係與部分可替代的「柔性」：

$$P_{i,q} = \frac{e^{\mu(E_q)V_{J,q}}}{\sum_{j=1}^{J} e^{\mu(E_q)V_{J,q}}} \tag{6-4}$$

HMNL 模型定義的尺度因數可以確保不同上班族所感受到的不盡相同的交通系統的選擇項之間，有不同的交叉彈性和相關性。

COVNL 模型 (Bhat, 1997) 是一種擴展的巢狀模型，它在選擇巢之間允許有不同變異數，透過結構係數函數化以達到選擇巢之間的相關性和部分可替代性的目的：

$$\theta_{m,q} = F(\alpha + \gamma' \cdot X_q) \tag{6-5}$$

(6-5) 式中，結構係數 $\theta \in (0, 1)$，F 是傳遞函數，X_q 是個人和交通相關的特性向量，α 和 γ' 是需要估計的參數，可根據經驗給定。從模型各選擇項的可變的交叉彈性係數 ($\eta_{X,k}^{P_j} = -\mu(E_q)\beta_k$，$X_{i,k}$, P_j, E_q 可變，交叉彈性可變) 可以看出，選擇

項之間可以存在不同相關關係與柔性的部分可替代性。如果 $\gamma' = 0$，則 COVNL 模型退化為 NL 模型。

四、MNL 模型的發展脈絡與方法

一般認為，MNL 模型隱含了三個假定：效用隨機項獨立且服從同一極值分布 (IID)；各選擇項之間具有相同不變的交叉響應；效用隨機項間相同變異數。這三項假定均不符合交通方式選擇的實際情況，並引發一些謬誤。MNL 模型正是透過改善模型相對比較合理性，緩解或解除一個或多個隱含假定而發展起來的，其改進方法主要包括：

1. 對效用可觀測項計算進行非線性變換，改善單個因素對可觀測效用的邊際影響，提高各選擇項計算機率的相對比較合理性，BCL 模型屬於此類型；另一種途徑是選擇項採用「市場競爭」的思想進行分類與份額分布，從而達到緩解 IIA 特性的目的，此類型包括 Dogit 和 BCD 模型等。

2. 建立「柔性模型結構」，它透過建立樹型巢狀結構、常數或非常數的結構參數以及各選擇項分布到各子巢的份額參數，放寬效用隨機項服從同一分布且相互獨立性，同時也使得各選擇項交叉響應特性按分布差異產生變化。此類模型有 NL、CNL、PCL 和 GNL 模型以及其他的改進型，包括：(1) GenMNL(generalized MNL; Swait, 2000) 模型 (分布參數不可變的 GNL 模型)；(2)fuzzy nest logit(FNL)(Voshva, 1999) 模型 (允許多級子巢嵌套的 GNL 模型)；(3)OGEV fordered generalized extreme value(Small,1987) 模型 (將部分可替代性好的選擇項分布到同一子巢中，透過改變同一個子巢中選擇項的數目、每個子巢中各選擇項分布份額和每個子巢的結構參數，達到各選擇項之間不同水平相關、部分可替代的目的)、(4)PD (principles of differentiation; Bresnahanet al., 1997) 模型，認為同一類相近性質選擇項之間的競爭遠大於不同類選擇項之間的競爭，模型依循多種因素定義了類 (子巢)，並依循每種因素定義了多級水平。它不同於 NL 模型的有序樹形結構，是從一個有別於其他模型的角度建立樹形巢結構，允許不同因素的交叉彈性。

6-3 Multinomial logit 迴歸分析：職業選擇種類 (mlogit 指令)

傳統線性迴歸的迴歸係數 (regression coefficient) 的解釋爲「當自變數增加一個單位，依變數則會增加多少單位」，但是在 logistic regression 的迴歸係數解釋爲「當自變數增加一個單位，依變數 1 相對依變數 0 的機率會增加幾倍」；也就是說「自變數增加一個單位，依變數有發生狀況 (習慣稱爲 event) 相對於沒有發生狀況 (non-event) 的比值」，這個比值就是勝算比 (odds ratio, OR)。我們可以這樣說，除了迴歸係數的解釋方法不太相同之外，基本上可說傳統線性迴歸跟 logistic regression 是一樣的分析。

以上我們提到的是當依變數是二元 (binary) 時的 logistic 迴歸，不過有的時候依變數的類別會超過三類，例如：人格心理學就常常把人格分成「五大人格」，而且這五個人格之間是互斥的 (沒有順序關係)，此時想要「預測」這個人的人格會是哪一種類型的迴歸方法就是多項邏輯模型 (multinomial logistic regression)，它是 logistic regression 的擴充，解釋方法都一樣。唯一不同之處在於要將依變數其中一個類別設爲「參照組」(baseline category / reference group)，假設依變數有三類，那麼迴歸係數解讀爲「當自變數增加一個單位，依變數 A 相對依變數 C 的機率會增加幾倍」，此時依變數 C 爲我們選定的參照組 (分母，或說被比較的那一組)，參照組可隨意設定，因爲結果會完全一樣。

最後要提到的當依變數是順序尺度，例如：「傷病等級」分成三類，但是並非爲等距變數，此時要預測的統計工具可選用比例勝算模型 (odds proportional model) 或累積機率模型 (cumulative probability model)。此時迴歸係數的解讀爲「當自變數增加一個單位，依變數 A 相對依變數 B 與 C 的機率以及依變數 A 與 B 相對依變數 C 的機率會增加幾倍」，所以是一種累積機率的概念，實務上也很常用。

一、範例：multinomial logit 迴歸

本例之「occ 職業別」是屬 nomial 變數，其編碼爲：1= Menial 工作者，2 = BlueCol，3 = Craft，4 = WhiteCol，5 = Prof。這五種職業類別之 codes 意義，並不是「1 分 < 2 分 < 3 分 < 4 分 < 5 分」。因此這種 nomial 依變數，採用 binary logit 與 OLS 迴歸都不太對，故 STaTa 提供「multinomial logit 迴歸」，來分析「多個自變數」對 multinomial 依變數各類別之兩兩對比的勝算機率。

(一) 問題說明

研究者先文獻探討以歸納出影響職業別的遠因，並整理成下表，此「nomocc2_Multinomial_Logit.dta」資料檔之變數如下：

變數名稱	影響職業選擇種類的遠因	編碼 Codes/Values
occ	職業選擇的種類	(1)Menial; (2)BlueCol; (3)Craft; (4)WhiteCol; (5)Prof
white	1. 白人嗎 ? (種族優勢)	1=white; 0=not white
ed	2. 受教育年數	
exper	3 工作經驗的年數	

(二) 資料檔之內容

「nomocc2_Multinomial_Logit.dta」資料檔內容如圖 6-6。

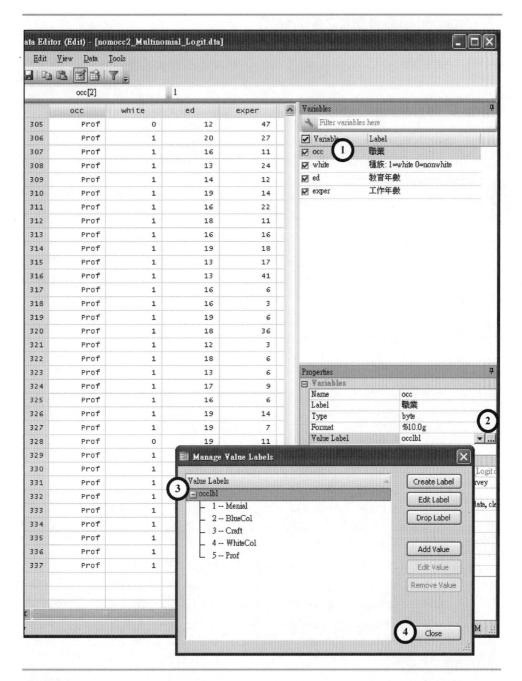

(三) Multinomial logit 迴歸之選擇表操作

Statistics > Categorical outcomes > Multinomial logistic regression

Setp 1. Multinomial logit 迴歸，看三個自變數之預測效果

```
. use nomocc2_Multinomial_Logit.dta
* 職業別 ( 第 1 個類別為比較基準 ) 之 Multinomial Logit 迴歸
. mlogit occ white ed exper, baseoutcome(1)
```

Multinomial logistic regression				Number of obs		=	337
				LR chi2(12)		=	166.09
				Prob > chi2		=	0.0000
Log likelihood = -426.80048				Pseudo R2		=	0.1629

occ	Coef.	Std. Err.	z	P>|z|	[95% Conf. Interval]	
Menial	(base outcome)					
BlueCol						
white	1.236504	.7244352	1.71	0.088	-.1833631	2.656371
ed	-.0994247	.1022812	-0.97	0.331	-.2998922	.1010428
exper	.0047212	.0173984	0.27	0.786	-.0293789	.0388214
_cons	.7412336	1.51954	0.49	0.626	-2.23701	3.719477
Craft						
white	.4723436	.6043097	0.78	0.434	-.7120817	1.656769
ed	.0938154	.097555	0.96	0.336	-.0973888	.2850197
exper	.0276838	.0166737	1.66	0.097	-.004996	.0603636
_cons	-1.091353	1.450218	-0.75	0.452	-3.933728	1.751022
WhiteCol						
white	1.571385	.9027216	1.74	0.082	-.1979166	3.340687
ed	.3531577	.1172786	3.01	0.003	.1232959	.5830194
exper	.0345959	.0188294	1.84	0.066	-.002309	.0715007
_cons	-6.238608	1.899094	-3.29	0.001	-9.960764	-2.516453

```
-----------+------------------------------------------------------------
Prof       |
     white |   1.774306    .7550543     2.35    0.019     .2944273    3.254186
        ed |   .7788519    .1146293     6.79    0.000     .5541826    1.003521
     exper |   .0356509     .018037     1.98    0.048      .000299    .0710028
     _cons |  -11.51833    1.849356    -6.23    0.000     -15.143    -7.893659
```

註：「Z 欄」的 z 值，是指標準常態分布之標準分數。

1. 上述這些自變數所建立 multinomial logit 迴歸式如下：

$$Ln(\frac{P_2}{P_1}) = \beta_0 + \beta_1 X1_i + \beta_2 X2_i + \beta_3 X3_i + \beta_4 X4_i + \beta_5 X5_i + ...$$

$$Ln(\frac{P_{BlueCol}}{P_{Menial}}) = 0.74 + 1.24 \times white - 0.099 \times ed + 0.005 \times exper$$

……

$$Ln(\frac{P_{Prof}}{P_{Menial}}) = -11.5 + 1.77 \times white + 0.779 \times ed + 0.0357 \times exper$$

以 occ = 1(Menial) 為比較基礎，它與「其他四種」職業，是否因為「種族 (white)、學歷高低 (ed)、工作年資 (exper)」而影響呢？multinomial logistic 迴歸分析結果如下：

2. 「Menial vs. BlueCol」職業比較：「種族 (white)、學歷高低 (ed)、工作年資 (exper)」，三者並無顯著影響受訪者，是否擔任「卑微、藍領」工作的機率。

3. 「Menial vs. Craft」職業比較：「種族 (white)、學歷高低 (ed)、工作年資 (exper)」，三者並無顯著影響受訪者，是否擔任「卑微、師傅級工人」工作的機率。

4. 「Menial vs. WhiteCol」職業比較：教育程度 ($z = +3.01$, $p < 0.05$)，表示低教育者多數擔任卑微工作；高學歷多數擔任白領工作的機率是顯著的。可見，要當白領階級，學歷是必要條件。

5. 「Menial vs. BlueCol」職業比較：「種族 (white)、學歷高低 (ed)、工作年資 (exper)」，三者會顯著影響受訪者，是否擔任「卑微、專業人士」工作的機率。可見，在美國求職要找專業工作 (金融分析師、律師、教師、CEO)，除了學歷要高、工作資歷要深外，白人種族優勢仍是必要的關鍵因素。

Setp 2. 以依變數某類別為比較基準，做三個自變數之概似比 (LR) 檢定

再以 occ = 5「專業人士」身分為職業別的比較基準點，本例所進行：概似比 (LR) 檢定、Wald 檢定，結果如下：

```
* 以「occ=5」做為職業別之間的比較基礎
. quietly mlogit occ white ed exp, baseoutcome(5)

* 三個自變數之概似比檢定
. mlogtest, lr

Likelihood-ratio tests for independent variables (N=337)

H0: All coefficients associated with given variable(s) are 0.

            |      chi2    df    P>chi2
------------+------------------------------
      white |     8.095     4     0.088
         ed |   156.937     4     0.000
      exper |     8.561     4     0.073
------------------------------------------

* 三個自變數之 Wald 檢定
. mlogtest, wald

* Wald tests for independent variables (N=337)

H0: All coefficients associated with given variable(s) are 0.

            |      chi2    df    P>chi2
------------+------------------------------
      white |     8.149     4     0.086
         ed |    84.968     4     0.000
      exper |     7.995     4     0.092
------------------------------------------
```

1. 以「專業人士」職業身分為職業別的比較基準點，再與「其他四種」職業做機率比較。經概似比 (likelihood ratio, LR) 檢定結果顯示，「專業人士 vs. 其他四種職業」在學歷 (ed) 方面有顯著機率差別。$\chi^2_{(4)} = 156.937(p < 0.05)$，拒絕「$H_0$：預測變數所有迴歸係數都是 0」，接受 H_1「自變數的迴歸係數有一不為 0」。要成為「專業人士」的機率，係與學歷呈正相關。學歷越高，當選「專業人士」的機率就越高。

2. Wald 檢定，在學歷 (ed) 方面，$\chi^2_{(4)} = 84.968(p < 0.05)$，亦拒絕「$H_0$: All coefficients associated with given variable(s) are 0」，故要成為「專業人士」，高學歷係可顯著提升其當選的機率，即學歷是必要條件之一。

3. mlogit 迴歸之事後檢定，「Likelihood-ratio tests(mlogtest, lr)」及「Wald tests(mlogtest, wald)」兩者都可測出：預測變數之預測效果是否顯著。

Setp 3. 以依變數某類別為比較基準，並與「其他類別」做線性假設之檢定

test 語法：旨在 Test linear hypotheses after estimation

```
test coeflist                        (Syntax 1)
test exp = exp [= ...]               (Syntax 2)
test [eqno]
```

test 選擇表：

```
Statistics > Postestimation > Tests > Test linear hypotheses
```

```
* 以職業別「5=專業人士」為比較基準。做 Multinomial Logit 迴歸，但不印出
. quietly mlogit occ white ed exp, baseoutcome(5)

*「occ=4」白領階級與其他四種職業別做係數檢定
. test  [4]
 ( 1)  [WhiteCol]white = 0
 ( 2)  [WhiteCol]ed = 0
 ( 3)  [WhiteCol]exper = 0


        chi2(  3) =    22.20
      Prob > chi2 =     0.0001
```

在「occ=4」白領階級與其他四種職業別之事後比較，$\chi^2_{(3)} = 22.2(p < 0.05)$，拒絕「$H_0$：種族、學歷、工作資歷三者的迴歸係數為 0」。故種族 (white)、學歷 (ed)、工作資歷 (exper) 三者，是可有效區別「專業人士 vs. 其他四種職業別」的勝算機率。

Setp 4. 自變數每變化一個單位，所造成邊際 (margin) 效果

```
* 限制以 occ=5( 專業人士 ) 為基準，進行 Multinomial Logit 迴歸，quietly 報表不印
  出
.quietly mlogit occ white ed exp, basecategory(5)

* 職業別邊際 (margin) 效果之機率變化
. prchange

mlogit: Changes in Probabilities for occ
```

* 由「非白人轉變白人」，擔任專業人士的機率，平均增加 11.6%

```
white
         Avg|Chg|      Menial      BlueCol       Craft     WhiteCol         Prof
0->1    .11623582   -.13085523    .04981799   -.15973434    .07971004    .1610615
```

*「學歷每增加一年」，擔任專業人士的機率，平均增加 5.895%

```
ed
           Avg|Chg|      Menial      BlueCol       Craft     WhiteCol        Prof
Min->Max  .39242268   -.13017954   -.70077323   -.15010394   .02425591   .95680079
   -+1/2  .05855425   -.02559762    -.0683161   -.05247185   .01250795   .13387768
  -+sd/2   .1640657   -.07129153   -.19310513   -.14576758   .03064777   .37951647
MargEfct  .05894859   -.02579097   -.06870635   -.05287415   .01282041   .13455107
```

*「工作經歷每增加一年」，擔任專業人士的機率，平均增加 0.233%

```
exper
           Avg|Chg|      Menial      BlueCol       Craft     WhiteCol         Prof
Min->Max  .12193559   -.11536534   -.18947365    .03115708   .09478889   .17889298
   -+1/2  .00233425   -.00226997   -.00356567    .00105992    .0016944   .00308132
  -+sd/2  .03253578   -.03167491   -.04966453    .01479983   .02360725   .04293236
MargEfct  .00233427   -.00226997   -.00356571    .00105992   .00169442   .00308134
```

```
            Menial     BlueCol      Craft     WhiteCol        Prof
Pr(y|x)   .09426806   .18419114   .29411051   .16112968   .26630062
```

```
           white        ed      exper
   x=    .916914    13.095    20.5015
 sd_x=   .276423   2.94643    13.9594
```

Setp 5. 繪各預測變數變動一個單位時，當選各職業別之機率變化圖

```
. mlogplot white ed exper, std(0ss) p(.1) min(-.25) max(.5) dc ntics(4)
```

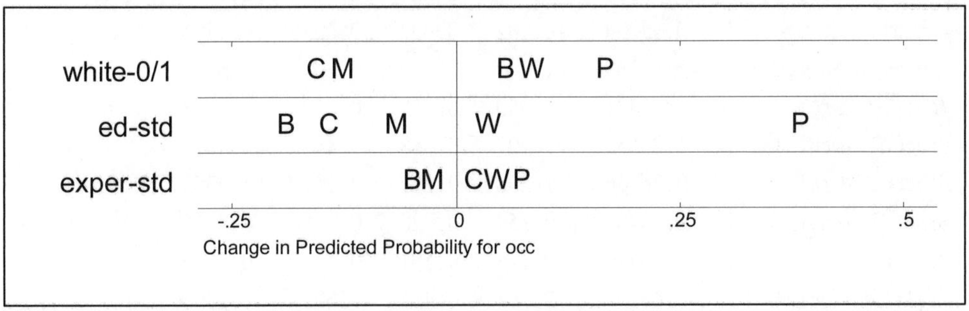

white-0/1	C M	B W P	
ed-std	B C M	W	P
exper-std	BM	CWP	

-.25   0   .25   .5
Change in Predicted Probability for occ

圖 6-7 種族 (white)、學歷 (ed)、工作經驗 (exper) 三者變動一個單位時，當選各職業別之機率變化圖

註：B 為 BlueCol(藍領階級)；C 為 Craft(師傅級工人)；M 為 Menial(低微工人)；P 為 Prof(專業人士)；W 為 WhiteCol(白領階級)

1. White = 0，非白人多數從事 C、M。White = 1，白人多數從事 B、M、P。
2. 學歷在平均數以下者，多數人是從事 B、C、M。學歷在平均數以上者，多數人是從事 W、P。尤其，擔任 Prof(專業人士) 職務，其高學歷遠遠超越其他職業者。
3. 工作資歷在平均數以下者，多數人是從事 B、M。工作資歷在平均數以上者，多數人是從事 C、W、P；但差距不大。

Setp 6. 以「專業人士」占最多比例的白人來說，比較他擔任各行業間之機率

```
. quietly mlogit occ white ed exp, baseoutcome(5)
* 僅以白人來看，列出名目依變數五個群組之間，兩兩係數比較 (3 個自變數對 occ 的勝
  算機率 )
listcoef white

mlogit (N=337): Factor Change in the Odds of occ

Variable: white (sd=.27642268)
```

```
Odds comparing    |
Alternative 1     |
to Alternative 2  |      b        z     P>|z|      e^b     e^bStdX
------------------+---------------------------------------------------
Menial  -BlueCol  |  -1.23650   -1.707   0.088    0.2904   0.7105
Menial  -Craft    |  -0.47234   -0.782   0.434    0.6235   0.8776
Menial  -WhiteCol |  -1.57139   -1.741   0.082    0.2078   0.6477
Menial  -Prof     |  -1.77431   -2.350   0.019    0.1696   0.6123
BlueCol -Menial   |   1.23650    1.707   0.088    3.4436   1.4075
BlueCol -Craft    |   0.76416    1.208   0.227    2.1472   1.2352
BlueCol -WhiteCol |  -0.33488   -0.359   0.720    0.7154   0.9116
BlueCol -Prof     |  -0.53780   -0.673   0.501    0.5840   0.8619
Craft   -Menial   |   0.47234    0.782   0.434    1.6037   1.1395
Craft   -BlueCol  |  -0.76416   -1.208   0.227    0.4657   0.8096
Craft   -WhiteCol |  -1.09904   -1.343   0.179    0.3332   0.7380
Craft   -Prof     |  -1.30196   -2.011   0.044    0.2720   0.6978
WhiteCol-Menial   |   1.57139    1.741   0.082    4.8133   1.5440
WhiteCol-BlueCol  |   0.33488    0.359   0.720    1.3978   1.0970
WhiteCol-Craft    |   1.09904    1.343   0.179    3.0013   1.3550
WhiteCol-Prof     |  -0.20292   -0.233   0.815    0.8163   0.9455
Prof    -Menial   |   1.77431    2.350   0.019    5.8962   1.6331
Prof    -BlueCol  |   0.53780    0.673   0.501    1.7122   1.1603
Prof    -Craft    |   1.30196    2.011   0.044    3.6765   1.4332
Prof    -WhiteCol |   0.20292    0.233   0.815    1.2250   1.0577
------------------------------------------------------------------
```

　　僅以白人在各類職業別 (occ) 的勝算機率來看，白人在「Menial-Prof」、「Craft-Prof」職業別之人口比例，有顯著差異。即白人多數擔任 Prof 工作，非白人多數擔任 Menia、Craft 工作。

6-4 多項邏輯斯迴歸分析：乳房攝影 (mammo-graph) 選擇的因素 (mlogit 指令)

範例：三種乳房攝影 (mammograph) 經驗的影響因素 (mlogit 指令)

(一) 問題說明

為了解三種乳房攝影 (mammograph) 經驗之影響因素有哪些？(分析單位：個人)。

研究者收集數據並整理成下表，此「mammog.dta」資料檔內容之變數如下：

變數名稱	說明	編碼 Codes/Values
結果變數 / 依變數：me	mammograph 乳房攝影經驗	0～2 共三種選擇
解釋變數 / 自變數：hist	有乳腺癌史的母親或姐妹	1～4
解釋變數 / 自變數：sympt	除非出現症狀，否則不需要乳房攝影	5～17
解釋變數 / 自變數：pb	乳房攝影的認知益處	0, 1 (binary data)
解釋變數 / 自變數：hist	有乳腺癌史的母親或姐妹	0, 1 (binary data)
解釋變數 / 自變數：bse	有人教你如何檢查自己的乳房：那是 bse	1～3

(二) 資料檔之內容

「mammog.dta」資料檔內容如圖 6-8。

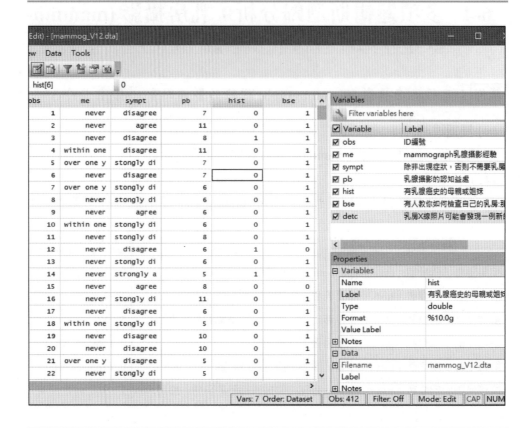

圖 6-8 「mammog.dta」資料檔內容 (N=412 個人)

觀察資料之特徵

```
* 開啟資料檔
. use mammog.dta, clear
. des


. des


Contains data from D:\STaTa (pannel+SEM+MA) 解說 2014\08 mixed logit regres-
sion\CD\mammog_V12.dta
  obs:          412
  vars:           7                              9 Oct 2017 18:07
  size:        23,072
```

```
                storage   display     value
variable name   type      format      label   variable label
------------------------------------------------------------------------
obs             double    %10.0g              ID 編號
me              double    %10.0g      me      mammograph 乳房攝影經驗
sympt           double    %10.0g      sympt   除非出現症狀，否則不需要乳房攝影
pb              double    %10.0g              乳房攝影的認知益處
hist            double    %10.0g              有乳腺癌史的母親或姐妹
bse             double    %10.0g              有人教你如何檢查自己的乳房：那是 bse
detc            double    %10.0g      detc    乳房攝影可能會發現一例新的乳腺癌的
                                              可能性
------------------------------------------------------------------------
```

* 卡方檢定得：卡方 =13.05(p<0.05)
. tab2 me hist, chi2

-> tabulation of me by hist

```
                    | 有乳腺癌史的母親或姐妹
mammograph 乳房攝影 |            f
             經驗   |      0           1 |    Total
--------------------+----------------------+----------
            never   |    220          14 |      234
  within one year   |     85          19 |      104
 over one year ago  |     63          11 |       74
--------------------+----------------------+----------
            Total   |    368          44 |      412

         Pearson chi2(2) =  13.0502   Pr = 0.001
```

(三) 分析結果與討論

Step 1　簡單 multinomial (polytomous) logistic regression

求「hist → me」影響機率。

```
. use mammog.dta, clear

. mlogit me hist

Multinomial logistic regression              Number of obs   =       412
                                             LR chi2(2)      =     12.86
                                             Prob > chi2     =    0.0016
Log likelihood = -396.16997                  Pseudo R2       =    0.0160


------------------------------------------------------------------------------
         me |      Coef.   Std. Err.      z    P>|z|     [95% Conf. Interval]
------------+-----------------------------------------------------------------
never       |  (base outcome) ( 當比較基準點 )
------------+-----------------------------------------------------------------
within_one_year |
       hist |   1.256357   .3746603     3.35   0.001     .5220368    1.990678
      _cons |  -.9509763   .1277112    -7.45   0.000    -1.201286   -.7006669
------------+-----------------------------------------------------------------
over_one_year_ago |
       hist |   1.009332   .4274998     2.36   0.018     .1714478    1.847216
      _cons |  -1.250493   .1428932    -8.75   0.000    -1.530558   -.9704273
------------------------------------------------------------------------------

. estat vce

Covariance matrix of coefficients of mlogit model


             | 1                       | 2
        e(V) |     hist      _cons  |      hist      _cons
-------------+-------------------------+-----------------------
1            |                         |
        hist |  .14037035            |
       _cons | -.01631016   .01631016 |
-------------+-------------------------+-----------------------
2            |                         |
        hist |  .07597403  -.00454545 |  .18275604
       _cons | -.00454545   .00454545 | -.02041847   .02041847
```

1. 上述這些自變數所建立 multinomial logit 迴歸式如下：

$$Ln(\frac{P_2}{P_1}) = \beta_0 + \beta_1 X1_i + \beta_2 X2_i + \beta_3 X3_i + \beta_4 X4_i + \beta_5 X5_i + ...$$

$$Ln(\frac{P_{within\_one\_year}}{P_{never}}) = -0.95 + 1.256 \times hist$$

$$Ln(\frac{P_{over\_one\_year\_ago}}{P_{never}}) = -1.25 + 1.009 \times hist$$

Step 2　簡單 **multinomial (polytomous) logistic regression**

求「detc → me」影響機率。

```
. tab2 me detc, chi2

-> tabulation of me by detc

                      | 乳房攝影可能會發現一例新的乳腺癌的
mammograph 乳房攝影 |            可能性
       的經驗 | not likel  somewhat  very like |   Total
--------------------+---------------------------------+----------
         never |    13        77       144 |    234
within one year |     1        12        91 |    104
over one year ago |   4        16        54 |     74
--------------------+---------------------------------+----------
       Total |    18       105       289 |    412


   Pearson chi2(4) =  24.1481   Pr = 0.000


. mlogit me i.detc

Multinomial logistic regression            Number of obs   =      412
                                           LR chi2(4)      =    26.80
                                           Prob > chi2     =   0.0000
Log likelihood = -389.20054                Pseudo R2       =   0.0333


-------------------------------------------------------------------------
        me |    Coef.   Std. Err.      z    P>|z|    [95% Conf. Interval]
-------------------+-----------------------------------------------------
never      |  (base outcome) 當比較基準點
-------------------+
```

```
within_one_year |
           detc |
              2 |   .7060494   1.083163    0.65   0.515   -1.416911    2.82901
              3 |   2.105994   1.046353    2.01   0.044    .0551794   4.156809
                |
          _cons |  -2.564948   1.037749   -2.47   0.013   -4.598898  -.5309985
------------------+----------------------------------------------------------------
over_one_year_ago |
           detc |
              2 |  -.3925617    .634358   -0.62   0.536   -1.635881   .8507572
              3 |   .1978257   .5936211    0.33   0.739   -.9656503   1.361302
                |
          _cons |  -1.178655   .5717719   -2.06   0.039   -2.299307  -.0580027
------------------------------------------------------------------------------------

. mlogit me i.detc, rrr

Multinomial logistic regression              Number of obs   =      412
                                             LR chi2(4)      =    26.80
                                             Prob > chi2     =   0.0000
Log likelihood = -389.20054                  Pseudo R2       =   0.0333


------------------------------------------------------------------------------------
           me |      RRR    Std. Err.      z    P>|z|    [95% Conf. Interval]
------------------+----------------------------------------------------------------
never         | (base outcome)
------------------+----------------------------------------------------------------
within_one_year |
           detc |
              2 |   2.025972   2.194458    0.65   0.515    .2424618   16.92869
              3 |   8.215268   8.596073    2.01   0.044     1.05673   63.86742
                |
          _cons |   .0769232   .0798269   -2.47   0.013    .0100629   .5880176
------------------+----------------------------------------------------------------
over_one_year_ago |
           detc |
              2 |   .6753247   .4283976   -0.62   0.536    .1947808   2.341419
              3 |    1.21875   .7234758    0.33   0.739    .3807355   3.901269
                |
          _cons |   .3076923   .1759298   -2.06   0.039    .1003283   .9436474
------------------------------------------------------------------------------------
```

1. 卡方檢定結果：$\chi^2_{(4)} = 24.148(p < .05)$，表示「detc → me」有顯著關聯性。

2. 上述這些自變數所建立 multinomial logit 迴歸式如下：

$$Ln(\frac{P_2}{P_1}) = \beta_0 + \beta_1 X1_i + \beta_2 X2_i + \beta_3 X3_i + \beta_4 X4_i + \beta_5 X5_i + ...$$

$$Ln(\frac{P_{\text{within\_one\_year}}}{P_{\text{never}}}) = -2.56 + 0.706 \times (detc = 2) + 2.106 \times (detc = 3)$$

$$Ln(\frac{P_{\text{over\_one\_year\_ago}}}{P_{\text{never}}}) = -1.178 - 0.39 \times (detc = 2) + 0.198 \times (detc = 3)$$

3. 上述這些自變數所建立相對風險比 (RRR) 為：

上列迴歸方程式可解釋為在「無沒有其他解釋變數」的影響下：

(1) 乳房攝影「within_one_year 對 never」：

(detc = 2) 有乳房攝影頻率的相對風險為 (detc = 1)0.675(= $\exp^{0.706}$) 倍，但統計未達顯著的差異 (p = 0.515)。

(detc = 3) 有乳房攝影頻率的相對風險為 (detc = 1)1.219 (= $\exp^{2.106}$) 倍，且統計達到顯著的差異 (p = 0.515)。

(2) 乳房攝影「over_one_year_ago 對 never」：

(detc = 2) 有乳房攝影頻率的相對風險為 (detc = 1)2.025(= $\exp^{-0.392}$) 倍，但統計未達顯著的差異 (p = 0.536)。

(detc = 3) 有乳房攝影頻率的相對風險為 (detc = 1)8.215 (= $\exp^{0.198}$) 倍，但統計未達顯著的差異 (p = 0.739)

Step 3 多元 **multinomial (polytomous) logistic** 迴歸

求「i.sympt pb hist bse i.detc → me」影響機率。

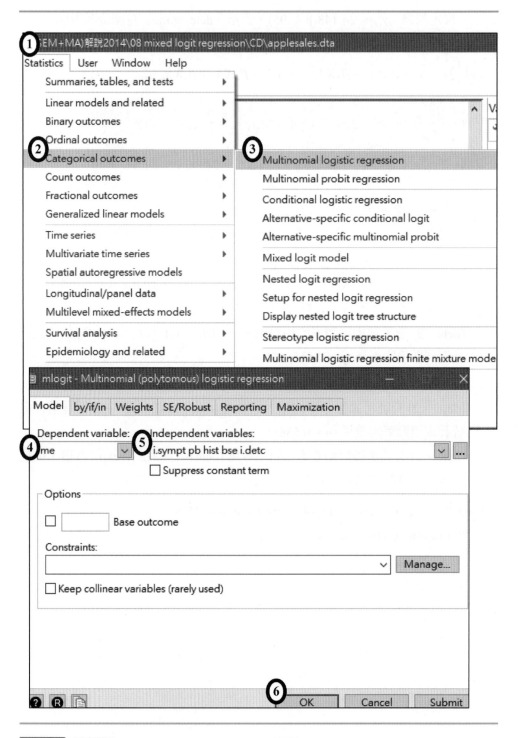

圖 6-9 「mlogit me i.sympt pb hist bse i.detc」畫面

* 符號「i.」宣告為 indicators (dummy variable)

* 因類別自變數 level 超過三個，為搭配虛擬變數「i.sympt i.detc」，故多加「xi:」前置指令

. xi: mlogit me i.sympt pb hist bse i.detc

```
i.sympt          _Isympt_1-4        (naturally coded; _Isympt_1 omitted)
i.detc           _Idetc_1-3         (naturally coded; _Idetc_1 omitted)
```

Multinomial logistic regression

```
                                    Number of obs    =       412
                                    LR chi2(16)      =    111.30
                                    Prob > chi2      =    0.0000
Log likelihood = -346.95096         Pseudo R2        =    0.1382
```

me	Coef.	Std. Err.	z	P>|z|	[95% Conf. Interval]
never	(base outcome)				
within_one_year					
_Isympt_2	.1100371	.9227608	0.12	0.905	-1.698541 1.918615
_Isympt_3	1.924708	.7775975	2.48	0.013	.4006448 3.448771
_Isympt_4	2.456993	.7753323	3.17	0.002	.9373692 3.976616
pb	-.2194368	.0755139	-2.91	0.004	-.3674413 -.0714323
hist	1.366239	.4375196	3.12	0.002	.5087162 2.223762
bse	1.291666	.529891	2.44	0.015	.2530991 2.330234
_Idetc_2	.0170196	1.161896	0.01	0.988	-2.260255 2.294294
_Idetc_3	.9041367	1.126822	0.80	0.422	-1.304393 3.112666
_cons	-2.998748	1.53922	-1.95	0.051	-6.015564 .0180672
over_one_year_ago					
_Isympt_2	-.2900834	.6440636	-0.45	0.652	-1.552425 .972258
_Isympt_3	.8173135	.5397921	1.51	0.130	-.2406597 1.875287
_Isympt_4	1.132239	.5476704	2.07	0.039	.0588251 2.205654
pb	-.1482068	.0763686	-1.94	0.052	-.2978866 .0014729
hist	1.065437	.459396	2.32	0.020	.165037 1.965836
bse	1.052144	.5149894	2.04	0.041	.0427837 2.061505
_Idetc_2	-.9243929	.7137382	-1.30	0.195	-2.323294 .4745083
_Idetc_3	-.6905329	.6871078	-1.00	0.315	-2.037239 .6561736

```
      _cons |  -.9860912   1.111832    -0.89   0.375    -3.165242   1.193059
-------------------------------------------------------------------------------
```

1. 當類別自變數的 level 超過三個，為搭配虛擬變數「i. 某變數名」，要多加「xi:」前置指令，報表才會在該變數前多加「_I」符號。

2. 上述這些自變數所建立 multinomial logit 迴歸式如下：

$$Ln(\frac{P_2}{P_1}) = \beta_0 + \beta_1 X1_i + \beta_2 X2_i + \beta_3 X3_i + \beta_4 X4_i + \beta_5 X5_i + ...$$

$$
\begin{aligned}
Ln(\frac{P_{\text{within\_one\_year}}}{P_{\text{never}}}) = & -2.99 + 0.11 \times (\text{sympt} = 2) + 1.92 \times (\text{sympt} = 3) \\
& + 2.46 \times (\text{sympt} = 4) - 0.22 \times \text{pb} + 1.37 \times \text{hist} + 1.29 \times \text{bse} \\
& + 0.017\,(\text{detc} = 2) + 0.90\,(\text{detc} = 3)
\end{aligned}
$$

$$
\begin{aligned}
Ln(\frac{P_{\text{over\_one\_year\_ago}}}{P_{\text{never}}}) = & -0.98 - 0.29 \times (\text{sympt} = 2) + 0.82 \times (\text{sympt} = 3) \\
& + 1.13 \times (\text{sympt} = 4) - 0.15 \times \text{pb} + 1.07 \times \text{hist} + 1.05 \times \text{bse} \\
& - 0.92\,(\text{detc} = 2) - 0.69\,(\text{detc} = 3)
\end{aligned}
$$

3. over_one_year_ago 對 never 乳房攝影經驗，_I sympt 的係數有半數未達顯著水準，可能是 sympt 四個分類太多 level，故它再簡化成二個分類 (存至 symptd)。

Step 4　sympt 四個分類簡化成二個分類 (存至 symptd)

　　求「symptd pb hist bse i.detc → me」影響機率。

```
. gen symptd = .
(412 missing values generated)

. replace symptd = 0 if sympt == 1 | sympt == 2
(113 real changes made)
. replace symptd = 1 if sympt == 3 | sympt == 4

* 因類別自變數 level 超過三個，為搭配虛擬變數「i.detc」，故多加「xi:」前置指令
. xi: mlogit me symptd pb hist bse i.detc
i.detc          _Idetc_1-3              (naturally coded; _Idetc_1 omitted)

Multinomial logistic regression                  Number of obs  =        412
```

```
                                      LR chi2(12)     =      107.70
                                      Prob > chi2     =      0.0000
Log likelihood = -348.74797           Pseudo R2       =      0.1338


-----------------------------------------------------------------------------
          me |     Coef.    Std. Err.      z     P>|z|    [95% Conf. Interval]
-------------+---------------------------------------------------------------
never        |  (base outcome)
-------------+---------------------------------------------------------------
within_one_year |
      symptd |   2.09534    .4573975     4.58    0.000    1.198857    2.991822
          pb |  -.2510121   .0729327    -3.44    0.001   -.3939575   -.1080667
        hist |   1.293281   .4335351     2.98    0.003    .4435674    2.142994
         bse |   1.243974   .5263056     2.36    0.018    .2124338    2.275514
    _Idetc_2 |   .0902703   1.161023     0.08    0.938   -2.185293    2.365834
    _Idetc_3 |   .9728095   1.126269     0.86    0.388   -1.234638    3.180257
        _cons |  -2.703744   1.434412    -1.88    0.059   -5.515141    .1076526
-------------+---------------------------------------------------------------
over_one_year_ago |
      symptd |   1.121365   .3571979     3.14    0.002    .4212696    1.82146
          pb |  -.1681062   .0741724    -2.27    0.023   -.3134815   -.0227309
        hist |   1.014055   .4538042     2.23    0.025    .1246152    1.903495
         bse |   1.02859    .5139737     2.00    0.045    .0212204    2.03596
    _Idetc_2 |  -.9021328   .7146177    -1.26    0.207   -2.302758    .4984923
    _Idetc_3 |  -.6698223   .687579     -0.97    0.330   -2.017452    .6778078
        _cons |  -.9987677   1.071963    -0.93    0.351   -3.099777    1.102242
-----------------------------------------------------------------------------
```

1. sympt 四個分類簡化成二個分類 (存至 symptd)，再預測 me 依變數，其迴歸係數都達到顯著，成效不錯。

2. 由於 detc 的係數都未達顯著，故下一步就刪除它。因此，「**symptd** pb hist bse i.detc」這五個自變數就簡化成「**symptd** pb hist bse」四個自變數，如下。

Step 5 **Multinomial (polytomous) logistic regression**：快逼近最終模型

　　求四個自變數「**symptd** pb hist bse → me」影響機率，直到所有解釋變數的迴歸係數都達顯著為止。

```
. mlogit me symptd pb hist bse

Multinomial logistic regression                 Number of obs   =        412
                                                LR chi2(8)      =      99.16
                                                Prob > chi2     =     0.0000
Log likelihood = -353.01904                     Pseudo R2       =     0.1231


-------------------------------------------------------------------------------
          me |      Coef.   Std. Err.      z    P>|z|     [95% Conf. Interval]
-------------+-----------------------------------------------------------------
never        |  (base outcome)
-------------+-----------------------------------------------------------------
within_one_year |
      symptd |   2.230428   .4519582     4.94   0.000     1.344606     3.11625
          pb |  -.2825439   .071349     -3.96   0.000    -.4223855   -.1427024
        hist |    1.29663   .4293032     3.02   0.003     .4552112    2.138049
         bse |    1.22096   .5210419     2.34   0.019     .1997363    2.242183
        _cons |  -1.788764   .8470717    -2.11   0.035    -3.448994   -.1285338
-------------+-----------------------------------------------------------------
over_one_year_ago |
      symptd |   1.153122   .3513753     3.28   0.001      .464439    1.841805
          pb |  -.1577922   .0711783    -2.22   0.027     -.297299   -.0182853
        hist |   1.061324   .4526774     2.34   0.019     .1740928    1.948556
         bse |   .9603821   .5072023     1.89   0.058    -.0337162     1.95448
        _cons |   -1.74214   .8086823    -2.15   0.031    -3.327128    -.157152
-------------------------------------------------------------------------------
```

Step 6 **multinomial (polytomous) logistic 迴歸之最終模型**

    自變數再加一個 _Idetc_3，並求五個自變數「symptd pb hist bse detcd → me」影響機率，直到所有解釋變數的迴歸係數都達顯著為止。

```
. rename  _Idetc_3 detcd

. mlogit me symptd pb hist bse detcd

Multinomial logistic regression                 Number of obs   =        412
                                                LR chi2(10)     =     106.07
```

```
                                      Prob > chi2     =      0.0000
Log likelihood = -349.5663            Pseudo R2       =      0.1317


---------------------------------------------------------------------
            me |    Coef.    Std. Err.      z     P>|z|    [95% Conf. Interval]
---------------+-----------------------------------------------------
never          |    (base outcome)
---------------+-----------------------------------------------------
within_one_year|
        symptd |  2.094749   .4574301     4.58   0.000    1.198203    2.991296
            pb | -.2494746    .072579    -3.44   0.001   -.3917268   -.1072223
          hist |  1.309864   .4336022     3.02   0.003    .4600194    2.159709
           bse |  1.237011    .525424     2.35   0.019    .2071989    2.266823
         detcd |  .8851838   .3562378     2.48   0.013    .1869705    1.583397
         _cons | -2.623758   .9263963    -2.83   0.005   -4.439461   -.8080544
---------------+-----------------------------------------------------
over_one_year_ago |
        symptd |  1.127417   .3563621     3.16   0.002    .4289601    1.825874
            pb | -.1543182   .0726206    -2.12   0.034    -.296652   -.0119845
          hist |  1.063179   .4528412     2.35   0.019    .1756262    1.950731
           bse |  .9560103   .5073366     1.88   0.060   -.0383512    1.950372
         detcd |  .1141572   .3182122     0.36   0.720   -.5095273    .7378416
         _cons | -1.823882   .8550928    -2.13   0.033   -3.499833   -.1479305
---------------------------------------------------------------------
```

1. 最終模型：上述五個自變數所建立 multinomial logit 迴歸式如下：

$$Ln(\frac{P_2}{P_1}) = \beta_0 + \beta_1 X1_i + \beta_2 X2_i + \beta_3 X3_i + \beta_4 X4_i + \beta_5 X5_i + ...$$

$$Ln(\frac{P_{within\_one\_year}}{P_{never}}) = -2.62 + 2.09 \times (\textbf{symptd}) - 0.25 \times pb + 1.31 \times hist$$
$$+ 1.24 \times bse + 0.89 \times \textbf{detcd}$$

$$Ln(\frac{P_{over\_one\_year\_ago}}{P_{never}}) = -1.82 + 1.13 \times (\textbf{symptd}) - 0.15 \times pb + 1.06 \times hist$$
$$+ 0.96 \times bse + 0.11 \times \textbf{detcd}$$

6-5 多項機率迴歸分析 (multinomial probit regression)：三種保險的選擇 (mprobit 指令)

---

mprobit 指令的概似函數，係假定 (assmuption) 在所有決策單位面臨相同的選擇集 (choice set)，即數據中觀察的所有結果 (all decision-making units face the same choice set, which is the union of all outcomes observed in the dataset.)。如果模型不考慮要符合此假定，那麼可使用 asmprobit 命令。

範例：多項機率迴歸 (multinomial probit regression)(mprobit 指令)

(一) 問題說明

為了解三種保險計畫之影響因素有哪些？(分析單位：個人)

研究者收集數據並整理成下表，此「sysdsn1.dta」資料檔內容之變數如下：

變數名稱	說明	編碼 Codes/Values
結果變數 / 依變數：insure	三種保險選擇	1~3
解釋變數 / 自變數：age	NEMC(ISCNRD-IBIRTHD)/365.25	18.11~86.07 歲
解釋變數 / 自變數：male	男性嗎	0,1(binary data)
解釋變數 / 自變數：nonwhite	白人嗎	0,1(binary data)
解釋變數 / 自變數：site	地區	1~3

有效樣本為 616 位美國心理抑鬱症患者 (Tarlov et al., 1989; Wells et al., 1989)。患者可能有賠償 (服務費用) 計畫或預付費計畫，如 HMO，或病人可能沒有保險。人口統計變數包括 age, gender, race 及 site。賠償 (indemnity) 保險是最受歡迎的替代方案，故本例中之 mprobit 指令內定選擇它作為比較基本點。

(二) 資料檔之內容

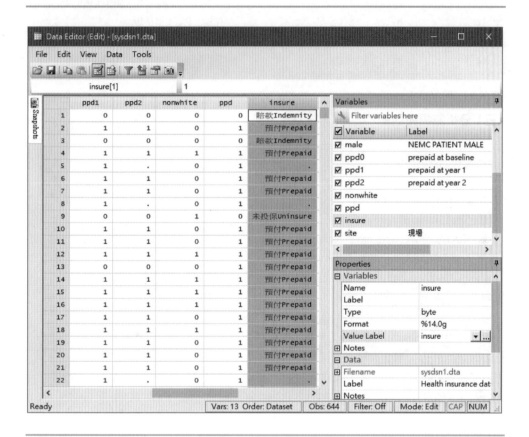

圖 6-10 「sysdsn1.dta」資料檔內容 (N=644 保險受訪人)

觀察資料之特徵

```
* 開啟資料檔
. webuse sysdsn1

. des insure age male nonwhite site


              storage   display    value
variable name   type    format     label     variable label
-----------------------------------------------------------------------------
```

```
insure          byte    %14.0g          insure
age             float   %10.0g                          NEMC(ISCNRD-IBIRTHD)/365.25
male            byte    %8.0g                           NEMC PATIENT MALE
nonwhite        float   %9.0g
site            byte    %9.0g                           現場
```

(三) 分析結果與討論

```
. webuse sysdsn1

* 符號「i.」宣告為 Indications(dummies)
* 適配 multinomial probit model
. mprobit insure age male nonwhite i.site
Multinomial probit regression                  Number of obs    =       615
                                               Wald chi2(10)    =     40.18
Log likelihood = -534.52833                    Prob > chi2      =    0.0000


------------------------------------------------------------------------------
      insure |      Coef.   Std. Err.      z    P>|z|     [95% Conf. Interval]
-------------+----------------------------------------------------------------
```

賠款 Indemnity | (base outcome)(level=1) 當比較基準點

```
-------------+----------------------------------------------------------------
```

預付 Prepaid |

```
         age | -.0098536   .0052688    -1.87   0.061    -.0201802    .000473
        male |  .4774678   .1718316     2.78   0.005     .1406841   .8142515
    nonwhite |  .8245003   .1977582     4.17   0.000     .4369013   1.212099
             |
        site |
           2 |  .0973956   .1794546     0.54   0.587    -.2543289   .4491201
           3 | -.495892    .1904984    -2.60   0.009    -.869262   -.1225221
             |
       _cons |  .22315     .2792424     0.80   0.424    -.324155   .7704549
-------------+----------------------------------------------------------------
```

未投保 Uninsure |

```
         age | -.0050814   .0075327    -0.67   0.500    -.0198452   .0096823
        male |  .3332637   .2432986     1.37   0.171    -.1435929   .8101203
    nonwhite |  .2485859   .2767734     0.90   0.369    -.29388    .7910518
```

```
         |
   site  |
      2  |   -.6899485    .2804497    -2.46    0.014    -1.23962    -.1402771
      3  |   -.1788447    .2479898    -0.72    0.471    -.6648957    .3072063
         |
   _cons |   -.9855917    .3891873    -2.53    0.011    -1.748385    -.2227986
```

* Same as above, but use outcome 2 to normalize the location of the latent
  variable
. mprobit insure age male nonwhite i.site, baseoutcome(2)

```
Multinomial probit regression                Number of obs    =       615
                                             Wald chi2(10)    =     40.18
Log likelihood = -534.52833                  Prob > chi2      =    0.0000
```

insure	Coef.	Std. Err.	z	P>|z|	[95% Conf. Interval]	
賠款 Indemnity						
age	.0098536	.0052688	1.87	0.061	-.000473	.0201802
male	-.4774678	.1718316	-2.78	0.005	-.8142515	-.1406841
nonwhite	-.8245003	.1977582	-4.17	0.000	-1.212099	-.4369013
site						
2	-.0973956	.1794546	-0.54	0.587	-.4491201	.2543289
3	.495892	.1904984	2.60	0.009	.1225221	.869262
_cons	-.22315	.2792424	-0.80	0.424	-.7704549	.324155
預付 Prepaid	(base outcome)(level=2) 當比較基準點					
未投保 Uninsure						
age	.0047722	.0075831	0.63	0.529	-.0100905	.0196348
male	-.1442041	.2421424	-0.60	0.551	-.6187944	.3303863
nonwhite	-.5759144	.2742247	-2.10	0.036	-1.113385	-.0384439
site						

```
       2  |  -.7873441     .279943    -2.81    0.005    -1.336022    -.2386658
       3  |   .3170473    .2518598     1.26    0.208    -.1765889     .8106836
          |
    _cons |  -1.208742     .391901    -3.08    0.002    -1.976854    -.4406299
------------------------------------------------------------------------------
```

1. 上述這些自變數所建立 multinomial logit 迴歸如下：

$$Ln(\frac{P_2}{P_1}) = \beta_0 + \beta_1 X1_i + \beta_2 X2_i + \beta_3 X3_i + \beta_4 X4_i + \beta_5 X5_i + ...$$

$$Ln(\frac{P_{預付}}{P_{賠款}}) = 0.22 - 0.009 \times age + 0.477 \times male + 0.82 \times nonwhite + 0.097$$
$$\times (site = 2) - 0.49 \times (site = 3)$$

$$Ln(\frac{P_{未投保}}{P_{賠款}}) = -0.98 - 0.005 \times age + 0.33 \times male + 0.249 \times nonwhite - 0.69$$
$$\times (site = 2) - 0.18 \times (site = 3)$$

6-6 多項式邏輯斯迴歸

6-6-1 個人化的行為預測和市場區隔的行為預測何者較有效度？

　　顧客表現在品牌選擇行為上的 異質性 與動態性，可確切的反映品牌之間的競爭態勢。長久以來，競爭態勢的分析經常侷限於定性的問卷調查，得到的只是顧客的主觀認知，而非實際的購買行為。這裡 異質性 (heterogeneity) 與計量經濟所指的異質性 (heteroskedasticity) 全然不同。它是指每位顧客的消費行為 (如平均購買頻率、品牌選擇機率、對行銷策略的反應等) 各自不同，故建議最好不要僅以一套迴歸係數描述全體消費行為。計量經濟的異質性乃是針對每位顧客的未解釋變異的部分所做的假定 (assumption)，亦即假定每位顧客的未解釋變異大小不一，並衍生出以廣義最小平方法 (GLS) 而非以 OLS 建立參數估計式的論點。

　　任立中等人 (2005) 曾以廠商所擁有的客戶交易資料庫為研究對象，根據顧

客的實際品牌購買行為探究不同品牌之競爭激烈程度。有別於問卷調查所使用的多變數統計模型僅能衡量跨顧客的變數關係，資料庫行銷所使用的計量模型必須得以分析個別顧客本身的動態交易資料，方能衡量購買行為之異質性。

品牌選擇行為之研究大多以隨機線性效用模型為起點，經過推導得到以多項式邏輯斯迴歸模型為基礎之分析架構。任立中等人 (2005) 曾以混合分群多項式邏輯斯迴歸模型探討品牌選擇行為與價格變數之間的關係，並同時衡量由價格敏感度 (即迴歸係數) 之異質性所形成的市場區隔。

個人化的行為預測和市場區隔的行為預測何者較有效度呢？

在競爭激烈的成熟產業中，廠商無不致力於監控品牌競爭態勢，藉此評估行銷努力的成效以及找出可能的市場契機。在行銷研究的實務中，知覺圖 (perceptual map) 是經常用來分析品牌競爭態勢的工具 (Ghose,1994)，透過問卷調查了解顧客對於品牌差異的主觀認知。然而，對於經常性購買且步入成熟期的日常用品或包裝產品 (如電池) 而言，有形屬性的表現 (如外觀、功能、廣告手法等) 通常易於模仿，往往使得顧客不易察覺到或不易表達出品牌之間的差異，因而造成知覺圖的失效 (Cooper,1988; Elrod,1988)。而且，即使顧客在主觀上已有特定的品牌偏好，也可能因為購買當時的促銷活動而產生品牌轉換行為。因此，顧客實際的品牌選擇行為，方能真實的反映出品牌之間的競爭激烈程度。

在不同的市場區隔或個別顧客的心目中，品牌競爭態勢也會呈現不同的市場結構，這就是所謂的異質性。傳統的大眾行銷策略規劃乃以市場區隔作為分析單位，近年來由於資料庫的興起與發展，又引發建立個人行為預測模型的熱潮。因此，個人化的行為預測和市場區隔的行為預測何者較有效度，已形成行銷學界熱烈討論的議題 (Andrews, Ansari, and Currim, 2002)。其中，關鍵點在於如何同時考慮顧客行為的異質性和個人層次需求的估計，以解決個人交易紀錄稀少性的問題 (Bucklin and Gupta, 1992)。過去文獻所提出的解決途徑，可分為三種：

1. 利用市場區隔的概念，將樣本數擴大以提升估計的準確度，也就是將符合相同條件的顧客資料混合 (pooling，各個時期資料全合併再用 OLS 分析) 起來擴大交易紀錄的樣本 (Moore,1980)。但是此種作法假設區隔內的消費者行為完全同質，是一大缺點。此外，區隔變數的選取會影響到模型是否能夠確切反映品牌選擇行為的異質性，也是一項限制 (Frank, Massy & Wind, 1972)。

2. 透過層級貝氏統計 (Bayesian) 的理論，結合先驗知識 (prior probability) 與樣本資訊得到修正後的後驗 (posterior probability) 估計結果，藉此降低估計標準誤

及提高預測能力 (Rossi, Gilula, and Allenby, 2001)。此種做法強調個別顧客行為的異質性，不過其中的先驗分布來自於研究者的主觀設定，對於參數估計反而可能造成偏誤 (Wedel and Kamakura, 2000)。另外，有的時候市場區隔比個人異質性更具管理意涵，因為行銷活動的對象通常是針對一個目標區隔，而非單一顧客。

3. 結合市場區隔理論與貝氏統計概念所發展的混合模型 (mixture model)，既可辨認個人的異質性，又可聚集 (clustered) 顧客資料以提高估計的準確度 (Kamakura and Russell,1989; Wedel and Kamakura, 2000)。混合模型運用 EM algirithm 的概念 (fmm : mlogit 指令)，將個別顧客以不同的機率分派至一到三個市場區隔。藉由反覆求解的估計過程，混合模型可同時產生二至三個潛在類 (class) 之迴歸係數估計。其中，參數估計可用以衡量個別顧客對行銷刺激的反應 (response to marketing stimulus)。這種由行銷刺激所誘發出來的顧客異質性，才是行銷人員所重視的。行銷人員根據顧客反應的異質性，得以掌控行銷策略的變化，進而預測顧客的購買行為，了解顧客的需求。

6-6-2 品牌選擇行為模型：隨機效用模型 vs. 混合分群之多項式邏輯斯迴歸模型

品牌選擇行為之研究大多以隨機線性效用模型為起點，經過推導得到以多項式邏輯斯迴歸模型為基礎之分析架構。迄今才以混合分群多項式邏輯斯迴歸模型探討品牌選擇行為與價格變數之間的關係，並同時衡量由價格敏感度 (即迴歸係數) 之異質性所形成的市場區隔。

一、隨機效用模型

一個理性消費者的品牌選擇行為是追求效用極大化的結果。根據隨機效用模型 (random utility model) 的假設，效用可分成兩種成分：一是固定成分 (deterministic component of utility)，一是隨機成分 (random component of utility) (Mcfadden,1973; Deaton and Muellbuaer, 1980)。固定成分是指個人效用可被行銷變數，如價格、促銷活動、產品屬性等，加以解釋與預測的部分；隨機成分是指個人效用無法被觀察到的部分。假設顧客 h 面對的品牌選擇集合 (choice set) 稱為 C_h，則其效用可表示如下：

$$U_{ih} = V_{ih} + \varepsilon_{ih} \quad i \in C_h$$

其中，U_{ih} 是顧客 h 覺得品牌 i 所帶來的效用。V_{ih} 是可被解釋的固定成分。ε_{ih} 代表無法被觀察到的隨機成分。若顧客 h 在面對品牌集合 C_h 時選擇了品牌 i，則表示購買品牌 i 所帶來的效用 (U_{ih}) 必大於其餘品牌 (U_{jh})，即：

$$U_{ih} > U_{jh} \quad \text{for } i, j \in C_h, \ i \neq j$$

顧客 h 選擇第 i 個品牌的機率模式，就可表示為：

$$P_{ih} = Pr\,(U_{ih} > U_{jh}) = Pr[(V_{ih} + \varepsilon_{ih}) \geq \max_{j \in C_h} (V_{jh} + \varepsilon_{jh})]$$

$$= Pr((\varepsilon_{lh} < V_{ih} - V_{lh} + \varepsilon_{ih}), ..., (\varepsilon_{mh} < V_{ih} - V_{mh} + \varepsilon_{ih}))$$

然而，式中小於符號 (<) 右邊的隨機成分 ε_{ih} 係一隨機變數，而非固定數值，故上式是給定 ε_{ih} 值的條件機率函數。我們必須考慮 ε_{ih} 之所有可能情況 (以 ε_{ih} 的機率密度函數表示) 後，方能求得選擇品牌 i 的邊際機率函數。假設顧客面臨的品牌選擇共有 m 個，其中有 (m − 1) 個品牌效用必須小於品牌 i 帶來的效用，且各品牌效用之隨機成分 $(\varepsilon_{lh}, ..., \varepsilon_{mh})$ 皆彼此獨立，則品牌選擇機率模式可改寫如下：

$$P_{ih} = \int Pr[(\varepsilon_{lh} < V_{ih} - V_{lh} + \varepsilon_{ih}), ..., (\varepsilon_{mh} < V_{ih} - V_{mh} + \varepsilon_{ih}) \mid \varepsilon_{ih}] \cdot f(\varepsilon_{ih}) d\varepsilon_{ih}$$

$$= \int [Pr[(\varepsilon_{lh} < V_{ih} - V_{lh} + \varepsilon_{ih}) \cdot ... \cdot Pr\,(\varepsilon_{mh} < V_{ih} - V_{mh} + \varepsilon_{ih})]_{\varepsilon_{ih}} \cdot f(\varepsilon_{ih}) d\varepsilon_{ih}$$

$$= \int [F\,(V_{ih} - V_{lh} + \varepsilon_{ih}) \cdot ... \cdot F\,(V_{ih} - V_{mh} + \varepsilon_{ih})]_{\varepsilon_{ih}} \cdot f(\varepsilon_{ih}) d\varepsilon_{ih}$$

式中，$f(\cdot)$ 是隨機成分 ε_{ih} 的機率密度函數，$F(\cdot)$ 是累積機率函數。為簡化說明起見，此處先不考慮代表個別顧客的下標 (h)。假設隨機成分 ε_i 遵循極值分布 (extreme value distribution)，其機率密度函數與累積機率函數分別如下所示：

$$f(\varepsilon_i) = e^{-\varepsilon_i} \cdot e^{-e^{-\varepsilon_i}} \quad F(\varepsilon_i) = e^{-e^{-\varepsilon_i}}$$

此時，品牌選擇機率模式可改寫如下：

$$P_{ih} = \int e^{-\sum_{i=1}^{m} (e^{-(V_{ih} - V_{jh} + \varepsilon_{ih})})_{j \neq 1}} \, e^{-\varepsilon_{ih}} \cdot e^{-e^{-\varepsilon_{ih}}} d\varepsilon_{ih}$$

$$= \int \exp\left[-\sum_{j=1}^{m} (e^{-(V_{ih} - V_{jh})})_{j \neq 1} \cdot e^{-\varepsilon_{ih}}\right] \cdot \exp(-e^{-\varepsilon_{ih}}) \cdot \exp(-\varepsilon_{ih}) d\varepsilon_{ih}$$

$$= \int \exp\left[-\left[\sum_{j=1}^{m} (e^{-(V_{ih} - V_{jh})})_{j \neq 1} + 1\right] \cdot e^{-\varepsilon_{ih}}\right] \cdot \exp(-\varepsilon_{ih}) d\varepsilon_{ih}$$

$$= \frac{1}{\sum\limits_{j=1}^{m} \left(e^{-(V_{ih}-V_{jh})}\right)_{j \neq 1}+1} \left[e^{-\left[\sum\limits_{j=1}^{m}\left(e^{-(V_{ih}-V_{jh})}\right)_{j \neq 1}+1\right] \cdot e^{-x}}\right]\Big|_{-\infty}^{\infty}$$

$$= \frac{1}{1+\sum\limits_{j=1}^{m} \left(e^{-(V_{ih}-V_{jh})}\right)_{j \neq 1}} = \left[\frac{e^{V_{ih}}}{\sum\limits_{j=1}^{m} e^{V_{jh}}}\right]_{j \in C_h}$$

假設顧客 h 認為品牌 i 所帶來的效用的決定成分 (V_{ih}) 是一些可觀察變數的線性函數，如下所示：

$$V_{ih} = \alpha_{i0} + \alpha_{i1}x_1 + \alpha_{i2}x_2 + \cdots + \alpha_{im}x_m = x'_h \alpha_{ih}$$

式中，x_h 是顧客 h 對各品牌認知到的特性向量，如產品屬性、價格或其他行銷變數；α_{ih} 是參數向量，衡量各品牌屬性 (x_h) 影響顧客 h 對品牌 i 決定效用 (V_{ih}) 的效果，因此，顧客 h 面臨選擇集合 C_h 時，選擇品牌 i 的機率是：

$$Pr\,(i\,|\,x_h,\,C_h,\,\alpha_{ih}) = \frac{e^{x'_h\alpha_{ih}}}{\sum\limits_{j \in C_h} e^{x'_h\alpha_{jh}}} \tag{6-6}$$

上式即多項式邏輯斯迴歸模式 (multinomial logistic regression model)，是研究品牌選擇行為最常使用的統計模式。將顧客 h 選擇品牌 i 的機率 Pr(i) 除以選擇基礎品牌 m 的機率 Pr(m) 之成敗比取對數 (logit)，則 (6-6) 式可轉換成線性模式，如下所示：

$$\ln\left(\frac{Pr(i)}{Pr(m)}\right) = y_h = x'_h \beta_{ih} \quad i = 1, 2, ..., m-1 \tag{6-7}$$

式中，參數 $\beta_{ih} = \alpha_{ih} - \alpha_{mh}$，即針對顧客 h 而言，所有品牌屬性 (x_h) 對品牌機率成敗比 (品牌 i 相對於基礎品牌 m 而言) 之影響效果。

二、混合資料 (pooling data)：多項式邏輯斯迴歸模型

將具有異質性的消費行為進行分群是市場區隔之目的，它可使用混合分群多項式邏輯斯迴歸模型來分析。多項式邏輯斯迴歸模型適用於估計品牌選擇行為與其他影響因素 (如價格變動) 之關係。根據購買行為的異質性，品牌選擇行為應可分成數種不同的型態 (patterns)，從而形成迴歸係數互異的市場區隔。傳統的計量方法以單一迴歸模型分析統合 (Meta) 行為的結果，只能得到一組統合的迴歸係數估計，無法反映異質性的事實；但是反過來說，若純粹只以個人交

易紀錄進行估計，又會因自由度過少而導致參數估計結果不穩定的問題。混合分群模型的概念是，假設個別顧客以不同的機率分屬數個區隔，將所有顧客的資料聚集起來，同時兼顧參數估計與顧客分群，確切反映不同市場區隔所表現的異質性 (Titterington et al., 1999)。

混合分群模型之估計過程，首先假設消費行為的異質性是由數個潛在區隔 (a number of underlying segments) 所構成。其中，屬於同一區隔的消費者，其行為假設具有同質性，遵循相同的機率分布。因此，若已知第 h 位顧客屬於第 s 個區隔，則其品牌選擇模型如下所示：

$$Ln\left(\frac{Pr(i)}{Pr(m)}\right)_s = f(y_{is} \mid X_s, \beta_{is}) = X'_s\beta_{is}, i = 1, 2, ..., m-1; s = 1, 2, ..., S$$

其中，$f(y_{is} \mid X_s, \beta_{is})$ 是區隔 s 的顧客選擇品牌 i 相對基礎品牌 m 的機率成敗比取對數。X_s 區隔 s 面對的各品牌價格，即 m 個品牌價格。β_{is} 是區隔 s 中品牌 i 相對於品牌 m 的相對價格敏感度。然而，顧客 h 究竟屬於哪個區隔，行銷人員無法事先得知。因此，混合模式假設顧客分屬 S 個市場區隔的先驗分配 (prior distribution) 為 $(\pi_1, \pi_2, ... \pi_s)$，且令先驗機率總和 $\Sigma_s\pi_s = 1$，則顧客 h 選擇品牌 i 的非條件機率成敗比 (unconditional odds ratio) 為：

$$f(y_{ih} \mid x_h, \beta_{is}, \pi_s) = \sum_{s=1}^{S} \pi_s f(y_{is} \mid x_h, \beta_{is}) \tag{6-8}$$

透過上式可推導出所有參數之最大概似估計值。得到參數估計之後，即可將估計值代入下式以進一步計算顧客分屬各群的事後機率 (posterior probability)：

$$\hat{\pi}_{hs} = \frac{\hat{\pi}_s f(y_h \mid x_h, \hat{\beta}_{is})}{\sum_{s=1}^{S} \hat{\pi}_s f(y_h \mid x_h, \hat{\beta}_{is})} \tag{6-9}$$

藉由式 (6-9) 所計算而得的事後機率，可再代入式 (6-8)，推導下一次的參數估計；然後，參數估計又可代入式 (6-9) 計算事後機率。式 (6-8) 與式 (6-9) 的反覆疊代求解，又稱為 EM 演算法 (expectation and maximization algorithm)(DeSarbo et al., 1992)。最後所得到的收斂結果，包括顧客分屬各群的事後機率 (即模糊分群)，以及各群的迴歸係數估計 (即價格敏感度)，有助於進一步探討不同區隔之內的品牌競爭態勢。

6-7 雙多項 logit 迴歸 (fmm: mlogit 指令)：汽車品牌選擇

混合 logit 模型的應用領域，常見的研究議題包括：

1. 基於 Hybrid 有限混合模型的交通事故嚴重程度分析

隨著機動化進程的不斷加快，各國交通安全方面的壓力也不斷增大。在學術界，利用統計學模型對交通事故資料進行分析，探索事故因素與事故嚴重程度之間的複雜關係已經成爲交通領域的一個重要分支。在這個領域中，模型的特性以及擬合的效果直接影響到交通事故資料挖掘的精度與深度，若採用不合理的統計學模型對這種複雜關係進行建模分析，結果可能導致對事故資料的有偏估計和事故因素的錯誤解釋。本文以事故嚴重程度分類模型爲出發點，提出了一種 Hybrid 有限混合模型 (Hybrid finite mixture model, HFM) 來對事故因素與事故嚴重程度的複雜關係進行建模。首先，通過分析導致交通事故發生的影響因素，確定了以人、車、路、環境方面的十七個重要的事故因素及其特點，將事故嚴重程度按照 KACBO 分類法分爲五類，選擇美國事故總評系統 (general estimates system, GES) 的部分機動車事故資料作爲樣本。其次，基於對事故資料以及事故嚴重程度分類模型複雜性的考慮，本文提出了 HFM 模型，它由兩個不同分類的多元迴歸模型混合組成，其中一組爲多項 logit 模型 (multinomial logit model, MNL)，代表無序化的資料生成過程；另一組爲有序 logit 模型 (ordered logit model, OL)，代表有序化的資料生成過程，透過 EM 演算法採用機率選擇的方式來決定兩個成分的權重。雖然已有學者運用同分類的傳統有限混合模型對事故嚴重程度進行研究，這些混合模型中的成分均屬於同一類模型，在事故嚴重程度分類模型上還存在著侷限性。HFM 模型試圖規避傳統有限混合模型採取單一分類 (無序或有序) 而導致分類模型失真的問題，利用不同成分有限混合模型對事故嚴重程度進行分析成爲一種新思維。

最後，本文將 HFM 模型與其他四種模型進行了模型評價和彈性分析，包括透過分析模型參數來對事故因素與事故嚴重程度關係進行解釋，以及透過三種不同的評價準則對模型進行綜合評價。研究結果說明，HFM 模型和其他四種模型均認爲 30 歲以上年齡段、女性駕駛員、車輛追尾會不同程度地加重事

故嚴重程度，而車輛拖尾則會減輕事故嚴重程度。此外，HFM 模型具有無序化特點的事故嚴重程度分類模型占據著主導地位。相比多元迴歸模型和傳統有限混合模型，HFM 模型綜合評價結果最佳，可以有效捕捉潛在因素的異質性，能挖掘事故資料中更多的資訊。

2. 以品牌實際選購行為建立品牌競爭圖 (任立中等人，2005)

顧客表現在品牌選擇行為上的異質性與動態性，可確切的反映出品牌之間的競爭態勢。長久以來，競爭態勢的分析經常侷限於定性的問卷調查，得到的只是顧客的主觀認知，而非實際的購買行為。本文擬以廠商所擁有的客戶交易資料庫為研究對象，根據顧客的實際品牌購買行為探究不同品牌之競爭激烈程度。有別於問卷調查所使用的多變數統計模型僅能衡量跨顧客的變數關係，資料庫行銷所使用的計量模型必須得以分析個別顧客本身的動態交易資料，方能衡量購買行為之異質性。本文所採用的混合分群多項邏輯斯迴歸模型，可衡量顧客表現在品牌選擇行為上的異質性，並進而異中求同產生市場區隔，有助於行銷策略之研擬。顧客的品牌選擇行為能夠反映品牌間之替代與競爭程度，其所形成的品牌競爭圖亦能使廠商有效的辨認主要競爭對手。最後，本文透過表面似無相關迴歸模型描述市場區隔的人口統計特質，有助於廠商了解新進顧客之所屬市場區隔，使行銷策略之發展更趨完整。

6-7-1 雙多項邏輯斯混合模型 (fmm: mlogit 指令)：三種汽車品牌選擇

範例：邏輯斯有限混合模型 (finite mixtures of logistic regression models), (fmm : logit 指令)

「fmm: mlogit」指令語法如下表：

Basic syntax

    fmm #: mlogit *depvar* [*indepvars*] [, *options*]

Full syntax

    fmm # [*if*] [*in*] [*weight*] [, *fmmopts*]: mlogit *depvar* [*indepvars*] [, *options*]

where # specifies the number of class models.

options	說明
Model	
noconstant	suppress the constant term
baseoutcome (#)	value of *depvar* that will be the base outcome

fmmopts	說明
Model	
lcinvariant (*pclassname*)	specify parameters that are equal across classes; default is lcinvariant (none)
lcprob (*varlist*)	specify independent variable for class probabilities
lclabel (*name*)	name of the categorical latent variable; default is lclabel (Class)
lcbase(#)	base latent class
constraints (*constraints*)	apply specified linear constraints
collinear	keep collinear variables
SE/Robust	
vce (*vcetype*)	*vcetype* may be oim, robust, or cluster *clustvar*
Reporting	
level (#)	set confidence level; default is level (95)
nocnsreport	do not display constraints
noheader	do not display header above parameter table
nodvheader	do not display dependent variables information in the header
notable	do not display parameter table
display_options	control columns and column formats, row spacing, line width, display of omitted variables and base and empty cells, and factor-variable labeling
Maximization	
maximize_options	control the maximization process
startvalues (*svmethod*)	method for obtaining starting values; default is startvalues (factor)
emopts (*maxopts*)	control EM algorithm for improved starting values
noestimate	do not fit the model; show starting values instead
coeflegend	display legend instead of statistics

pclassname	說明
cons	intercepts and cutpoints
coef	fixed coefficients
errvar	covariances of errors
scale	scaling parameters
all	all the above
none	none of the above; the default

　　「fmm: mlogit」指令旨在適配多項邏輯斯迴歸的混合模型 (fits mixtures of multinomial logistic regression models)，常見的指令語法如下表：

* 零模型 :Mixture of two mlogit distributions of y
. fmm 2: mlogit y
* Mixture of two mlogit models of y on x1 and x2
. fmm 2: mlogit y x1 x2
* As above, but with class probabilities depending on z1 and z2
. fmm 2, lcprob(z1 z2): mlogit y x1 x2
* With robust standard errors
. fmm 2, vce(robust): mlogit y x1 x2
* Constrain coefficients on x1 and x2 to be equal across classes
. fmm 2, lcinvariant(coef): mlogit y x1 x2

(一) 問題說明

　　爲了解汽車品牌選擇之影響因素有哪些？(分析單位：個人)

　　研究者收集數據並整理成下表，此「carchoice.dta」資料檔內容之變數如下：

變數名稱	說明	編碼 Codes/Values
結果變數 / 依變數：model	汽車品牌選擇	1~3 品牌
解釋變數 / 自變數：female	女性嗎	0,1 (binary data)
解釋變數 / 自變數：income	標準化月收入	-3.527977 ~3.732484 仟美元

(二) 資料檔之內容

　　「carchoice.dta」資料檔內容如圖 6-11。

圖 6-11 「carchoice.dta」資料檔內容 (N=5,000 個人，潛在類別 (class)=2)

觀察資料之特徵

```
* 開啟資料檔
. webuse carchoice, clear

* 繪依變數散布圖
. twoway (scatter model income, sort)

. histogram model, bin(20)
```

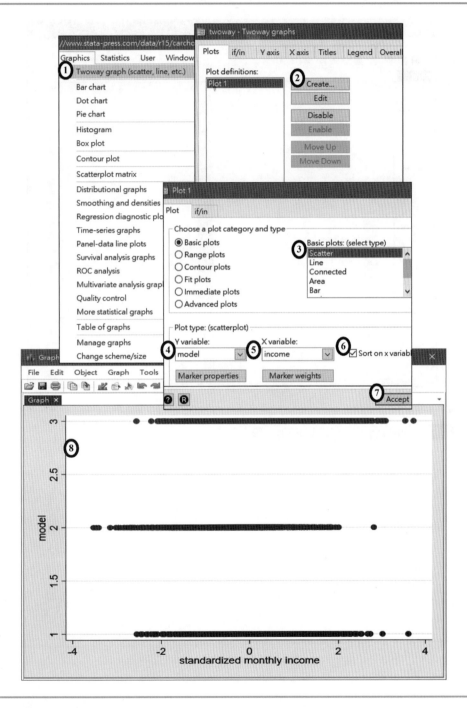

圖 6-12 「twoway (scatter model income, sort)」繪散布圖

註：Graphics > Twoway graph (scatter, line, etc.)

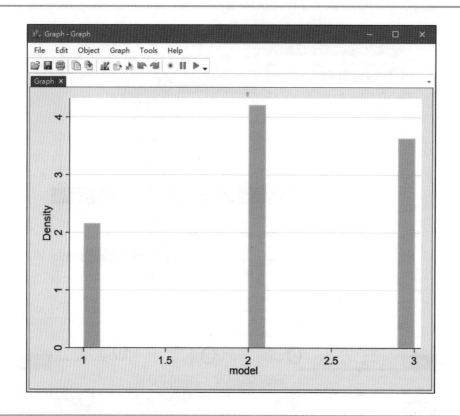

圖 6-13 「histogram model, bin(20)」繪直方圖

(三) 分析結果與討論

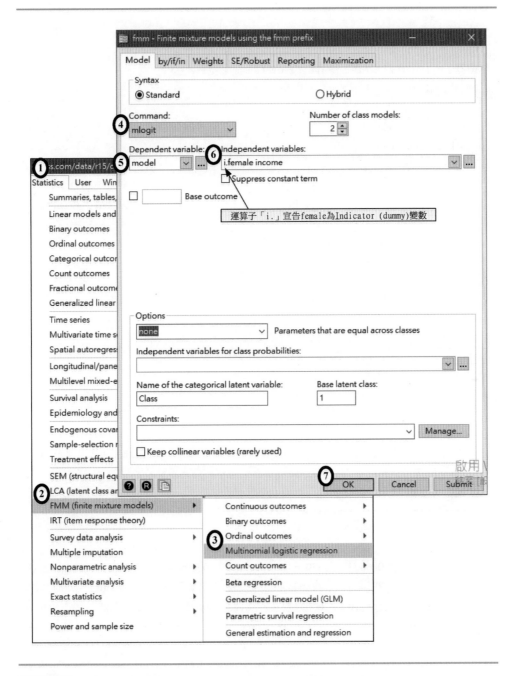

圖 6-14 「fmm 2：mlogit model i.female income」畫面

註：Statistics > FMM (finite mixture models) > Multinomial logistic regression

Step 1 雙 **multinomial logistic** 迴歸分析

```
* 開啟資料檔
. webuse carchoice
* 運算子「i.」宣告 female 為 Indicator (dummy) 變數
. fmm 2: mlogit model i.female income

Finite mixture model                          Number of obs    =      5,000
Log likelihood = -3977.9569
```

	Coef.	Std. Err.	z	P>|z|	[95% Conf. Interval]
1.Class	(base outcome)					
2.Class						
_cons	-.3376563	.757369	-0.45	0.656	-1.822072	1.14676

```
Class        : 1
Response     : model
Model        : mlogit
```

	Coef.	Std. Err.	z	P>|z|	[95% Conf. Interval]
1.model	(base outcome)					
2.model						
female						
女	-2.086373	.5207645	-4.01	0.000	-3.107053	-1.065693
income	-1.285461	.2286467	-5.62	0.000	-1.7336	-.8373219
_cons	1.671776	.6605192	2.53	0.011	.3771822	2.96637
3.model						
female						
女	1.63283	.6261416	2.61	0.009	.4056155	2.860045
income	1.002984	.258492	3.88	0.000	.4963494	1.509619

```
      _cons |  -1.814699    .9494816    -1.91   0.056    -3.675649     .0462503
-------------------------------------------------------------------------------
Class       : 2
Response     : model
Model        : mlogit


            |     Coef.   Std. Err.      z    P>|z|    [95% Conf. Interval]
------------+------------------------------------------------------------------
1.model     |  (base outcome)
------------+------------------------------------------------------------------
2.model     |
     female |
         女 |  -1.882709    .7431638    -2.53   0.011    -3.339283    -.4261345
     income |  -1.418704    .2894692    -4.90   0.000    -1.986053    -.8513545
      _cons |   .2869432    .4404848     0.65   0.515    -.5763913     1.150278
------------+------------------------------------------------------------------
3.model     |
     female |
         女 |   3.182852    .9773858     3.26   0.001     1.267211     5.098493
     income |    .949838    .3122833     3.04   0.002      .337774     1.561902
      _cons |  -.5815161    .3807868    -1.53   0.127    -1.327845     .1648124
-------------------------------------------------------------------------------
```

1. 報表「z」欄中，two-tail 檢定下，若 |z| >1.96，則表示該自變數對依變數有顯著影響力。|z| 值越大，表示該自變數對依變數的關聯性 (relevance) 越高。

2. Logit 係數「Coef.」欄中，是 log-odds 單位，故不能用 OLS 迴歸係數的概念來解釋。

3. 邏輯斯迴歸式為 $Ln\left(\frac{P(Y=1|X=x)}{P(Y=0|X=x)}\right) = \alpha + \beta_1 x_1 + ... + \beta_k x_k$

4. Class 1 之 logistic 迴歸式為：

$$Ln\left(\frac{P_{汽車品牌1}}{P_{汽車品牌2}}\right) = \alpha + \beta_1 x_1 + ... + \beta_k x_k = 1.67 - 2.09 \times female - 1.29 \times income$$

其中 (female = 1) 表示若括弧內的判別式成立，則代入 1，若不成立則代入 0。上列迴歸方程式可解釋為在控制性別的影響後，收入 (income) 每增加一單位，汽車選擇「品牌 1 vs. 品牌 2」的勝算為 0.275 (= exp^{-1.29}) 倍，且達到統計

上的顯著差異 (p = 0.005)。在控制年齡 (age) 的影響後，女性 (female) 汽車選擇「品牌 1 vs. 品牌 2」的勝算爲男性 5.114 (= exp$^{1.632}$) 倍，且達到統計上的顯著差異 (p = 0.00)。

如此類推，汽車選擇「品牌 1 vs. 品牌 3」的勝算比：

$$Ln\left(\frac{P_{汽車品牌 1}}{P_{汽車品牌 3}}\right) = \alpha + \beta_1 x_1 + ... + \beta_k x_k = -1.81 + 1.63 \times female + 1.00 \times income$$

5. Class 2 之 logistic 迴歸式爲：

$$Ln\left(\frac{P_{汽車品牌 1}}{P_{汽車品牌 2}}\right) = \alpha + \beta_1 x_1 + ... + \beta_k x_k = 0.29 - 1.88 \times female - 1.42 \times income$$

其中 (female =1) 表示若括弧內的判別式成立則代入 1，若不成立則代入 0。

上列迴歸方程式可解釋爲在控制性別的影響後，收入 (income) 每增加一單位，汽車選擇「品牌 1 vs. 品牌 2」的勝算爲 0.242 (= exp$^{-1.4187}$) 倍，且達到統計上的顯著差異 (p = 0.000)。在控制年齡 (age) 的影響後，女性 (female) 汽車選擇「品牌 1 vs. 品牌 2」的勝算爲男性 0.153 (= exp$^{-1.88}$) 倍，且達到統計上的顯著差異 (p = 0.011)。

如此類推，汽車選擇「品牌 1 vs. 品牌 3」的勝算比：

$$Ln\left(\frac{P_{汽車品牌 1}}{P_{汽車品牌 3}}\right) = \alpha + \beta_1 x_1 + ... + \beta_k x_k = -0.58 + 3.18 \times female + 0.95 \times income$$

6. 由於「female 及 income」兩者對汽車品牌選擇 (model) 有的達顯著影響力，故進行下列邊際效果。

Step 2 求潛在類別之邊際平均數及邊際機率

```
* Estimated marginal probability of epay in each classes
. estat lcmean


Latent class marginal means                    Number of obs    =    5,000

--------------------------------------------------------------
            |              Delta-method
            |     Margin   Std. Err.    [95% Conf. Interval]
------------+-------------------------------------------------
1           |
```

```
         model |
        Sentra |   .2443469    .0379737    .1776891    .3260942
         Civic |   .5320186    .0728381    .3905165    .6685516
       Corolla |   .2236345    .0666145    .1195605    .3792763
---------------+-------------------------------------------------
2              |
         model |
        Sentra |    .174838    .0652157    .0803425     .339452
         Civic |    .265651     .041789    .1920642    .3550421
       Corolla |   .5595109    .0727157    .4160292    .6936949
---------------------------------------------------------------


* Estimated probabilities of membership in the two classes
. estat lcprob

Latent class marginal probabilities          Number of obs    =    5,000


---------------------------------------------------------------
               |             Delta-method
               |    Margin    Std. Err.    [95% Conf. Interval]
---------------+-------------------------------------------------
       Class   |
           1   |   .5836211    .1840463    .2410814    .8608146
           2   |   .4163789    .1840463    .1391854    .7589186
---------------------------------------------------------------
```

1. 潛在 Class 1 ：汽車選擇購買 Civic 人口比例 μ_1 高達 53.20 %。「class 1 機率 π_1」占全體樣本 58.36% 人口比例，故命名為 Civic 車偏好群。

2. 潛在 Class 2 ：汽車選擇購買 Corolla 人口比例 μ_2 高達 55.95 %。「class 2 機率 π_2」占全體樣本 41.64% 人口比例，故命名為 TOYOTA 車偏好群。

3. **Latent variable representation(潛在類別)** 為：

$$p(x) = \sum_{i=0}^{k} \pi_i N(x \mid \mu_k, \Sigma_k) = \sum_z p(z)p(x \mid z)$$

其中，$p(z) = \prod_{k=1}^{K} \pi_k^{z_k}$

$$p(x \mid z) = \prod_{k=1}^{K} N(x \mid \mu_k, \Sigma_k)^{z_k}$$

Step 3 | 各類的平均值，繪成直方圖

```
* 將各類的平均值，存至 mu1, mu2 新變數
. predict mu*
(option mu assumed)
* 各類的平均值，繪成直方圖
. twoway (histogram mu1, width(.02) color(navy%25)) (histogram mu2,
  width(.02) color(maroon%25) legend(off) title("二類的預測值"))
```

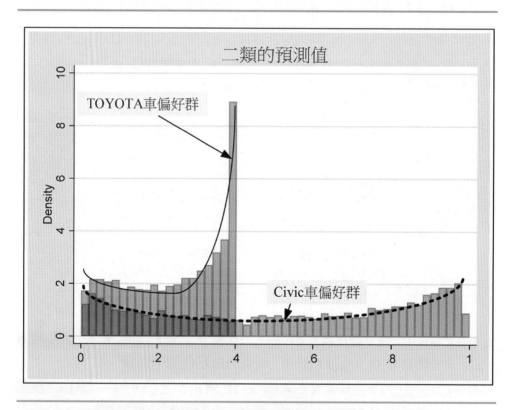

圖 6-15   mlogit 雙混合模型預測之 (汽車品牌選擇勝算機率) 平均值直方圖

有限混合模型：Ordinal outcomes 迴歸 (fmm 開頭 ologit、oprobit 指令)

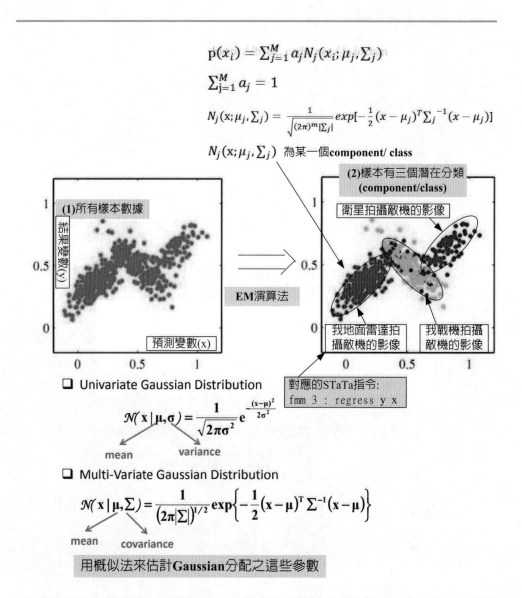

$$p(x_i) = \sum_{j=1}^{M} a_j N_j(x_i; \mu_j, \Sigma_j)$$

$$\sum_{j=1}^{M} a_j = 1$$

$$N_j(x; \mu_j, \Sigma_j) = \frac{1}{\sqrt{(2\pi)^m |\Sigma_j|}} exp[-\frac{1}{2}(x-\mu_j)^T \Sigma_j^{-1}(x-\mu_j)]$$

$N_j(x; \mu_j, \Sigma_j)$ 為某一個 **component/ class**

(2)樣本有三個潛在分類 (component/class)

衛星拍攝敵機的影像

(1)所有樣本數據

結果變數(y)

預測變數(x)

EM演算法

我地面雷達拍攝敵機的影像

我戰機拍攝敵機的影像

對應的STaTa指令：
fmm 3 : regress y x

❑ Univariate Gaussian Distribution

$$\mathcal{N}(x \mid \mu, \sigma) = \frac{1}{\sqrt{2\pi\sigma^2}} e^{-\frac{(x-\mu)^2}{2\sigma^2}}$$

mean   variance

❑ Multi-Variate Gaussian Distribution

$$\mathcal{N}(x \mid \mu, \Sigma) = \frac{1}{(2\pi |\Sigma|)^{1/2}} \exp\left\{-\frac{1}{2}(x-\mu)^T \Sigma^{-1}(x-\mu)\right\}$$

mean   covariance

用概似法來估計**Gaussian**分配之這些參數

圖 7-1 高斯混合模型採 EM 演算法之示意圖

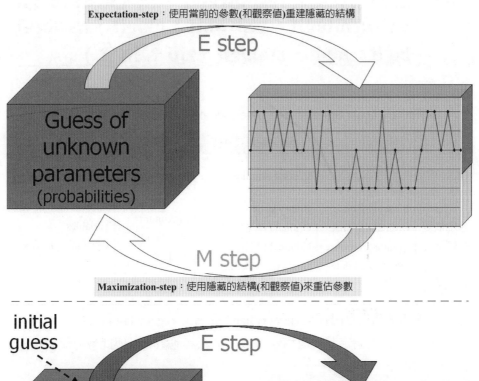

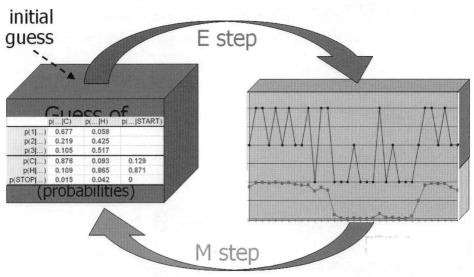

圖 7-2 潛在馬爾可夫 (hidden Markov) 模型

7-1 離散選擇模型 (asmprobit、mlogit、fmlogit、bayes: mlogit、mprobit、clogit、asclogit、ologit、logit、xtologit、zip 等指令)

Ordinary Least Squares and Categorical Dependent Variable Models

	模型	Dependent (LHS)	估計法	Independent (RHS)
OLS	Ordinary least squares	Interval or ration	Moment based method	A linear function of interval/ratio or binary variables $\beta_0 + \beta_1 X_1 + \beta_2 X_2 + \cdots$
類別依變數模型	Binary response Ordinal response Nominal response Event count data	Binary (0 or 1) Ordinal (1st, 2nd, 3rd ...) Nominal (A, B, C) Count (0, 1, 2, 3...)	Maximum likelihood method	

> **定義：廣義邏輯斯迴歸模型 (generalized logistic regression model)**
>
> 此模型首先指定某一組為參考組，接著其他組一一與此參考組做比較，其數學式如下：
>
> $$\log\left(\frac{\pi_j}{\pi_1}\right) = \alpha_j + \beta_j x \ , \ j = 2, \cdots J$$
>
> 若反應變數分三類，例如：不重要、中等重要、很重要，則可得兩個數學式如下：
>
> $$\log\left(\frac{\pi_{中等重要}}{\pi_{不重要}}\right) = \alpha_2 + \beta_2 x \ \text{及} \ \log\left(\frac{\pi_{很重要}}{\pi_{不重要}}\right) = \alpha_3 + \beta_3 x$$
>
> 以上兩個數學式，可視為兩個二元邏輯斯迴歸模型。

一、二元依變數 vs. 次序依變數的概念比較

> 在社會科學中，我們想解釋的現象也許是：
> 1. 二元 / 二分：勝 / 敗、投票 / 不投票、票投 1 號 / 票投 2 號。
>   當我們的依變數是二分類，通常以 1 表示我們感興趣的結果 (成功)，

以 0 表示另外一個結果 (失敗)。此二元分布稱為二項分布 (binomial distribution)，此種 logit 迴歸之數學式為：

$$\log\left[\frac{P(Y=1)}{1-P(Y=1)}\right]=\beta_0+\beta_1 X_1$$

$$\frac{P(Y=1)}{1-P(Y=1)}=e^{\beta_0+\beta_1 X_1}=e^{\beta_0}(e^{\beta_1})^{X_1}$$

2. 次序多分 (等第)：例如：滿意度 (從非常不滿～非常滿意)，此四分類的滿意度為：

$P(Y \leq 1) = P(Y = 1)$

$P(Y \leq 2) = P(Y = 1) + P(Y = 2)$

$P(Y \leq 3) = P(Y = 1) + P(Y = 2) + P(Y = 3)$

非常不滿意	不太滿意	有點滿意	非常滿意
$P(Y=1)$	$P(Y=2)$	$P(Y=3)$	$P(Y=4)$

截距一　　　　截距二　　　　截距三

$P(Y \leq 1)$	$P(Y > 1)$		
$P(Y \leq 2)$		$P(Y > 2)$	
$P(Y \leq 3)$			$P(Y > 3)$

$$odds = \frac{P(Y \leq j)}{P(Y > j)}$$

$$\text{logit}\,[P(Y \leq 1)] = \log\left[\frac{P(Y=1)}{P(Y>1)}\right] = \log\left[\frac{P(Y=1)}{P(Y=2)+P(Y=3)+P(Y=4)}\right]$$

$$\text{logit}\,[P(Y \leq 2)] = \log\left[\frac{P(Y \leq 2)}{P(Y>2)}\right] = \log\left[\frac{P(Y=1)+P(Y=2)}{P(Y=3)+P(Y=4)}\right]$$

$$\text{logit}\,[P(Y \leq 3)] = \log\left[\frac{P(Y \leq 3)}{P(Y>3)}\right] = \log\left[\frac{P(Y=1)+P(Y=2)+P(Y=3)}{P(Y=4)}\right]$$

$$\text{logit}\,[P(Y \leq j)] = \alpha_j - \beta X, j = 1, 2, \cdots, c-1$$

當 c 有四組，自變數解釋：

$Y \leq 1$、$Y \leq 2$、$Y \leq 3$ 時，他們除對 logit 有影響，此外會有 $c-1$ 個截距，此模型又稱為比例勝算 (proportional odds) 模型，如圖 7-3。

3. 無序多分：三個候選人、政黨認同。

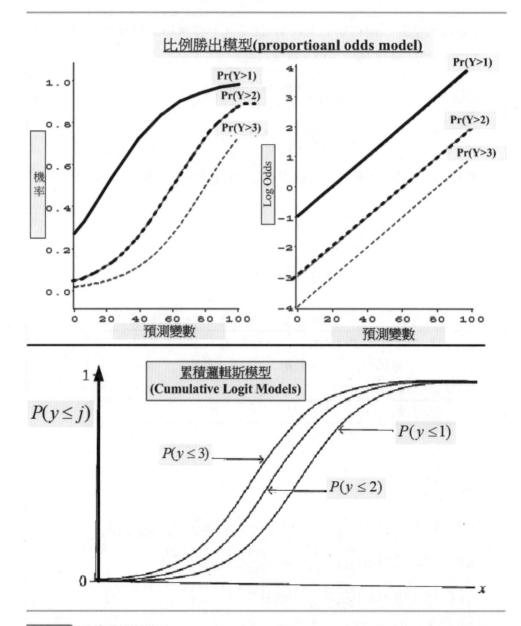

圖 7-3 累積邏輯斯模型 (cumulative logit models)

二、勝算對數模型之推論概念

1. 個別係數：Wald statistics。

2. 模型適配度 (例如：null model vs. 你界定模型)：概似比檢定 (likelihood-ratio test)。

$$-2\log(\frac{\lambda_0}{\lambda_1}) = (-2\log\lambda_0) - (-2\log\lambda_1) = LR\chi^2 = G^2$$

三、Ordered Probit 迴歸之概念

在統計中，次序邏輯斯模型 (ordered logit model) 或比例勝算模型 (proportional odds model)，它是一種次序迴歸模型，其迴歸模型的依變數是次序。例如：Peter McCullagh 調查問卷，受訪者回答的選擇次序為「差」、「尚可」、「好」、「優」("poor", "fair", "good", and "excellent")，ordered logit 分析目的旨在看到反依變數被其他解釋變數預測的強度，其中，一些解釋變數可能是定量變數。ordered logit model 也是邏輯斯迴歸的擴充模型，它除了適用於二元依變數外，亦允許超過兩個 (ordered) 的反應類別。

Ordered Probit 模型僅可用在符合比例勝算假定 (proportional odds assumption) 的數據，其含義舉例說明如下。假設問卷受訪者之回答「『差』、『尚可』、『好』、『優』」("poor", "fair", "good", "very good", and "excellent") 的統計人口比例分別為 p1、p2、p3、p4、p5。

那麼以某種方式回答的 logarithms of the odds(非 log(機率)) 是：

$$poor, \quad \log\frac{p_1}{p_2+p_3+p_4+p_5}, \quad 0$$

$$poor\ or\ fair, \quad \log\frac{p_1+p_2}{p_3+p_4+p_5}, \quad 1$$

$$poor,\ fair\ or\ good, \quad \log\frac{p_1+p_2+p_3}{p_4+p_5}, \quad 2$$

$$poor,\ fair,\ good\ or\ very\ good, \quad \log\frac{p_1+p_2+p_3+p_4}{p_5}, \quad 3$$

比例勝算假定 (proportional odds assumption) 是指：每個這些對數函數 (log) 中添加的數字，得到下一個數字在每種情況下是相同的。換句話說，這些 log 形成一個算術序列 (arithmetic sequence)。

Ordered Probit 模型，線性組合中的係數不能使用最小平方法來估計，而是改用最大概似 (maximum-likelihood, ML) 來估計係數，ML 用 reweighted least squares 疊代來計算最大概似之估計值。

多元次序反應類別 (multiple ordered response categories) 的例子，包括：(1)

債券評級、意見調查，反應範圍從「非常同意」到「非常不同意」；(2) 政府計畫的支出水準 (高、中、低)；(3) 選擇的保險涉入度 (無、部分、全部)；(4) 就業狀況 (未受僱、兼職、充分就業)。

假設要表徵的基本過程是：

$$y^* = x^T\beta + \varepsilon$$

其中，y^* 是不可觀察的依變數 [調查員可提出問卷回答的同意水準 (exact level of agreement)]。X 是自變數向量、ε 是誤差項、β 是待估的迴歸係數向量，我們只能觀察反應的類別：

$$y = \begin{cases} 0 & \text{if } y^* \leq \mu_1, \\ 1 & \text{if } \mu_1 < y^* \leq \mu_2, \\ 2 & \text{if } \mu_2 < y^* \leq \mu_3, \\ \vdots \\ N & \text{if } \mu_N < y^* \end{cases}$$

其中，參數 μ_i 是可觀察類別外部強加的端點。

然後，次序的 logit 技術將使用 y 上的觀察結果，y 是 y^* 一種形式的設限數據 (censored data)，以它來適配參數向量 β。

四、累積 logistic 迴歸模型

累積 logistic 迴歸模型 (cumulative logit model) 又稱為次序 logistic 迴歸模型 (ordered logit model)，適用於依變數為次序尺度。自變數為名目尺度，例如：政黨偏好 (國民黨、民進黨) 與意識形態 (自由、中立、保守)、報紙 (自由、中時、聯合、蘋果) 與新聞信任度 (非常信任、信任、普通、不信任、非常不信任)。

累積 logistic 迴歸模型之數學式如下：

$$\text{logit } [P(Y \leq j)] = \alpha_j - \beta_x \quad \text{where } j = 1, \cdots, J-1$$

Chapter 07

有限混合模型：Ordinal outcomes 迴歸

五、Ordinal Logit 迴歸分析的 STaTa 報表解說

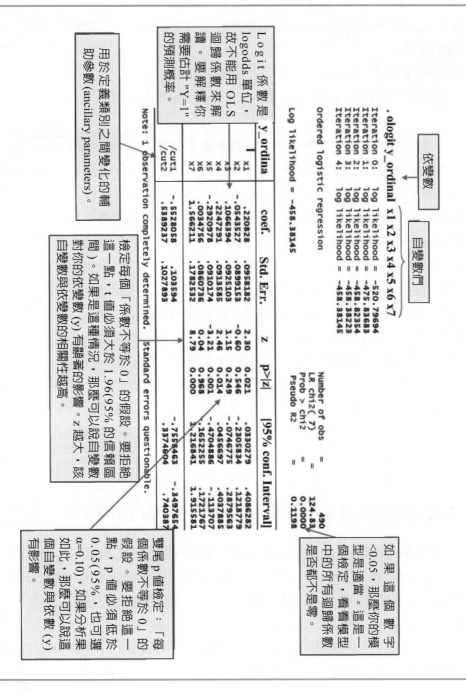

圖 7-4 Ordinal Logit 迴歸分析的 STaTa 報表解說

六、Ordered Probit 迴歸之應用領域

1. 大臺中地區居住環境滿意度 (ordered) 之區域分析。
2. 節慶活動遊客滿意度 (ordered) 與消費行為關係之探討──以高雄內門宋江陣活動為例。
3. 公司信用評等 (ordered) 與董監事股權質押之關聯性。
4. 不動產從業人員所得之決定因素：次序機率迴歸模型之應用。

本文之目的除了解影響國內不動產產業從業人員所得之因素外，更進一步探討不同不動產產業從業人員其所得之差異。其次，從業人員所學背景之不同，對其從事不動產相關工作之所得是否有所差異。此外，探討取得證照者其所得是否較高。就實證方面而言，由於所得為依變數，且多以次序尺度 (ordinal scales) 來衡量，故以往文獻上在估計所得時，均將各組或各層次 (levels) 所得取組中點為代表來處理，即將次序尺度的資料經由組中點的處理後視為連續性資料，然後再取對數做估計。如此，在迴歸分析中，將次序依變數轉為連續變數的做法將產生誤導之結果。Winship and Mare(1984) 建議改採用次序機率迴歸模型 (ordered probit regression model) 來分析「從業人員所得 (ordered)」。實證結果得知，十個自變數中有七個自變數之 Wald 卡方值達到 5% 之顯著水準，其為性別、年齡、年齡平方、教育年數、服務年數、服務年數平方及仲介業七個變數；代銷業變數則達到 10% 顯著水準，二個自變數未達到之顯著水準，其分別為所學背景與有否證照二個自變數。

7-2 Ordered Logit 及 Ordered Probit 模型之概念

次序邏輯斯模型 (ordered logit model) 是屬質性依變數迴歸模型，其假設有 $g + 1$ 個次序群體，從第一個群體到第 i 個群體發生的累積機率為 logistic 分布，到第 $g + 1$ 個群體的累積發生機率為 1。對有 k 個解釋變數的樣本向量 X，X = $(X_1, X_2, \cdots, X_k)$。

若 p_0 為組別 0 的機率，p_1 為組別 1 的機率，p_2 為組別 2 的機率，p_3 為組別 3 的機率，…，p_{g+1} 為組別 $g + 1$ 的機率。

定義：**Ordered Logit 模型**

$$Y_i = \beta'X_i + \varepsilon_i$$

$$u_0 < Y_i \leq u_1 \text{，則 } R_i = 1$$

$$u_1 < Y_i \leq u_2 \text{，則 } R_i = 2$$

$$\vdots \qquad \vdots$$

$$u_{g-1} < Y_i \leq u_g \text{，則 } R_i = g$$

$$u_g < Y_i \text{，則 } R_i = g + 1$$

其中：

Y_i = 理論值

X_i = 財務比率和非財務比率的自變數向量

β' = 自變數的係數向量

u_g = 等級 (order) 分界值

殘差項 ε 為標準邏輯斯分布。

假設 X 屬於某個群體的發生機率為 logistic 分布，則對 X 向量來說：

$$P(R_i = g \mid X) = p_g = P(u_{g-1} < Y_i \leq u_g)$$

$$= P(u_{g-1} - \beta'X_i < \varepsilon_i \leq u_g - \beta'X_i)$$

$$= \frac{1}{1 + e^{-(u_g - \beta'X_i)}} - \frac{1}{1 + e^{-(u_{g-1} - \beta'X_i)}}$$

$P(R_i = 0 \mid X) = p_0 = X$ 屬於群體 0 的機率

$$= F(u_0 - \beta'X_i) = \frac{1}{1 + e^{-(u_0 - \beta'X_i)}}$$

$P(R_i = 1 \mid X) = p_1 = X$ 屬於群體 1 的機率

$$= F(u_1 - \beta'X_i) - F(u_0 - \beta'X_i)$$

$$= \frac{1}{1 + e^{-(u_1 - \beta'X_i)}} - \frac{1}{1 + e^{-(u_0 - \beta'X_i)}}$$

$$\vdots \qquad \vdots$$

$P(R_i = g \mid X) = p_g = X$ 屬於群體 g 的機率

$$= F(u_g - \beta'X_i) - F(u_{g-1} - \beta'X_i)$$

$$= \frac{1}{1 + e^{-(u_g - \beta'X_i)}} - \frac{1}{1 + e^{-(u_{g-1} - \beta'X_i)}}$$

$P(R_i = g + 1 \mid X) = p_{g+1} = X$ 屬於群體 $g+1$ 的機率

$$= 1 - F(u_g - \beta'X_i)$$

$$= 1 - \frac{1}{1 + e^{-(u_g - \beta'X_i)}}$$

故

$$
群體 R_i = \begin{cases}
0, 若 Y_i \leq u_0 & , P(R_i = 0 \mid x_i) = F(u_0 - x_i'\beta) = \dfrac{1}{1 + e^{-(u_0 - \beta'X_i)}} = p_0 \\[2ex]
1, 若 u_0 < Y_i \leq u_1 & , P(R_i = 1 \mid x_i) = F(u_1 - x_i'\beta) - F(u_0 - x_{i\beta}') \\[2ex]
& \qquad = \dfrac{1}{1 + e^{-(u_1 - \beta'X_i)}} - \dfrac{1}{1 + e^{-(u_0 - \beta'X_i)}} \\[2ex]
& \qquad = (p_0 + p_1) - p_0 \\[1ex]
\vdots \qquad\qquad \vdots & \qquad\qquad \vdots \\[1ex]
g, 若 u_{g-1} < Y_i \leq u_g & , P(R_i = g \mid x_i) = F(u_g - x_i'\beta) - F(u_{g-1} - x_{i\beta}') \\[2ex]
& \qquad = \dfrac{1}{1 + e^{-(u_g - \beta'X_i)}} - \dfrac{1}{1 + e^{-(u_{g-1} - \beta'X_i)}} \\[2ex]
& \qquad = (p_0 + p_1 + \cdots + p_g) - (p_0 + p_1 + \cdots + p_{g\text{-}1}) \\[2ex]
g+1, 若 u_g < Y_i & , P(R_i = g+1 \mid x_i) = 1 - F(u_g - x_i'\beta) \\[2ex]
& \qquad = 1 - \dfrac{1}{1 + e^{-(u_g - \beta'X_i)}} \\[2ex]
& \qquad = 1 - (p_1 + p_2 + \cdots + p_g)
\end{cases}
$$

上列公式須經累積對數機率分布轉換才求機率，以下就是轉換公式：

$$
\begin{aligned}
\text{Logit}(p_0) &\equiv Ln\left(\frac{p_0}{1 - p_0}\right) = u_0 - \beta \mid x \\[2ex]
\text{Logit}(p_0 + p_1) &\equiv Ln\left(\frac{p_0 + p_1}{1 - p_0 - p_1}\right) = u_1 - \beta \mid x \\[2ex]
\text{Logit}(p_0 + p_1 + p_2) &\equiv Ln\left(\frac{p_0 + p_1 + p_2}{1 - p_0 - p_1 - p_2}\right) = u_2 - \beta \mid x \\[1ex]
\vdots \qquad\qquad \vdots& \\[1ex]
\text{Logit}(p_0 + p_1 + p_2 + \cdots + p_g) &\equiv Ln\left(\frac{p_0 + p_1 + p_2 + \cdots + p_g}{1 - p_0 - p_1 - p_2 - \cdots - p_g}\right) = u_g - \beta \mid x
\end{aligned}
$$

$$
p_g = 1 - p_0 - p_1 - p_2 \cdots - p_g
$$

$F(u_g - x_i'\beta)$ 的值從 0 到 1，當 $u_g - x_i'\beta$ 值與事件發生累積機率 p 為正向關係時，經過 logistic 函數轉換後，可確保 p 值落於 0 與 1 之間，代表屬於某個群體及次序上小於此群體的累積機率。

7-3 Ordered Logit 及 Ordered Probit 迴歸分析：影響親子親密關係的因素 (reg、listcoef、prgen、ologit、logit)

像本例之「親子親密程度」是屬 ordinal，其編碼為「1、2、3、4」，codes 意義是「1 分 < 2 分 < 3 分 < 4 分」，但不全是「$\frac{4分}{2分} = \frac{2分}{1分}$」。因此，若依變數是介於 binary 變數與連續變數之間，這種 ordered 依變數，採用 binary logit 與 OLS 迴歸都不太對，故 STaTa 提供「ordered logit 及 ordered probit 迴歸」。

一、範例：ordered logit 迴歸

(一) 問題說明

為了解影響親子親密關係的因素有哪些？

研究者先文獻探討並歸納出，影響早產的親子親密程度關係的原因，並整理成下表，此「ordwarm2_Oridinal_reg.dta」資料檔之變數如下：

變數名稱	親子親密程度的原因	編碼 Codes/Values
warm	媽媽可以和孩子溫暖的關係	依程度分為：SD、D、A、SA 四程度。Strongly Disapprove(1), Disapprove(2), Approve(3), Strongly Approve(4).
yr89	1. yr89Survey 嗎？(老一代 vs. 新世代)	1=1989; 0=1977
male	2. 男性嗎？	1=male; 0=female
white	3. 白人嗎？	1=white; 0=not white
age	4. 年齡	
ed	5. 受教育年數	
prst	6. 職業聲望 (prestige)	
warmlt2	Dummy variable	1=SD; 0=D,A,SA
warmlt3	Dummy variable	1=SD,D; 0=A,SA
warmlt4	Dummy variable	1=SD,D,A; 0=SA

(二) 資料檔之內容

「ordwarm2_Oridinal_reg.dta」資料檔內容如圖 7-5。

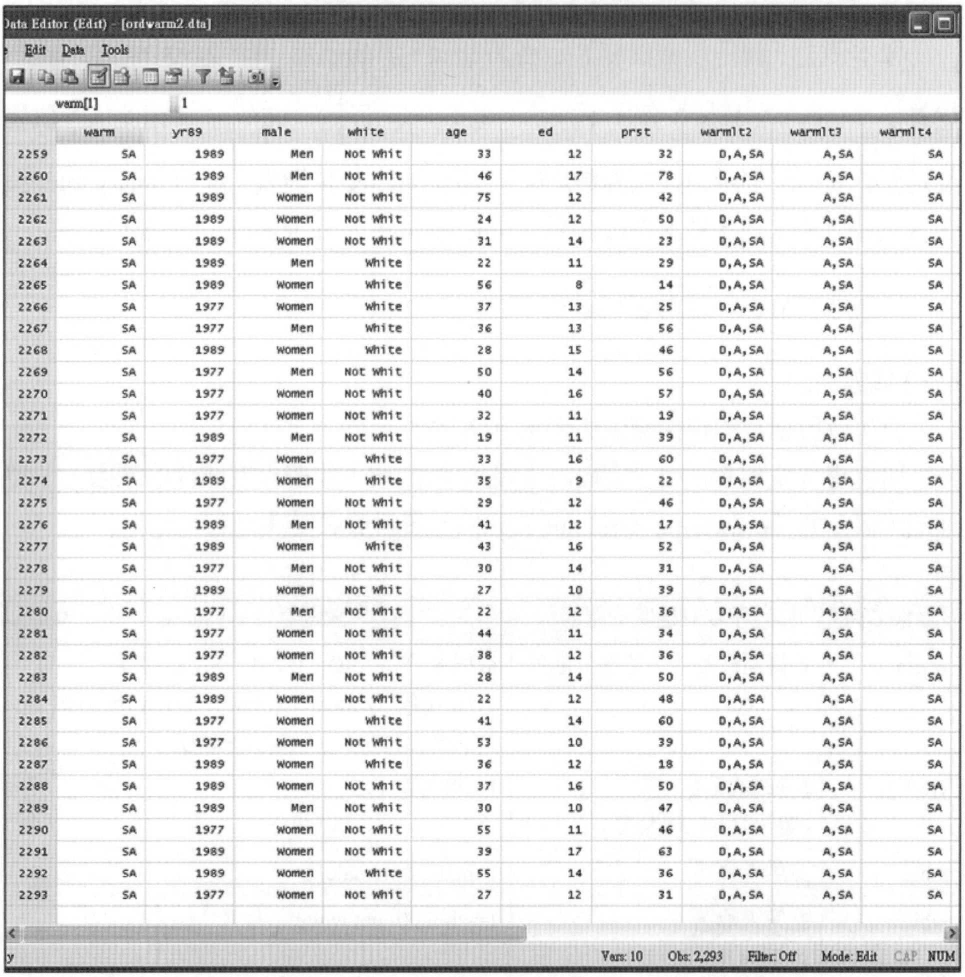

Data Editor (Edit) - [ordwarm2.dta]

Edit Data Tools

warm[1] 1

	warm	yr89	male	white	age	ed	prst	warmlt2	warmlt3	warmlt4
2259	SA	1989	Men	Not Whit	33	12	32	D,A,SA	A,SA	SA
2260	SA	1989	Men	Not Whit	46	17	78	D,A,SA	A,SA	SA
2261	SA	1989	Women	Not Whit	75	12	42	D,A,SA	A,SA	SA
2262	SA	1989	Women	Not Whit	24	12	50	D,A,SA	A,SA	SA
2263	SA	1989	Women	Not Whit	31	14	23	D,A,SA	A,SA	SA
2264	SA	1989	Men	White	22	11	29	D,A,SA	A,SA	SA
2265	SA	1989	Women	White	56	8	14	D,A,SA	A,SA	SA
2266	SA	1977	Women	White	37	13	25	D,A,SA	A,SA	SA
2267	SA	1977	Men	White	36	13	56	D,A,SA	A,SA	SA
2268	SA	1989	Women	White	28	15	46	D,A,SA	A,SA	SA
2269	SA	1977	Men	Not Whit	50	14	56	D,A,SA	A,SA	SA
2270	SA	1977	Women	Not Whit	40	16	57	D,A,SA	A,SA	SA
2271	SA	1977	Women	Not Whit	32	11	19	D,A,SA	A,SA	SA
2272	SA	1989	Men	Not Whit	19	11	39	D,A,SA	A,SA	SA
2273	SA	1977	Women	White	33	16	60	D,A,SA	A,SA	SA
2274	SA	1989	Women	White	35	9	22	D,A,SA	A,SA	SA
2275	SA	1977	Women	Not Whit	29	12	46	D,A,SA	A,SA	SA
2276	SA	1989	Men	Not Whit	41	12	17	D,A,SA	A,SA	SA
2277	SA	1989	Women	White	43	16	52	D,A,SA	A,SA	SA
2278	SA	1977	Men	Not Whit	30	14	31	D,A,SA	A,SA	SA
2279	SA	1989	Women	Not Whit	27	10	39	D,A,SA	A,SA	SA
2280	SA	1977	Men	Not Whit	22	12	36	D,A,SA	A,SA	SA
2281	SA	1977	Women	Not Whit	44	11	34	D,A,SA	A,SA	SA
2282	SA	1977	Women	Not Whit	38	12	36	D,A,SA	A,SA	SA
2283	SA	1989	Men	Not Whit	28	14	50	D,A,SA	A,SA	SA
2284	SA	1989	Women	Not Whit	22	12	48	D,A,SA	A,SA	SA
2285	SA	1977	Women	White	41	14	60	D,A,SA	A,SA	SA
2286	SA	1977	Women	Not Whit	53	10	39	D,A,SA	A,SA	SA
2287	SA	1989	Women	White	36	12	18	D,A,SA	A,SA	SA
2288	SA	1989	Women	Not Whit	37	16	50	D,A,SA	A,SA	SA
2289	SA	1989	Men	Not Whit	30	10	47	D,A,SA	A,SA	SA
2290	SA	1977	Women	Not Whit	55	11	46	D,A,SA	A,SA	SA
2291	SA	1989	Women	Not Whit	39	17	63	D,A,SA	A,SA	SA
2292	SA	1989	Women	White	55	14	36	D,A,SA	A,SA	SA
2293	SA	1977	Women	Not Whit	27	12	31	D,A,SA	A,SA	SA

Vars: 10 Obs: 2,293 Filter: Off Mode: Edit CAP NUM

圖 7-5 「ordwarm2_Oridinal_reg.dta」資料檔 (N=2293 , 10 variables)

了解各變數之特性

```
. use ordwarm2_Oridinal_reg.dta
(77 & 89 General Social Survey)


. describe
```

```
Contains  data  from  D:\STaTa(pannel+SEM+MA) 解說 2014\01  STaTa 高等統計分析 _
power\ordwarm2_Oridinal_reg.dta
  obs:        2,293                        77 & 89 General Social Survey
  vars:         10                         12 Feb 2014 16:32
  size:      32,102(99.7% of memory free)  (_dta has notes)
--------------------------------------------------------------------------
-
storage  display     value
variable name type   format    label      variable label
--------------------------------------------------------------------------


warm        byte    %10.0g    SD2SA     Mom can have warm relations with child
yr89        byte    %10.0g    yrlbl     Survey year: 1=1989 0=1977
male        byte    %10.0g    sexlbl    Gender: 1=male 0=female
white       byte    %10.0g    racelbl   Race: 1=white 0=not white
age         byte    %10.0g              Age in years
ed          byte    %10.0g              Years of education
prst        byte    %10.0g              Occupational prestige
warmlt2     byte    %10.0g    SD        1=SD; 0=D,A,SA
warmlt3     byte    %10.0g    SDD       1=SD,D; 0=A,SA
warmlt4     byte    %10.0g    SDDA      1=SD,D,A; 0=SA
--------------------------------------------------------------------------
Sorted by:  warm
. sum warm yr89 male white age ed prst

   Variable |      Obs        Mean    Std. Dev.      Min        Max
------------+---------------------------------------------------------
       warm |     2293    2.607501    .9282156        1          4
       yr89 |     2293    .3986044    .4897178        0          1
       male |     2293    .4648932    .4988748        0          1
      white |     2293    .8765809    .3289894        0          1
        age |     2293    44.93546    16.77903       18         89
------------+---------------------------------------------------------
         ed |     2293    12.21805    3.160827        0         20
       prst |     2293    39.58526    14.49226       12         82
```

(三) 分析結果與討論

Step 1 線性機率迴歸分析：當對照組

Statistics > Linear models and related > Linear regression

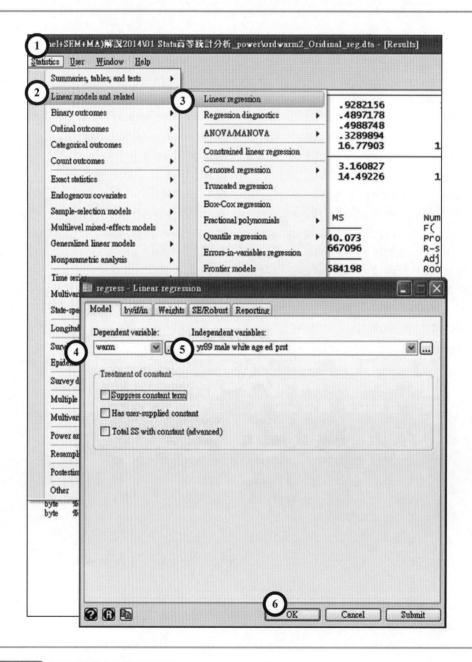

圖 7-6 線性迴歸之選擇表操作

```
. regress warm yr89 male white age ed prst

     Source |       SS       df       MS              Number of obs =     2293
------------+------------------------------           F(  6,  2286) =    52.82
      Model |    240.438       6    40.073            Prob > F      =   0.0000
   Residual | 1734.31298    2286  .758667096          R-squared     =   0.1218
------------+------------------------------           Adj R-squared =   0.1195
      Total | 1974.75098    2292  .861584198          Root MSE      =   .87101


------------------------------------------------------------------------------
       warm |     Coef.   Std. Err.      t    P>|t|     [95% Conf. Interval]
------------+-----------------------------------------------------------------
       yr89 |   .2624768   .0377971     6.94   0.000     .1883566    .3365969
       male |  -.3357608   .0366127    -9.17   0.000    -.4075583   -.2639632
      white |  -.1770232   .0559223    -3.17   0.002    -.2866869   -.0673596
        age |  -.0101114   .0011623    -8.70   0.000    -.0123907    -.007832
         ed |   .0312009   .0075313     4.14   0.000      .016432    .0459698
       prst |   .0026999   .0015574     1.73   0.083    -.0003542    .0057541
      _cons |   2.780412   .1100734    25.26   0.000     2.564558    2.996266
------------------------------------------------------------------------------
```

對親子親密程度之預測，除了職業聲望 (prst) 未達顯著外，其餘五個預測變數都達顯著水準，包括：1. yr89Survey (老一代 vs. 新世代)；2. 性別；3. 種族；4. 年齡；5. 受教育年數。

由於本例，依變數「親子親密程度」是 Likert 四點計分量表，故用線性迴歸有點怪的，由於不放心，故再用 ordered probit 迴歸、ordered logit 迴歸。三種迴歸做比較，即可知道 STaTa 這三種迴歸是否有相同之分析結果。

Step 2　ordered probit 迴歸分析：正確處理法

Statistics > Ordinal outcomes > Ordered probit regression

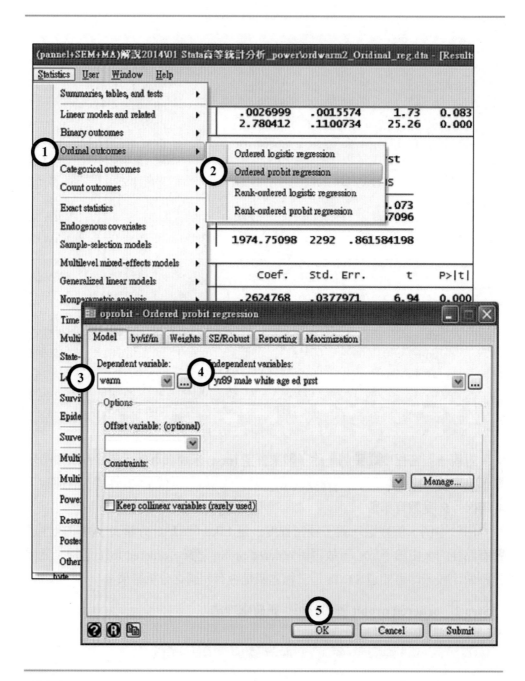

圖 7-7 ordered probit 之選擇表操作

```
. oprobit warm yr89 male white age ed prst

Ordered probit regression                      Number of obs    =      2293
                                               LR chi2(6)       =    294.32
                                               Prob > chi2      =    0.0000
Log likelihood =  -2848.611                    Pseudo R2        =    0.0491

------------------------------------------------------------------------------
        warm |      Coef.   Std. Err.      z    P>|z|     [95% Conf. Interval]
-------------+----------------------------------------------------------------
        yr89 |   .3188147   .0468521     6.80   0.000     .2269863    .4106431
        male |  -.4170287   .0455461    -9.16   0.000    -.5062974     -.32776
       white |  -.2265002   .0694776    -3.26   0.001    -.3626738   -.0903267
         age |  -.0122213   .0014427    -8.47   0.000    -.0150489   -.0093937
          ed |   .0387234   .0093241     4.15   0.000     .0204485    .0569983
        prst |    .003283    .001925     1.71   0.088    -.0004899    .0070559
-------------+----------------------------------------------------------------
       /cut1 |  -1.428578   .1387749              -1.700572   -1.156585
       /cut2 |  -.3605589   .1369224               -.6289219   -.0921959
       /cut3 |   .7681637   .1370569                .4995371     1.03679
------------------------------------------------------------------------------
```

1. Ordered probit 迴歸分析結果，與線性機率迴歸相似。

2. 對親子親密程度之預測，除了職業聲望 (prst) 未達顯著外，其餘五個預測變數都達顯著水準，包括 1. yr89Survey(老一代 vs. 新世代)；2. 性別；3. 種族；4. 年齡；5. 受教育年數。

3. 因為依變數「warm」有四個次序，故 ordered probit 迴歸會產生 (4-1) 個截斷點 (cut)，來區別「warm」四個次序。因此，我們再以 (4-1) 個截斷點 (cut) 之兩兩效果比較。

4. 三個 cut 之 95% CI 均未含「0」，表示「warm」四個 levels 之類別間，有顯著的差異。

5. 整個 ordered logit 迴歸模型為：

Pr(warm) = F(1.71 + 6.80×yr89 − 9.16×male − 3.26×white − 8.47×age + 4.15×ed + 1.71×prst)。

F(.) 為標準常態分布的累積分析函數。

在 5% 水準下，男性 (male)、年齡 (age)、白人 (white)，分別與親子親密程度 (warm) 之機率呈顯著負相關；而新世代 (yr89)、學歷 (ed) 與親子親密程度之機率則呈顯著正相關。

Step 3 **ordered logit** 迴歸分析，並與 **ordered probit** 迴歸做比較

Statistics > Ordinal outcomes > Ordered logistic regression

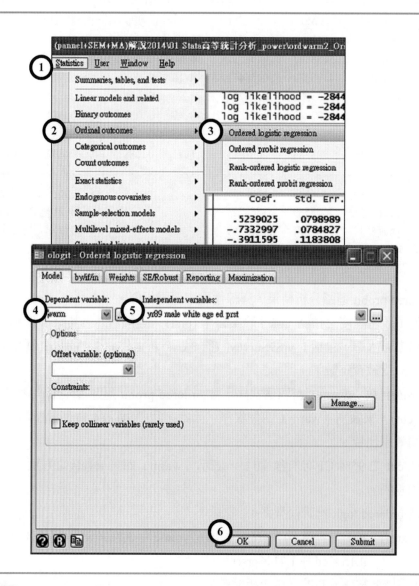

圖 7-8 ordered logit 迴歸之選擇表操作

```
. ologit warm yr89 male white age ed prst

Ordered logistic regression                    Number of obs   =      2293
                                               LR chi2(6)      =    301.72
                                               Prob > chi2     =    0.0000
Log likelihood = -2844.9123                    Pseudo R2       =    0.0504


------------------------------------------------------------------------------
       warm |      Coef.   Std. Err.      z    P>|z|     [95% Conf. Interval]
------------+-----------------------------------------------------------------
       yr89 |   .5239025   .0798989     6.56   0.000     .3673036    .6805014
       male |  -.7332997   .0784827    -9.34   0.000    -.887123   -.5794765
      white |  -.3911595   .1183808    -3.30   0.001    -.6231816   -.1591373
        age |  -.0216655   .0024683    -8.78   0.000    -.0265032   -.0168278
         ed |   .0671728    .015975     4.20   0.000     .0358624    .0984831
       prst |   .0060727   .0032929     1.84   0.065    -.0003813    .0125267
------------+-----------------------------------------------------------------
      /cut1 |  -2.465362   .2389128                     -2.933622   -1.997102
      /cut2 |   -.630904   .2333156                     -1.088194   -.1736138
      /cut3 |   1.261854    .234018                      .8031871    1.720521
------------------------------------------------------------------------------
```

1. LR 卡方值 = 301.72(p < 0.05)，表示界定的模型至少有一個解釋變數的迴歸係數不為 0。

2. 報表「z」欄中，two-tail 檢定下，若 $|z| > 1.96$，則表示該自變數對依變數有顯著影響力。$|z|$ 值越大，表示該自變數對依變數的關聯性 (relevance) 越高。

3. Logit 係數「Coef.」欄中，是 log-odds 單位，故不能用 OLS 迴歸係數的概念來解釋。

4. ologit 估計 S 分數，它是各自變數 X's 的線性組合：

$$S = \alpha + \beta_1 \times X_1 + \beta_2 \times X_2 + \beta_3 \times X_3 + ... + \beta_k \times X_k$$

$$S = 0.52\,yr89 - 0.73\,male - 0.39\,white - 0.02\,age + 0.06\,ed + 0.006\,prst$$

預測機率值為：

P(y = 1) = P(S + u ≤ _cut1)　　　　= P(S + u ≤ -2.465)

P(y = 2) = P(_cut1 < S + u ≤ _cut2) = P(-2.465 < S + u ≤ -0.631)

P(y = 3) = P(_cut2 < S + u ≤ _cut3) = P(-0.631 < S + u ≤ 1.262)

P(y = 4) = P(_cut3 < S + u)　　　　= P(1.262 < S + u)

5. 在 ologit 指令之後，直接執行「predict level-1 level-2 level-3……」事後指令，
即可儲存依變數各 levels 的機率值 (新增變數)，如下：

```
. predict SD D A SA
* 結果：在資料檔中，會新增四個變數「SD、D、A、SA」
```

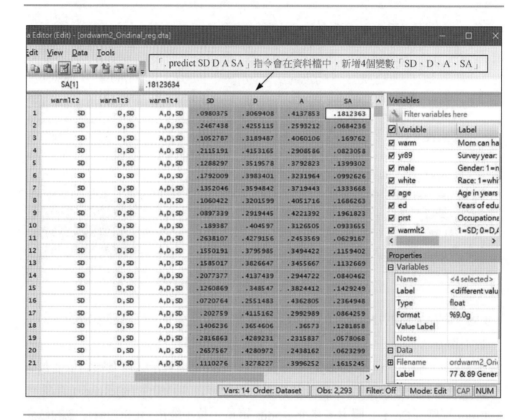

圖 7-9 「predict SD D A SA」指令會在資料檔中，新增四個變數「SD、D、A、SA」

Step 4 印出 ordered logistic 迴歸預測之 SD, D, A, SA

用「findit listcoef」找到此 package，在安裝它之後，即可執行「listcoef, std」指令。

```
. listcoef, std

ologit(N=2293): Unstandardized and Standardized Estimates


 Observed SD: .9282156
   Latent SD: 1.9410634


-------------------------------------------------------------------------------
    warm |     b        z     P>|z|    bStdX    bStdY   bStdXY    SDofX
---------+---------------------------------------------------------------------
    yr89 |   0.52390   6.557   0.000   0.2566   0.2699   0.1322   0.4897
    male |  -0.73330  -9.343   0.000  -0.3658  -0.3778  -0.1885   0.4989
   white |  -0.39116  -3.304   0.001  -0.1287  -0.2015  -0.0663   0.3290
     age |  -0.02167  -8.778   0.000  -0.3635  -0.0112  -0.1873  16.7790
      ed |   0.06717   4.205   0.000   0.2123   0.0346   0.1094   3.1608
    prst |   0.00607   1.844   0.065   0.0880   0.0031   0.0453  14.4923
```

1.「Standardized Estimates」可提供一個「標準化」比較基準點，來針對不同「測量單位」自變數之間，做預測效果的比較。

2.「bStdX」欄位，Beta 係數之正負值，可看出該自變數與依變數是「正比或負比」相關。例如：age 的 bStdX= -0.36，表示年齡越大，越沒有親子親密關係，人越老越孤單。

2.「bStdX」欄位取絕對值之後，可看六個預測變數對「親子親密程度」之預測效果，由高至低依序為：性別 (male)、年齡 (age)、年輕世代 (yr89)> 老世代、教育程度 (越高親子關係越好)、種族 (white)，最後職業聲望 (prst)。

Step 5　logit 迴歸求出各 levels 的機率值、機率交互作用圖

用「prgen」package 指令前，先用「findit prgen」安裝此 ado 檔之後，即可用它來印出迴歸之預測值及信賴區間。「prgen」語法如下：

```
prgen varname, [if] [in] generate(prefix) [from(#) to(#) ncases(#) gap(#)
x(variables_and_values) rest(stat) maxcnt(#) brief all noisily marginal ci
prvalueci_options]
```

```
* 找 prgen.ado 指令檔，download 安裝它，再人工 copy 到你的工作目錄
. findit prgen

. prgen age, x(male = 0 yr89 = 1) generate(w89) from(20) to(80)  ncases(7)

oprobit: Predicted values as age varies from 20 to 80
```

	yr89	male	white	age	ed	prst
x=	1	0	.88939567	46.713797	11.875713	38.920182

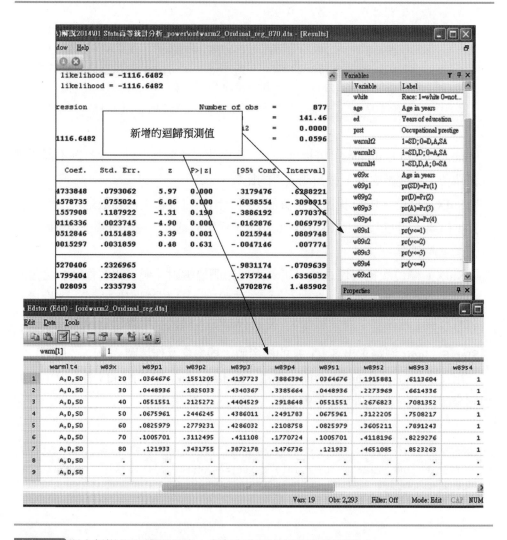

圖 7-10 指令新增的迴歸預測值，會存在你目前使用的資料檔中

646

Step 6 印出 ordered logit 迴歸之勝算機率值，並繪出交互作用圖

```
* quietly 係指只做迴歸分析，但不印出結果
. quietly ologit warm yr89 male white age ed prst

* 樣本只篩選女性 (male = 0) 且為新世代者 (yr89 = 1)
. prgen age, from(20) to(80) x(male = 0 yr89 = 1) ncases(7) generate(w89)

ologit: Predicted values as age varies from 20 to 80

         yr89        male       white        age          ed        prst
x=          1           0   .8765809   44.935456   12.218055   39.585259

. label var w89p1 "SD"
. label var w89p2 "D"
. label var w89p3 "A"
. label var w89p4 "SA"
. label var w89s1 "SD"
. label var w89s2 "SD & D"
. label var w89s3 "SD, D & A"

. graph twoway(scatter  w89p1 w89p2 w89p3 w89p4 w89x, msymbol(Oh Dh Sh
Th) c(l l l l) xtitle( "年齡" ) ytitle( "Predicted Pr> obability" ) xla-
bel(20(20)80) ylabel(0 .25 .50 ) )
```

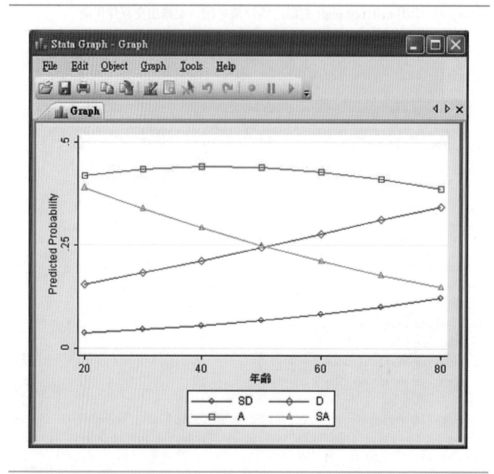

圖 7-11 各年齡層之親子親密程度之預測機率

```
. quietly ologit warm yr89 male white age ed prst

*用「findir pttab」安裝此指令檔「pttab.ado」

* 全部樣本。男女兩性之親子親密程度的交叉機率表
. prtab yr89 male, novarlbl

ologit: Predicted probabilities for warm
* 親子親密 (warm)，1=SD
Predicted probability of outcome 1(SD)
```

```
-------------------------
        |       male
   yr89 |  Women     Men
--------+----------------
   1977 |  0.0989  0.1859
   1989 |  0.0610  0.1191
-------------------------
```

Predicted probability of outcome 2(D)

```
-------------------------
        |       male
   yr89 |  Women     Men
--------+----------------
   1977 |  0.3083  0.4026
   1989 |  0.2282  0.3394
-------------------------
```

* 親子親密 (warm)，3=A.
Predicted probability of outcome 3(A)

```
-------------------------
        |       male
   yr89 |  Women     Men
--------+----------------
   1977 |  0.4129  0.3162
   1989 |  0.4406  0.3904
-------------------------
```

Predicted probability of outcome 4(SA)

```
-------------------------
        |       male
   yr89 |  Women     Men
--------+----------------
   1977 |  0.1799  0.0953
   1989 |  0.2703  0.1510
-------------------------
```

	yr89	male	white	age	ed	prst
x=	.39860445	.46489315	.8765809	44.935456	12.218055	39.585259

有限混合模型 (FMM)：STaTa 分析 (以 EM algorithm 做潛在分類再迴歸分析)

男女兩性之親子親密程度的交叉機率表，顯示「男女兩性 × 新舊世代」在親子親密程度上，有交互作用效果。

```
* 用「findit prchange」找此 ado 指令檔，download 安裝它，再人工 copy 到你的工作
  目錄
* 樣本只篩選女性 (male = 0) 且為新世代者 (yr89 = 1)
* 年齡 (age)、教育程度 (ed)、職業聲望 (prst) 三者機率之 margin 效果
. prchange age ed prst, x(male = 0 yr89 = 1) rest(mean)


ologit: Changes in Probabilities for warm

age
*                            非常不同意       不同意          同意          非常同意
           Avg|Chg|          SD            D            A             SA
Min->Max   .16441458    .10941909    .21941006    -.05462247    -.27420671
    -+1/2  .00222661    .00124099    .00321223    -.0001803     -.00427291
    -+sd/2 .0373125     .0208976     .05372739    -.00300205    -.07162295
MargEfct   .00222662    .00124098    .00321226    -.00018032    -.00427292
* 女性新世代者，age 每增一歲，親子親密程度就增加 0.223% 單位的機率。


ed
*                            非常不同意       不同意          同意          非常同意
           Avg|Chg|          SD            D            A             SA
Min->Max   .14300264    -.09153163   -.19447364    .04167268     .2443326
    -+1/2  .0069032     -.00384806   -.00995836    .00055891     .01324749
    -+sd/2 .02181124    -.01217654   -.03144595    .00176239     .04186009
MargEfct   .00690351    -.00384759   -.00995944    .00055906     .01324796
* 女性新世代者，接受教育多一年，親子親密程度就增加 0.69% 單位的機率。

prst
*                            非常不同意       不同意          同意          非常同意
           Avg|Chg|          SD            D            A             SA
Min->Max   .04278038    -.02352008   -.06204067    .00013945     .08542132
    -+1/2  .00062411    -.00034784   -.00090037    .00005054     .00119767
    -+sd/2 .00904405    -.00504204   -.01304607    .00073212     .01735598
MargEfct   .00062411    -.00034784   -.00090038    .00005054     .00119767
* 女性新世代者，最低級 (Min) 職業聲望升到最高級 (Max)，親子程度就增加 4.278% 單
位的機率。
```

```
*          非常不同意      不同意        同意   非常同意
                   SD          D           A         SA
Pr(y|x)  .06099996  .22815652  .44057754  .27026597

            yr89      male     white       age        ed      prst
     x=        1         0   .876581   44.9355   12.2181   39.5853
  sd_x=  .489718   .498875   .328989    16.779   3.16083   14.4923
```

Step 7 用 **logit** 迴歸，再複驗 **ordered logit** 迴歸 (以 **levels** 分群執行 **logit** 迴歸)

```
.* 新增三個 Dummy 變數：mle1、mle2、mle3
 gen mle1 =(warm>1)
. gen mle2 =(warm>2)
. gen mle3 =(warm>3)
```

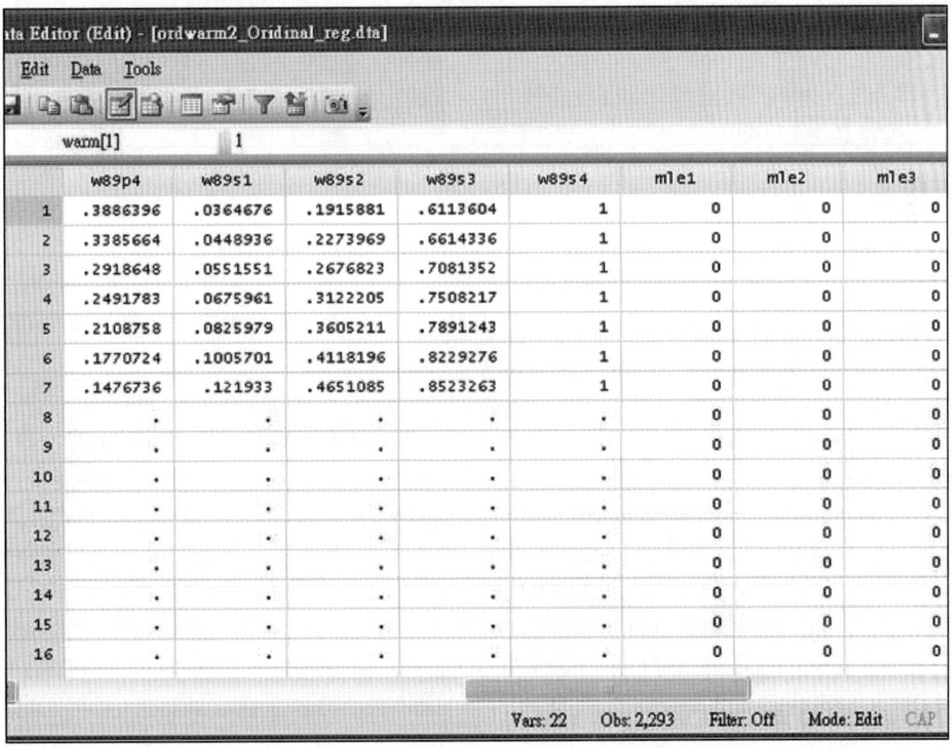

ata Editor (Edit) - [ordwarm2_Oridinal_reg.dta]

Edit Data Tools

warm[1] 1

	w89p4	w89s1	w89s2	w89s3	w89s4	mle1	mle2	mle3
1	.3886396	.0364676	.1915881	.6113604	1	0	0	0
2	.3385664	.0448936	.2273969	.6614336	1	0	0	0
3	.2918648	.0551551	.2676823	.7081352	1	0	0	0
4	.2491783	.0675961	.3122205	.7508217	1	0	0	0
5	.2108758	.0825979	.3605211	.7891243	1	0	0	0
6	.1770724	.1005701	.4118196	.8229276	1	0	0	0
7	.1476736	.121933	.4651085	.8523263	1	0	0	0
8	.	.	.	.	.	0	0	0
9	.	.	.	.	.	0	0	0
10	.	.	.	.	.	0	0	0
11	.	.	.	.	.	0	0	0
12	.	.	.	.	.	0	0	0
13	.	.	.	.	.	0	0	0
14	.	.	.	.	.	0	0	0
15	.	.	.	.	.	0	0	0
16	.	.	.	.	.	0	0	0

Vars: 22 Obs: 2,293 Filter: Off Mode: Edit CAP

圖 7-12 新增三個 binary 變數 (虛擬變數 mle1, mle2, mle3)

```
* STaTa 新指令為 logistic；舊指令為 logit
* 第一個 Dummy 變數 mle1 之 Logit 迴歸
. logit mle1 yr89 male white age ed prst

Logistic regression                              Number of obs   =      2293
                                                 LR chi2(6)      =    128.58
                                                 Prob > chi2     =    0.0000
Log likelihood = -819.61992                      Pseudo R2       =    0.0727

-------------------------------------------------------------------------------
     mle1 |      Coef.   Std. Err.      z    P>|z|     [95% Conf. Interval]
----------+--------------------------------------------------------------------
     yr89 |   .9647422   .1542064     6.26   0.000     .6625033    1.266981
     male |  -.3053643   .1291546    -2.36   0.018    -.5585025   -.052226
    white |  -.5526576   .2305397    -2.40   0.017    -1.004507   -.1008082
      age |  -.0164704   .0040571    -4.06   0.000    -.0244221   -.0085187
       ed |   .1047962   .0253348     4.14   0.000     .0551409    .1544516
     prst |  -.0014112   .0056702    -0.25   0.803    -.0125246    .0097023
    _cons |   1.858405   .3958164     4.70   0.000     1.082619     2.63419
```

```
* 第二個 Dummy 變數 mle2 之 Logit 迴歸
. logit mle2 yr89 male white age ed prst

Logistic regression                              Number of obs   =      2293
                                                 LR chi2(6)      =    251.23
                                                 Prob > chi2     =    0.0000
Log likelihood = -1449.7863                      Pseudo R2       =    0.0797

-------------------------------------------------------------------------------
     mle2 |      Coef.   Std. Err.      z    P>|z|     [95% Conf. Interval]
----------+--------------------------------------------------------------------
     yr89 |   .5654063   .0928433     6.09   0.000     .3834367    .7473758
     male |  -.6905423   .0898786    -7.68   0.000    -.8667012   -.5143834
    white |  -.3142708   .1405978    -2.24   0.025    -.5898374   -.0387042
      age |  -.0253345   .0028644    -8.84   0.000    -.0309486   -.0197203
       ed |   .0528527   .0184571     2.86   0.004     .0166774    .0890279
     prst |   .0095322   .0038184     2.50   0.013     .0020482    .0170162
    _cons |   .7303287    .269163     2.71   0.007     .2027789    1.257879
```

* 第三個 Dummy 變數 mle3 之 Logit 迴歸

```
. logit mle3 yr89 male white age ed prst

Logistic regression                          Number of obs   =      2293
                                             LR chi2(6)      =    150.77
                                             Prob > chi2     =    0.0000
Log likelihood = -1011.9542                  Pseudo R2       =    0.0693


-------------------------------------------------------------------------
     mle3 |     Coef.   Std. Err.      z    P>|z|    [95% Conf. Interval]
----------+--------------------------------------------------------------
     yr89 |  .3190732   .1140756     2.80   0.005    .0954891    .5426572
     male | -1.083789   .1220668    -8.88   0.000   -1.323035   -.8445422
    white | -.3929984   .1577582    -2.49   0.013   -.7021989    -.083798
      age | -.0185905   .0037659    -4.94   0.000   -.0259715   -.0112096
       ed |  .0575547   .0253812     2.27   0.023    .0078085    .1073008
     prst |  .0055304   .0048413     1.14   0.253   -.0039584    .0150193
    _cons | -1.024517   .3463123    -2.96   0.003   -1.703276   -.3457571
-------------------------------------------------------------------------
```

在 warm 2「warm>2」時，職業聲望 (prst) 額外會影響親子親密程度。

因此若依變數為 ordered 變數時，傳統 (SAS, STaTa 軟體)logit 迴歸，就要像本例這樣「分層」分三群組，分別執行三次 logit 分析。但有 ordered logit 迴歸分析一次就搞定，不但省時且有效率。

Step 8　ordered 依變數，各 levels 之間的 logit 迴歸分析

```
. quietly ologit warm yr89 male white age ed prst

.* brant 檢定：parallel regression 假定
. brant, detail

Estimated coefficients from j-1 binary regressions


               y>1          y>2          y>3
  yr89     .9647422    .56540626    .31907316
  male   -.30536425   -.69054232   -1.0837888
 white   -.55265759   -.31427081   -.39299842
   age   -.0164704    -.02533448   -.01859051
```

```
   ed    .10479624    .05285265    .05755466
  prst  -.00141118    .00953216    .00553043
 _cons  1.8584045    .73032873   -1.0245168

Brant Test of Parallel Regression Assumption

    Variable |    chi2   p>chi2    df
 ------------+-------------------------------
        All |   49.18    0.000    12
 ------------+-------------------------------
       yr89 |   13.01    0.001     2
       male |   22.24    0.000     2
      white |    1.27    0.531     2
        age |    7.38    0.025     2
         ed |    4.31    0.116     2
       prst |    4.33    0.115     2
 ----------------------------------------

A significant test statistic provides evidence that the parallel
regression assumption has been violated.
```

1. 「Brant Test of Parallel Regression」檢定結果拒絕 H_0: parallel regression，顯示整體而言 (all)，本例子 ordered logit 迴歸分析達到顯著 ($\chi^2_{(12)} = 49.18$, $p < 0.05$)，彼此預測的迴歸線係不平行，即組內迴歸係數是異質性 ($p < 0.05$)。

2. 但預測變數分開來看，種族 (white)、教育程度 (ed)、職業聲望 (prst)，三者在親子親密程度之組內迴歸係數卻是同質性 ($p < 0.05$)。

7-4 Ordered Logit 迴歸分析：Copenhagen 的住房條件 (ologit、lrtest、graph bar、oprobit 指令)

範例：哥本哈根 (Copenhagen) 的住房條件：(低中高) 住屋滿意來精準配組 (ologit、lrtest、graph bar、oprobit 指令)

(一) 問題說明

為了解哥本哈根的住房條件之影響因素有哪些？(分析單位：個人的住房)

研究者收集數據並整理成下表，此「copen.dta」資料檔內容之變數如下：

變數名稱	說明	編碼 Codes/Values
結果變數 / 依變數：satisfaction	住房條件滿意度	1～3 分 (程度)
解釋變數 / 自變數：housing	房屋類型	1～4 分 (程度)
解釋變數 / 自變數：influence	感覺管理中的影響力	1～3 分 (程度)
解釋變數 / 自變數：contact	與鄰居聯繫程度	0,1(binary data)
加權：n	此類別的 cases 數	3～86

(二) 資料檔之內容

「copen.dta」資料檔內容如圖 7-13。

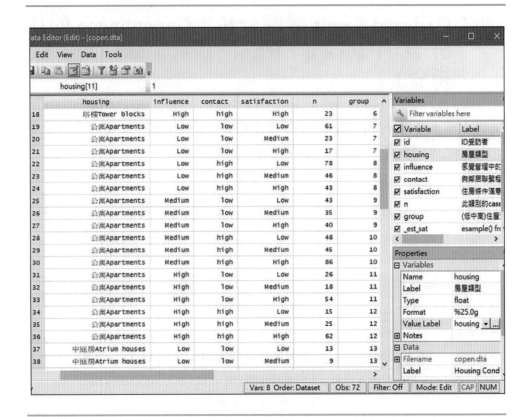

「copen.dta」資料檔內容 [N=72 個人，(低中高) 住屋滿意來精準配組 J=34]

觀察資料之特徵

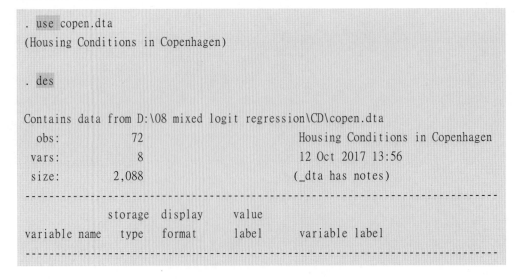

```
. use copen.dta
(Housing Conditions in Copenhagen)


. des


Contains data from D:\08 mixed logit regression\CD\copen.dta
  obs:          72                          Housing Conditions in Copenhagen
  vars:          8                          12 Oct 2017 13:56
  size:      2,088                          (_dta has notes)
-------------------------------------------------------------------------
              storage   display    value
variable name   type    format     label      variable label
-------------------------------------------------------------------------
```

```
id              float   %9.0g                   ID 受訪者
housing         float   %15.0g      housing     房屋類型
influence       float   %9.0g       lowmedhi    感覺管理中的影響力
contact         float   %9.0g       contact     與鄰居聯繫程度
satisfaction    float   %9.0g       lowmedhi    住房條件滿意度
n               float   %9.0g                   此類別的 cases 數
group           float   %9.0g                   (低中高) 住屋滿意來精準配組
_est_sat        byte    %8.0g                   esample() from estimates store
```

*(低中高) 住屋滿意來精準配組，存至 group 新變數。Int(x) 取整數函數
. gen group = int((_n-1)/3)+1

* 符號「i.」宣告 group 變數為 Indication(dummies) 變數
* 以「(低中高) 住屋滿意來精準配組」group，來求 null model
. quietly mlogit satisfaction i.group [fw=n]
* 儲存和恢復估計結果。null model 預測值存至 sat 變數
. estimates store sat

* 印出 Log Likelihood
. di e(ll)
-1715.7108

* 求得 Log Likelihood 值為 -1715.7.

(三) 分析結果與討論

Step 1 比例勝算模型 (proportional odds model)

* 開啟資料檔
. use copen.dta
(Housing Conditions in Copenhagen)

* 變數變換。類別型變數 housing 四個 levels 變成三個虛擬變數：apart、atrium、terrace
. gen apart   = housing == 2
. gen atrium = housing == 3
. gen terrace = housing == 4

* 巨集指令
. local housing apart atrium terrace

```
* 類別型變數 influence 三個 levels 變成二個虛擬變數：influenceMed、influenceHi
. gen influenceMed   = influence == 2
. gen influenceHi    = influence == 3
. local influence influenceMed influenceHi
* 類別型變數二個 levels 變成一個虛擬變數 contactHi
. gen contactHi      = contact == 2
```

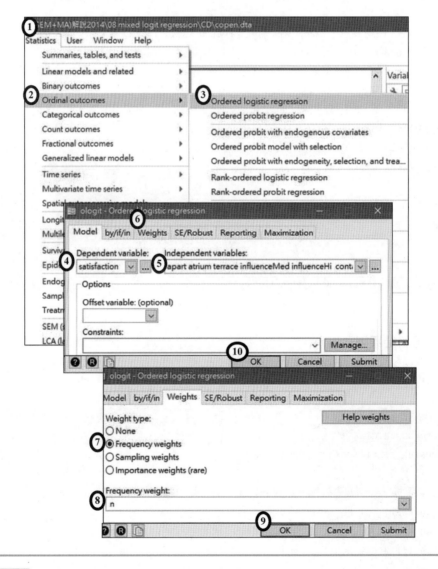

圖 7-14　「ologit satis apart atrium terrace influenceMed influenceHi contactHi [fw=n]」
畫面

註：Statistics > Ordinal outcomes > Ordered logistic regression

```
* fit the additive ordered logit model
* 以「此類別的 cases 數」n 來加權，進行 ordered logit model
. ologit satis apart atrium terrace influenceMed influenceHi  contactHi [fw=n]

Ordered logistic regression                  Number of obs   =        1681
                                             LR chi2(6)      =      169.73
                                             Prob > chi2     =      0.0000
Log likelihood = -1739.5746                  Pseudo R2       =      0.0465


-----------------------------------------------------------------------------
 satisfaction |     Coef.    Std. Err.      z     P>|z|    [95% Conf. Interval]
--------------+--------------------------------------------------------------
        apart |  -.5723499    .119238    -4.80   0.000   -.8060521   -.3386477
       atrium |  -.3661863   .1551733    -2.36   0.018   -.6703205   -.0620522
      terrace |  -1.091015    .151486    -7.20   0.000   -1.387922   -.7941074
 influenceMed |   .5663937   .1046528     5.41   0.000     .361278    .7715093
  influenceHi |   1.288819   .1271561    10.14   0.000    1.039597    1.53804
     contactHi |    .360284   .0955358     3.77   0.000    .1730372    .5475307
--------------+--------------------------------------------------------------
        /cut1 |   -.496135   .1248472                    -.7408311   -.2514389
        /cut2 |   .6907081   .1254719                     .4447876    .9366286
-----------------------------------------------------------------------------

. estimates store additive


* additive ordered logit model 與 null model 的概似比
* 選項 force: force testing even when apparently invalid。若缺用會印出：test in-
  volves different estimators: mlogit vs. ologit
. lrtest additive sat, force

Likelihood-ratio test                        LR chi2(40) =       47.73
(Assumption: additive nested in sat)         Prob > chi2 =      0.1874
```

1. LR 卡方值 = 169.73 (p < 0.05)，表示界定的模型至少有一個解釋變數的迴歸係數不爲 0。

2. 報表「z」欄中，two-tail 檢定下，若 |z| > 1.96，則表示該自變數對依變數有顯著影響力。|z| 值越大，表示該自變數對依變數的關聯性 (relevance) 越高。

3. Logit 係數「Coef.」欄中，是 log-odds 單位，故不能用 OLS 迴歸係數的概念

來解釋。

4. ologit 估計 S 分數，它是各自變數 X's 的線性組合：

$$S = \alpha + \beta_1 \times X_1 + \beta_2 \times X_2 + \beta_3 \times X_3 + ... + \beta_k \times X_k$$

$$S = -0.57apart - 0.37atrium - 1.09terrace + 0.57influenceMed + 1.29influenceHi + 0.36contactHi$$

預測機率值為：

$$P(y = 1) = P(S + u \leq \_cut1) \qquad = P(S + u \leq -0.496)$$

$$P(y = 2) = P(\_cut1 < S + u \leq \_cut2) = P(-0.496 < S + u \leq -0.691)$$

$$P(y = 3) = P(\_cut2 < S + u) \qquad = P(0.691 < S + u)$$

5. 在 ologit 指令之後，直接執行「predict level-1 level-2 level-3……」事後指令，
即可儲存依變數各 levels 的機率值 (新增變數)，如下：

```
. predict disatisfy neutral satisfy
* 結果：在資料檔中，會新增三個變數「disatisfy、neutral、satisfy」
```

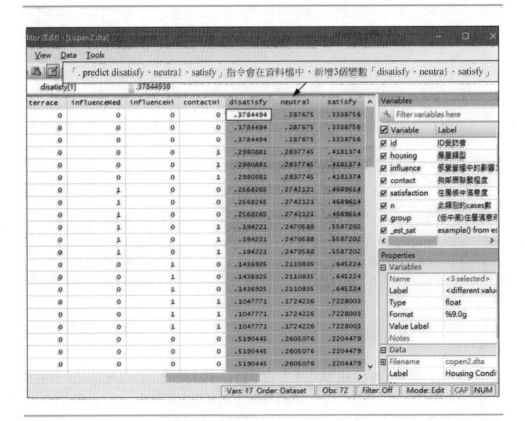

圖 7-15　「.predict disatify neutral satify」指令會在資料檔中，新增三個變數「disatisfy、
　　　neutral、satisfy」

補充資料

Q1. 類別資料迴歸分析，用 LR(概似比) 檢定不用 F 檢定？

答：概似比統計量在大樣本漸近卡方分布。

Q2. 類別資料迴歸分析，參數估計用 MLE(最大概似法) 不用 LSE(最小平方法)？

答：在常態線性模型 LSE 就是 MLE。F 檢定是在常態群體小樣本之下做兩群體變異數推論或多群體平均數推論時，適當的統計量具 F 分布。LSE 是在線性模型假設之下的一種方法。而 MLE、概似比檢定是在多數情況，若問題適當 (符合一些「正規條件」) 則它們是適當的方法；而在適當條件下，它們具有好的大樣本性質。

Step 2 用「#」來宣告二因數交互作用項

下例指令旨在比較「housing、influence、contact」三類類別變數，兩兩配對之交互作用項，哪個優呢？

```
* null model( 當 LR 的比較基準點 )
. quietly mlogit satisfaction i.group [fw=n]
. estimates store sat

* Model A
. quietly ologit satis i.housing#i.influence i.contact [fw=n]
. estimates store A

. lrtest A sat, force stats

Likelihood-ratio test                          LR chi2(34) =       25.22
(Assumption: A nested in sat)                  Prob > chi2 =      0.8623


--------------------------------------------------------------------------
    Model |   Obs    ll(null)   ll(model)     df        AIC         BIC
----------+---------------------------------------------------------------
        A |  1681   -1824.439   -1728.32       14     3484.64     3560.62
      sat |  1681   -1824.439   -1715.711      48    3527.422    3787.925
--------------------------------------------------------------------------
        Note:  N=Obs used in calculating BIC; see [R] BIC note
```

```
* Model B
. quietly ologit satis i.housing#i.contact i.influence [fw=n]
. estimates store B

. lrtest B sat, force stats
```

Likelihood-ratio test   LR chi2(37) =   39.06
(Assumption: B nested in sat)   Prob > chi2 =   0.3773

```
------------------------------------------------------------------------
     Model |    Obs    ll(null)   ll(model)    df        AIC        BIC
-----------+------------------------------------------------------------
         B |   1681   -1824.439   -1735.242    11   3492.483   3552.182
       sat |   1681   -1824.439   -1715.711    48   3527.422   3787.925
------------------------------------------------------------------------
```
              Note: N=Obs used in calculating BIC; see [R] BIC note

```
* Model C
. quietly ologit satis i.housing i.influence#i.contact [fw=n]
. estimates store C

. lrtest C sat, force stats
```

Likelihood-ratio test   LR chi2(38) =   47.52
(Assumption: C nested in sat)   Prob > chi2 =   0.1385

```
------------------------------------------------------------------------
     Model |    Obs    ll(null)   ll(model)    df        AIC        BIC
-----------+------------------------------------------------------------
         C |   1681   -1824.439    -1739.47    10    3498.94   3553.212
       sat |   1681   -1824.439   -1715.711    48   3527.422   3787.925
------------------------------------------------------------------------
```
              Note: N=Obs used in calculating BIC; see [R] BIC note

1. 「lrtest A sat, force stats」、「lrtest B sat, force stats」、「lrtest C sat, force stats」三個概似比，顯著性都 p>0.05，表示 Model A、Model B、Model C 三者適配度都比 null model 優，故這三個模型都是適當的。

2. 由 AIC 越小模型越佳來看，或 LR 卡方值越小模型越佳來看，適配度由優至

劣，依序為 Model A、Model B、Model C。故 Model A 最優，即
「ologit satis i.housing#i.influence i.contact [fw=n]」最優。

資訊準則 (information criterion)：亦可用來說明模型的解釋能力 (較常用來作為模型選取的準則，而非單純描述模型的解釋能力)

1. AIC(Akaike information criterion)

$$AIC = \ln\left(\frac{ESS}{T}\right) + \frac{2k}{T}$$

2. BIC(Bayes information criterion) 或 SIC(Schwartz) 或 SBC

$$BIC = \ln\left(\frac{ESS}{T}\right) + \frac{k\ln(T)}{T}$$

3. AIC 與 BIC 越小，代表模型的解釋能力越好（用的變數越少，或是誤差平方和越小）。

定義：**AIC**、**BIC**

AIC = -2*ln(likelihood) + 2*k

BIC = -2*ln(likelihood) + ln(N)*k

其中

k = 待估參數的個數 (number of parameters estimated)

N = 樣本數 (number of observations)

---

3. Model A 最優，故再執行：自由度 6 之「housing × influence」交互作用項，如下指令。

Step 3 類別變數「**housing × influence**」共 **3*2** 個交互作用項，改用虛擬變數來重做

```
. gen apartXinfMed = apart * influenceMed
. gen apartXinfHi  = apart * influenceHi
. gen atriuXinfMed = atrium * influenceMed
. gen atriuXinfHi  = atrium * influenceHi
. gen terrXinfMed  = terrace * influenceMed
. gen terrXinfHi   = terrace * influenceHi
```

```
* Model D
* 再加六個交互作用項 ( 粗斜字 )
: ologit satisfaction apart atrium terrace influenceMed influenceHi apartX-
infMed apartXinfHi atriuXinfMed atriuXinfHi terrXinfMed terrXinfHi contactHi
[fw=n]

Ordered logistic regression                Number of obs   =      1681
                                           LR chi2(12)     =    192.24
                                           Prob > chi2     =    0.0000
Log likelihood =  -1728.32                 Pseudo R2       =    0.0527


-------------------------------------------------------------------------------
satisfaction |     Coef.    Std. Err.      z     P>|z|    [95% Conf. Interval]
-------------+-----------------------------------------------------------------
      apart  |  -1.188494    .1972418    -6.03   0.000   -1.575081    -.8019072
     atrium  |  -.6067061    .2445664    -2.48   0.013   -1.086047    -.1273647
    terrace  |  -1.606231    .2409971    -6.66   0.000   -2.078576    -1.133885
influenceMed |  -.1390175    .2125483    -0.65   0.513   -.5556044     .2775694
 influenceHi |   .8688638    .2743369     3.17   0.002    .3311733     1.406554
apartXinfMed |   1.080868    .2658489     4.07   0.000    .5598135     1.601922
 apartXinfHi |   .7197816    .3287309     2.19   0.029    .0754809     1.364082
atriuXinfMed |    .65111     .3450048     1.89   0.059   -.0250869     1.327307
 atriuXinfHi |  -.1555515    .4104826    -0.38   0.705   -.9600826     .6489795
 terrXinfMed |   .8210056    .3306666     2.48   0.013    .172911       1.4691
  terrXinfHi |   .8446195    .4302698     1.96   0.050    .0013062     1.687933
   contactHi |    .372082    .0959868     3.88   0.000    .1839514     .5602126
-------------+-----------------------------------------------------------------
       /cut1 |  -.8881686    .1671554             -1.215787     -.56055
       /cut2 |   .3126319    .1656627             -.012061     .6373249
-------------------------------------------------------------------------------

. estimates store D
. lrtest D sat, force stats

Likelihood-ratio test                       LR chi2(34) =      25.22
(Assumption: D nested in sat)               Prob > chi2 =     0.8623


-------------------------------------------------------------------------------
```

```
   Model |    Obs    ll(null)   ll(model)    df          AIC        BIC
---------+--------------------------------------------------------------
       D |   1681   -1824.439   -1728.32     14       3484.64    3560.62
     sat |   1681   -1824.439  -1715.711     48      3527.422   3787.925
---------+--------------------------------------------------------------
```

1. LR 卡方值越小模型越佳，Model D 係納入六個「housing×influence」交互
   作用項，LR 卡方值 = 25.22，它與 Model A LR 卡方值相同。但基於模型越
   簡單越佳的原則，若要納入六個「housing×influence」交互作用項，可選定
   Model A 為最佳模型。
2. Model A 指令的執行結果如下：

```
* Model A 納入十二個「housing × influence」交互作用項
. ologit satis i.housing#i.influence i.contact [fw=n]

Ordered logistic regression                 Number of obs   =      1681
                                             LR chi2(12)     =    192.24
                                             Prob > chi2     =    0.0000
Log likelihood =   -1728.32                  Pseudo R2       =    0.0527


------------------------------------------------------------------------------
   satisfaction |      Coef.   Std. Err.      z    P>|z|    [95% Conf. Interval]
----------------+-------------------------------------------------------------
housing#influence |
            1 2 |  -.1390175   .2125483    -0.65   0.513    -.5556044    .2775694
            1 3 |   .8688638   .2743369     3.17   0.002     .3311733   1.406554
            2 1 |  -1.188494   .1972418    -6.03   0.000    -1.575081   -.8019072
            2 2 |  -.2466437   .1913323    -1.29   0.197     -.621648    .1283607
            2 3 |   .4001515   .2104573     1.90   0.057    -.0123373    .8126403
            3 1 |  -.6067061   .2445664    -2.48   0.013    -1.086047   -.1273647
            3 2 |  -.0946136   .2536286    -0.37   0.709    -.5917165    .4024894
            3 3 |   .1066063   .2896558     0.37   0.713    -.4611086    .6743212
            4 1 |  -1.606231   .2409971    -6.66   0.000    -2.078576   -1.133885
            4 2 |  -.9242424   .2391896    -3.86   0.000    -1.393045   -.4554395
            4 3 |   .1072528    .320668     0.33   0.738    -.5212449    .7357505
                |
```

```
    2.contact |    .372082   .0959868    3.88   0.000    .1839514   .5602126
--------------+------------------------------------------------------------
        /cut1 |  -.8881686   .1671554                   -1.215787   -.56055
        /cut2 |   .3126319   .1656627                    -.012061   .6373249
--------------------------------------------------------------------------
```

7-5 雙 Ordered logistic 混合迴歸 (fmm: ologit 指令)：健康等級之因素

一、「fmm: ologit」指令語法如下表

Basic syntax

fmm #: ologit *depvar* [*indepvars*] [, *options*]

Full syntax

fmm # [*if*] [*in*] [*weight*] [, *fmmopts*]: ologit *depvar* [*indepvars*] [, *options*]

where # specifies the number of class models.

options	說明
Model	
offset (*varname*)	include *varname* in model with coefficient constrained to 1

fmmopts	說明
Model	
lcinvariant (*pclassname*)	specify parameters that are equal across classes; default is lcinvariant (none)
lcprob (*varlist*)	specify independent variables for class probabilities
lclabel (*name*)	name of the categorical latent variable; default is lclabel (Class)
lcbase(#)	base latent class
constraints (*constraints*)	apply specified linear constraints
collinear	keep collinear variables
SE/Robust	
vce (*vcetype*)	*vcetype* may be oim, robust, or cluster *clustvar*
Reporting	
level (#)	set confidence level; default is level (95)
nocnsreport	do not display constraints
noheader	do not display header above parameter table
nodvheader	do not display dependent variables information in the header
notable	do not display parameter table
display_options	control columns and column formats, row spacing, line width, display of omitted variables and base and empty cells, and factor-variable labeling

Maximization

maximize_options	control the maximization process
startvalues (*svmethod*)	method for obtaining starting values; default is startvalues (factor)
emopts (*maxopts*)	control EM algorithm for improved starting values
noestimate	do not fit the model; show starting values instead
coeflegend	display legend instead of statistics

pclassname	說明
cons	intercepts and cutpoints
coef	fixed coefficients
errvar	covariances of errors
scale	scaling parameters
all	all the above
none	none of the above; the default

「fmm: ologit」指令旨在適配 ordered 邏輯斯迴歸的混合模型 (fits mixtures of ordered logistic regression models)。常見的指令語法如下表：

---

* Mixture of two ordered logistic regression models of y on x1 and x2

. fmm 2: ologit y x1 x2

---

* As above, but with class probabilities depending on z1 and z2

. fmm 2, lcprob(z1 z2): ologit t y x1 x2

---

* With robust standard errors

. fmm 2, vce(robust): ologit y x1 x2

---

* Constrain coefficients on x1 and x2 to be equal across classes

. fmm 2, lcinvariant(coef): ologit y x1 x2

二、範例：雙 ordered logistic 迴歸分析 (fmm：ologit 指令)：健康等級之因素

(一) 問題說明

為了解健康等級之影響因素有哪些？(分析單位：個人)

研究者收集數據並整理成下表，此「fmm_health.dta」資料檔內容之變數如下：

變數名稱	說明	編碼 Codes/Values
結果變數 / 依變數：health	健康等級的分組	1=poor,..., 5=excellent
解釋變數 / 自變數：weight	體重 (kg)	30.84～175.88
解釋變數 / 自變數：female	女性嗎	1=female, 0=mal
解釋變數 / 自變數：rural	住鄉村嗎	1=rural, 0=urban
解釋變數 / 自變數：area	居住面積平方公尺 (m^2)	4～54.76

(二) 資料檔之內容

「fmm_health.dta」資料檔內容如圖 7-16。

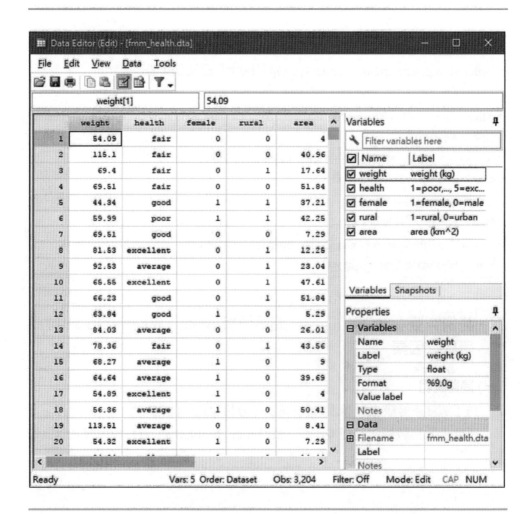

圖 7-16 「fmm_health.dta」資料檔內容 (N=3,204 個人，潛在類別 (class)=2)

觀察資料之特徵

```
* Mixture of normals
. webuse fmm_health, clear

*繪依變數直方圖
. histogram health, width(.4) normal
(bin=10, start=1, width=.4)
```

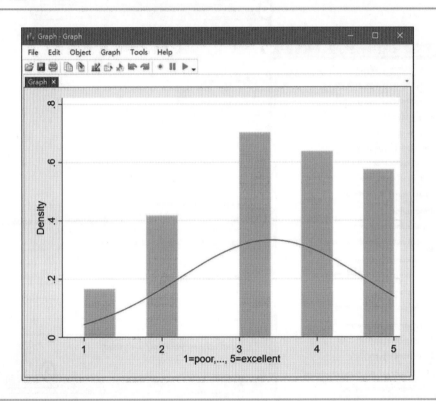

圖 7-17 「histogram health, width(.4) normal」繪直方圖

註：Graphics > Histogram

(三) 分析結果與討論

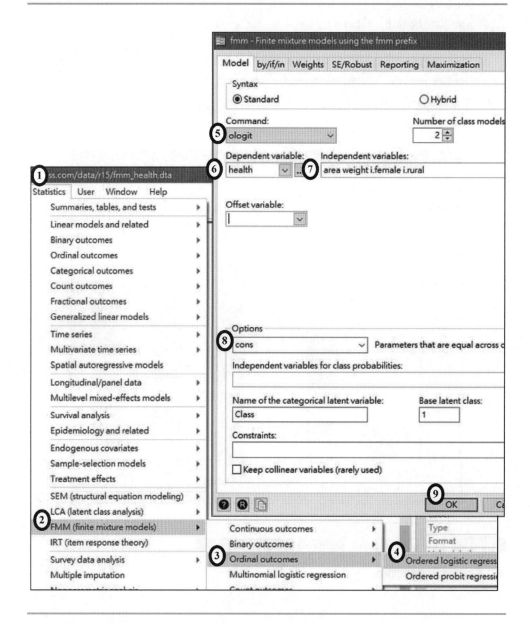

圖 7-18 「fmm 2, lcinv(cons)：ologit health area weight i.female i.rural」畫面

註：Statistics > FMM (finite mixture models) > Ordinal outcomes > Ordered logistic regression

Step 1 雙 **ordered logistic** 混合迴歸分析

```
* 開啟資料檔
. webuse fmm_health ,clear

* Mixture of two ordered logistic regression models with cutpoints constrained
  to be equal across classes using lcinv(cons)
. fmm 2, lcinv(cons): ologit health area weight i.female i.rural


Finite mixture model                          Number of obs    =        3,203
Log likelihood = -4621.3256


( 1)  [/health]1bn.Class#c.cut1 - [/health]2.Class#c.cut1 = 0
( 2)  [/health]1bn.Class#c.cut2 - [/health]2.Class#c.cut2 = 0
( 3)  [/health]1bn.Class#c.cut3 - [/health]2.Class#c.cut3 = 0
( 4)  [/health]1bn.Class#c.cut4 - [/health]2.Class#c.cut4 = 0
```

	Coef.	Std. Err.	z	P>|z|	[95% Conf. Interval]	
1.Class	(base outcome)					
2.Class						
_cons	.4673843	.3357337	1.39	0.164	-.1906416	1.12541

```
Class          : 1
Response       : health
Model          : ologit
```

	Coef.	Std. Err.	z	P>|z|	[95% Conf. Interval]	
health						
area	-.0266556	.006435	-4.14	0.000	-.039268	-.0140433
weight	.0012493	.0049842	0.25	0.802	-.0085196	.0110181
1.female	-.7285132	.2282487	-3.19	0.001	-1.175873	-.2811539
1.rural	.2686544	.2103584	1.28	0.202	-.1436404	.6809492

```
/health    |
     cut1 |   -5.105267    .2646075                     -5.623888    -4.586646
     cut2 |    -3.36939    .2363251                     -3.832578    -2.906201
     cut3 |   -1.716385    .2174114                     -2.142504    -1.290267
     cut4 |   -.2911714    .2192027                     -.7208009     .138458
---------------------------------------------------------------------------------


Class          : 2
Response       : health
Model          : ologit


---------------------------------------------------------------------------------
           |     Coef.    Std. Err.      z     P>|z|     [95% Conf. Interval]
-----------+---------------------------------------------------------------------
health     |
     area  |   -.0623554     .005385   -11.58   0.000    -.0729099    -.0518009
   weight  |   -.0101957    .0032043    -3.18   0.001     -.016476    -.0039155
 1.female  |    .0344384    .1401736     0.25   0.806    -.2402967     .3091735
  1.rural  |   -.4315915    .1258713    -3.43   0.001    -.6782947    -.1848883
-----------+---------------------------------------------------------------------
/health    |
     cut1  |   -5.105267    .2646075                     -5.623888    -4.586646
     cut2  |    -3.36939    .2363251                     -3.832578    -2.906201
     cut3  |   -1.716385    .2174114                     -2.142504    -1.290267
     cut4  |   -.2911714    .2192027                     -.7208009     .138458
---------------------------------------------------------------------------------
```

1. 報表「z」欄中，two-tail 檢定下，若 $|z| > 1.96$，則表示該自變數對依變數有 顯著影響力。$|z|$ 值越大，表示該自變數對依變數的關聯性 (relevance) 越高。

2. Logit 係數「Coef.」欄中，是 log-odds 單位，故不能用 OLS 迴歸係數的概念 來解釋。

3. ologit 估計 S 分數，它是各自變數 X's 的線性組合：

$$S = \alpha + \beta_1 \times X_1 + \beta_2 \times X_2 + \beta_3 \times X_3 + ... + \beta_k \times X_k$$

對 Class 1 而言：

$$S = -0.027area + 0.001weight - 0.729female + 0.269rural$$

預測機率值 (與 Class 2 相同) 為：

$P(y = 1) = P(S + u \leq \_cut1)$ $= P(S + u \leq -5.105)$

$P(y = 2) = P(\_cut1 < S + u \leq \_cut2) = P(-5.105 < S + u \leq -3.37)$

$P(y = 3) = P(\_cut2 < S + u \leq \_cut3) = P(-3.37 < S + u \leq -1.716)$

$P(y = 4) = P(\_cut3 < S + u \leq \_cut4) = P(-1.716 < S + u \leq -0.291)$

$P(y = 5) = P(\_cut4 < S + u) = P(-0.291 \leq S + u)$

對 Class 2 而言：

$S = -0.06area - 0.01weight + 0.03female - 0.43rural$

預測機率值為：

$P(y = 1) = P(S + u \leq \_cut1)$ $= P(S + u \leq -5.105)$

$P(y = 2) = P(\_cut1 < S + u \leq \_cut2) = P(-5.105 < S + u \leq -3.37)$

$P(y = 3) = P(\_cut2 < S + u \leq \_cut3) = P(-3.37 < S + u \leq -1.716)$

$P(y = 4) = P(\_cut3 < S + u \leq \_cut4) = P(-1.716 < S + u \leq -0.291)$

$P(y = 5) = P(\_cut4 < S + u)$ $= P(-0.291 \leq S + u)$

Step 2 各潛在類別之邊際平均數及邊際機率

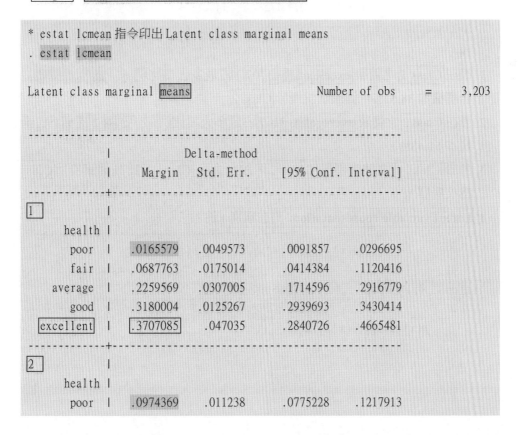

```
* estat lcmean 指令印出 Latent class marginal means
. estat lcmean

Latent class marginal means                        Number of obs    =    3,203


-------------------------------------------------------------------
             |            Delta-method
             |    Margin   Std. Err.    [95% Conf. Interval]
-------------+-----------------------------------------------------
1            |
   health    |
      poor   |   .0165579   .0049573    .0091857    .0296695
      fair   |   .0687763   .0175014    .0414384    .1120416
   average   |   .2259569   .0307005    .1714596    .2916779
      good   |   .3180004   .0125267    .2939693    .3430414
 excellent   |   .3707085   .047035     .2840726    .4665481
-------------+-----------------------------------------------------
2            |
   health    |
      poor   |   .0974369   .011238     .0775228    .1217913
```

```
        fair |  .2270664     .0180036      .1937221      .264269
     average |  .3166911     .0150821      .2878965     .3469625
        good |  .2167505     .0150212      .1887548      .247631
   excellent |   .142055     .0215791       .104766     .1898021
--------------------------------------------------------------------

* estat lcprob 印出 a table of the marginal predicted latent class probabili-
  ties.
. estat lcprob

Latent class marginal probabilities              Number of obs    =    3,203

--------------------------------------------------------------------
             |              Delta-method
             |    Margin    Std. Err.    [95% Conf. Interval]
-------------+------------------------------------------------------
       Class |
           1 |  .3852355    .0795115      .2450091     .5475166
           2 |  .6147645    .0795115      .4524834     .7549909
--------------------------------------------------------------------
```

1. 潛在 Class 1 之健康 excellent 為 .3707) 占最多人口比例。「class 1 機率」占全體樣本 38.52%。健康狀況優於 Class 2 。

2. 潛在 Class 2 之健康 average 為 .3167 占最多人口比例。「class 2 機率」占全體樣本 61.48%。

3. 由於 Class 1 之健康優於 Class 2 ，故可命名 Class 1 為高健康群； Class 2 為疾病群。

4. **Latent variable representation(潛在類別)** 為：

$$p(x) = \sum_{i=0}^{k} \pi_i N(x \mid \mu_k, \Sigma_k) = \sum_z p(z)p(x \mid z)$$

其中，$p(z) = \prod_{k=1}^{K} \pi_k^{z_k}$

$$p(x \mid z) = \prod_{k=1}^{K} N(x \mid \mu_k, \Sigma_k)^{z_k}$$

Step 3 各類的平均值，繪成直方圖

```
* 將各類的平均值，存至 mu1, mu2 新變數
. predict mu*
(option mu assumed)
* 各類的平均值，繪成直方圖
. twoway (histogram mu1, width(.01) color(navy%25)) (histogram mu2,
width(.01) color(maroon%25)) legend(off) title(" 二類的預測值 "))
```

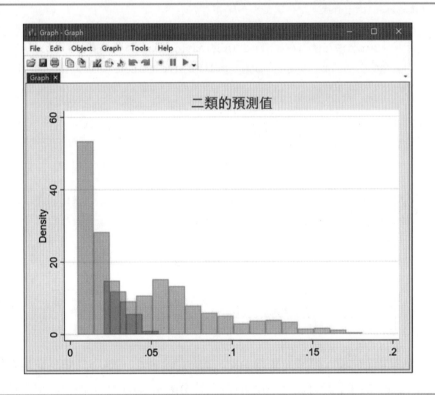

圖 7-19 雙 ordered logistic 迴歸預測之 (健康等級) 平均值直方圖

> **Step 4**　敵對模型，用 **BIC** 值來判定哪個適配度較優？

```
*----- STaTa v15 的 General estimation and regression 如下：--------
* 對照組一：( 單 Ordered logistic 混合迴歸模型 )
. quietly fmm 1, lcinv(cons): ologit health area weight i.female i.rural
. estimates store fmm1

* 對照組二：fmm 分成二個潛在類別 ( 雙 Ordered logistic 混合迴歸 )
. quietly fmm 2, lcinv(cons): ologit health area weight i.female i.rural
. estimates store fmm2

* 對照組三：fmm 分成三個潛在類別 ( 參 Ordered logistic 混合迴歸 )
. quietly fmm 3, lcinv(cons): ologit health area weight i.female i.rural
. estimates store fmm3

* 求 AIC BIC 值
. estimates stats fmm1 fmm2 fmm3
Akaike's information criterion and Bayesian information criterion
```

Model	Obs	ll(null)	ll(model)	df	AIC	BIC
fmm1	3,203	.	-4641.795	8	9299.589	9348.164
fmm2	3,203	.	-4621.326	13	9268.651	9347.585
fmm3	3,203	.	-4613.15	17	9260.301	9363.522

1. 估計單高斯 (常態) 模型，求得 BIC= 12803.15 最小，略小於雙高斯混合模型 BIC=12805.23；且略小於參高斯混合模型 BIC=12807.78。但由於這三個模型 BIC 過於相近，故應改由文獻回顧來決定分類 (class/ component) 的數目。

2. 根據 AIC、BIC 準則，都是參 logit 混合模型之 IC 值最小 (= 9268.65)，表示參 logit 混合模型最優，它比雙 logit 混合模型 (= 9260.30) 及單 logit 模型都優。

> **Step 5**　三類的平均值，繪成直方圖

```
. quietly fmm 3, lcinv(cons): ologit health area weight i.female i.rural
* 將各類的平均值，存至 mu1, mu2, mu3 新變數
. predict mu*
```

```
(option mu assumed)
* 各類的平均值，繪成直方圖
. twoway (histogram mu1, width(.01) color(navy%25)) (histogram mu2,
width(.01) color(maroon%25)) (histogram mu3, width(.01) color(maroon%25)
legend(off) title(" 三類的預測值 "))
```

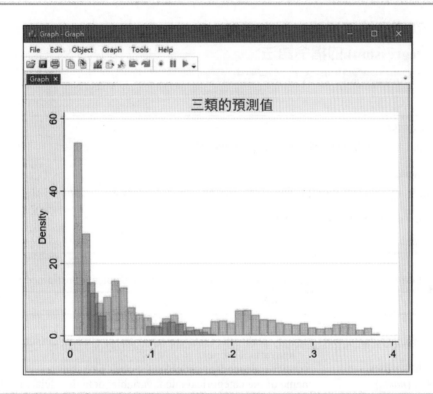

圖 7-20　參 ordered logistic 迴歸預測之 (健康等級) 平均值直方圖

7-6 雙 Ordered probit 混合模型 (fmm : oprobit 指令)：健康等級之因素

7-6-1 Ordered probit regression 混合模型之指令

一、次序型機率迴歸之混合模型 (finite mixtures of ordered probit regression) 的指令語法

「fmm: oprobit」指令語法如下表：

Basic syntax

    fmm #: oprobit *depvar* [*indepvars*] [, *options*]

Full syntax

    fmm # [*if*] [*in*] [*weight*] [, *fmmopts*]: oprobit *depvar* [*indepvars*] [, *options*]

where # specifies the number of class models.

options	說明
Model	
offset (*varname*)	include *varname* in model with coefficient constrained to 1

fmmopts	說明
Model	
lcinvariant (*pclassname*)	specify parameters that are equal across classes; default is lcinvariant (none)
lcprob (*varlist*)	specify independent variables for class probabilities
lclabel (*name*)	name of the categorical latent variable; default is lclabel (Class)
lcbase(#)	base latent class
constraints (*constraints*)	apply specified linear constraints
collinear	keep collinear variables
SE/Robust	
vce (*vcetype*)	*vcetype* may be oim, robust, or cluster *clustvar*
Reporting	
level (#)	set confidence level; default is level (95)
nocnsreport	do not display constraints
noheader	do not display header above parameter table
nodvheader	do not display dependent variables information in the header
notable	do not display parameter table
display_options	control columns and column formats, row spacing, line width, display of omitted variables and base and empty cells, and factor-variable labeling

Maximization

maximize_options	control the maximization process
startvalues (*svmethod*)	method for obtaining starting values; default is startvalues (factor)
emopts (*maxopts*)	control EM algorithm for improved starting values
noestimate	do not fit the model; show starting values instead
coeflegend	display legend instead of statistics

pclassname	說明
cons	intercepts and cutpoints
coef	fixed coefficients
errvar	covariances of errors
scale	scaling parameters
all	all the above
none	none of the above; the default

「fmm: oprobit」指令旨在適配 ordered probit 迴歸的混合模型 (fits mixtures of ordered probit regression models)，常見的指令語法如下表：

* Mixture of two ordered probit regression models of y on x1 and x2
. fmm 2: oprobit y x1 x2

* As above, but with class probabilities depending on z1 and z2
. fmm 2, lcprob(z1 z2): oprobit y x1 x2

* With robust standard errors
. fmm 2, vce(robust): oprobit y x1 x2

* Constrain coefficients on x1 and x2 to be equal across classes
. fmm 2, lcinvariant(coef): oprobit y x1 x2

7-6-2 Ordered probit regression 混合模型：健康等級之因素

範例：次序型機率迴歸之混合模型 (finite mixtures of ordered probit regression models (fmm : oprobit 指令)): 健康等級之因素

(一) 問題說明

為了解健康等級之影響因素有哪些？(分析單位：個人)

研究者收集數據並整理成下表，此「fmm_health.dta」資料檔內容之變數如下：

變數名稱	說明	編碼 Codes/Values
結果變數 / 依變數：health	健康等級的分組	1=poor,..., 5=excellent
解釋變數 / 自變數：weight	體重 (kg)	30.84～175.88
解釋變數 / 自變數：female	女性嗎	1=female, 0=male
解釋變數 / 自變數：rural	住鄉村嗎	1=rural, 0=urban
解釋變數 / 自變數：area	居住面積平方公尺 (m²)	4～54.76

(二) 資料檔之內容

「fmm_health.dta」資料檔內容如圖 7-21。

圖 7-21 「fmm_health.dta」資料檔內容 (N=3,204 個人，潛在類別 (class)=2)

觀察資料之特徵

```
* Mixture of normals
. webuse fmm_health; clear

*繪依變數直方圖
. histogram health, width(.4) normal
(bin=10, start=1, width=.4)
```

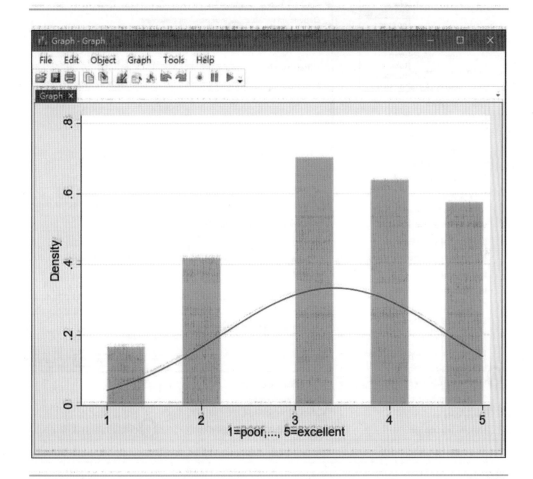

圖 7-22 「histogram health, width(.4) normal」繪直方圖

註：Graphics > Histogram

(三) 分析結果與討論

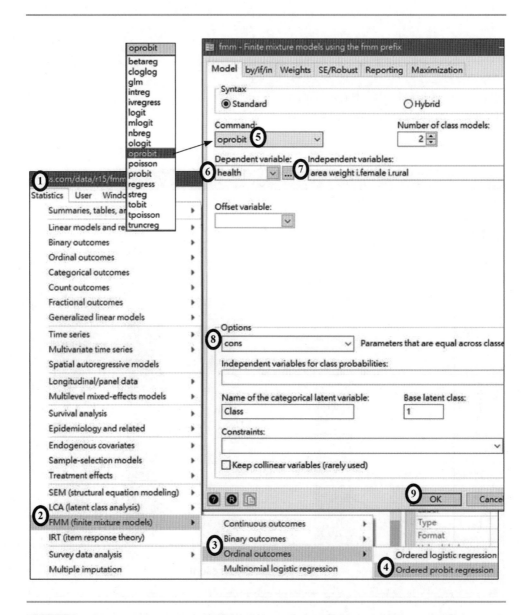

圖 7-23　「fmm 2, lcinv(cons)：oprobit health area weight i.female i.rural」畫面

註：Statistics > FMM (finite mixture models) > Ordinal outcomes > Ordered probit regression

Step 1　雙 ordered probit 混合模型 (fmm : oprobit 指令)：健康等級

```
* 開啟資料檔
. webuse fmm_health, clear
* constrained to be equal across classes using lcinv(cons)
. fmm 2, lcinv(cons): oprobit health area weight i.female i.rural

Finite mixture model                          Number of obs    =     3,203
Log likelihood = -4624.2829

( 1)  [/health]1bn.Class#c.cut1 - [/health]2.Class#c.cut1 = 0
( 2)  [/health]1bn.Class#c.cut2 - [/health]2.Class#c.cut2 = 0
( 3)  [/health]1bn.Class#c.cut3 - [/health]2.Class#c.cut3 = 0
( 4)  [/health]1bn.Class#c.cut4 - [/health]2.Class#c.cut4 = 0
```

	Coef.	Std. Err.	z	P>|z|	[95% Conf. Interval]	
1.Class	(base outcome)					
2.Class						
_cons	.8574172	.4647375	1.84	0.065	-.0534516	1.768286

```
Class        : 1
Response     : health
Model        : oprobit
```

	Coef.	Std. Err.	z	P>|z|	[95% Conf. Interval]	
health						
area	-.0131333	.0053532	-2.45	0.014	-.0236254	-.0026412
weight	.0020855	.0034727	0.60	0.548	-.0047209	.0088919
1.female	-.5896	.2139379	-2.76	0.006	-1.008911	-.1702894
1.rural	.2359266	.1842403	1.28	0.200	-.1251777	.5970309
/health						
cut1	-2.85533	.1428827			-3.135375	-2.575286

```
       cut2 |  -1.921971    .1299676                      -2.176703   -1.667239
       cut3 |  -.9826567    .1240121                      -1.225716   -.7395975
       cut4 |  -.1361128    .1259663                      -.3830022    .1107766
-----------------------------------------------------------------------------

Class           :  2
Response        :  health
Model           :  oprobit

-----------------------------------------------------------------------------
            |     Coef.    Std. Err.      z    P>|z|    [95% Conf. Interval]
------------+----------------------------------------------------------------
health      |
       area |  -.033572     .002814    -11.93  0.000    -.0390873   -.0280567
     weight |  -.005432    .0017769     -3.06  0.002    -.0089146   -.0019494
   1.female |  .0375974     .079983      0.47  0.638    -.1191664    .1943612
    1.rural |  -.2219155   .0694763     -3.19  0.001    -.3580865   -.0857444
------------+----------------------------------------------------------------
/health     |
       cut1 |  -2.85533    .1428827              -3.135375   -2.575286
       cut2 |  -1.921971    .1299676              -2.176703   -1.667239
       cut3 |  -.9826567    .1240121              -1.225716   -.7395975
       cut4 |  -.1361128    .1259663              -.3830022    .1107766
-----------------------------------------------------------------------------
```

1. 報表「z」欄中，two-tail 檢定下，若 $|z| > 1.96$，則表示該自變數對依變數有顯著影響力。$|z|$ 值越大，表示該自變數對依變數的關聯性 (relevance) 越高。

2. 「Coef.」欄中，是 log-odds 單位，故不能用 OLS 迴歸係數的概念來解釋。

3. oprobit 估計 S 分數，它是各自變數 X's 的線性組合：

$$S = \alpha + \beta_1 \times X_1 + \beta_2 \times X_2 + \beta_3 \times X_3 + ... + \beta_k \times X_k$$

對 Class 1 而言：

$S = -0.013area + 0.002weight - 0.59female + 0.24rural$

預測機率值為：

P(y = 1) = P(S + u ≤ _cut1)　　　　= P(S + u ≤ -2.855)

P(y = 2) = P(_cut1 < S + u ≤ _cut2) = P(-2.855 < S + u ≤ -1.922)

P(y = 3) = P(_cut2 < S + u ≤ _cut3) = P(-1.922 < S + u ≤ -0.983)

P(y = 4) = P(_cut3 < S + u ≤ _cut4) = P(-0.983 < S + u ≤ -0.136)

P(y = 5) = P(_cut4 < S + u) = P(-0.136 ≤ S + u)

對 Class 2 而言：

S = −0.033*area* − 0.005*weight* + 0.037*female* − 0.222*rural*

預測機率值，與 Class 1 相同，都為：

P(y = 1) = P(S + u ≤ _cut1) = P(S + u ≤ -2.855)

P(y = 2) = P(_cut1 < S + u ≤ _cut2) = P(-2.855 < S + u ≤ -1.922)

P(y = 3) = P(_cut2 < S + u ≤ _cut3) = P(-1.922 < S + u ≤ -0.983)

P(y = 4) = P(_cut3 < S + u ≤ _cut4) = P(-0.983 < S + u ≤ -0.136)

P(y = 5) = P(_cut4 < S + u) = P(-0.136 ≤ S + u)

4. 迴歸係數「Coef.」欄為「+」就是正相關，例如：Class 1 health 與 weight、rural 二個自變數的關係為正相關；但在 Class 2 health 與 weight、rural 二個自變數的關係卻為負相關。

Step 2 各潛在類別之邊際平均數及邊際機率

```
* estat lcmean 指令印出 Latent class marginal means
. estat lcmean

Latent class marginal means                    Number of obs    =    3,203


-----------------------------------------------------------------------
                 |            Delta-method
                 |   Margin   Std. Err.    [95% Conf. Interval]
-----------------+-----------------------------------------------------
1                |
        health   |
          poor   |  .0108928   .0054844    .0040444    .0290002
          fair   |  .0670921   .0214822    .0354024    .1235159
       average   |  .2158232   .0355565    .1542113    .2935085
          good   |  .3032207   .0149919    .2746646    .3333812
     excellent   |  .4029712   .0644227      .28538    .5328846
-----------------+-----------------------------------------------------
2                |
        health   |
          poor   |  .0900568    .011926    .0692554    .1163251
```

685

```
        fair  |   .2068779    .0175402       .1746001    .2433635
     average  |   .3107518    .0129525       .2859506    .3366897
        good  |   .2357099    .0150047       .2075775    .2663734
   excellent  |   .1566036    .0230209       .1165685    .2071643
-----------------------------------------------------------------

* estat lcprob 印出 a table of the marginal predicted latent class probabilities.
. estat lcprob


Latent class marginal probabilities          Number of obs    =      3,203


-----------------------------------------------------------------
            |            Delta-method
            |    Margin   Std. Err.     [95% Conf. Interval]
------------+----------------------------------------------------
      Class |
          1 |   .2978792    .0971986       .1457556    .5133597
          2 |   .7021208    .0971986       .4866403    .8542444
-----------------------------------------------------------------
```

1. 潛在 Class 1 之健康 excellent 為 .403) 占最多人口比例。「class 1 機率」占全體樣本 29.79%，健康狀況優於 Class 2 。

2. 潛在 Class 2 之健康 average 為 .310 占最多人口比例。「class 2 機率」占全體樣本 70.21%。

3. 由於 Class 1 之健康優於 Class 2，故可命名 Class 1 為健康群；Class 2 為疾病群。

4. **Latent variable representation(潛在類別)** 為：

$$p(x) = \sum_{i=0}^{k} \pi_i N(x \mid \mu_k, \Sigma_k) = \sum_z p(z) p(x \mid z)$$

其中，$p(z) = \prod_{k=1}^{K} \pi_k^{z_k}$

$p(x \mid z) = \prod_{k=1}^{K} N(x \mid \mu_k, \Sigma_k)^{z_k}$

Step 3 各類的平均值，繪成直方圖

```
. quietly fmm 2, lcinv(cons): oprobit health area weight i.female i.rural
* 將各類的平均值，存至 mu1, mu2 新變數
. predict mu*
(option mu assumed)
* 各類的平均值，繪成直方圖
. twoway (histogram mu1, width(.005) color(navy%25)) (histogram mu2,
  width(.005) color(maroon%25) legend(off) title(" 二類的預測值 "))
```

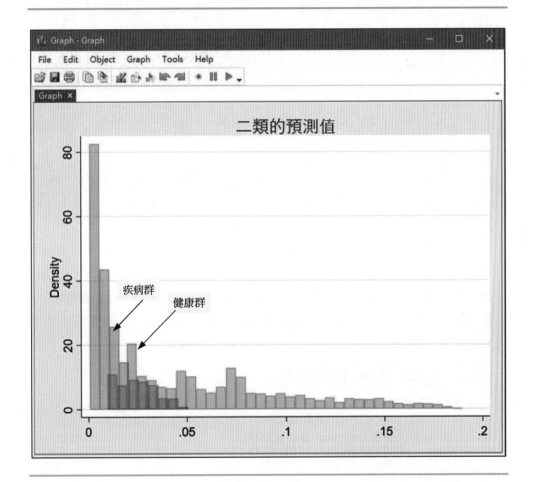

圖 7-24 雙 ordered probit 迴歸預測之 (健康等級) 平均值直方圖

有限混合模型 (FMM)：STaTa 分析 (以 EM algorithm 做潛在分類再迴歸分析)

Step 4　敵對模型，用 BIC 值來判定哪個適配度較優？

```
*----- STaTa v15 的 General estimation and regression 如下：--------
* 對照組一：( 單 Ordered logistic 混合迴歸模型 )
. quietly fmm 1, lcinv(cons): oprobit health area weight i.female i.rural
. estimates store fmm1

* 對照組二：fmm 分成二個潛在類別 ( 雙 Ordered logistic 混合迴歸 )
. quietly fmm 2, lcinv(cons): oprobit health area weight i.female i.rural
. estimates store fmm2

* 求 AIC BIC 值
. estimates stats fmm1 fmm2
Akaike's information criterion and Bayesian information criterion
```

Model	Obs	ll(null)	ll(model)	df	AIC	BIC
fmm1	3,203	.	-4641.584	8	9299.167	9347.742
fmm2	3,203	.	-4624.283	13	9274.566	9353.500

1. 估計單高斯 (常態) 模型，求得 BIC= 12803.15 最小，略小於雙高斯混合模型 BIC=12805.23；且略小於參高斯混合模型 BIC=12807.78。但由於這三個模型 BIC 過於相近，故應改由文獻回顧來決定分類 (class/ component) 的數目。

2. 根據 AIC、BIC 準則，都是雙 logit 混合模型之 IC 值最小，表示雙 logit 混合模型最優，它比參 logit 混合模型及單 logit 模型都優。

Step 5　三類的平均值，繪成直方圖

```
. quietly fmm 3, lcinv(cons): ologit health area weight i.female i.rural
* 將各類的平均值，存至 mu1, mu2, mu3 新變數
. predict mu*
(option mu assumed)
* 各類的平均值，繪成直方圖
. twoway (histogram mu1, width(.01) color(navy%25)) (histogram mu2,
  width(.01) color(maroon%25)) (histogram mu3, width(.01) color(maroon%25))
  legend(off) title(" 三類的預測值 "))
```

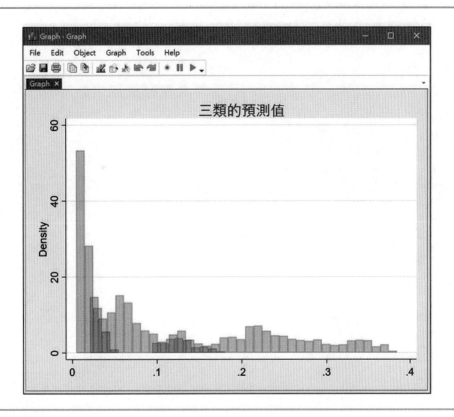

圖 7-25　參 ordered logistic 迴歸預測之 (健康等級) 平均值直方圖

有限混合模型：計次
(count) 迴歸 (fmm 開頭指令)

　　離散型隨機變數之數值 (X) 變化，為整個實驗之結果，具有可以計數並列出所有可能值，而且每一個值都有機率值。我們將探討離散型分布中的 Poisson 分布及 Binomial 分布。

(一) 卜瓦松分布 (Poisson distribution)

　　在單位時間或空間內 n 個事件中所發生成功的次數很少。單位時間或空間相當於二項分布之樣本大小 n，當二項分布之 n 很大，而成功機率 p 很少，此分布極接近卜瓦松分布，故卜瓦松分布為二項分布的特例。而此分布之機率質量函數 PMF 為：

$$f(k; \lambda) = \Pr(X = k) \frac{\lambda^k e^{-\lambda}}{k!}$$

正實數 λ 等於 X 的期望值，也等於它的變異數。此分布之平均數與變異數分別為：

$$E(X) = \lambda \quad , \quad \text{Var}(X) = \lambda$$

在我們的商業或經濟活動中，經常會碰到在一定時間或空間內發生某些事件的可能性問題，例如：在高速公路上，一小時內發生車禍的次數；一小時內到便利商店提款機提款的人數；一頁文件錯字的字數等。這些事件都是在一定的連續區間內發生的，且事件的發生彼此互相獨立。

(二) 二項分布 (binomial distribution)

　　在一試驗 (trial) 中，若每次試驗所出現的結果只有兩種情況 (如：成功或失敗，稱之為 Bernoulli 試行)。有一重複 n 次的試驗，若每次試驗的結果互為獨立，也就是每次試驗發生之結果不受上次試驗的影響，且每次試驗成功之機率都不變，當我們想知道 n 次中成功的次數，就產生了二項分布 (binomial distribution)。而此分布之機率質量函數 PMF 為：

$$f(x) = C_x^n p^x (1 - p)^{n-x}, x \in \{0, 1, \cdots, n\}, 0 < p < 1$$

此分布之平均數與變異數分別為：

$$E(X) = np$$
$$\text{Var}(X) = np(1-p)$$

8-1 單分布 Count 依變數：零膨脹 Poisson 迴歸 vs. negative binomial 迴歸

Zero-inflated 迴歸的應用例子，包括：

1. 調整產險資料之過度分散。
2. 影響糖尿病、高血壓短期發生的相關危險因子探討。
3. 大臺北地區小客車肇事影響因素之研究。
4. 房屋貸款違約與提前清償風險因素之研究。
5. 從專利資訊探討廠商專利品質之決定因素。
6. 產險異質性——案例分析。
7. 應用零值膨脹卜瓦松模型於高品質製程管制圖之研究。
8. 智慧資本、專利品質與知識外溢：臺灣半導體產業之實證分析。
9. 零膨脹 Poisson 分布下計數值管制圖之經濟性設計。
10. 臺灣地區自殺企圖者之重複自殺企圖次數統計模型探討。
11. 應用技術模式分析機車肇事行為。
12. 平交道風險因素分析與其應用。
13. 過多零事件之成對伯努利資料在不同模型下比較之研究。

Counts 迴歸之 STaTa 指令

STaTa 指令	Counts 迴歸	選擇表之操作
expoisson	Exact Poisson 迴歸	Statistics > Exact statistics > Exact Poisson regression
nbreg	Negative binomial 迴歸	**nbreg**
		Statistics > Count outcomes > Negative binomial regression
gnbreg		**gnbreg**
		Statistics > Count outcomes > Generalized negative binomial regression
poisson	Poisson 迴歸	Statistics > Count outcomes > Poisson regression
tnbreg	Truncated negative binomial 迴歸	Statistics > Count outcomes > Truncated negative binomial regression
tpoisson	Truncated Poisson 迴歸	Statistics > Count outcomes > Truncated Poisson regression

STaTa 指令	Counts 迴歸	選擇表之操作
zinb	Zero-inflated negative binomial 迴歸	Statistics > Count outcomes > Zero-inflated negative binomial regression
zip	零膨脹 Poisson 迴歸	Statistics > Count outcomes > 零膨脹 Poisson regression
ztnb	Zero-truncated negative binomial 迴歸	Statistics > Count outcomes > Zero-truncated negative binomial regression
ztp	Zero-truncated Poisson 迴歸	Statistics > Count outcomes > Zero-truncated Poisson regression
xtmepoisson	Multilevel (多層次) mixed -effects Poisson 迴歸	Statistics > Longitudinal/panel data > Multilevel mixed-effects models > Mixed-effects Poisson regression

離散資料這種非連續資料，要改用 Poisson 分布、負二項 (negative binomial) 分布。

8-1-1 Poisson 分布

$$p\,(x;\lambda,t) = \Pr\,[X = x] = \frac{(\lambda t)^x e^{-\lambda t}}{x!} \quad x = 0,\,1,\,2,\dots$$

P：表示機率集結函數

X：卜瓦松機率事件可能次數之機率

λ：事件平均發生率

t：時間或空間區段數

一、Poisson 分布之公式推導

在任何一本統計學的書，可以看到 Poisson 分布的公式為：

$$P\,(X = x) = \frac{e^{-\lambda} \cdot \lambda^x}{x!}$$

公式如何來的呢？

可將 Poisson 分布視為二項分布的極限狀況，我們知道二項分布的機率分布公式為：

$$P\,(X = x) = C_x^n p^x\,(1 - p)^{n - x}$$

$\lambda = np$ 　機率 p 極小，n 極大

$p = \dfrac{\lambda}{n}$

$P\,(X{=}x) = \lim\limits_{n \to \infty} C_x^n p^x\,(1-p)^{n-x}$

$\qquad = \lim\limits_{n \to \infty} \dfrac{n(n-1)(n-2)\cdots 3 \cdot 2 \cdot 1}{x!(n-x)!} \left(\dfrac{\lambda}{n}\right)^x \left(1 - \dfrac{\lambda}{n}\right)^{n-x}$

$\qquad = \lim\limits_{n \to \infty} \dfrac{n(n-1)(n-2)\cdots(n-x+1)}{x!} \left(\dfrac{\lambda^x}{n^x}\right) \left(1 - \dfrac{\lambda}{n}\right)^{n-x}$

$\qquad = \dfrac{\lambda^x}{x!} \lim\limits_{n \to \infty} \dfrac{n(n-1)(n-2)\cdots(n-x+1)}{n^x} \left(1 - \dfrac{\lambda}{n}\right)^{n-x}$

$\qquad = \dfrac{\lambda^x}{x!} \lim\limits_{n \to \infty} \underbrace{\dfrac{n(n-1)(n-2)\cdots(n-x+1)}{n \cdot n \cdots\cdots\cdots\cdots\cdots n \cdot n}}_{x} \left(1 - \dfrac{\lambda}{n}\right)^{n} \cdot \left(1 - \dfrac{\lambda}{n}\right)^{-x}$

$\therefore \underbrace{\dfrac{n(n-1)(n-2)\cdots(n-x+1)}{n \cdot n \cdots\cdots\cdots\cdots\cdots n \cdot n}}_{x} \to 1$

$\left(1 - \dfrac{\lambda}{n}\right)^{n} \to e^{-\lambda}$

$\left(1 - \dfrac{\lambda}{n}\right)^{-x} \to 1$

二、Poisson 迴歸分析之事後檢定

Poisson 迴歸分析之後，才可執行下列事後檢定，如下：

STaTa 指令	說明
contrast	contrasts and ANOVA-style joint tests of estimates
estat ic	Akaike's and Schwarz's Bayesian information criteria (AIC and BIC)
estat summarize	summary statistics for the estimation sample
estat vce	variance-covariance matrix of the estimators (VCE)
estat (svy)	postestimation statistics for survey data
estimates	cataloging estimation results
(1) forecast	dynamic forecasts and simulations
lincom	point estimates, standard errors, testing, and inference for linear combinations of coefficients
linktest	link test for model specification
(2) lrtest	likelihood-ratio test

STaTa 指令	說明
margins	marginal means, predictive margins, marginal effects, and average marginal effects
marginsplot	graph the results from margins (profile plots, interaction plots, etc.)
nlcom	point estimates, standard errors, testing, and inference for nonlinear combinations of coefficients
predict	predictions, residuals, influence statistics, and other diagnostic measures
predictnl	point estimates, standard errors, testing, and inference for generalized predictions
pwcompare	pairwise comparisons of estimates
suest	seemingly unrelated estimation
test	Wald tests of simple and composite linear hypotheses
testnl	Wald tests of nonlinear hypotheses

1. forecast is not appropriate with mi or svy estimation results.
2. lrtest is not appropriate with svy estimation results.

單位時間內「事件發生次數」的分布為卜瓦松分布 (Poisson distribution)。由法國數學家 Poisson 於 1838 年提出，是統計與機率學裡常見到的離散機率分布。

三、Poisson 的應用

在醫學、公共衛生及流行病學研究領域中，除了常用邏輯斯迴歸 (logistic regression) 及線性迴歸 (linear regression) 模型外，Poisson 迴歸模型也常應用在各類計數資料 (count data) 的模型建立上，例如：估計疾病死亡率或發生率、細菌或病毒的菌落數及了解與其他相關危險因子之間的關係等，然而這些模型都是廣義線性模式 (generalized linear models) 的特殊情形。

Poisson 分布主要用於描述在單位時間 (空間) 中稀有事件的發生數，即需滿足以下四個條件：

1. 給定區域內的特定事件產生的次數，可以是根據時間、長度、面積來定義。
2. 各段相等區域內的特定事件產生的機率是一樣的。
3. 各區域內，事件發生的機率是相互獨立的。
4. 當給定區域變得非常小時，兩次以上事件發生的機率趨向於 0。例如：
   (1) 放射性物質在單位時間內的放射次數；

(2) 在單位容積充分搖勻的水中細菌數；

(3) 野外單位空間中的某種昆蟲數等。

Poisson 迴歸之應用例子：

1. 領導校長型態＝三總主任 (教務、訓導、總務) ＋學校威望＋年齡＋工作年數
   ＋企圖心＋結婚否。

2. 個體意圖自殺次數＝課業壓力＋家庭＋經濟＋社會＋感情＋年齡。

3. 社會經濟地位 (高中低) ＝收入＋支出＋職業＋理財＋小孩＋城市人口 %。

4. 生小孩數目＝職業＋收入＋外籍配偶＋年齡＋城鄉＋富爸爸＋畢業學校聲望。

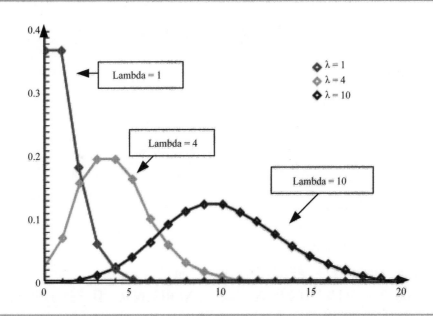

圖 8-1 Poisson 分布

四、Poisson 分布

卜瓦松分布 (Poisson distribution) 由法國數學家 Simon Denis Poisson 提出，
卜瓦松分布之特性：

1. 在兩個不相交的時間間隔，特定事件發生變化的次數為獨立。

2. 在短時間間隔或小空間區域發生一次變化的機率，近乎與區間長度、面積或
   體積成正比。

3. 在同樣的一個短時間間隔，有兩個或以上的變化發生之機率近乎 0。滿足上述特性者，稱為卜瓦松過程。若隨機變數 X 表示卜瓦松過程每段時間變化的次數，則 X 稱為卜瓦松隨機變數。

4. 發生於一段時間或某特定區域的成功次數之期望值為已知。

   卜瓦松分布之推演

設 g(x, w) 表示在長 w 的時間內有 X 次變化的機率，則由卜瓦松過程知：

1. 設 X_1 表示在 h_1 時間間隔內發生之次數，X_2 表示在 h_2 時間間隔內發生之次數，若 h_1、h_2 不相交，則 X_1、X_2 為隨機獨立。

2. g(1, h) = αh + o(h)，其中 α 為一常數，h > 0，且 o(h) 表任何滿足：

$$\lim_{h \to 0} \frac{o(h)}{h} = 0 \quad \text{之函數}$$

3. $\sum_{x=2}^{\infty} g(x,h) = o(h)$

由上述三個式子導出 X 的 PDF 為：

$$f(x) = \frac{\lambda^x e^{-\lambda}}{x!} \qquad x = 0, 1, 2, \dots$$
$$= 0 \qquad \qquad \text{其他}$$

此分布常以 p(x, λ) 表示。

五、Poisson 分布的性質

1. Poisson 分布的均數與變異數相等，即 $\sigma^2 = m$。

2. Poisson 分布係可加性：如果 X_1, X_2, $\cdots$, X_k 相互獨立，且它們分別服從以 μ_1, μ_2, $\cdots$, μ_k 為參數的 Poisson 分布，則 $T = X_1 + X_2 + \cdots + X_k$ 也服從 Poisson 分布，其參數為 $\mu_1 + \mu_2 + \cdots + \mu_k$。

3. Poisson 分布的常態近似：當 m 相當大時，近似服從常態分布：N(m, m)。

4. 二項分布與 Poisson 分布非常近似：設 $X_i \sim B(n_i\ \pi_i)$，則當 $n_i \to \infty$，π_i 很小，且 $n_i\pi_i = \mu$ 保持不變時，可以證明 X_i 的極限分布是以 μ 為參數的 Poisson 分布。

六、廣義 Poisson 分布

> 定義：equi-dispersion、over-dispersion、under-dispersion
>
> 在統計學上，過度分散 (overdispersion) 是資料集中存在更大的變異性 (統計離差 dispersion)，而不是根據給定的統計模型預期的。
>
> 應用統計中的一個常見任務是選擇一個參數模型，來適配一組給定的經驗觀察值，此時就需要評估所選模型的適用性。通常可以選擇模型參數，使得模型的理論總體平均值近似等於樣本平均值。但是，對於參數較少的簡單模型，理論預測可能與高 moments 的經驗觀測值不匹配。當觀察到的變異數高於理論模型的變異數時，就發生過度分散。相反，分散不足 (underdispersion) 意味著數據的變化性少於 (less variation) 預期。
>
> 過度分散是應用數據分析中的一個非常普遍的特徵，因爲在實務中，母群經常是異質 heterogeneous(非均勻的 non-uniform)，它常違反常用的簡單參數模型中隱含假定 (assumptions)。

　　爲因應 Poisson 分布必須假定 (assumption) 在母體爲可數的 equi-dispersion 狀況下才能使用，Consul 和 Jain 於 1970 年首先提出廣義卜瓦松分布 (generalized poisson distribution) 來處理資料中過度分散 (over-dispersion) 及不足分散 (under-dispersion) 的情形。

　　令 Y 爲單位時間內事件的發生次數，並且假設 Y 是一組服從廣義卜瓦松分布 GPoi(λ, α) 的隨機變數，其值爲非負整數，則其機率密度函數爲：

$$P_r(Y = y) = \frac{1}{y!}(\frac{\lambda}{1 + \alpha\lambda})^y (1 + \alpha y)^{y-1} \exp(-\frac{\lambda(1 + \alpha y)}{1 + \alpha\lambda}), y = 0, 1, 2, \cdots, \lambda > 0$$

其中

λ 爲單位時間內事件發生的平均次數；當 λ 越大，其機率密度函數圖形有越平緩及眾數越往右移的狀況。

α 爲散布參數 (dispersion parameter)：當 α 越大，其機率密度函數圖形之散布程度越廣。

　　期望值及變異數分別爲：

$$E(Y) = \lambda, \ \text{Var}(Y) = \lambda(1 + \beta\lambda)^2$$

　　可看出：

(1) 當 $\alpha = 0$ 時，即 equi-dispersion 狀況。

(2) 當 $\alpha > 0$ 時，即 over-dispersion 狀況。

(3) 當 $\alpha < 0$ 時，即 under-dispersion 狀況，也就是變異數小於平均數的情況，不過此機率密度函數只有在

$$1 + \alpha\lambda > 0 \text{ 且 } 1 + \alpha y > 0$$

才能成立。

當我們觀測到的是 t 個單位時間內事件發生的次數 μ 時，令 Y 為 t 個單位時間內事件的發生次數時，其機率密度函數為：

$$P_r(Y = y) = \frac{1}{y!}(\frac{\mu}{1 + \alpha\mu})^y (1 + \alpha y)^{y-1} \exp(-\frac{\mu(1 + \alpha y)}{1 + \alpha\mu})$$

$$= \frac{1}{y!}(\frac{\lambda t}{1 + \alpha\lambda t})^y (1 + \alpha y)^{y-1} \exp(-\frac{\lambda t(1 + \alpha y)}{1 + \alpha\lambda t}), y = 0, 1, 2, \cdots, \lambda > 0$$

廣義 Poisson 分布可處理 equi-、over- 或是 under-dispersion 的情況，使用上較 Poisson 分布及負二項分布來得更具彈性。

8-1-2 負二項 (negative binomial) 分布

一、負二項分布 (negative binomial distribution)

定義：在二項試驗中，若隨機變數 X 表示自試驗開始至第 r 次成功為止之試驗，則稱 X 為負二項隨機變數。設 p 為每次成功之機率，則 X 之 PDF 為：

$$f(x) = \binom{x-1}{r-1} p^r q^{x-r} \qquad x = r, r+1, \ldots$$

$$= 0 \qquad\qquad\qquad 其他$$

當 $r = 1$ 時，$f(x) = p\, q^{x-1}$　$x = 1, 2, 3\ldots$

稱為幾何分配。

二、Binomial 分布 vs. Poisson 分布

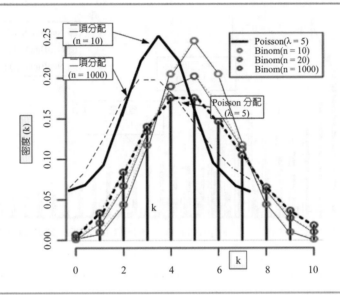

圖 8-2　binomial 分布 vs. Poisson 分布

$$F_{Binomial}(k; n, p) \approx F_{Poisson}(k; \lambda = np)$$

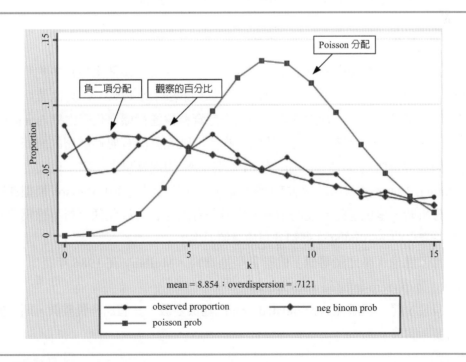

圖 8-3　負二項分布 vs. Poisson 分布

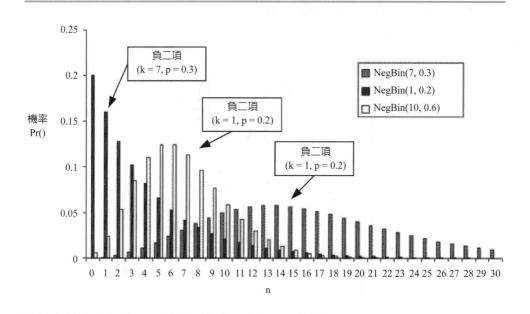

圖 8-4 負二項分布 (k, n, p) 三參數

8-1-3 零膨脹 (Zero-inflated)Poisson 分布

一、零膨脹 (Zero-inflated) 分布

在實際應用領域中的計數型態資料，常常有「零」值個案特別多的狀況，例如：在車禍意外研究中，未曾發生車禍之個案約為 47%，較其他值為多。在流行病學研究中，在針對各國的癌症登記資料檔進行標準化死亡率 (standard mortality ratio) 分析時，最大的特色是許多地區完全沒有惡性腫瘤的紀錄。以惡性腫瘤與白血病為例，分別約有 61% 與 79% 的地區呈現「零」個案的狀況 (Böhning, 1998)。由於高比例的「零」值導致許多資料在使用 Poisson 模型進行適配分析時，呈現適配不佳的情形，許多學者因此致力於此種資料型態模型適配的研究，而 zero-inflated 迴歸分布便應運而生。

為了處理「高比例零值」的計數型態資料，Mullahy 在 1986 年提出 zero-inflated 分布 (zero-inflated distribution)。

假設 Y 是一組服從 zero-inflated 分布的隨機變數，其值為非負整數，則其機率密度函數為：

$$g(Y=y) = \begin{cases} \omega + (1-\omega)\Pr(Y=0), & y=0 \\ (1-\omega)\Pr(Y=y), & y>0 \end{cases}$$

其中 ω 是一機率值，$\Pr(Y=y)$ 為計數型態分配之機率密度函數。

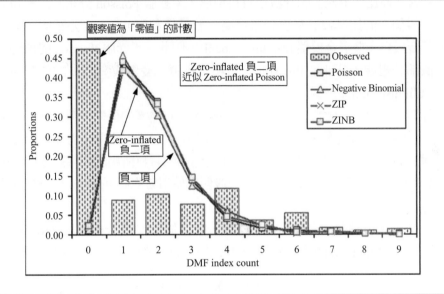

圖 8-5 zero-inflated 分布

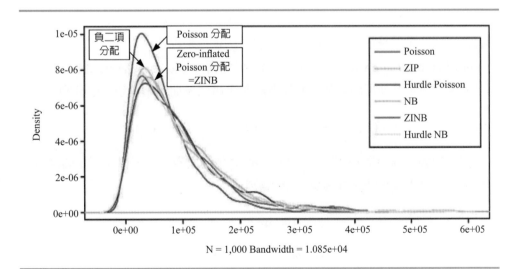

圖 8-6 Poisson 分布及負二項分布在「有 vs. 無」zero-inflated 之分布比較

二、零膨脹 (Zero-inflated) 卜瓦松分布

Lambert 在 1992 年提出零膨脹 (zero-inflated) 卜瓦松分布 (Poisson distribution, ZIP)，並且應用在品質管理上，隨後便有許多學者紛紛引用此篇文章作爲迴歸模型分析之用。

針對「高比例零值」的計數型資料型態，零膨脹 Poisson 分布的想法是既然資料「零值」的比例較卜瓦松分布爲高，於是便利用 Poisson 分布與「零」點的機率合成爲一個混合模型 (mixture model)，因此，零膨脹 Poisson 隨機變數是由兩個部分組成，分別是 Poisson 分布和「零值」發生機率爲 ω 的伯努利分布 (Bernoulli distribution)。

可知「零值」比例的來源，除了 Poisson 分布爲零的機率，還多加了伯努利分布中「零值」的機率 ω，如此一來，「零值」比例也因爲 ω 的加入而提高許多，解決 Poisson 分布在適配「零值」比例過高的資料所出現的估計誤差。所以當計數型資料存在過多「零值」時，一般傾向使用零膨脹 Poisson 分布來作爲適配。

令 Y 爲單位時間內事件的發生次數，並且假設 Y 是一組服從 zero-inflated 卜瓦松分布 ZIPoi (λ, ω) 的隨機變數，其值爲非負整數，則其機率密度函數爲：

$$(Y=y) = \begin{cases} \omega + (1-\omega)e^{-\lambda} & , y=0 \\ (1-\omega)\dfrac{\lambda^y e^{-\lambda}}{y!} & , y>0 \end{cases} , \lambda > 0$$

其中 λ 爲單位時間內事件發生的平均次數，當 λ 越大，其機率密度函數圖形有越平緩及眾數越往右移的狀況，零值比例也越來越低。

ω 爲 zero-inflation 參數 (parameter)，可知當 ω 越大，其零值比例也越來越高，相較之下，其他反應變數值的比例就越來越低。期望值及變異數分別爲：

$$E(Y) = (1 - \omega)\lambda, \; Var(Y) = (1 - \omega)\lambda(1 + \omega\lambda)$$

當我們觀測到的是 t 個單位時間內事件發生的次數 μ 時，令 Y 爲 t 個單位時間內事件的發生次數時，其機率密度函數爲：

$$P_r(Y=y) = \begin{cases} \omega + (1-\omega)e^{-\mu} & , y=0 \\ (1-\omega)\dfrac{\mu^y e^{-\mu}}{y!} & , y>0 \end{cases} , \mu > 0$$

$$= \begin{cases} \omega + (1-\omega)e^{-\lambda t} & , y=0 \\ (1-\omega)\dfrac{(\lambda t)^y e^{-\lambda t}}{y!} & , y>0 \end{cases} , \lambda > 0$$

就 zero-inflated 分布最原始的想法來看，ZIPoi (λ, ω) 還是必須服從以下假定 (assumption)：

(1) 依變數「零」值比例較基準分布來得高。

(2) 依變數非「零」值的分布必須服從 zero-truncated 卜瓦松分布 (zero-truncated Poisson distribution)。

8-2 單分布 Count 依變數：零膨脹 Poisson 迴歸 vs. 負二項迴歸 (zip、nbreg、prgen 指令)

Count 依變數，一定是正整數或 0。例如：家庭人數、新生兒人數、該醫院當年度死亡人數、議會通過法案數、公務員數量、非營利組織數量等。

針對計數型資料 (count data) 的模型建置，較常使用的迴歸模型之一為卜瓦松迴歸模型 (Poisson regression model, PR)。由於卜瓦松分布的特性，此類模型僅適用於適配資料呈現出「平均數等於變異數」的情況。

然而就實際的計數型資料而言，由於資料可能由不同的子群體所組成，因而造成母體異質性 (population heterogeneity) 的狀況，使得資料呈現出 over-dispersion 狀況，也就是變異數大於平均數的情況。此時，若僅僅使用卜瓦松迴歸模型來進行適配，常會低估所觀察到的變異程度。縱然這樣的模型適配對平均值的估計可能不會有太大的影響，但是卻會低估標準差，使得虛無假設 (null hypothesis) 較容易得到拒絕的結果 (Cox, 1983)，因而提高型一誤差 (Type I Error) 的犯錯機率。解決方法之一為改採可以用來處理 over-dispersion 狀況的負二項迴歸模型 (negative binomial regression model, NBR) 或廣義卜瓦松迴歸模型 (generalized poisson regression model, GP)。

此處負二項迴歸模型的選用目的並非著眼於「直到第 k 次成功前，其失敗次數」的配模，而是希望藉由負二項迴歸模型來處理資料中可能存在的 over-dispersion 狀況，以便獲取適當的標準差估計值。但是由於負二項迴歸模型只能處理 over-dispersion 的情況，而廣義卜瓦松迴歸模型除了可以處理 over-dispersion 的情況外，也可用在 under-dispersion 的狀況，適用範圍較廣。

一、範例：零膨脹 Poisson 迴歸

Zero-inflated 迴歸，也是「categorical and limited 依變數迴歸」之一。

(一) 問題說明

為了解博士生發表論文篇數的原因有哪些？

研究者先文獻探討而歸納出影響「博士生發表論文篇數」的原因，並整理成下表，此「couart2_regression.dta」資料檔之變數如下：

變數名稱	博士生發表論文篇數的原因	編碼 Codes/Values
art	最近三年 PhD 發表論文數	計數 (count) 資料
fem	1. 性別	1=female; 0=male
mar	2. 已婚嗎	1=yes; 0=no
kid5	3. 小孩數＜6 嗎？	1=yes; 0=no
phd	4. PhD 學位的聲望 (名校之競爭力)	連續變數
ment	5. 指導教授最近三年之論文數	連續變數

(二) 資料檔之內容

「couart2_regression.dta」資料檔之內容如圖 8-7。

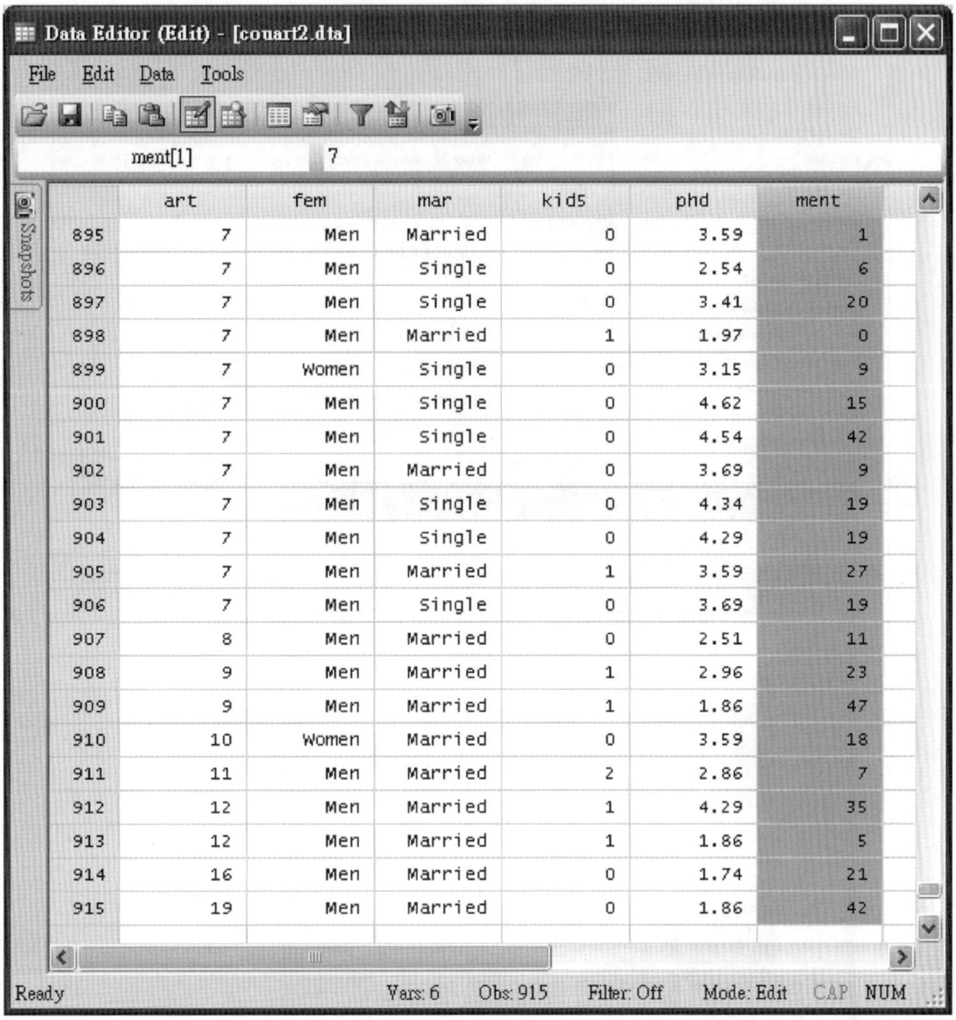

	art	fem	mar	kid5	phd	ment
895	7	Men	Married	0	3.59	1
896	7	Men	Single	0	2.54	6
897	7	Men	Single	0	3.41	20
898	7	Men	Married	1	1.97	0
899	7	Women	Single	0	3.15	9
900	7	Men	Single	0	4.62	15
901	7	Men	Single	0	4.54	42
902	7	Men	Married	0	3.69	9
903	7	Men	Single	0	4.34	19
904	7	Men	Single	0	4.29	19
905	7	Men	Married	1	3.59	27
906	7	Men	Single	0	3.69	19
907	8	Men	Married	0	2.51	11
908	9	Men	Married	1	2.96	23
909	9	Men	Married	1	1.86	47
910	10	Women	Married	0	3.59	18
911	11	Men	Married	2	2.86	7
912	12	Men	Married	1	4.29	35
913	12	Men	Married	1	1.86	5
914	16	Men	Married	0	1.74	21
915	19	Men	Married	0	1.86	42

圖 8-7 「couart2_regression.dta」資料檔 (N= 915, 6 variables)

先用 histogram 指令繪直方圖，若離散型依變數「art=0」占多數比例，就是典型零膨脹迴歸。

```
. use couart2_regression.dta
. histogram art, discrete freq
```

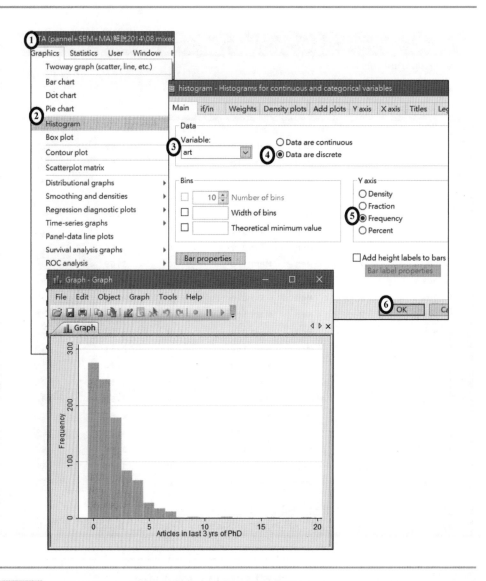

圖 8-8　「histogram art, discrete freq」繪直方圖之結果

(三)count 迴歸之選擇表操作

```
    Statistics > Count outcomes > Poisson regression
nbreg
    Statistics > Count outcomes > Negative binomial regression
gnbreg
    Statistics > Count outcomes > Generalized negative binomial regression
```

(四) 分析結果與討論

Step 1. 繪 Poisson 分布之機率圖

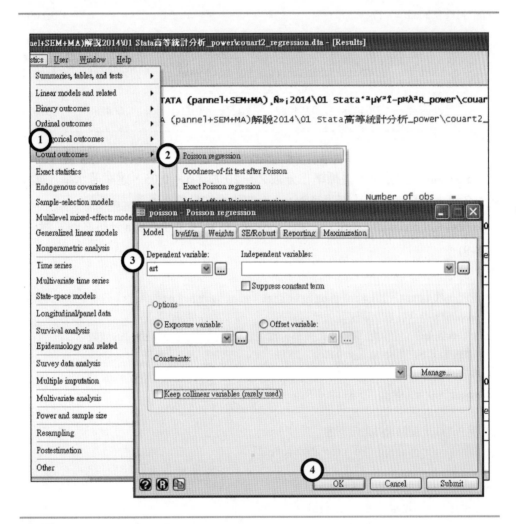

圖 8-9　Poisson regression 之選擇表操作

```
*先
. poisson art


Iteration 0:    log likelihood = -1742.5735
Iteration 1:    log likelihood = -1742.5735
```

```
Poisson regression                          Number of obs   =        915
                                            LR chi2(0)      =       0.00
                                            Prob > chi2     =          .
Log likelihood = -1742.5735                 Pseudo R2       =     0.0000

-------------------------------------------------------------------------
      art |    Coef.   Std. Err.     z    P>|z|    [95% Conf. Interval]
----------+--------------------------------------------------------------
    _cons | .5264408  .0254082    20.72   0.000    .4766416       .57624
-------------------------------------------------------------------------
```

　　Poisson 迴歸分析，得標準化分數 Z = 20.72，p < 0.05，達顯著水準，顯示 915 名博士生發表論文「不同篇數 k」之間的機率是符合 Poisson 分析。

　　接著用「prcounts」指令 (它存在 spostado 檔)，來繪 Poisson 分布之機率圖 (如圖 8-9)。

```
* 最近一次 count 迴歸 (poisson, nbreg, zip, zinb, prcounts) 分析之後，再用
  prcounts 指令計來求該模型之預測機率
* 從 k=0 到 k=9 之預測比率及勝算機率，預測值暫存至「以 psn 開頭」的變數
. prcounts psn, plot max(9)
* 實際分布
. label var psnobeq "Observed Proportion"

* 用 Poisson 迴歸求得之預測值
. label var psnobeq "Poisson Prediction"

* 用 Poisson 迴歸求得之依變數的計數
. label var psnval "# of articles"

* 繪以上三者之散布圖
. graph twoway(scatter psnobeq psnpreq psnval, connect(l l) xlabel(0(1)9)
  ytitle("Probability" ))
```

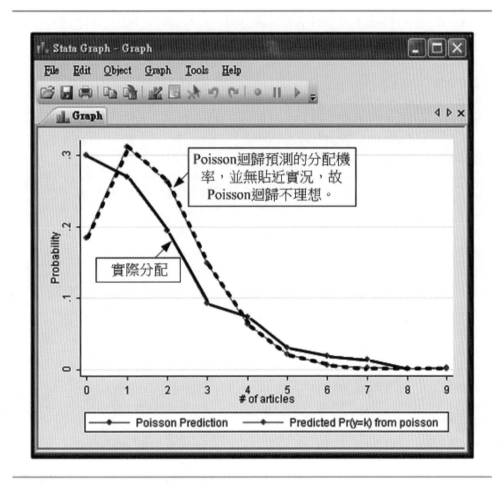

圖 8-10 繪 Poisson 分布之機率圖

了解各變數之特性

```
* 因為 art 變數非常態分布，故取自然對數，產生新變數 lnart 就呈常態分布，再代入線
  性迴歸
. gen lnart = ln(art + .5)
* 新變數的註解
. label var lnart "Log of(Art + .5)"

* 查詢資料新增出來的變數
. describe
```

```
Contains  data  from  J:\STATA(pannel+SEM+MA) 解說 2014\01  STaTa 高等統計分析 _
power\couart2_regression.dta
  obs:            915                    Academic Biochemists / S Long
  vars:            34                    20 Feb 2014 01:47
  size:        114,375(98.9% of memory free)  (_dta has notes)
--------------------------------------------------------------------------------
              storage  display    value
variable name  type    format    label      variable label
--------------------------------------------------------------------------------
art            byte    %9.0g                最近三年 PhD 發表論文數
fem            byte    %9.0g      sexlbl     性別： 1=female 0=male
mar            byte    %9.0g      marlbl     已婚嗎： 1=yes 0=no
kid5           byte    %9.0g                小孩數 < 6 嗎
phd            float   %9.0g                PhD 學位的聲望
ment           byte    %9.0g                指導教授最近三年之論文數
psnrate        float   %9.0g                Predicted rate from poisson
psnpr0         float   %9.0g                Pr(y=0) from poisson
psnpr1         float   %9.0g                Pr(y=1) from poisson
psnpr2         float   %9.0g                Pr(y=2) from poisson
psnpr3         float   %9.0g                Pr(y=3) from poisson
psnpr4         float   %9.0g                Pr(y=4) from poisson
psnpr5         float   %9.0g                Pr(y=5) from poisson
psnpr6         float   %9.0g                Pr(y=6) from poisson
psnpr7         float   %9.0g                Pr(y=7) from poisson
psnpr8         float   %9.0g                Pr(y=8) from poisson
psnpr9         float   %9.0g                Pr(y=9) from poisson
psncu0         float   %9.0g                Pr(y=0) from poisson
psncu1         float   %9.0g                Pr(y<=1) from poisson
psncu2         float   %9.0g                Pr(y<=2) from poisson
psncu3         float   %9.0g                Pr(y<=3) from poisson
psncu4         float   %9.0g                Pr(y<=4) from poisson
psncu5         float   %9.0g                Pr(y<=5) from poisson
psncu6         float   %9.0g                Pr(y<=6) from poisson
psncu7         float   %9.0g                Pr(y<=7) from poisson
psncu8         float   %9.0g                Pr(y<=8) from poisson
psncu9         float   %9.0g                Pr(y<=9) from poisson
psnprgt        float   %9.0g                Pr(y>9) from poisson
psnval         float   %9.0g                # of articles
psnobeq        float   %9.0g                Poisson Prediction
psnpreq        float   %9.0g                Predicted Pr(y=k) from poisson
```

```
psnoble          float    %9.0g          Observed Pr(y<=k) from poisson
psnprle          float    %9.0g          Predicted Pr(y<=k) from poisson
lnart            float    %9.0g          Log of(Art + .5)
------------------------------------------------------------------------
Sorted by:  art
    Note:  dataset has changed since last saved
```

* 大致查看一下，各機率值之 Mean, Mix ,Max

`. summarize`

```
    Variable |        Obs        Mean    Std. Dev.         Min         Max
-------------+--------------------------------------------------------------
         art |        915    1.692896    1.926069           0          19
         fem |        915    .4601093    .4986788           0           1
         mar |        915    .6622951     .473186           0           1
        kid5 |        915     .495082     .76488            0           3
         phd |        915    3.103109    .9842491        .755        4.62
-------------+--------------------------------------------------------------
        ment |        915    8.767213    9.483916           0          77
     psnrate |        915    1.692896           0    1.692896    1.692896
      psnpr0 |        915    .1839859           0    .1839859    .1839859
      psnpr1 |        915     .311469           0     .311469     .311469
      psnpr2 |        915    .2636423           0    .2636423    .2636423
-------------+--------------------------------------------------------------
      psnpr3 |        915     .148773           0     .148773     .148773
      psnpr4 |        915    .0629643           0    .0629643    .0629643
      psnpr5 |        915    .0213184           0    .0213184    .0213184
      psnpr6 |        915     .006015           0     .006015     .006015
      psnpr7 |        915    .0014547           0    .0014547    .0014547
-------------+--------------------------------------------------------------
      psnpr8 |        915    .0003078           0    .0003078    .0003078
      psnpr9 |        915    .0000579           0    .0000579    .0000579
      psncu0 |        915    .1839859           0    .1839859    .1839859
      psncu1 |        915    .4954549           0    .4954549    .4954549
      psncu2 |        915    .7590972           0    .7590972    .7590972
-------------+--------------------------------------------------------------
      psncu3 |        915    .9078703           0    .9078703    .9078703
      psncu4 |        915    .9708346           0    .9708346    .9708346
      psncu5 |        915     .992153           0     .992153     .992153
```

```
    psncu6 |     915      .9981681           0     .9981681     .9981681
    psncu7 |     915      .9996227           0     .9996227     .9996227
-----------+----------------------------------------------------------
    psncu8 |     915      .9999305           0     .9999305     .9999305
    psncu9 |     915      .9999884           0     .9999884     .9999884
    psnprgt |    915      .0000116           0     .0000116     .0000116
    psnval |      10           4.5     3.02765            0            9
   psnobeq |      10      .0993443     .1139905     .0010929     .3005464
-----------+----------------------------------------------------------
    psnpreq |     10      .0999988     .1187734     .0000579      .311469
   psnoble |      10      .8328962     .2308122     .3005464     .9934426
   psnprle |      10      .8307106     .2791442     .1839859     .9999884
     lnart |     915      .4399161     .8566493    -.6931472     2.970414
```

註：Statistics > Summaries, tables, and tests > Summary and descriptive statistics > Summary statistics

Step 2. 先做線性機率迴歸 (當作 count 迴歸之對照組)

```
* 線性機率迴歸之依變數 art，改用 Ln(art)
. quietly reg lnart fem mar kid5 phd ment

* 可用「findit listcoef」指令，來外掛此 ADO 命令檔之後，再執行「列出各迴歸係數」
. listcoef

regress(N=915): Unstandardized and Standardized Estimates

 Observed SD:  .8566493
 SD of Error:  .81457396
```

*	未標準化迴歸係數		顯著性	標準化迴歸係數			
lnart |	b	t	P>|t|	bStdX	bStdY	bStdXY	SDofX
fem |	-0.13457	-2.349	0.019	-0.0671	-0.1571	-0.0783	0.4987
mar |	0.13283	2.043	0.041	0.0629	0.1551	0.0734	0.4732
kid5 |	-0.13315	-3.275	0.001	-0.1018	-0.1554	-0.1189	0.7649
phd |	0.02550	0.896	0.371	0.0251	0.0298	0.0293	0.9842
ment |	0.02542	8.607	0.000	0.2411	0.0297	0.2814	9.4839

影響博士生論文發表篇數之預測變數，除了「就讀博士之學校權望 (phd)」沒顯著外，性別 (fem)、結婚否 (mar)、生的小孩數 <6(5)、及指導教授等四個變數，都可顯著預測出「博士生論文之發表篇數機率」。

Step 3. 再做 Poisson 迴歸、負二項迴歸之預測度比較

Step 3-1. 求 Poisson 迴歸、負二項迴歸之迴歸係數顯著性檢驗

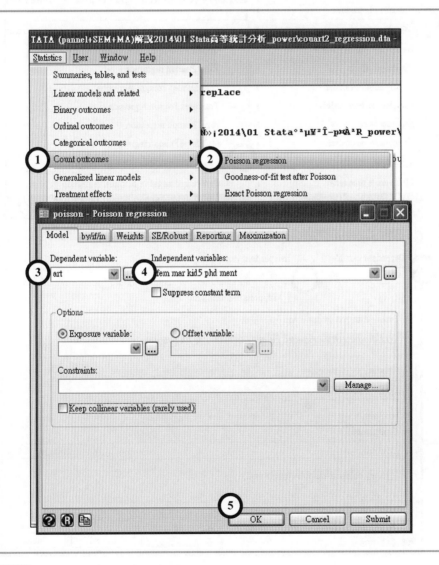

圖 8-11　Poisson 迴歸之選擇表操作

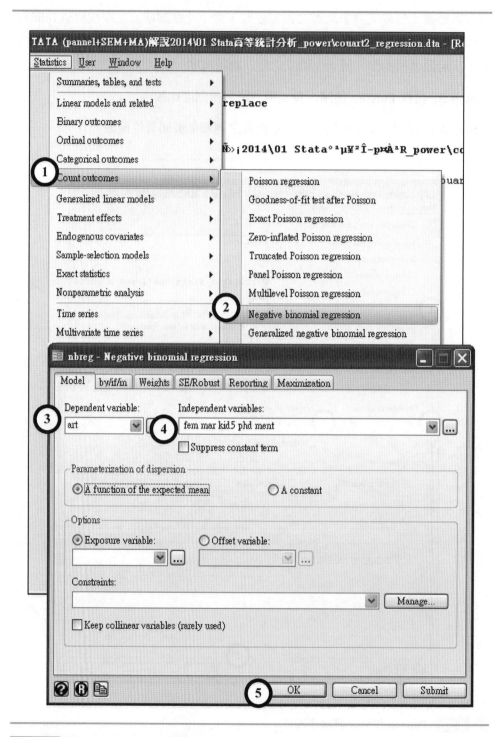

圖 8-12 負二項迴歸之選擇表操作

716

* 先做 poisson 迴歸，其依變數可直接用「未經 ln( ) 變數變換之 art」
. quietly poisson art fem mar kid5 phd ment

. listcoef
poisson(N=915): Factor Change in Expected Count

* 各自變數對依變數 (art) 預測 count 之變化
 Observed SD: 1.926069

```
      art |      b         z      P>|z|     e^b    e^bStdX     SDofX
----------+-------------------------------------------------------------
      fem |  -0.22459    -4.112    0.000    0.7988    0.8940    0.4987
      mar |   0.15524     2.529    0.011    1.1679    1.0762    0.4732
     kid5 |  -0.18488    -4.607    0.000    0.8312    0.8681    0.7649
      phd |   0.01282     0.486    0.627    1.0129    1.0127    0.9842
     ment |   0.02554    12.733    0.000    1.0259    1.2741    9.4839
```
nbreg art fem mar kid5 phd ment, dispersion(constant)
. quietly nbreg art fem mar kid5 phd ment, dispersion(mean)
. listcoef

* 再負二項迴歸
nbreg(N=915): Factor Change in Expected Count

```
Negative binomial regression              Number of obs   =       915
                                          LR chi2(5)      =     97.96
Dispersion     = mean                     Prob > chi2     =    0.0000
Log likelihood = -1560.9583               Pseudo R2       =    0.0304
```

```
      art |    Coef.    Std. Err.     z      P>|z|    [95% Conf. Interval]
----------+-------------------------------------------------------------
      fem |  -.2164184  .0726724   -2.98    0.003   -.3588537   -.0739832
      mar |   .1504895  .0821063    1.83    0.067   -.0104359    .3114148
     kid5 |  -.1764152  .0530598   -3.32    0.001   -.2804105    -.07242
      phd |   .0152712  .0360396    0.42    0.672   -.0553652    .0859075
     ment |   .0290823  .0034701    8.38    0.000    .0222811    .0358836
    _cons |   .256144   .1385604    1.85    0.065   -.0154294    .5277174
----------+-------------------------------------------------------------
```

```
   /lnalpha |   -.8173044    .1199372                        -1.052377    -.5822318
------------+---------------------------------------------------------------------
      alpha |    .4416205    .0529667                         .3491069     .5586502
----------------------------------------------------------------------------------
Likelihood-ratio test of alpha=0:   chibar2(01) =   180.20 Prob>=chibar2 = 0.000
```

1. Poisson 迴歸分析結果與線性機率迴歸相同，但線性機率迴歸之依變數 art 是要事先用 Ln() 變數變換，但 Poisson 迴歸則否。

2. 負二項迴歸分析結果，與線性機率迴歸及 Poisson 迴歸分析相異，負二項迴歸將預測變數「結婚否 (mar)」剔除在模型之外 (z = 1.833，p > 0.05)。故須再進一步比較：Poisson 迴歸 vs. 負二項迴歸，何者較佳？

Step 3-2. 繪 Poisson 迴歸、負二項迴歸之預測分布圖，看這二個迴歸誰較貼近事實？

```
* 先求得 Poisson 迴歸之九個勝算機率
. quietly poisson art fem mar kid5 phd ment
* 用「findit prcounts」來外掛此 ado 檔，download 內定存在「C:\ado\plus\p」資料夾，
* 再將它用人工 copy 到你的工作目錄之後，即可執行它並產生 k=1  to  9 的勝算機率等
  變數
* 預測勝算機率等變數：以 psm 開頭來命名，連號共九個變數。
. prcounts psm, plot max(9)
. label var psmpreq "PRM"
. label var psmobeq "Observed"
. label var psmval "# of articles"

* 再求得負二項迴歸之九個勝算機率
. quietly nbreg art fem mar kid5 phd ment
. prcounts nbm, plot max(9)
. label var nbmpreq "NBM"

* 繪 poisson 迴歸 vs. 負二項迴歸之勝算機率的分布圖
. graph twoway(scatter psmobeq psmpreq nbmpreq psmval, connect(l l l) xla-
  bel(0(1)9) ytitle( "Probability" ))
```

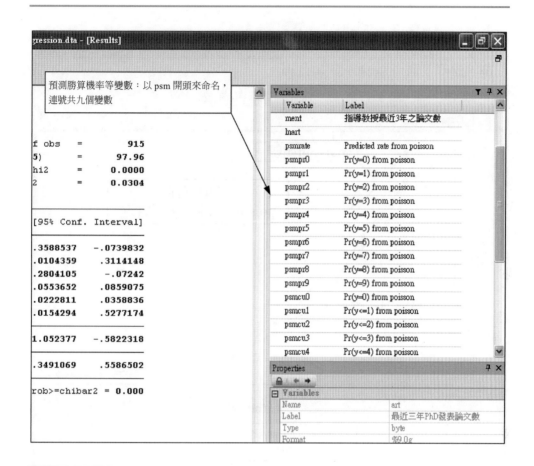

圖 8-13 Poisson 迴歸用 prcounts 產生之連號共九個變數

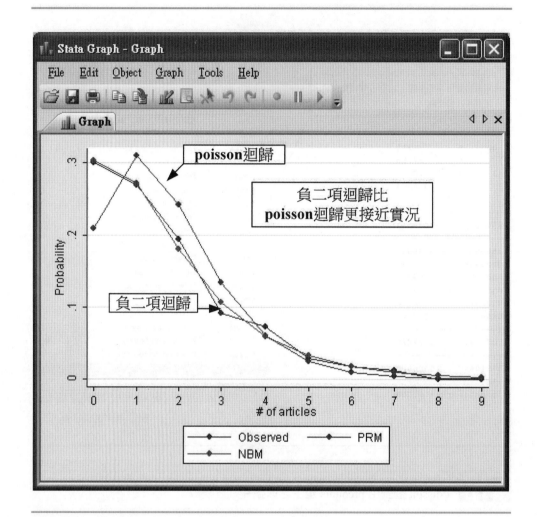

圖 8-14 Poisson 迴歸 vs. 負二項迴歸之預測精準度比較

Step 3-3. 以 phd 當 x 軸刻度，求 Poisson 迴歸、負二項迴歸之勝算機率

由於本例自變數中，只有 phd 及 ment 二個是屬連續變數，但僅有 ment 在 Poisson 及負二項迴歸中都有顯著預測效果。故單獨求「ment 對 art」勝算機率，分別在 Poisson 迴歸、負二項迴歸各做一次。

```
* 先 poisson 迴歸
. quietly poisson art fem mar kid5 phd ment
* 先用「findit prgen」指令來外掛 prgen.ado 此 packerage
* 單獨求「ment 對 art」勝算機率之變數們 ( 命名以 pm 開頭，連號共十一個 )，
. prgen ment, from(0) to(50) rest(mean) gen(pm) n(11)

poisson: Predicted values as ment varies from 0 to 50.

            fem         mar        kid5         phd         ment
x=      .46010929   .66229508   .49508197   3.1031093   8.7672131
. label var pmp0 "PRM"
--------------------------------------------------------------------
* 再負二項迴歸
. quietly nbreg art fem mar kid5 phd ment

. * 單獨求「ment 對 art」勝算機率之變數們 ( 命名以 nb 開頭，連號共十一個 )
. prgen ment, from(0) to(50) rest(mean) gen(nb) n(11)

nbreg: Predicted values as ment varies from 0 to 50.

            fem         mar        kid5         phd         ment
x=      .46010929   .66229508   .49508197   3.1031093   8.7672131

. label var pmp0 "PRM"
--------------------------------------------------------------------
* 比較上述二個迴歸所求「ment 對 art」勝算機率，繪散布圖
. graph twoway(scatter pmp0 nbp0 nbx, c(1 1 1) xtitle( "Mentor's Articles" )
  ytitle( "Pr(Zero Articles)" ) msymbol(Sh Oh))
```

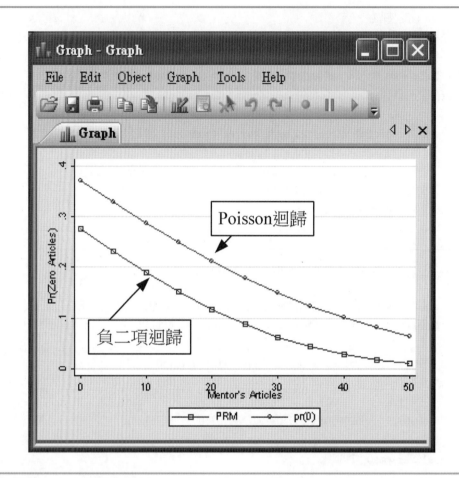

圖 8-15　比較二個迴歸所求「ment 對 art」預測機率所繪的散布圖

Step 4. 零膨脹 Poisson 迴歸

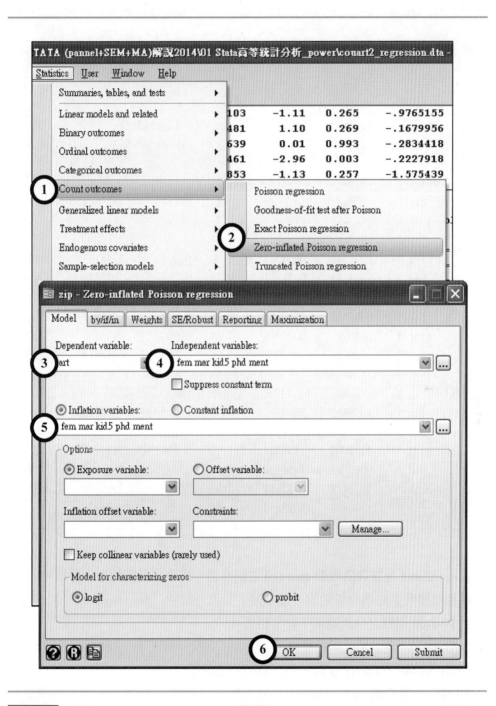

圖 8-16 「zip art fem mar kid5 phd ment, inflate(fem mar kid5 phd ment) nolog」畫面

```
* 先零膨脹 Poisson(zip) 迴歸
. zip art fem mar kid5 phd ment, inflate(fem mar kid5 phd ment) nolog

零膨脹 Poisson regression                     Number of obs    =          915
                                            Nonzero obs      =          640
                                            Zero obs         =          275

Inflation model = logit                     LR chi2(5)       =        78.56
Log likelihood = -1604.773                  Prob > chi2      =       0.0000

-------------------------------------------------------------------------------
        art |     Coef.   Std. Err.      z    P>|z|    [95% Conf. Interval]
------------+------------------------------------------------------------------
art         |
        fem | -.2091446   .0634047    -3.30   0.001   -.3334155   -.0848737
        mar |   .103751   .071111      1.46   0.145   -.035624     .243126
       kid5 | -.1433196   .0474293    -3.02   0.003   -.2362793   -.0503599
        phd | -.0061662   .0310086    -0.20   0.842   -.066942     .0546096
        ment|  .0180977   .0022948     7.89   0.000    .0135999    .0225955
       _cons|   .640839   .1213072     5.28   0.000    .4030814    .8785967
------------+------------------------------------------------------------------
inflate     |
        fem |  .1097465   .2800813     0.39   0.695   -.4392028    .6586958
        mar | -.3540107   .3176103    -1.11   0.265   -.9765155    .2684941
       kid5 |  .2171001   .196481      1.10   0.269   -.1679956    .6021958
        phd |  .0012702   .1452639     0.01   0.993   -.2834418    .2859821
        ment| -.134111    .0452461    -2.96   0.003   -.2227918   -.0454302
       _cons| -.5770618   .5093853    -1.13   0.257   -1.575439    .421315
-------------------------------------------------------------------------------
```

1. Zero-inflated 旨在將依變數 count=0 之觀察值，排除在迴歸模型之分析中。

2. 就預測變數們之迴歸係數的 p 值而言，有沒有排除「zero-inflated」，前後二次 Poisson 迴歸之分析結果，非常相近。

3. Zero-inflated 負二項迴歸模型為：

$$Pr(art) = F(-0.209(fem) -0.143(kid5) + 0.018(ment))$$

$$Pr(博士生論文數) = F(-0.209(女性)-0.143(小孩數 <6 嗎)+0.018(指導教授近三年論文數))$$

   註：Pr() 為預測機率；F(.) 為標準常態分布的累積分析函數

4. 迴歸係數為「+」就是正相關 (ment 與 art 為正相關)；為「−」就是負相關 (fem、
kid5 二者與 art 為負相關)。

Step 5. Zero-inflated negative binomial 迴歸

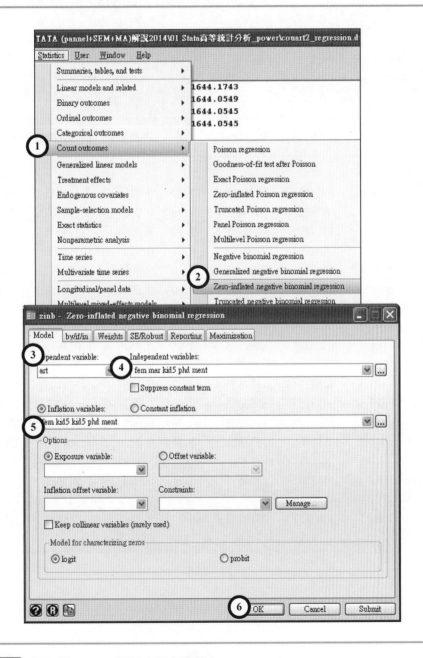

圖 **8-17** 零膨脹 Poisson 迴歸之操作畫面

```
* 再 Zero-inflated negative binomial(zinb) 迴歸
. zinb art fem mar kid5 phd ment, inflate(fem mar kid5 phd ment) nolog

Zero-inflated negative binomial regression      Number of obs   =       915
                                                Nonzero obs     =       640
                                                Zero obs        =       275

Inflation model = logit                         LR chi2(5)      =     67.97
Log likelihood  = -1549.991                     Prob > chi2     =    0.0000

------------------------------------------------------------------------------
         art |     Coef.   Std. Err.      z    P>|z|     [95% Conf. Interval]
-------------+----------------------------------------------------------------
art          |
         fem | -.1955068   .0755926    -2.59   0.010    -.3436655   -.0473481
         mar |  .0975826    .084452     1.16   0.248    -.0679402    .2631054
        kid5 | -.1517325    .054206    -2.80   0.005    -.2579744   -.0454906
         phd | -.0007001   .0362696    -0.02   0.985    -.0717872    .0703869
        ment |  .0247862   .0034924     7.10   0.000     .0179412    .0316312
       _cons |  .4167466   .1435962     2.90   0.004     .1353032      .69819
-------------+----------------------------------------------------------------
inflate      |
         fem |  .6359328   .8489175     0.75   0.454    -1.027915    2.299781
         mar | -1.499469   .9386701    -1.60   0.110    -3.339228    .3402909
        kid5 |  .6284274   .4427825     1.42   0.156    -.2394105    1.496265
         phd | -.0377153   .3080086    -0.12   0.903     -.641401    .5659705
        ment | -.8822932   .3162276    -2.79   0.005    -1.502088   -.2624984
       _cons | -.1916865   1.322821    -0.14   0.885    -2.784368    2.400995
-------------+----------------------------------------------------------------
     /lnalpha| -.9763565   .1354679    -7.21   0.000    -1.241869   -.7108443
-------------+----------------------------------------------------------------
       alpha |  .3766811   .0510282                      .288844    .4912293
------------------------------------------------------------------------------
```

1. Zero-inflated 旨在將依變數 count=0 之觀察值，排除在迴歸模型分析中。

2. 就預測變數們之迴歸係數的 p 值而言，有沒有排除「zero-inflated」，前後二次負二項迴歸之分析結果，亦非常相近。

3. Zero-inflated 負二項迴歸模型為：

Pr(art) =F(-0.196(fem) -0.152(kid5)+ 0.0248(ment))

Pr(博士生論文數)=F(-0.196(女性)-0.152(小孩數 <6 嗎)+0.0248(指導教授近三年論文數))

註：Pr() 為預測機率；F(.) 為標準常態分布的累積分析函數

4. 迴歸係數為「+」就是正相關 (ment 與 art 為正相關)；為「-」就是負相關 (fem、kid5 二者與 art 為負相關)。

8-3 單 Zero-inflated ordered probit regression 練習：釣魚 (**zip** 指令)

Count 依變數，一定是正整數或 0。例如：家庭人數、新生兒人數、該醫院當年度死亡人數、議會通過法案數、公務員數量、非營利組織數量等。

釣魚之零膨脹 Poisson 迴歸，存在「零膨脹 Poisson Regression.do」檔中，你可自行練習。

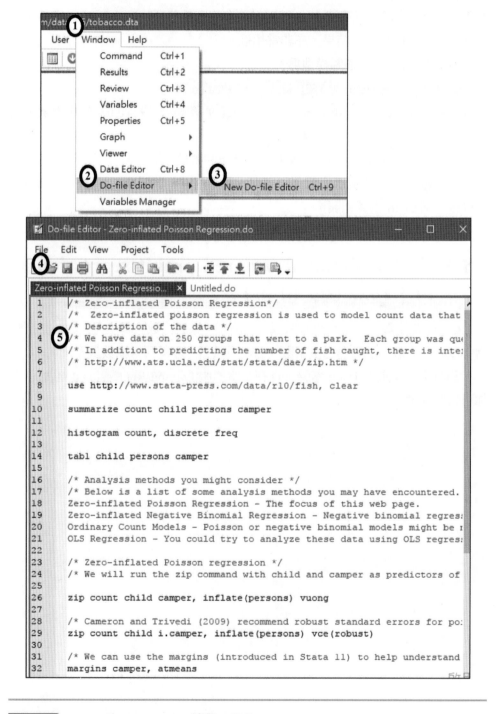

圖 8-18 zero-inflated regression 練習：釣魚

8-4 單層：零膨脹 Ordered probit 迴歸分析：抽菸嚴重度 (zioprobit 指令)

零膨脹模型 (zero-inflated models) 是人們在社會科學、自然中計數資料的實際研究中，觀察事件發生數中含有大量的零值。例如：保險索賠次數，索賠數為 0 的機率很高，否則保險公司就面臨破產風險。這種數據資料中的零值過多，超出了 Poisson 分布等一般離散分布的預測能力。零膨脹這個概念首先是由 Lambert 在 1992 年的論文 "Zero-inflated Poisson Regression, with an Application to Defects in Manufacturing" 中提出。

1994 年，Greene 根據 Lambert 的方法提出了零膨脹負二項模型 (ZINB)。2000 年，Daniel 根據 Lambert 的方法提出了零膨脹二項模型 (ZIB)。

範例：Count 依變數：zero-inflated ordered probit 迴歸分析 (zioprobit 指令)

Count 依變數，一定是正整數或 0。例如：家庭人數、新生兒人數、該醫院當年度死亡人數、議會通過法案數、公務員數量、非營利組織數量等。

(一) 問題說明

為了解抽菸嚴重度之影響因素有哪些？(分析單位：個人)

研究者收集數據並整理成下表，此「tobacco.dta」資料檔內容之變數如下：

變數名稱	說明	編碼 Codes/Values
二階段變數：零膨脹迴歸依變數 tobacco	次序型變數：tobacco usage	0～3
二階段變數：零膨脹迴歸自變數 education	學歷 (number of years of formal schooling)	0～28
二階段變數：零膨脹迴歸自變數 income	annual income ($10000)	0～21
二階段變數：零膨脹迴歸自變數 female	女性嗎	1 = female, 0 = male
二階段變數：零膨脹迴歸自變數 age	年齡 (age/10 in years)	1.4～8.4
膨脹變數：parent	1 = either parent smoked	0=no, 1=yes
膨脹變數：religion	信仰宗教禁菸嗎 (1 = religion prohibits smoking)	0=no, 1=yes

(二) 資料檔之內容

「tobacco.dta」資料檔內容如圖 8-19。

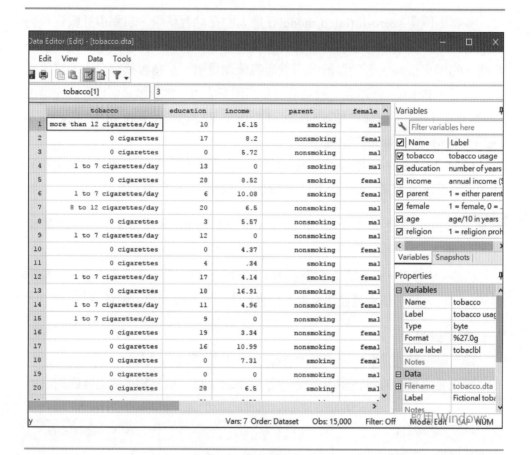

圖 8-19 「tobacco.dta」資料檔內容 (N=1,500 個人)

觀察資料之特徵

```
* 開啟資料檔
. webuse tobacco

* 第二階段變數：零膨脹之主迴歸式
. des tobacco education income female age


             storage    display    value
variable name  type      format    label    variable label
-------------------------------------------------------------------
tobacco       byte       %27.0g    tobaclbl  tobacco usage
education     byte       %10.0g              number of years of formal
                                             schooling
income        double     %10.0g              annual income ($10000)
female        byte       %10.0g    femlbl    1 = female, 0 = male
age           double     %10.0g              age/10 in years

* 第一階段變數：膨脹變數們
. des education income parent age female religion


             storage    display    value
variable name  type      format    label    variable label
-------------------------------------------------------------------
education     byte       %10.0g              number of years of formal
                                             schooling
income        double     %10.0g              annual income ($10000)
parent        byte       %17.0g    parlbl    1 = either parent smoked
age           double     %10.0g              age/10 in years
female        byte       %10.0g    femlbl    1 = female, 0 = male
religion      byte       %19.0g    religlbl  1 = religion prohibits smoking
```

*histogram 指令繪直方圖，若依變數「tobacco =0」占多數比例，就是典型零膨脹迴歸。
```
. histogram tobacco, discrete frequency
```

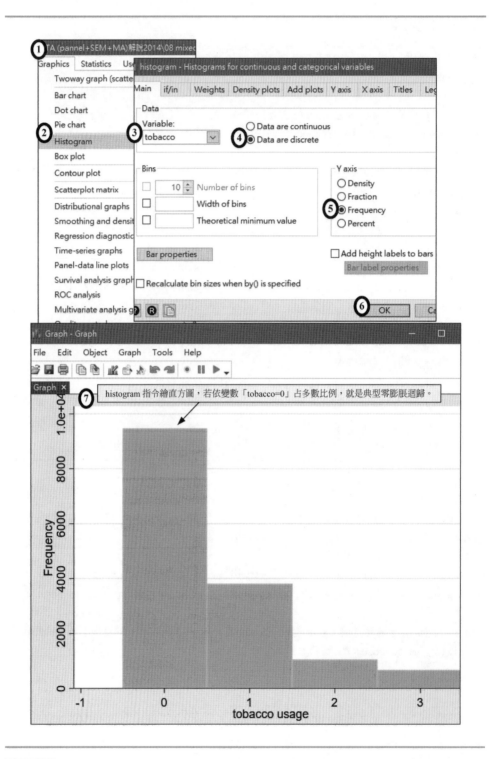

圖 8-20 「histogram tobacco, discrete frequency」繪直方圖

(三) 分析結果與討論

Step 1 Zero-inflated ordered probit 迴歸分析

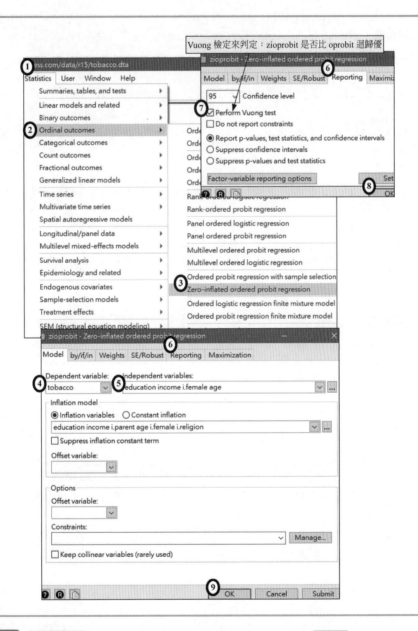

圖 8-21 「zioprobit tobacco education income i.female age, inflate(education income i.parent age i.female i.religion)」畫面

註：Statistics > Ordinal outcomes > Zero-inflated ordered probit regression

```
* 開啟資料檔
. webuse tobacco

* Zero-inflated ordered probit regression
. zioprobit tobacco education income i.female age, inflate(education income
  i.parent age i.female i.religion)
```

Zero-inflated ordered probit regression		Number of obs	=	15,000
		Wald chi2(4)	=	2574.27
Log likelihood = -7640.4738		Prob > chi2	=	0.0000

tobacco	Coef.	Std. Err.	z	P>|z|	[95% Conf. Interval]	
tobacco						
education	.5112664	.0102407	49.92	0.000	.491195	.5313378
income	.712975	.0144803	49.24	0.000	.6845942	.7413559
female						
female	-.3975341	.0416675	-9.54	0.000	-.4792009	-.3158674
age	-.7709896	.0182554	-42.23	0.000	-.8067695	-.7352097
inflate	膨脹變數					
education	-.0966613	.0026422	-36.58	0.000	-.1018398	-.0914827
income	-.1157545	.0043787	-26.44	0.000	-.1243365	-.1071725
parent						
smoking	.7655798	.0307553	24.89	0.000	.7053006	.825859
age	.1873904	.0088643	21.14	0.000	.1700168	.204764
female						
female	-.2639665	.0307184	-8.59	0.000	-.3241735	-.2037595
religion						
discourages	-.3223335	.0496827	-6.49	0.000	-.4197098	-.2249572
_cons	1.27051	.0584794	21.73	0.000	1.155892	1.385127
/cut1	2.959808	.0753035			2.812216	3.1074
/cut2	8.111228	.1648965			7.788037	8.43442

```
     /cut3 |   11.20791    .2247711                        10.76736    11.64845
-----------------------------------------------------------------------------
```

1. Wald 卡方檢定值 = 2574.27(p < 0.05)，表示自變數至少有一迴歸係數不為 0。
2. 報表「z」欄中，two-tail 檢定下，若 |z| > 1.96，則表示該自變數對依變數有顯著影響力。|z| 值越大，表示該自變數對依變數的關聯性 (relevance) 越高。
3. Logit 係數「Coef.」欄中，是 log-odds 單位，故不能用 OLS 迴歸係數的概念來解釋。
4. 邏輯斯迴歸式為 $Ln\left(\dfrac{P(Y=1 \mid X=x)}{P(Y=0 \mid X=x)}\right) = \alpha + \beta_1 x_1 + ... + \beta_k x_k$

上述這些自變數所建立 zero-inflated ordered probit 迴歸式如下：
$$\alpha + \beta_1 \times X_1 + \beta_2 \times X_2 + \beta_3 \times X_3 + ... + \beta_k \times X_k$$

S=0.511×education + 0.713×income−.398×(female =1)−.771×age
預測機率值為：

P(tobacco = 0) = P(S + u ≤ _cut1)   = P(S + u ≤ 2.959)

P(tobacco = 1) = P(_cut1 < S + u ≤ _cut2) = P(2.959 < S + u ≤ 8.111)

P(tobacco = 2) = P(_cut2 < S + u ≤ _cut3) = P(8.111 < S + u ≤ 11.208)

P(tobacco = 3) = P(_cut3 < S + u)   = P(11.208 < S + u)

Step 2　**Vuong 檢定來判定：zioprobit 是否比 oprobit 迴歸優？**

```
* Same as above, but test whether the ZIOP model is preferred to the ordered
  probit model
. zioprobit tobacco education income i.female age, inflate(education income
i.parent age i.female i.religion) vuong

Zero-inflated ordered probit regression        Number of obs    =     15,000
                                                Wald chi2(4)     =    2574.27
Log likelihood = -7640.4738                     Prob > chi2      =     0.0000

-----------------------------------------------------------------------------
     tobacco |    Coef.   Std. Err.     z    P>|z|    [95% Conf. Interval]
-------------+---------------------------------------------------------------
tobacco      |
   education |  .5112664   .0102407   49.92   0.000    .491195    .5313378
```

income	.712975	.0144803	49.24	0.000	.6845942	.7413559
female						
female	-.3975341	.0416675	-9.54	0.000	-.4792009	-.3158674
age	-.7709896	.0182554	-42.23	0.000	-.8067695	-.7352097
inflate						
education	-.0966613	.0026422	-36.58	0.000	-.1018398	-.0914827
income	-.1157545	.0043787	-26.44	0.000	-.1243365	-.1071725
parent						
smoking	.7655798	.0307553	24.89	0.000	.7053006	.825859
age	.1873904	.0088643	21.14	0.000	.1700168	.204764
female						
female	-.2639665	.0307184	-8.59	0.000	-.3241735	-.2037595
religion						
discourages	-.3223335	.0496827	-6.49	0.000	-.4197098	-.2249572
_cons	1.27051	.0584794	21.73	0.000	1.155892	1.385127
/cut1	2.959808	.0753035			2.812216	3.1074
/cut2	8.111228	.1648965			7.788037	8.43442
/cut3	11.20791	.2247711			10.76736	11.64845

Vuong test of zioprobit vs. oprobit: z = 76.28   Pr > z = 0.0000

1. Vuong 檢定可判定：zioprobit 是否比 oprobit 迴歸優？結果 z = 76.28，p<0.05，表示 zioprobit 是比 oprobit 迴歸優。

8-5 雙負二項混合模型 (fmm: nbreg 指令)：精神科患者隨訪次數

一、負二項混合模型的應用領域

例如：探索有限混合模型的分析特徵 (exploring some analytical characteristics of finite mixture models)。

有限混合模型在過去二十年中，在犯罪學 (criminology) 越來越普遍。然而，對於有限混合規格的模型選擇適當準則尚未達成共識。在本文中，使用模擬證據來檢驗模型選擇準則。我們的重點是針對事件計數 (event count) 數據的混合模型，如在犯罪學中經常遇到的數據。我們使用兩個指標來衡量模型選擇績效 (model selection performance)。首先，檢查每個準則正確地選擇界定的頻率 (how often each criterion chooses the correct specification)。然後，研究這些準則選擇的有限混合模型，近似於模擬事件計數數據的真實混合分布。我們考慮三組模擬。在第一組中，底層模型本身就是 Poisson-based finite mixture model。在另外兩組模擬係 the underlying distribution of the Poisson rate parameter follows a continuous distribution。分析顯示，適配度指標：AIC 和 BIC 在犯罪學家可能遇到的某些情況，二者可測得模型界定的好壞。

二、STaTa v12 版，負二項混合模型的指令語法

STaTa v12 版，外掛指令 fmm 有下列七個機率密度函數：

Density 機率密度	fmm 選項	條件平均數 (cond. Mean)
Gamma	density(gamma)	alpha_j exp(xb_j)
Lognormal	density(lognormal)	exp(xb_j + 0.5 sigma_j^2)
Negative Binomial-1	density(negbin1)	exp(xb_j)
Negative Binomial-2	density(negbin2)	exp(xb_j)
Normal(Gaussian)	density(normal)	xb_j
Poisson	density(poisson)	exp(xb_j)
Student-t	density(studentt)	xb_j

三、STaTa，負二項混合模型的指令語法

「fmm: nbreg」指令語法如下表：

Basic syntax

    fmm #: nbreg *depvar* [*indepvars*] [, *options*]

Full syntax

    fmm # [*if*] [*in*] [*weight*] [, *fmmopts*]: nbreg *depvar* [*indepvars*] [, *options*]

where # specifies the number of class models.

options	說明
Model	
noconstant	suppress the constant term
dispersion (mean)	parameterization of dispersion; the default
dispersion (constant)	constant dispersion for all observations
exposure (*varname_e*)	include ln (*varname_e*) in model with coefficient constrained to 1
offset (*varname_o*)	include *varname_o* in model with coefficient constrained to 1

fmmopts	說明
Model	
lcinvariant (*pclassname*)	specify parameters that are equal across classes; default is lcinvariant (none)
lcprob (*varlist*)	specify independent variables for class probabilities
lclabel (*name*)	name of the categorical latent variable; default is lclabel (Class)
lcbase(#)	base latent class
constraints (*constraints*)	apply specified linear constraints
collinear	keep collinear variables
SE/Robust	
vce (*vcetype*)	*vcetype* may be oim, robust, or cluster *clustvar*
Reporting	
level (#)	set confidence level; default is level (95)
nocnsreport	do not display constraints
noheader	do not display header above parameter table
nodvheader	do not display dependent variables information in the header
notable	do not display parameter table
display_options	control columns and column formats, row spacing, line width, display of omitted variables and base and empty cells, and factor-variable labeling
Maximization	
maximize_options	control the maximization process
startvalues (*svmethod*)	method for obtaining starting values; default is startvalues (factor)
emopts (*maxopts*)	control EM algorithm for improved starting values
noestimate	do not fit the model; show starting values instead
coeflegend	display legend instead of statistics

pclassname	說明
cons	intercepts and cutpoints
coef	fixed coefficients
errvar	covariances of errors
scale	scaling parameters
all	all the above
none	none of the above; the default

「fmm: nbreg」指令旨在適配「離散型」負二項迴歸的混合模型 (fits mixtures of negative binomial regression models)，常見的指令語法如下表：

---

* Mixture of two negative binomial distributions of y
. fmm 2: nbreg y

---

* Mixture of two negative binomial regression models of y on x1 and x2
. fmm 2: nbreg y x1 x2

---

* As above, but with class probabilities depending on z1 and z2
. fmm 2, lcprob(z1 z2): nbreg y x1 x2

---

* With robust standard errors
. fmm 2, vce(robust): nbreg y x1 x2

---

* Constrain coefficients on x1 and x2 to be equal across classes
. fmm 2, lcinvariant(coef): nbreg y x1 x2

四、範例：雙負二項混合模型 (fmm: nbreg 指令)「mixture of negative binomials」

(一) 問題說明

為了解精神科患者被隨訪次數之影響因素有哪些？(分析單位：病患)

研究者收集數據並整理成下表，此「medpar.dta」資料檔內容之變數如下：

變數名稱	說明	編碼 Codes/Values
結果變數 / 依變數：los	精神科患者被隨訪次數 Length of Stay	1～116 次數
解釋變數 / 自變數：died	死亡嗎	0,1 (binary data)
解釋變數 / 自變數：hmo	健康維護組織 (HMO)/readmit'	0,1 (binary data)
解釋變數 / 自變數：type2	type== 2.0000	0,1 (binary data)
解釋變數 / 自變數：type3	type== 3.0000	0,1 (binary data)

(二) 資料檔之內容

「medpar.dta」資料檔內容如圖 8-22。

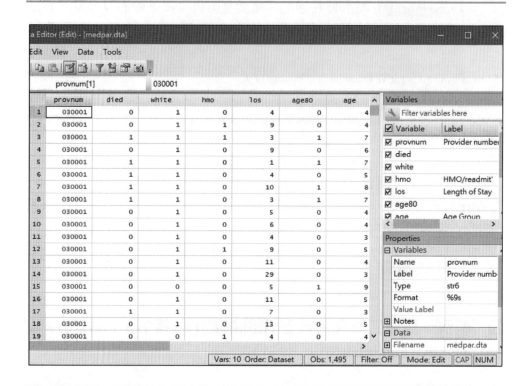

圖 8-22 「medpar.dta」資料檔內容 (N=1,495 個人，潛在類別 (class)=2)

觀察資料之特徵

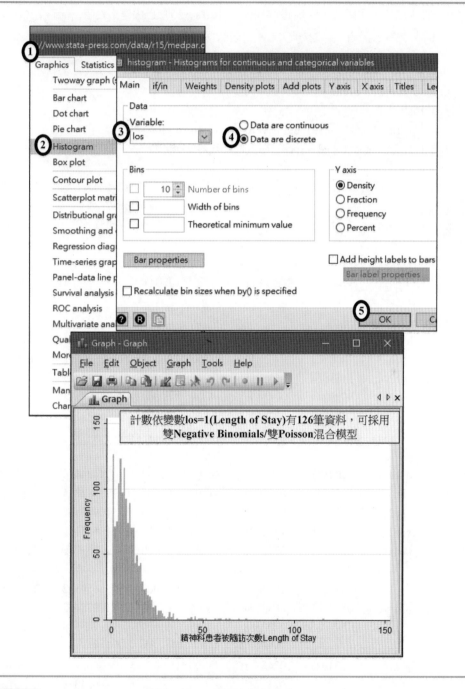

圖 8-23 「histogram los, discrete freq」繪直方圖之結果

有限混合模型 (FMM)：STaTa 分析 (以 EM algorithm 做潛在分類再迴歸分析)

Step 1　雙負二項混合迴歸分析

```
* STaTa v12 版，才須先安裝 fmm 外掛指令；STaTa v15 版已內建十七個「fmm：」估計法
. findit fmm

* Mixture of Negative Binomials (Type 2)
. webuse medpar, clear
. gen los0 = los - 1
*----- STaTa v12 的 General estimation and regression 如下：--------
. fmm los died hmo type2-type3, mix(negbin2) comp(2)
```

2 component Negative Binomial-2 regression				Number of obs	=	1495
				Wald chi2(8)	=	291.88
Log likelihood = -4731.5664				Prob > chi2	=	0.0000

los	Coef.	Std. Err.	z	P>|z|	[95% Conf. Interval]	
component1						
died	-.7234995	.0850499	-8.51	0.000	-.8901944	-.5568047
hmo	-.0723	.0701315	-1.03	0.303	-.2097551	.0651552
type2	.2411614	.0655915	3.68	0.000	.1126045	.3697183
type3	.5128243	.0951104	5.39	0.000	.3264114	.6992372
_cons	2.296325	.0378505	60.67	0.000	2.222139	2.37051
component2						
died	.62541	.0897599	6.97	0.000	.4494838	.8013361
hmo	-.0932148	.0908224	-1.03	0.305	-.2712234	.0847937
type2	.2659391	.0886179	3.00	0.003	.0922511	.439627
type3	1.833178	.1364295	13.44	0.000	1.565781	2.100575
_cons	2.108941	.0745911	28.27	0.000	1.962745	2.255137
/imlogitpi1	1.022576	.1853067	5.52	0.000	.659382	1.385771
/lnalpha1	-.9534661	.0637594	-14.95	0.000	-1.078432	-.8284999
/lnalpha2	-2.272083	.2403388	-9.45	0.000	-2.743138	-1.801027
alpha1	.3854028	.0245731			.3401283	.4367039
alpha2	.1030972	.0247783			.064368	.1651292
pi1	.7354741	.0360518			.6591216	.7999162
pi2	.2645259	.0360518			.2000838	.3408784

1. 負二項模型旨在求計次型 (count) 依變數迴歸之迴歸分析。由於依變數 los=0(精神科患者隨訪次數) 的觀察值未納入分析，故不必考慮零膨脹迴歸。

2. 就預測變數們之迴歸係數的 p 值而言，有沒有排除「zero-inflated」，前後二次負二項迴歸之分析結果，亦非常相近。

3. Zero-inflated 負二項迴歸模型為：

Class 1

Pr(los) =F(2.29-0.72×died-0.07×hmo +0.24×type2+0.51×type3

Class 2

Pr(los) =F(2.11+0.63×died-0.09×hmo +0.27×type2+1.83×type3

註：Pr() 為預測機率；F(.) 為標準常態分布的累積分析函數

4. 迴歸係數為「+」就是正相關 (los 與 type2、type3 為正相關)，為「−」就是負相關。

Step 2 敵對模型，用 **BIC** 值來判定哪個適配度較優？

```
* 對照組一：fmm 分成二個潛在類別 ( 雙多項 Logit 混合模型 )
. quietly fmm los died hmo type2-type3, mix(negbin2) comp(2)
. estimates store fmm2

* 對照組二：fmm 分成二個潛在類別 ( 雙多項 Logit 混合模型 )
. quietly fmm los died hmo type2-type3, mix(negbin2) comp(3)
. estimates store fmm3

* 求 AIC BIC 值
. estimates stats fmm2 fmm3
```

```
-------------------------------------------------------------------------
     Model |    Obs   ll(null)  ll(model)      df          AIC         BIC
-----------+-------------------------------------------------------------
      fmm2 |   1495          .  -4731.566      13     9489.133    9558.161
      fmm3 |   1495          .  -4688.286      20     9416.572    9522.770
-------------------------------------------------------------------------
```

1. AIC、BIC(Bayesian information criterion) 亦屬於一種判斷任何迴歸是否恰當的資訊準則，一般來說數值越小，迴歸模型的適配越好。

2. 根據 AIC、BIC 準則，都是參負二項混合模型之 AIC 值 (=9416.572) 較小，表示參負二項混合模型較優。它比雙負二項混合模型優。

8-6 雙 Poisson 混合模型分析 (fmm: poisson 指令)：醫生問診次數

一、「fmm: poisson」指令語法如下表

Basic syntax

    fmm #: poisson *depvar* [*indepvars*] [, *options*]

Full syntax

    fmm # [*if*] [*in*] [*weight*] [, *fmmopts*]: poisson *depvar* [*indepvars*] [, *options*]

where # specifies the number of class models.

options	說明
Model	
noconstant	suppress the constant term
exposure (*varname_e*)	include ln (*varname_e*) in model with coefficient constrained to 1
offset (*varname_o*)	include *varname_o* in model with coefficient constrained to 1

fmmopts	說明
Model	
lcinvariant (*pclassname*)	specify parameters that are equal across classes; default is lcinvariant (none)
lcprob (*varlist*)	specify independent variables for class probabilities
lclabel (*name*)	name of the categorical latent variable; default is lclabel (Class)
lcbase(#)	base latent class
constraints (*constraints*)	apply specified linear constraints
collinear	keep collinear variables
SE/Robust	
vce (*vcetype*)	*vcetype* may be oim, robust, or cluster *clustvar*
Reporting	
level (#)	set confidence level; default is level (95)
nocnsreport	do not display constraints
noheader	do not display header above parameter table
nodvheader	do not display dependent variables information in the header
notable	do not display parameter table
display_options	control columns and column formats, row spacing, line width, display of omitted variables and base and empty cells, and factor-variable labeling
Maximization	
maximize_options	control the maximization process
startvalues (*svmethod*)	method for obtaining starting values; default is startvalues (factor)
emopts (*maxopts*)	control EM algorithm for improved starting values
noestimate	do not fit the model; show starting values instead
coeflegend	display legend instead of statistics

pclassname	說明
cons	intercepts and cutpoints
coef	fixed coefficients
errvar	covariances of errors
scale	scaling parameters
all	all the above
none	none of the above; the default

「fmm: poisson」指令旨在適配 Poisson 迴歸的混合模型 (fits mixtures of Poisson regression models)，常見的指令語法如下表：

```
* Mixture of two Poisson distributions of y
. fmm 2: poisson y

* Mixture of two Poisson regression models of y on x1 and x2
. fmm 2: poisson y x1 x2

* As above, but with class probabilities depending on z1 and z2
. fmm 2, lcprob(z1 z2): poisson y x1 x2

* With robust standard errors
. fmm 2, vce(robust): poisson y x1 x2

* Constrain coefficients on x1 and x2 to be equal across classes
. fmm 2, lcinvariant(coef): poisson y x1 x2
```

二、範例：雙 Poisson 混合模型分析 (fmm: poisson 指令)「mixture of two Poisson regression models」

(一) 問題說明

為了解「醫生問診次數 (drvisits)」之影響因素有哪些？(分析單位：病人)

研究者收集數據並整理成下表，此「gsem_mixture.dta」資料檔內容之變數如下：

變數名稱	說明	編碼 Codes/Values
結果變數 / 依變數：drvisits	醫生問診次數	0~144 次
解釋變數 / 自變數：private	有私人補充保險 (has private supplementary insurance)	0,1 (binary data)

變數名稱	說明	編碼 Codes/Values
解釋變數 / 自變數：medicaid	有醫療公共保險 (has medicaid public insurance)	0,1 (binary data)
解釋變數 / 自變數：age	年齡	65～90 歲
解釋變數 / 自變數：actlim	有活動限制 (has activity limitations)	0,1 (binary data)
解釋變數 / 自變數：chronic	慢性病的數量 (number of chronic conditions)	0～8 種病

(二) 資料檔之內容

「gsem_mixture.dta」資料檔內容如圖 8-24。

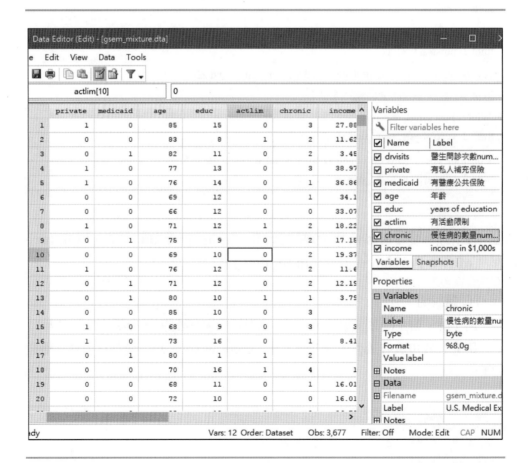

圖 8-24 「gsem_mixture.dta」資料檔內容 (N=3,677 個人，潛在類別 (class)=2)

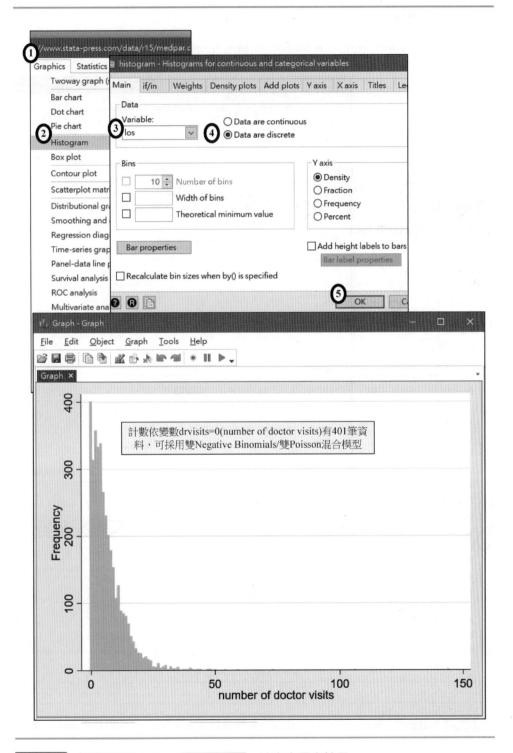

圖 8-25 「histogram drvisits, discrete freq」繪直方圖之結果

747

(三) 分析結果與討論

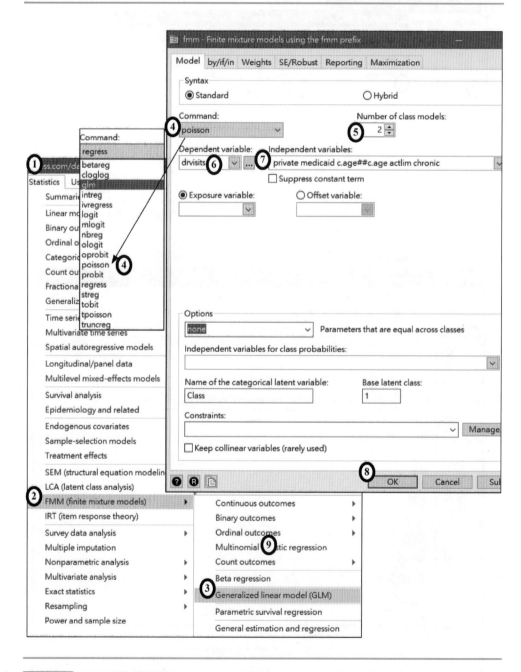

圖 8-26　「fmm 2：poisson drvisits private medicaid c.age ＃＃ c.age actlim chronic」畫面

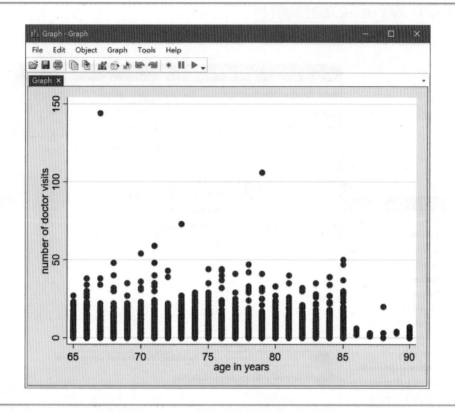

圖 8-27 「twoway (scatter drvisits age, sort)」結果

註：Statistics > FMM (finite mixture models) > General estimation and regression

有限混合模型 (FMM)：STaTa 分析 (以 EM algorithm 做潛在分類再迴歸分析)

Step 1 雙 Poisson 混合迴歸分析

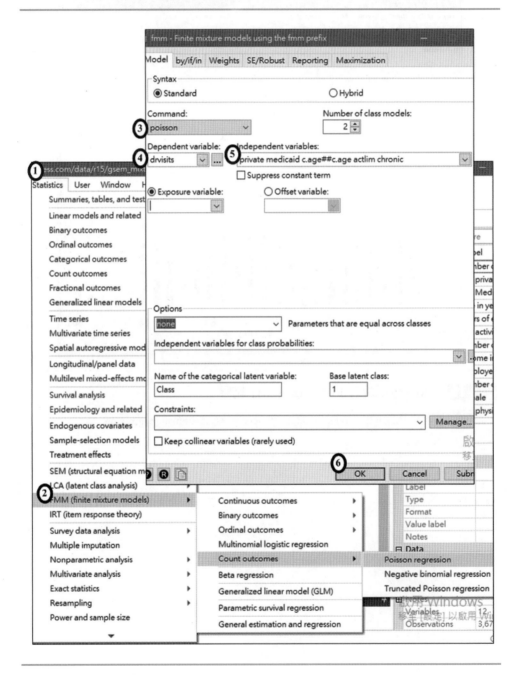

圖 8-28 「fmm 2：poisson drvisits private medicaid c.age##c.age actlim chronic」畫面

```
*----- STaTa v15 的 General estimation and regression 如下：--------
* 開啟資料檔
. webuse gsem_mixture , clear
(U.S. Medical Expenditure Panel Survey (2003))

* Mixture of two Poisson regression models
. fmm 2: poisson drvisits private medicaid c.age##c.age actlim chronic

Finite mixture model                           Number of obs    =      3,677
Log likelihood = -11543.974
```

	Coef.	Std. Err.	z	P>|z|	[95% Conf. Interval]
1.Class	(base outcome) 當比較的基準點				
2.Class					
_cons	-.8925592	.0488697	-18.26	0.000	-.9883422	-.7967763

```
Class          : 1
Response       : drvisits
Model          : poisson
```

	Coef.	Std. Err.	z	P>|z|	[95% Conf. Interval]
drvisits					
private	.2582184	.0292435	8.83	0.000	.2009022	.3155347
medicaid	.0530844	.0384926	1.38	0.168	-.0223598	.1285286
age	.4180235	.0557282	7.50	0.000	.3087982	.5272489
c.age#c.age	-.0027357	.0003702	-7.39	0.000	-.0034613	-.0020102
actlim	.0946769	.0307329	3.08	0.002	.0344415	.1549123
chronic	.3221837	.0088973	36.21	0.000	.3047455	.339622
_cons	-15.39593	2.088288	-7.37	0.000	-19.4889	-11.30296

```
Class           : 2
Response        : drvisits
Model           : poisson


                |    Coef.    Std. Err.      z    P>|z|    [95% Conf. Interval]
----------------+-------------------------------------------------------------
drvisits        |
       private  |  .1759142   .0240547     7.31   0.000    .1287678    .2230606
      medicaid  |  .0784217   .0329881     2.38   0.017    .0137661    .1430772
           age  |  .3016981   .0460934     6.55   0.000    .2113566    .3920395
                |
   c.age#c.age  | -.0019974   .0003072    -6.50   0.000   -.0025995   -.0013953
                |
        actlim  |   .167458   .024375      6.87   0.000    .119684     .2152321
       chronic  |  .2017116   .0088854    22.70   0.000    .1842965    .2191268
         _cons  | -9.244879   1.721107    -5.37   0.000   -12.61819    -5.871571
----------------+-------------------------------------------------------------
```

1. 傳統 Poisson 迴歸並未將依變數 drvisits = 0 之觀察值，排除在迴歸分析之中。相對地，zero-inflated Poisson 迴歸，則會將依變數 drvisits = 0 之觀察值，排除在分析之中。

2. 本例，因 drvisits = 0 觀察值之比例並不多，就預測變數們之迴歸係數的 p 值而言，有沒有排除「zero-inflated」，前後二次 Poisson 迴歸之分析結果，二者會非常相近。

3. Poisson 迴歸模型為二個潛在類別：
   對 Class 1 低保險就醫群而言：
   Pr(drvisits) = F(-15.40 + 0.26private + 0.05medicaid + 0.42age-0.003age*age + 0.095actlim + 0.32chronic)
   對 Class 2 高保險就醫群而言：
   Pr(drvisits) = F(-9.24 + 0.18private + 0.08medicaid + 0.30age-.002age*age + 0.17actlim + 0.20chronic)

4. 潛在 Class 1 之病人就診次數 (drvisits) 與「慢性病的數量 (chronic)、有私人補充保險 (private)」的相關都高於 Class 2 之病人，占全體樣本 70.97%。

註：Pr() 為預測機率；F(.) 為標準常態分布的累積分析函數。

5. 迴歸係數「Coef.」欄為「+」就是正相關 (drvisits 與 private、medicaid、age、actlim、chronic 五個自變數的關係為正相關)；「−」就是負相關 (drvisits 與「age*age」二者為負相關)。

Step 2 各潛在類別之邊際平均數及邊際機率

```
* estat lcmean 指令印出 Latent class marginal means (μ)
. estat lcmean

Latent class marginal means                    Number of obs     =     3,677

-------------------------------------------------------------------------------
             |            Delta-method
             |    Margin   Std. Err.      z    P>|z|   [95% Conf. Interval]
-------------+-----------------------------------------------------------------
1            |
    drvisits |  3.805479  .0574208    66.27   0.000    3.692937    3.918022
-------------+-----------------------------------------------------------------
2            |
    drvisits |  14.12609   .178559    79.11   0.000    13.77612    14.47606
-------------------------------------------------------------------------------

* estat lcprob 印出 marginal predicted latent class probabilities(π)
. estat lcprob

Latent class marginal probabilities            Number of obs     =     3,677

-------------------------------------------------------------------------------
             |            Delta-method
             |    Margin   Std. Err.      [95% Conf. Interval]
-------------+-----------------------------------------------------------------
       Class |
           1 |  .709418   .0100742      .6892845    .7287603
           2 |  .290582   .0100742      .2712397    .3107155
-------------------------------------------------------------------------------
```

1. 潛在 Class 1 之病人就診次數 μ_1 (drvisits=3.81) 低於 Class 2 之病人，「class 1 機率 π_1」占全體樣本 70.97%。

2. 潛在 Class 2 之病人就診次數 μ_2 (drvisits=14.13) 高於 Class 1 之病人，「class 2 機率 π_2」占全體樣本 29.06%。

3. 由於 Class 2 之病人就診次數高於 Class 1，故可命名 Class 2 為高保險就醫群；Class 1 為低保險就醫群。

4. **Latent variable representation(潛在類別)** 為：

$$p(x) = \sum_{i=0}^{k} \pi_i N(x \mid \mu_k, \Sigma_k) = \sum_z p(z)p(x \mid z)$$

其中，$p(z) = \prod_{k=1}^{K} \pi_k^{z_k}$

$$p(x \mid z) = \prod_{k=1}^{K} N(x \mid \mu_k, \Sigma_k)^{z_k}$$

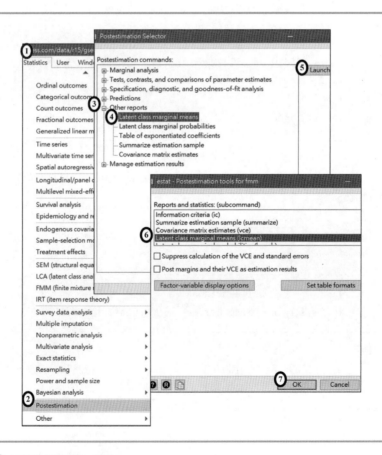

圖 8-29 「estat lcmean」畫面

註：Statistics > Postestimation

Step 3 各類的平均值，繪成直方圖

```
* 將各類的平均值，存至 mu1, mu2, mu3 新變數
. predict mu*
(option mu assumed)
* 各類的平均值，繪成直方圖
. twoway (histogram mu1, width(.025) color(navy%25)) (histogram mu2,
width(.025) color(maroon%25) legend(off) title(" 二類的預測值 "))
```

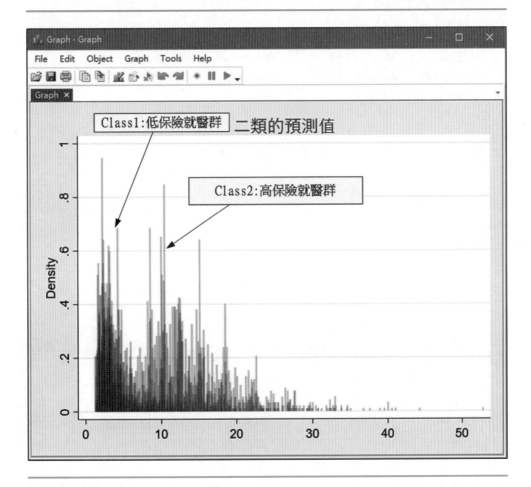

圖 8-30 雙 Poisson 混合模型預測之 (醫生問診次數) 平均值直方圖

| Step 4 | 敵對模型，用 **BIC** 值來判定哪個適配度較優？ |

* STaTa v12 版，才須先安裝 fmm 外掛指令；STaTa v15 版已內建十七個「fmm：」估計法

*----- STaTa v15 的 General estimation and regression 如下：--------

* 對照組一：傳統迴歸 (單多項 Logit 模型)
. quietly fmm 1: poisson drvisits private medicaid c.age##c.age actlim chronic
. estimates store fmm1

* 對照組二：fmm 分成三個潛在類別 (雙多項 Logit 混合模型)
. quietly fmm 2: poisson drvisits private medicaid c.age##c.age actlim chronic
. estimates store fmm2

* 對照組三：fmm 分成三個潛在類別 (參多項 Logit 混合模型)
. quietly fmm 3: poisson drvisits private medicaid c.age##c.age actlim chronic
. estimates store fmm3

* 求 AIC BIC 值
. estimates stats fmm1 fmm2 fmm3

Akaike's information criterion and Bayesian information criterion

---

Model	Obs	ll(null)	ll(model)	df	AIC	BIC
fmm1	3,677	.	-15145.42	7	30304.84	30348.31
fmm2	3,677	.	-11543.97	15	23117.95	23211.10
fmm3	3,677	.	-10842.37	23	21730.73	21873.56

---

1. AIC、BIC (Bayesian information criterion) 亦屬於一種判斷任何迴歸是否恰當的資訊準則，一般來說數值越小，迴歸模型的適配越好。

2. 根據 AIC、BIC 準則，都是參 Poisson 混合模型之 AIC 值 (= 21730.73) 最小，表示參 Poisson 混合模型最優，它比雙 Poisson 混合模型及單 Poisson 模型都優。

8-7 雙零膨脹 Poisson 之混合模型 (fmm: pointmass 指令)：釣魚數量

「fmm: pointmass」是一個退化的分布，它具有一個機率為 1 的整數值 (that takes on a single integer value with probability one)。這個分布本身不能單獨被使用，要與其他的 fmm 分布一起使用，例如：經常與零膨脹的結果 (zero-inflated outcomes)、存活分析來共同建模。

「fmm: (pointmass...) (poisson...)」指令語法如下表：

---

fmm   [*if*] [*in*] [*weight*] [, *fmmopts*]: (pointmass *depvar* [, *options*])

  (*component₁*) [(*component₂*)...]

component is defined in [FMM] fmm.

options	說明
lcprob (*varlist*)	specify independent variables for class probability
value (#)	integer-valued location of the point mass

fmmopts	說明
Model	
lcinvariant (*pclassname*)	specify parameters that are equal across classes; default is lcinvariant (none)
lcprob (*varlist*)	specify independent variables for class probabilities
lclabel (*name*)	name of the categorical latent variable; default is lclabel (Class)
lcbase(#)	base latent class
constraints (*constraints*)	apply specified linear constraints
collinear	keep collinear variables
SE/Robust	
vce (*vcetype*)	*vcetype* may be oim, robust, or cluster *clustvar*
Reporting	
level (#)	set confidence level; default is level (95)
nocnsreport	do not display constraints
noheader	do not display header above parameter table
nodvheader	do not display dependent variables information in the header
notable	do not display parameter table
display_options	control columns and column formats, row spacing, line width, display of omitted variables and base and empty cells, and factor-variable labeling
Maximization	
maximize_options	control the maximization process
startvalues (*svmethod*)	method for obtaining starting values; default is startvalues (factor)

emopts (*maxopts*)	control EM algorithm for improved starting values
noestimate	do not fit the model; show starting values instead
coeflegend	display legend instead of statistics

pclassname	說明
cons	intercepts and cutpoints
coef	fixed coefficients
errvar	covariances of errors
scale	scaling parameters
all	all the above
none	none of the above; the default

　　「fmm: (pointmass...) (poisson...)」指令旨在適配 tobit 迴歸的混合模型 (fits mixtures of tobit regression models)，常見的指令語法如下表：

---

* Zero-inflated Poisson regression of y on x1 and x2
. fmm : (pointmass y) (poisson y x1 x2)

* As above, but add predictors w1 and w2 to model the pointmass class probability
. fmm : (pointmass y, lcprob(w1 w2)) (poisson y x1 x2)

* Ordered logistic regression of y on x1 and x2 with inflation at 1
. fmm : (pointmass y, value(1)) (ologit y x1 x2)

範例：雙零膨脹 Poisson 之混合模型 (fmm (pointmass)…指令)「zero-inflated Poisson model」

(一) 問題說明

　　為了解釣魚的數量之影響因素有哪些？(分析單位：釣客)

　　研究者收集數據並整理成下表，此「fish2.dta」資料檔內容之變數如下：

變數名稱	說明	編碼 Codes/Values
結果變數 / 依變數：count	釣魚的數量	0～149 隻魚
解釋變數 / 自變數：persons	陪同遊客的人數	1～4 人
解釋變數 / 自變數：boat	自己有船嗎	0,1 (binary data)

(二) 資料檔之內容

「fish2.dta」資料檔內容如圖 8-31。

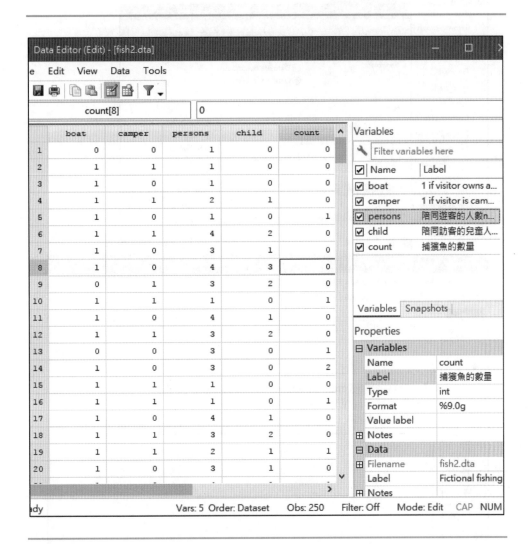

圖 8-31 「fish2.dta」資料檔內容 (N=250 個人，潛在類別 (class)=2)

759

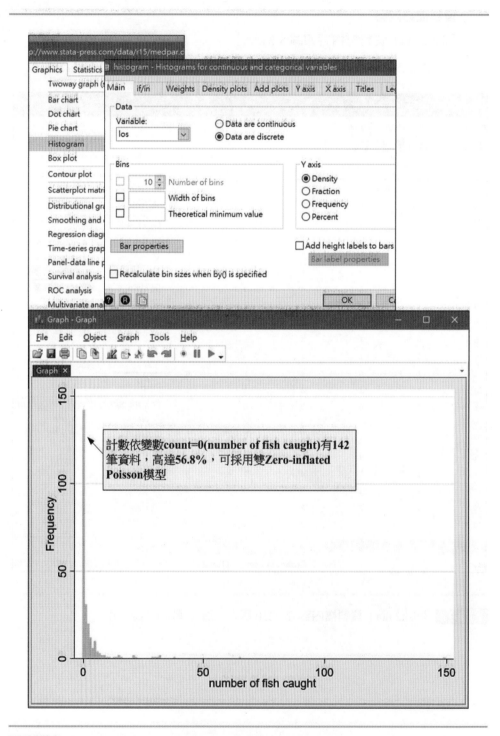

圖 8-32 「histogram count, discrete freq」繪直方圖之結果

(三) 分析結果與討論

Step 1　雙 **zero-inflated Poisson** 混合迴歸分析

因 count 的零值占多數，故以它當「零膨脹 pointmass」

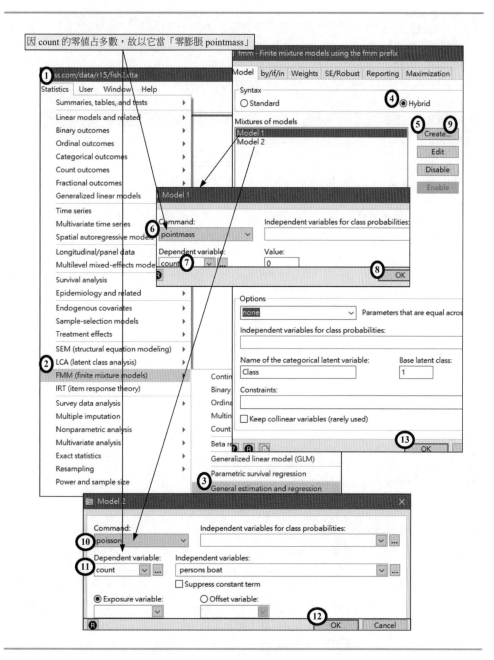

圖 8-33　「fmm：(pointmass count) (poisson count persons boat)」畫面

註：Statistics > FMM (finite mixture models) > General estimation and regression

761

有限混合模型 (FMM)：STaTa 分析 (以 EM algorithm 做潛在分類再迴歸分析)

「fmm: pointmass」是單點密度質量的有限混合模型 (Finite mixtures models with a density mass at a single point)。

```
*----- STaTa v15 的 General estimation and regression 如下：--------
* 開啟資料檔
. webuse fish2, clear
(Fictional fishing data)

* Zero-inflated Poisson model as a mixture of a point mass distribution at
zero and a Poisson regression model
* 因 count 的零值占多數，故以它當「零膨脹 pointmass」
. fmm: (pointmass count) (poisson count persons boat)

Finite mixture model                        Number of obs    =        250
Log likelihood = -882.31198


-------------------------------------------------------------------------
             |    Coef.   Std. Err.     z    P>|z|    [95% Conf. Interval]
-------------+-----------------------------------------------------------
1.Class      |  (base outcome)   當比較的基準點
-------------+-----------------------------------------------------------
2.Class      |
       _cons |  -.0867958  .1390251   -0.62   0.532    -.35928    .1856884
-------------------------------------------------------------------------


Class        : 2
Response     : count
Model        : poisson


-------------------------------------------------------------------------
             |    Coef.   Std. Err.     z    P>|z|    [95% Conf. Interval]
-------------+-----------------------------------------------------------
count        |
     persons |   .750919   .0422907   17.76   0.000    .6680307   .8338072
        boat |  1.813785   .2648584    6.85   0.000    1.294672   2.332898
       _cons | -2.024982   .2974941   -6.81   0.000   -2.608059  -1.441904
-------------------------------------------------------------------------
```

1. 傳統 Poisson 迴歸並未將依變數 count = 0 之觀察值，排除在迴歸分析之中。相對地，zero-inflated Poisson 迴歸，則會將依變數 count = 0 之觀察值，排除在分析之中。

2. 本例，因 count = 0 觀察值之比例很多，就預測變數們之迴歸係數的 p 值而言，有沒有排除「zero-inflated」，前後二次 Poisson 迴歸之分析結果，二者會差很大。

3. 報表「z」欄中，two-tail 檢定下，若 |z| > 1.96，則表示該自變數對依變數有顯著影響力。|z| 值越大，表示該自變數對依變數的關聯性 (relevance) 越高。

4. Poisson 係數「Coef.」欄中，是 log-odds 單位，故不能用 OLS 迴歸係數的概念來解釋。

5. 零膨脹 Poisson 迴歸模型，求得這二個潛在類別之勝算比為：

$$Ln\left(\frac{P_{\text{Class 1}}}{P_{\text{Class 2}}}\right) = -2.025 + 0.750 \times \text{persons} + 1.814 \times \text{boat}$$

$$Ln\left(\frac{P_{\text{釣客高手}}}{P_{\text{釣客低手}}}\right) = -2.025 + 0.750 \times 陪同釣魚人數 + 1.814 \times 自備私人釣船$$

小結

Zero-inflated Poisson 混合模型，只有分析 class 2 之 logit 迴歸，class 3 則無法分析。

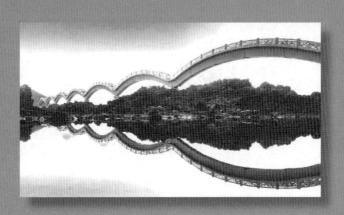

設限 (censored) 混合模型、截斷 (truncated) 混合模型 (fmm: tobit、fmm: tpoisson、fmm: intreg 指令)

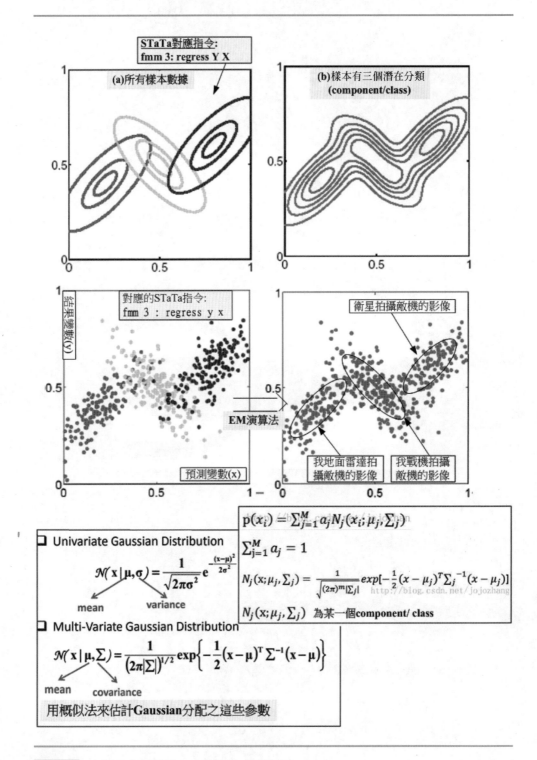

圖 9-1 高斯混合模型採 EM 演算法之示意圖

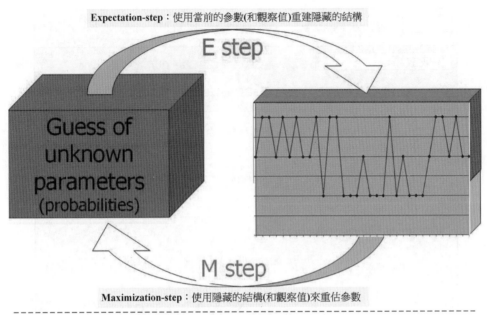

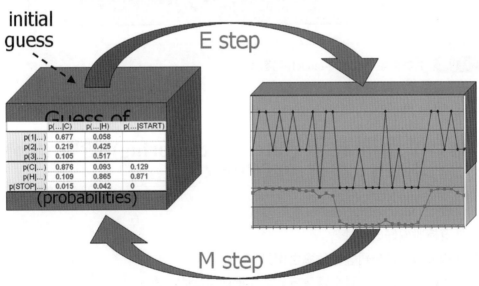

圖 9-2　潛在馬爾可夫 (hidden Markov) 模型

$$\boxed{\text{資料：}} \quad \mathcal{D} = \{\mathbf{x}^{(i)}\}_{i=1}^{N} \text{ where } \mathbf{x}^{(i)} \in \mathbb{R}^{M}$$

$$\boxed{\text{生成故事：}} \quad z \sim \text{Categorical}(\boldsymbol{\phi})$$
$$\mathbf{x} \sim \text{Gaussian}(\boldsymbol{\mu}_z, \boldsymbol{\Sigma}_z)$$

$$\boxed{\text{模型：}} \quad \text{Joint:} \quad p(\mathbf{x}, z; \boldsymbol{\phi}, \boldsymbol{\mu}, \boldsymbol{\Sigma}) = p(\mathbf{x}|z; \boldsymbol{\mu}, \boldsymbol{\Sigma})p(z; \boldsymbol{\phi})$$

$$\text{Marginal:} \quad p(\mathbf{x}; \boldsymbol{\phi}, \boldsymbol{\mu}, \boldsymbol{\Sigma}) = \sum_{z=1}^{K} p(\mathbf{x}|z; \boldsymbol{\mu}, \boldsymbol{\Sigma})p(z; \boldsymbol{\phi})$$

(Marginal) Log-likelihood:

$$\ell(\boldsymbol{\phi}, \boldsymbol{\mu}, \boldsymbol{\Sigma}) = \log \prod_{i=1}^{N} p(\mathbf{x}^{(i)}; \boldsymbol{\phi}, \boldsymbol{\mu}, \boldsymbol{\Sigma})$$
$$= \sum_{i=1}^{N} \log \sum_{z=1}^{K} p(\mathbf{x}^{(i)}|z; \boldsymbol{\mu}, \boldsymbol{\Sigma})p(z; \boldsymbol{\phi})$$

圖 9-3 混合模型 (mixture-model) 之數學式

9-1 單區間設限 (interval-censoring) 迴歸 (tobit 指令)：學習成就的因素

設限 (censored)regression 應用領域，包括：

1. 外資持股偏好之探討。

2. 我國人壽保險公司經營效率之探討。

3. 以受限迴歸模型探討影響房貸貸款人提前還款的因素。

4. Gibbs sampling 在截堵模型下的應用及其單根檢定。

5. 臺灣有線電視系統業者經營效率之探討。

6. 臺灣金融機構經營績效分析──以上市上櫃銀行爲例。

此外，作者《STaTa 在生物醫學統計分析》有專書介紹「Cox 迴歸分析」這種設限 (censored) 資料的統計分析。

一、右側上限設限 (right-censoring)

在 1980 年代，美國聯邦法規限制車輛的速度表最多只能顯示 85 mph。若想以自變數「引擎馬力、引擎 cc 數」兩者來預測各廠牌車輛「最高車速」時，由於測試的車速若超過 85 英里者都無法得知其真實速度，測得的車速最多只是 85 mph，故屬於右側上限設限 (right-censoring)。

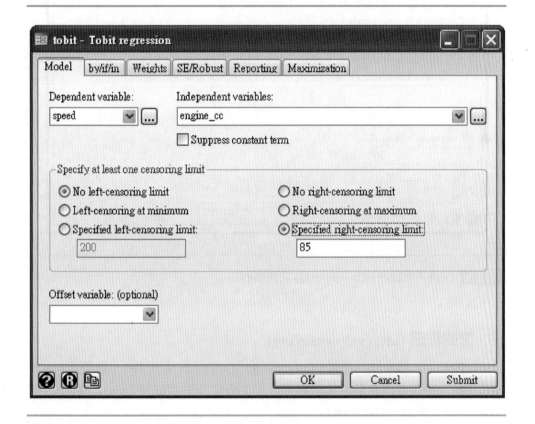

圖 9-4 右側上限設限 (right-censoring) 之畫面界定

註：Statistics > Linear models and related > Censored regression > Tobit regression

二、左側下限設限 (left-censoring)

例如：研究者想了解「家庭飲用水含鉛程度 (lead level)」的預測模型，預測自變數包括：屋齡 (age of a house)、家庭總收入。由於水質檢測試劑無法驗出小於十億分之五鉛含量 (ppb)，故屬左側下限設限 (left-censoring)。若鉛含量 > 15 ppb 就是危險程度。

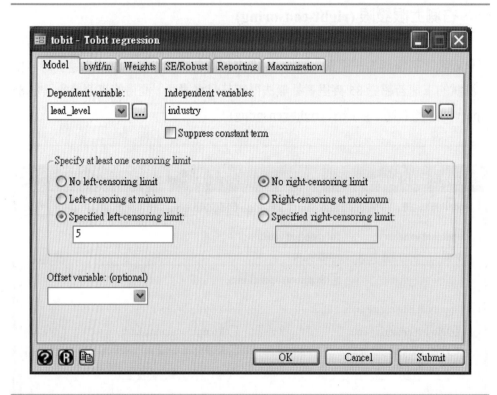

圖 9-5 左側下限設限 (left-censoring) 之畫面界定

三、區間設限 (interval-censoring)

　　想像一下，學術性向測驗 (academic **apt**itude)，最低分 200，最高分 800。我們想建立學術性向測驗之預測模型。預測變數有閱讀成績 (read)、數學成績 (math)、學生選讀的學程型態 (academic, general 或 vocational)。

　　現在面臨的問題，就是學生只要全部答對測驗，就給 800 分，即使這可能不是他的「truly」學術性向測驗，但我們卻把他視為等同「truly」800 分的高材生一樣。

四、STaTa 範例：區間設限迴歸 (interval-censoring regression)

(一) 問題說明

　　老師想了解學生學習成就的影響原因有哪些？

　　研究者先文獻探討並歸納出，學測 (apt) 的預測變數如下表：

變數名稱	學習成就的預測變數	編碼 Codes/Values
apt	Y: 學習成就	200 分 -800 分
read	X1. 閱讀成績	連續變數
math	X2. 數學成績	連續變數
prog	X3. 學程 (program) 型態	1. 學術課程 2. 一般 (general) 課程 3. 職業課程

(二) 資料檔之內容

「tobit_censored_reg.dta」，資料檔內容如圖 9-6。

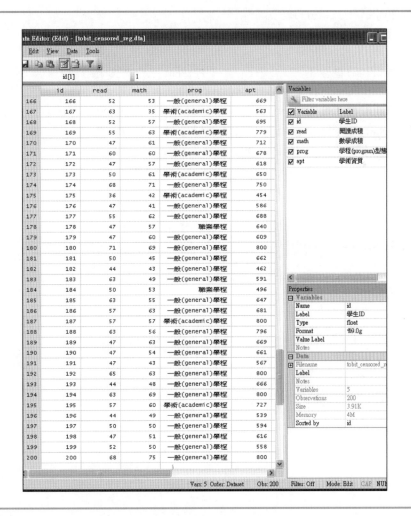

圖 9-6 「tobit_censored_reg.dta」資料檔 (N=200, 4 variables)

有限混合模型 (FMM)：STaTa 分析 (以 EM algorithm 做潛在分類再迴歸分析)

Step 1　觀察資料之特性

```
* 觀察連續資料之平均數、最小值、最大值
. use tobit_censored_reg.dta

. summarize apt read math

    Variable |     Obs        Mean    Std. Dev.        Min        Max
-------------+--------------------------------------------------------
         apt |     200     640.035    99.21903        352        800
        read |     200       52.23    10.25294         28         76
        math |     200      52.645    9.368448         33         75

* 觀察類別資料之次數分布表
. tabulate prog

  學程 (program) 型態 |     Freq.     Percent        Cum.
--------------------+-----------------------------------
  學術 (academic) 學程 |        45       22.50       22.50
   一般 (general) 學程 |       105       52.50       75.00
            職業學程 |        50       25.00      100.00
--------------------+-----------------------------------
              Total |       200      100.00
* 繪依變數 10 格之直方圖
histogram apt, normal bin(20) xline(800)
(bin=10, start=352, width=44.8)
```

Step 2 繪資料之分布圖

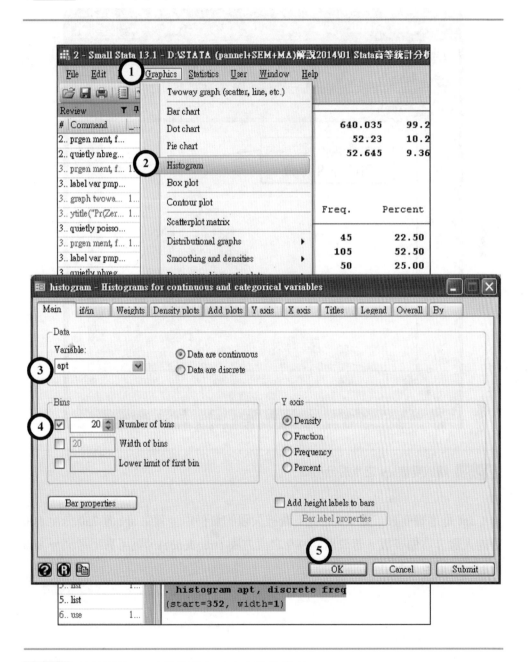

圖 9-7 繪依變數 apt 之常態分布及直方圖的畫面

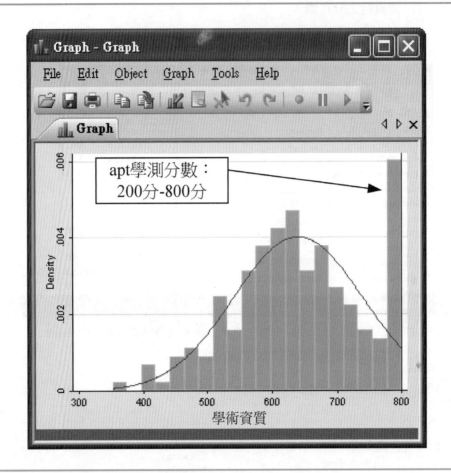

圖 9-8　繪依變數 apt 之常態分布圖

　　apt 是連續變數，圖 9-8 之直方圖被設限的資料中，考生 apt 考 750 分至 800 分的人數非常偏多數。若改用圖 9-9 之直方圖 (frequence)，更可看出考滿分 800 分的人數過多。

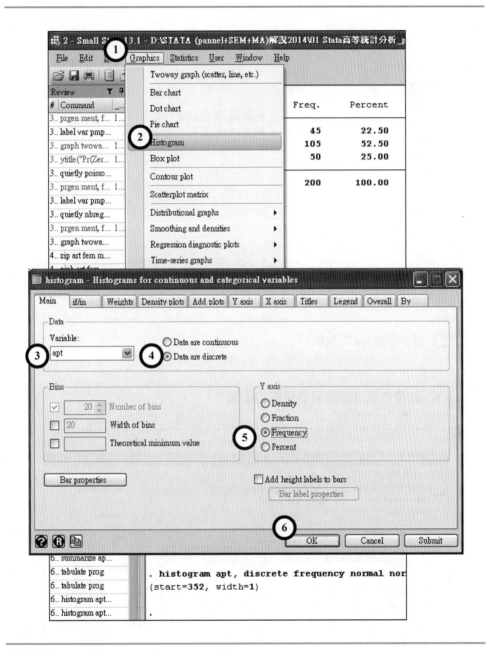

圖 9-9 繪依變數 apt 之次數分布的畫面

* 繪依變數 apt 之次數分布
. histogram apt, discrete frequency normal normopts(lcolor(black))

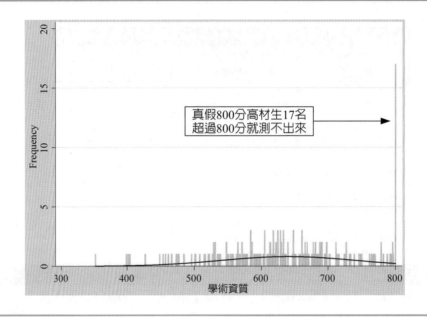

圖 9-10 繪依變數 apt 之次數

Step 3 試探多個自變數與依變數的相關

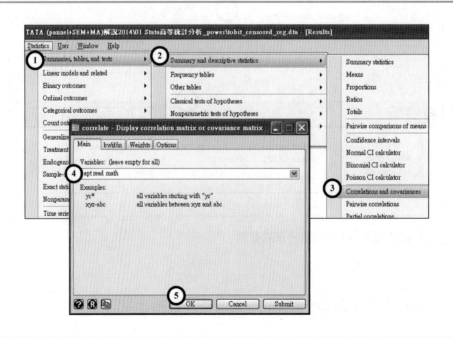

圖 9-11 求多個自變數與依變數相關的畫面

```
. correlate apt read math
(obs=200)

             |      apt     read     math
-------------+---------------------------
        apt  |   1.0000
       read  |   0.6451   1.0000
       math  |   0.7333   0.6623   1.0000
```

Step 4 繪多個自變數與依變數的相關分布圖

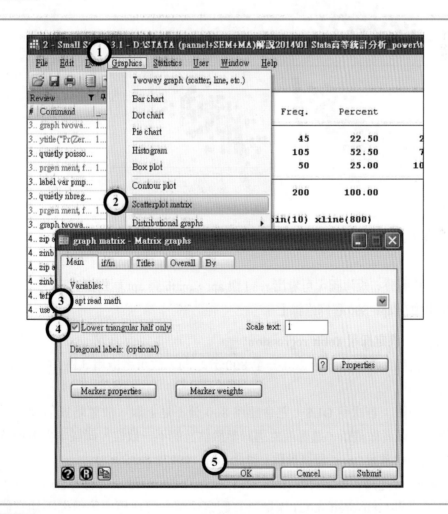

圖 9-12 繪多個自變數與依變數的相關分布圖之操作畫面

```
. graph matrix apt read math, half
```

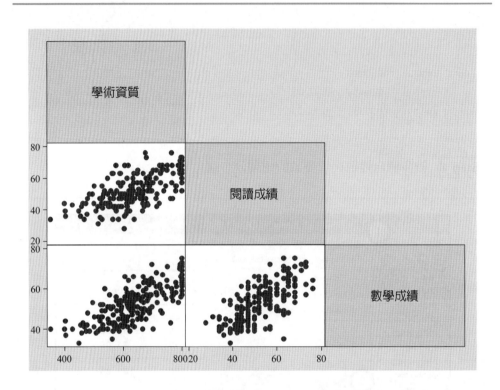

圖 9-13 多個自變數與依變數的相關分布圖

　　由相關分布矩陣圖，可看出 read 與 apt、math 與 apt 兩對都有正相關，但許多點集中在 apt=800 那條直線上。

Step 5 決定採用 **Tobit regression**

　　由於考生考滿分介於 200 分至 800 分之間，故可考慮用「區間設限 Tobit regression」。

1. 線性迴歸：若採用 OLS，它會認為 800 分不是上限，故忽略對估計值超過滿分上限者做截斷，進而產生迴歸參數估計的不一致性。即樣本再增加時，OLS 不會考慮 "true" 母群參數 (請見 Long (1997), chapter 7)。

2. Truncated 迴歸：截斷資料 (truncated data) 及 censored data 有時會產生混淆。設限資料 (censored data) 係指所有觀察值都在資料檔中，但你不知它們的 "true" values。truncated data 係指迴歸模型不會納入某些觀察值於迴歸分析中。

一旦截斷資料 (truncated data) 被迴歸視為 censored data 一併被納入分析，就會產生不一致的參數估計。

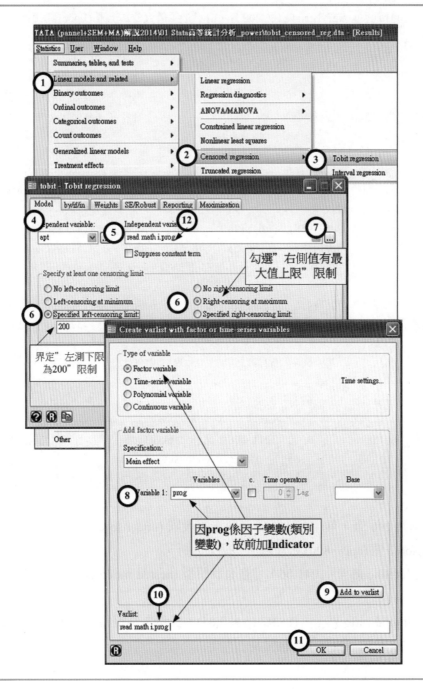

圖 9-14 Tobit regression 之操作畫面

```
*Tobit 迴歸，變數 Prog 前導字 i 代表將它視為 Indicator(dummies) 變數（某 level 當比
較基準點）
*Prog 當指標 Indicator
.* ll(200) 代表 Lower Limited 為 200 分，ul 代表「最大值為上限 (Upper Limited, UL)」
. tobit apt read math i.prog, ll(200) ul

Tobit regression                              Number of obs    =         200
                                              LR chi2(4)       =      188.97
                                              Prob > chi2      =      0.0000
Log likelihood = -1041.0629                   Pseudo R2        =      0.0832


-------------------------------------------------------------------------------
        apt |     Coef.    Std. Err.      t     P>|t|     [95% Conf. Interval]
------------+------------------------------------------------------------------
       read |   2.697939    .618798     4.36    0.000     1.477582     3.918296
       math |   5.914485    .7098063    8.33    0.000     4.514647     7.314323
            |
       prog |
 general 學程 |  -12.71476   12.40629   -1.02    0.307    -37.18173     11.7522
   職業學程 |  -46.1439    13.72401   -3.36    0.001    -73.2096     -19.07821
            |
      _cons |   209.566     32.77154    6.39    0.000     144.9359     274.1961
------------+------------------------------------------------------------------
     /sigma |   65.67672    3.481272                      58.81116     72.54228
-------------------------------------------------------------------------------
 Obs. summary:        0  left-censored observations
                    183     uncensored observations
                     17 right-censored observations at apt>=800
```

1. 本例共 200 筆，其中有 183 筆資料未被設限 (uncensored)。但有 17 筆 right-censored 值 (apt>=800) 被設限，不納入分析。

2. Log likelihood = −1041.06，旨在巢狀模型 (nested models) 的比較，本例用不到。

3. Likelihood ratio $\chi^2_{(4)}$ = 188.97 (p < 0.05)。表示本例整體模型比零模型 (empty model)（沒預測變數）更適配。

4. 每個預測變數，都有印出迴歸係數 (coefficients)、標準誤 (standard errors)、t 值 (t-statistic)、p-values 及 95% 信賴區間 (confidence interval)。閱讀 (read) 與數學 (math) 對依變數都達顯著水準，且 prog = 3 亦達顯著，表示學生選的學程中「prog = 3 vs. prog = 1」在 apt 學測成績亦有顯著差異。

5. Tobit 迴歸係數的解釋，非常類似 OLS 迴歸係數的解釋。但 Tobit 迴歸的線性效果是以 uncensored latent 變數為基礎，而非以全部觀察值為主。詳細說明，請見 McDonald (1980)。

6. 閱讀 (read) 每增加一單位得分，apt 學測就增加 2.7 點。

7. 數學 (math) 每增加一單位得分，apt 學測就增加 5.91 點。

8. 閱讀 (read) 與數學 (math) 在平均水準之下，學程選職業課程 (prog=3) 的學生，比選 academic 學程 (prog = 1) 的學生少 46.14 點得分。

9. 輔助統計：sigma 係類似 OLS 迴歸的殘差變異數平方根，即 $\Sigma \sim \sqrt{\sigma_\varepsilon^2}$。Sigma = 65.67。

10. 最後三行，印出「# of left-censored, uncensored and right-censored values」。

Step 6 用 **test** 指令，檢定類別之自變數 **prog** 的整體效果 **(effect)**

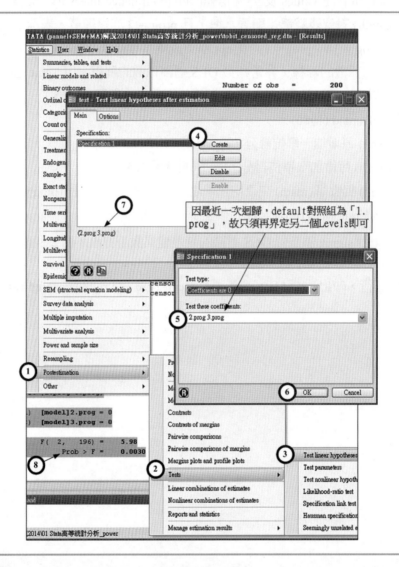

圖 9-15 test 類別之自變數 prog 的整體效果之畫面

```
* test 指令，係 Test linear hypotheses after estimation
* 因最近一次迴歸，default 對照組為「1. prog」，故只須再界定另二個 Levels 即可
. test (2.prog 3.prog)

( 1)   [model]2.prog = 0
( 2)   [model]3.prog = 0
```

```
F(  2,   196) =     5.98
   Prob > F =      0.0030
```

prog 的整體效果，F = 5.98(p < 0.05) 達到顯著水準。表示類別變數 prog 對依變數 (achiv) 成就測驗，係符合「自變數與依變數線性關係」的假定。

| Step 7 | 用 test 指令，檢定類別之自變數 prog 不同 levels 的係數差異

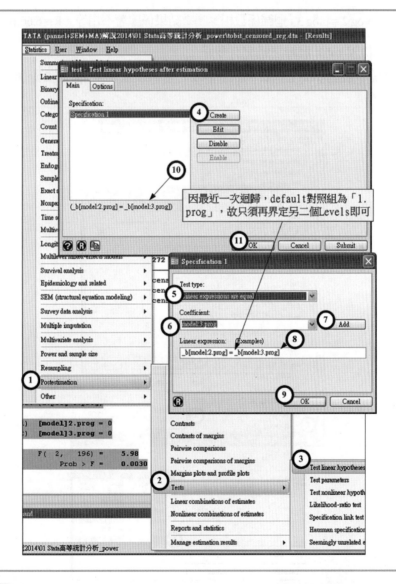

圖 9-16 用 test 指令，檢定自變數 prog 不同 levels 的係數差異之畫面

```
* 因最近一次迴歸，default 對照組為「1. prog」，故只須再界定另二個 Levels 即可
. test (_b[model:2.prog] = _b[model:3.prog])
* 或簡化為 test 2.prog = 3.prog

 ( 1)  [model]2.prog - [model]3.prog = 0

     F(  1,   196) =    6.66
          Prob > F =    0.0106
```

檢驗「prog 2 = prog 3」迴歸係數相等嗎？結果係顯著不相等，$F = 6.66 (p < 0.05)$。

Step 8 　檢視 **tobit** 迴歸之適配有多好？

1. 在資料檔中新加 tobit model 的預測值 $\hat{Y}$，它再跟依變數 apt 的實際值做相關。

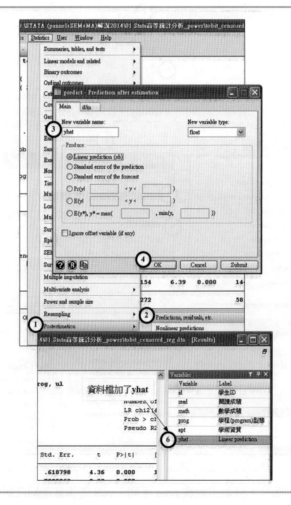

　圖 9-17　最近一次 tobit model 的預測值 yhat 之畫面

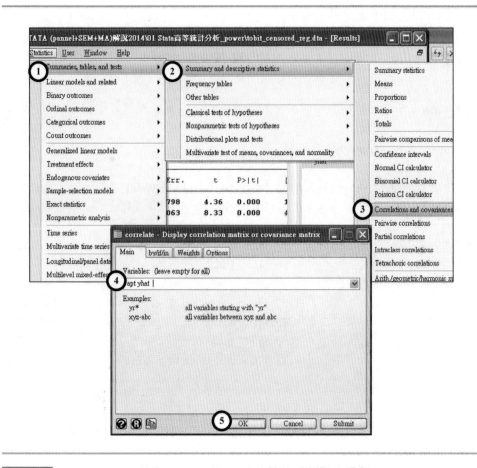

圖 9-18 tobit model 的預測值 **yhat** 與 apt 的實際值求相關之畫面

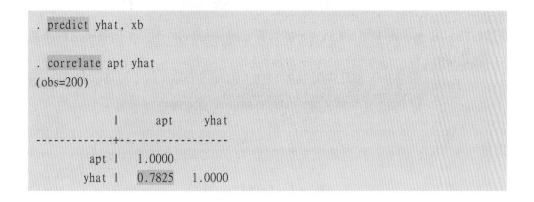

```
. predict yhat, xb

. correlate apt yhat
(obs=200)

             |      apt     yhat
-------------+------------------
         apt |   1.0000
        yhat |   0.7825   1.0000
```

1. tobit model 的預測值 yhat 與 apt 實際值之相關為 0.7825,它的平方就是迴歸的 $R^2 = 0.6123$,即三個自變數對依變數的預測,高達 61.23% 變異的解釋量。

R^2 值非常近似下表另外五種 R^2。

2. 再用「findit fitstat」指令，外掛 fitstat 命令檔並執行它，進一步看它模型的各種 R^2。

```
. fitstat

Measures of Fit for tobit of apt

Log-Lik Intercept Only:      -1135.545    Log-Lik Full Model:          -1041.063
D(193):                       2082.126    LR(4):                           188.965
                                          Prob > LR:                         0.000
McFadden's R2:                   0.083    McFadden's Adj R2:                 0.077
ML (Cox-Snell) R2:               0.611    Cragg-Uhler(Nagelkerke) R2:        0.611
McKelvey & Zavoina's R2:         0.616
Variance of y*:              11230.171    Variance of error:             4313.432
AIC:                            10.481    AIC*n:                          2096.126
BIC:                          1059.550    BIC':                           -167.772
BIC used by STaTa:            2113.916    AIC used by STaTa:              2094.126
```

1. 迴歸模型的評估常使用判定係數 (coefficient of determination) non-pseudo R^2 公式：

$$\text{non-pseudo R}^2 = \frac{SS_R}{SS_T}$$

2. STaTa 八種 pseudo R^2 計算公式，儘管與 non-pseudo R^2 不同，但背後之解釋意義卻很相似。

3. 安裝 fitstat 指令檔之後，直接在 Command 鍵入「fitstat」，即可求得五種 pseudo R^2。R^2 值越大，表示最近一次分析的迴歸解釋量就越高。

4. AIC (Akaike information criterion)、BIC (Bayesian information criterion) 兩項資訊準則。AIC 與 BIC 所計算出來的值越小，則代表模型的適配度越佳。

$$\text{AIC} = T \times Ln(SS_E) + 2k$$
$$\text{BIC} = T \times Ln(SS_E) + k \times Ln(T)$$

5. 判定係數 R^2、AIC 與 BIC，雖然是幾種常用的準則，但是卻沒有統計上所要

求的「顯著性」。

6. 當我們利用判定係數或 AIC 與 BIC 找出一個適配度較佳的模型，但是卻不知道這個模型是否「顯著地」優於其他模型。

7. 適配度：概似比 likelihood ratio(LR) 檢定

例如：假設我們要檢定 AR(2) 模型是否比 AR(1) 模型來的好，因此可以分別算出兩個模型的最大概似值分別為 L_U 與 L_R，則 LR 統計量為：

$$LR = -2(L_R - L_U) \sim 符合 \chi^2_{(m)} 分配$$

假如，$p < 0.05$ 表示達顯著的話，則表示 AR(2) 模型優於 AR(1) 模型。

以本例 logit 迴歸來說，結果得 $LR(4) = 188.965$，$p < 0.05$，表示我們界定的預測變數對依變數之模型，比「null model」顯著的好，即目前這個 logit 迴歸模型適配得很好。

9-2 雙 tobit regression 模型 (fmm: tobit 指令)：大學生 GPA 分數

範例：Finite mixtures of tobit regression models(fmm: tobit 指令)

「fmm: tobit」指令語法如下表：

Basic syntax	
fmm #: tobit *depvar* [*indepvars*] [, *options*]	
Full syntax	
fmm # [*if*] [*in*] [*weight*] [, *fmmopts*]: tobit *depvar* [*indepvars*] [, *options*]	
where # specifies the number of class models.	
options	說明
Model	
noconstant	suppress the constant term
ll [(*varname*|#)]	left-censoring variable or limit
ul [(*varname*|#)]	right-censoring variable or limit
offset (*varname*)	include *varname* in model with coefficient constrained to 1
fmmopts	說明
Model	
lcinvariant (*pclassname*)	specify parameters that are equal across classes; default is lcinvariant (none)

有限混合模型 (FMM)：STaTa 分析 (以 EM algorithm 做潛在分類再迴歸分析)

lcprob (*varlist*)	specify independent variables for class probabilities
lclabel (*name*)	name of the categorical latent variable; default is lclabel (Class)
lcbase(#)	base latent class
constraints (*constraints*)	apply specified linear constraints
collinear	keep collinear variables
SE/Robust	
vce (*vcetype*)	*vcetype* may be oim, robust, or cluster *clustvar*
Reporting	
level (#)	set confidence level; default is level (95)
nocnsreport	do not display constraints
noheader	do not display header above parameter table
nodvheader	do not display dependent variables information in the header
notable	do not display parameter table
display_options	control columns and column formats, row spacing, line width, display of omitted variables and base and empty cells, and factor-variable labeling
Maximization	
maximize_options	control the maximization process
startvalues (*svmethod*)	method for obtaining starting values; default is startvalues (factor)
emopts (*maxopts*)	control EM algorithm for improved starting values
noestimate	do not fit the model; show starting values instead
coeflegend	display legend instead of statistics
pclassname	說明
cons	intercepts and cutpoints
coef	fixed coefficients
errvar	covariances of errors
scale	scaling parameters
all	all the above
none	none of the above; the default

「fmm: tobit」指令旨在適配 tobit 迴歸的混合模型 (fits mixtures of tobit regression models)，常見的指令語法如下表：

* Mixture of two tobit regression models of y on x1 and x2 where y is censored at the minimum of y
. fmm 2: tobit y x1 x2, ll
* As above, but where the lower-censoring limit is zero
. fmm 2: tobit y x1 x2, ll(0)
* As above, but where lower and upper are variables containing the censoring limits
. fmm 2: tobit y x1 x2, ll(lower) ul(upper)

```
* With class probabilities depending on z1 and z2
. fmm 2, lcprob(z1 z2): tobit y x1 x2, ll

* With robust standard errors
. fmm 2, vce(robust): tobit y x1 x2, ll

* Constrain coefficients on x1 and x2 to be equal across classes
. fmm 2, lcinvariant(coef): tobit y x1 x2, ll
```

(一) 問題說明

為了解大學生 GPA 之影響因素有哪些？(分析單位：個人)

研究者收集數據並整理成下表，此「gpa.dta」資料檔內容之變數如下：

變數名稱	說明	編碼 Codes/Values
結果變數 / 依變數：gpa2	大學 GPA, observe 2 if GPA	2~4 分
解釋變數 / 自變數：hsgpa	高中之 GPA	1.6~4 分
解釋變數 / 自變數：pincome	父母收入 (標準化)	.450952~6.80711
解釋變數 / 自變數：program	參加學程嗎	0,1 (binary data)

(二) 資料檔之內容

「gpa.dta」資料檔內容如圖 9-19。

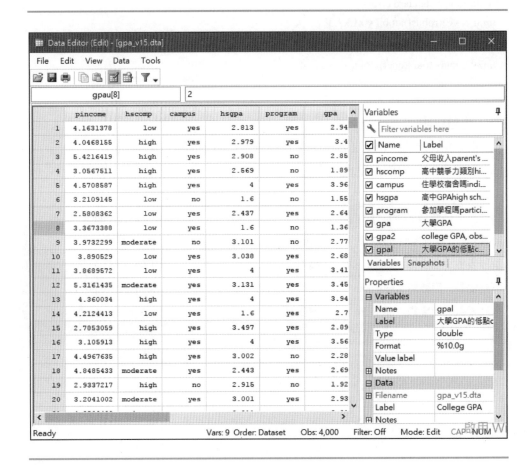

圖 9-19　「gpa.dta」資料檔內容 (N=4,000 學生，潛在類別 (class)=2)

觀察資料之特徵

```
. webuse gpa ,clear
(College GPA)

* 繪依變數直方圖
. histogram gpa2, bin(80) normal
(bin=80, start=2, width=.025)
```

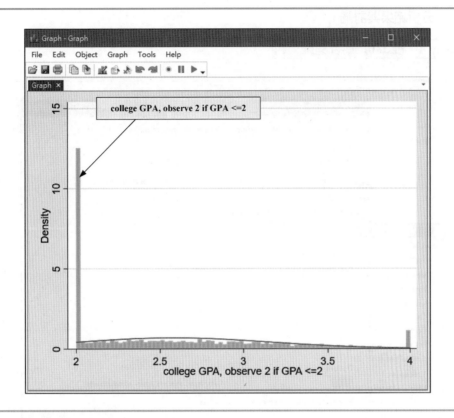

圖 9-20 「histogram gpa2, bin(80) normal」繪直方圖

註：Graphics > Histogram

(三) 分析結果與討論

Step 1　雙 **tobit** 混合迴歸分析

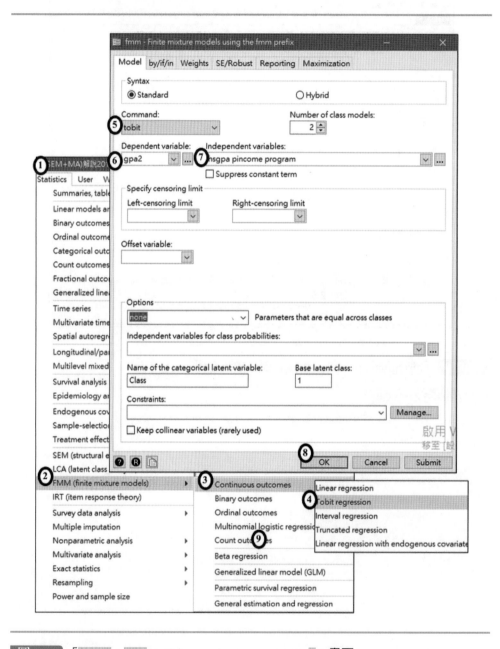

圖 9-21　「fmm 2：tobit gpa2 hsgpa pincome program, ll」畫面

註：Statistics > FMM (finite mixture models) > Continuous outcomes > Tobit regression

```
* 開啟資料檔
. webuse gpa, clear
(College GPA)


* 雙 tobit regression 模型：Mixture of two tobit regression models
* 選項 "11" 是 left-censoring variable or limit
* 選項 "u1" 是 right-censoring variable or limit
. fmm 2: tobit gpa2 hsgpa pincome program, 11


Finite mixture model                       Number of obs    =     4,000
Log likelihood = -2000.5702
```

```
------------------------------------------------------------------------
             |     Coef.   Std. Err.     z    P>|z|    [95% Conf. Interval]
-------------+----------------------------------------------------------
1.Class      |  (base outcome)
-------------+----------------------------------------------------------
2.Class      |
       _cons | -.4873876   .7307557   -0.67   0.505   -1.919642    .9448671
------------------------------------------------------------------------
```

```
Class        : 1
Response     : gpa2                        Censoring of obs:
Model        : tobit                       Uncensored     =     2,794
                                           Left-censored  =     1,206
                                           Right-censored =         0
```

```
------------------------------------------------------------------------
             |     Coef.   Std. Err.     z    P>|z|    [95% Conf. Interval]
-------------+----------------------------------------------------------
gpa2         |
       hsgpa |  .7306138   .0358535   20.38   0.000    .6603422    .8008854
     pincome |  .3444227   .0166544   20.68   0.000    .3117807    .3770646
     program |  .5798094   .0266001   21.80   0.000    .5276742    .6319447
       _cons | -1.40074    .2222681   -6.30   0.000   -1.836378   -.9651029
-------------+----------------------------------------------------------
 var(e.gpa2) |  .1344796   .0131579                    .1110126    .1629074
------------------------------------------------------------------------
```

```
Class        :  2
Response     :  gpa2                        Censoring of obs:
Model        :  tobit                       Uncensored      =      2,794
                                            Left-censored   =      1,206
                                            Right-censored  =          0

------------------------------------------------------------------------------
             |      Coef.   Std. Err.      z    P>|z|     [95% Conf. Interval]
-------------+----------------------------------------------------------------
gpa2         |
       hsgpa |   .5917171   .0340197    17.39   0.000     .5250398    .6583945
     pincome |   .2846412   .0182092    15.63   0.000     .2489519    .3203305
     program |   .5444117   .0264614    20.57   0.000     .4925484     .596275
       _cons |  -.3083455    .217539    -1.42   0.156    -.7347141     .118023
-------------+----------------------------------------------------------------
 var(e.gpa2)|   .0999782   .0157018                       .073489    .1360154
------------------------------------------------------------------------------
```

1. 由於依變數 (大學 GPA(gpa2))，最低為 2(不可能為負)，故「fmm: tobit」自動以最低為 2 為 lower limit。本例，雙 tobit regression 模型，分析結果為：

   Class 1 為後段班學生群

   gpa2 = -1.40 + 0.73×hsgpa + 0.34×pincome + 0.58×program

   大學 GPA = -1.40 + 0.73 × 高中 GPA + 0.34 × 父母收入 + 0.58× 參加學程嗎

   Class 2 為前段班學生群

   gpa2 = -0.31 + 0.59×hsgpa + 0.28×pincome + 0.54×program

   大學 GPA = -0.31 + 0.59× 高中 GPA + 0.28× 父母收入 + 0.54× 參加學程嗎

2. Class 1 中，依變數 (大學 GPA(gpa2)) 的誤差變異數為 0.1345，其 95% 信賴區間為 [0.111,0.1629]，不含零值，故誤差變異數達到 $\alpha = 0.05$ 顯著水準。

   Class 2 中，依變數 (大學 GPA(gpa2)) 的誤差變異數為 0.0999，其 95% 信賴區間為 [0.0734,0.136]，亦不含零值，故誤差變異數達到 $\alpha = 0.05$ 顯著水準。

   二類組之 95% 信賴區間都達顯著水準，表示你不可忽視這「二個類」依變數的誤差變異的差異。

Step 2　各潛在類別之邊際平均數及邊際機率

```
* estat lcmean 指令印出 Latent class marginal means (μ)
. estat lcmean
Latent class marginal means                    Number of obs   =   4,000

----------------------------------------------------------------------
            |            Delta-method
            |    Margin   Std. Err.     z    P>|z|   [95% Conf. Interval]
------------+---------------------------------------------------------
1           |
      gpa2  |   2.23246   .0845852   26.39   0.000   2.066676   2.398244
------------+---------------------------------------------------------
2           |
      gpa2  |  2.692418   .0834218   32.27   0.000   2.528914   2.855922
----------------------------------------------------------------------

* estat lcprob 印出 a table of the marginal predicted latent class probabilities.
. estat lcprob

Latent class marginal probabilities           Number of obs   =   4,000

----------------------------------------------------------------------
            |            Delta-method
            |    Margin   Std. Err.         [95% Conf. Interval]
------------+---------------------------------------------------------
      Class |
         1  |  .6194908   .1722551       .2799183   .8720986
         2  |  .3805092   .1722551       .1279014   .7200817
----------------------------------------------------------------------
```

1. 「class 1 平均數 μ_1」：平均 GPA(gpa2 = 2.232)。「class 1 機率 π_1」占全體樣本 61.95%，其 GPA 低於 Class 2。

2. 「class 2 平均數 μ_2」：平均 GPA(gpa2 = 2.692)。「class 2 機率 π_2」占全體樣本 38.05%。

3. 由於 Class 2 之平均 GPA 高於 Class 1，故可命名 Class 2 為前段班學生群；Class 1 為後段班學生群。

4. **Latent variable representation(潛在類別)** 為：

$$p(x) = \sum_{i=0}^{k} \pi_i N(x \mid \mu_k, \Sigma_k) = \sum_z p(z)p(x \mid z)$$

其中，$p(z) = \prod_{k=1}^{K} \pi_k^{z_k}$

$$p(x \mid z) = \prod_{k=1}^{K} N(x \mid \mu_k, \Sigma_k)^{z_k}$$

Step 3 各類的平均值，繪成直方圖

```
* 將各類的平均值，存至 mu1, mu2 新變數
. predict mu*
(option mu assumed)
* 各類的平均值，繪成直方圖
. twoway (histogram mu1, width(.005) color(navy%25)) (histogram mu2,
width(.005) color(maroon%25) legend(off) title(" 二類的預測值 "))
```

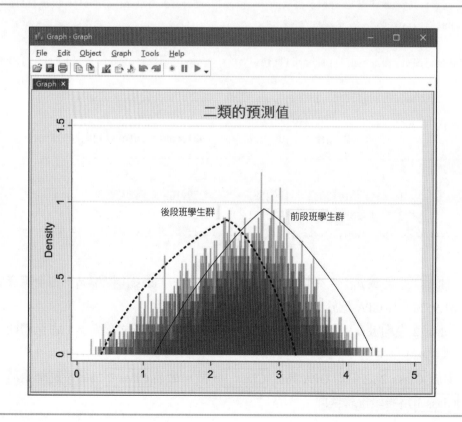

圖 9-22 雙 tobit regression 模型預測之 (大學 GPA) 平均值直方圖

Step 4 敵對模型，用 **BIC** 值來判定哪個適配度較優？

* STaTa v12 版，才須先安裝 fmm 外掛指令；STaTa v15 版已內建十七個「fmm：」估計法

*----- STaTa v15 的 General estimation and regression 如下：--------
* 對照組一：單 tobit regression 模型
. quietly fmm 1: tobit gpa2 hsgpa pincome program, ll
. estimates store fmm1

* 對照組二：fmm 分成二個潛在類別 (雙 tobit regression 模型)
. quietly fmm 2: tobit gpa2 hsgpa pincome program, ll
. estimates store fmm2

* 對照組三：fmm 分成三個潛在類別 (參 tobit regression 模型)
. quietly fmm 3: tobit gpa2 hsgpa pincome program, ll
. estimates store fmm3

* 求 AIC BIC 值
. estimates stats fmm1 fmm2 fmm3

Akaike's information criterion and Bayesian information criterion

Model	Obs	ll(null)	ll(model)	df	AIC	BIC
fmm1	4,000	.	-2015.126	5	4040.252	4071.722
fmm2	4,000	.	-2000.57	11	4023.140	4092.375
fmm3	4,000	.	-1994.333	17	4022.666	4129.665

1. 模型選擇準則之 AIC 和 BIC，屬於一種判斷任何迴歸是否恰當的資訊準則，一般來說數值越小，迴歸模型的適配越好。

   很多參數估計問題均採用概似函數 (LR) 作為目標函數，當訓練數據足夠多時，可以不斷提高模型精簡度，卻提高模型複雜度為付出的代價，同時帶來一個機器學習中非常普遍的問題：過度適配。所以，模型選擇問題在模型複雜度與模型精簡度 (即概似函數) 之間尋求最佳平衡。

   學者提出許多資訊準則，來平衡模型複雜度的懲罰項來避免過度適配問題，此

處我們介紹最常用的兩個模型選擇方法：Akaike 資訊準則 (Akaike information criterion, AIC) 和 Bayesian 資訊準則 (Bayesian information criterion, BIC)。

AIC 是衡量統計模型適度優良性的一種標準，由日本統計學家 Akaike 在 1974 年提出，它建立在熵的概念上，提供了權衡估計模型複雜度和適度數據優良性的標準。從一組可供選擇的模型中選擇最佳模型時，通常選擇 **AIC 最小**的模型。

2. 適配度估計求得雙 tobit regression 模型，求得 AIC = 4023.140 最小，很接近參 tobit regression 模型 AIC = 4022.666，基於模型精簡化原則，本例應挑雙 tobit regression 模型才是適配度最佳。但若根據 BIC 值來看，反而是單 tobit regression 模型 BIC = 4071.722 最小。此時，可根據文獻理論來決定，哪個單或雙混合模型才是最佳的。

9-3 雙區間 (interval) 迴歸模型 (fmm: intreg 指令)：婦女工資類別的上下限

一、「fmm: intreg」指令語法如下表

Basic syntax

    fmm #: intreg *depvar*lower *depvar*upper [*indepvars*] [, *options*]

Full syntax

    fmm # [*if*] [*in*] [*weight*] [, *fmmopts*]:

            intreg *depvar*lower *depvar*upper [*indepvars*] [, *options*]

where # specifies the number of class models.

The values in *depvar*lower and *depvar*upper should have the following from:

Type of data		*depvar*lower	*depvar*upper
point data	$a = [a, a]$	a	a
interval data	$[a, b]$	a	b
left-censored data	$(-\infty, b]$	·	b
right-censored data	$[a, +\infty)$	a	·
missing		·	·

options	說明
Model	
noconstant	suppress the constant term

offset (*varname*)	include *varname* in model with coefficient constrained to 1

fmmopts	說明

Model

lcinvariant (*pclassname*)	specify parameters that are equal across classes; default is lcinvariant (none)
lcprob (*varlist*)	specify independent variables for class probabilities
lclabel (*name*)	name of the categorical latent variable; default is lclabel (Class)
lcbase(#)	base latent class
constraints (*constraints*)	apply specified linear constraints
collinear	keep collinear variables

SE/Robust

vce (*vcetype*)	*vcetype* may be oim, robust, or cluster *clustvar*

Reporting

level (#)	set confidence level; default is level (95)
nocnsreport	do not display constraints
noheader	do not display header above parameter table
nodvheader	do not display dependent variables information in the header
notable	do not display parameter table
display_options	control columns and column formats, row spacing, line width, display of omitted variables and base and empty cells, and factor-variable labeling

Maximization

maximize_options	control the maximization process
startvalues (*svmethod*)	method for obtaining starting values; default is startvalues (factor)
emopts (*maxopts*)	control EM algorithm for improved starting values
noestimate	do not fit the model; show starting values instead
coeflegend	display legend instead of statistics

pclassname	說明

cons	intercepts and cutpoints
coef	fixed coefficients
errvar	covariances of errors
scale	scaling parameters

all	all the above
none	none of the above; the default

「fmm: intreg」指令旨在適配區間迴歸的混合模型 (fits mixtures of interval regression models)，常見的指令語法如下表：

* Mixture of two interval regressions on x1 of the interval-measured dependent variable with lower endpoint y lower and upper endpoint y upper
. fmm 2: intreg y_lower y_upper x1

* As above, but with class probabilities depending on z1 and z2
. fmm 2, lcprob(z1 z2): intreg y_lower y_upper x1

* With robust standard errors
. fmm 2, vce(robust): intreg y_lower y_upper x1

* Constrain coefficients on x1 to be equal across classes
. fmm 2, lcinvariant(coef): intreg y_lower y_upper x1

二、範例：Finite mixtures of interval regression models (fmm: intreg 指令)

(一) 問題說明

為了解工資之影響因素有哪些？(分析單位：個人)

研究者收集數據並整理成下表，此「intregxmpl.dta」資料檔內容之變數如下：

變數名稱	說明	編碼 Codes/Values
依變數下限：wage1	工資類別的下限	5～50
依變數上限：wage2	工資類別的上限	5～50
解釋變數 / 自變數：age	當年的年齡	16～45 歲
解釋變數 / 自變數：nev_mar	1 if never married	0,1 (binary data)
解釋變數 / 自變數：rural	1 if not SMSA(metropolitan statistical area)	0,1 (binary data)
解釋變數 / 自變數：school	當前讀幾年級 (Current grade completed)	0～18 年級
解釋變數 / 自變數：tenure	工作任期	0～21.75 年

(二) 資料檔之內容

「intregxmpl.dta」資料檔內容如圖 9-23。

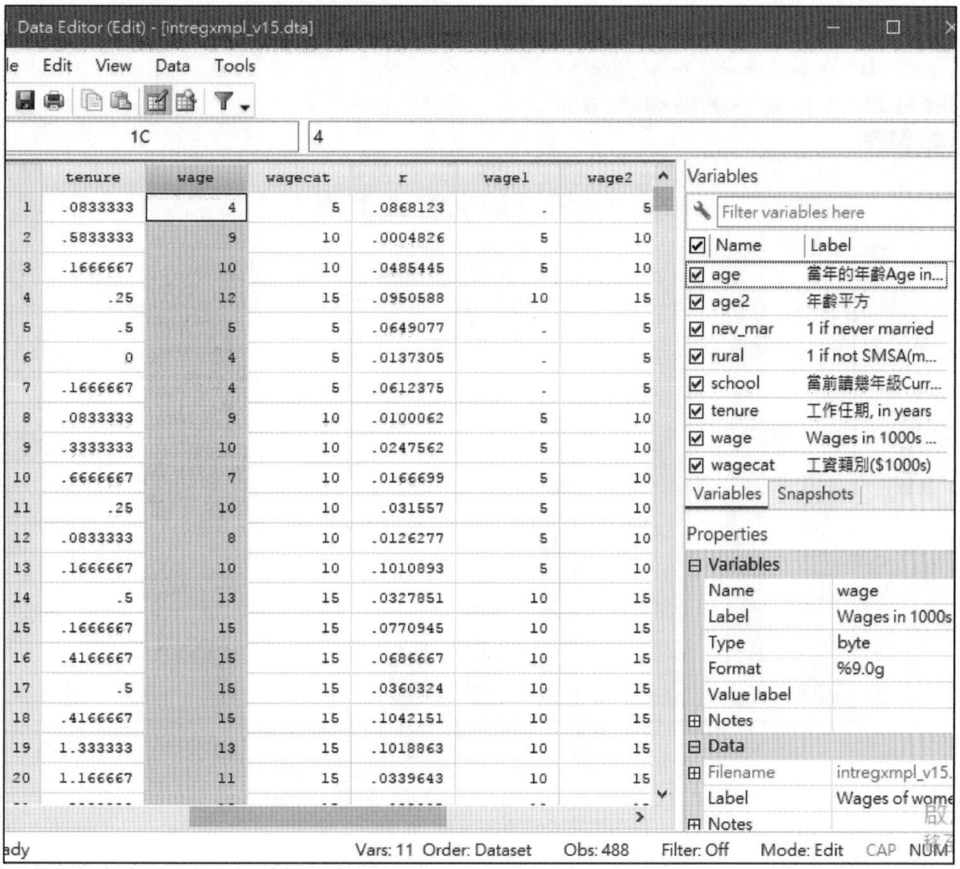

圖 9-23 「intregxmpl.dta」資料檔內容 (N=488 學生，潛在類別 (class)=2)

觀察資料之特徵

```
* 開啟資料檔
. webuse intregxmpl, clear
(Wages of women)

* 繪依變數直方圖
. twoway (histogram wage1,color(navy%25)) (histogram wage2, color(maroon%25)
title(" 工資類別的上下限 "))
```

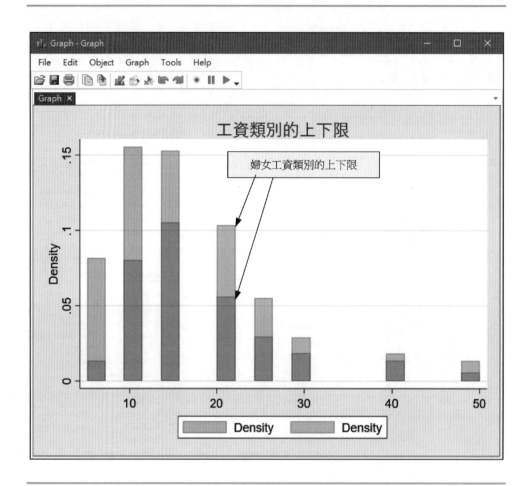

圖 9-24 「twoway (histogram wage1,color(navy％ 25)) (histogram wage2, color(maroon％ 25))」繪直方圖

註：Graphics > Histogram

(三) 分析結果與討論

Step 1 雙 **interval regression** 分析

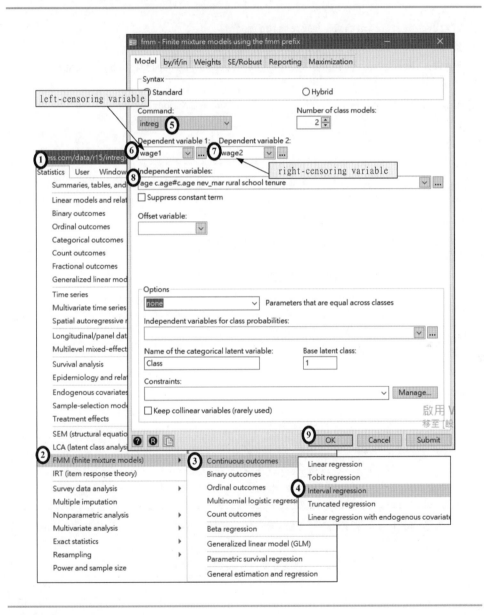

圖 9-25 「fmm 2：intreg wage1 wage2 age **c.**age # c.age nev_mar rural school tenure」
畫面

註：Statistics > FMM (finite mixture models) > Continuous outcomes > Interval regression

有限混合模型 (FMM)：STaTa 分析 (以 EM algorithm 做潛在分類再迴歸分析)

```
* 開啟資料檔
. webuse intregxmpl, clear
(Wages of women)


* Mixture of two interval regression models
* 運算字「c.」宣告 age 為「Continuous」型變數
. fmm 2: intreg wage1 wage2 age c.age#c.age nev_mar rural school tenure


Finite mixture model                           Number of obs    =         488
Log likelihood = -783.11897
```

	Coef.	Std. Err.	z	P>|z|	[95% Conf. Interval]
1.Class	(base outcome)				
2.Class					
_cons	-1.325189	.3262274	-4.06	0.000	-1.964583 -.6857948

```
Class            : 1
Lower response : wage1                          Censoring of obs:
Upper response : wage2                          Uncensored      =           0
Model          : intreg                         Left-censored   =          14
                                                Right-censored  =           6
                                                Interval-cens.  =         468
```

	Coef.	Std. Err.	z	P>|z|	[95% Conf. Interval]
age	1.131388	.3555703	3.18	0.001	.4344827 1.828293
c.age#c.age	-.0188302	.0058656	-3.21	0.001	-.0303266 -.0073339
nev_mar	.3408884	.6731073	0.51	0.613	-.9783775 1.660154
rural	-2.858574	.6079756	-4.70	0.000	-4.050185 -1.666964
school	.8479513	.1194316	7.10	0.000	.6138696 1.082033
tenure	.5227829	.1178817	4.43	0.000	.291739 .7538267
_cons	-12.41396	5.044015	-2.46	0.014	-22.30005 -2.527872

```
  var(e.wage1)|   18.06135   2.966414                    13.09025    24.92025
----------------------------------------------------------------------------


Class        :  2
Lower response : wage1                          Censoring of obs:
Upper response : wage2                          Uncensored    =          0
Model        : intreg                           Left-censored =         14
                                                Right-censored =         6
                                                Interval-cens. =        468


----------------------------------------------------------------------------
            |     Coef.   Std. Err.     z    P>|z|    [95% Conf. Interval]
------------+---------------------------------------------------------------
        age |  -.4037772   2.062944   -0.20   0.845   -4.447073    3.639519
            |
c.age#c.age |   .0040264   .0332836    0.12   0.904   -.0612083    .0692612
            |
    nev_mar |   -1.46858   3.492116   -0.42   0.674   -8.313001     5.37584
      rural |  -1.901709    3.73565   -0.51   0.611   -9.223449    5.420031
     school |   2.801385    .699269    4.01   0.000    1.430843    4.171927
     tenure |   1.191562   .4169246    2.86   0.004    .3744052     2.00872
      _cons |  -8.775421   29.73444   -0.30   0.768   -67.05385    49.50301
------------+---------------------------------------------------------------
  var(e.wage1)|   145.0758   39.48449                   85.09972    247.3215
----------------------------------------------------------------------------
```

| Step 2 | 各潛在類別之邊際平均數及邊際機率 |

```
* estat lcmean 指令印出 Latent class marginal means
. estat lcmean

Latent class marginal means                     Number of obs    =        488


----------------------------------------------------------------------------
            |              Delta-method
            |    Margin   Std. Err.     z    P>|z|    [95% Conf. Interval]
------------+---------------------------------------------------------------
```

```
1          |
    wage1 |   15.13107    .3525603    42.92    0.000     14.44007    15.82208
-----------+-------------------------------------------------------------------
2          |
    wage1 |   21.10047    1.904897    11.08    0.000     17.36694    24.834

* estat lcprob 印出 a table of the marginal predicted latent class probabilities.
. estat lcprob

Latent class marginal probabilities             Number of obs    =       488


-------------------------------------------------------------------
           |            Delta-method
           |    Margin   Std. Err.    [95% Conf. Interval]
-----------+-------------------------------------------------------
     Class |
         1 |   .7900437   .0541129    .6650308    .8770281
         2 |   .2099563   .0541129    .1229719    .3349692
-------------------------------------------------------------------
```

1. 潛在 Class 1 之婦女平均薪資 (wagefull = 15.13)。占全體樣本 70.23%，薪資低於 Class 2。

2. 潛在 Class 2 之婦女平均薪資 (wagefull = 21.10)。占全體樣本 29.76%。

3. 由於 Class 2 之婦女平均薪資高於 Class 1，再配合圖 9-26 之薪資直方圖，故可命名 Class 2 為中產階級；Class 1 為其他族群。

Step 3 | 各類的平均值，繪成直方圖

```
* 將各類的平均值，存至 mu1, mu2, mu3 新變數
. predict mu*
(option mu assumed)
* 各類的平均值，繪成直方圖
. twoway (histogram mu1, width(.005) color(navy%25)) (histogram mu2,
  width(.005) color(maroon%25) legend(off) title(" 二類的預測值 "))
```

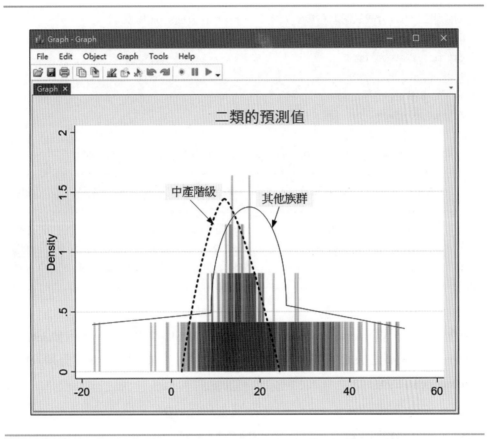

圖 9-26 雙 interval regression 模型預測之 (婦女薪資區間) 平均值直方圖

Step 4 敵對模型，用 BIC 值來判定哪個適配度較優？

```
* STaTa v12 版，才須先安裝 fmm 外掛指令；STaTa v15 版已內建十七個「fmm：」估計法

*----- STaTa v15 的 General estimation and regression 如下：--------
* 對照組一 : 單 interval regression 模型
. quietly fmm 1: intreg wage1 wage2 age c.age#c.age nev_mar rural school tenure
. estimates store fmm1

* 對照組二 :fmm 分成二個潛在類別 ( 雙 interval regression 模型 )
. quietly fmm 2: intreg wage1 wage2 age c.age#c.age nev_mar rural school tenure
. estimates store fmm2
```

```
* 對照組三 :fmm 分成三個潛在類別 ( 參 interval regression 模型 )
. quietly fmm 3: intreg wage1 wage2 age c.age#c.age nev_mar rural school tenure
. estimates store fmm3

* 求 AIC BIC 值
. estimates stats fmm1 fmm2 fmm3

Akaike's information criterion and Bayesian information criterion
-----------------------------------------------------------------------------
      Model |     Obs    ll(null)   ll(model)     df         AIC          BIC
------------+----------------------------------------------------------------
       fmm1 |     488          .   -856.3329      8     1728.666     1762.188
       fmm2 |     488          .    -783.119     17     1600.238     1671.473
       fmm3 |     488          .   -758.4591     26     1568.918     1677.867
-----------------------------------------------------------------------------
```

1. 適配度估計，雙 interval regression 模型之 BIC = 1671.473 最小。但參 interval regression 模型之 AIC = 1568.918 最小，故應改由文獻回顧來決定分類 (class/component) 的數目。

9-4 單截斷 (truncated) 迴歸分析 (truncreg 指令)：學習成就的因素

「fmm: tpoisson」指令語法如下表：

Basic syntax	
fmm #: tpoisson *depvar* [*indepvars*] [, *options*]	
Full syntax	
fmm # [*if*] [*in*] [*weight*] [, *fmmopts*]: tpoisson *depvar* [*indepvars*] [, *options*]	
where # specifies the number of class models.	
options	說明
Model	
noconstant	suppress the constant term
11 (varname|#)	truncation point: default value is 11(0). zero truncation
exposure (*varname$_e$*)	include ln (*varname$_e$*) in model with coefficient constrained to 1
offset (*varname$_o$*)	include *varname$_o$* in model with coefficient constrained to 1

fmmopts	說明
Model	
lcinvariant (*paclassname*)	specify parameters that are equal across classes; default is lcinvariant (none)
lcprob (*varlist*)	specify independent variables for class probabilities
lclabel (*name*)	name of the categorical latent variable; default is lclabel (Class)
lcbase(#)	base latent class
constraints (*constraints*)	apply specified linear constraints
collinear	keep collinear variables
SE/Robust	
vce (*vcetype*)	*vcetype* may be oim, robust, or cluster *clustvar*
Reporting	說明
level (#)	set confidence level; default is level (95)
nocnsreport	do not display constraints
noheader	do not display header above parameter table
nodvheader	do not display dependent variables information in the header
notable	do not display parameter table
display_options	control columns and column formats, row spacing, line width, display of omitted variables and base and empty cells, and factor-variable labeling
Maximization	
maximize_options	control the maximization process
startvalues (*svmethod*)	method for obtaining starting values; default is startvalues (factor)
emopts (*maxopts*)	control EM algorithm for improved starting values
noestimate	do not fit the model; show starting values instead
coeflegend	display legend instead of statistics

pclassname	說明
cons	intercepts and cutpoints
coef	fixed coefficients
errvar	covariances of errors
scale	scaling parameters
all	all the above
none	none of the above; the default

　　「fmm: tpoisson」指令旨在適配截斷 (truncated) Poisson 迴歸的混合模型 (fits mixtures of truncated Poisson regression models)，常見的指令語法如下表：

```
* Mixture of two truncated Poisson distributions with default truncation point at 0
. fmm 2: tpoisson y
```
```
* Mixture of two truncated Poisson regression models of y on x1 and x2 with truncation at 0
. fmm 2: tpoisson y x1 x2
```

```
* As above, but with truncation at 3
. fmm 2: tpoisson y x1 x2, ll(3)
```

```
* With class probabilities depending on z1 and z2
. fmm 2, lcprob(z1 z2): tpoisson y x1 x2
```

```
* With robust standard errors
. fmm 2, vce(robust): tpoisson y x1 x2
```

```
* Constrain coefficients on x1 and x2 to be equal across classes
. fmm 2, lcinvariant(coef): tpoisson y x1 x2
```

截斷 (截尾) 迴歸 (truncated regression) 之應用例子，包括：

1. 利用二階段資料包絡模型，評估綠色車輛的能源效率。

2. 綠色旅館管理之研究。

3. 董事會獨立性、家族控制與績效：臺灣上市半導體公司的實證分析。

4. 食品公司投入餐飲業與赴大陸投資之績效影響。

5. 會展活動對臺灣觀光旅館經營績效之影響。

6. 兩岸民用航空公司經營效率之研究。

7. 運用動態網絡資料包絡分析法，進行陸軍兵科學校績效評量之研究。

8. 金融海嘯對非典型就業之衝擊——Difference-in-Differences 之應用。

9. 歐盟銀行智慧資本與銀行績效之關聯性研究：前緣線分析法。

10. 評估美國上市航空公司之生產效率與行銷效率。

11. 國家研發組織績效與核心能耐關聯性之研究。

12. 美國航空公司經營績效與公司治理關聯性之研究。

13. 美國會計師事務所之績效評估。

14. 作業基金績效評估：以國立大學校務基金爲例。

STaTa 範例：**截斷 (截尾) 迴歸 (interval-censoring regression)**

(一) 問題說明

研究者想了解學生成就測驗的影響原因有哪些？

研究者先文獻探討並歸納出，成就測驗 (achiv) 的預測變數如下表：

變數名稱	成就測驗的預測變數	編碼 Codes/Values
依變數 achiv	成就測驗	41 分至 76 分 故低於 40 分要截尾

變數名稱	成就測驗的預測變數	編碼 Codes/Values
langscore	X1 語言寫作	老師可給 0-100 分 樣本實得 31-67 分
prog	X2 學程 (program) 型態	1. 一般 (general) 課程 2. 學術課程 3. 職業課程

(二) 資料檔之內容

「truncated_regression.dta」，資料檔內容如圖 9-27。

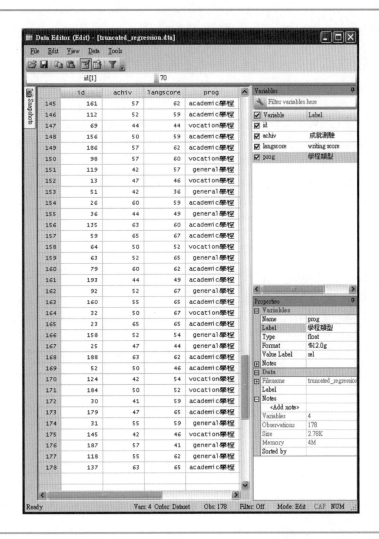

圖 9-27 「truncated_regression.dta」資料檔 (N=178, 4 variables)

(三) 截斷 (截尾) 迴歸之選擇表操作

Statistics > Linear models and related > Truncated regression

(四) 分析結果與討論

Step 1 觀察資料之特性

```
* 連續變數用 sum 指令，求平均數、標準差、min、max
. summarize achiv langscore
* 成就測驗，介於 41 分至 76 分
    Variable |      Obs       Mean    Std. Dev.       Min        Max
-------------+--------------------------------------------------------
       achiv |      178   54.23596     8.96323        41         76
   langscore |      178   54.01124    8.944896        31         67

* 連續變數在類別變數各 Levels 的細格人數、平均數、標準差 ( 如圖之操作畫面 )
. tabstat achiv, statistics( count mean sd min max ) by(prog)

Summary for variables: achiv
     by categories of: prog ( 學程類型 )

        prog |        N       mean         sd        min        max
-------------+--------------------------------------------------------
{ralign 12:general 學程 } |      40     51.575    7.97074        42         68
{ralign 12:academic 學程 } |     101   56.89109   9.018759        41         76
{ralign 12: 職業學程 } |       37   49.86486   7.276912        41         68
-------------+--------------------------------------------------------
       Total |      178   54.23596     8.96323        41         76
--------------------------------------------------------------------
```

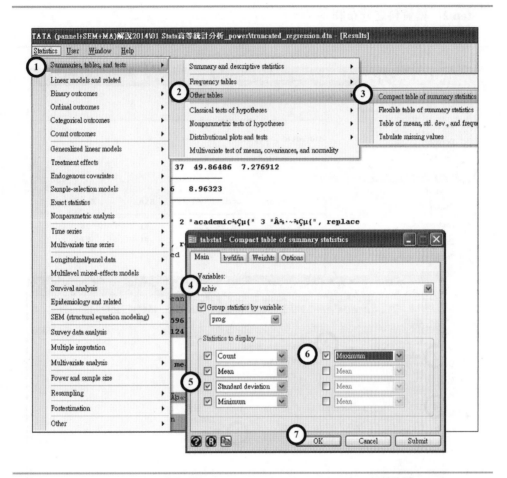

圖 9-28　連續變數在類別變數各 Levels 的細格人數、平均數、標準差、Min、Max

註：Statistics > Summaries, tables, and tests > Other tables > Compact table of summary statistics

Step 2 繪資料之分布圖

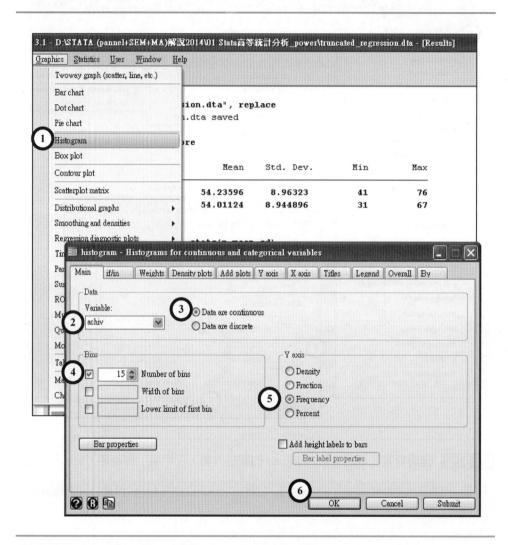

圖 9-29 繪依變數 achiv 之常態分布及直方圖的畫面

achiv 是連續變數，圖 9-30 之直方圖顯示，為何資料要被截尾，因為考生 achiv 分數係介於 41 分至 76 分。

```
. histogram achiv, bin(15) frequency normal normopts(lcolor(black))
(bin=15, start=41, width=2.3333333)
```

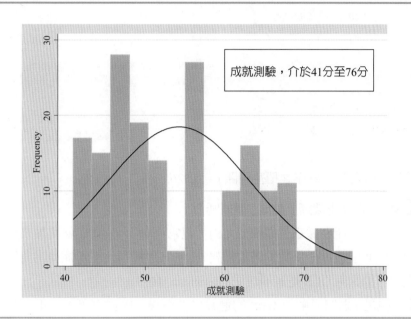

圖 9-30 繪依變數 achiv 之常態分布圖 (右偏態，低分者偏多)

Step 3 試探多個自變數與依變數的相關

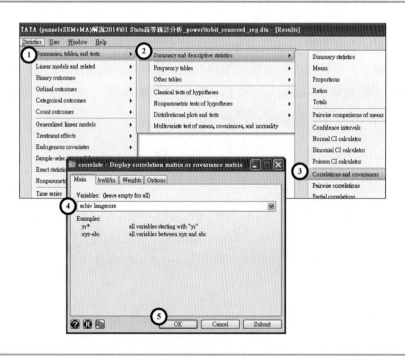

圖 9-31 求自變數與依變數 achiv 相關的畫面

```
. correlate achiv langscore
(obs=178)

            |    achiv langscore
------------+------------------
     achiv |   1.0000
 langscore |   0.5265    1.0000
```

成就測驗與語文寫作之積差相關 r = 0.5265。

Step 4 決定採用截斷 (截尾) 迴歸嗎？

1. 傳統上，你可能會採線性迴歸 (OLS)，但它不會對 < 40 成就測驗來調整迴歸係數，因此造成迴歸係數的嚴重偏誤 (bias)，迴歸預估值可能得出負值之不合理現象，故採用 OLS 是錯誤想法 (Heckman, 1979)。

2. **截斷 (截尾) 迴歸**可解決 OLS 的迴歸係數偏誤，因為它可對「不存在」的觀察值做截尾。像本例子，achiv 分布的低分者被截尾時，有被截尾變數的平均數 > 未被截尾變數的平均數。相反地，若 achiv 分布的高分者被截尾時，有被截尾變數的平均數 < 未被截尾變數的平均數。

3. **截斷 (截尾) 迴歸**也可視為 Heckman selection models 之一，旨在校正取樣的偏誤。

4. 截斷迴歸 ≠ 設限迴歸 (censored regression)。被設限 (censored) 係指「資料檔所有觀察值」，可是你不知道這些值的 "true" 值，才須做設限 (如 IQ 破表者)。相對地，被截尾 (truncation) 係指依變數之某些數據，被排除在迴歸分析之外，但它們卻不適合用設限迴歸來分析。

Step 5 截斷 (截尾) 迴歸分析

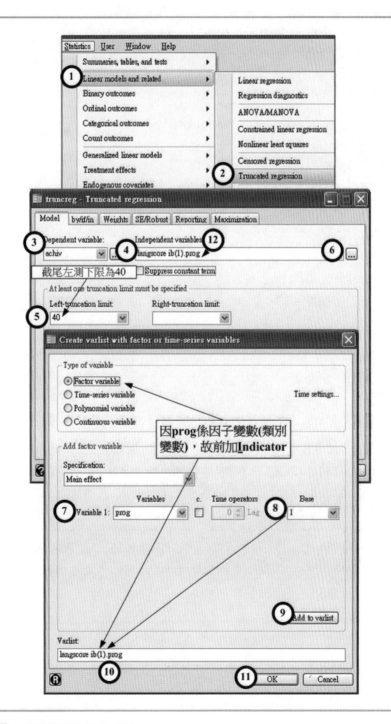

圖 9-32 截斷迴歸之操作畫面

```
* ib(1).prog 係以類別變數 prog=1 當比較的基準
* ll(40) 係指 Lower Limited 為 40 分以下者，就截尾
. truncreg achiv langscore ib(1).prog, ll(40)
(note: 0 obs. truncated)

Fitting full model:

Iteration 0:   log likelihood = -598.11669
Iteration 1:   log likelihood = -591.68358
Iteration 2:   log likelihood = -591.31208
Iteration 3:   log likelihood = -591.30981
Iteration 4:   log likelihood = -591.30981

Truncated regression
Limit:   lower =        40                    Number of obs =     178
         upper =      +inf                    Wald chi2(3)  =   54.76
Log likelihood = -591.30981                   Prob > chi2   =  0.0000

------------------------------------------------------------------------------
      achiv |    Coef.   Std. Err.     z    P>|z|   [95% Conf. Interval]
------------+-----------------------------------------------------------------
  langscore |  .7125775  .1144719    6.22   0.000   .4882168   .9369383
            |
       prog |
academic學程 |  4.065219  2.054938    1.98   0.048   .0376131   8.092824
     職業學程 | -1.135863  2.669961   -0.43   0.671  -6.368891   4.097165
            |
      _cons |  11.30152  6.772731    1.67   0.095   -1.97279   24.57583
------------+-----------------------------------------------------------------
     /sigma |  8.755315   .666803   13.13   0.000   7.448405   10.06222
------------------------------------------------------------------------------
```

1. 本例共 178 筆，雖然 0 筆資料被截尾，但有沒有截尾係會影響到 achiv 的平均數。故採用傳統 OLS 來估計迴歸係數，會有偏誤。

2. Log likelihood = −591.3，只在 nested models 的比較，本例用不到。

3. Wald $\chi^2_{(3)}$ = 54.76 (p < 0.05)，表示本例整體模型比 empty model (沒預測變數) 更適配。

4. 每個預測變數，都有印出迴歸係數 (coefficients)、標準誤 (standard errors)、t 值 (t-statistic)、p-values 及 95% confidence interval。語文寫作 (langscore) 對依變數 achiv 預測達顯著水準，且「prog=academic 學程」亦達顯著，表示學生選的學程中「prog=general vs. prog= academic 學程」之間，在 achiv 學測成績亦有顯著差異。

5. 截斷 (截尾) 迴歸係數的解釋，非常類似 OLS 迴歸係數的解釋。但截斷 (截尾) 迴歸的線性效果是以未截斷潛在 (untruncated latent) 變數為計算基礎，而非全部觀察值為基礎。詳細說明，請見 McDonald (1980)。

6. 語文寫作 (langscore) 每增加一單位得分，achiv 學測就增加 0.713 點。

7. 輔助統計：sigma 係類似 OLS 迴歸的殘差變異數的平方根，即 $\Sigma \sim \sqrt{\sigma^2_\varepsilon}$。Sigma = 8.755。

| Step 6-1 | 用 **test** 指令，檢定類別之自變數 **prog** 的整體效果 **(effect)**

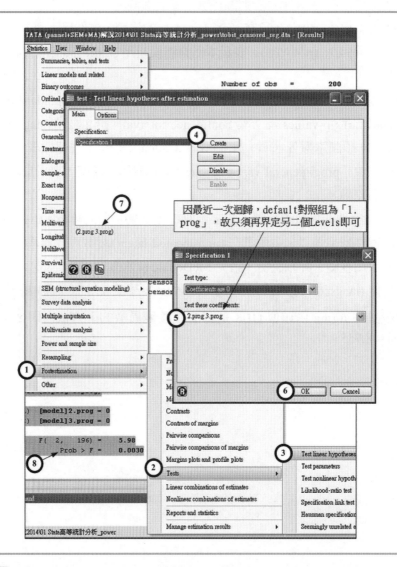

圖 9-33　檢定類別型自變數 prog 的整體效果之畫面

```
* test 指令，係Test linear hypotheses after estimation
* 因最近一次迴歸，default 對照組為「1. prog」，故只須再界定另二個 Levels 即可
. test (2.prog 3.prog)

( 1)  [eq1]2.prog = 0
( 2)  [eq1]3.prog = 0
```

```
chi2(  2) =     7.19
Prob > chi2 =     0.0274
```

prog 的整體效果，$\chi^2_{(2)} = 7.19(p < 0.08)$ 達到顯著水準。表示類別變數 prog 對依變數 (achiv) 成就測驗，係符合「自變數與依變數線性關係」的假定。

| Step 6-2 | 用 **test** 指令，檢定類別之自變數 **prog** 不同 **levels** 的係數差異

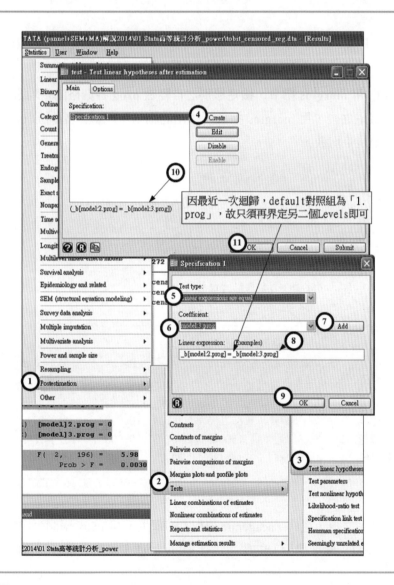

圖 9-34 用 test 指令，檢定自變數 prog 不同 levels 的係數差異之畫面

```
* 因最近一次迴歸，default 對照組為「1. prog」，故只須再界定另二個 Levels 即可
. test (_b[model:2.prog] = _b[model:3.prog])
* 或簡化為 test 2.prog = 3.prog

( 1)   [eq1]2.prog - [eq1]3.prog = 0

          chi2(  1) =      5.09
        Prob > chi2 =     0.0241
```

檢驗「prog 2 = Prog 3」迴歸係數相等嗎？結果係顯著不相等，$\chi^2_{(2)} = 5.09$(p < 0.05)。

Step 6-3 用 **margins** 指令，檢定類別之自變數 **prog** 各細格的平均數

經過截尾之後，用 margins 指令所求出的細格平均數，不同於 tabstat 指令所求出的細格平均數。

```
. margins prog

Predictive margins                              Number of obs  =        178
Model VCE    : OIM

Expression   : Linear prediction, predict()

--------------------------------------------------------------------------
             |            Delta-method
             |    Margin   Std. Err.      z    P>|z|    [95% Conf. Interval]
-------------+------------------------------------------------------------
        prog |
  general 學程 |  49.78871   1.897166    26.24   0.000    46.07034    53.50709
 academic 學程 |  53.85393   1.150041    46.83   0.000    51.59989    56.10797
     職業學程 |  48.65285   2.140489    22.73   0.000    44.45757    52.84813
--------------------------------------------------------------------------
```

經過截尾之後，選修「academic 學程」的學生，其 achiv 學測平均數最高 (M = 53.85)，選修「職業學程」的學生，其 achiv 學測平均數最低 (M = 48.65)。

Step 6-4 用 **marginsplot** 指令，繪出類別之自變數 **prog** 各細格的平均數

```
. marginsplot

Variables that uniquely identify margins: prog
```

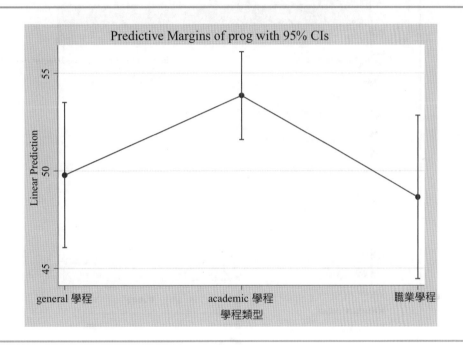

圖 9-35 Marginsplot 指令來繪類別之自變數 prog 各細格的平均數

Step 7 檢視截斷 (截尾) 迴歸之適配有多好？

1. 在資料檔中，新加截斷 (截尾) 迴歸的預測值 $\hat{Y}$，它再跟依變數 achiv 的實際值做相關分析。

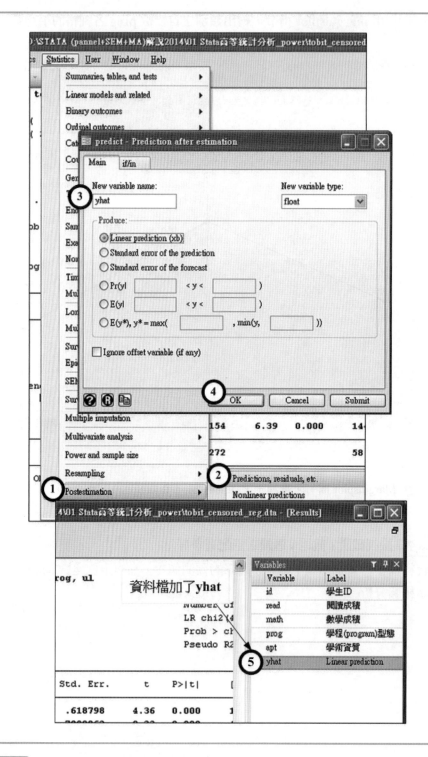

圖 9-36　最近一次截斷 (截尾) 迴歸的預測值 **yhat** 之畫面

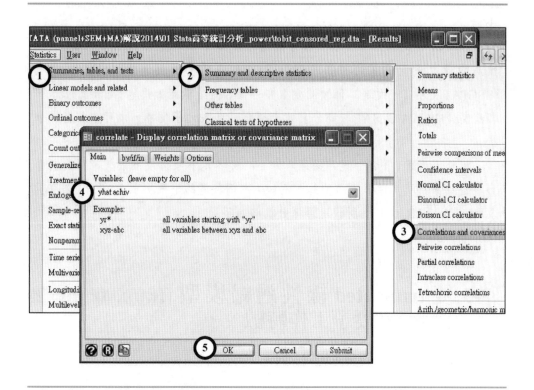

圖 9-37 截斷迴歸的預測值 **yhat** 與 achiv 的實際值求相關之畫面

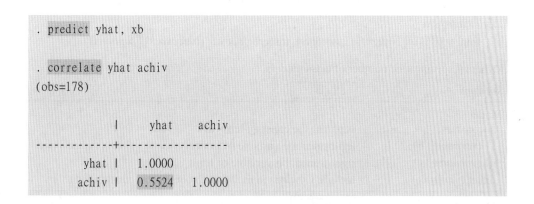

　　截尾 model 的預測值 yhat 與 achiv 實際值之相關，為 0.5524，它的平方就是迴歸的 $R^2 = 0.305$，即兩個自變數對依變數預測，高達 30.5% 變異的解釋量。

> **小結**
>
> 　　像本例，STaTa 係以依變數合理值來截尾，事實上亦可用一個 (以上) 預測變數值來當截尾的基準。例如：GPA 成績，預測變數包括高中 GPA (HSGPA) 及 SAT，而這二個預測變數亦可當 STaTa 截斷 (截尾) 迴歸的基準，即限定「HSGPA 及 SAT 較高分」才有機會可進入大學讀書，才可納入迴歸分析。
>
> 　　此外，截斷 (截尾) 迴歸必須非常小心，界定下限值及上限值，因為它會影響迴歸係數及其標準誤的估計。例如：本例截尾的下限，取 39 分「11(39)」及取 40 分「11(40)」，所得迴歸係數就略為不同。

9-5 雙 truncated 線性迴歸模型 (fmm: truncreg 指令)：妻子工作時數

「fmm: truncreg」指令語法如下表：

Basic syntax

　　fmm #: truncreg *depvar* [*indepvars*] [, *options*]

Full syntax

　　fmm # [*if*] [*in*] [*weight*] [, *fmmopts*]: truncreg *depvar* [*indepvars*] [, *options*]

where # specifies the number of class models.

options	說明
Model	
noconstant	suppress the constant term
11 (*varname* | #)	left-truncation variable or limit
u1 (*varname* | #)	right-truncation variable or limit
offset (*varname*)	include *varname* in model with coefficient constrained to 1

fmmopts	說明
Model	
lcinvariant (*pclassname*)	specify parameters that are equal across classes; default is lcinvariant (none)
lcprob (*varlist*)	specify independent variables for class probabilities
lclabel (*name*)	name of the categorical latent variable; default is lclabel (Class)
lcbase (#)	base latent class
constraints (*constraints*)	apply specified linear constraints
collinear	keep collinear variables

SE/Robust	
vce (*vcetype*)	*vcetype* may be oim, robust, or cluster *clustvar*
Reporting	
level (#)	set confidence level; default is level (95)
nocnsreport	do not display constraints
noheader	do not display header above parameter table
nodvheader	do not display dependent variables information in the header
notable	do not display parameter table
display_options	control columns and column formats, row spacing, line width, display of omitted variables and base and empty cells, and factor-variable labeling
Maximization	
maximize_options	control the maximization process
startvalues (*svmethod*)	method for obtaining starting values; default is startvalues (factor)
emopts (*maxopts*)	control EM algorithm for improved starting values
noestimate	do not fit the model; show starting values instead
coeflegend	display legend instead of statistics

pclassname	說明
cons	intercepts and cutpoints
coef	fixed coefficients
errvar	covariances of errors
scale	scaling parameters
all	all the above
none	none of the above; the default

「fmm: truncreg」指令旨在適配 truncated linear 迴歸的混合模型 (fits mixtures of truncated linear regression models)，常見的指令語法如下表：

* Mixture of two truncated normal distributions of y with truncation from below at 0
. fmm 2: truncregt y, ll(0)

* Mixture of two truncated regression models of y on x1 and x2 with truncation from below at 0
. fmm 2: truncregt y x1 x2, ll(0)

* As above, but where lower is a variable containing the truncation point for each observation
. fmm 2: truncregt g y x1 x2, ll(lower)

* With class probabilities depending on z1 and z2
. fmm 2, lcprob(z1 z2): truncregt y x1 x2, ll(0)

* With robust standard errors
. fmm 2, vce(robust): truncregt y x1 x2, ll(0)

* Constrain coefficients on x1 and x2 to be equal across classes
. fmm 2, lcinvariant(coef): truncregt y x1 x2, ll(0)

範例：截斷線性迴歸之混合模型 (finite mixtures of truncated linear regression models (fmm: truncreg 指令))

(一) 問題說明

為了解妻子工作時數 (whrs) 之影響因素有哪些？(分析單位：個人)

研究者收集數據並整理成下表，此「laborsub.dta」資料檔內容之變數如下：

變數名稱	說明	編碼 Codes/Values
結果變數 / 依變數：whrs	妻子工作時數	0～4950 小時
解釋變數 / 自變數：kl6	有 6 歲以下兒童數目	0～3 人
解釋變數 / 自變數：k618	有 6～18 歲兒童數目	0～8 人
解釋變數 / 自變數：wa	太太年齡	30～60 歲
解釋變數 / 自變數：we	太太學歷	5～17 年

(二) 資料檔之內容

「laborsub.dta」資料檔內容如圖 9-38。

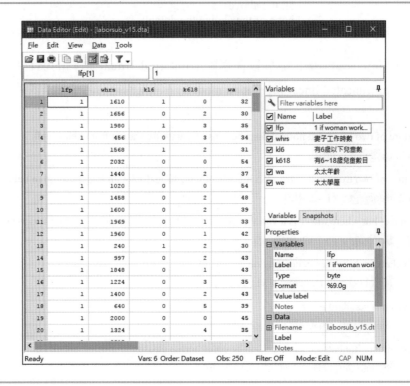

圖 9-38 「laborsub.dta」資料檔內容 (N=250 個太太，潛在類別 (class)=2)

觀察資料之特徵

```
* Mixture of normals
. use laborsub.dta, clear

* 繪依變數直方圖
. histogram whrs, bin(80) normal
(bin=80, start=0, width=61.875)
```

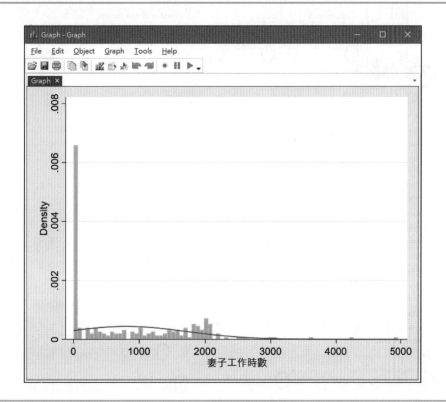

圖 9-39 「histogram whrs, bin(80) normal」繪直方圖

註：Graphics > Histogram

(三) 分析結果與討論

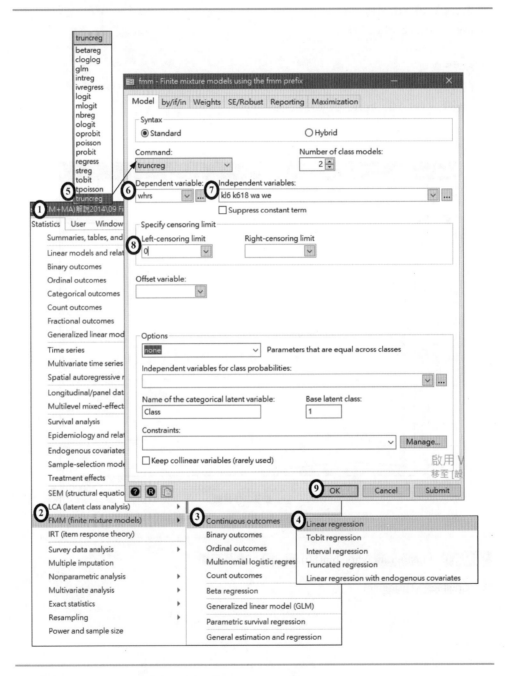

圖 9-40 「fmm 2：truncreg whrs kl6 k618 wa we, **ll**(0)」畫面

註：Statistics > FMM (finite mixture models) > Continuous outcomes > Truncated regression

Step 1 雙 **Truncated** 混合迴歸分析

```
* 開啟資料檔
. webuse laborsub, clear

* 由於依變數 ( 太太工作時數 whrs) 很低為 0( 不可能為負 )，故 lower limit 設定為 0
* Mixture of two truncated regression models with lower truncation limit 0
. fmm 2: truncreg whrs k16 k618 wa we, ll(0)

Finite mixture model                      Number of obs    =      150
Log likelihood = -1180.1763
```

```
-----------------------------------------------------------------------
             |    Coef.    Std. Err.     z    P>|z|   [95% Conf. Interval]
-------------+---------------------------------------------------------
1.Class      |  (base outcome)
-------------+---------------------------------------------------------
2.Class      |
       _cons |  -1.289886   .2911073   -4.43   0.000   -1.860446   -.7193265
-----------------------------------------------------------------------
```

```
Class        : 1
Response     : whrs                      Limit:  lower   =        0
Model        : truncreg                         upper   =     +inf
```

```
-----------------------------------------------------------------------
             |    Coef.    Std. Err.     z    P>|z|   [95% Conf. Interval]
-------------+---------------------------------------------------------
whrs         |
        k16  |  -1188.917   623.2292   -1.91   0.056   -2410.423    32.59028
       k618  |  -273.8614   168.5134   -1.63   0.104   -604.1416    56.41885
         wa  |  -15.3829    25.48139   -0.60   0.546   -65.32551    34.55971
         we  |   29.39722   80.70165    0.36   0.716   -128.7751   187.5696
       _cons |   1236.847   1616.553    0.77   0.444   -1931.539   4405.232
-------------+---------------------------------------------------------
 var(e.whrs) |   1562694   517073.2                    817003     2988990
-----------------------------------------------------------------------
```

```
Class           : 2
Response        : whrs                          Limit: lower      =           0
Model           : truncreg                             upper      =        +inf


                |     Coef.    Std. Err.      z     P>|z|     [95% Conf. Interval]
--------------+-------------------------------------------------------------------
whrs            |
          kl6 |  -436.0311    69.63891    -6.26    0.000    -572.5209    -299.5414
         k618 |   -3.76447    21.11321    -0.18    0.858    -45.14559     37.61665
           wa |   2.302732    3.901405     0.59    0.555    -5.343881     9.949346
           we |    18.7165    10.35973     1.81    0.071    -1.588192     39.02119
        _cons |   1638.011    207.4965     7.89    0.000     1231.325     2044.697
--------------+-------------------------------------------------------------------
  var(e.whrs)|    7269.67    4400.147                        2219.75     23808.14
```

1. 由於依變數 (太太工作時數 whrs) 很低為 0(不可能為負)，故 lower limit 設定為 0。本例雙 truncated 迴歸分析結果，求得：

   Class 1

   whrs = 1236.847-1188.92×kl6-273.86×k618- 15.38×wa +29.397×we

   妻子工作時數 = 1236.847-1188.92×6 歲以下兒童數 -273.86×6～18 歲兒童數目 -15.38× 太太年齡 + 29.397× 太太學歷

   類 1 的受訪者，妻子工作時數 (whrs) 與太太年齡 (wa) 呈負相關：相對地，類 2 的受訪者卻呈正相關。

   Class 2

   whrs = 1638.01-436.03×kl6-3.764×k618+ 2.303×wa +18.717×we

   妻子工作時數 = 1638.01-436.03×6 歲以下兒童數 -3.764×6～18 歲兒童數目 +2.303× 太太年齡 +18.717× 太太學歷

2. 依變數 (太太工作時數 whrs) 的誤差變異數為 7269.67。其 95% 信賴區間為 [2219.75,23808.14]，不含零值，故誤差變異數達到 α = 0.05 顯著水準。表示你不可忽視這「二個類」依變數的誤差變異的差異。

Step 2　各潛在類別之邊際平均數及邊際機率

```
* estat lcmean 指令印出 Latent class marginal means
. estat lcmean

Latent class marginal means                    Number of obs   =      150

----------------------------------------------------------------------
            |               Delta-method
            |     Margin    Std. Err.     z     P>|z|    [95% Conf. Interval]
------------+---------------------------------------------------------
1           |
      whrs  |   384.4947   443.6809    0.87   0.386    -485.1039   1254.093
------------+---------------------------------------------------------
2           |
      whrs  |   1892.591   22.88523   82.70   0.000     1847.737   1937.445
----------------------------------------------------------------------

* estat lcprob 印出 a table of the marginal predicted latent class probabilities.
. estat lcprob

Latent class marginal probabilities            Number of obs   =      150

----------------------------------------------------------------------
            |               Delta-method
            |     Margin    Std. Err.         [95% Conf. Interval]
------------+---------------------------------------------------------
      Class |
        1   |   .7841279   .0492761         .6724587    .8653489
        2   |   .2158721   .0492761         .1346511    .3275413
----------------------------------------------------------------------
```

1. 潛在 Class 1 之妻子工作時數 (whrs=384.4947)。占全體樣本 78.413%，工作時數低於 Class 2
2. 潛在 Class 2 之妻子工作時數 (whrs=1892.591)。占全體樣本 21.587%。
3. 由於 Class 2 之妻子工作時數高於 Class 1，故你可命名 Class 2 為高勞動群；Class 1 為兼任低勞動群。

4. 潛在類別 **(Latent variable representation):**

$$p(x) = \sum_{i=0}^{k} \pi_i N(x \mid \mu_k, \Sigma_k) = \sum_z p(z)p(x \mid z)$$

其中，$p(z) = \prod_{k=1}^{K} \pi_k^{z_k}$

$$p(x \mid z) = \prod_{k=1}^{K} N(x \mid \mu_k, \Sigma_k)^{z_k}$$

Step 3 各類的平均值，繪成直方圖

```
* 將各類的平均值，存至 mu1, mu2 新變數
. predict mu*
(option mu assumed)
* 各類的平均值，繪成直方圖
. twoway (histogram mu1, width(.005) color(navy%25)) (histogram mu2,
  width(.005) color(maroon%25) legend(off) title(" 二類的預測值 "))
```

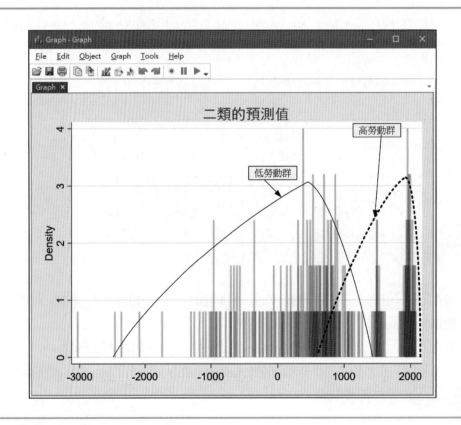

圖 9-41 雙 truncreg 混合模型預測之 (妻子工作時數) 平均值直方圖

Step 4 敵對模型，用 **BIC** 值來判定哪個適配度較優？

```
* STaTa v12 版，才須先安裝 fmm 外掛指令；STaTa v15 版已內建十七個「fmm：」估計法


*-----  STaTa v15 的 General estimation and regression 如下：--------
* 對照組一 : 傳統 OLS 迴歸 ( 單 *** 模型 )
. quietly fmm 1: truncreg whrs k16 k618 wa we, 11(0)
. estimates store fmm1


* 對照組二 :fmm 分成二個潛在類別 ( 雙 *** 混合模型 )
. quietly fmm 2: truncreg whrs k16 k618 wa we, 11(0)
. estimates store fmm2


* 對照組三 :fmm 分成三個潛在類別 ( 參 *** 混合模型 )
. quietly fmm 3: truncreg whrs k16 k618 wa we, 11(0)
. estimates store fmm3


* 求 AIC BIC 值
. estimates stats fmm1 fmm2 fmm3

Akaike's information criterion and Bayesian information criterion


-------------------------------------------------------------------------
      Model |    Obs   ll(null)   ll(model)     df        AIC        BIC
------------+------------------------------------------------------------
       fmm1 |    150          .   -1200.916      6   2413.831   2431.895
       fmm2 |    150          .   -1180.176     13   2386.353   2425.491
       fmm3 |    150          .   -1157.199     20   2354.398   2414.611
-------------------------------------------------------------------------
```

1. 根據 AIC、BIC 準則，都是參 truncated 混合模型之 IC 值最小，表示參 truncated 混合模型最優。它比雙 truncated 混合模型及單 truncated 模型都優。故可下令「fmm 3: truncreg whrs k16 k618 wa we, 11(0)」重做一次。

9-6 雙 truncated Poisson 迴歸 (fmm: tpoisson 指令)：買步鞋數量

一、「fmm: tpoisson」指令語法如下表

Basic syntax

    fmm #: tpoisson *depvar* [*indepvars*] [, *options*]

Full syntax

    fmm # [*if*] [*in*] [*weight*] [, *fmmopts*]: tpoisson *depvar* [*indepvars*] [, *options*]

where # specifies the number of class models.

options	說明
Model	
noconstant	suppress the constant term
11 (varname|#)	truncation point: default value is 11(0). zero truncation
exposure (*varname$_e$*)	include ln (*varname$_e$*) in model with coefficient constrained to 1
offset (*varname$_o$*)	include *varname$_o$* in model with coefficient constrained to 1

fmmopts	說明
Model	
lcinvariant (*pclassname*)	specify parameters that are equal across classes; default is lcinvariant (none)
lcprob (*varlist*)	specify independent variables for class probabilities
lclabel (*name*)	name of the categorical latent variable; default is lclabel (Class)
lcbase(#)	base latent class
constraints (*constraints*)	apply specified linear constraints
collinear	keep collinear variables
SE/Robust	
vce (*vcetype*)	*vcetype* may be oim, robust, or cluster *clustvar*
Reporting	
level (#)	set confidence level; default is level (95)
nocnsreport	do not display constraints
noheader	do not display header above parameter table
nodvheader	do not display dependent variables information in the header
notable	do not display parameter table
display_options	control columns and column formats, row spacing, line width, display of omitted variables and base and empty cells, and factor-variable labeling
Maximization	
maximize_options	control the maximization process
startvalues (*svmethod*)	method for obtaining starting values; default is startvalues (factor)
emopts (*maxopts*)	control EM algorithm for improved starting values
noestimate	do not fit the model; show starting values instead

coeflegend	display legend instead of statistics
pclassname	說明
cons	intercepts and cutpoints
coef	fixed coefficients
errvar	covariances of errors
scale	scaling parameters
all	all the above
none	none of the above; the default

「fmm: tpoisson」指令旨在適配 truncated linear 迴歸的混合模型 (fits mixtures of truncated Poisson regression models)，常見的指令語法如下表：

---

* Mixture of two truncated Poisson distributions with default truncation point at 0

. fmm 2: tpoisson y

---

* Mixture of two truncated Poisson regression models of y on x1 and x2 with truncation at 0

. fmm 2: tpoisson y x1 x2

---

* As above, but with truncation at 3

. fmm 2: tpoisson y x1 x2, ll(3)

---

* With class probabilities depending on z1 and z2

. fmm 2, lcprob(z1 z2): tpoisson n y x1 x2

---

* With robust standard errors

. fmm 2, vce(robust): tpoisson y x1 x2

---

* Constrain coefficients on x1 and x2 to be equal across classes

. fmm 2, lcinvariant(coef): tpoisson y x1 x2

二、範例：截斷 Poisson 之混合模型 (finite mixtures of truncated Poisson regression models (fmm : tpoisson 指令))

(一) 問題說明

為了解買步鞋數量 (shoes) 之影響因素有哪些？(分析單位：個人)

研究者收集數據並整理成下表，此「runshoes.dta」資料檔內容之變數如下：

變數名稱	說明	編碼 Codes/Values
結果變數 / 依變數：shoes	買步鞋數量	1～8 雙步鞋
解釋變數 / 自變數：distance	跑馬拉松嗎	0,1 (binary data)

變數名稱	說明	編碼 Codes/Values
解釋變數 / 自變數：male	男性嗎	0,1 (binary data)
解釋變數 / 自變數：age	年齡	16.5～53.5 歲

(二) 資料檔之內容

「runshoes.dta」資料檔內容如圖 9-42。

圖 9-42 「runshoes.dta」資料檔內容 (N=60 個消費者，潛在類別 (class)=2)

觀察資料之特徵

```
* Mixture of two truncated poisson regression models with default lower trun-
  cation limit 0
* 開啟資料檔
. webuse runshoes

* 繪依變數直方圖
. histogram shoes, bin(80) normal
(bin=80, start=-1.8311852, width=.07487977)
```

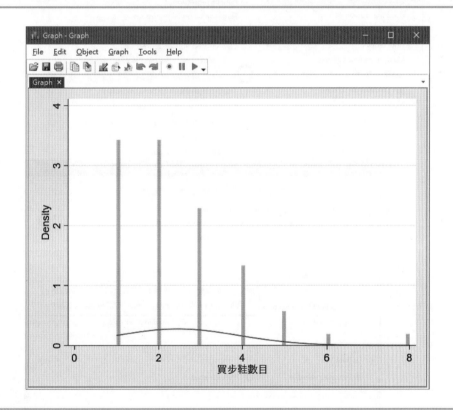

圖 9-43 「histogram shoes, bin(80) normal」繪直方圖

註：Graphics > Histogram

(三) 分析結果與討論

Step 1 對照組用 單 **truncated Poisson** 迴歸分析

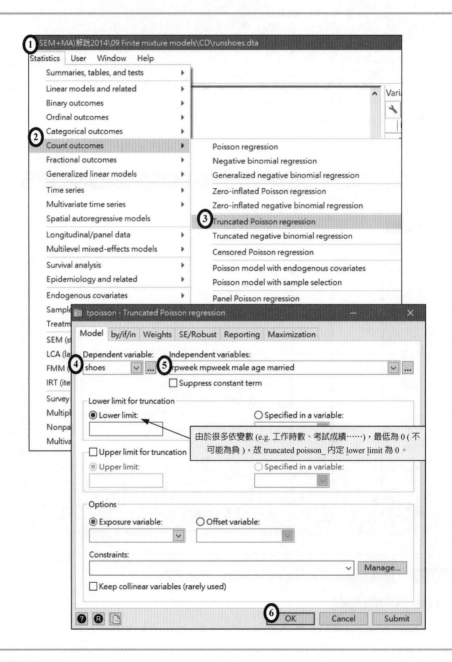

圖 9-44 「tpoisson shoes rpweek mpweek male age married」畫面

註：Statistics > Count outcomes > Truncated Poisson regression

```
* 傳統 truncated Poisson regression models
* 開啟資料檔
. webuse runshoes

. tpoisson shoes rpweek mpweek male age married

Truncated Poisson regression              Number of obs    =        60
Limits:  lower =           0              LR chi2(5)       =     22.75
         upper =        +inf              Prob > chi2      =    0.0004
Log likelihood = -86.257994              Pseudo R2        =    0.1165

------------------------------------------------------------------------------
      shoes |      Coef.   Std. Err.      z    P>|z|     [95% Conf. Interval]
------------+-----------------------------------------------------------------
     rpweek |   .1575811   .1097893     1.44   0.151    -.057602    .3727641
     mpweek |   .0210673   .0091113     2.31   0.021    .0032094    .0389252
       male |   .0446134   .2444626     0.18   0.855    -.4345246   .5237513
        age |   .0185565   .0137786     1.35   0.178    -.008449    .045562
    married |  -.1283912   .2785044    -0.46   0.645    -.6742498   .4174674
      _cons |  -1.205844   .6619774    -1.82   0.069    -2.503296   .0916078
------------------------------------------------------------------------------
```

1. 每週走路幾天 (rpweek)，顯著影響消費者購買步鞋數量 ($\beta = 0.021$，$p < 0.05$)。

| Step 2 | 雙 **truncated Poisson** 迴歸分析 |

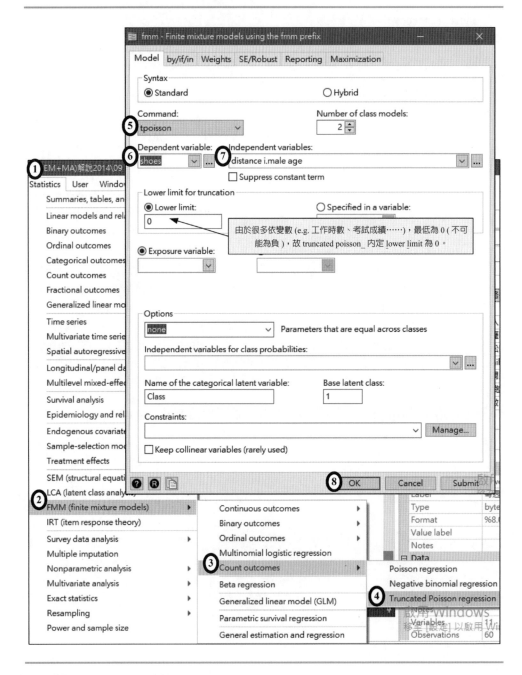

圖 9-45 「fmm 2：tpoisson shoes distance i.male age」畫面

註：Statistics > FMM (finite mixture models) > Count outcomes > Truncated Poisson regression

```
*Finite mixtures of truncated Poisson regression models
* 開啟資料檔
. webuse runshoes

* 由於很多依變數 (e.g. 工作時數、考試成績……)，最低為 0( 不可能為負 )，故 trun-
  cated poisson 內定 lower limit 為 0。
* Mixture of two truncated poisson regression models with default lower trun-
  cation limit 0
* 運算子「i.」界定類別變數 male 為虛擬變數 (Indicator/ Dummy)
. fmm 2: tpoisson shoes distance i.male age


Finite mixture model                        Number of obs     =         60
Log likelihood = -88.870071
```

                | Coef.   Std. Err.   z   P>|z| [95% Conf. Interval]
----------------+---
1.Class | (base outcome)
----------------+---
2.Class |
          _cons | .4075952 1.121549   0.36   0.716   -1.790601   2.605792

```
Class            : 1
Response         : shoes
Model            : tpoisson
```

                | Coef.   Std. Err.   z   P>|z| [95% Conf. Interval]
----------------+---
shoes |
       distance | .9998693 .8139103   1.23   0.219   -.5953656   2.595104
         1.male | -.0599634 .7043058 -0.09   0.932   -1.440377   1.320451
            age | -.0356116 .0403215 -0.88   0.377   -.1146403   .0434171
          _cons | 1.427635 1.303177   1.10   0.273   -1.126546   3.981816

```
Class            : 2
Response         : shoes
```

```
Model          : tpoisson

------------------------------------------------------------------------------
              |     Coef.   Std. Err.      z    P>|z|    [95% Conf. Interval]
--------------+---------------------------------------------------------------
shoes         |
     distance |   .8921176   .4211706    2.12   0.034    .0666384    1.717597
       1.male |   .3625644    .402339    0.90   0.368   -.4260055    1.151134
          age |   .0302338   .0214554    1.41   0.159   -.011818    .0722855
        _cons |  -.5718298   .8152912   -0.70   0.483   -2.169771    1.026112
------------------------------------------------------------------------------
```

1. 由於 Class 2 平均買步鞋數量高於 Class 1，故可命名 Class 2 為重度消費群；
   Class 1 為低度消費群。

2. Class 1 為低度消費群：

   Shoes=1.4276+0.9999×distance -0.0599 ×(male=1) -.0356 ×age

   買步鞋數量 =1.4276+0.9999× 跑馬拉松嗎 -0.0599 × 男性嗎 -.0356 × 年齡

   Class 2 重度消費群：

   Shoes=-0.572+0.8921×distance +0.3626 ×(male=1)+ 0.030 ×age

   買步鞋數量 =-0.572+0.8921× 跑馬拉松嗎 + 0.3626 × 男性嗎 + 0.030 × 年齡

   Step 3　各潛在類別之邊際平均數及邊際機率

```
* estat lcmean 指令印出 Latent class marginal means
. estat lcmean

Latent class marginal means                     Number of obs    =       60

------------------------------------------------------------------------------
              |            Delta-method
              |    Margin   Std. Err.      z    P>|z|    [95% Conf. Interval]
--------------+---------------------------------------------------------------
1             |
        shoes |   1.796768   .5312568    3.38   0.001    .7555233    2.838012
--------------+---------------------------------------------------------------
```

```
2           |
     shoes |   2.367377   .4058285     5.83   0.000     1.571968    3.162786
-------------------------------------------------------------------------------

* estat lcprob 印出 a table of the marginal predicted latent class probabilities.
. estat lcprob

Latent class marginal probabilities              Number of obs     =        60

-------------------------------------------------------------------------------
           |             Delta-method
           |     Margin   Std. Err.      [95% Conf. Interval]
-----------+-------------------------------------------------------------------
     Class |
         1 |   .3994889   .2690569         .0687666    .857001
         2 |   .6005111   .2690569          .142999    .9312334
-------------------------------------------------------------------------------
```

1. 潛在 Class 1 平均買步鞋數量 (shoes = 1.797) 雙。占全體樣本 39.95%。買步鞋
   數量低於 Class 2

2. 潛在 Class 2 平均買步鞋數量 (shoes = 2.367) 雙。占全體樣本 60.05%。

3. 由於 Class 2 平均買步鞋數量高於 Class 1，故可命名 Class 2 為重度消費群；
   Class 1 為低度消費群。

4. 潛在類別 **(Latent variable representation)**:

$$p(x) = \sum_{i=0}^{k} \pi_i N(x \mid \mu_k, \Sigma_k) = \sum_z p(z)p(x \mid z)$$

其中，$p(z) = \prod_{k=1}^{K} \pi_k^{z_k}$

$$p(x \mid z) = \prod_{k=1}^{K} N(x \mid \mu_k, \Sigma_k)^{z_k}$$

Step 4   各類的平均值，繪成直方圖

```
* 將各類的平均值，存至 mu1, mu2 新變數
. predict mu*
(option mu assumed)
* 各類的平均值，繪成直方圖
. twoway (histogram mu1, width(.08) color(navy%25)) (histogram mu2,
 width(.08) color(maroon%25) legend(off) title(" 二類的預測值 "))
```

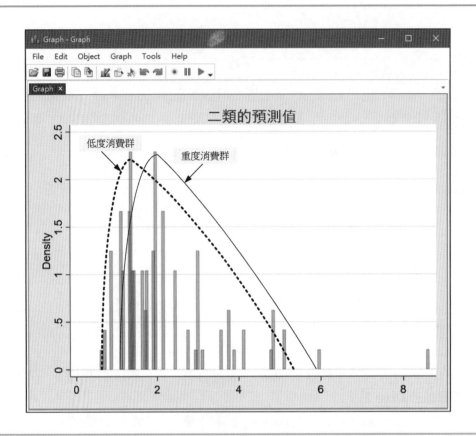

圖 9-46 雙 truncated Poisson 模型預測之 (買步鞋數目) 平均值直方圖

Step 5 敵對模型，用 **BIC** 值來判定哪個適配度較優？

```
*----- STaTa v15 的 General estimation and regression 如下 :--------
* 對照組一 : 傳統 OLS 迴歸 ( 單 *** 模型 )
. quietly fmm 1: tpoisson shoes distance i.male age
. estimates store fmm1

* 對照組二 :fmm 分成二個潛在類別 ( 雙 *** 混合模型 )
. quietly f fmm 2: tpoisson shoes distance i.male age
. estimates store fmm2

* 對照組三 :fmm 分成三個潛在類別 ( 參 *** 混合模型 )
. quietly fmm 3: tpoisson shoes distance i.male age
```

```
. estimates store fmm3

* 求 AIC BIC 值
. estimates stats fmm1 fmm2 fmm3

Akaike's information criterion and Bayesian information criterion

-----------------------------------------------------------------------
    Model |      Obs   ll(null)   ll(model)      df        AIC        BIC
----------+------------------------------------------------------------
    fmm1 |       60          .   -89.89487       4   187.7897   196.1671
    fmm2 |       60          .   -89.89487       4   187.7897   196.1671
    fmm3 |       60          .   -88.85006      14   205.7001   235.0209
-----------------------------------------------------------------------
```

1. 根據 AIC、BIC 準則，都是雙 truncated Poisson 混合模型之 IC 值最小，表示雙 truncated Poisson 混合模型最優，它比參 truncated Poisson 混合模型及單 truncated Poisson 模型都優。

Cox 存活分析 vs. 雙存活迴歸模型 (fmm:streg 指令)

作者《STaTa 在生物醫學統計分析》另有專書介紹「參數型存活分析」這種設限 (censored) 資料的統計分析。

10-1 Cox 存活分析：臨床研究最重要統計法

數學 / 統計學，「一般」函數 (function) 都以隨機變數 x 之 f(x)、s(x) 型式來表示。但存活期間改以隨機變數 T(Time) 為主，暗指以時間為基礎所構成的函數，故隨機密度函數 (PDF) 改以小寫 f(t) 型式來呈現，小寫 s(t) 代表存活機率函數；相對地，大寫 F(t)、S(t) 型式分別代表「累積」隨機密度函數 (CDF) 及「累積」存活機率函數。

存活分析 (survival analysis) 通常用以探討特定危險因子與存活時間之關聯性的技術，主要是發展自醫學、生物科學領域，旨在探討生存機率、預測反映機率、平均壽命以及比較實驗動物或病人的存活分布等方面。近幾年來，在社會、經濟科學中亦廣泛地應用，像是「可靠度」研究電子設備的壽命、首次婚姻的持續時間、重罪犯人的假釋時間；或者應用在人們的就業 / 失業期間、居住期間、廠商生命以及廠商加入與退出行為、信用卡破產等方面，皆可看到存活分析。

10-2 存活分析 (survival analysis) 介紹

相較於其他模型 (OLS, Logit, SEM…)，Cox 比例存活模型有較低的 Type I 誤差 (α)。存活分析法又稱「危險模型」(hazard model)，亦稱作「存續期間模型」(duration model)，或簡稱「Cox 模型」。Cox 模型應用，以加速失敗時間模型 (accelerated failure time model, AFT) 及比例危險模型 (proportional hazard model, PHM) 最廣被使用 (Noh et al., 2005)。

1. 加速失敗時間模型 (AFT) 強調的是一個停留狀態下 (例如：人活到 80 歲會加速死亡)，有關 AFT 與存活函數的搭配。請見作者《STaTa 在生物醫學統計分析》「第 3 章參數存活模型」介紹。

2. Cox 比例危險模型 (PHM)：個體之間的危險函數呈比率關係，此 Cox 比例危險模型是屬半參數 (semi-parameter) 模型，故函數 f(t) 本身並未假定 (assmuption) 存活函數要屬哪一種分布 (常態 / 韋伯……)。請見本章節的介紹。

存活分析旨在探討事件發生所需的時間 (time to event)，即評估從初始事件到終止事件間經歷的期間。舉例來說，癌症試驗之整體存活期 (overall survival) 常以隨機分派時間點為起點 (STaTa 系統變數為 $\_t_0$)，以死亡事件 (STaTa 系統變數為 $\_t$) 為終點之評估指標；相反地，無惡化存活期 (progression-free survival) 是以隨機分派時間點為起點，以疾病惡化或死亡事件發生為終點的評估指標。雖然所評估的依變數值是時間 ($\_t_0$ 至 $\_t$)，但是常用之 t-test、ANOVA 或無母數的 Wilcoxon rank sum test 都不適用，原因是在存活分析係有設限資料 (censored data) 的問題。

由於設限資料是不完整資料 (incomplete data)，為省事，有些人在分析時就將設限資料當成是完整資料來分析，這是不恰當的。因為這是會低估整體存活期的。那是不是可以將設限資料直接排除不算呢？這也是不恰當的，因為設限資料即使只提供部分資料，有時也是很重要的。舉例來說，若一組受試者在三個月內都死亡，另一組每位受試者在一年後死亡事件都沒有發生 (即都設限在一年)，很明顯的第二組整體存活期比第一組好，若忽略這部分訊息，很容易做出錯誤的判斷的。因此一旦有設限資料出現，宜採用存活分析，存活分析與傳統統計方法的不同，就是能處理資料中有完整資料與設限資料的統計方法。

以臺灣企業赴大陸投資之決策因素為例，在過去的相關研究裡，很少有研究採用含「時間因素」為基礎的比例危險模型 (proportional hazard model, PHM) 來進行分析。事實上，時間在投資決策中扮演相當重要的角色，而且可以提供較多的訊息，進而提升分析之有效性 (Kuo & Li, 2003)。

存活分析源自於臨床 (clinical) 和流行病 (epidemiological) 追蹤型 (follow-up) 的研究，後來延伸至其他領域，包括社會學、工程學、經濟學、教育 / 心理學、行銷學……，不管是哪個領域，存活分析研究中的實驗目標不只是要研究事件是否發生 (what 結果)，而且是何時發生 (when)。舉例來說，實驗對象在手術後一年死亡和在手術後一個月死亡的，雖然都是「死亡」，但是存活的時間不同，一個存活了「一年」之久，另一個只存活了「一個月」。因此，若像區別分析、logit 模型只單純記錄是否死亡 (binary variable)，則忽略了「存活時間多寡」的重要資訊。

除了預測「時間」之事件發生機率外，存活分析也可研究時間以外的結果變數 (outcome variable)。舉例來說，「可靠度」工程師想要計算會使輪胎爆胎的里程數或是引擎需要修理的里程數 (壽命)。這些研究有同樣的重點就是可靠度研究結果都要直到事件 (死亡) 發生，但測量的結果變數未必一定是時間，在工程師的例

子中測量的是「里程數」。範例請見《STaTa 在生物醫學統計分析》一書「3-4-3 配對後 Weibull 存活模型搭配 accelerated failure time：發電機壽命 (streg 指令)」。

10-2-1 存活分析之定義

存活分析是「分析事件發生前的『期間』之統計方法 (the length of time until an event occurs)」。例如：脫離貧窮前的時間長度、出院發生前的時間長度、倒閉發生前的時間長度、復發發生前的時間長度、結婚發生前的時間長度。

早期某些研究雖然與存活無關，但由於研究中隨訪資料常因失訪等原因而造成某些資料觀察不完全，為了量身定做這種壽命資料的分析，因而統計學家發明了生存分析、存活分析，又稱存活率分析。

存活分析 (survival analysis) 是指根據試驗或調查得到的數據對生物或人的存活時間進行分析和推斷，研究存活時間和結局與眾多影響因素間關係及其程度大小的方法。

存活分析涉及有關疾病的癒合、死亡，或者器官的生長發育等時效性指標。

某些研究雖然與存活無關，但由於研究中隨訪資料常因失訪等原因造成某些數據觀察不完全，要用專門方法進行統計處理，這類方法起源於對壽命資料的統計分析，故也稱為生存分析。

存活分析 (survival analysis) 又稱「事件—時間」分析 (time-to-event analysis)。存活分析涉及有關疾病的癒合、死亡，或者器官的生長發育等時效性指標，主要用來探討群體內樣本在某段時間過程中，發生特定事件的機率與影響的危險因子，根據試驗 (trial) 法或調查法來蒐集設限資料，再對生物 / 人的存活時間進行分析和推斷，研究存活時間 / 結局與影響因素之間關係強度。

存活分析旨在分析「直到我們所想觀察之事件發生的時間」的資料。從觀察樣本開始到樣本發生事件，這段期間即稱為存活時間 (survival time) 或失敗時間 (failure time)；相對地，事件的發生則稱為死亡 (death)，由於早期應用在醫學領域，觀察病人的死亡率，因而稱為失敗 (failure)。這些時間變數通常是連續變數而且能以日期、星期、月、年等單位來測量，而事件可能是指死亡、疾病的開始、結婚、逮捕、違約等二元 (binary) 結果變數。存活分析特別的是，即使被觀察的對象沒有發生該事件，被觀察的對象在研究中存活的時間或觀察的時間長度都會被列入計算。

例如：研究不同診所照護下的存活時間，直到事件 (死亡) 發生 (t)。若到研究時間結束，研究對象的事件 (死亡) 尚未發生，存活時間仍列入計算。

一、存活函數 S(t) 與危險函數 h(t) 之關係

1. Survival as a function of hazard

$$S(t) = \exp\left[-\int_0^t h(s)ds\right]$$

2. Hazard as a function of survival

$$h(t) = -\frac{d}{dt}\log S(t)$$

3. 圖 10-1 範例：固定型危險 (constant hazard) $h(t) = \lambda$

$$S(t) = \exp[-\lambda \times t]$$

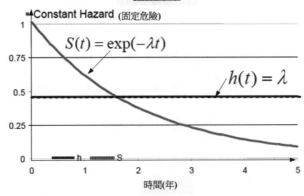

圖 **10-1** 指數分布之存活函數 $S(t)$ 與危險函數 $h(t)$ 之關係

註：$S(t) = \exp(-\lambda t)$ $\log(S(t)) = -\lambda t$

存活分析中的幾個函數，都可由 S(t) 函數轉換，如下所示：

定義 ：存活函數 S(t)

S(t) = Pr(T > t)，t 表示某個時間點 ，T 表示存活的期間 (壽命)，Pr 表示機率。

存活函數 S(t) 就是壽命 T 大於 t 的機率。

舉例來說，人群中壽命 T 超過 60 歲 (時間 t) 的人在所有人中的機率是多少，就是存活函數要描述的。

假定 t=0 時，也就是壽命超過 0 的機率為 1；t 趨近於無窮大，存活機率為 0，沒有人有永恆的生命。如果不符合這些前提假定，則不適用 survival analysis，而使用其他的方法。

由上式可以推導：存活函數是一個單調 (mono) 非增函數。時間點 t 越大，S(t) 值越小。

衍生函數：F(t)

生命分布函數 (lifetime distribution function) F(t) = 1-S(t) = $Pr(T \leq t)$

F(t) 即壽命 T 小於等於 t 的機率

機率密度函數 (probability density function, PDF)：f(t)

$$f(t) = \frac{d(F(t))}{dt} = \frac{d[1-S(t)]}{dt} = -\frac{dS(t)}{dt}$$

$f(t) = \frac{d(F(t))}{dt}$，又叫 event density，單位時間事件 (event) t(可以是死亡、機器失效、違約、倒閉) 的機率，是存活函數 S(t) 的導數 (一階微分)。

$$s(t) = \frac{d(S(t))}{dt} = -f(t)$$

機率密度函數 f(t) 的性質：

事件密度函數 f(t) 總是非負數 (因為沒有人可以死而復生)。函數曲線下方面積 (從 0 到無窮大積分) 為 1。

危險函數 (hazard function)：符號 λ(t) 或 h(t)，如圖 10-2 所示。

定義：危險函數 $h(t) = \lim_{\Delta t \to 0} \frac{p(t \leq T < t + \Delta t \mid T \geq t)}{\Delta t} = \frac{f(t)}{S(t)} = -\frac{d \log_e(t)}{dt}$

危險函數的分子是條件機率，也就是在存活時間 t 到 Δt 間發生事件的機率，為了要調整時間區間，危險函數的分母是 Δt，讓危險函數是比率 (rate) 而不是機率 (probability)。最後，為了能精準表示在時間 t 的比率，公式用時間區間趨近於 0 來表示。

危險函數與存活函數不同，危險函數 $h(t)$ 並不從 1 開始到 0 結束，它可以從任何時間開始，可以隨時間上下任何方向都可以。其他特性如它總是非

負的且沒有上限，它也有與存活函數很明確定義的關係，所以你可以根據危險函數得到存活函數，反之亦然。

　　危險函數引入分母 S(t)。其物理意義是，如果 t = 60 歲，λ(t) 就是事件機率 (死亡) 除以 60 歲時的存活函數。因為年齡 t 越大，分母存活函數 S(t) 越小，假定死亡機率密度 f(t) 對任何年齡一樣 (這個不是存活分析的假設)，那麼危險函數 λ(t) 值越大，預期存活時間短。綜合很多因素，賣人身保險的業者對年齡大者收費越來越高。嬰兒的死亡機率密度相對高一些，雖然分母存活函數 S(t) 大，λ(t) 值還是略微偏高，繳交的人身保險費也略偏高。

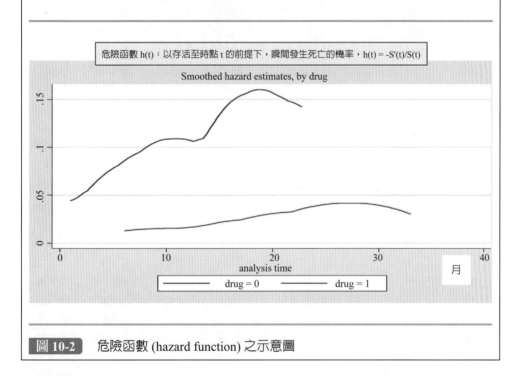

圖 10-2　危險函數 (hazard function) 之示意圖

```
* 存活函數之示範例子
. webuse stan3

* Suppress showing of st settings，指令語法：「stset timevar failure fail-
  var」指令
. stset, noshow

** 印出存活函數 S(t) ,survivor function
. sts list
```

```
        failure _d:  died
  analysis time _t:  t1
               id:   id
```

Time	Beg. Total	Fail	Net Lost	Survivor Function	Std. Error	[95% Conf. Int.]	
1	103	1	0	0.9903	0.0097	0.9331	0.9986
2	102	3	0	0.9612	0.0190	0.8998	0.9852
3	99	3	0	0.9320	0.0248	0.8627	0.9670
5	96	1	0	0.9223	0.0264	0.8507	0.9604
5.1	95	1	0	0.9126	0.0278	0.8388	0.9535
6	94	2	0	0.8932	0.0304	0.8155	0.9394
8	92	1	0	0.8835	0.0316	0.8040	0.9321
9	91	1	0	0.8738	0.0327	0.7926	0.9247
11	90	0	1	0.8738	0.0327	0.7926	0.9247
12	89	1	0	0.8640	0.0338	0.7811	0.9171
16	88	3	0	0.8345	0.0367	0.7474	0.8937
17	85	1	0	0.8247	0.0375	0.7363	0.8857
18	84	1	0	0.8149	0.0383	0.7253	0.8777
21	83	2	0	0.7952	0.0399	0.7034	0.8614
28	81	1	0	0.7854	0.0406	0.6926	0.8531
30	80	1	0	0.7756	0.0412	0.6819	0.8448
31	79	0	1	0.7756	0.0412	0.6819	0.8448
32	78	1	0	0.7657	0.0419	0.6710	0.8363
35	77	1	0	0.7557	0.0425	0.6603	0.8278
36	76	1	0	0.7458	0.0431	0.6495	0.8192
37	75	1	0	0.7358	0.0436	0.6388	0.8106
39	74	1	1	0.7259	0.0442	0.6282	0.8019
(略………)							
733	16	1	0	0.2699	0.0485	0.1802	0.3676
841	15	0	1	0.2699	0.0485	0.1802	0.3676
852	14	1	0	0.2507	0.0487	0.1616	0.3497
915	13	0	1	0.2507	0.0487	0.1616	0.3497
941	12	0	1	0.2507	0.0487	0.1616	0.3497
979	11	1	0	0.2279	0.0493	0.1394	0.3295
995	10	1	0	0.2051	0.0494	0.1183	0.3085
1032	9	1	0	0.1823	0.0489	0.0985	0.2865
1141	8	0	1	0.1823	0.0489	0.0985	0.2865

1321	7	0	1	0.1823	0.0489	0.0985	0.2865
1386	6	1	0	0.1519	0.0493	0.0713	0.2606
1400	5	0	1	0.1519	0.0493	0.0713	0.2606
1407	4	0	1	0.1519	0.0493	0.0713	0.2606
1571	3	0	1	0.1519	0.0493	0.0713	0.2606
1586	2	0	1	0.1519	0.0493	0.0713	0.2606
1799	1	0	1	0.1519	0.0493	0.0713	0.2606

```
---------------------------------------------------------------------

* Graph the survivor function
. sts graph

* Create survf containing the survivor function
. sts gen survf = s

* Sort on the time variable
. sort t1

* List part of the data
. list t1 survf in 1/10


     +----------------+
     | t1      survf  |
     |----------------|
  1. | 1    .99029126 |
  2. | 1    .99029126 |
  3. | 1    .99029126 |
  4. | 1    .99029126 |
  5. | 2    .96116505 |
     |----------------|
  6. | 2    .96116505 |
  7. | 2    .96116505 |
  8. | 2    .96116505 |
  9. | 2    .96116505 |
 10. | 2    .96116505 |
     +----------------+
```

註：存活分析設定 (「stset *timevar* failure *failvar*」指令) 之後，會新產生三個系統變數 ($\_t_0$; $\_t$; $\_d$)，其中：

　1. $\_t_0$ 是觀察的開始時間，$\_t_0 \geq 0$。

　2. $\_t$ 是觀察的結束時間，$\_t \geq \_t_0$。

　3. $\_d$ 是失敗指標 (indicator for failure), $\_d \in \{0,1\}$。

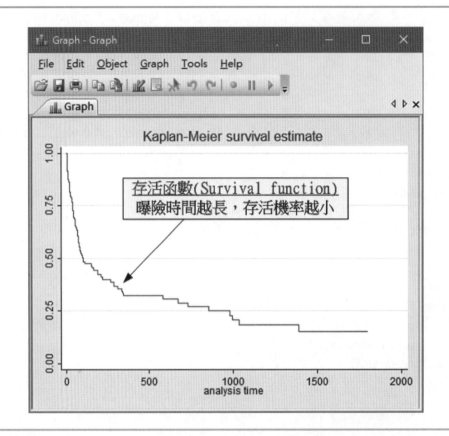

圖 10-3 存活函數 (survival function) 之示意圖，「sts graph」指令

註：Statistics > Survival analysis > Graphs > Survivor and cumulative hazard functions

　　處理組及控制組，兩組「Life tables」範例如下：

```
* Setup
. webuse rat, clear

* List some of the data
. list in 1/5
* Display separate life tables for each group and aggregate into 30-day in-
  tervals
. ltable t died, by(group) interval(30)
```

| | Beg. | | | | Std. | | |
Interval	Total	Deaths	Lost	Survival	Error	[95% Conf. Int.]	
group = 1（控制組生命表）							
120　150	19	1	0	0.9474	0.0512	0.6812	0.9924
150　180	18	1	0	0.8947	0.0704	0.6408	0.9726
180　210	17	6	0	0.5789	0.1133	0.3321	0.7626
210　240	11	6	1	0.2481	0.1009	0.0847	0.4552
240　270	4	2	1	0.1063	0.0786	0.0139	0.3090
300　330	1	1	0	0.0000	.	.	.
group = 2（處理組生命表）							
120　150	21	1	0	0.9524	0.0465	0.7072	0.9932
150　180	20	2	0	0.8571	0.0764	0.6197	0.9516
180　210	18	2	1	0.7592	0.0939	0.5146	0.8920
210　240	15	7	0	0.4049	0.1099	0.1963	0.6053
240　270	8	2	0	0.3037	0.1031	0.1245	0.5057
270　300	6	4	0	0.1012	0.0678	0.0172	0.2749
300　330	2	1	0	0.0506	0.0493	0.0035	0.2073
330　360	1	0	1	0.0506	0.0493	0.0035	0.2073

二、存活分析的特性 (characteristic)

　　研究某一樣本的存活經驗通常是有價值，若研究樣本是某一龐大母體的代表，則這樣的存活經驗特別有用，因為研究樣本的存活經驗就是龐大母體存活經驗的估計值。存活分析法是為了充分運用時間相依變數中獨有的特徵，以及研究特別的個體因子及環境因子是否顯著地危險性。概括來說，存活分析的特性如下：

1. 存活資料與其他型態資料的最大差異，在於設限 (censored) 的現象，設限資料是指我們無法完全得到事件發生時間的觀測值，而妨礙我們使用標準的統計方法及推論，尤其是右設限資料描述了實際未觀測事件時間的下界。若依變數或結果變數是事件的時間，你要如何處理這樣的實例？

2. 母體的存活時間通常是偏態分配，在大多的統計推論中異於高斯（常態）分配，許多標準或近似統計方法，就無法精確描述這樣的資料。

3. 通常對於整體存活時間的分配有興趣，許多標準的統計方法以平均存活時間

μ 和標準差 s 作為推論的方向。但是，「事件—時間」在分配之極端處的百分位值表現，通常是存活分析中令人較感興趣的。舉例而言，許多人希望自己能夠活到第 95 百分位以上，而不是只活到第 50 個百分位之上的存活時間。存活分析中，關注於每個個體在治療或手術後單位時間事件的發生率。

4. 研究過程中某些解釋變數 (regressors)，例如：膽固醇、血糖、血壓值、年齡，都會隨著時間改變，你如何利用迴歸分析中的概念，處理這些解釋變數與其他的時間相依的共變數 (time-dependent covariates) 呢？

以上問題的較佳解法，就是存活分析。

三、為何不可用 t 檢定 (ANOVA) 或迴歸，而須改用存活分析的理由？

1. 發生事件前的時間，都是非負值隨機變數。

2. 發生某事件前的時間，多呈右偏分配。

3. 有部分樣本無法完整觀察到發生事件前的時間長度 [設限資料 (censored data)]。例如：痊癒病患不知何時死亡、企業永續經營不知何時會倒閉、死亡病患不知何時出院。

10-2-2 為何存活分析是臨床研究最重要的統計法？

存活時間 (survival times) 分析之三種方法

探討樣本事件的再發生 (疾病復發、假釋犯再被捕……) 狀況，常用統計有三種分析：存活迴歸模型 (survival regression regression) 與 logistic 迴歸、Poisson 模型。三者的功能看似相似，但這三種統計分析方法仍有所區別。首要之處必須避免 Type 0 錯誤：「無法辨別出研究問題本身的型態」。也要避免 Type III 錯誤：「正確的答案回答錯誤的研究問題」。更要避免 Type IV 錯誤：「錯誤的答案回答錯誤的研究問題」。你若想要研究事件的發生率 (incidence)，資料包含個體追蹤以及記錄事件的發生與否時，可有三種選擇：

1. 存活迴歸分析，旨在產生存活曲線的估計值及每單位時間事件發生率。故 logistic 迴歸 (Logistic 指令) 旨在估計勝算比 (odds ratio)；Cox 迴歸 (stcox、svy: stcox 指令) 及參數存活模型 (streg、svy: streg、stcrreg、xtstreg、mestreg 指令) 旨在估計危險比 (hazard ratio)。

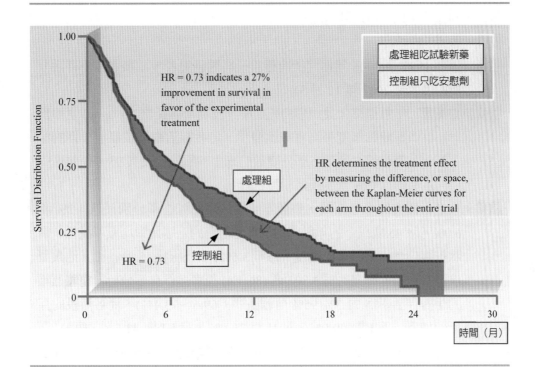

圖 10-4　hazard ratio (HR) 之示意圖

例如：糖尿病患比健康組罹患失明機率高出 20 倍 (HR=20)。又如，喝酒易臉紅，因缺「酶」，故其中風比率是健康組的 2 倍 (HR=2)。

2. logistic 迴歸分析，指發生或是未發生的事件比率(event proportion) 之估計值。Logistic 範例請見「Logistic Regression with Categorical Predictors.do」執行檔。

3. Poisson 迴歸，指產生每單位時間事件發生比率 (event rate) 的估計值。範例請見「poisson.do」、「Zero-inflated Poisson Regression.do」執行檔。

Poisson 迴歸範例

主題：1997 至 2006 年香港子宮頸癌患者的發病率、死亡率和癌症分期存活率：以人口為基礎的研究。

目的：透過涵蓋全港人口為本的癌症登記資料庫數據，檢視 1997 至 2006 年期間確診子宮頸癌患者的發病率和死亡率的趨勢，並描述患者的分期存活率。

設計：回顧性、以人口爲基礎的研究。

安排：香港。

患者：患者 1997 至 2006 年期間所有確診子宮頸癌患者，並跟進合乎存活分析的患者至 2007 年 12 月 31 日。

主要結果測量：年齡標準化發病率和死亡率，及利用卜瓦松 (Poisson) 迴歸模型計算年度平均百分比變化。患者存活率則按癌症分期的相對存活率顯示。部分變數的死亡率風險比及其 95% 信賴區間則以 Cox 比例風險模型估計。

結果：在進行研究的十年期間，整體年度發病率和死亡率分別減低 4.2% 和 6.0%。除 45 歲以下的年齡組別，其他組別的上述比率均顯著減低。鱗狀細胞癌發病率減低的幅度 (每年 3.6%) 不及腺癌 (5.2%) 和其他類型癌腫 (6.8%)。研究共爲 3,807 名 (86.4%) 患者進行存活分析。整體五年的相對存活率爲 71.3%(95% 信賴區間：69.5～73.1%)，而各階段的存活率如下：第 I 期 90.9%、第 II 期 71.0%、第 III 期 41.7%、第 IV 期 7.8%。年齡、癌症分期和癌腫類型是獨立預後因素。第 IA 期患者存活率理想，跟一般人口相似。

結論：香港子宮頸癌的發病率和死亡率正逐漸改善，情況跟其他工業化國家相似。這是首個以全港人口爲基礎及按癌症分期的存活率之研究，並可視爲癌症控制的指標。公營和私營機構的合作可進一步強化隨訪期數據，提供更加全面的監測訊息。

註：所謂預後 (prognosis) 是指根據經驗預測的疾病發展情況。

以上三種統計，我們該挑選哪一個迴歸呢？應考量你研究問題的本質：

1. 使用存活迴歸的條件爲：每位個體追蹤不同的一段時間，且每位個體的時間原點可能並沒有明確定義，且事件發生比率 (HR) 在追蹤期間會隨著時間而改變，通常會有失去追蹤或是設限的線索。故長期追蹤適合使用存活分析，因爲事件發生比率 (HR) 可能會在一個長期的時間區段變化。

2. 使用 logistic 迴歸的條件爲：每位個體追蹤一段相同的時間，並且對於時間原點有明確定義，僅對事件第一次發生感到興趣。當事件在時間原點之後，很快就發生時 (例如：腎臟病發生後五年內死亡 vs. 仍活著)，通常使用此方法。

3. 使用 Poisson 迴歸的條件爲：每位個體的追蹤週期不同，追蹤過程中事件發

生率 (HR) 是一常數 (因此時間原點不是問題)。例如：估計疾病死亡率或發生率、細菌數 (count) 或病毒的菌落數及了解與其他相關危險因子之間的關係等，通常是建立在Poisson分析之上。範例請見「poisson.do」、「Zero-inflated Poisson Regression.do」兩個指令批次檔的解說 (如圖 10-5)。

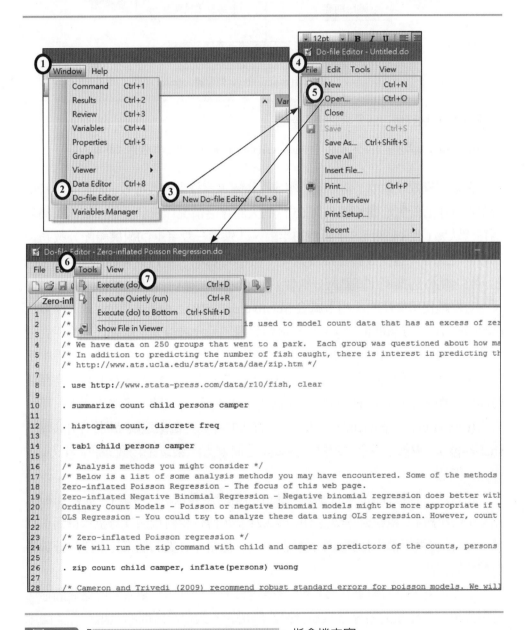

圖 10-5 「Zero-inflated Poisson Regression.do」指令檔內容

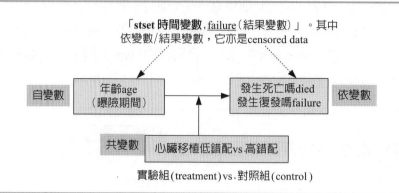

圖 10-6 心臟移植存活分析之研究架構

註：*stcox, streg, stcrreg* 指令，都將「Failure variable:」中所指定變數當作依變數。

在臨床療效評估中，常用死亡率或復發率等指標來比較療效。例如：史丹佛大學醫學中心針對心臟移植手術 65 位病人的存活情況作統計分析，資料蒐集包括存活狀態 (死 vs. 活)、手術時的年齡、「供者－受者」的組織錯配分數 (T5) 和存活時間等。這些數據再檢驗其假設 (hypothesis)：是否具有低錯配分數 (低組，T5 < 1.1) 的案例比高錯配分數者 (高組，T5 > 1.1) 有較佳的存活率？

若單純使用傳統的「相對風險 (relative risk, RR)」(stcox 指令) 或「勝算比 (odds ratio)」(logistic 指令) 來分析這類問題，只會求得到二組死亡率的相對危險比很低 (HR 只有 1.18 倍)。因為這種傳統分析無法提供足夠證據來支持本例之相關性假設。因此，若我們再深入檢查這二個族群資料，會發現其平均存活時間卻有顯著差異 (低 T5 =477 天、高 T5 =286 天)。這時可考慮用「人一年」方法 (person-time approach)，「人一年」方法的計算是個案追蹤時間的和 [xtstreg, shared(panel 變數) 指令] 或對族群來說是族群大小乘以平均觀察時間 (「svy: streg」指令)。

相對地，若將存活時間 (觀察時間) 的平均差異也納入考慮 (「svy: streg」指令)，卻求得二組相對危險性 HR 為 2.21 倍 (傳統相對危險性分析只得到 1.18 倍)，此法提供相當的證據去支持假設：具有低錯配分數的個案比高錯配分數者有較好的存活率。

由此可見，只看結果好壞 (死亡率高低)，不計算出現結果前所歷經的存活時間長短，其比較的結果常常是會扭曲真相的。故存活時間的長短在許多臨床研究中，是必須考慮的一個重要因素。換言之，雖然同是死亡病例，但存活時

間長短不一樣，病人的預後或療效就有差別。

概括來說，常見臨床資料不宜單純使用死亡率 (HR) 來計算，更不能單純只計算存活時間的平均值。例如：「人—年」分析法，只單純地計算兩組病人的平均存活期，這樣的計算結果並不恰當。因平均存活期與資料何時被分析有關，它會隨分析時的時間點而變化，一直到當全部個案死亡之時刻為止。亦即，只有當全部個案死亡時計算平均存活期才有價值，然而當今研究者欲分析他們的資料都在那時間點之前。因此若不慎使用這些方法，都會扭曲結果的原貌。故唯有正確的存活分析 (Cox proportional hazards model, stcox 指令)，才能結合兩者 (死亡率、存活時間的平均值) 優點，準確地反映預後的好壞程度。所謂預後 (prognosis) 是指根據經驗預測的疾病發展情況，亦即必須使用存活率分析法作為臨床醫師評估病人預後之用。

10-2-3 存活分析之三種研究目標

1. 存活率的估算

存活率的計算主要是用來描述一群病人經過一段時間的追蹤之後，尚有多少人存活 (如一年存活率或五年存活率)，臨床醫師可選用 Kaplan-Meier 法；但如果所研究的病人數大於三十例，則考慮使用生命表法 (life table method) 來計算存活率較方便。

2. 存活曲線的比較法

(1) 二種不同治療方式下 (如新療法與傳統標準療法) 存活曲線差異的統計檢定，在 STaTa 可使用 stmh 指令 (Tabulate Mantel-Haenszel rate ratios)、strate 指令 (Tabulate failure rates and rate ratios)、stmc 指令 (Tabulate Mantel-Cox rate ratios)。

(2) 存活曲線的繪製，在 STaTa 可使用 sts graph 指令 (Graph the survivor and cumulative hazard functions)、ltable(繪生命表) 或 sts list 指令 (List the survivor or cumulative hazard function)。

(3) 多群組之間存活時間的中位數 / 平均數，其 95% 信賴區間，則可用 stci 指令 (Confidence intervals for means and percentiles of survival time)。

3. 多種預後因子的存活分析

為了解每一個預後因子對存活率的影響力，存活資料的蒐集，除了存活時間外，尚須包括許多預後因子如個案的特性 (年齡、性別、種族) 及疾病狀況 (疾

病嚴重等級、腫瘤大小及轉移範圍) 等時間相依之共變數，然後採用 Cox 比例危險型 (stcox 指令) 分析來處理這些預後因子。

10-2-4 存活分析之研究議題

存活分析旨在對生命時間 (失敗時間) (life time, failure time) 的分布做研究。存活分析是一個籠統定義的統計名詞，此名詞包含分析各種正的隨機變數 (positive random variable) 的統計技巧。通常，此隨機變數的數值是一個初始事件到某些終止事件的期間 T，如從出生之時間點 $\_t_0$(或治療開始的時間點) 到死亡 $\_t$ (或疾病復發的時間點 t)。

這類事件發生時間 (time-to-event) 的資料，常出現在不同領域中。譬如醫學中的存活率 (survival rate)、公共衛生中的死亡率 (mortality)、流行病學中的生命量表 (life table)、保險統計學及人口統計學中的生命統計資料 (vital statistics)、工程學中的可靠度分析 (reliability)、社會學中的事件歷史分析 (event history analysis)、市場中的消費者對特定商品購買時間、公司企業的存活時間，以及經濟學中的失業率等。

近年存活分析已在統計學上發展成爲一門重要學問，成爲臨床研究分析資料時不可或缺的主要工具之一。其應用十分廣泛，舉凡慢性病，如癌症、心血管疾病、高血壓等治療效果的分析。迄今，存活分析已被其他領域廣泛應用，包括社會科學、工程學、經濟學、行銷學、教育 / 心理學等。在我們周圍，「時間 - 事件 (time-to-event)」的二維平面之資料常出現在不同領域中，包括：

1. 公共衛生中的死亡率。
2. 生物醫藥領域中的癌症存活率。
3. 流行病學中的生命量表。
4. 商業研究中，市場研究之消費者對特定商品購買時間、客戶忠誠度的時間，或者商業上客戶資料管理、行銷、企業倒閉、員工離職。
5. 公司企業的存活時間。
6. 保險統計學及人口統計學中的生命統計資料。
7. 社會學中的事件歷史分析，研究結婚時間到離婚時間，到再婚時間；人口居住時間與流動時間。
8. 法學研究中，犯罪嫌疑人從犯罪時間到被逮捕時間，犯罪嫌疑人從被逮捕時間到起訴時間，從起訴時間到定罪時間，從假釋時間到再犯時間等。

9. 工程學中的 可靠度分析 、工業製成、產品 cycle。

10. 經濟研究中的失業，從就業時間到失業時間，到 再就業時間 等。

11. 教育領域，如老師離職、學生休 (退) 學 / 吸毒等。

　　具體來說，使用存活分析之 研究議題 範圍很廣，包括下列領域：

───── 教育 / 心理類 ─────

1. 學生的攻擊行為與其 初次使用菸和酒時間 之關係

國外研究兒童及青少年初次使用菸、酒「時間」有關之危險因子的統計法，已從邏輯斯迴歸或線性迴歸分析，改成存活分析來探討 初次使用菸、酒的時間 。如：Chilcoat 及 Anthony(1996) 即利用存活分析來探討父母監督程度的高低是否能延後兒童初次使用非法藥物的時間；Kosterman(2000) 亦利用存活分析來探討影響青少年初次飲酒及使用大麻時間之因素。

目標：臺灣兒童與青少年，5-14 歲的人，吸菸和飲酒是常見的健康危害行為。本文旨在了解學生的攻擊行為與其初次使用菸和酒時間之關係。

方法：應用兒童與青少年行為之長期發展研究 (Child and Adolescent Behaviors in Long-term Evolution) 計畫的資料進行分析。樣本選取於 2001 年就讀國小四年級之世代且完整追蹤至 2006 年者為分析樣本，共 1,486 人。主要變數為攻擊行為 (分成口語攻擊、肢體攻擊和破壞物品) 與初次使用菸和酒之時間。利用統計軟體，執行存活分析。

結果：(1) 研究樣本自陳初次吸菸與初次飲酒的時間，平均為 8.34 年級和 6.65 年級。(2) 研究樣本初次使用菸和酒的可能性在國中階段有明顯上升的情況。(3) 以攻擊行為隨時間變化 (time-varying) 的變數值分析後，自陳有口語攻擊行為者相對於無此行為者，於往後年度發生初次吸菸 (相對風險為 1.86) 或初次飲酒 (相對風險為 1.44) 的可能性較高；自陳有破壞物品行為者，於次年出現初次飲酒的風險為無此行為者的 1.39 倍。

結論：攻擊行為中的「口語攻擊」與「破壞物品」兩種類型，是預測學生初次使用菸、酒時間之顯著因子。建議相關單位及人員重視國小學生中有攻擊行為者，且相關之預防教育及介入計畫宜在國小階段開始，除降低攻擊行為的發生外，也可預防或延遲兒童與青少年初次使用菸和酒的時間。(臺灣衛誌 2008：27(6), 530-542)

2. 貧窮持續時間的動態分析

影響脫離貧窮的因素：

什麼樣的家戶或個人特質會影響其停止貧窮的時段？針對這樣的問題，除了檢視固定時間內，計算貧窮家戶或人口數以及這些貧窮人口特質的討論之外，最常被用以分析持續貧窮的模型，是以貧窮時間為依變數進行存活分析 (survival analysis)，或稱事件歷史分析 (event-history analysis)。

有關影響脫離貧窮的研究部分，Hutchens(1981) 曾經使用 PSID 的資料，選擇二十個州的女性家戶為樣本，估計所得等相關因素對於進入與脫離福利方案的影響。Plotnick(1983) 則是使用事件歷史的分析技術，分析影響使用福利方案的動態。

Hutchens(1981) 利用 logistic 模型的分析，發現進入福利方案時的所得有很重要的影響，也支持經由提高工資可以降低對福利方案的依賴。所以在政策面上，政府在致力於工資的提高時，將有助於人們福利的依賴。高期望的薪資會提高福利依賴人口的脫離機率。但家庭規模和種族對於進入與脫離倡利方案並沒有重要作用。其他影響脫離貧窮的變數，尚包括年齡、身心障礙地位、過去的福利依賴經驗與非薪資所得等。

3. 以存活分析法分析學生離退率之相關因素

例如：比較有學貸與無學貸者之存活率。有人發現：男生第一年離退風險比女生高，女生離退現象較緩和。但在第二或第三年女生離退現象比男生高，尤其甲班最為明顯。以入學方式來說，申請入學的學生在第一年離退風險比其他入學方式較高，技藝優良甄試入學的學生離退現象較其他入學方式入學的學生穩定。

4. 運用存活分析探討護理人員離職之相關因素，來比較已婚與未婚者之存活率。

有人發現，護理人員存活率為 53.78%，其中存活的五十百分位為十二個月，離職人員之存活時間平均為二個月，離職高風險時期為一至三個月之組織契合時期。

5. 教育組織的存活分析：以師資培育中心的創設和退場爲例，來比較公私立學校存活率。有人發現制度正當性，是決定教育組織群體增長的主要因素。
6. 家戶購屋與生育行爲關係：資源排擠與動機刺激。

有人發現生育後家戶之購屋機率以遞減方式在增加，購屋後家戶之生育機率則隨著時間遞減，說明資源排擠與動機刺激隨時間改變作用，且對於購屋與生育行爲發生次序及事件發生於高房價時期之作用力亦不同，進而影響家庭行爲。

行銷類

7. 上市櫃公司首次出現繼續經營疑慮之後動態分析。
8. 先前租買經驗對自住者購屋搜尋行爲之影響——存活分析之應用。
9. 遊客參與節慶活動擁擠成本與滿意度之市場區隔分析。
10. 公車動態資訊服務對乘客使用公車習慣之影響以及使用者特性分析。
11. 實質選擇權對土地開發時機及其價值影響。
    本文探討不確定性對於未開發土地價值及開發時機之影響。惟土地開發爲一動態過程，因而改探等比例危險模型 (proportional hazard model, PHM)。

交通／工科／警政類

12. 國道高速公路交通事故持續時間分析與推估：脆弱性存活模型之應用。
13. 應用存活分析法於機車紅燈怠速熄火行爲之研究。
14. 機車紅燈怠速熄火節能減碳效果評估。
15. 對被釋放的假釋者，測量他們從被釋放到又被逮捕的時間。

商業類

16. 存活分析模型應用在信用卡使用者之違約風險研究。
17. 房屋交易市場上銷售期間：存活分析之應用。
18. 由工商普查時間數列資料，探討企業存活及產業變遷。
19. 營建產業景氣指標與營建公司存活機率關係。
20. 銀行購併及存活研究。
21. 應用存活分析於企業財務危機的預測——以臺灣地區上市櫃公司爲例。

22. 臺灣紡織廠商退出與轉業行為。

> 影響廠商存活的時間模型，若以半參數模型方法比參數模型方法為佳，而且利用員工人數、廠齡、資本總額建立的指數迴歸模型，可以有效地估計廠商存活的狀況。

23. 公司可能破產的時間。

──────── 醫學類 ────────

24. 臺灣的存活曲線矩型化與壽命延長。
25. 影響臺灣不同世代老人存活相關因子探討。
26. 醫院對急性白血病人保護隔離之成本效益研究。
27. 加速失敗時間模型分析新發乳癌病患併發血栓栓塞對其存活的影響。
28. 醫師的遵循行為可促進病患的存活嗎？以臺灣非小細胞肺癌病患為例。
29. 對手術後的病人進行追蹤，測量這些病人在手術後可存活多久？
30. 新治療方法，對白血病病人追蹤他們疾病徵候減少的時間。
31. 得到卵巢癌的存活率。
32. 到院前心臟停止病患之存活分析。有人研究連續三年追蹤消防隊 1,122 位 OHCA 個案存活分析發現，反應時間以及急救時間與存活率有明顯的相關性。
33. 外掛程式對玩家線上娛樂行為的影響。可使用存活分析方法，來了解不公平因素對玩家遊戲持續的影響。
34. 細胞存活率分析，即是一種用於測量細胞的活性之試驗。
35. 探討膀胱尿路上皮癌的預後因子。
36. 長期吃胃藥 (treatment) 會導致骨質疏鬆 (failure)。

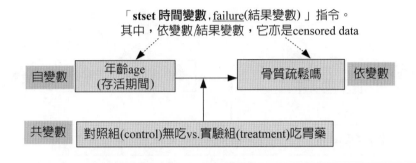

圖 10-7 吃胃藥是否導致骨質疏鬆之研究架構

37. 胃癌序貫篩查實施現場胃癌患者術後存活分析：十一年隨訪。

38. 常吃咖哩可以降低罹患老人癡呆症的風險，因為咖哩含有薑黃。

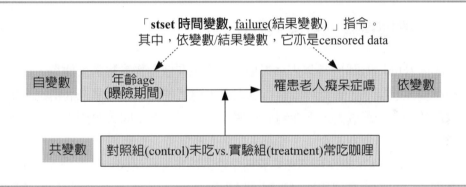

圖 10-8 常吃咖哩是否可降低罹患老人癡呆症之研究架構

——— 政治類 ———

39. 制度因素與非制度因素對民主崩潰的影響：四十六個半總統制國家的經驗研究。

40. 菁英輪廓與黨國體制的存續：中共與國民黨的比較。

——— 財經／其他類 ———

41. 臺灣製造業廠商對外投資時機。

42. 臺灣農業部門就業期間之研究 1980-2002。

43. 油煙空氣汙染 (PM2.5) 會提升肺癌發生率。

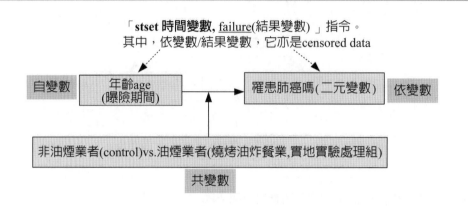

圖 10-9 油煙空氣汙染會提升肺癌發生率之研究架構

44. 輪胎爆胎的里程數或是引擎需要修理的里程數。

10-2-5 設限資料 (censored data)

臨床 (clinical) 研究常以人爲對象，不是像在做動物實驗那麼簡單，爲了顧及醫學倫理前提下，研究計畫執行過程會出現某些無法完全掌控的情況，譬如研究開始時有一萬個人，現在到底在哪裡？是死是活？因人會到處跑來跑去，很難追蹤，也經常有人會失去聯絡 (如病人搬家或死於與研究之疾病無關的原因)，或因服藥產生副作用不願容忍而中途退出研究。又因每個案例 (case) 的發病時間不一，每一案例往往以不同的時間點被納入研究，因此每位個案被觀察時間長短亦會不同。此外，因研究計畫常有一定的期限，若在研究終了時，用來估算存活率的事件 (如死亡或疾病復發) 尚未發生，因此這些人正確的存活期無法得知，進而導致追蹤資料不完整，這些數據稱爲「設限資料」(censored data)。

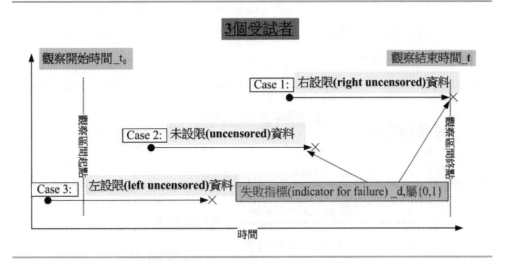

註：存活分析設定 (「stset *timevar* failure *failvar*」指令) 之後，會新產生三個系統變數 (_t₀; _t; _d)，其中：

1. _t₀ 是觀察的開始時間，$\_t_0 \geq 0$。
2. _t 是觀察的結束時間，$\_t \geq \_t_0$。
3. _d 是失敗指標 (indicator for failure), $\_d \in \{0,1\}$。

存活分析又稱為「時間 - 事件分析」(time-event analysis)，是利用統計方法研究族群中的個體在經過「特定期間」後，會發生某種「特定事件」(event) 的機率。然而於實際研究情況當中，往往因為觀察期間或技術上的限制，而無法觀察研究樣本之確切存活時間。存活分析資料因事件的發生與否被分為二類，一是完整資料 (complete data)，指在觀察期間提供了事件發生的時間點；另一是設限資料 (censored data)，指在觀察期間失去聯絡或者在觀察結束時仍未發生事件。例如：在醫學或流行病學常以死亡、疾病發生、疾病復發代表「特定事件」；反之，若在「特定時間」上並未發生「特定事件」，則稱為設限 (censored)。這些設限資料於統計上仍有其貢獻存在，若忽略設限資料，則可能造成統計上之偏誤。

以「公車即時資訊服務對乘客使用公車行為之影響」為例。研究定義的分析年期 (duration) 係自臺北市公車資訊服務啓用開始 (2005 年) 至問卷調查日期 (2015 年) 為止，共計十年期間。故受訪者以公車為主要交通工具的期間 (duration) 代表「存活時間 T」，而「特定事件」則是指受訪者不再以公車為主要交通工具。

在研究期間，乘客使用公車年期 (duration) 將受到「開始使用公車的時間」以及「不再以公車為主要交通工具的時間」兩項因素影響，共計有四種不同型態及計算方式，如圖 10-11 所示。

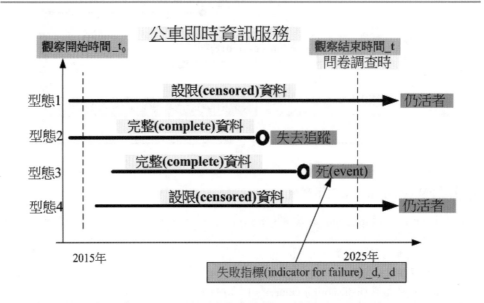

圖 10-11 乘客使用公車年期 (duration) 之不同型態示意圖

註：存活分析設定 (「stset *timevar* failure *failvar*」指令) 之後，會新產生三個系統變數 ($\_t_0$; $\_t$; $\_d$)，其中：
1. $\_t_0$ 是觀察的開始時間，$\_t_0 \geq 0$。
2. $\_t$ 是觀察的結束時間，$\_t \geq \_t_0$。
3. $\_d$ 是失敗指標 (indicator for failure), $\_d \in \{0,1\}$。

型態 1：受訪者在系統服務啓用前即開始搭乘公車，且在問卷調查時仍持續以公車爲主要交通工具。該受訪者使用公車之年期 = (問卷調查時間) – (系統啓用時間)，由於特定事件並未出現，因此這些樣本屬於「右設限」資料。它又屬左設限。

型態 2：受訪者在系統服務啓用前即開始使用公車，但在問卷調查時間前已不再以公車爲主要交通工具。特定事件出現在該受訪者使用公車之年期 = (不再以公車爲主要交通工具之時間) – (系統啓用時間)，故該樣本屬於「失敗」資料。它亦屬左設限。

型態 3：系統服務啓用後才開始搭乘公車，但在問卷調查前已不再以公車爲主要

交通工具。該受訪者使用公車之年期 = (不再以公車為主要交通工具之時間) – (開始搭乘公車之時間)，這些樣本屬於「失敗」資料。它亦屬完全資料 (complete data)。

型態 4：系統服務啟用後才開始搭乘公車，且在問卷調查時仍持續以公車為主要交通工具。該受訪者搭乘公車之年期 = (問卷調查時間) – (開始搭乘公車之時間)，這些樣本屬於「右設限」資料。

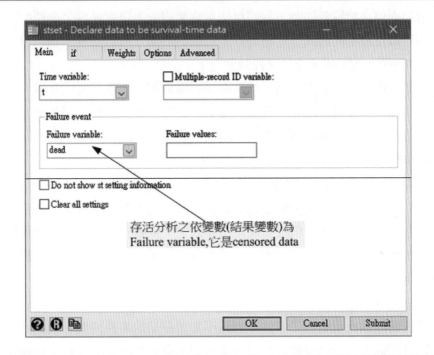

圖 10-12 存活分析之依變數 (結果變數) 為「Failure event」(它是 censored data)

註：存活分析設定 (「stset *timevar* failure *failvar*」指令) 之後，會新產生三個系統變數 (_t0; _t; _d)，其中：

1. _t0 是觀察的開始時間，_t0 ≥ 0。
2. _t 是觀察的結束時間，_t ≥ _t0。
3. _d 是失敗指標 (indicator for failure), _d ∈ {0,1}。

一、右設限 vs. 左設限資料

一般而言，資料的設限型態有兩種情況：左設限 (left censoring) 及右設限 (right censoring)。左設限指的是樣本於觀察期間開始時即已存在可能發生事件之

風險；也就是說，左設限之樣本的實際存活時間要比觀察到的存活時間較長。而右設限即觀察客體於觀察期間結束時仍然存活，因而研究者無法得知其事件發生時間。

1. 右設限資料 (right censored data)

右設限資料相對於左設限資料，是對於失敗時間點的「未知」，樣本實際存活時間亦大於研究所能得之的存活時間。當我們只知道某個研究對象的存活時間會比某個 t 時間多時，這筆資料就是右設限資料。也就是該研究對象因為失聯、退出而停止追蹤時間時，我們無法看到該研究對象實際發生事件的時間，只能確定真正發生的時間一定超過停止追蹤的時間。換句話說，我們只知道所要觀察的事件一定是在未來的某段時間發生。

例如：病人在手術後，因為轉院關係而導致失去追蹤；又或者病人因為交通意外事故，而導致死亡等；又或者受限於研究經費的限制，因此研究時間有限，倘若有病人沒有在研究時間內發生我們感興趣的事件，亦稱為右設限資料。

2. 左設限資料 (left censored data)

所觀察的樣本在觀察時間起點開始之前，即「已存在」，謂之左設限資料。此類資料由於起始點在研究觀察起點之前，因此其實際存活時間必大於對此樣本的可觀察到存活時間，但由於起始時間未知，或觀察期間開始前對此樣本存續狀態相關資訊亦無從了解，因此左設限資料的研究存活時間，是從觀察期間起點到此樣本失敗事件發生的經過時間。

如圖 10-13，對於 Case 5 個體來說，左設限資料 (left censored data) 就是知道他們在研究截止前發生了事件，但是不知道確切的事件時間。例如：Case 5 HIV 陽性的病人，我們可能會記錄個案檢測出陽性的時間，卻無法正確的知道第一次暴露 HIV 病毒的時間。

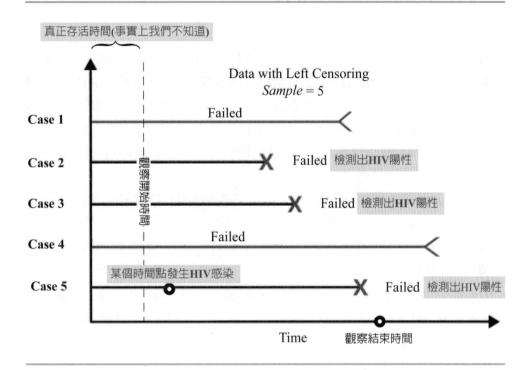

真正存活時間(事實上我們不知道)

Data with Left Censoring
Sample = 5

Case 1   Failed

Case 2   Failed 檢測出HIV陽性

Case 3   Failed 檢測出HIV陽性

Case 4   Failed

Case 5   某個時間點發生HIV感染   Failed 檢測出HIV陽性

觀察開始時間

Time   觀察結束時間

圖 10-13 左設限資料 (left censored data) 之示意圖

二、如何界定存活模型的存活期間 T？

當人們想探討，個人貧窮持續時間的存活分析，若採用 Cox 存活分析的模型，即可解決兩個問題：(1) 個人在貧窮時段內的某一年脫離貧窮的條件機率，這樣的問題可能經由貧窮家戶停留在貧窮狀態的分布加以估計。(2) 這些貧窮家戶中，何種因素會影響他們停留在貧窮的時間？是戶長個人特質、家戶的因素、外在經濟因素、或者是國家的福利政策呢？

以「貧窮持續時間」分析為例，其計算「貧窮時段」持續貧窮時間的方法，有三種：

1. Duncan 等人 (1984) 的估計法，係觀察時間內的貧窮年數，而未修正樣本截斷後產生的誤差。這種處理時間的方法有很大的問題，由於有些貧窮家戶在開始觀察之前就已經是貧窮，產生所謂左設限 (left censoring) 的情形，而且在觀察結束時，有一些人尚未脫離貧窮，而有所謂右設限 (right censoring)，以致其觀察的部分貧窮的歷程並未完成。這樣結果對於研究者在其觀察的期間，

所認定的持續貧窮者而言是較不客觀的，因爲他們可能低估實際持續貧窮的眞正人口規模。

2. Levy(1977) 的估計法，係以某一年的貧窮人口爲觀察對象，追蹤人民脫離貧窮的情況。他以 PSID 第一年的貧窮人口爲觀察的對象，追蹤 (panel-data) 他們往後各年脫離貧窮的狀況 (他觀察了七年)。這種處理貧窮時間的方法雖然也會面臨左邊截斷的問題，但是對政策目的而言是較爲有用的，此存活分析法可了解在補救政策實施之後，當前的貧窮人口中未來會持續貧窮的比率爲多少？

3. Bane & Ellwood(1986) 的估計法，係以「貧窮時段」爲分析單位，對於 left censoring 的家戶，其處理的方式是去除左邊設限的個案，如此不管觀察的對象在觀察期間的哪一年落入貧窮，其貧窮時段均以他們在觀察期間落入貧窮的第一年開始計算，所以每個貧窮者至少都可以觀察得到他們開啓貧窮時段的起點。此法考慮到無法觀察到所有貧窮者的時段，故他們在進行貧窮持續時間的計算時，利用生命表 (ltable 指令) 的方式計算各年的脫離貧窮機率與貧窮年數。Bane & Ellwood 的方法同時免除左邊與右邊設限的問題，往後多數相關研究也採用此方法。

10-2-6 存活時間 T 之機率函數

存活函數的表達與失敗機率函數的表達有一定的關係。所謂存活函數 S(t) 是個體可以存活的時間大於時間點 t 的機率，另 T 代表個體存活時間之隨機變數，且 S(t)=P(T>t) 代表存活函數，可說明如下：

$$S(t) = \Pr(T \le t) = \int_0^t f(X)dx = 1 - F(t)$$
$$\text{其中 } S(0) = 1 ； S(\infty) = 0$$

任何樣本資料在失敗事件發生前的存活時間 T，假設 T 爲非負值的隨機變數，並有其對應的機率分布。存活時間 T，不管適用何種模型對應何種機率分布，基本上依定義方式，機率函數可分爲兩種型態，分別爲連續型態 (continuous) 和離散型態 (discrete)，分述如下：

一、連續型態

令 T 爲樣本個體存活時間，T 之累積分布函數 $F(t)$(cumulative distribution function, CDF)，表示樣本存活時間 T 小於或等於特定時間點 t 之累積機率，定

義如下：

$$F(t) = \Pr(T \leq t),\ \forall\ t \geq 0$$

而個體存活時間 T 超過時間點 t 的機率函數 S(t)，稱為存活函數 (survival function)，定義如以下所述：

$$S(t) = P(T > t) = 1 - F(t),\ \forall\ t \geq 0$$

由於存活時間 T 必為非負值，因此 S(0) = 1，表示存活時間超過 0 的機率為 1；$S(\infty) = \lim_{t \to \infty} S(t) = 0$，表示存活時間無限大的機率為 0。

對 $F(t)$ 作一階微分，可以得到存活時間 T 的機率密度函數 (probability density function, PDF)，可定義為：

$$f(t) = \frac{dF(t)}{dt} = -\frac{dS(t)}{dt} = \lim_{\Delta t \to 0} \frac{\Pr(t \leq T < t + \Delta t)}{\Delta t},\ \forall t \geq 0$$

然而，存活分析中機率密度函數係很重要，它描述樣本在 t 時點仍存活，因此在之後極小時間單位瞬間失敗的機率函數，稱為危險函數 (hazard function) 或危險率 (hazard rate)，以 $h(t)$ 表示如下：

$$h(t) = \lim_{\Delta t \to 0} \frac{\Pr(t \leq T < t + \Delta t | T \geq t)}{\Delta t} = \frac{f(t)}{S(t)}$$

由上式得知，$f(t) = -S'(t)$，因此上式可轉換為：

$$h(t) = \frac{f(t)}{S(t)} = -\frac{dS(t)/dt}{S(t)} = -\frac{d \log S(t)}{dt},\ \forall t \geq 0$$

將上式兩邊同時做「積分」並取指數形式，可將存活函數轉換如下：

$$\int_0^t h(x)dx = -\log S(t)$$
$$\Rightarrow S(t) = \exp(- \int_0^t h(x)dx)$$

另外，$f(t)$ 可整理成：

$$f(t) = h(t)S(t) = h(t)\exp(- \int_0^t h(x)dx),\ \forall t \geq 0$$

二、離散型態

令 T 為某樣本個體存活時間隨機變數，以 $t_1, t_2, t_3 \cdots$ 表示，其中，$0 \le t_1 \le t_2 \le t_3 \le \cdots$，其機率密度函數如下所示：

$$P(t_j) = \Pr(T = t_j), j = 1, 2, 3, \ldots\ldots$$

樣本存活時間超過時間存活函數為 t 之存活函數，$S(t)$ 可表示如下：

$$S(t) = \Pr(T \ge t) = \sum_{j:t_j \ge t} P(t_j)$$

由於存活時間 T 必為非負值，因此 S(0)=1，表示存活時間超過 0 的機率為 1；$S(\infty) = \lim_{t \to \infty} S(t) = 0$，表示存活時間無限大的機率為 0。

危險函數 $h(t)$ 則可定義如下：

$$h(t) = \Pr(T = t_j | T \ge t_j) = \frac{P(t_j)}{S(t_j)}, j = 1, 2, 3, \ldots\ldots$$

由於 $P(t_j) = S(t_j) - S(t_{j+1})$

則上式可改寫為以下公式：

$$h(t_j) = 1 - \frac{S(t_{j+1})}{S(t_j)}, j = 1, 2, 3, \ldots\ldots$$

即存活函數 $S(t) = \prod_{j:t_j < t} [1 - h(t_j)], j = 1, 2, 3, \ldots$

10-2-7 Cox 存活分析 vs. logit 模型 /Probit 模型的差異

一、Cox 存活分析 vs. logit 模型 /Probit 模型

(一) 存活分析如何應用在財金業

存活分析法在財務金融研究亦有實務應用的價值。因為往昔信用卡使用者之違約風險評估，多數研究皆在固定時點判定未來一段特定期間內是否會發生違約 (如區別分析) 或發生違約的機率 (如 logit 模型以及 Probit 模型)，無法提供持卡人在未來不同時點的違約機率 (或存活率)。應用在醫學及精算領域廣為使用的存活分析，透過與信用卡使用者違約相關的可能因素，來建立預警模型或存活率表，銀行即能以更長期客觀的方式來預估客戶未來各時點發生違約的機率，進而降低後續處理違約的成本。

有鑑於，區別分析法必須假定 (assumption) 自變數為常態分布。對銀行業而言，其結果看不出程度上的差別 (只有違約或不違約)；而 logit 模型以及 Probit 模型之信用評分方法，就改進了區別分析法對於處理名目變數和分布假定上的缺點，但仍無法提供金融檢查主管單位在未來不同時點的違約機率 (或存活率)。若能以醫學領域的存活分析法，來建立完整的銀行客戶危機模型、存活率表 (survival table)，存活分析法即能應用於金融監理與風險的預測。

故銀行業，若能用醫學、財金、會計及行銷領域使用的存活分析 (survival analysis)，透過違約相關的可能因素，建立預警模型或存活率表，即能使銀行以更客觀的方式，來預估客戶未來各時點發生違約的機率，即可降低處理違約的後續成本。

(二) 二元依變數 (binary variable) 的統計法

對二元 (binary) 依變數而言，其常用統計法的優缺點如下表。

研究方法	基本假定 (assumption)	優點	缺點
多變量區別分析	1.自變數符合常態性。 2.依變數與自變數間具線性關係。 3.自變數不能有共線性存在。 4.變異數同質性。	1.同時考慮多項變數，對整體績效衡量較單變量客觀。 2.可了解哪些財務變數最具區別能力。	1.較無法滿足假定。 2.無法有效處理虛擬變數。 3.模型設立無法處理非線性情形。 4.樣本選擇偏差，對模型區別能力影響很大。 5.使用該模型時，變數須標準化，而標準化使用之平均數和變異數，係建立模型時以原始樣本求得，使用上麻煩且不合理。
存活分析：比例危險模型 (PHM)	1.假定時間分布函數與影響變數之間沒有關係。 2.假定各資料間彼此獨立。	1.模型估計不須假定樣本資料之分布型態。 2.同時提供危險機率與存續時間預測。	模型中的基準危險函數為樣本估計得出，樣本資料須具有代表性。

研究方法	基本假定 (assumption)	優點	缺點
Probit 模型	1. 殘差項須為常態分布。 2. 累積機率密度函數為標準常態分布。 3. 自變數間無共線性問題。 4. 樣本個數必須大於迴歸參數個數。 5. 各群預測變數之共變數矩陣為對角化矩陣。	1. 可解決區別分析中自變數非常態之分類問題。 2. 求得之機率值介於 0 與 1 之間，符合機率論之基本假定。 3. 模型適用於非線性情形。 4. 可解決區別分析中非常態自變數之分類問題。 5. 機率值介於 0 與 1 之間，符合機率假定之前提模型，適用於非線性狀況。	1. 模型使用時，必須經由轉換步驟才能求得機率。 2. 計算程序較複雜。
logit 模型	1. 殘差項須為韋伯分布。 2. 累積機率密度函數為 logistic 分布。 3. 自變數間無共線性問題。 4. 樣本必須大於迴歸參數個數。 5. 各群預測變數之共變數矩陣為對角化矩陣。	同 Probit 模型。	同 Probit 模型。
類神經網路	無	1. 具有平行處理的能力，處理大量資料時的速率較快。 2. 具有自我學習與歸納判斷能力。 3. 無須任何機率分析的假定。 4. 可作多層等級判斷問題。	1. 較無完整理論架構設定其運作。 2. 其處理過程有如黑箱，無法明確了解其運作過程。 3. 可能產生模型不易收斂的問題。
CUSUM 模型	不同群體間其共變數矩陣假定為相同。	1. 考慮前後期的相關性。 2. 採用累積概念，增加模型的敏感度。 3. 不須作不同時點外在條件仍相同的不合理假定。	計算上較複雜。

註：本章 10-5 節，單獨介紹「Cox 比例危險模型 (proportional hazards model)」。

二、線性迴歸 (linear regression) 的侷限性

1. 無法處理設限資料，例如：研究不同診所照護下的存活情形，若病人轉診或失去追蹤，就會把這筆資料當作遺漏 (missing) 值。

2. 無法處理和時間相依的共變數 (個人 / 家族之危險因子、環境之危險因子)。

3. 因爲事件發生的時間多數屬非常態分布情形，例如：韋伯 / Gamma / 對數常態，或脆弱模型、加速失敗時間模型，故並不適合以下線性模型：OLS、線性機率迴歸 (Probit regression)、廣義線性模型 (generalized linear models)、限制式線性迴歸 (constrained linear regression)、廣義動差法 (generalized method of moments estimation, GMM)、多變量迴歸 (multivariate regression)、Zellner's seemingly unrelated regression、線性動態追蹤資料 (linear dynamic panel-data estimation) 等。

三、logistic 迴歸的原理

(一)logistic 迴歸的侷限性

1. 忽略事件發生時間的資訊，例如：研究不同診所照護下的是否存活或死亡情形，無法看到存活期間多長？

2. 無法處理「時間相依的共變數」，由於邏輯斯迴歸都是假設變數不隨時間變動。

例如：研究心臟病移植存活情形，等待心臟病移植時間 (x_1 變數) 是心臟病移植存活情形的共變數，若要考慮等待心臟病移植的時間 (x_1 變數)，來看心臟病移植存活 (censored data) 情形，那 logistic 迴歸無法處理這樣的時間相依的共變數。

(二)logistic 迴歸的原理：勝算比 (odds ratio) 或稱為相對風險 (relative risk, RR)

以「受訪者是否 (0,1) 使用公車資訊服務」之二元 (binary) 依變數爲例。logistic 迴歸係假設解釋變數 (x_1) 與乘客是否使用公車資訊服務 (y) 之間必須符合下列 logistic 函數：

$$P(y \mid x) = \frac{1}{1 + e^{-\sum b_i \times x_i}}$$

其中 b_i 代表對應解釋變數的參數，y 屬二元變數 (binary variable)。若 y = 1，表示該乘客有使用公車資訊服務；反之，若 y = 0，則表示該乘客未使用公車資訊服務。因此 P(y=1|x) 表示當自變數 x 已知時，該乘客使用公車資訊服務的機率；P(y=0|x) 表示當自變數 x 已知時，該乘客不使用公車資訊服務的機率。

logistic 函數之分子、分母同時乘以 $e^{\Sigma b_i \times x_i}$ 後，上式變為：

$$P(y \mid x) = \frac{1}{1 + e^{-\Sigma b_i \times x_i}} = \frac{e^{\Sigma b_i \times x_i}}{1 + e^{\Sigma b_i \times x_i}}$$

將上式之左右兩側均以 1 減去，可以得到：

$$1 - P(y \mid x) = \frac{1}{1 + e^{\Sigma b_i \times x_i}}$$

再將上面二式相除，則可以得到：

$$\frac{P(y \mid x)}{1 - P(y \mid x)} == e^{\Sigma b_i \times x_i}$$

針對上式，兩邊同時取自然對數，可以得到：

$$\ln\left(\frac{P(y \mid x)}{1 - P(y \mid x)}\right) == \ln\left(e^{\Sigma b_i \times x_i}\right) = \sum b_i \times x_i$$

經由上述公式推導可將原自變數非線性的關係，轉換成以線性關係來表達。其中 $\frac{P(y \mid x)}{1 - P(y \mid x)}$ 可代表乘客使用公車資訊服務的勝算比 (odds ratio, OR) 或稱為相對風險 (relative risk, RR)。

(三) 醫學期刊常見的風險測量 (risk measure in medical journal)

在醫學領域裡頭常常將依變數 (dependent variable/outcome) 定義為二元變數 (binary/dichotomous)，有一些是天生的二元變數，例如：病人死亡與否、病人洗腎與否；有些則是人為定義為二元變數，例如：心臟科常將病人的左心室射血分數 (left ventricular ejection fraction, LVEF) 小於 40% (或 35%) 為異常，或腎臟科將病人的腎絲球過濾率 (estimated Glomerular filtration rate, eGFR) 定義為小於 60% 為異常。

醫學領域之所以會如此將 Outcome 作二分化的動作，有個主要原因是可以簡化結果的闡釋，例如：可直接得到以下結論：「糖尿病病人比較容易會有 eGFR 異常，其相對風險 (relative risk, RR) 為 3.7 倍」；或是「飯前血糖每高一

單位，則病人的 eGFR 異常的勝算比 (odds ratio, OR) 會低 1.5%」，因此可針對其他可能的影響因子作探討，並且得到一個「風險測量」。

> 定義：相對風險 (relative risk, RR)，又稱相對危險性。

在流行病統計學中，相對風險 (relative risk) 是指暴露在某條件下，一個 (產生疾病的) 事件的發生風險。相對風險概念即是指一暴露群體與未暴露群體發生某事件的比值。

相對風險其計算方式請見下表，簡單來說，一開始就先把受試者分成暴露組 (exposed group) 與非暴露組 (unexposed group)，然後向前追蹤一段時間，直到人數達到原先規劃的條件。

	Disease	No Disease	
Exposed	A	B	N_1
Unexposed	C	D	N_2
	N_3	N_4	Total N

$$RR = \frac{\text{Incidence}_{\text{Exposed}}}{\text{Incidence}_{\text{Unexposed}}} = \frac{A/N_1}{C/N_2}$$

此時暴露組發生事件的比例為 A/N_1，非暴露組發生事件的比例為 C/N_2，此時兩者相除即為相對風險 (RR)，假使相對風險顯著地大於 1 就代表暴露組的風險顯著地比非暴露組更高，例如：之前舉的抽菸與肺癌的世代研究，抽菸組發生肺癌的比例為 3%，而未抽菸組罹患肺癌比例為 1%，此時相對風險即為 $\frac{3\%}{1\%} = 3$，代表抽菸罹患肺癌的風險是沒有抽菸者的 3 倍之多；也可說抽菸罹患肺癌的風險相較於沒有抽菸者多出 2 倍 (3-1=2)。

> 定義：勝算比 (odds ratio, OR)

勝算比，其計算方式如下表。首先要先了解何謂「勝算」(odds)，勝算定義是「兩個機率相除的比值」，以下表的疾病組 (disease group) 為例，A/N_3 表示疾病組中有暴露的機率，C/N_3 指的是健康組中有暴露的機率，因此此兩者相除

即為疾病組中有暴露的勝算 (A/C)；同樣地，B/D 即為健康組中有暴露的勝算，此時將 A/C 再除以 B/D 即為「疾病組相對於健康組，其暴露的勝算比」，也就是說兩個勝算相除就叫做勝算比。

$$RR = \frac{[(A/N_3)/(C/N_3)]}{[(B/N_4)/(D/N_4)]} = \frac{A/C}{B/D} = \frac{A*D}{B*C}$$

很多人在解釋勝算比的時候都會有錯誤，最常見的錯誤就是誤把勝算比當成相對風險來解釋，以之前舉的抽菸跟肺癌的病例對照研究為例，50 位肺癌組中有 70% 曾經抽菸，而 150 位健康組中 (即對照組) 僅有 40% 曾經抽過菸，此時勝算比即為 $\frac{70\%}{40\%}$ = 1.75。這個 1.75 的意義其實不是很容易解釋，它並非表示抽菸組罹患肺癌的風險是未抽菸組的 1.75 倍，而是肺癌組有抽菸的勝算 (但它不是機率) 是健康組的 1.75 倍，而這個勝算指的又是「有抽菸的機率除以沒有抽菸的機率」。總而言之，我們還是可以說肺癌跟抽菸具有相關性；也可以說抽菸的人比較容易會有肺癌罹患風險，但是不要提到多出多少倍的風險或機率就是了。

一般而言在醫學期刊勝算比出現的機會比相對風險多，一部分原因當然是大家較少採用耗時又耗力的前瞻性研究 (只能用相對風險)；另外一個原因是勝算比可用在前瞻性研究，也可用在回溯性研究，而且它的統計性質 (property) 比較良好，因此統計學家喜歡用勝算比來發展統計方法。

> **小結**
>
> 　勝算比是試驗組的勝算 (odds) 除以對照組的勝算 (odds)。各組的勝算為研究過程中各組發生某一事件 (event) 之人數除以沒有發生某一事件之人數，通常被使用於 case-control study 之中。當發生此一事件之可能性極低時，則 relative risk 幾近於勝算比 (odds ratio)。

10-3 存活分析範例：除草有助幼苗存活率嗎？

　　存活分析 Cox 模型所採用半參數迴歸的統計法，它可解決生態學上相關領域存活資料 (例如：病蟲害林木、植物開花與結實、苗木等存活時間) 的分析與研究。存活資料 (Survival data) 係收集一段時間長度的資料，由起點 t_0 到某個「事件」(event) 發生 t 時間長短 (例如：種子萌發到幼苗死亡的時間)，這類研究的主要特徵包括：

1. 資料多呈非常態的分布 (non-normal distribution)。
2. 正偏態 (positively skewed)，分布的尾巴向右。
3. 具有設限現象 (censoring)，因此傳統的統計方法，假設資料為常態性分布，估算平均值與標準差作為推論方向，容易產生估算的誤差。

10-3-1 生命表 (life table)

　　存活分析又叫精準分析或生命表分析，早在十七世紀天文學家 Halley 應用生命表方法來估計小鎮居民的存活時間。之後，生命表就被廣泛地應用，例如：壽險公司採用生命表來估計保戶的保險金等。因為每個人都一樣生，而不一樣死，在生和死的中間存活時間就是每個人的生命，雖然有長有短，但都是一樣地，可以以時間的長短表示出來。生命表有關的統計就是著眼在這樣的情況下，而發展出來的存活分析。

一、族群在時間上的變異 (生命表)

(一) 生命表 (life table) 介紹：兔子為例

年齡 age	存活隻數 n_x	存活比率 I_x	死亡率 d_x	年比死亡率 q_x	平均存活率 L_x	累積平均存活率 T_x
0~1	530	1.0	0.7	0.7	0.650	1.090
1~2	159	0.3	0.15	0.5	0.225	0.440
2~3	80	0.15	0.06	0.4	0.120	0.215
3~4	48	0.09	0.05	0.55	0.065	0.095
4~5	21	0.04	0.03	0.75	0.025	0.030
5~6	5	0.01	0.01	1.0	0.005	0.005

1. 死亡率 (mortality rate, q_x)：族群在時間上的死亡率
2. 存活率 (survival rate, I_x)：存活隻數／開始隻數

    在 1～2 年 $I_x = 159/530 = 0.3$

    在 2～3 年 $I_x = 80/530 = 0.15$
3. 死亡率 (mortality rate, d_x)：該期間死亡率 $d_x = I_x - I_{x+1}$

    在 0～1 年 $d_x = 1.0 - 0.3 = 0.7$

    在 1～2 年 $d_x = 0.3 - 0.15 = 0.15$

    在 2～3 年 $d_x = 0.15 - 0.09 = 0.06$
4. 年比死亡率 (age-specific mortality rate, $q_x = d_x/I_x$)

    在 0～1 年 $q_x = 0.7/1.0 = 0.7$

    在 1～2 年 $q_x = 0.15/0.3 = 0.5$

    在 2～3 年 $q_x = 0.06/0.15 = 0.4$
5. 平均存活率 (average survival rate, $L_x = (I_x + I_{x+1})/2$

    在 0～1 年 $L_x = \dfrac{1.0 + 0.3}{2} = 0.65$

    在 1～2 年 $L_x = \dfrac{0.3 + 0.15}{2} = 0.225$

    在 2～3 年 $L_x = \dfrac{0.15 + 0.09}{2} = 0.12$
6. 累積平均存活率 (sum averaged survival rate, $T_x = \sum L_x$)

    在 0～1 年 $T_x = 0.65 + 0.225 + 0.12 + 0.065 + 0.025 + 0.005 = 1.09$

    在 1～2 年 $T_x = 0.225 + 0.12 + 0.065 + 0.025 + 0.005 = 0.44$
7. 期待存活率 (life expectancy, $e = T_x / I_x$)

    在 0～1 年 $e_x = 1.09/1 = 1.09$

    在 1～2 年 $e_x = 0.44/0.3 = 1.47$

    在 2～3 年 $e_x = 0.215/0.15 = 1.43$

(二) 繁殖表 (fecundity table)

年齡	存活比率 (I_x)	繁殖率 (b_x)	年比出生率 ($I_x b_x$)
0~1	1	0	0
1~2	0.3	2	0.6
2~3	0.15	3	0.45

年齡	存活比率 (I_x)	繁殖率 (b_x)	年比出生率 ($I_x b_x$)
3~4	0.09	3	0.27
4~5	0.04	2	0.08
5~6	0.01	0	0
sum		10.0	1.40

1. 每年能夠繁殖的隻數 (birth rate, b_x)

   $\sum b_x$：一隻母兔子一生最高繁殖十隻

2. 年比出生率 (age-specific schedule of births, $I_x b_x$)

   $0 \sim 1$ 年　$b_x I_x = 1.0 \times 0 = 0$

   $1 \sim 2$ 年　$b_x I_x = 0.3 \times 2 = 0.6$

   $2 \sim 3$ 年　$b_x I_x = 0.15 \times 3 = 0.45$

   $R_o = \sum b_x I_x = 1.40 > 1$，族群具有繁殖增加能力

   $R_o = 1$，族群數目在六年後不增不減

   $R_o < 1$，族群數目在六年後減少

(三) 存活表 (survival table)

年齡	存活比率 (I_x)	年比死亡率 (q_x)	存活率 (s_x)	繁殖率 (b_x)
0~1	1	0.7	0.3	0
1~2	0.3	0.5	0.5	2
2~3	0.15	0.4	0.6	3
3~4	0.09	0.55	0.45	3
4~5	0.04	0.75	0.25	2
5~6	0.01	1	0	0

1. 存活率 (survival rate, s_x) = $1 - q_x$

   $0 \sim 1$ 年　$s_x = 1 - 0.7 = 0.3$

   $1 \sim 2$ 年　$s_x = 1 - 0.5 = 0.5$

   $2 \sim 3$ 年　$s_x = 1 - 0.4 = 0.6$

(四) 族群在時間之預測變化表 (population projection table)

族群在時間上的變化，由存活率 (s_x) 與繁殖率 (b_x) 兩個因子決定。

[例題] 年齡結構表

有一森林有若干隻公兔子與 10 隻 1 歲母兔子移入：

兔子年齡	年 (族群數目)		
	0	1	2
0	20	27	34.2
1	10	6	8.1
2	0	5	3
3	0	0	3
4	0	0	0
5	0	0	0
Total	30	38	48.3
λ	1	1.27	1.27
0	20	27	34.2

0 年→剛移入 10 隻 1 歲母兔子，1 歲的母兔子每隻一年生兩隻，

所以在 0～1 歲的兔子 $10 \times 2 = 20$ 隻，總數將為 $10 + 20 = 30$ 隻

1 年→ 20 隻 0～1 歲的兔子，在第一年存活率為 0.3，

所以 1～2 歲為 $20 \times 0.3 = 6$ 隻；

10 隻 1～2 歲的兔子，在第二年存活率 0.5，所以 2-3 歲為 $10 \times 0.5 = 5$ 隻；

新出生為 6 隻 $\times 2$ + 5 隻 $\times 3$ = 27 隻，總數 $6 + 5 + 27 = 38$

隻數年變化（Lambda）$= 38/30 = 1.27$

2 年→ 1～2 歲的隻數 $27 \times 0.3 = 8.1$

2～3 歲的隻數 $6 \times 0.5 = 3.0$

3～4 歲的隻數 $5 \times 0.6 = 3.0$

0～1 歲的隻數 $8.1 \times 2 + 3 \times 3 + 3 \times 3 = 34.2$

10-3-2 存活分析範例 [依序 (estat phtest、sts graph、ltable 或 sts list、stci、stmh、stcox 指令)]

存活分析具有設限資料的特徵，所謂右設限為在觀測時間內，研究對象因某些因素失去追蹤、損毀或觀測時間內「事件」未發生，主要是因為追蹤觀測

資料不完整而產生。一般設限現象主要為右設限 (Right censored)，即在最後一次的觀測中觀測體仍「存活」的個體。

一、Cox proportional hazard regression

Cox 迴歸模型 (Cox's regression model) 又稱為對比涉險模型 (proportional hazard model)，屬於無母數分析方法的一種，不需要對依變數作統計機率分布的假定 (assumption)，以危險函數 [hazard function；$\lambda(t)$ 或 $h(t)$] 建立預後因子和存活率之關係，預測個體失敗時間點的機率，並探討特定的因子或變數與存活時間之關聯性。

以 Cox regression 檢定連續型變數在存活時間及風險上的預測情形是否達顯著差異，此為存活分析之單變量分析 (univariate Cox regression)；針對單變量存活分析達顯著者 (p <0.05)，你可將達顯著的自變數一併納入 Cox 模型中，以 Cox proportional hazard model 來檢驗在控制 (adjust / control) 其他變數的影響效果之下，建立某症候群之存活預測模型，此為多變量存活分析 (multivariate Cox regression)。

例如，藥物反應研究中，為了探討某一種藥物的效果，經常進行數個不同的治療方式當作處理組 (treatment group) 和一個對照組 (control group) 來做比較。醫學上所蒐集到的資料經常出現右設限資料，導致分析的困難。針對右設限存活資料，當兩組存活函數呈現交叉時，通常不會檢定兩組的存活函數有無差異，而是針對特定的時間點下兩組存活函數是否有差異。此外，藥物的藥效可能隨時間而改變，具相同條件的病人，其療效也不相同。

二、範例：處理組 (treatment group) 和對照組 (control group) 的存活函數之危險率比較：除草 vs. 無除草對幼苗存活率的比較

(一) 問題說明

下表分析的資料為植物幼苗在有沒有除草的處理 (treat 變數；除草：yes，沒除草：no) 下，存活的天數 (day)，其中狀態 (status) 為幼苗是否在觀察期間發生死亡 (死亡 1，存活 0)。

事件 (event) 變數是用來表示觀察時間是否為存活時間的指標 (又稱設限變數)。若「是」的話，事件變數值定義為「1」，表示觀察時間資料是完整的存活資料；若「不是」的話，則定義為「0」，表示觀察到的時間資料是不完整的設限資料。通常事件變數值為「1」時，又稱為一個事件 (e.g. 死亡)；「0」時

稱為設限 (censored)，即未發生事件 (e.g. 仍活著)。

幼苗 no	day 存活 的天數	Status 發生死亡嗎	Treat 除草否？	幼苗 no	day 存活 的天數	Status 發生死亡嗎	Treat 除草否？
1	5	1	NO	19	9	1	YES
2	7	1	NO	20	11	1	YES
3	9	1	NO	21	14	1	YES
4	11	1	NO	22	14	1	YES
5	12	1	NO	23	15	1	YES
6	13	1	NO	24	22	1	YES
7	14	1	NO	25	36	1	YES
8	15	1	NO	26	59	0	YES
9	19	1	NO	27	62	0	YES
10	20	1	NO	28	76	0	YES
11	22	1	NO	29	88	0	YES
12	30	1	NO	30	35	0	YES
13	35	1	NO	31	55	0	YES
14	55	1	NO	32	18	0	YES
15	18	0	NO	33	100	0	YES
16	100	0	NO	34	125	0	YES
17	108	0	NO	35	163	0	YES
18	152	0	NO	36	152	0	YES

存在 CD 檔中：除草可助存活嗎 .xls、除草可助存活嗎 .dta

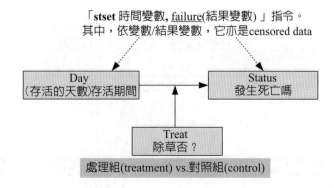

「**stset** 時間變數, <u>failure</u>(結果變數) 」指令。
其中, 依變數/結果變數, 它亦是censored data

處理組(treatment) vs.對照組(control)

圖 10-14 存活分析之研究架構

註 1：*stcox*, *streg*, *stcrreg* 指令, 都將「Failure variable:」中所指定變數當作依變數。

註 2：存活分析設定(「stset *timevar* failure *failvar*」指令)之後, 會新產生三個系統變數($\_t_0$; $\_t$; $\_d$), 其中：

  1. $\_t_0$ 是觀察的開始時間, $\_t_0 \geq 0$。

  2. $\_t$ 是觀察的結束時間, $\_t \geq \_t_0$。

  3. $\_d$ 是失敗指標 (indicator for failure), $\_d \in \{0,1\}$。

(二) 建資料檔

    將上述表格, 依圖 10-15 程序來建資料檔。

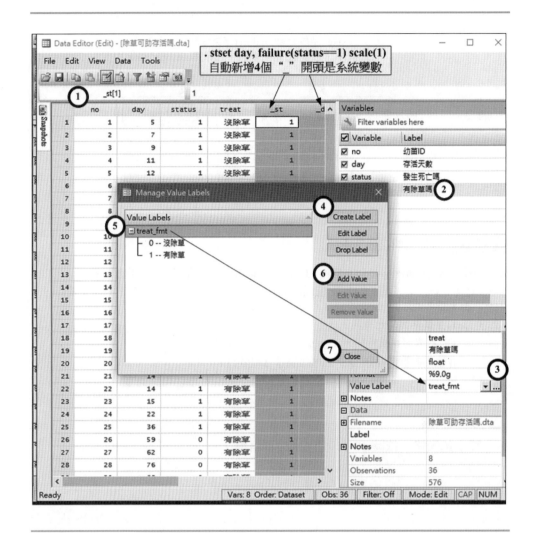

圖 10-15 「除草可助存活嗎 .dta」資料檔

(三)STaTa 存活分析

存活分析的目標包括：

1. 從存活資料中預估和解釋存活情形與危險函數 (hazard function)。
2. 比較不同群體存活和危險函數 (hazard function) 的情形。
3. 評估對於存活時間而言，時間和解釋變數為相互獨立 (time-independent) 或相依 (time-dependent) 的關係。

執行相關之存活分析指令，依序為：主觀的 Kaplan Meier graphic (「sts

graph」指令)、描述性之生命表 (Life tables for survival data) (ltable 指令)、客觀的 Mantel-Haenszel rate ratios 檢定 (stmh 指令)、客觀的 Cox proportional hazards model (stcox 指令) 等步驟。

| Step 1 | 界定存活-時間資料 (declare data to be survival-time data (stset 指令))

存活分析設定 (「stset *timevar* failure *failvar*」指令) 之後，會新產生三個系統變數 (_t0; _t; _d)，其中：
(1) _t0 是觀察的開始時間。
(2) _t 是觀察的結束時間。
(3) _d 是失敗指標 (indicator for failure), _d 屬於 {0,1}。

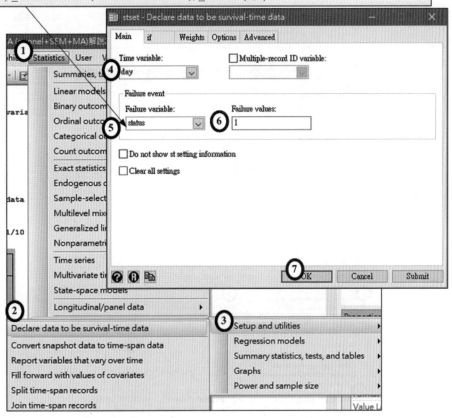

圖 10-16 「stset 指令」畫面

有限混合模型 (FMM)：STaTa 分析 (以 EM algorithm 做潛在分類再迴歸分析)

1.「stset 指令 -- Declare data to be survival-time data」視窗：

存活時間變數 (Survival Time Variable) 應選存活時間 (day)，故在「Time variable」
選入 day。
失敗變數「Failure variable」選入 status;「Failure value」填入 1，因為狀態 (Sta-
tus；死亡：1，存活 0)。
設定完畢，則按下「OK」確定。

2.「sts graph」視窗：

群組 (Grouping variable)：「處理組 (有除草)vs. 控制組 (沒除草)」treat 變數。

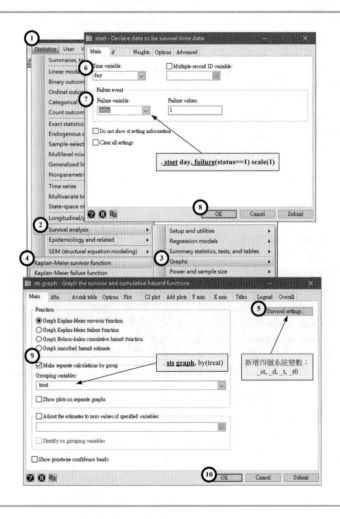

　圖 10-17　Kaplen-Meier 存活函數之選擇表

註：Statistics > Survival analysis > Graphs > Survivor and cumulative hazard functions

STaTa 之 **S**urvival **T**ime(st 開頭之指令) 設定指令爲 **stset**。

```
* 開啟資料檔
. use 除草可助存活嗎 .dta
* 設定 Survival Time(st 開頭之指令 )
* stset 會自動新增四個系統變數：_st, _d, _t, _t0
* stset 時間變數，failure() 讓你宣告：依變數 / 結果變數，它亦是 censored data

. stset day, failure(status==1) scale(1)

     failure event:  status == 1
obs. time interval:  (0, day]
 exit on or before:  failure

------------------------------------------------------------
    36  total obs.
     0  exclusions
------------------------------------------------------------
    36  obs. remaining, representing
    21  failures in single record/single failure data
  1699  total analysis time at risk, at risk from t =          0
                            earliest observed entry t =         0
                                last observed exit t =        163
```

<u>Step 2-1</u> 方法一：**Graphically assess proportional-hazards assumption (stphplot 指令)**

存活資料分析的第一步是檢視存活時間的分布，這能利用做存活圖 (**stphplot** 指令) 和危險函數 (hazard function) (**stphplot** 指令) 來完成。另一步是做能形容存活時間分布和解釋變數關係的模型，在分析存活資料時，評估模型的適合度和計算調整的存活分析也是很重要的步驟。

Cox 比例危險模型 (proportional hazard model) 雖可以檢定實驗的處理效果 (treatment effect)(即 hazard ratio) 是否比控制組優，但 Cox 迴歸與其他迴歸一樣，都有一事先條件，就是要符合其假定 (assumption)：風險比 (risk ratio)(或者 the ratio of event rates) 爲一常數，不會變動的。因此不論是治療後一個月，還是治療後一年、二年，此一比率 (ratio) 乃維持固定 (fixed)。此 Cox 假定有三種檢定法：

897

方法 1 圖示法：若 proportional hazard assumption 成立下，log(-log(K-M 曲線)) versus log(survival time) 會呈現近似兩條平行線；若是兩條線不平行或是有交叉，則表示違反 proportional hazard 的假定。STaTa 提供了 **stphplot** 指令來檢定。

方法 2 在 Cox 模型中加入一個時間相依 (time-dependent) 變數，即「treatment ×log(survival time)」，再檢定這個變數是否顯著 (即 p-value 是不是很小)，p-value 若越小，顯示 HR 越會隨時間變動，而不是一個常數。但 STaTa 另外提供了「estat concordance」指令之一致性 C 值來替代，此值越大，代表該模型越準確。

方法 3 根據 Schoenfeld 殘差 (residual) 來判斷 (Grambsch & Therneau, 1994)，STaTa 提供「**estat phtest**」卡方檢定。χ^2 檢定之 p-value 若越小，顯示 HR 越會隨時間變動，而不是一個常數。

STaTa 提供「estat phtest」、「estat concordance」、「stphplot, by(組別)」、「sts graph」等指令，讓你檢定是否違反 Cox 迴歸之事先假定「H_0：隨時間變化，處理組與控制組之間風險比 (risk ratio、the ratio of event rates) 為固定 (constant)」。若違反 Cox 模型此假定 (assumption) 時，stcox 指令應改成參數存活模型 (streg 指令)，並外加下列二個模型之一：

方法一：納入脆弱模型

當蒐集的資料為長期追蹤之臨床數據，治療效果通常隨時間降低，此時很容易違反風險為「固定」比例的假定 (assmuption)，此時韋伯／指數等六種分布，就可搭配脆弱模型 (frailty model) 來適配此類的臨床數據。即存活資料模型中，若滲有隨機因素時，Cox 模型就須改用 streg 指令來納入脆弱模型。

方法二：納入 accelerated failure time(AFT)

以作者《STaTa 在生物醫學統計分析》一書，圖 6-7「乳癌患者併發 TEEs 對存活影響」來說，Allison(2004) 發現 Kaplan-Meier method、Log-minus-log 及 like time-interaction test 等檢定，當遇時變 (time-varying) 之解釋變數，包括：TEEs、年齡、手術、放射治療、化療、荷爾蒙治療等變數，就會違反 Cox proportional hazard model 等比例風險的假定 (assumption)，因為這些個人因子、環境因子多數存在「時間相依性之共變數 (time-dependent covariance)」問題，故應改以 accelerated failure time model 來克服。

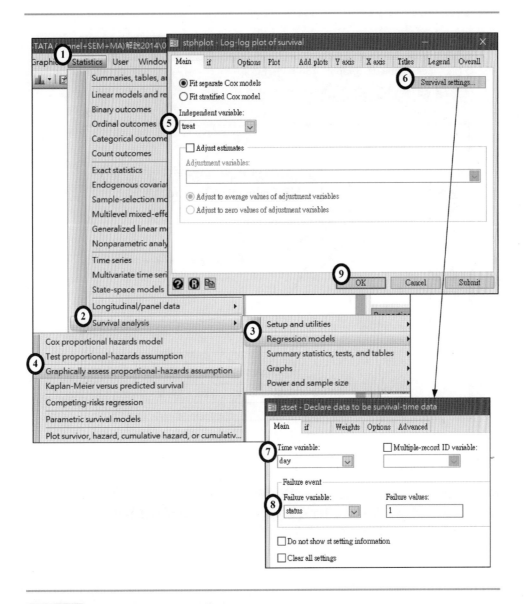

圖 10-18 「stphplot, by(treat)」畫面

註：Statistics > Survival analysis > Regression models > Graphically assess proportional-hazards assumption

```
* Graphically assess proportional-hazards assumption
. stphplot, by(treat)
```

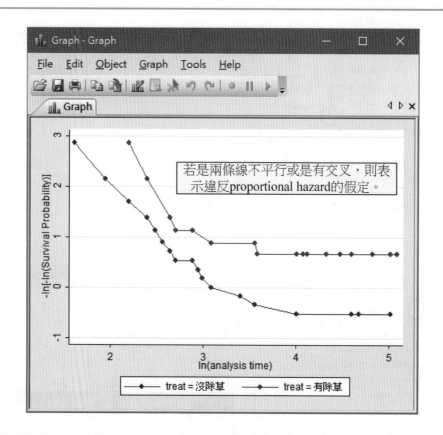

圖 10-19 「stphplot, by(treat)」結果圖

註 1：二條線未交叉，表示未違反 Cox 迴歸的假定，故可放心執行 Cox 迴歸。
註 2：ln-ln(x)=0.65，無除草之存活時間 =2.6 個月；有除草存活時間 =5 個月。

Step 2-2 方法二：「比例－危險」假定的檢定 Tests of proportional-hazards assumption(**estat concordance** 指令)

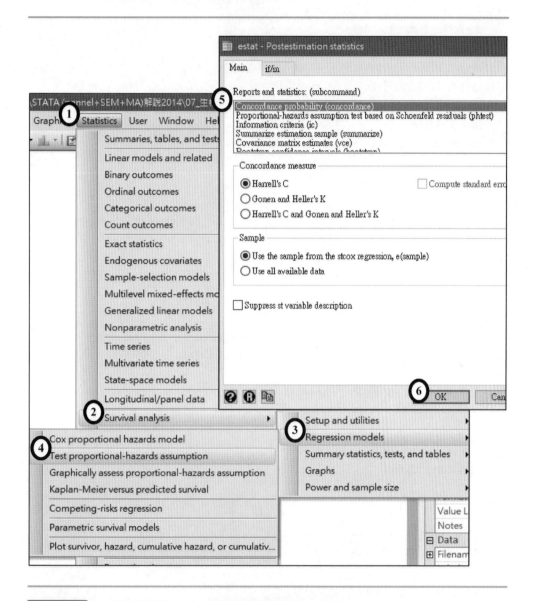

圖 10-20   一致性統計量 C 之「 estat concordance 」畫面

註：Statistics > Survival analysis > Regression models > Test proportional-hazards assumption

```
. stcox treat

        failure _d:  status == 1
   analysis time _t:  day


Iteration 0:   log likelihood = -67.06486
Iteration 1:   log likelihood = -64.379435
Iteration 2:   log likelihood = -64.379419
Refining estimates:
Iteration 0:   log likelihood = -64.379419


Cox regression -- Breslow method for ties


No. of subjects =          36              Number of obs    =         36
No. of failures =          21
Time at risk    =        1699
                                           LR chi2(1)       =       5.37
Log likelihood  =  -64.379419              Prob > chi2      =     0.0205


------------------------------------------------------------------------
       _t |  Haz. Ratio   Std. Err.      z    P>|z|    [95% Conf. Interval]
----------+-------------------------------------------------------------
    treat |   .3526075    .1644947   -2.23   0.025    .1413182    .8798022
------------------------------------------------------------------------


* compute the concordance probability
. estat concordance


        failure _d:  status == 1
   analysis time _t:  day


   Harrell's C concordance statistic


Number of subjects (N)               =        36
Number of comparison pairs (P)       =       500
Number of orderings as expected (E)  =       194
Number of tied predictions (T)       =       235
```

```
Harrell's C = (E + T/2) / P =      .623
                 Somers' D =       .246
```

1. Harrell's C 指數，又稱一致性 (concordance) C 值，它被廣泛用來測量二個存活分布的區分度(as a measure of separation of two survival distributions)。C-index 在 0.50~0.70 為較低準確度；在 0.71~0.90 之間為中等準確度。本例 Cox 模型之區分度：Harrell's C 為 0.623，是屬低準確度。

定義：一致性 C 指數 (index of concordance)

　　一般評價模型的好壞主要有兩個方面：(1) 模型的適配度 (goodness of Fit)，常見的評價指標主要有 R^2、$-2\log L$、AIC、BIC(AIC、BIC 越小，解釋能力越佳) 等；(2) 預測精確度，主要就是模型的真實值與預測值之間的差的大小 ($Y\text{-}\hat{Y}$)、誤差變異數ε_{σ^2}、相對誤差等。對臨床的應用，我們更重視預測精確度，因統計建模主要是用於預測。而從 C-index 的概念，亦屬於評比模型精確度的指標，此指標比適配度指標更實用。

　　C-index，C 指數即一致性指數，用來評價模型的預測能力。C 指數是資料所有病人配對中，預測結果與實際結果一致的配對所占的比例。它估計了預測結果與實際觀察到的結果相一致的機率。以生存分析為例，對於一對病人，如果預測較長壽者的生存時間真的比另一位活得久，或預測的生存機率高者之生存時間長於生存機率低的另一位，則稱之為預測結果與實際結果一致。

　　所謂 C-index，即 concordance index(一致性指數)，最早由範德堡大學 (Vanderbilt University) 生物統計教授 Frank E Harrell Jr (1996) 提出，也稱為 Harrell's concordance index，主要用於計算生存分析中的 Cox 模型預測值與真實之間的區分度 (discrimination)；C-index 也廣泛應用在腫瘤患者預後模型的預測精確度。

　　C-index 本質上是估計了預測結果與實際觀察到的結果相一致的機率，即資料所有病人配對中預測結果與實際結果一致的配對所占的比例，有點類似於 ROC 曲線下面積。

　　C-index 的計算方法是：把所研究的資料中的所有研究對象隨機地兩兩組成配對。以生存分析為例，對於一對病人，如果生存時間較長的一位，其預

測生存時間長於生存時間較短的一位，或預測的生存機率高的一位的生存時間長於生存機率低的另一位，則稱之爲預測結果與實際結果一致。

　　C 指數的計算方法是：先把樣本資料中的所有研究對象隨機地兩兩組成配對，接著計算步驟爲：

(1) 產生所有的病例配對：若有 n 個觀察個體，則所有的配對數爲 $\binom{n}{2}$。

(2) 排除下面兩種配對：配對中具有較小觀察時間的個體沒有達到觀察終點中，以及配對中兩個個體都沒達到觀察終點。剩餘的爲有用配對。

(3) 計算有用配對中，預測結果和實際相一致的配對數，即具有較壞預測結果個體的實際觀察時間較短。

(4) 計算，$C = \dfrac{一致配對數}{有用配對數}$

　　由上述公式可看出，C-index 在 0.5~1 之間。0.5 爲完全不一致，說明該模型沒有預測作用；1 爲完全一致，說明該模型預測結果與實際完全一致。在實際應用中，很難找到完全一致的預測模型。既往文獻認爲，C-index 在 0.50~0.70 爲較低準確度；在 0.71~0.90 之間爲中等準確度；而高於 0.90 則爲高準確度。

　　當 C-index 檢驗若都由同一樣本來建構模型則容易造成偏誤，因此改採 Bootstrap 即可無偏誤的檢驗預測模型的準確度。Bootstrap 它是非參數統計中一種重要的估計統計量、變異數，進而進行區間估計的統計法。

　　Bootstrap 方法核心思想和基本步驟如下：

(1) 採用重抽樣技術：從原始樣本中抽取一定數量的樣本，此過程允許重複抽樣。

(2) 根據抽出的樣本計算給定的統計量 T。

(3) 重複上述 N 次 (一般大於 1000)，得到 N 個統計量 T。

(4) 計算上述 N 個統計量 T 的樣本變異數，得到統計量的變異數。

Step 2-3 方法三：**Tests of proportional-hazards assumption(estat phtest 指令)**

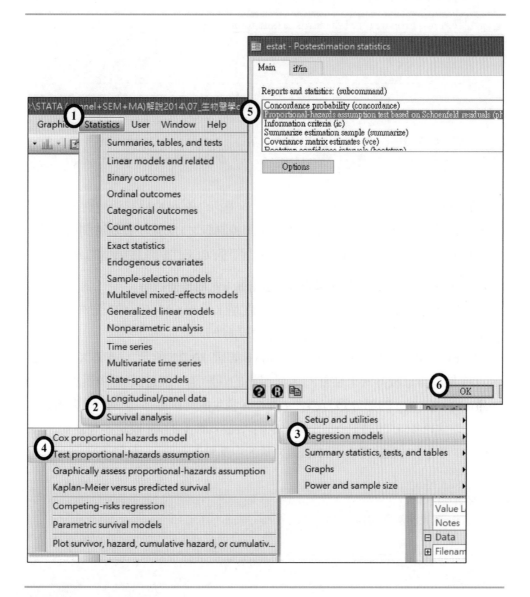

圖 10-21 「**estat phtest**」畫面

註：Statistics > Survival analysis > Regression models > Test proportional-hazards assumption

```
.estat phtest

    Test of proportional-hazards assumption

    Time:  Time
    -------------------------------------------------------------
                |               chi2       df        Prob>chi2
    ------------+------------------------------------------------
    global test |              0.75         1           0.3871
    -------------------------------------------------------------
```

1. 「estat phtest」卡方檢定，p-value 若越小，顯示 HR 越會隨時間變動，而不是
   一個常數。故本例 Cox 模型中，處理組與控制組之 HR 並不會隨時間而變動，
   並未違反 Cox 模型的假定，故可放心進行下列 Cox 比例危險模型的分析。

   Step 3　**Kaplen-Meier 存活函數 [sts graph, by(處理變數)]**

   存活分析最重要的分析方法之一，就是 Kaplan-Meier 估計法，又稱爲
   "product-limit" 估計法，是用來估計存活曲線的方法。

   Kaplan-Meier(K-M) survival curve 如圖 10-22 所示，這個 K-M 曲線
   (curve) 是以無母數方式來估計的。呈現出的圖形是一個遞減的階梯函數 (step
   function)，有 step 的部分是有事件 (死亡) 發生的時間點。這個函數畫出來之
   後，可以估計各時間點的存活率 (例如：1-year survival rate 或是 5-year survival
   rate)，亦可估計 median survival time(X 軸的中間點)。

```
* 開啟資料檔
. use 除草可助存活嗎 .dta

* 求 Kaplen-Meier 存活函數
. sts graph, by(treat)

        failure _d:  status == 1
  analysis time _t:  day
```

   執行 STaTa 繪圖之 (**sts graph**) 指令，即會跳出 Kaplan Meier graphic 視窗
   (**Graph the survivor and cumulative hazard fuvnctions**)，再依圖 10-22 之操作程
   序，將每一個欄位填入相對應的變數。

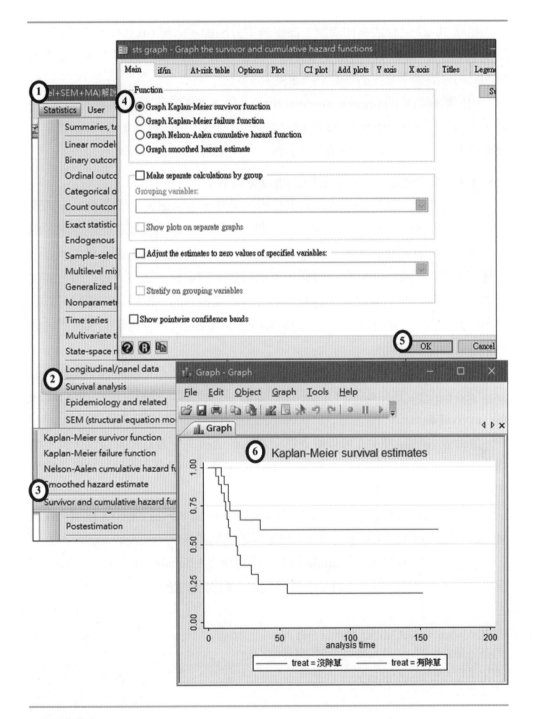

圖 10-22　求得 Kaplen-Meier 存活函數

註：Statistics > Survival analysis > Graphs > Survivor and cumulative hazard functions

　　如圖 10-22 之存活率曲線圖，曲線圖中分別顯示除草 (treat=1，紅線) 與沒除草 (treat=0，藍線) 的幼苗存活曲線。故在存活率曲線圖中可以看到，在不同時間點的存活機率及存活率的下降速度。

　　中位數存活時間 (median survival time)，係 X 軸的中間點 100(時間單位)。顯示本例，有除草 (treat=1，紅線) 的幼苗存活曲線，中位數為 0.625 存活機率。沒除草 (treat=0，藍線) 的幼苗存活曲線，中位數為 0.21 存活機率。

Step 4　生命表分析 (同質性檢定)(ltable 指令)

　　存活分析又叫精準分析或生命表分析，早在十七世紀天文學家 Halley 即應用生命表方法來估計小鎮居民的存活時間。之後，生命表就被廣泛地應用，例如：壽險公司採用生命表來估計保戶的保險金等。因為每個人都一樣生，而不一樣死，在生和死的中間存活時間，就是每個人的生命，雖然有長有短，其生活內容卻千變萬化，有人人生是彩色的，有人是黑白的，但均是一樣地可以以時間的長短就可以表示出來。生命表有關的統計就是著眼在這樣的情況下，而發展出來的存活分析。

　　在 STaTa 選擇表，選「Statistics > Survival analysis > Summary statistics, tests, and tables > Life tables for survival data」選項，即可繪製生命表 (life tables for survival data)。

　　生命表 (ltable 指令) 可以檢查群組之間存活機率是否有差異存在，但不能提供差異的大小或信賴區間，故仍須 stmh 及 stci 指令配合，來檢定實驗組與對照組之差異及 95% 信賴區間。

　　值得一提的是，當存活曲線相互交錯時 (survival curves cross)，就須再採用 Mantel-Haenszel 檢定 (stmh 指令) 來檢定群組間的差異。

　　執行 STaTa 繪生命表之 ltable 指令，即會跳出 Life tables for survival data 視窗，再依下圖之操作程序，將每一個欄位填入相對應的變數：

群組 (Group Variable) -> 處理 (treat)。
存活時間變數 (Time Variable) -> 存活時間 (day)。
失敗變數 (Failure Variable) -> 狀態 (Status；死亡：1，存活 0)。
設定完畢 -> 按下「ok」確定。

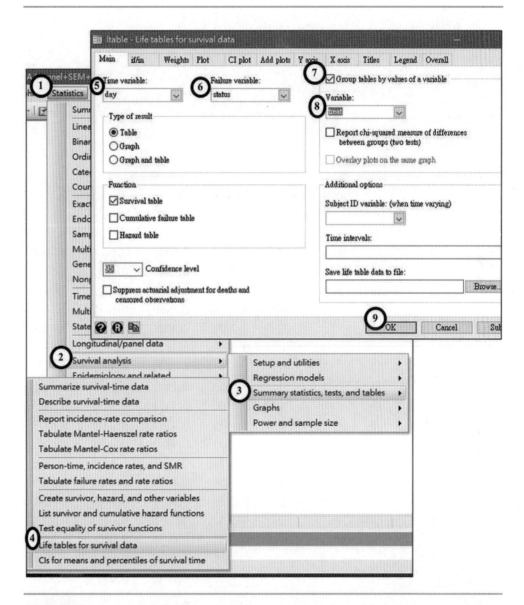

圖 10-23   ltable 指令之選擇表 (Life tables for survival data)

註：Statistics > Survival analysis > Summary statistics, tests, and tables > Life tables for survival data

有限混合模型 (FMM)：STaTa 分析 (以 EM algorithm 做潛在分類再迴歸分析)

```
* 開啟資料檔
. use 除草可助存活嗎 .dta

. set more off

* 同質性檢定
. ltable day status, survival by(treat)
```

存活天數 Interval		Beg. Total	Deaths	Lost	Survival	Std. Error	[95% Conf. Int.]	
沒除草								
5	6	18	1	0	0.9444	0.0540	0.6664	0.9920
7	8	17	1	0	0.8889	0.0741	0.6242	0.9710
9	10	16	1	0	0.8333	0.0878	0.5677	0.9430
11	12	15	1	0	0.7778	0.0980	0.5110	0.9102
12	13	14	1	0	0.7222	0.1056	0.4562	0.8738
13	14	13	1	0	0.6667	0.1111	0.4035	0.8343
14	15	12	1	0	0.6111	0.1149	0.3532	0.7921
15	16	11	1	0	0.5556	0.1171	0.3051	0.7475
18	19	10	0	1	0.5556	0.1171	0.3051	0.7475
19	20	9	1	0	0.4938	0.1193	0.2516	0.6972
20	21	8	1	0	0.4321	0.1193	0.2021	0.6438
22	23	7	1	0	0.3704	0.1171	0.1566	0.5873
30	31	6	1	0	0.3086	0.1127	0.1152	0.5275
35	36	5	1	0	0.2469	0.1057	0.0782	0.4641
55	56	4	1	0	0.1852	0.0956	0.0463	0.3964
100	101	3	0	1	0.1852	0.0956	0.0463	0.3964
108	109	2	0	1	0.1852	0.0956	0.0463	0.3964
152	153	1	0	1	0.1852	0.0956	0.0463	0.3964
有除草								
9	10	18	1	0	0.9444	0.0540	0.6664	0.9920
11	12	17	1	0	0.8889	0.0741	0.6242	0.9710
14	15	16	2	0	0.7778	0.0980	0.5110	0.9102
15	16	14	1	0	0.7222	0.1056	0.4562	0.8738
18	19	13	0	1	0.7222	0.1056	0.4562	0.8738
22	23	12	1	0	0.6620	0.1126	0.3963	0.8321
35	36	11	0	1	0.6620	0.1126	0.3963	0.8321
36	37	10	1	0	0.5958	0.1192	0.3314	0.7845

55	56	9	0	1	0.5958	0.1192	0.3314	0.7845
59	60	8	0	1	0.5958	0.1192	0.3314	0.7845
62	63	7	0	1	0.5958	0.1192	0.3314	0.7845
76	77	6	0	1	0.5958	0.1192	0.3314	0.7845
88	89	5	0	1	0.5958	0.1192	0.3314	0.7845
100	101	4	0	1	0.5958	0.1192	0.3314	0.7845
125	126	3	0	1	0.5958	0.1192	0.3314	0.7845
152	153	2	0	1	0.5958	0.1192	0.3314	0.7845
163	164	1	0	1	0.5958	0.1192	0.3314	0.7845

上述生命表 (life table)，不同研究期間都顯示有除草 (treat=1) 比無除草 (treat=0)，更能延長幼苗的存活天數 Interval (變數 day).

Step 5　**Mantel-Haenszel rate ratios 檢定：stmh 指令**

先前的「Kaplan-Meier 存活函數估計」，只能提供一組或多組的樣本存活函數估計，但並未進一步檢定各組存活函數有無差異。此時就須執行 Mantel-Haenszel rate ratios 檢定。

在 STaTa 選擇表上，選「Statistics > Survival analysis > Summary statistics, tests, and tables > Tabulate Mantel-Haenszel rate ratios」功能選項，即可執行 Mantel-Haenszel rate ratios 檢定。

Mantel-Haenszel rate ratios 檢定，旨在檢查群組之間存活機率的差異。生命表僅能檢定群組間是否有顯著的差異性存在，並不能提供差異的大小或信賴區間，仍須 stmh 及 stci 指令分別來檢定實驗組與對照組之差異及 95% 信賴區間。

值得一提的是，當存活曲線相互交錯時 (survival curves cross)，Mantel-Haenszel rate ratios 檢定，就不適合用來檢定群組間的差異。

當跳出「stset – Declare data to be survival-time data」的視窗，再依圖 10-24 之操作程序，將每一個欄位填入相對應的變數：

群組 (Group Variable) -> 處理 (treat)。
存活時間變數 (Time Variable) -> 存活時間 (day)。
失敗變數 (Failure Variable) -> 狀態 (Status；死亡：1，存活 0)。
設定完畢 -> 按下「ok」確定。

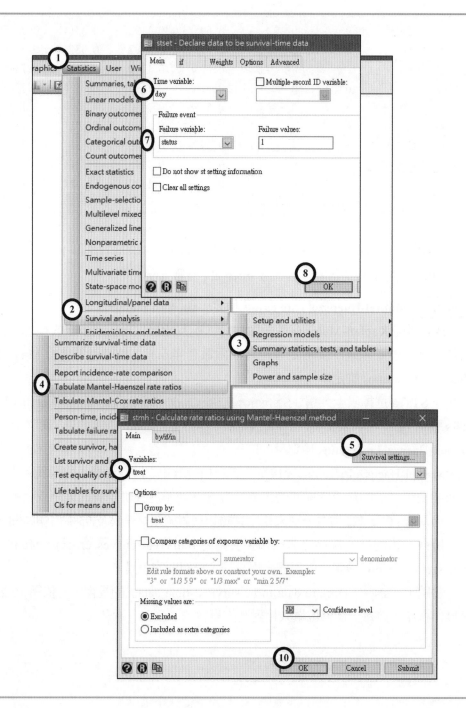

圖 10-24 Mantel-Haenszel rate ratios(stmh) 指令之選擇表

註：選「Statistics > Survival analysis > Summary statistics, tests, and tables > Tabulate Mantel-Haenszel rate ratios」

　　此外，藥物反應研究中，爲了探討某一種藥物的效果，經常進行數個不同的治療方式當作處理組 (treatment group) 和一個對照組 (control group) 來做比較。醫學上所蒐集到的資料經常出現右設限資料，導致分析的困難，針對右設限存活資料，當兩組存活函數呈現交叉時，通常不會檢定兩組的存活函數有無差異，而是針對特定的時間點下兩組存活函數是否有差異。此外，藥物的藥效可能隨時間而改變，具相同條件的病人，其療效也不相同。

```
* 開啟資料檔
. use 除草可助存活嗎 dta

* 設定 Survival Time(st 開頭之指令 )
* stset 會自動新增四個系統變數：_st, _d, _t, _t0
* failure() 讓你宣告：依變數 / 結果變數，它亦是 censored data

. stset day, failure(status==1) scale(1)


     failure event:  status == 1
obs. time interval:  (0, day]
 exit on or before:  failure


-----------------------------------------------------------------
      36   total obs.
       0   exclusions
-----------------------------------------------------------------
      36   obs. remaining, representing
      21   failures in single record/single failure data
    1699   total analysis time at risk, at risk from t =          0
                           earliest observed entry t =          0
                             last observed exit t =        163

* 執行 Mantel-Haenszel rate ratios(stmh) 指令
. stmh treat

       failure _d:  status == 1
  analysis time _t:  day


Maximum likelihood estimate of the rate ratio
  comparing treat==1 vs. treat==0
```

```
RR estimate, and lower and upper 95% confidence limits

      ------------------------------------------------------------
         RR        chi2        P>chi2        [95% Conf. Interval]
      ------------------------------------------------------------
        0.306       7.35        0.0067         0.123        0.758
      ------------------------------------------------------------
```

1. 執行 Mantel-Haenszel rate ratios(stmh) 指令，結果顯示有除草 vs. 沒除草處理「treat==1 vs. treat==0」，對幼苗的存活曲線有顯著差異 (χ^2=7.35，p<0.05)。且 95% 信賴區間為 [0.123, 0.758] 亦未含無差異之零值，這也顯示 treat(二組) 之處理效果 (延長存活天數 day) 對幼苗的存活曲線有顯著差異。

2. Mantel-Haenszel 比值檢定，係可發現多組 (如實驗組 vs. 對照組) 存活函數有無差異 (Comparison for two or more survival functions)。

Step 6 **Cox proportional hazards model (stcox 指令)**

存活分析，除了期望了解不同的干擾因子 (有沒有除草之處理 treat) 對於兩個或多個群體的存活結果有何種影響外，另外研究者有興趣的部分是預測「這一組變數值」之下的時間分布，在存活分析中最常使用的迴歸分析，就是 Cox 比例風險模型 (Cox proportional hazards model)。

當跳出「Cox proportional hazards model」的視窗，請依圖 10-25 之操作程序，將每一個欄位填入相對應的變數。

```
存活時間 (Time) -> 存活時間 (day)
狀態 (Status) -> 狀態 (Status；死亡：1，存活 0)
群組 (Group) -> 處理 (treat)
```

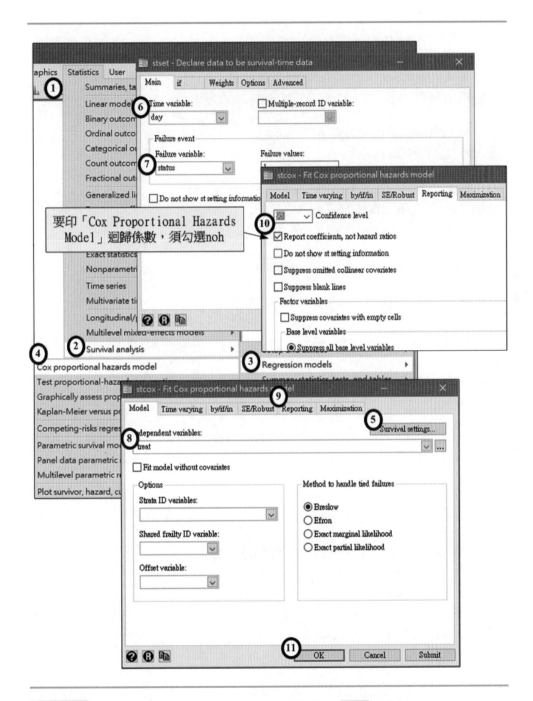

要印「Cox Proportional Hazards Model」迴歸係數，須勾選noh

圖 10-25 「Cox proportional hazards model」的選擇表 (**stcox** 指令)

註： Statistics > Survival analysis > Regression models > Cox proportional hazards model

```
. use 除草可助存活嗎 dta

* 進行 Cox Proportional Hazards 分析：先求 RR 值
. stcox treat

        failure _d:  status == 1
  analysis time _t:  day


Iteration 0:    log likelihood =  -67.06486
Iteration 1:    log likelihood = -64.379435
Iteration 2:    log likelihood = -64.379419
Refining estimates:
Iteration 0:    log likelihood = -64.379419
```

Cox regression -- Breslow method for ties

```
No. of subjects =            36              Number of obs   =          36
No. of failures =            21              LR chi2(1)      =        5.37
Time at risk    =          1699              Prob > chi2     =      0.0205
Log likelihood  =    -64.379419
```

```
--------------------------------------------------------------------------------
        _t | Haz. Ratio   Std. Err.       z     P>|z|     [95% Conf. Interval]
-----------+--------------------------------------------------------------------
     treat |   .3526075    .1644947    -2.23    0.025     .1413182     .8798022
--------------------------------------------------------------------------------
```

```
* 進行 Cox Proportional Hazards 分析：再求迴歸係數
* 要印「Cox Proportional Hazards Model」迴歸係數，要勾選 nohr
. stcox treat, nohr

        failure _d:  status == 1
  analysis time _t:  day


Iteration 0:    log likelihood =  -67.06486
Iteration 1:    log likelihood = -64.379435
Iteration 2:    log likelihood = -64.379419
```

```
Refining estimates:
Iteration 0:    log likelihood = -64.379419


Cox regression -- Breslow method for ties


No. of subjects =            36          Number of obs    =          36
No. of failures =            21          LR chi2(1)       =        5.37
Time at risk    =          1699          Prob > chi2      =      0.0205
Log likelihood  =    -64.379419


------------------------------------------------------------------------
      _t |     Coef.   Std. Err.      z    P>|z|    [95% Conf. Interval]
---------+--------------------------------------------------------------
   treat |   -1.0424   .4665094    -2.23   0.025   -1.956741   -.1280582
------------------------------------------------------------------------
```

* 執行事後指令：C 一致性統計量
. estat concordance

```
        failure _d:  status == 1
  analysis time _t:  day


 Harrell's C concordance statistic


Number of subjects (N)          =          36
Number of comparison pairs (P)  =         500
Number of orderings as expected (E) =     194
Number of tied predictions (T)  =         235


        Harrell's C = (E + T/2) / P =      .623
                      Somers' D =           .246
```

1. 此時，「在某個時間點之下給定 X 值的 event 風險比」，取 $\log_e(x)$ 後，得：

$$\log[HR(x)] = \log_e\left(\frac{h(t\,|\,x)}{h_0(t)}\right) = \beta_1 x_1 + \beta_2 x_2 + \cdots + \beta_p x_p$$

其中，

$h_0(t)$：在第 t 個時間點時，當所有預測變數 (predictors) 為 0 時之基線危險

917

(baseline hazard，無研究意義)。

$h(t|x)$：在第 t 個時間點時，給定 x 值時的危險 (hazard)。

$\log_e\left(\dfrac{h(t\,|\,x)}{h_0(t)}\right)$：「在某個時間點之下，當所有預測變數 (predictors) 為 0 時的危險比」。

上式，e^β (或 exp(β)) 型式稱做 risk ratio(RR) 或 hazard ratio(HR)。一般在解讀 Cox 迴歸分析之報表時，係以解釋 RR 或 HR 為主。

本例 HR = 0.35，表示實驗處理 (除草) 可有效改善 65% 幼苗的存活。

2. 本例較為單純，僅觀察除草是否對於苗木的存活有無影響，因此適配的 Cox PH 模型為 h(t)=h_0(t)exp(β_1×treat)。由於 $\log_e(x)$ 的反函數為 exp(x)，故 $\log_e(x)$ 值代入 exp(x) 後即為 1。

本例 STaTa 求得危險比 (hazard ratio) =0.3526 (z=-2.23，p=0.025)，顯示：有除草處理 (treat=1) 的小苗相對有較低的死亡風險，大約是沒除草處理 (treat=0) 組別的 0.3526 倍 [exp(coef)=0.3526]，或是將 β_1 取 exp，亦可求得危險比 (risk ratio) 值為 exp(β_1)=exp(-1.0423)= 0.3526。

3. 「. stcox treat, nohr」指令，求得迴歸係數 β_1：

接著再檢定虛無假設 H_0：β_1=0 的結果。本例求得 β_1=-1.0424 (se=0.4665，p=0.025<0.05)，故應拒絕 β_1=0 的虛無假設，表示本例可適配下列式子：

$$\log_e[HR(x)] = \ln\left(\frac{h(t\,|\,x)}{h_0(t)}\right) = \beta_1 x_1 + \beta_2 x_2 + \cdots + \beta_p x_p$$

4. Harrell's C 一致性統計量 (concordance statistic)=0.623，表示我們可用 treat(有無除草)62.3% 正確地辨識幼苗之存活時間。

5. Hazard Ratio(HR) 意義說明：

要估計處理組的效果 (treatment effect)，常用的 Cox 比例危險模型，其主要假定 (assumption) 為「處理組 vs. 對照組 (control)」兩組間危險函數比 (值) 與時間無關，它是常數且固定 (constant) 的。這個常數謂之危險比 (hazard ratio, HR)。HR 值大小有下表所列三種情況，基本上，Cox 模型檢定是 H_0：HR=1 vs. H_1：$HR \neq 1$；或是 H_0：係數 $\beta = 0$ vs. H_1：$\beta \neq 0$。

Hazard ratio (HR)	log(HR)=β	說明
HR = 1	$\beta = 0$	兩組存活經驗相同 (two groups have the same survival experience)
HR > 1	$\beta > 0$	控制組存活較優 (survival is better in the control group)
HR < 1	$\beta < 0$	處理組存活較優 (survival is better in the treatment group)

6. 本例對數概似比 $\boxed{\log \text{likelihood} = -64.379419}$，對數概似值越大，表示該模型越佳。其公式為：

$$\log L = \sum_{j=1}^{D}\left[\sum_{i\in D_j}x_j\beta - d_j\log\left\{\sum_{k\in R_j}\exp(x_k\beta)\right\}\right]$$

其中，j 為 ordered failure times $t_{(j)}$，j = 1, 2, …, D。D_j 是第 d_j 觀察值在時間 $t_{(j)}$ 失敗時之集合。d_j 是在時間 $t_{(j)}$ 失敗的數目。R_j 觀察值 k 在時間 $t_{(j)}$ 的集合 (即所有 k，都滿足 $t_{0k} < t_{(j)} < t_k$)。

7. 資料檔樣本為 i=1, 2, 3, …, N，其中，就第 i 個觀察值而言，其存活期間為 {t_{0i},t_i}，共變數之向量為 x_i。此時，***stcox*** 指令係求下列公式「partial log-likelihood function」之最大值，來求得係數 $\hat{\beta}$ 估計值：

$$\log L = \sum_{j=1}^{D}\left[\sum_{i\in D_j}x_j\beta - d_j\log\left\{\sum_{k\in R_j}\exp(x_k\beta)\right\}\right]$$

8. 當二個以上觀察值同分時 (tied values)，stcox 指令共有四個處理法，公式如下：

(1) $\log L_{breslow} = \sum_{j=1}^{D}\sum_{i\in D_j}\left[w_i(x_i\beta + \text{offset}_i) - w_i\log\left\{\sum_{\ell\in R_j}w_\ell\exp(x_\ell\beta + \text{offset}_\ell)\right\}\right]$

(2) $\log L_{efron} = \sum_{j=1}^{D}\sum_{i\in D_j}\left[x_i\beta + \text{offset}_i - d_j^{-1}\sum_{k=0}^{d_j-1}\log\left\{\sum_{\ell\in R_j}\exp(x_\ell\beta + \text{offset}_\ell) - kA_j\right\}\right]$

$A_j = d_j^{-1}\sum_{\ell\in D_j}\exp(x_\ell\beta + \text{offset}_\ell)$

(3) $\log L_{exactm} = \sum_{j=1}^{D}\log\int_0^\infty\prod_{\ell\in D_j}\left\{1 - \exp\left(-\frac{e_\ell}{s}t\right)\right\}^{w\ell}\exp(-t)dt$

$e_\ell = \exp(x_\ell\beta + \text{offset}_\ell)$

$s = \sum_{\substack{k\in R_j\\k\notin D_j}}w_k\exp(x_k\beta + \text{offset}_k) = $ sum of weighted nondeath risk scores

(4) $\log L_{exactp} = \sum_{j=1}^{D}\left\{\sum_{i\in R_j}\delta_{ij}(x_i\beta + \text{offset}_i) - \log f(r_j, d_j)\right\}$

$$f(r, d) = f(r-1, d) + f(r-1, d-1)\exp(x_k\beta + \text{offset}_k)$$

$k = r^{\text{th}}$ observation in the set R_j

$r_j = $ cardinality of the set R_j

$$f(r, d) = \begin{cases} 0 & \text{if} \quad r < d \\ 1 & \text{if} \quad d = 0 \end{cases}$$

其中，δ_{ij} 觀察值 i 在時間 $t_{(j)}$ 是否失敗的指標變數 (is an indicator for failure of observation i at time $t_{(j)}$)。

10-4 Cox 比例危險模型 (proportional hazards model)(stcox 指令)

比例危險 (proportional hazards) 之示意圖，如圖 10-26。

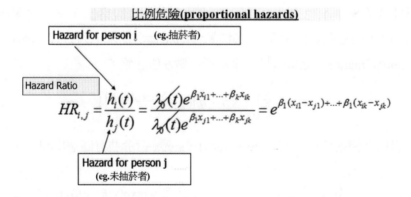

圖 10-26 比例危險 (proportional hazards) 之示意圖

假定：hazard functions 必須嚴格平行 (strictly parallel)

圖 10-26 顯示「抽菸是肺癌的危險率」爲：

$$HR_{\text{肺癌 | 有抽菸}} = \frac{h_i(t)}{h_j(t)} = \frac{\lambda_0(t)e^{\beta_{smoking}(1) + \beta_{age}(70)}}{\lambda_0(t)e^{\beta_{smoking}(0) + \beta_{age}(70)}} = e^{\beta_{smoking}(1-0)}$$

$$HR_{\text{肺癌 | 有抽菸}} = e^{\beta_{smoking}}$$

抽菸是肺癌的危險因子之外：假設共變數 (age) 也是危險因子之一，那麼菸齡每增加十年，其增加肺癌的危險率爲：

$$HR_{lung\ cancer\ /\ 10-years\ \text{increase in age}} = \frac{h_i(t)}{h_j(t)} = \frac{\lambda_0(t)e^{\beta_{smoking}(0)+\beta_{age}(70)}}{\lambda_0(t)e^{\beta_{smoking}(0)+\beta_{age}(60)}} = e^{\beta_{age}(70-60)}$$

$$HR_{lung\ cancer\ /\ 10-years\ \text{increase in age}} = e^{\beta_{age}(10)}$$

10-4-1 f(t) 機率密度函數、S(t) 存活函數、h(t) 危險函數、H(t) 累積危險函數

數學 / 統計學，「一般」函數 (function) 都以 f(x)、s(x) 型式來表示。但存活期間之隨機變數 T(Time)，暗指以時間爲基礎所構成的函數，故隨機密度函數 (PDF) 改以小寫 f(t) 型式來呈現，小寫 s(t) 代表存活機率函數；相對地，大寫 F(t)、S(t) 型式分別代表「累積」隨機密度函數 (CDF) 及「累積」存活機率函數。

一、前言

Cox(1972) 首先提出存活分析是一種無母數分析方法，不需對自變數作統計機率分布假設，也不需對母數做假定 (assumption) 檢定，即可預測個體失敗時點的機率，以幫助個體的「醫者 / 經營者」能及早對危險因子設法予以降低或消除。其研究方法是觀察某一個體在連續時間過程中，存活、死亡或轉移狀態的情形，因此是一種動態分析方法，利用存活函數 (survival function) 和危險函數 (hazard function) 來估計存活的機率以及死亡的機率。爲了定義存活函數與危險函數，令 T 爲存活的期間，T 爲一非負數之隨機變數，個體在 T 時段發生事件的機率密度函數爲 f(t)，累積密度函數爲 F(t)，關係如下：

1. 令 T 爲一段時間，其測量從一個明確的定義的時間零點，到一個明確定義特殊事件的發生點。令 T ≥ 0 且 f(t) 爲一個機率密度函數。

   f(t) 密度函數：超過任一時刻之瞬間內狀態發生變化物件的百分比或機率。

$$f(T=t) = \lim_{\Delta t \to 0} \frac{P(t \le T < t + \Delta t)}{\Delta t} = \frac{dF(t)}{dt}$$

2. S(t) 存活函數：一個個體的存活時間超過時間 t 的機率，也就是在時間 t 之後發生事件的機率。

$$S(t) = P(T > t) = \int_t^\infty f(t)dt$$

存活函數是一個單調遞減函數，其在時間零等於 1，S(0)=1，在無窮大時會近

似於零，故 S(∞)=0。所以當 $t_1<t_2$，則 S(t_1)>S(t_2)。若母體的一些成員最後都會發生事件，則 S(∞)=0；若母體的一些成員絕不會發生某事件，則存活曲線可能不會隨時間增加而趨近於 0。實務上，一個實用的存活曲線估計式 (e.g. 存活率) 並不要求到達 0 值，當 T 為一連續隨機變數，則存活函數為累積機率密度函數 (cumulative distribution function) 的餘集 (complement)，存活曲線通常以離散的時間點或年齡來繪製。

3. h(t) 危險函數：當給定存活時間 T 大於或等於 t 為條件時，在 T=t 的狀態發生改變機率。

$$h(x) = \lim_{\Delta t \to 0} \frac{P(t \le T < t + \Delta t \mid T \ge t)}{\Delta t} = \frac{f(t)}{s(t)}$$

即 f(t)=h(t)S(t)

4. 累積危險函數 $H(t) = \int_0^t h(u)du$

危險函數是描述失敗過程中性質的資訊，放在決定適當的失敗分布時特別有用。當事件發生經歷跟隨時間改變時，此危險函數是有用的，危險率唯一的限制就是它是非負值的 (nonnegative)，即 h(t) ≥ 0。當追蹤一位觀察對象到時間 t，並不再計算他的死亡，則累積危險函數 H(t) 是事件的期望次數 (expected event counts)，使用累積危險函數讓我們容易估計 S(t)，使用圖表可以簡單的檢查累積危險函數的形狀，可告訴我們累積危險函數資訊，例如：斜率。

分析存活時間資料時，除了時間的變數外，常伴隨與存活時間相關的解釋因子，影響事故存活或排除的因素有許多，將這些「解釋變數 / 共變數」因素 (x) 放入存活函數或危險函數中，存活函數則由 S(t) 變為 S(t; x)，危險函數由 h(t) 變為 h(t; x)。

函數之符號解說：

假設某一 PDF 函數，係由一個以上參數 (parameters) 來描述其特性 (characterized)，則其符號記為：

$$f(x; \theta) = \frac{1}{\theta} e^{-x/\theta}$$

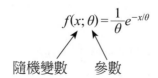

隨機變數　　參數

假如 $P(x|\theta)$ 是參數 θ 的函數，則概似 (likelihood) 記爲：

$L(\theta) = P(x|\theta)$ [表示資料 x 爲固定值 (Data x fixed)；視 L 爲 θ 的函數 (treat L as function of θ)]

Cox(1972) 比例危險模型，主要優點爲：(1) 不用假設存活時間 t 屬於何種參數型分布，及能估算個體行爲對存活時間的影響；(2) 可處理具有設限觀察值資料的模型與參數估計；(3) 共變數向量可以是連續、間斷、時間相關或虛擬變數；(4) 模型考慮到存活時間與設限之資料，避免與 logit 迴歸只有使用 (0,1) 忽略時間與設限資料的缺點。

$$\text{Cox(1972) 將危險率定義爲：} h(t|x) = h_0(t)\exp(\beta X_T)$$

其中，$h_0(t)$ 爲基準危險函數（base line hazard function），β 爲解釋變數估計值之矩陣。Cox 認爲 $h_0(t)$ 並非 T 的平滑函數；換言之，$h_0(t)$ 是被允許任意值屬於無母數形式，Cox 認爲基準危險函數可以有任何形式，可不對其做假設，亦即不需對基準危險函數作任何設定就可以估計參數，因爲 Cox 認爲任何樣本的危險率與其他樣本成固定比例的關係，所以 Cox 的危險函數，稱爲比例危險函數 (proportional hazard function)，Cox 建議模型參數值可採用偏概似函數，即：

$$L(\beta) = \prod_{j=1}^{k} \frac{e^{x_{(j)}\beta}}{\sum_{l \in R_j} e^{x_l \beta}}$$

相對風險 (relative risk, RR) 或稱危險比 (hazard ratio)，用以表示死亡風險或危險之預期改變量，即解釋變數 X 值改變時，對事故排除時間之影響大小，其定義如下：

$$HR = \frac{h(t|X^*,\beta)}{h(t|X,\beta)} = \frac{h_0(t)e^{X\beta}}{h_0(t)e^{X^*\beta}} = e^{(X*-X)\beta} = e^{\sum_{i=1}^{k}\beta_i(X_i^*-X_i)}$$

其中，$X(j)$ 是事故發生排除之解釋變數向量，β 爲所對應之待校估參數向量。危險比 (hazard ratio)，用以表示死亡風險或危險之預期改變量，於本研究中則表示解釋變數值改變時，對事故排除風險之影響大小。若危險比大於 1 時，則表示每增加一單位的變數值，其事故發生排除的機率，上升也就是事故排除時間會減短。若危險比等於1時，事故發生排除的機率不變，即事故排除時間不變。若危險比小於 1 時，則事故發生排除的機率下降，事故排除時間會增長。

二、函數之定義

定義：**存活函數 (s**urvival function)：

S(t)=Pr(T > t)，t 表示某個時間，T 表示存活的時間 (壽命)，Pr 表示機率。

存活函數 S(t) 就是壽命 T 大於 t 的機率。

舉例來說，人群中壽命 T 超過 60 歲 (時間 t) 的人在所有人中的機率是多少，就是存活函數要描述的。

假定 t=0 時，也就是壽命超過 0 的機率為 1；t 趨近於無窮大，存活機率為 0，沒有人有永恆的生命。如果不符合這些前提假定，則不適用 survival analysis，而使用其他的方法。

由上可以推導：存活函數是一個單調 (mono) 非增函數。t 越大，S(t) 值越小。

Cox 危險 (hazard) 模型適配度之概似比 (likelihood ratio, LR)：

Cox 模型之適配度是以概似比 LR-test 來檢定：

$$\chi^2_{LR} = -2\log\left(\frac{max.likelihood \text{ without the variable}}{max.likelihood \text{ with the variable}}\right)$$

若 $\chi^2_{LR} > \chi^2_\alpha(v)$，則拒絕 H_0：迴歸係數 $\beta = 0$，其中 v 為自由度。此外，LR 亦可適用於敵對二個模型的優劣比較、或某一模型的整體適配度 (overall fitness)、個別迴歸係數 β 的顯著性檢定。

比例危險模型 (proportional hazards model, PHM) 是 Cox(1972) 所提出，在統計學領域尤其是存活分析研究，最被廣泛應用。

因此，透過 Cox-regression 的方式校正研究中的干擾因子，以 hazard ratio 報告干擾因子的影響程度。

相對於其他模型 (如 logit model、Probit model、生命表法、加速失敗時間模型)，比例危險模型由於不必對資料或殘差項假設服從某機率分布，限制較少；另一方面，比例危險模型除了可以涵蓋不會因時間經過而改變其值的變數，同時也相當適合處理會隨時間改變變數值的共變數 (time-dependent covariates)、時變共變數 (time-varying covariates)。

三、舉例：Cox 比例危險迴歸

研究控制其他預後因子 (或共變數) 後，血管內皮生長因素 (vascular endothelial growth factor, VEGF) 是否是大腸直腸癌的預後因子。

此研究假設切片的腫瘤上有過度表現的 VEGF 時，表示腫瘤增生的活動力很強，由此可以預估預後情形會不理想。樣本是在成大醫院做過治療的大腸直腸癌病人，並用回溯性方法回顧這些人的醫療紀錄。預後情形分為下列兩種：無病存活 (disease-free survival) 時間定義為手術治療後到第一次復發的時間；整體存活 (overall survival) 時間定義為手術治療後到死亡的時間。人口學資料包括年齡、性別以及腫瘤特性 (包括 location, differentiation, and Dukes staging)，在此研究皆為控制變數。此研究樣本有些人在終止觀察之前並未死於大腸直腸癌，但卻因為失去追蹤或死於其他原因而結束觀察這些樣本，在估計存活函數時必須考慮到上述所提的 censored data，因此可以用 Kaplan Meier method 來估計。

四、偏概似估計法 (partial likelihood, PL)：Kaplan Meier 估計

假設有 m 個事件發生時間 (如 Kaplan-Meier 法)，第 i 個事件發生時間之偏概似 L_i 為：

$$L_p(\beta) = \prod_{i=1}^{m} L_i$$

假設有六位男性 (subjects j=1-6) 菸齡資料為：1, 3, 4, 10, 12, 18，則：

The Likelihood for each event

$$L_p(\beta) = \prod_{i=1}^{m} L_i = \left(\frac{h_1(1)}{h_1(1) + h_2(1) + h_3(1) + h_4(1) + h_5(1) + h_6(1)} \right) \times$$

$$\boxed{\left(\frac{h_2(3)}{h_2(3) + h_3(3) + h_4(3) + h_5(3) + h_6(3)} \right)} \times \left(\frac{h_3(4)}{h_3(4) + \cdots + h_6(4)} \right)$$

$$\times \left(\frac{h_5(12)}{h_5(12) + h_6(12)} \right) \times \left(\frac{h_6(18)}{h_6(18)} \right)$$

當 time = 3 時，受試者 2 對比其他受試者的發生機率。

偏概似 (PL) 為：

$$L_p(\beta) = \prod_{i=1}^{m} L_i =$$

$$\left(\frac{\lambda_0(t=1)e^{\beta x_1}}{\lambda_0(1)e^{\beta x_1} + \lambda_0(1)e^{\beta x_2} + \lambda_0(1)e^{\beta x_3} + \lambda_0(1)e^{\beta x_4} + \lambda_0(1)e^{\beta x_5} + \lambda_0(1)^{\beta x_6}} \right) \times$$

$$\dots$$

$$\times \left(\frac{\lambda_0(18)e^{\beta x_6}}{\lambda_0(18)e^{\beta x_6}} \right)$$

$$\therefore L_p(\beta) = \prod_{i=1}^{m} L_i = \left(\frac{e^{\beta x_1}}{e^{\beta x_1} + e^{\beta x_2} + e^{\beta x_3} + e^{\beta x_4} + e^{\beta x_5} + e^{\beta x_6}} \right) \times \dots$$

$$\therefore L_p(\beta) = \prod_{i=1}^{m} \left(\frac{e^{\beta x_j}}{\sum\limits_{j \in R(t_i)} e^{\beta x_j}} \right)^{\delta_j}$$

其中，δ_j 為 censoring 變數 (1=if event, 0 if censored)，$R(t_i)$ 是時間點 t_i 的風險集合 (risk set)。

$$\therefore \log L_p(\beta) = \sum_{i=1}^{m} \delta_j [\beta x_j - \log(\sum_{j \in R(t_i)} e^{\beta x_j})]$$

將上式 log PL 取一階微分，並令其值為 0，所求的 β 係數值，即最大概似估計 (maximum likelihood estimation)。

(一) 虛無假設檢定：H_0：係數 β =0

1. Wald 檢定：

$$Z = \frac{\hat{\beta} - 0}{\text{asymptotic standard error}(\hat{\beta})}$$

2. 概似比檢定 (likelihood ratio test)：

$$-2\ln\frac{L_p(reduced)}{L(full)} = -2\ln\frac{L_p(縮減模型)}{L(完整模型)}$$

$$= -2\ln(L_p(reduced)) - [-2\ln(L_p(full))] \sim 符合 \chi_r^2 分布$$

五、存活函數以 Kaplan Meier 方式估計

　　Kaplan-Meier 估計方式是先將所有觀察的時間由小排到大，若有資料重複 (ties) 的情形發生，uncensored data 要放在前面，censored data 排在後面。

　　為此，STaTa 提供四種資料重複 (ties) 處理方式：Breslow 法、精確偏概似

(exact partial likelihood)、精確邊際概似 (exact marginal likelihood) 及 Efron 法。

排序之後，每個死亡時間 (uncensored data) 有 $t_{(i)}$ 代表第 i 個死亡時間，n_i 代表尚處在風險的樣本數，d_i 代表死亡數。

存活函數以 Kaplan-Meier 方式估計為：

$$\hat{S}_{KM}(t) = \prod_{i:t_i \leq t} \left(1 - \frac{d_i}{n_i}\right)$$

$\hat{S}_{KM}(t)$ 代表存活函數的 Kaplan-Meier 估計式

$$S(t) = \Pr(T > t)$$

$\hat{S}_{KM}(t)$ 的樣本變異數為：

$$\text{Var}(\hat{S}_{KM}(t)) = \left[\hat{S}_{KM}(t)\right]^2 \sum_{i:t_i \leq t} \frac{d_i}{n_i(n_i - d_i)}$$

10-4-2 Cox 比例危險模型之迴歸式解說

一般較常用的都是非參數的分析，也就是無母數的統計；因為當我們要進行存活函數估計時，常常被研究事件並沒有很好的參數模型可以適配，這時我們會利用無母數方法來分析它的存活特徵，例如：Kalpan-Meier 法、生命表 (life table) (ltable 指令)、或計算平均存活期 (stci 指令)。進一步要比較存活機率曲線的差別時，也可利用 failure rates and rate ratios(strate 指令)、Mantel-Haenszel rate ratios(stmh 指令)、Mantel-Cox rate ratios(stmc 指令) 等各種檢定 / 繪圖法。複雜點的話，例如：要調整其他變數效應，再求取預後因子的效應，那就可以用 Cox proportional hazards model (stcox 指令)。

要認識 Cox 比例危險模型 (Cox proportional hazard model)，就必須把它的統計式 (也可說為迴歸方程式) 列出來，下列公式「HR」就是「Hazard Ratio」，表示在某個時間點之下會發生事件 (event) 的風險比。因此，HR(x) 就表示在給定 x 值的情況之下會發生某事件的風險比，所謂的 x 值指的就是自變數 (independent variable/covariate) 的數值，例如：年齡 50 歲就是一個 x。不過我們可以從最右側的公式發現，其實它跟 linear regression 的迴歸方程式很相近，只是左邊所要求的數值有差別。

下式還不是我們所要的迴歸方程式，因此繼續使用 log() 轉換公式，經過一系列的轉換，即可發現現在迴歸方程式已經有很好解釋了。

不過它跟所有的迴歸模型一樣，這就是截距項 (intercept)，一般我們是不解釋截距項的，重點是右邊的迴歸方程式就跟 linear / logistic 迴歸一樣。

$$h(t\,|\,x) = h_0(t)\exp(\beta_1 X_1 + \beta_2 X_2 + \cdots + \beta_p X_p)$$
$$= h_0(t)HR(x)$$
$$\log[h(t\,|\,x)] = \log[h_0(t)] + \boxed{\beta_1} X_1 + \boxed{\beta_2} X_2 + \cdots + \beta_p X_p$$

$\mathrm{Exp}(\beta_1)$：當 X_1 每增加一單位時，所增加的危險比 (hazard ratio)，要注意是發生危險的「比率」而非機率。

假使 $X_2 = 1$ 代表男性，$X_2 = 0$ 代表女性，則 $\mathrm{Exp}(\beta_2)$：男性相對於女性的危險比。

那麼迴歸係數數值如何解釋呢？假使說 X_1 是連續變數 (年齡)，那麼年齡增加 1 歲時，則危險比會變成 $\exp(\beta_1)$ 單位，因此也可以說增加 1 歲則危險比會增加 $\exp(\beta_1) - 1$ 倍。不過需注意，如果年齡增加 10 歲那麼危險比會如何變化呢？這邊很容易會有同學搞錯，假設迴歸係數 $\beta = 0.35$，那麼 $\exp(0.35) = 1.42$；也就是說當年齡增加 1 歲時，則風險比為原本的 1.42 倍 (或者說當年齡增加 1 歲時，風險比增加了 $1.42 - 1 = 0.42$ 倍)。不過年齡增加 10 歲時的風險比，可不是直接將 $10 \times 1.42 = 14.2$ 喔！而是 $\exp(10 \times \beta_1)$，也就是 $\exp(10 \times 0.35) = 33.1$ 倍，而這個數字會剛好等於原本的 $\exp(0.35)$ 的 10 次方。

也就是說在 Cox model 裡，增加 1 歲時的危險比為 $\exp(\beta_1)$，但增加 n 歲時的危險比是 $\exp(\beta_1) \times n$。這種風險比呈現加乘性 (multiplicative) 的效應，是跟 Logit model 一樣的。

預測的自變數若再加 X_2(性別)，$X_2 = 1$ 代表男性，$X_2 = 0$ 代表女性，此時的 $\exp(\beta_2)$ 就代表男性相對於女性的風險比。若 HR 顯著超過 1，則表示男性的風險比較高。

小結

此時，「在某個時間點之下給定 X 值的 event 風險比」，取 log(x) 後，得：

$$\log_e[HR(x)] = \log_e\left(\frac{h(t\,|\,x)}{h_0(t)}\right) = \beta_1 x_1 + \beta_2 x_2 + \cdots + \beta_p x_p$$

其中，

$h_0(t)$：在第 t 個時間點時，當所有預測變數 (predictors) 為 0 時的基線危險 (baseline hazard，無研究意義)。

$h(t\,|\,x)$：在第 t 個時間點時，給定 x 值時的危險 (hazard)。

$\log_e\left(\dfrac{h(t\,|\,x)}{h_0(t)}\right)$：「在某個時間點之下，當所有 predictors 為 0 時的危險比」。

補充說明：

假設 $S_0(t)$ 是女性肺癌病人存活時間的曲線，$S_1(t)$ 是男性肺癌病人存活時間的曲線，Cox 迴歸的模型假設 $S_1(t) = S_0^\lambda(t)$，而 λ 就是肺癌病人中男性相對於女性的風險比 (RR)。

若風險比 λ 值大於 1 的話，表示男性在任何時間點上的存活率都比女性低；反之，λ 值小於 1 的話，表示男性在任何時間點上的存活率都比女性高。λ 值等於 1 的話，表示男性在任何時間點上的存活率都和女性一樣。

「風險比」的意義和 logistic 迴歸中的「勝算比」意義相似，但不相同。我們都用 β 來表示 $\log_e\lambda$，即 $\lambda = e^\beta$，或用 $\log_e HR(x) = \beta \times x$，x = gender 來表示不同 gender 相對於女性的 log- 風險比。

Case 1：當 gender=1 時，$\log_e HR(x=1) = \beta \times 1$，表示男性相對於女性的 log- 風險比爲 β 或風險比爲 e^β。

Case 2：當 gender=0 時，$\log_e HR(x=0) = 0$，即是說女性相對於女性的 log- 風險比爲 0，或是說風險比爲 $e^0 = 1$。

以上的風險比是以女性存活爲比較基線 (baseline，定義爲 x=0) 而定義的，我們稱 x=0 爲基線條件。

10-4-3 危險函數的估計 (hazard function)

一、模型建立

首先，Cox 將危險函數定義如下：

$$h_i(t) = \lambda_0(t)\psi(z)$$

危險函數 $h_i(t)$，除了代表死亡率外，亦可能是倒閉、提前清償或違約危險率，以條件機率來衡量在給定某一房貸樣本於尚未發生提前清償或違約的條件下，瞬間發生提前清償或違約的機率，所表達出的就是一種風險概念。

$\lambda_0(t)$ 為基準危險函數 (baseline hazard function)，亦可用符號「$h_0(t)$」表示。

$\psi(z)$ 為共變數函數。

共變數函數 $\psi(z)$ 中，z 為觀察樣本危險因子 (或解釋變數) 向量。

所謂 $\lambda_0(t)$ 基準危險函數是指當危險因子 z = 0 時，觀察樣本的基準危險。Cox 認為 $\lambda_0(t)$ 並非 t 的平滑函數，意即 $\lambda_0(t)$ 被允許為任意值，屬於無母數形式。而共變數 $\psi(z)$ 是一個 $\psi(0) = 1$ 的函數。因為 $\psi(z; \beta) \geq 0$，$\psi(z; \beta)$ 為非負形式，且 $\psi(0; \beta) = 1$，所以 Cox 設定 $\psi(z; \beta) = \exp(\sum_{k=1}^{n}\beta_k x_k) = \exp(\beta_1 x_1 + \beta_2 x_2 + \cdots \beta_n x_n)$。

危險函數則變為：

$$h_i(t) = \lambda_0(t)\exp(\beta_1 x_{i1} + \beta_2 x_{i2} + \cdots\cdots + \beta_k x_{ik})$$

再根據下式：

$$S(t) = \exp\left(-\int_0^t h(x)dx\right)$$

存活函數則可改寫為：

$$\begin{aligned}
S(t) &= \exp\left(-\int_0^t h(x)dx\right) \\
&= \exp\left(-\int_0^t \lambda_0(x)\psi(z)dx\right) \\
&= [S_0(t)]^{\psi(z)} \\
&= [S_0(t)]^{\exp\left(\sum_{k=1}^{n}\beta_k x_k\right)}
\end{aligned}$$

其中，

$$S_0(t) = \exp\left(-\int_0^t \lambda_0(x)dx\right)$$

是相對於 $\lambda_0(t)$ 的基準存活函數，而 $-\int_0^t \lambda_0(x)dx$ 之數值必小於或等於 0，所以基準存活率 $S_0(t)$ 必然小於或等於 1。因此當 $\exp(\sum_{k=1}^n \beta_k x_k)$ 越大時，造成存活機率越小，也就是 β 值爲正的條件下，變數值越大，存活機率越小。

另外，爲什麼這模型稱爲比例危險模型，主要是因爲任何樣本的危險率與其他樣本成固定比例關係，例如：樣本 i 和樣本 j 關係如下：

$$\frac{h_i(t)}{h_j(t)} = \exp[\beta_1(x_{i1} - x_{j1}) + \cdots + \beta_k(x_{ik} - x_{jk})]$$

基準危險函數 $\lambda_0(t)$ 在兩樣本間的危險比率中都被消掉了，因此，在觀察期間內兩樣本的危險比率固定不變，如圖 10-27 所示。

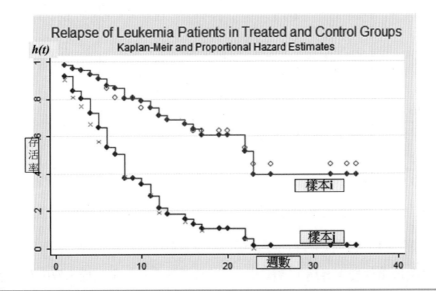

圖 10-27 比例危險之示意圖

Cox 認爲基準危險函數可以有任何形式，因此不對其做任何假設。在下一部分介紹的偏概似估計 (partial likelihood) 中，即不需要對基準危險函數做任何設定就可以估計參數，描述危險率和解釋變數之間的關係。因爲基準危險函數可以是任意分布，所以 Cox 的比例危險模型屬於非參數模型 (nonparametric model)。但在模型中要估計解釋變數 (自變數) 的參數值，亦屬於參數模型 (parametric model)。綜合兩種性質，Cox 比例危險模型一般被學者歸爲半參數模型 (semi-parametric model)。

二、偏概似函數 (partial likelihood)

假設有資料如下：

表 10-1　概似估計之範例

受試者 (subject)	失敗順序 （事件發生即為失敗）	存活時間 （天）	失敗為 1 censored data 為 0
1	1	5	1
2	2	9	1
3	3	12	1
4	.	16	0
5	.	17	0
6	4	18	1
7	5	19	1
8	5	19	1
9	5	19	1
10	8	22	1
11	9	24	1
12	10	30	1
13	11	36	1
14	12	55	1
15	13	62	1

第一位失敗事件發生者為 1 號樣本，存活時間為五天，則在樣本群中有多個至少活到第五天的樣本條件下，1 號樣本或首先發生失敗事件者，發生失敗的機率為：

$$L_1 = \frac{h_1(5)}{h_1(5) + h_2(5) + \cdots + h_{15}(5)}$$

第二位失敗者為 2 號樣本，存活時間九天，在樣本群中有多個至少活到第九天的樣本條件下，1 號樣本已不在條件內，因此 2 號樣本事件發生的機率為：

$$L_2 = \frac{h_2(5)}{h_2(5) + h_3(5) + \cdots + h_{15}(5)}$$

從上面二式可以明顯看出，這兩個方程式都是條件機率的概念，分子是發

生事件樣本尚存活到時間 t，但隨即瞬間發生失敗事件的危險率；而分母是群體中其他 (含分子部分) 至少存活到時間 t 的樣本集合，同樣也是以瞬間發生事件的危險率來表示，而分母的樣本組合即稱爲風險集合 (risk set)。此條件機率的意義即表示，在所有至少存活到時間點 t 且瞬間可能發生失敗事件的樣本風險集合中，某樣本眞正在時間點 t 發生失敗事件的機率。

然而，在群體中，可能會有兩個以上的樣本存活時間相同，如表 10-1 所示。7 至 9 號三個樣本的存活時間相同，這些樣本即爲重複值 (tied data)。在大部分的情況，由於資料取得的限制以及時間單位的衡量方式，無法很確切地知道三者發生失敗事件的實際順序。而在偏概似估計中，基本上這三個樣本所有可能排列的順序都要考慮，三個樣本就有六種排列順序 (3! = 6, $A_1 \sim A_6$)：

A_1: {7, 8, 9}

$$\Pr(A_1) = \left(\frac{h_7(19)}{h_7(19) + h_8(19) + \cdots + h_{15}(19)} \right) \left(\frac{h_8(19)}{h_8(19) + h_9(19) + \cdots + h_{15}(19)} \right)$$

$$\left(\frac{h_9(19)}{h_9(19) + h_{10}(19) + \cdots + h_{15}(19)} \right)$$

A_2: {8, 7, 9}

$$\Pr(A_2) = \left(\frac{h_8(19)}{h_7(19) + h_8(19) + \cdots + h_{15}(19)} \right) \left(\frac{h_7(19)}{h_7(19) + h_9(19) + \cdots + h_{15}(19)} \right)$$

$$\left(\frac{h_9(19)}{h_9(19) + h_{10}(19) + \cdots + h_{15}(19)} \right)$$

類推計算出 $A_1 \sim A_6$ 得到：

$$L_5 = \sum_{i=1}^{6} \Pr(A_i)$$

而 L_1 可改寫爲：

$$L_1 = \frac{\lambda_0(5) e^{\beta x_1}}{\lambda_0(5) e^{\beta x_1} + \lambda_0(5) e^{\beta x_2} + \cdots + \lambda_0(5) e^{\beta x_{15}}}$$

$$= \frac{e^{\beta x_1}}{e^{\beta x_1} + e^{\beta x_2} + \cdots + e^{\beta x_{15}}}$$

根據上式，在轉換過程中基準危險函數被消除掉 $\lambda_0(t)$，呼應 Cox 估計 β 係數不必預先設定基準危險函數的方式。

由上式類推導出其他不同存活時間的機率方程式，可將比例危險模型的部分概似函數一般化如下：

$$PL = \prod_{i=1}^{n} \left[\frac{e^{\beta x_i}}{\sum_{j=1}^{n} Y_{ij} e^{\beta x_j}} \right]^{\delta_t}$$

當 $t_j \geq t_i$，$Y_{ij} = 1$；反之，當 $t_j < t_i$，$Y_{ij} = 0$。

若群體中某樣本 j 的存活時間 t_j 小於所計算樣本 i 特定時間 t_i，則樣本 i 不再出現於函數分母的風險集合中，會被剔除掉。至於 δ_i 則在所計算樣本 i 非為受限資料時，也就是有觀察到失敗事件何時發生，那麼 $\delta_i = 1$，會計算出條件機率；若樣本 i 為受限資料，則不知有無發生失敗事件，$\delta_i = 0$，不會算出條件機率。

三、參數估計

首先將部分概似函數 (上式) 取對數，可求得：

$$\log PL = \sum_{i=1}^{n} x_i \beta - \sum_{i=1}^{n} \delta_i \log \left[\sum_{j=1}^{n} e^{\beta x_j} \right]$$

為估計 β 值，將上式取一階偏微分，可得：

$$U(\beta) = \frac{\partial \log PL}{\partial \beta}$$

$$= \sum_{i=1}^{n} x_i - \sum_{i=1}^{n} \delta_i \frac{\sum_{i=1}^{n} x_i e^{\beta x_j}}{\sum_{i=1}^{n} e^{\beta x_j}}$$

$$= \sum_{i=1}^{n} \left[x_i - \delta_i \frac{\sum_{i=1}^{n} x_i e^{\beta x_j}}{\sum_{i=1}^{n} e^{\beta x_j}} \right]$$

再取 log PL 的二階偏微分矩陣，可得：

$$I(\beta) = \frac{\partial^2 \log PL}{\partial \beta \partial \beta'}$$

欲估計 β 值，則必須使部分概似函數最大化，令上式等於 0。由於部分概似估計為非線性函數，因此可以數值方法 (numerical method) 來求解，如牛頓 - 拉弗森演算法 (Newton-Raphson algorithm)：

$$\beta_{j+1} = \beta_j - I^{-1}(\beta_j) U(\beta_j)$$

任意選取起始參數值 β_0 代入上式，得出第一個結果 β_1，然後再將 β_1 代入，得到

β_2，如此不斷地重複，直到所得出的參數值幾乎等於上一個代入的參數值，重複的步驟就可以停止，表示已達收斂狀態，得到最佳估計參數值 β。

10-4-4 Cox 比例危險模型之適配度檢定

一、Cox 模型應用在交通運輸領域

自 1972 年 Cox PHM 問世以來，存活分析法開始受到普遍地應用。在交通運輸領域方面，亦不例外。Tiwari(2007) 等人選定印度新德里七個路口。使用攝影機拍攝行人穿越路口之行為，旨在依據記錄資料以 Kaplan-Meier 法建立存活模型，分析行人穿越路口之存活率。結果顯示，行人於路口願意等候的時間越長，存活率即越高，但男性之存活率低於女性。陳恰君 (2008) 選取飛行班次、可售座位數、載客人數、商務航線以及與高鐵重複航線之起訖點作為變數，利用存活分析法探究影響國內航線營運之存活因素。結果發現，可售座位數、商務航線以及與高鐵重複航線之起訖點三者，為影響國內航線營運生存之重要因素。

蕭羽媛 (2009) 採用條件評估法設計問卷進行調查，並將調查所得機車騎士紅燈願意熄火時間作為存活分析之觀測時間，結合相關熄火意願變因建構 Cox PHM。研究結果得知，全球暖化認知、熄火降低排碳傾向、熄火依從信念、年齡以及家庭人數六個因素，對熄火風險具有顯著的影響。蘇殷甲 (2010) 延續上述方法，擴大調查分析影響機車騎士紅燈怠速熄火意願之變數，並進一步採用 Cox 分層方法 (stratified Cox procedure) 建構比例危險之關係。研究結果顯示，節能減碳認知、機車使用特性、健康認知以及個人屬性四大類變數，確實能夠有效解釋機車騎士紅燈怠速熄火之意願；同時，並由模型推估出解釋變數值，即機車怠速熄火意願改變後，熄火時間可能增加之效益。接著，吳健生等人(2011)繫合上述兩項研究結果，校估出顯著影響紅燈怠速熄火意願之六個變數，即全球暖化認知、紅燈怠速熄火降低汙染意願、執法規範信念、熄火依從信念、年齡以及家庭人數；並藉由對相對風險 (relative risk) 概念及問卷調查結果，分析變數值改變後，全體機車騎士熄火意願改變之比例。

二、Cox 比例危險模型之適配度檢定

以機車紅燈怠速熄火行為之研究為例，Cox 比例危險模型之參數 β 值，可採用最大概似法加以推定。假設 n 個觀測樣本中立，有 m 個被觀測到發生事件

(願意紅燈熄火)。此 m 個樣本之存活 (不熄火) 時間依序爲：$t_1 < t_2 < t_3 < \cdots\cdots$ $< t_m$。令 $R(t_i)$ 表時間爲 t_i 時之風險集合 (risk set)。即紅燈熄火發生時間大於或等於 t_i 之所有觀測樣本所組成之集合，或紅燈持續不熄火時間小於 t_i 之所有觀測樣本所組成之集合，$R(t_i) = \{j | t_j \geq t_i\}$。若受訪機車騎士 i 時間 t_i 時願意熄火，則其熄火機率占整個風險集合熄火機率之比例爲：

$$P(\text{樣本 } i \text{ 熄火 } | R(t_i) \text{ 集合中所有樣本熄火}) = \frac{h(t_i | X_i)}{\sum\limits_{j \in R(t_i)} h(t_j | X_j)} = \frac{e^{x_i(t_i)\beta}}{\sum\limits_{j \in R(t_i)} e^{x_j(t_i)\beta}}$$

式中 $x_i(t_i)$ 表樣本 i 在時間 t_i 時之解釋變數值向量，$x_i(t_i) = [x_1(t_i), x_2(t_i), \cdots\cdots, x_k(t_i)]$；而 β 則爲解釋變數參數之向量，$\beta' = [\beta_1, \beta_2, \cdots\cdots, \beta_k]$，$k$ 爲解釋變數之個數。

   Cox 建議採用偏概似函數 (partial likelihood function) 來校估參數 β 值，此一函數爲上述 m 個獨立觀測樣本熄火機率比之聯合機率分布，即：

$$L(\beta) = \prod_{i=1}^{m} \frac{e^{x_i(t_i)\beta}}{\sum\limits_{j \in R(t_i)} e^{x_j(t_i)\beta}}$$

取其對數後，得對數概似函數 (iog likelihood function) 如下：

$$LL = \ln L(\beta) = \sum_{i=1}^{m} \left(x_i(t_i)\beta - \ln\left[\sum_{j \in R\{t_i\}} e^{x_i(t_i)\beta} \right] \right)$$

解其一階與二階微分式，即可得 β 值。

Cox 迴歸模型係採用概似比檢定統計量 (likelihood ratio test statistic, LRT) 來進行模型之配合適合度檢定，其式如下：

$$\chi_{LRT}^2 = -2\ln \frac{(\text{max.}likelihood\ without\ the\ variable)}{(\text{max.}likelihood\ with\ the\ variable)} = -2\left[\ln L(\hat{\beta}_0) - \ln L(\hat{\beta}) \right]$$

式中 $\hat{\beta}$ 與 $\hat{\beta}_0$ 分別表示全模式 (full model) 與縮減模式 (reduced model) 下，所求出之最大概似估計值向量。若 $\chi_{LR}^2 > \chi_{LR}^2(\nu)$，表示在顯著水準 α 之下，拒絕虛無假設 (null hypothesis) $H_0 : \beta = 0$，其中 ν 爲自由度。

   此檢定方法適用於整個模型或個別係數 β 之檢定，主要包括以下三種：(1) 整體模型之適配，檢定模型所有參數是否均爲 0，亦即檢定 $H_0 : \beta = 0$，其中 β 爲模型參數向量；(2) 個別參數之適配，檢定是否須增減某一參數，亦即檢定 $H_0 : \beta_i = 0$，其中 β_i 爲參數 i；(3) 不同模型間適配之比較，檢定參數不同時，模型間是否存在顯著的差異，亦即檢定 $H_0 : M_m = M_n$，其中 M_m 與 M_n 分別表示參數數目爲 m 與 n 之 Cox 模型。

10-4-5 Cox 模型之相對風險 (relative risk, RR)

以機車紅燈怠速熄火行爲之研究爲例,相對風險 (relative risk, RR) 或稱危險比 (hazard ratio),用以表示死亡風險或危險之預期改變量,於本例中則表示解釋變數值改變時,對紅燈怠速熄火風險之影響大小,其定義如下:

$$RR = \frac{h(t \mid X^*, \beta)}{h(t \mid X, \beta)} = \frac{h_0(t)e^{X^*\beta}}{h_0(t)e^{X\beta}} = e^{(X^* - X)\beta} = e^{\sum_{i=1}^{k} \beta_i(X_i^* - X_i)}$$

其中 $X = [X_1, X_2, ..., X_k]$,$X^* = [X_1^*, X_2^*, ..., X_k^*]$,分別表示解釋變數值改變前後之向量,而 $\beta^* = [\beta_1, \beta_2, ..., \beta_k]$ 則爲模型參數向量。

實際應用時,通常會在其他變數值不改變之假設下,針對某一解釋變數分析其值改變時對死亡風險或危險之影響。例如:針對第 j 個變數 X_j 再進行相對風險分析,因其他變數值不變,故:

$$RR_j = e^{\sum_{i=1}^{k} \beta_i(X_i^* - X_i)} = e^{\beta_j(X_j^* - X_j)} = e^{\beta_j X_j^* - \beta_j X_j} = \frac{e^{\beta_j X_j^*}}{e^{\beta_j X_j}}$$

就數值僅爲 0 或 1 之二元變數 (dichotomous variable) 而言,若數值由 0 改變爲 1,則:

$$RR_j = \frac{e^{\beta_j \cdot 1}}{e^{\beta_j \cdot 0}} = e^{\beta_j}$$

另解釋變數雖非二元,但其改變量爲 1 時,則仍適合使用上式計算相對風險。此種應用常見於分類型資料 (categorical data)。例如:將配合意願變數可分爲非常不願意、不願意、普通、願意以及非常願意五種程度,並分別定義其值爲 1 至 5。若由原先之不願意改變爲普通,即變數值由 2 改變爲 3,則其相對風險仍爲 e^{β_j}。

相對風險可作爲不同變數值之間,死亡風險或危險之相對差異比較。若 RR = 1,表示解釋變數不影響事件的存活。若 RR < 1,表示解釋變數與事件存活增加相關,即死亡風險降低,增加事件存活的機率。反之,若 RR > 1,表示解釋變數與事件存活減少相關,會增加死亡的風險。舉例而言,當機車騎士對全球暖化的認知由不嚴重晉升一級至普通時,相對而言,會有較高的配合意願於紅燈時熄火等待。換言之,死亡風險相對提高,故 RR > 1。

Cox 時間相依模型

在研究中,某些共變數可能會因時間而改變,如年齡、血壓等,通常共變

數可分為固定型 (fixed) 和時間相依型 (time dependent)，後者係指共變數因時間變化之差異，例如：性別是固定型，而有無配偶則會隨時間改變而有不同的狀況。因此，考慮到共變數對存活狀況所帶來的影響，將時間相依變數引入模型中，則 Cox 比例風險模型在時間 t 的風險可修正為：

$$h(t) = h_0 t(t) \exp\left(\sum_{i=1}^{k} \beta_i Z_i + \sum_{j=k+1}^{m} \gamma_j Z_j(t) \right)$$

其中，$h_0 t(t)$ 為基準風險函數 (baseline hazard formula)，Z 為固定型變數，Z(t) 為時間相依變數，β 與 γ 分別為固定型變數與時間相依變數之迴歸係數。

10-5 存活分析之有限混合模型 (fmm: streg 指令)：手術傷口治癒模型

一、存活分析之參數法 (streg 指令)

假設事件發生前時間的分布符合某一特定類型，如 Weibull 分布、指數分布、Loglogist 分布、Lognormal 分布、Gamma 分布等。

二、雙存活分析 (fmm: streg 指令)

「fmm: streg」指令語法如下表：

Syntax

Basic syntax

    fmm #: streg [*indepvars*] [, *options*]

Full syntax

    fmm # [*if*] [*in*] [*weight*] [, *fmnopts*]: streg [*indepvars*] [, *options*]

where # specilies the number of class models.

options	Description
Model	
noconstant	suppress the constant term
*distribution(*distname*)	specify survival distribution
time	use accelerated failure-time metric
offset(*varncune*)	include *varncune* in model with coefficient constrained to 1

*distribution (*dismame*) is required.

You must stset your data before ussing fnm: streg: see [ST] stset.

indepvars may contain factor variables: see [U] 11.4.3 Factor variables.

depvar and *indepvars* may contain time-series operators; see [U] 11.4.4 Time-series varlists.

For a detailed description of *options*. see *Options* in [ST] streg.

distname	Description
exponential	exponential survival distribution
loglogistic	loglogistic survival distribution
llogistic	synonym for loglogistic
weibull	weibull survival distribution
lognormal	lognormal survival distribution
lnormal	synonym for lognormal
*gamma	gamma survival distribution

*fmm: streg uses the gamma survival distribution and not the generalized garnma distribution that is used by streg.

fmmopts	說明
Model	
lcinvariant (pclassname)	specify parameters that are equal scross classes; default is lcinvariant (none)
lcprob (varlist)	specify independent variables for calss probabilities
lclabel (name)	name of the cabegorical latent variable; default is lclabel (class)
lcbase (#)	base latent class
constraints (constraints)	apply speciiled linear constraints
colllnear	keep collinear variables
SE'Robust	
vce (vcerype)	vcetype may be olm, robust, or cluster clusrvar
Peporting	
level (#)	set confidence level; default is level (95)
nocnsreport	do not display constraints
noheader	do not display header abcve parameter table
nodvheader	do not display dependent variables information in the beader
	do not display parameter table
display_options	control colurnns and colurnn forrnats, row spacing, line width, display of orniied variables and base and empty cells, and factor-variable labeling
Maximization	
maximize_options	control the maximization process
startvalues (svmethod)	method for obtaining starting values; default is startvalues (factor)
emopts (maxopis)	control EM algcrithm for improved starting values
noestinate	do not fit the model; show starting values instead
coeflegend	

pclassname	說明
cons	inbercepts and cutpoints
coef	fixed coefficients
errvar	covariances of errors
scale	scaling parameters
all	all the above
none	nooe of the above; the default

「fmm: streg」指令旨在適配參數型存活迴歸的混合模型 (fits mixtures of parametric survival regression models)，常見的指令語法如下：

```
* 雙 Weibull distributions 混合模型
. fmm 2: streg, distribution(weibull)
```

```
* 雙 exponential distributions 混合模型
. fmm 2: streg, distribution(exponential)
```

```
* 具共變數 (covariates) x1 及 x2 之雙 Weibull survival 混合模型
. fmm 2: streg y x1 x2, distribution(weibull)
```

```
* 如上題 , but with class probabilities depending on z1 and z2
. fmm 2, lcprob(z1 z2): streg y x1 x2, distribution(weibull)
```

```
* 具 robust standard errors 之混合模型
. fmm 2, vce(robust): streg y x1 x2, distribution(weibull)
```

```
* Constrain coefficients on x1 and x2 to be equal across classes
. fmm 2, lcinvariant(coef): streg y x1 x2, distribution(weibull)
```

三、範例：參數存活模型之有限混合模型 (finite mixtures of parametric survival models)：手術傷口鈣化時間 (fmm: streg 指令)

(一) 問題說明

為了解手術傷口鈣化時間之影響因素有哪些？(分析單位：手術病人)

研究者收集數據並整理成下表，此「lenses.dta」資料檔內容之變數如下：

變數名稱	說明	編碼 Codes/Values
Y 軸，依變數：fail	fail	failed=1, didn't fail=0
時間 X 軸，自變數：t	鈣化或退出研究之期間 (Time to calcification or to exit study)	0.8667~36 月
共變數：inclength	切口長度 [incision length (mm)]	3.1~4.1 (mm)
共變數：sex	性別	male=1, female=0
共變數：age10	年齡 (years) 除以 10	5～13.9

(二) 資料檔之內容

「lenses.dta」資料檔內容如圖 10-28。

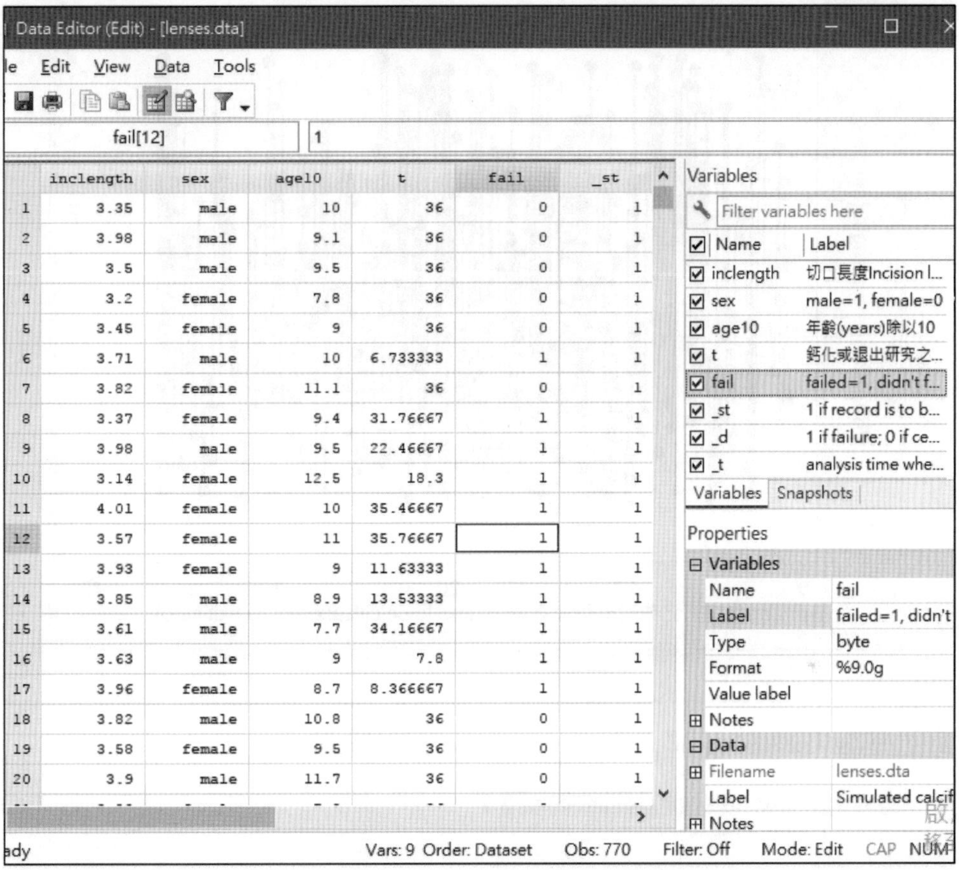

	inclength	sex	age10	t	fail	_st
1	3.35	male	10	36	0	1
2	3.98	male	9.1	36	0	1
3	3.5	male	9.5	36	0	1
4	3.2	female	7.8	36	0	1
5	3.45	female	9	36	0	1
6	3.71	male	10	6.733333	1	1
7	3.82	female	11.1	36	0	1
8	3.37	female	9.4	31.76667	1	1
9	3.98	male	9.5	22.46667	1	1
10	3.14	female	12.5	18.3	1	1
11	4.01	female	10	35.46667	1	1
12	3.57	female	11	35.76667	1	1
13	3.93	female	9	11.63333	1	1
14	3.85	male	8.9	13.53333	1	1
15	3.61	male	7.7	34.16667	1	1
16	3.63	male	9	7.8	1	1
17	3.96	female	8.7	8.366667	1	1
18	3.82	male	10.8	36	0	1
19	3.58	female	9.5	36	0	1
20	3.9	male	11.7	36	0	1

圖 10-28 「lenses.dta」資料檔內容 (N=770 手術病人，潛在類別 (class)=2)

觀察資料之特徵

```
. webuse lenses, clear

* 繪依變數線形圖
. twoway (connected inclength t, sort)
```

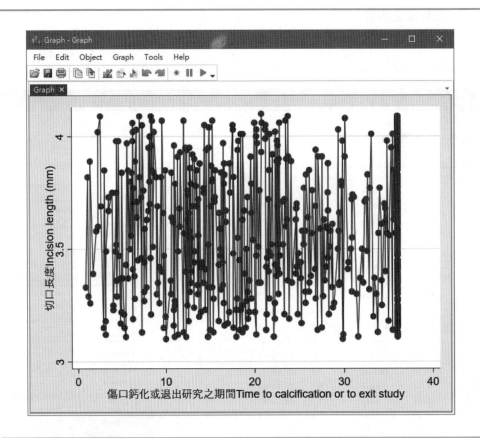

圖 10-29 「twoway (connected inclength t, sort)」繪線形圖

註：Graphics > Twoway graph (scatter, line, etc.)

(三) 分析結果與討論

Step 1 雙 **parametric survival** 迴歸分析

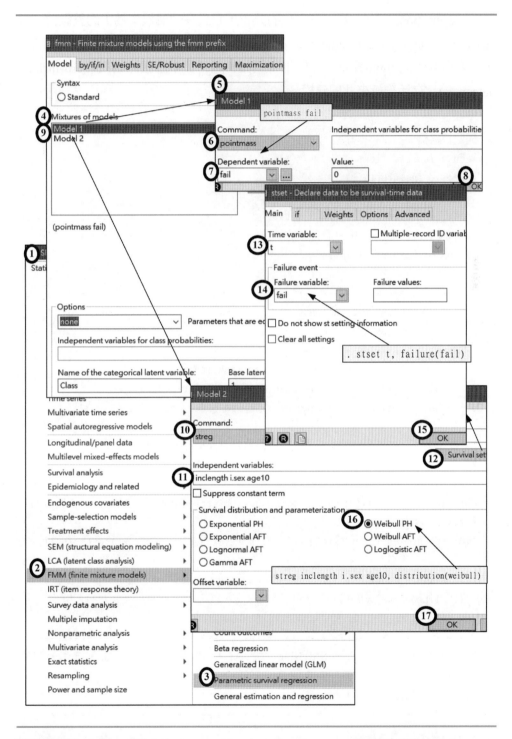

圖 10-30 「fmm：(pointmass fail) (streg inclength i.sex age10, distribution(weibull))」畫面

註：Statistics > FMM (finite mixture models) > Parametric survival regression 「fmm: pointmass」是一個退化的分布，它具有一個機率為 1 的整數值 (that takes on a single integer value with probability one)。這個分布本身不能單獨被使用，要與其他的 fmm 分布一起使用，例如：經常與零膨脹的結果 (zero-inflated outcomes)、存活分析來共同建模。

```
* 開啟資料檔
. webuse lenses, clear
. stset t, failure(fail)

    failure event:  fail != 0 & fail < .
obs. time interval:  (0, t]
 exit on or before:  failure

--------------------------------------------------------------
       770  total observations
         0  exclusions

--------------------------------------------------------------
       770  observations remaining, representing
       415  failures in single-record/single-failure data
 20,133.467  total analysis time at risk and under observation
                                        at risk from t =          0
                                  earliest observed entry t =      0
                                     last observed exit t =       36

* Cure model as a mixture of a point mass distribution at zero and a Weibull
  survival model
. fmm: (pointmass fail) (streg inclength i.sex age10, distribution(weibull))

Finite mixture model                      Number of obs     =        770
Log likelihood = -1980.1495
```

	Coef.	Std. Err.	z	P>|z|	[95% Conf. Interval]
1.Class	(base outcome)				
2.Class					
_cons	1.01863	.2703434	3.77	0.000	.4887664	1.548493

```
--------------------------------------------------------------------------

Class           : 2
Response        : _t                         No. of failures  =      415
Model           : streg, dist(weibull)       Time at risk     =  20133.467

--------------------------------------------------------------------------

            |    Coef.    Std. Err.       z    P>|z|    [95% Conf. Interval]
------------+-------------------------------------------------------------
_t          | 傷口鈣化或退出研究之期間
  inclength |  -.5922698    .2273662    -2.60   0.009   -1.037899   -.1466402
            |
        sex |
       male |   .3314051    .1259957     2.63   0.009    .0844581    .5783522
      age10 |   .1600672    .032798      4.88   0.000    .0957843    .2243502
      _cons |  -4.939691    .940024     -5.25   0.000   -6.782104   -3.097278
------------+-------------------------------------------------------------
/_t         |
       ln_p |   .4683771    .058332                      .3540485    .5827056
--------------------------------------------------------------------------
```

1. streg 指令內定分析 Weibull 模型：比例危險 (PH) 值及指數係數當作危險比 (exponentiated coefficients—hazard ratios)。

   相對地，「streg…, d(weibull) **time**」改求韋伯模型之時間，會加速失敗 (accelerated failure-time, AFP)。

2. 自變數 inclength 每變化一單位 (Δx_1)，「手術切口長度」就會增加 0.331 倍 (傷口鈣化期間 t) 的危險。

   自變數 sex 每變化一單位 (Δx_1)，即「男生比女生」會增加 0.331 倍 (傷口鈣化期間 t) 的危險。

   自變數 age10 每變化一單位 (Δx_2)，年齡每增加 10 歲就會增加 0.16 倍 (傷口鈣化期間 t) 的危險。即 age10 變數 HR=0.16。若此自變數 age10 換成你可控制的 treatment 變數，表示你的實驗處理可有效改善 84% 的存活率。

3. 單一存活分析 (streg 指令) 之「Haz. Ratio」欄中，當參數 p>1 時，表示事件依變數 (failure-time) 係隨時間增加而顯著增加其危險的指數倍。本例，p 為 exp(ln_p)=exp(0.468)= 1.597。故本例依變數 (failure-time) 不太會因時間增

加而增加其失敗危險率。本例求得參數 p=1.597，故病人暴險 100 個時間單位，會失效 (fail) 的比率，是暴險 10 個時間單位的 $10^{0.597}$ 倍 (值很小)。因為
$$\frac{100}{10}^{p-1} = \frac{100}{10}^{1.597-1} = 10^{0.597} 。$$

Step 2 各潛在類別之邊際平均數及邊際機率

```
* estat lcmean 指令印出 Latent class marginal means
. estat lcmean

Latent class marginal means                    Number of obs    =    770

Expression  : Predicted mean (analysis time when record ends in class
              2.Class),
              predict(outcome(_t) class(2))

------------------------------------------------------------------------
             |             Delta-method
             |    Margin   Std. Err.      z    P>|z|   [95% Conf. Interval]
-------------+----------------------------------------------------------
2            |
          _t |  27.22333    2.58608    10.53   0.000    22.15471   32.29195
------------------------------------------------------------------------

* estat lcprob 印出 a table of the marginal predicted latent class probabilities.
. estat lcprob

Latent class marginal probabilities            Number of obs    =    770

------------------------------------------------------------------------
             |             Delta-method
             |    Margin   Std. Err.    [95% Conf. Interval]
-------------+----------------------------------------------------------
       Class |
           1 |  .2652944   .0526935     .175304    .3801842
           2 |  .7347056   .0526935    .6198158    .824696
------------------------------------------------------------------------
```

1. 就平均數 μ 而言，潛在 Class 2 之傷口鈣化期間 (t) 比 Class 1 長 27.22 單位時間。

2. 「class 1 機率 π_1」占全體樣本 26.53%。 「class 2 機率 π_2」占全體樣本 73.47%。

3. 由於 Class 2 之傷口鈣化期間 (t) 長於 Class 1，故可命名 Class 2 為傷口難治療群；Class 1 為傷口易治療群。

4. **Latent variable representation(潛在類別)** 為：

$$p(x) = \sum_{i=0}^{k} \pi_i N(x \mid \mu_k, \Sigma_k) = \sum_{z} p(z) p(x \mid z)$$

其中，$p(z) = \prod_{k=1}^{K} \pi_k^{z_k}$

$$p(x \mid z) = \prod_{k=1}^{K} N(x \mid \mu_k, \Sigma_k)^{z_k}$$

有限混合模型：Beta 迴歸 (fmm: betareg 等指令)

11-1 Beta 分布 (Beta distribution)

11-1-1 Beta 分布之概念

Beta 分布是常見分布中，少數只取值在一個有限區間的分布，常常被用來當作取值在 0 至 1 的母體之機率模式。Uniform 分布是 Beta 分布的一種特例，當 Beta 分布之參數 α 及 β 皆為 1 時，即為 $U(0, 1)$。

當隨機變數 (X) 假設其值為百分比，或為連續型之物理現象，且值介於 0~1 之間，則此時所常用之分布即為 Beta 分布。而此分布之機率密度函數 PDF 為：

$$f(x) = \frac{\Gamma(\alpha+\beta)}{\Gamma(\alpha)\Gamma(\beta)} x^{\alpha-1} (1-x)^{\beta-1}, \ 0 < x < 1$$

| 什麼是 Beta 分布 |

在機率論中，Beta 分布也稱貝塔分布，是指一組定義在 (0,1) 區間的連續機率分布，有兩個參數 $\alpha, \beta > 0$。

由於 Beta 分布有二參數 (α, β)，參數的改變，可使 PDF 之圖形有很大的變化，底下給出在不同參數下，Beta 分布之 PDF 圖形。

對 $0 \leq X \leq 1$，形狀參數 $\alpha, \beta > 0$ 而言，Beta 分布的機率密度函數 (PDF)，是 x 及其反射 (1-x) 二者合成的指數函數 (power function)：

$$f(x; \alpha, \beta) = \frac{x^{\alpha-1}(1-x)^{\beta-1}}{\int_0^1 u^{\alpha-1}(1-u)^{\beta-1}du}$$

$$= \frac{\Gamma(\alpha+\beta)}{\Gamma(\alpha)\Gamma(\beta)} x^{\alpha-1} (1-x)^{\beta-1}$$

$$= \frac{1}{B(\alpha, \beta)} x^{\alpha-1} (1-x)^{\beta-1}$$

其中，$\Gamma(z)$ 是 gamma 函數。B() 是指 Beta 函數，它是正規化為常數 (normalization constant)，以確保它的值域為 [0, 1]。

這個定義包括 x = 0 和 x = 1 兩端，這與有界區間的其他連續分布 (continuous distributions supported on a bounded interval) 的定義是一致的，這些連續分布其實也是 beta 分布特殊情況之一。但是，若 $\alpha, \beta < 1$ 時，則 (x = 0、x = 1) 不適用於 Beta 分布。

定義：**Gamma 分布 (Gamma distribution)**

連續型隨機變數之數值 (X) 變化，爲整個實驗之結果，具有不可數且無限多的實數，可以用一條曲線來表示整個實驗結果的分布情形。除了常態分布之外，常見的連續型隨機變數還有 Gamma 分布及 Beta 分布。

Gamma 分布是統計學的一種連續機率函數。伽瑪分布中的參數 α，稱爲形狀參數，β 稱爲尺度參數，而此分布之機率密度函數 PDF 爲：

$$f(x) = \frac{1}{\Gamma(\alpha)\beta^\alpha} x^{\alpha-1} e^{-\frac{x}{\beta}} , \ 0 < x$$

此分布之平均數與變異數分別爲：

$$E(X) = \alpha\beta$$

$$\text{Var}(X) = \alpha\beta^2$$

隨機變數 X 爲等到第 α 件事發生所需之等候時間，所以我們可以知道 $\alpha = 1$ 時，Gamma 分布就會變成指數分布。當 Gamma 分布之變數 β 爲 0.5 時，α 的 2 倍爲卡方變數之自由度 (Degree of freedom)，即：

$$\text{Gam}\left(\alpha, \frac{1}{2}\right) = X^2(2\alpha)$$

當我們需要計算，某家店在一個固定時間內會有 n 個顧客上門的機率，並且事先知道該店每小時顧客上門的頻率，即可應用 Gamma 分布來計算。

Beta 分布的累積分布函數是：

$$F(x; \alpha, \beta) = \frac{B_x(\alpha, \beta)}{B(\alpha, \beta)} = I_x(\alpha, \beta)$$

其中 $B_x(\alpha, \beta)$ 是不完全 B 函數，$I_x(\alpha, \beta)$ 是正則不完全貝塔函數。

Beta 分布的**偏態**是：

$$\frac{E(X-\mu)^3}{[E(X-\mu)^2]^{3/2}} = \frac{2(\beta-\alpha)\sqrt{\alpha+\beta+1}}{(\alpha+\beta+2)\sqrt{\alpha\beta}}$$

Beta 分布的**峰度**是：

$$\frac{E(X-\mu)^4}{[E(X-\mu)^2]^2} - 3 = \frac{6[\alpha^3 - \alpha^2(2\beta-1) + \beta^2(\beta+1) - 2\alpha\beta(\beta+2)]}{\alpha\beta(\alpha+\beta+2)(\alpha+\beta+3)}$$

可是有幾位作者 (N. L. Johnson and S. Kotz)，係用符號 p 和 q(代替 α 和 β)，來描述 β 分布的形狀參數，但背後意義都是相同的。傳統上伯努利分布 (Bernoulli distribution)，因爲當形狀參數 α 和 β 接近零的值時，β 分布接近極限的伯努利分布。

定義：伯努利分布 (Bernoulli distribution)

又名兩點分布或者 0-1 分布，是一個離散型機率分布，爲紀念瑞士科學家雅各布·伯努利而命名。若伯努利試驗成功，則伯努利隨機變數取值爲 1。若伯努利試驗失敗，則伯努利隨機變數取值爲 0。其成功機率爲 $p(0 \le p \le 1)$，失敗機率爲 $q = 1 - p$，則其機率質量函數爲：

$$f_X(x) = p^x (1-p)^{1-x} = \begin{cases} p & \text{if } x = 1 \\ q & \text{if } x = 0 \end{cases}$$

其期望值爲：

$$E[X] = \sum_{i=0}^{1} x_i f_X(x) = 0 + p = p$$

其變異數爲：

$$\text{var}[X] = \sum_{i=0}^{1} (x_i - E[X])^2 f_X(x) = (0-p)^2(1-p) + (1-p)^2 p = p(1-p) = pq$$

在下文中，一個隨機變數 X 的 β 分布與參數 α 和 β 將被表示爲：隨機變數 $X \sim \text{Beta}(\alpha, \beta)$。統計學文獻中，有人以其他符號代表 β 分布隨機變數，例如：$X \sim \text{Be}(\alpha, \beta)$ 或 $X \sim \beta_{\alpha, \beta}$。

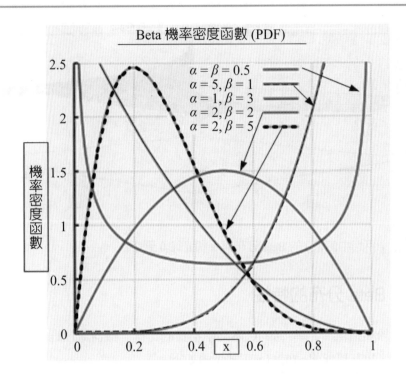

圖 11-1　Beta 分布圖 $(X \sim \text{Beta}(\alpha, \beta))$

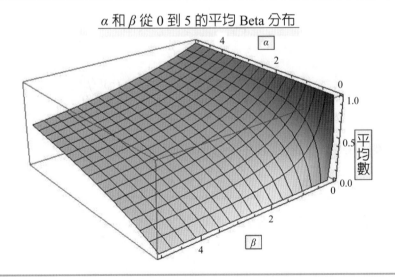

圖 11-2　α 和 β 從 0 到 5 的平均 Beta 分布

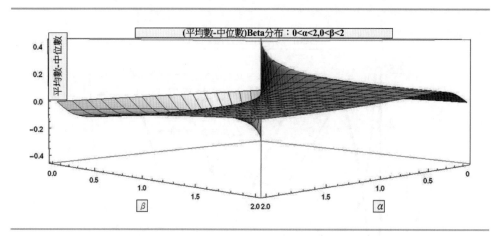

圖 11-3 (平均中位數) 的 Beta 分布與 α 和 β 從 0 到 2

11-1-2 Beta 分布的特性

常用於模型化：比率，如 IC 產品中不良的比率；機器處在維修狀態所占的比率……，故其可能值∈ [0, 1]，正式定義如下：

定義　　$Y \sim \mathrm{beta}(\alpha, \beta)$，$\alpha > 0$，$\beta > 0$，若且唯若 Y 的 PDF

$$f(y) = \begin{cases} \dfrac{y^{\alpha-1}(1-y)^{\beta-1}}{B(\alpha, \beta)}, & 0 \le y \le 1 \\ 0, & \text{其他} \end{cases}$$

其中

$$B(\alpha, \beta) = \int_0^1 y^{\alpha-1}(1-y)^{\beta-1}dy = \frac{\Gamma(\alpha)\Gamma(\beta)}{\Gamma(\alpha+\beta)}$$

註 1　　雖然 beta 的 PDF 定義在 $0 \le y \le 1$，但透過轉換

$$y^* = \frac{y-c}{d-c}$$

可將 beta 的 PDF 推廣至任意區間：$c \le y \le d$ (結果待證)。

註 2 Beta 隨機變數的 CDF

$$F(y) = \int_0^y \frac{t^{\alpha-1}(1-t)^{\beta-1}}{B(\alpha, \beta)} dt$$

$$\overset{表成}{=} I_y(\alpha, \beta)$$

稱作非完整 beta 函數 (incomplete beta function)，無明確的完整型 (closed-form)，但當 α, β 均為整數時，由分部積分 (integration by parts)，可得：

$$I_y(\alpha, \beta) = \int_0^y \frac{t^{\alpha-1}(1-t)^{\beta-1}}{B(\alpha, \beta)} dt$$

$$= \sum_{i=\alpha}^{n} \binom{n}{i} y^i (1-y)^{n-i}$$

其中 $0 < y < 1$，$n = \alpha + \beta - 1$（一個與二項分布的 PMF 之間的關係）。

定理：若 $Y \sim \text{beta}(\alpha, \beta)$，$\alpha > 0$、$\beta > 0$，則期望值：

$$\mu = E(Y) = \frac{\alpha}{\alpha + \beta}$$

且變異數

$$\sigma^2 = \text{Var}(Y) = \frac{\alpha\beta}{(\alpha+\beta)^2(\alpha+\beta+1)}$$

〈證〉根據期望值的定義：

$$E(Y) = \int_{-\infty}^{\infty} y f(y) dy$$

$$= \int_0^1 y \cdot \left(\frac{y^{\alpha-1}(1-y)^{\beta-1}}{B(\alpha, \beta)} \right) dy$$

$$= \frac{1}{B(\alpha, \beta)} \int_0^1 y^{\alpha}(1-y)^{\beta-1} dy$$

$$= \frac{1}{B(\alpha, \beta)} \cdot B(\alpha+1, \beta)$$

$$= \frac{\Gamma(\alpha+\beta)}{\Gamma(\alpha)\Gamma(\beta)} \cdot \frac{\Gamma(\alpha+1)\Gamma(\beta)}{\Gamma(\alpha+\beta+1)}$$

$$= \frac{\Gamma(\alpha+\beta)}{\Gamma(\alpha)\Gamma(\beta)} \cdot \frac{\alpha\Gamma(\alpha)\Gamma(\beta)}{(\alpha+\beta)\Gamma(\alpha+\beta)}$$

$$= \frac{\alpha}{\alpha+\beta}$$

上式中第四個等號成立，乃因為 beta(α, β) 的 PDF 的完整型積分為 1，亦即：

$$\int_0^1 \frac{y^{\alpha-1}(1-y)^{\beta-1}}{B(\alpha, \beta)} dy = 1$$

由此可導出，對於 $\alpha > 0$、$\beta > 0$：

$$\int_0^1 y^{\alpha-1}(1-y)^{\beta-1} dy = B(\alpha, \beta) \tag{11-1}$$

故根據 (11-1) 式，得

$$\int_0^1 y^{\alpha}(1-y)^{\beta-1} dy$$
$$= \int_0^1 y^{(\alpha+1)-1}(1-y)^{\beta-1} dy$$
$$= B(\alpha+1, \beta)$$

同理，根據隨機變數的函數期望值的公式，以及 (11-1) 式：

$$E(Y^2) = \int_0^1 y^2 \left(\frac{y^{\alpha-1}(1-y)^{\beta-1}}{B(\alpha, \beta)} \right) dy$$
$$= \frac{1}{B(\alpha, \beta)} \int_0^1 y^{(\alpha+2)-1}(1-y)^{\beta-1} dy$$
$$= \frac{1}{B(\alpha, \beta)} \cdot B(\alpha+2, \beta)$$

[根據 (11-1) 式]

$$= \frac{\Gamma(\alpha+\beta)}{\Gamma(\alpha)\Gamma(\beta)} \cdot \frac{\Gamma(\alpha+2)\Gamma(\beta)}{\Gamma(\alpha+\beta+2)}$$
$$= \frac{\Gamma(\alpha+\beta)}{\Gamma(\alpha)\Gamma(\beta)} \cdot \frac{(\alpha+1)\alpha\Gamma(\alpha)\Gamma(\beta)}{(\alpha+\beta+1)(\alpha+\beta)\Gamma(\alpha+\beta)}$$
$$= \frac{(\alpha+1)\alpha}{(\alpha+\beta+1)(\alpha+\beta)}$$

所以，

$$\text{Var}(Y)$$
$$= E(Y^2) - [E(Y)]^2$$
$$= \frac{(\alpha+1)\alpha}{(\alpha+\beta+1)(\alpha+\beta)} - \left(\frac{\alpha}{\alpha+\beta} \right)^2$$
$$= \frac{\alpha}{\alpha+\beta} \left[\frac{\alpha+1}{\alpha+\beta+1} - \frac{\alpha}{\alpha+\beta} \right]$$
$$= \frac{\alpha}{\alpha+\beta} \cdot \frac{\alpha(\alpha+\beta) + \alpha + \beta - \alpha(\alpha+\beta) - \alpha}{(\alpha+\beta)(\alpha+\beta+1)}$$
$$= \frac{\alpha\beta}{(\alpha+\beta)^2(\alpha+\beta+1)}$$

例 1　3C 批發商一週的銷售率可用 $\alpha = 4$、$\beta = 2$ 的 beta 分布模型化，試求至少銷售庫存的 90% 的機率。

〈**解**〉由題意，銷售率 $Y \sim$ beta(4, 2)，且其機率密度函數 PDF

$$f(y) = \begin{cases} \dfrac{\Gamma(6)}{\Gamma(4)\Gamma(2)} y^3 (1-y), & 0 \le y \le 1 \\ 0, & \text{其他} \end{cases}$$
$$= \begin{cases} 20 y^3 (1-y), & 0 \le y \le 1 \\ 0, & \text{其他} \end{cases}$$

所以，銷售至少為 90% 的機率

$$\begin{aligned} P(Y \ge .9) &= \int_{0.9}^{1} 20 \, (y^3 - y^4) \, dy \\ &= 20 \left(\frac{y^4}{4} - \frac{y^5}{5} \right) \Big|_{0.9}^{1} \\ &= 5y^4 - 4y^5 \Big|_{0.9}^{1} \\ &= 1 - (0.9)^4 \, (5 - 3.6) \\ &= 1 - 0.91854 \\ &= 0.0814 \end{aligned}$$

11-2 雙 Beta 迴歸分析 (fmm: betareg 指令)：就讀學校合格率之因素

一、「fmm: betareg」指令語法如下表

Basic syntax
　　fmm #: betareg *depvar* [*indepvars*] [, *options*]

Full syntax
　　fmm # [*if*] [*in*] [*weight*] [, *fmmopts*]: betareg *depvar* [*indepvars*] [, *options*]

where # specifies the number of class models.

options　　　　　　　　　　| 說明 |

Model	
noconstant	suppress the constant term
link (*linkname*)	specify link function for the conditional mean; default is link (logit)

indepvars may contain factor variables; see [U] **11.4.3 Factor variables.**

depvar and *indepvars* may contain time-series operators; see [U] **11.4.4 Time-series varlists.**

For a detalied description of *options,* see *Options* in [R] **betareg.**

linkname	說明
logit	logit
probit	probit
cloglog	complementary log-log

fmmopts	Description
Model	
lcinvariant (*pclassname*)	specify parameters that are equal across classes; default is lcinvariant (none)
lcprob (*varlist*)	specify independent variables for class probabilities
lclabel (*name*)	name of the categorical latent variable; default is lclabel (Class)
lcbase(#)	base latent class
constraints (*constraints*)	apply specified linear constraints
collinear	keep collinear variables
SE/Robust	
vce (*vcetype*)	*vcetype* may be oim, robust, or cluster *clustvar*
Reporting	
level (#)	set confidence level; default is level (95)
nocnsreport	do not display constraints
noheader	do not display header above parameter table
nodvheader	do not display dependent variables information in the header
notable	do not display parameter table
display_options	control columns and column formats, row spacing, line width, display of omitted variables and base and empty cells, and factor-variable labeling
Maximization	
maximize_options	control the maximization process
startvalues (*svmethod*)	method for obtaining starting values; default is startvalues (factor)
emopts (*maxopts*)	control EM algorithm for improved starting values
noestimate	do not fit the model; show starting values instead
coeflegend	display legend instead of statistics

pclassname	說明
cons	intercepts and cutpoints
coef	fixed coefficients
errvar	covariances of errors
scale	scaling parameters
all	all the above
none	none of the above; the default

「fmm: betareg」指令旨在適配 Beta 迴歸的混合模型 (fits mixtures of beta regression models to a fractional outcome whose values are greater than 0 and less than 1)，常見的指令語法如下表：

---

* Mixture of two beta distributions of y
. fmm 2: betareg y

----

* Mixture of two beta regression models of y on x1 and x2
. fmm 2: betareg y x1 x2

----

* As above, but with class probabilities depending on z1 and z2
. fmm 2, lcprob(z1 z2): betareg g y x1 x2

----

* With robust standard errors
. fmm 2, vce(robust): betareg y x1 x2

----

* Constrain coefficients on x1 and x2 to be equal across classes
. fmm 2, lcinvariant(coef): betareg y x1 x2

二、範例：雙 Beta 迴歸分析 (fmm: betareg 指令)：就讀學校合格率之因素

(一) 問題說明

為了解就讀學校合格率之影響因素有哪些？(分析單位：個人)

研究者收集數據並整理成下表，此「sprogram.dta」資料檔內容之變數如下：

變數名稱	說明	編碼 Codes/Values
結果變數 / 依變數：prate	學校合格率 (School pass rate)	.2986041　.9973584
解釋變數 / 自變數：summer	提供暑期教學嗎 (1=yes)	0=no, 1=yes
解釋變數 / 自變數：freemeals	學生免費用餐的分數 (fraction)	0.0004756~0.908513
解釋變數 / 自變數：pdonations	父母捐款 (Donations by parents (dollars))	0.556205~21(美元)

(二) 資料檔之內容

「sprogram.dta」資料檔內容如圖 11-4。

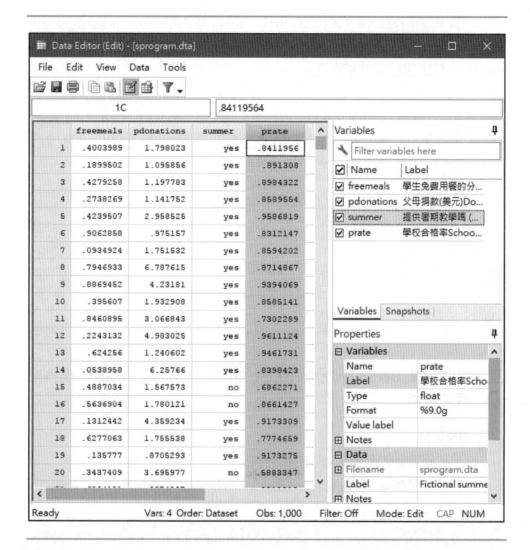

圖 11-4 「sprogram.dta」資料檔內容 (N = 1,000 個學生，潛在類別 (class) = 2)

觀察資料之特徵

```
* Finite mixtures of beta regression models
* 開啟資料檔
. webuse sprogram, clear
(Fictional summer program data)

* 繪依變數直方圖
. histogram prate, bin(80) normal
(bin=80, start=-1.8311852, width=.07487977)
```

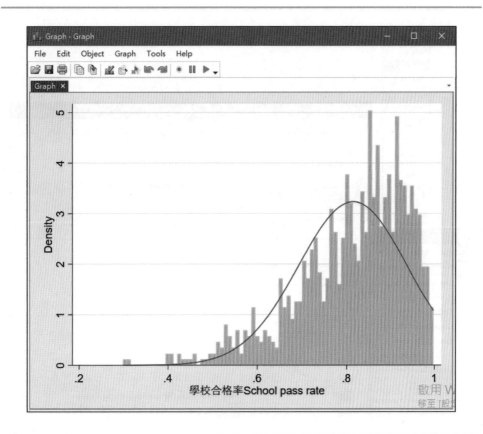

圖 11-5 「histogram prate, bin(80) normal」繪直方圖

註：Graphics > Histogram

(三) 分析結果與討論

Step 1　雙 Beta 混合迴歸分析

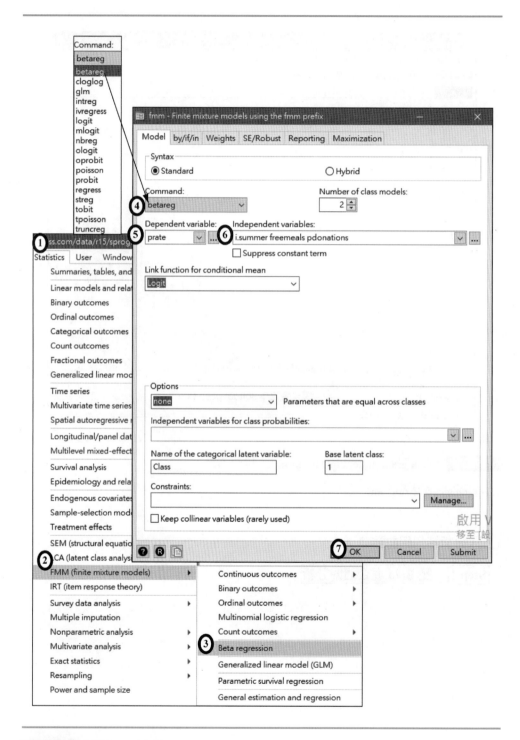

圖 11-6 「fmm 2：betareg prate i.summer freemeals pdonations」畫面

註：Statistics > FMM (finite mixture models) > Beta regression

```
* 開啟資料檔
. webuse sprogram, clear
(Fictional summer program data)


* Mixture of two beta regression models with lower truncation limit 0
. fmm 2: betareg prate i.summer freemeals pdonations


Finite mixture model                        Number of obs    =      1,000
Log likelihood =  898.19708
```

	Coef.	Std. Err.	z	P>|z|	[95% Conf. Interval]
1.Class	(base outcome)					
2.Class						
_cons	.0914204	.8118945	0.11	0.910	-1.499864	1.682704

```
Class          : 1
Response       : prate
Model          : betareg, link(logit)
```

	Coef.	Std. Err.	z	P>|z|	[95% Conf. Interval]
prate						
summer						
yes	.6269748	.074466	8.42	0.000	.4810242	.7729255
freemeals	-.6423008	.1679606	-3.82	0.000	-.9714975	-.3131041
pdonations	.0432624	.0143989	3.00	0.003	.0150412	.0714837
_cons	.7929324	.1658683	4.78	0.000	.4678365	1.118028
/prate						
logs	2.77867	.1672246			2.450916	3.106424

```
Class          : 2
Response       : prate
```

```
Model        : betareg, link(logit)

-------------------------------------------------------------------------
            |     Coef.    Std. Err.      z    P>|z|    [95% Conf. Interval]
------------+------------------------------------------------------------
prate       |
    summer  |
       yes  |   .5636768    .077044     7.32   0.000    .4126734    .7146802
  freemeals | -.4266098    .1323231    -3.22   0.001   -.6859584   -.1672612
 pdonations |   .0605138    .0205501    2.94   0.003    .0202364    .1007912
      _cons |   1.636759    .2365459    6.92   0.000    1.173137    2.10038
------------+------------------------------------------------------------
/prate      |
      logs  |   2.996381    .3264436                    2.356564    3.636199
-------------------------------------------------------------------------
```

1. 報表「z」欄中，two-tail 檢定下，若 $|z| > 1.96$，則表示該自變數對依變數有顯著影響力。$|z|$ 值越大，表示該自變數對依變數的關聯性 (relevance) 越高。

2. Beta 迴歸分析，求得：

   Class 1 為普通學校群：

   prate = 0.793 + 0.627×summer − 0.642×freemeal + 0.043×pdonations

   學校合格率 = 0.793 + 0.627× 暑期教學嗎 −0.642× 學生免費用餐的分數 + 0.043× 父母捐款

   Class 2 為明星學校群：

   prate = 1.637 + 0.564×summer − 0.427×freemeal + 0.061×pdonations

   學校合格率 = 1.637 + 0.564× 暑期教學嗎 −0.427× 學生免費用餐的分數 + 0.061× 父母捐款

Step 2　各潛在類別之邊際平均數及邊際機率

```
* estat lcmean 指令印出 Latent class marginal means
. estat lcmean

Latent class marginal means                    Number of obs   =      1,000
```

```
            |               Delta-method
            |     Margin    Std. Err.       z     P>|z|    [95% Conf. Interval]
------------+-----------------------------------------------------------------
1           |
      prate |   .7425878    .0308815     24.05    0.000     .6820611     .8031145
------------+-----------------------------------------------------------------
2           |
      prate |   .8808204     .026613     33.10    0.000     .8286599     .9329809
-------------------------------------------------------------------------------
```

* estat lcprob 印出 a table of the marginal predicted latent class probabili-
  ties.
. estat lcprob

Latent class marginal probabilities   Number of obs   =   1,000

```
            |               Delta-method
            |     Margin    Std. Err.       [95% Conf. Interval]
------------+----------------------------------------------------
      Class |
          1 |   .4771608    .2025501       .1567377     .8175541
          2 |   .5228392    .2025501       .1824459     .8432623
----------------------------------------------------------------
```

1. 「class 1 平均數 μ_1」：就讀學校平均合格率 (prate = 0.74259)。「class 1 機率 π_1」占全體樣本 47.72%。合格率低於 Class 2。

2. 「class 2 平均數 μ_2」：就讀學校平均合格率 (prate = 0.8808)。「class 2 機率 π_2」占全體樣本 52.28%。

3. 由於 Class 2 之就讀學校合格率高於 Class 1，故可命名 Class 2 為明星學校群；Class 1 為一般學校群。

4. **Latent variable representation(潛在類別)** 為：

$$p(x) = \sum_{i=0}^{k} \pi_i N(x \mid \mu_k, \Sigma_k) = \sum_z p(z)p(x \mid z)$$

其中，$p(z) = \prod_{k=1}^{K} \pi_k^{z_k}$

$$p(x \mid z) = \prod_{k=1}^{K} N(x \mid \mu_k, \Sigma_k)^{z_k}$$

| Step 3 | 各類的平均值，繪成直方圖 |

```
* 將各類的平均值，存至 mu1, mu2, mu3 新變數
. predict mu*
(option mu assumed)
* 各類的平均值，繪成直方圖
. twoway (histogram mu1, width(.005) color(navy%25)) (histogram mu2,
  width(.005) color(maroon%25) legend(off) title(" 二類的預測值 "))
```

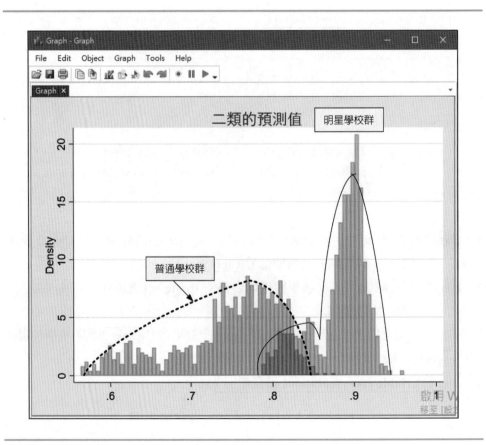

圖 11-7　雙 Beta 混合模型預測之 (就讀學校合格率) 平均值直方圖

Step 4 敵對模型，用 **BIC** 值來判定哪個適配度較優？

* STaTa v12 版，才須先安裝 fmm 外掛指令；STaTa v15 版已內建十七個「fmm：」估計法

*----- STaTa v15 的 General estimation and regression 如下：--------

* 對照組二 : fmm 分成二個潛在類別（雙 beta 混合模型）
. quietly fmm 2: betareg prate i.summer freemeals pdonations
. estimates store fmm2

* 對照組三 : fmm 分成三個潛在類別（參 beta 混合模型）
. quietly fmm 3: betareg prate i.summer freemeals pdonations
. estimates store fmm3

* 求 AIC BIC 值
. estimates stats fmm1 fmm2 fmm3

Akaike's information criterion and Bayesian information criterion

```
-------------------------------------------------------------------------
      Model |     Obs   ll(null)   ll(model)     df        AIC        BIC
------------+------------------------------------------------------------
      fmm2  |   1,000       .       898.1971      11   -1774.394  -1720.409
      fmm3  |   1,000       .       900.4357      17   -1766.871  -1683.440
-------------------------------------------------------------------------
```

1. 根據 AIC、BIC 準則，都是雙 beta 混合模型之 IC 值比參 beta 混合模型小，表示雙 Logit 混合模型最優。

有限混合模型：GLM
迴歸 (fmm: glm 等指令)

　　如果依變數 (dependent variable) 是連續變數 (continuous) 且符合常態分布的話，就是使用線性迴歸 (linear regression)，迴歸方程式為：

$Y \sim$ Gaussian (Normal)

$Variance(Y) = 1$, where $E[Y] = \mu$

$Y = \beta_0 + \beta_1 X_1 + \beta_2 X_2 + ... + \beta_p X_p + Error$

X_1 類別變數 $(k \geq 2)$ 　　X_2 連續變數

　　X_1 可以是類別變數，X_2 可以是連續變數，而 Y 是連續變數，例如：生活品質分數、血壓、憂鬱分數等，此時這個迴歸叫作線性迴歸。

　　那如果依變數不是連續變數呢？例如：依變數是二元的 (binary)、次序的 (ordinal)、超過三類的名目變數 (nominal variable with categories $\geq$ 3)、以及計數 (count data) 呢？在 1989 年，McCullagh and Nelder 這兩位統計學家首度出版一書名 *"Generalized linear model"*，中文翻作《廣義線性模型》或《概化線性模型》，他們利用了「隨機成分」(random component) 及「連結函數」(link function) 將各種不同尺度的依變數作迴歸模型的統整，以下僅針對二元依變數及計數依變數作簡介。

　　由下列公式可知，第一列指的是 Y 必須符合「二項分布」(binomial)，例如：「生存 vs. 死亡」或「成功 vs. 失敗」，簡化為「event vs. event free」，而 P(Y=1) 的意思就是「成為 Event 的機率」，而 logit(μ) 就是所謂的「連結函數之 logit 轉換」(logit transformation)，你是否注意到 logit(μ) 等號右邊的「迴歸方程式」跟傳統線性迴歸是一樣的？這就是連結函數的妙用，不管依變數尺度是什麼，透過連結函數之後，等號右邊的迴歸方程式一律相同。此時這個迴歸叫作 binary logistic regression。

$Y \sim$ Bernoulli (μ) 　Y 要符合二項分布

$Variance(Y) = \mu(1 - \mu)$, where $E[Y] = \mu = P(Y = 1)$

$logit[P(Y = 1)] = logit(\mu) = \beta_0 + \beta_1 X_1 + \beta_2 X_2 ... + Error$

"logit" link funtion 　　　　　　　　　X_2 連續變數

X_1 類別變數 $(k \geq 2)$

　　除了以上我們介紹的三種尺度依變數（連續、二元、計數），事實上廣義線性模型尚有其他尺度依變數，例如：三類以上的名目變數（例如：五大人格類

型)，此時叫作 multinomial logistic regression；次序型依變數 (例如：傷病等級分三個等級、預後分五個等級)，此時叫作 ordinal logistic regression。

12-1 廣義線型模型 (generalized linear regression models)

一個迴歸模型包含了三個基本元素：

1. 系統成分 (systematic component)
2. 隨機成分 (random component)
3. 連結函數 (link function)

這三個元素，就是廣義線性模型的結構定義。

廣義線性模型從兩個方向，將常態線性模型擴充到其他模型：

1. 隨機成分假設為非常態的其他分布；
2. 將連結函數從直線方程式改為其他函數。

當隨機成分 Y 不限於常態，那麼以類別變數為反依變數的模型就能用同一套概念運作。譬如 Y 服從二項分布，那麼 Y 取值就成為非 0 即 1，而非常態分布的範圍負無限大到正無限大之間。甚至計數資料也可以應用上來，譬如 Poisson 分布。

連結函數的彈性，則允許 GLM 納入各種不同的對應關係，並利用前述的資料轉換技巧，將曲線與非線性案例變為直線函數，成為名符其實的「廣義線性模型」。

GLM 特性

事實上，「廣義線性模型 (generalized linear model, GLM)」廣泛包括 ANOVA、直線迴歸、多項式迴歸、Poisson 迴歸、logistic 迴歸等模型，不光反依變數是連續型的迴歸，反依變數是類別變數的模型也可以用它來解釋。

圖 12-1 旨在說明「卡方、ANOVA、直線迴歸」三者的差異，但是圖中的對應式並不保證「X, Y」具有因果關係。

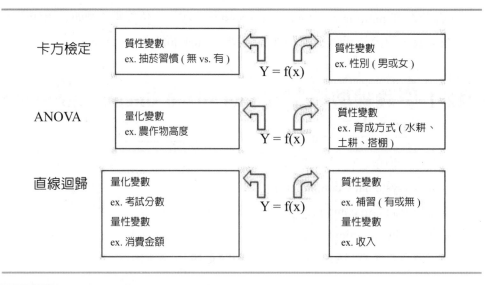

圖 12-1 「卡方、ANOVA、直線迴歸」三者的差異

12-1-1 廣義線性迴歸之概念

在統計學上，廣義線性模型 (generalized linear model) 是一種應用廣泛的線性迴歸模型。此模型假設實驗者所測量的隨機變數的分布函數與實驗中系統性效應 (即非隨機的效應)，可經由一連結函數 (link function) 建立起可資解釋其相關性的函數。

John Nelder 與 Peter McCullagh 在 1989 年出版，被視爲廣義線性模型的代表性文獻中，提綱挈領地說明了廣義線性模型的原理、計算 (如最大概似估計量) 及其實務應用。

一、廣義線性迴歸的簡介

廣義線性模型 (generalized linear model, GLM) 是最小平方迴歸 (OLS) 的擴展，在廣義線性模型中，假設每個資料的觀測值 Y 來自某個指數族 (exponential family) 分布。該分布的平均數 μ，可由與該點獨立的 X 解釋：

$$E(y) = \mu = g^{-1}(X\beta)$$

其中 E(y) 爲 y 的期望值，$X\beta$ 是由未知待估計參數 β 與已知變數 X 構成的線性估計式，g 則爲連結 (link) 函數。

在此模型下，y 的變異數 V 可表示爲：

$$\mathrm{Var}(y) = \mathrm{V}(\mu) = \mathrm{V}(g^{-1}(X\beta))$$

一般假設 V 可視爲一指數族 (family) 隨機變數的函數。

未知參數 β 通常會以最大概似估計量、準 (quasi)- 最大概似估計量或以 Bayesian 方法來估計。

二、GLM 模型組成

廣義線性模型包含了以下主要部分：

1. 來自指數族的分布函數 f。

2. 線性預測子 $\eta = X\beta$。

3. 連結函數 g 使得 $\mathrm{E}(y) = \mu = g^{-1}(\eta)$。

(一) 指數族

指數族隨機變數意指其具參數 θ 與 τ 的機率密度函數，f「在論離散型隨機變數時，則爲機率質量函數」，可表示如下：

$$f_Y\,(y;\theta,\,\tau) = \exp\left(\frac{a(y)b(\theta)+c(\theta)}{h(\tau)}+d(y,\,\tau)\right)$$

τ 稱之爲變異參數，通常用以解釋變異數。函數 a、b、c、d 及 h 爲已知。許多 (不包含全部) 型態的隨機變數可歸類爲指數族。

θ 與該隨機變數的期望值有關。若 a 爲恆等函數，則稱該分布屬於正規型式。另外，若 b 爲恆等而 τ 已知，則 θ 稱爲正規參數，其與期望值的關係可表示如下：

$$\mu = \mathrm{E}(Y) = -c'(\theta)$$

一般情形下，該分布的變異數可表示爲：

$$\mathrm{Var}(Y) = -c''(\theta)h(\tau)$$

(二) 線性預測因子

線性預測因子是將獨立變數經由線性組合，來尋求模型所能提供之資訊的計量變數。符號 η(希臘字母「H」) 通常用來表示線性預測子。它與資料的期望

值之連結函數值有關 (故稱「預測因子」)。

　　η 係指未知參數 β 的線性組合 (故爲「線性」)。X 則爲獨立變數所組合而成的觀測矩陣。如此一來，η 可表示爲：

$$\eta = X\beta$$

　　X 的元素通常爲模型設計時，可觀測的資料或爲實驗時所得的數據。

三、連結 (link) 函數

　　連結函數解釋了線性預測子與分布期望值的關係。連結函數的選擇可視情形而定，通常只要符合連結函數的值域有包含分布期望值的條件即可。

　　當使用具正則參數 θ 的分布時，連結函數需符合 X^TY 爲 β 的充分統計量此一條件。這在 θ 與線性預測子的連結函數值相等時方成立。下面列出若干指數族分布的典型連結函數及其反函數 (有時稱爲均值函數)：

連結函數			
Y 的分布	名稱	連結函數	均值函數
常態	恆等	$X\beta = \mu$	$\mu = X\beta$
指數 Gamma	倒數	$X\beta = \mu^{-1}$	$\mu = (X\beta)^{-1}$
逆高斯	二次倒數	$X\beta = \mu^{-2}$	$\mu = (X\beta)^{-1/2}$
卜瓦松	自然對數	$X\beta = \ln(\mu)$	$\mu = \exp(X\beta)$
二項式 多項式	Logit	$X\beta = \ln\left(\dfrac{\mu}{1-\mu}\right)$	$\mu = \dfrac{\exp(X\beta)}{1+\exp(X\beta)}$

　　在指數分布與 Gamma 分布中，其典型連結函數 (link function) 的值域並不包含分布均值，另外其線性預測子亦可能出現負值，此兩種分布絕無均值爲負的可能。當進行極大概似估計進行計算時須避免上述情形出現，這時便需要使用到非典型連結函數。

(一) 一般線性模型

　　有些人可能會把一般線性模型和廣義線性模型給弄混了。一般線性模型可視爲廣義線性模型的一個連結函數爲恆等的特例。一般線性模型有著悠久的發展歷史。廣義線性模型具非恆等連結函數者，有著漸近一致的結果。

(二) 線性迴歸

廣義線性模型最簡單的例子便是線性迴歸。此例中分布函數為常態分布，而連結函數為恆等函數在變異數已知的條件下並符合正規式。這個例子具有廣義線性模型罕有的最大概似估計量之解析解。

(三) 二元資料

在討論二元反應結果 (如有跟沒有) 時，通常以二項式分布建模。其期望值 μ_i 通常解釋為樣本 Y_i 發生事件的機率 p。

二項式分布有許多常用的連結函數，最常用的連結函數是 logit：

$$g(p) = \ln\left(\frac{p}{1-p}\right)$$

以此建模的廣義線性模型通常稱為 logistic 迴歸模型。

另外，任何連續型機率分布累積函數 (CDF) 的反函數皆可使用此模型，因為其值域為 [0,1]，包含了二項式分布期望值的可能值域。常態機率分布累積函數 Φ 是一個廣受應用於 probit 模型的選擇。其連結函數為：

$$g(p) = \Phi^{-1}(p)$$

有時恆等函數也會被用作二項式分布的連結函數，其缺點為預測值可能超出合理範圍。經過若干修正可以避免上述問題，但會在解釋上造成困難。此模型通常適用於 p 接近 0.5 的情形。此種建模很接近 logit 及 probit 的線性轉換，有時計量經濟學家會稱其為 Harvard 模型。

二元資料的廣義線性模型變異函數可寫為：

$$\text{Var}(Y_i) = \tau\mu_i(1-\mu_i)$$

其中變異參數 τ 通常等於 1，若非，則該模型稱為溢變異或準 (quasi)- 二元。

(四) 計次 (count) 資料

另一個常用的例子為用於計次的卜瓦松分布。此例的連結函數為自然對數，為正規連結。變異數函數與均值成等比：

$$\text{var}(Y_i) = \tau\mu_i$$

其中變異參數 τ 通常等於 1，若非，此模型通常稱為溢變異或似卜瓦松。

12-1-2 指數分布族、廣義線性模型之建模

一、指數分布族 (the exponential family)

線性迴歸中我們假設：

$$y|x;\theta \sim N(\mu, \sigma^2)$$

邏輯斯迴歸中我們假設：

$$y|x;\theta \sim \text{Bernoulli}(\phi)$$

指數分布族，它有如下形式：

$$p(y;\eta) = b(y)\exp(\eta^T T(y) - a(\eta))$$

其中，

η 是自然參數 (natural parameter)

$T(y)$ 是充分統計量 (sufficient statistic) (一般情況下 $T(y) = y$)

$a(\eta)$ 是 log partition function ($e^{-a(\eta)}$ 充當正規化常量的角色，保證 $\sum p(y;\eta) = 1$)

也就是 T，a、b 確定了一種分布，η 是該分布的參數。

選擇合適的 T，a、b 可以得到高斯分布和 Bernoulli 分布。

Bernoulli 分布的指數分布族形式：

$p(y = 1;\phi) = \phi; p(y = 0;\phi) = 1 - \phi$

$\Rightarrow \quad p(y;\phi) = \phi^y(1 - \phi)^{1-y}$

$\qquad\qquad = \exp(y \log \phi + (1 - y)\log(1 - \phi))$

$\qquad\qquad = \exp\left(\left(\log\left(\frac{\phi}{1 - \phi}\right)\right)y + \log(1 - \phi)\right)$

即在以下參數下，廣義線性模型是 Bernoulli 分布：

$\eta = \log(\phi/(1 - \phi)) \Rightarrow \phi = 1/(1 + e^{-\eta})$

$\quad T(y) = y$

$\quad a(\eta) = -\log(1 - \phi)$

$\qquad\quad = \log(1 + e^{\eta})$

$\quad b(y) = 1$

的指數分布族形式：

在線性迴歸中，σ 對於模型參數 θ 的選擇沒有影響，為了推導方便將其設為 1：

$$p(y; \mu) = \frac{1}{\sqrt{2\pi}} \exp\left(-\frac{1}{2}(y - \mu)^2\right)$$
$$= \frac{1}{\sqrt{2\pi}} \exp\left(-\frac{1}{2}y^2\right) \cdot \exp\left(\mu y - \frac{1}{2}\mu^2\right)$$

得到，對應的參數：

$$\eta = \mu$$
$$T(y) = y$$
$$a(\eta) = \mu^2/2$$
$$= \eta^2/2$$
$$b(y) = (1/\sqrt{2\pi}) \exp(-y^2/2)$$

二、廣義線性模型之建模

想用廣義線性模型對一般問題進行建模，首先需要明確幾個假設：

假設 1. $y|x; \theta \sim$ exponential family(η), y 的條件機率屬於指數分布族。

假設 2. 給定 x 廣義線性模型的目標，是求解 $T(y)|x$，不過由於很多情況下，$T(y)$ $= y$。所以我們的目標變成了 $y|x$，亦即我們希望適配函數為 $h(x) = E[y|x]$。

這個條件在：線性迴歸和邏輯斯迴歸中都滿足。例如：邏輯斯迴歸中：

$$h\theta(x) = p(y = 1|x; \theta) = 0 \cdot p(y = 0|x; \theta) + 1 \cdot p(y = 1|x; \theta) = E[y|x; \theta]$$

假設 3. 自然參數 η 與 x 是線性關係：$\eta = \theta^T x$ (η 為向量時 $\eta_i = \theta_i^T x$)

有了如上假設，就可以進行建模及求解，可具體參考下面例子。

1. 廣義線性模型，推導出 線性迴歸：

step1: $y \mid x; \theta \sim N(\mu, \theta)$

step2: 由假設 2，$h(x) = E[y|x]$ 得到：

2. 廣義線性模型，推導出邏輯斯迴歸：

step1: $y \mid x; \theta \sim \text{Bernoulli(\phi)}$

step2: 與上面同理

$$h_\theta(x) = E[y|x; \theta]$$
$$= \phi$$
$$= 1/(1 + e^{-\eta})$$
$$= 1/(1 + e^{-\theta^T x})$$

12-2 參對數常態混合模型 [fmm 3: regress、fmm 3：glm, family(lognormal) 指令]：郵票厚度爲例

一、「fmm: glm」指令語法如下表

Basic syntax

    fmm #: glm *depvar* [*indepvars*] [, *options*]

Full syntax

    fmm # [*if*] [*in*] [*weight*] [, *fmmopts*]: glm *depvar* [*indepvars*] [, *options*]

where # specifies the number of class models.

options	說明
Model	
<u>family</u> (*familyname*)	distribution of *depvar*; default is family (gaussian)
<u>link</u> (*linkname*)	link function; default varies per family
<u>noconstant</u>	suppress the constant term
<u>exposure</u> (*varname_e*)	include ln (*varname_e*) in model with coefficient constrained to 1
<u>offset</u> (*varname_o*)	include *varname_o* in model with coefficient constrained to 1
asis	include perfect predictor variables

familyname	Description
gaussian	Gaussian (normal); the default
bernoulli	Bernoulli
beta	beta
binomial [# | varname]	binomial; default number of binomial trials is 1
poisson	Poisson
nbinomial [mean | constant]	negative binomial; default dispersion is mean
exponential	exponential
gamma	gamma
lognormal	lognormal
loglogistic	loglogistic
weibull	Weibull

bernoulli, beta, exponential, lognormal, loglogstic, and weibull are extensions available with fmm: glm that are not available with glm.

linkname	說明
identity	identity
log	log
logit	logit
probit	probit
cloglog	complementary log-log

Model

lcinvariant (pclassname)	specify parameters that are equal across classes; default is lcinvariant (none)
lcprob (varlist)	specify independent valiables for class probabilities
lclabel (name)	name of the categorical latent variable; default is lclabel (Class)
lcbase(#)	base latent class
constraints (constraints)	apply specifie linear constraints
collinear	keep collinear variables

SE/Robust

vce (vcetype)	vcetype may be oim, robust, or cluster clustvar

Reporting

level (#)	set confidence level; default is level (95)
nocnsreport	do not display constraints
noheader	do not display header above parameter table
nodvheader	do not display dependent variables information in the header
notable	do not display parameter table
display_options	control columns and column formats, row spacing, line width, display of omitted variables and base and empty cells, and factor-variable labeling

Maximization

maximize_options	control the maximization process
startvalues (svmethod)	method for obtaining starting values; default is startvalues (factor)
emopts (maxopts)	control EM algorithm for improved starting values
noestimate	do not fit the model; show starting values instead
coeflegend	display legend instead of statistics

「fmm: glm」指令旨在適配廣義線性迴歸的混合模型 (fits mixtures of generalized linear regression models)，常見的指令語法如下表：

* Mixture of two normal distributions of y
. fmm 2: glm y, family(gaussian) link(identity)
* Mixture of two gamma distributions of y
. fmm 2: glm y, family(gamma)
* Mixture of two gamma regression models of y on x1 and x2
. fmm 2: glm y x1 x2, family(gamma)
* As above, but with class probabilities depending on z1 and z2
. fmm 2, lcprob(z1 z2): glm y x1 x2, family(gamma)
* With robust standard errors
. fmm 2, vce(robust): glm y x1 x2, family(gamma)
* Constrain coefficients on x1 and x2 to be equal across classes
. fmm 2, lcinvariant(coef): glm y x1 x2

你可用 family() 及 link() 來界定 GLM 之各種任何模型，但並非所有組合都可以的。你可選擇下列組合：

	identity	log	logit	probit	cloglog
Gaussian	D	x			
Bernoulli			D	x	x
beta			D	x	x
binomial			D	x	x
Poisson		D			
negative binomial		D			
exponential		D			
gamma		D			
lognormal		D			
loglogistic		D			
Weibull		D			

註：D 為系統內定值 (Default)

二、範例：參對數常態混合模型 (「fmm 3: regress」、「fmm 3: glm, family(lognormal)」指令)

若你在多層次模型：「mixed Y *無解釋變數* || class: *無隨機斜率*」指令中，都無界定任何解釋變數 X 或 Z，且無界定「*無隨機斜率*」變數，則此雙層次模型即屬於零模型 (null model)。換句話說，任何迴歸模型中，無自變數、無任何解釋變數，即零模型。本例亦是以零模型爲基礎，來說明依變數如何建構其參高斯混合模型。

(一) 問題說明

爲了解郵票之油印厚度之潛在成分 (component) 有哪類 (class)？(分析單位：郵票)。

(二) 資料檔之內容

「stamp.dta」資料檔內容如圖 12-2。

其中，唯一的結果變數 thickness(郵票之油印厚度)，其樣本數據由小排序至大。

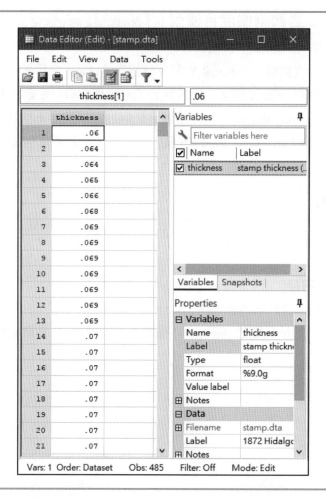

圖 12-2 「stamp.dta」資料檔內容 (N=485 張郵票，潛在類別 (class)=3)

(三) 資料的特徵

```
*----- STaTa v15 的 General estimation and regression 如下 :--------
. webuse stamp
(1872 Hidalgo stamp of Mexico)

. histogram thickness, bin(80) normal
(bin=80, start=.06, width=.0008875)
```

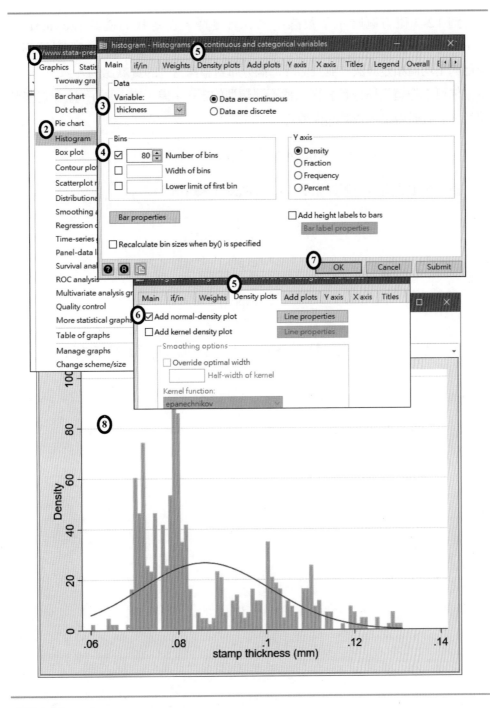

圖 12-3 「histogram thickness, bin(80) normal」繪直方圖

註：Graphics > Histogram

　　圖 12-3 直方圖暗示了數據中至少有雙峰，但是我們遵循 Izenman 和 Sommer(1988) 的方法，將三個常態分布的混合物來適配本數據，每個數據都有自己的平均值和變異數，並且估計每個分布對整體密度的貢獻比例。

　　你可以把這三種分布看作三種不同類型的紙張 (厚、中、薄)，印在這些郵票上。更具體地說，我們的模型是：

$$f(y) = \pi_1 N(\mu_1, \sigma_1^2) + \pi_2 N(\mu_2, \sigma_2^2) + \pi_3 N(\mu_3, \sigma_3^2)$$

使用多項式邏輯斯迴歸來估計每個 class 的機率：

$$\pi_1 = \frac{1}{1 + \exp(\gamma_2) + \exp(\gamma_3)}$$

$$\pi_2 = \frac{\exp(\gamma_2)}{1 + \exp(\gamma_2) + \exp(\gamma_3)}$$

$$\pi_3 = \frac{\exp(\gamma_3)}{1 + \exp(\gamma_2) + \exp(\gamma_3)}$$

其中，γ_i 是多項 logit 模型的截距。STaTa 內定以 class 1 為比較基準點，故令 $\gamma_1 = 0$。

(四) 分析結果與討論

Step 1 高斯 (Gaussian) 混合模型有三個潛在成分 (**fmm 3 :**)

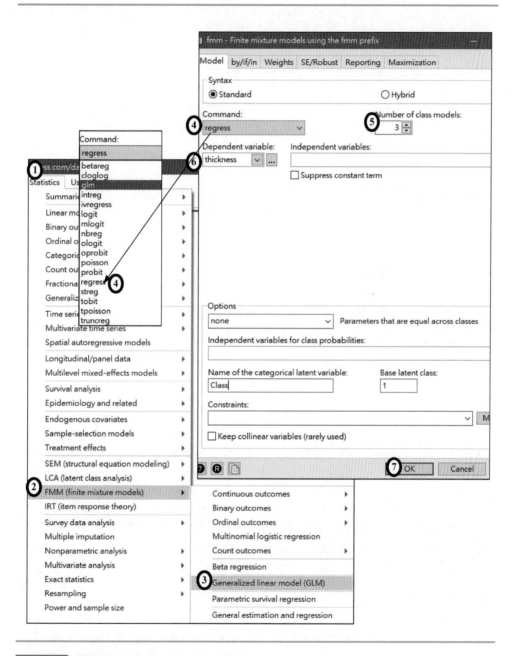

圖 12-4 fmm 3: regress thickness」畫面

註：Statistics > FMM (finite mixture models) > General estimation and regression

```
*----- STaTa v15 的 General estimation and regression 如下 :--------
. webuse stamp, clear
(1872 Hidalgo stamp of Mexico)

* Mixture of three normal distributions of thickness( 厚度 )
. fmm 3: regress thickness

Fitting class model:

Iteration 0:   (class) log likelihood =  -532.8249
Iteration 1:   (class) log likelihood =  -532.8249

Fitting outcome model:

Iteration 0:   (outcome) log likelihood =  1949.1228
Iteration 1:   (outcome) log likelihood =  1949.1228

Refining starting values:

Iteration 0:   (EM) log likelihood =  1396.8814
( 略 )
Iteration 20:  (EM) log likelihood =  1406.9013
Note: EM algorithm reached maximum iterations.

Fitting full model:
Iteration 0:   log likelihood =  1516.5252
( 略 )
Iteration 7:   log likelihood =  1518.8484

Finite mixture model                        Number of obs     =         485
Log likelihood =  1518.8484

------------------------------------------------------------------------------
             |    Coef.   Std. Err.     z    P>|z|    [95% Conf. Interval]
-------------+----------------------------------------------------------------
1.Class      |  (base outcome) 當比較的基準點

-------------+----------------------------------------------------------------
2.Class      |
       _cons |  .6410696   .1625089    3.94   0.000    .3225581   .9595812
-------------+----------------------------------------------------------------
3.Class      |
```

```
       _cons |   .8101538    .1493673      5.42    0.000      .5173992    1.102908
-------------------------------------------------------------------------------
```

Class   : 1
Response   : thickness
Model   : regress

```
             |      Coef.    Std. Err.       z     P>|z|    [95% Conf. Interval]
-------------+-----------------------------------------------------------------
thickness    |
       _cons |   .0712183    .0002011    354.20    0.000      .0708242    .0716124
-------------+-----------------------------------------------------------------
var(e.thickness)|  1.71e-06   4.49e-07                        1.02e-06    2.86e-06
-------------------------------------------------------------------------------
```

Class   : 2
Response   : thickness
Model   : regress

```
             |      Coef.    Std. Err.       z     P>|z|    [95% Conf. Interval]
-------------+-----------------------------------------------------------------
thickness    |
       _cons |   .0786016    .0002496    314.86    0.000      .0781123    .0790909
-------------+-----------------------------------------------------------------
var(e.thickness)|  5.74e-06   9.98e-07                        4.08e-06    8.07e-06
-------------------------------------------------------------------------------
```

Class   : 3
Response   : thickness
Model   : regress

```
             |      Coef.    Std. Err.       z     P>|z|    [95% Conf. Interval]
-------------+-----------------------------------------------------------------
thickness    |
       _cons |   .0988789    .0012583     78.58    0.000      .0964127    .1013451
-------------+-----------------------------------------------------------------
var(e.thickness)|  .0001967   .0000223                        .0001575    .0002456
-------------------------------------------------------------------------------
```

Step 2 三個潛在成分 (component) 的邊際平均數、邊際機率 π_i

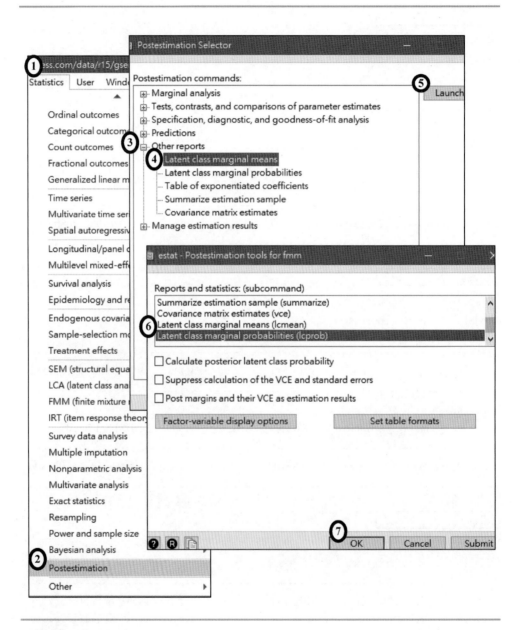

圖 12-5 「estat lcprob」畫面

註：Statistics > Postestimation

```
* estat lcmean 指令印出 Latent class marginal means μ
. estat lcmean
```

Latent class marginal means   Number of obs   =   485

		Delta-method				
		Margin	Std. Err.	z	P>|z|	[95% Conf. Interval]
1						
thickness		.0712183	.0002011	354.20	0.000	.0708242	.0716124
2						
thickness		.0786016	.0002496	314.86	0.000	.0781123	.0790909
3						
thickness		.0988789	.0012583	78.58	0.000	.0964127	.1013451

```
* estat lcprob 印出 marginal predicted latent class probabilities(π).
. estat lcprob
```

Latent class marginal probabilities   Number of obs   =   485

		Delta-method		
		Margin	Std. Err.	[95% Conf. Interval]
Class				
1		.1942968	.0221242	.1545535	.2413428
2		.3688746	.0286318	.3147305	.4265356
3		.4368286	.027885	.383149	.49203

使用多項式邏輯斯迴歸來估計每個類別 (class) 的機率：

$$\pi_1 = \frac{1}{1 + \exp(\gamma_2) + \exp(\gamma_3)}$$

$$\pi_2 = \frac{\exp(\gamma_2)}{1 + \exp(\gamma_2) + \exp(\gamma_3)}$$

$$\pi_3 = \frac{\exp(\gamma_3)}{1 + \exp(\gamma_2) + \exp(\gamma_3)}$$

其中，γ_i 是多項 logit 模型的截距。STaTa 內定以 $\boxed{\text{class 1}}$ 爲比較基準點，故令 $\gamma_1 = 0$。

更具體地說，使用最大概似估計的平均數、變異數、類別機率，求得之混合模型密度是：

$$f(y) = \pi_1 N(\mu_1, \sigma_1^2) + \pi_2 N(\mu_2, \sigma_2^2) + \pi_3 N(\mu_3, \sigma_3^2)$$

$$f(y) = 0.19 \times N(0.071, 0.0000017) + 0.37 \times N(0.079, 0.0000057)$$
$$+ 0.44 \times N(0.099, 0.0001967)$$

上式，混合模型預測「郵票」密度，其對應 STaTa 的常態分布之繪圖指令如下：

```
*將最近一次迴歸分析之 density marginal，存至 den 變數
. predict den, density marginal
*繪出參高斯分布圖

. histogram thickness , bin(80) addplot(line den thickness )
(bin=80, start=.06, width=.0008875)
```

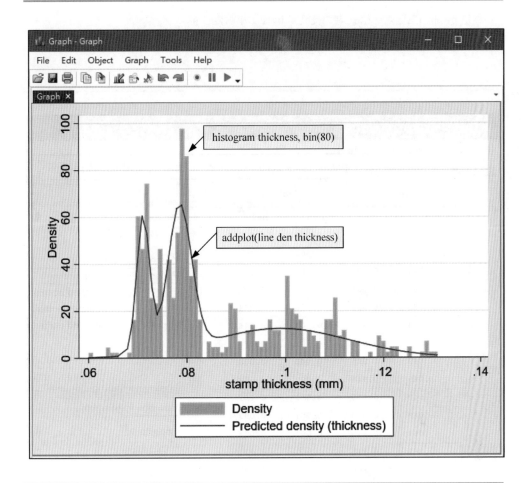

圖 12-6   histogram thickness , bin(80) addplot(line den thickness)」繪出參高斯分布圖

　　圖 12-6 可以看到，左側之前二個 class 之變異數比第三個 class 小。第三個
class 變異數最大且分布呈現右側長尾。

```
. webuse stamp, clear
(1872 Hidalgo stamp of Mexico)

* Mixture of three normal distributions of thickness( 厚度 )
. quietly fmm 3: regress thickness

* 三分類之事後機率，分別存到 pr 開頭之新變數
. predict pr*, classposteriorpr
```

* 界定 pr 開頭三變數，格式為：長度 4 byte，小數點 3 位
. format %4.3f pr*

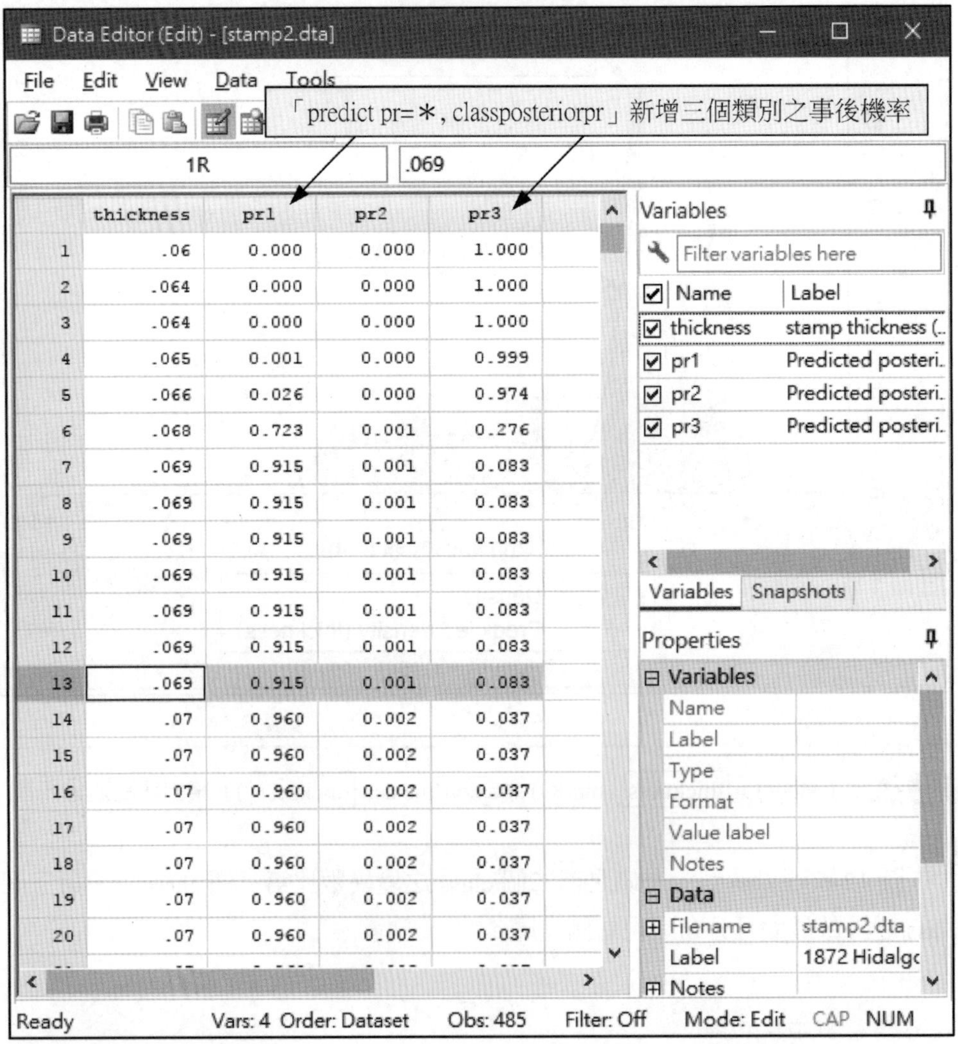

圖 12-7 「predict pr= ＊, classposteriorpr」新增三個類別之事後機率

在圖 12-7 中，因爲模型中沒有共 (自) 變數，所以任可厚度的郵票的後驗機率都是相同的。

Step 3 改用 **lognormal distribution** 來適配混合模型

由圖 12-7 可看出，三種混合 class 的變異性相對較大，所以四種厚紙類型是不必要的分類。由於郵票厚度不能是負數，所以我們僅支持正實數線的密度，故可改用對數常態分布 (lognormal distribution)，來改進模型適配。指令如下：

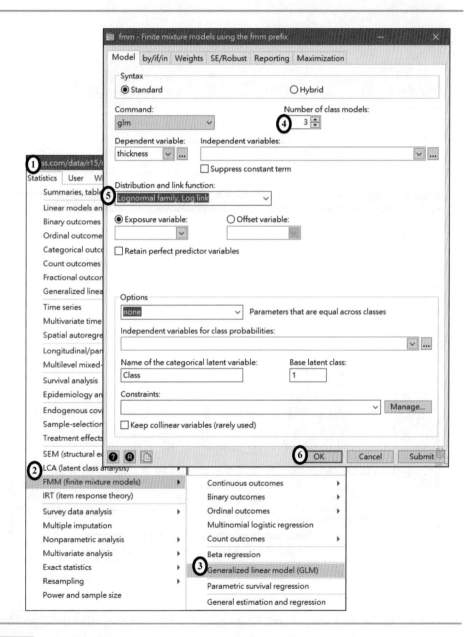

圖 12-8 「fmm 3: glm thickness, family(lognormal)」畫面

```
. quietly fmm 3: regress thickness
. predict den, density marginal
* 繪出參高斯分布圖


. fmm 3: glm thickness, family(lognormal)
* 結果略
. predict den2, density marginal
* 繪出參高斯分布圖


. histogram thickness , bin(80) addplot((line den thickness ) (line den2
  thickness , sort))
(bin=80, start=.06, width=.0008875)
```

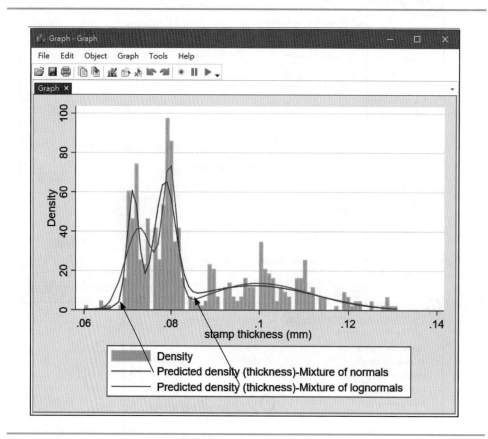

圖 12-9 「histogram thickness , bin(80) addplot((line den thickness) (line den2 thickness , sort))」畫面

Step 4 敵對模型，用 **BIC** 值來判定哪個適配度較優？

```
* STaTa v12 版，才須先安裝 fmm 外掛指令；STaTa v15 版已內建十七個「fmm：」估計法

*----- STaTa v15 的 General estimation and regression 如下：--------
* 對照組一：傳統 OLS 迴歸（單高斯模型）
. quietly fmm 1: regress thickness
. estimates store fmm1
* 對照組二：fmm 分成二個潛在類別（雙高斯混合模型）
. quietly fmm 2: regress thickness
. estimates store fmm2
* 對照組三：fmm 分成三個潛在類別（參高斯混合模型）
. quietly fmm 3: regress thickness
. estimates store fmm3
* 求 AIC BIC 值
. estimates stats fmm1 fmm2 fmm3

Akaike's information criterion and Bayesian information criterion

-----------------------------------------------------------------------
    Model |     Obs   ll(null)  ll(model)     df        AIC        BIC
----------+------------------------------------------------------------
     fmm1 |     485          .   1350.338      2  -2696.676  -2688.308
     fmm2 |     485          .    1484.75      5  -2959.500  -2938.579
     fmm3 |     485          .   1518.848      8  -3021.697  -2988.224
-----------------------------------------------------------------------
```

1. 根據 AIC、BIC 準則，都是雙高斯混合模型之 IC 值最小，表示雙高斯混合模型最優。它比參高斯混合模型及單高斯模型都優。

參考文獻

Akaike, Hirotsugu (1974). A new look at the statistical model identification. *IEEE Transactions on Automatic Control, 19*(6), 716-723.

Andrews, R. L., A. Ansari, and 1. S. Currim (2002). Hierarchical Bayes versus Finite Mixture Conjoint Analysis Models: A Comparison of Fit, Prediction, and Partworth Recovery. *Journal of Marketing Research, 39*(1), 87-98.

Arthur P. Dempster, Nan M. Laird, and Donald B. Rubin (1977). Maximum Likelihood from Incomplete Data via the EM Algorithm. *Journal of the Royal Statistical Society, 39*(1), 1-38.

Ashkar, Fahim & Mahdi, Smail (2006). Logistic regression Fitting the log-logistic distribution by generalized moments Logistic regression. *Journal of Hydrology, 328*(3-4), 694-703.

Baum, L. E. (1972). An Inequality and Associated Maximization Technique in Statistical Estimation for Probalistic Functions of Markov Processes. *Inequalities, 3*, 1-8.

Bilmes J. A. Bilmes (1998). *A Gentle Tutorial of the EM Algorithm and its Application to Parameter Estimation for Gaussian Mixture and Hidden Markov Models*. Technical Report TR-97-021, International Computer Science Institute and Computer Science Division, University of California at Berkeley.

Bishop, Christopher (2006). *Pattern recognition and machine learning*. New York: Springer. ISBN 978-0-387-31073-2

Bucklin, R. E. and S. Gupta (1992). Brand Choice, Purchase Incidence, and Segmentation: An Integrated Modeling Approach. *Journal 01 Marketing Research, 29*(2), 201-215.

Bulmer, Michael (2003). *Francis Galton: Pioneer of Heredity and Biometry*. Johns Hopkins University Press.

Burnham, K. P., and D. R. Anderson (2002). *Model Selection and Multimodel Inference: A Practical-Theoretic Approach, 2nd* ed. Springer-Verlag. ISBN 0-387-95364-7

Burnham, K. P., and D. R. Anderson (2004). Multimodel Inference: Understanding AIC and BIC in Model Selection, Amsterdam Workshop on Model Selection.

Cameron, A. C., and P. K. Trivedi (2010). *Microeconometrics Using Stata.* Rev. ed. College Station, TX: Stata Press.

Chad Carson, Serge Belongie, Hayit Greenspan (2002). Blobworld: Image Segmentation Using Expectation-Maximization and Its Application to Image Querying. *IEEE Transactions On Pattern Analysis and Machine Intelligence, 24*(8).

Clogg, C. C. (1981). *New developments in latent structure analysis.* In Jackson, D. J., Borgotta, E. F. (Eds.), *Factor analysis and measurement in sociological research* (pp. 215-246). Beverly Hills, CA: Sage.

Conway, K. and P. Deb. (2005). Is Prenatal Care Really Ineffective? Or, is the 'Devil' in the Distribution?. *Journal of Health Economics, 24*, 489-513.

Cooper, L. G. (1988). Competitive Maps: The Structure Underlying Asysmetric Cross Elasticities. *Management Science, 34*(6), 707-723.

Day, N. E. (1969). Estimating the Components of a Mixture of Normal Distributions. *Biometrika, 56* (3), 463-474.

Deaton, A. and J. Muellbauer (1980). *Economics and Consumer Behavior. Cambridge,* New York: Cambridge University Press.

Deb, P. and P. K. Trivedi (1997). Demand for Medical Care by the Elderly: A Finite Mixture Approach. *Journal of Applied Econometrics, 12*, 313-326.

DeSarbo, W. S., M. Wedl, M. Vriens, and V. Ramaswamy (1992). Latent Class Metric Conjoint Analysis. *Marketing Letters, 3*, 273-288.

Dinov, I. D. (2008). *Expectation Maximization and Mixture Modeling Tutorial.* California Digital Library, Statistics Online Computational Resource. Paper EM_MM, http://repositories.cdlib.org/socr/EM_MM .

Dobson, A. J. (2001). *Introduction to Generalized Linear Models*, Second Edition. London: Chapman and Hall/CRC.

Duda, R. O., Peter E. Hart, David G. Stork (2000). *Pattern Classification*, 2nd ed. John Wiley & Son, Inc. New York.

Elrod T. (1988). Choice Map: Inferring a Product-Market Map from Panel Data. *Marketing Science, 7*(1), 21-40.

Everitt, B. S. & Hand, D. J. (1981). *Finite mixture distribution.* London: Chapman and Hall.

Everitt, B. S. (1984). *An introduction to latent variable models.* London: Chapman and

Hall.

Frank, R., W. Massy, and Y. Wind (1972). *Marketing Segmentation*, Englewood Cliffs, NJ: Prentice-Hall, Inc.

Ghose, S. (1994). Visually Representing Consumer Perceptions: Issues and Managerial Insights. *European Journal of Marketing, 28*(10), 5-18.

Gibson, W. A. (1959). Three multivariate models: Factor analysis, latent structure analysis, and latent profile analysis. *Psychometrika, 24*, 229-252.

Gillham, Nicholas Wright (2001). *A Life of Sir Francis Galton: From African Exploration to the Birth of Eugenics*. Oxford University Press: New York.

Goodman, L. A. (1974). The Analysis of Systems of Qualitative Variables When Some of the Variables are Unobservable. Part I-A Modified Latent Structure Approach. *American Journal of Sociology, 79*(5), 1179-1259.

Haberman, S. (1975). *Maximum likelihood estimates in exponential response models*. Technical Report. Chicago, IL: University of Chicago.

Hardin, James & Joseph Hilbe (2001). *Generalized Linear Models and Extensions*. College Station: Stata Press.

Hurvich, C. M., and Tsai, C. -L. (1989). Regression and time series model selection in small samples. *Biometrika, 76*, 297-307.

Jamshidian, M. and R. I. Jennrich (1993). Conjugate Gradient Acceleration of the EM Algorithm. *Journal of the American Statistical Association, 88*(421), 221-228.

Kamakura, W. A. & G. J. Russell (1989). A Probabilistic Choice Model for Market Segmentation and Elasticity Structure. *Journal of Marketing Research, 26*(November), 379-391.

Lawrence Rabiner. A Tutorial on Hidden Markov Models and Selected Applications in Speech Recognition. *Proceedings of IEEE, 77*(2), 257, 1989.

Lazarsfeld, P. F. and Henry, N. W. (1968). *Latent structure analysis*. Boston: Houghton Mifflin.

McCullagh, Peter & John Nelder (1989). *Generalized Linear Models*. London: Chapman and Hall. ISBN 0-412-31760-5

Mcfadden, D. (1973). *Conditional Logit Analysis of Qualitative Choice Behavior*. In P. Zarembka (ed.). Frontiers in Economics , New York: Academic Press.

McLachlan, G. J., and D. Peel (2000). *Finite Mixture Models*. New York: Wiley.

McLachlan, G. J. (1988). *Mixture Models: inference and applications to clustering*. Statistics: Textbooks and Monographs, Dekker.

Myers, R. H., Montgomery, D. C., and Vining, G. G. (2002). *Generalized Linear Models - with applications in engineering and the sciences*. John Wiley: New York.

Rasch, G. (1960). *Probabilistic models for some intelligence and attainment tests*. Chicago: University of Chicago Press.

Ray, R., Lindsay, B. (2005). The topography of multivariate normal mixtures. *The Annals of Statistics, 33*(5), 2042-2065.

Richardson, M. W.(1936). The relationship between difficulty and the differential validity of a test. *Psychometrika,1*, 33-49.

Robertson, C. A. & Fryer, J. G. (1969). *Some descriptive properties of normal mixtures*. Skand Aktuarietidskr 137-146.

Rossi, P. E. , Z. Gilula, and G. M. Allenby (2001). Overcoming Scale Usage Heterogeneity: A Bayesian Hierarchical Approach. *Journal of the American Statistical Association, 96*, 20-31.

Shen, Jianhong (Jackie) (2006). A stochastic-variational model for soft Mumford-Shah segmentation. *International Journal of Biomedical Imaging*, 2-16. doi:10.1155/IJBI/2006/92329

Shoukri, M. M., Mian, I. U. M., Tracy, D. S. (1988). Logistic regression Sampling Properties of Estimators of the Log-Logistic Distribution with Application to Canadian Precipitation Data Logistic regression. *The Canadian Journal of Statistics, 16*(3), 223-236.

Spall, J. C. and Maryak, J. L. (1992). A feasible Bayesian estimator of quantiles for projectile accuracy from non-i.i.d. data. *Journal of the American Statistical Association, 87*(419), 676-681. URL https://www.jstor.org/stable/2290205

Spearman, C. (1904a). General Intelligence,' Objectively Determined and Measured. *American Journal of Psychology, 15*, 201-293.

Spearman, C. (1904b). The Proof and Measurement of Association between Two Things. *American Journal of Psychology, 15*, 88-103.

Tadikamalla, Pandu R. (1980). Logistic regression A Look at the Burr and Related Distributions Logistic regression. *International Statistical Review, 48*(3), 337-344.

Tadikamalla, Pandu R., Johnson, Norman L. (1982). Logistic regression Systems of Frequency Curves Generated by Transformations of Logistic Variables Logistic regression. *Biometrika, 69*(2), 461-465.

Thurstone, L. L. (1947). *Multiple Factor Analysis. Chicago*: University of Chicago Press.

Titterington, D. M., A. F. M. Smith and U. E. Makow (1985). *Statistical Analysis of Finite*

Mixture Distributions, New York: John Wiley.

Vol. 11, No. 1 (Mar. 1983), pp. 95-103.

Wedel, M. and W. A. Kamakura (2000). *Market Segmentation: Conceptual and Methodological Foundations*. Dordrecht: Kluwer, 2nd edition.

Xu, L., Jordan, M. I. (January 1996). On Convergence Properties of the EM Algorithm for Gaussian Mixtures. *Neural Computation, 8*(1), 129-151.

任立中、陳靜怡、陳成業 (2005)。以品牌實際選購行為建立品牌競爭圖。《台灣管理學刊》，第 5 卷第 2 期，8 月，169-186。

國家圖書館出版品預行編目資料

有限混合模型(FMM)：STaTa分析（以EM
algorithm做潛在分類再迴歸分析）／張紹勳
著.－－初版.－－臺北市：五南，2018.06
　面；　公分
ISBN 978-957-11-9646-6（平裝附光碟片）
1.統計套裝軟體　2.統計分析
512.4　　　　　　　　　　107003895

1HOR

有限混合模型(FMM)：
STaTa分析（以EM algorithm做潛在分類再迴歸分析）

作　　者 — 張紹勳

發 行 人 — 楊榮川

總 經 理 — 楊士清

主　　編 — 侯家嵐

責任編輯 — 黃梓雯

文字校對 — 陳俐君、鐘秀雲

封面設計 — 謝瑩君、王麗娟

出 版 者 — 五南圖書出版股份有限公司

地　　址：106台北市大安區和平東路二段339號4樓

電　　話：(02)2705-5066　　傳　　真：(02)2706-6100

網　　址：http://www.wunan.com.tw

電子郵件：wunan@wunan.com.tw

劃撥帳號：01068953

戶　　名：五南圖書出版股份有限公司

法律顧問　林勝安律師事務所　林勝安律師

出版日期　2018年6月初版一刷

定　　價　新臺幣1000元